Hans Meyer/Michael Stolleis (Hrsg.)

Staats- und Verwaltungsrecht für Hessen

4. Auflage

Bearbeitet von Erhard Denninger, Hans Meyer,
Eckard Rehbinder, Walter Schmidt, Spiros Simitis,
Rudolf Steinberg, Michael Stolleis
Professoren am Fachbereich Rechtswissenschaft der
Johann Wolfgang Goethe-Universität Frankfurt

 Nomos Verlagsgesellschaft
Baden-Baden

Zitiervorschlag: HessStVwR
Zum Beispiel: E. Denninger, Polizeirecht in: Meyer/Stolleis, HessStVwR S.
Anregungen und Kritik erbitten wir an den jeweiligen Autor oder an die Herausgeber unter der Adresse: Senckenberganlage 31, 60325 Frankfurt am Main.

Die Deutsche Bibliothek – CIP-Einheitsaufnahme

Staats- und Verwaltungsrecht für Hessen / Hans Meyer/Michael Stolleis (Hrsg.).
Bearb. von Erhard Denninger ... – 4. Aufl. – Baden-Baden : Nomos Verl.-Ges., 1996
 ISBN 3-7890-4335-4
NE: Meyer, Hans [Hrsg.] ; Denninger, Erhard

4. Auflage 1996
© Nomos Verlagsgesellschaft, Baden-Baden 1996. Printed in Germany. Alle Rechte, auch die des Nachdrucks von Auszügen, der photomechanischen Wiedergabe und der Übersetzung, vorbehalten.

Vorwort zur 4. Auflage

Der mit der dritten Auflage des Werkes eingeschlagene Weg, sich auf die wichtigsten Materien des Landesrechts zu konzentrieren, um das Werk für Studenten und Referendare erschwinglich zu halten, ist so erfolgreich gewesen, daß wir schon zwei Jahre später eine weitere Auflage vorlegen können.
Die größten Veränderungen seither hat es im Bereich des Umweltrechtes gegeben. In anderen Bereichen sind zwar die Normkomplexe relativ stabil geblieben, Rechtsprechung und Literatur haben sich aber weiterentwickelt, einige Probleme schärfer und zum Teil anders gesehen, und neue Instrumente, wie die Bürgerentscheide in den Kommunen, sind in ihrer Anwendung in eine kritische Phase getreten.
Das Werk wird zunehmend in der Rechtsprechung der Hessischen Gerichte beachtet. Wir haben die Hoffnung, daß auch die Verwaltungspraxis in der Landesverwaltung und in den Kommunen den Wert einer solch gedrängten, aber wissenschaftlich fundierten Darbereitung des Hessischen Landesrechts stärker als bisher zu schätzen lernt.
Die Neuauflage bringt das Werk auf den Stand vom 1. Mai 1996. Die Autoren bitten um Anregung und Kritik.

Frankfurt a. Main, im Juni 1996 *Hans Meyer, Michael Stolleis*

Inhaltsverzeichnis

Abkürzungsverzeichnis		9
I.	*Die Entstehung des Landes Hessen und seiner Verfassung* von Michael Stolleis	17
II.	*Verfassungsrecht* von Walter Schmidt	35
III.	*Grundlagen der Verwaltungsorganisation und des Verwaltungshandelns* von Hans Meyer	71
IV.	*Datenschutz* von Spiros Simitis	109
V.	*Kommunalrecht* von Hans Meyer	147
VI.	*Polizeirecht* von Erhard Denninger	243
VII.	*Baurecht* von Rudolf Steinberg	333
VIII.	*Umweltrecht* von Eckard Rehbinder	403
Stichwortverzeichnis		439

Abkürzungsverzeichnis

a.A.	anderer Ansicht
a.a.O.	am angegebenen Ort
AbfG	Abfallgesetz
abgedr.	abgedruckt
abl.	ablehnend
ABl.	Amtsblatt
Abl. MilReg	Amtsblatt der Militärregierung (Z)
Abs.	Absatz
AbwAG	Abwasserabgabengesetz
AcP	Archiv für die civilistische Praxis (Z)
AEpolG	Alternativentwurf einheitlicher Polizeigesetze der Länder
ÄnderungsG	Gesetz zur Änderung ...
a.F.	alte Fassung
AFG	Arbeitsförderungsgesetz
AGBAföG	Ausführungsgesetz zum Bundesausbildungsförderungsgesetz
AGJWG	Ausführungsgesetz zum Jugendwohlfahrtsgesetz
AG-KJHG	Gesetz zur Ausführung des Kinder- und Jugendhilfegesetzes
AGSGG	Ausführungsgesetz zum Sozialgerichtsgesetz
AGVwGO	Ausführungsgesetz zur Verwaltungsgerichtsordnung
a.M.	anderer Meinung
Anm.	Anmerkung
AO	Abgabenordnung
AöR	Archiv des öffentlichen Rechts (Z)
ArbuR	Arbeit und Recht (Z)
Art.	Artikel
AtG	Atomgesetz
Aufl.	Auflage
AusführungsG	Ausführungsgesetz ...
AustrittsG	Austrittsgesetz
AVG	Angestelltenversicherungsgesetz
B	Bundes-
B.	Beschluß
Bad.-Württ	Baden-Württemberg
BaföG	Bundesausbildungsförderungsgesetz
BAG	Bundesarbeitsgericht
BAGE	Entscheidungen des Bundesarbeitsgerichts
BAT	Bundesangestelltentarifordnung
BauGB	Baugesetzbuch
BauNVO	Verordnung über die bauliche Nutzung der Grundstücke (Baunutzungsverordnung)
BauR	Baurecht (Z)
BayObLG	Bayerisches Oberstes Landesgericht
BayVBl	Bayerische Verwaltungsblätter (Z)
BayVerf	Verfassung des Freistaates Bayern
BayVGHE n.F.	Entscheidungen des Bayerischen Verwaltungsgerichtshofs, neue Folge
BBauBl.	Bundesbaublatt (Z)
BBP	Bebauungsplan
Besch.	Beschluß

Bd.	Band
BDSG	Bundesdatenschutzgesetz
ber.	bereinigt
BGB	Bürgerliches Gesetzbuch
BGBl.	Bundesgesetzblatt
BGH	Bundesgerichtshof
BGHSt	Entscheidungen des Bundesgerichtshof in Stafsachen
BGHZ	Entscheidungen des Bundesgerichtshofs in Zivilsachen
BHO	Bundeshaushaltsordnung
BinschStrO	Binnenschiffahrtsstraßen-Ordnung
BImSchG	Bundesimmissionsschutzgesetz
BIn DSG	Berliner Datenschutzgesetz
BMJFG	Bundesministerium für Jugend, Familie und Gesundheit
BKAG	Gesetz über die Errichtung eines Bundeskriminalpolizeiamtes
BM	Bundesminister/Bürgermeister
BMF	Bundesminister der Finanzen
BNatSchG	Bundesnaturschutzgesetz
BROG	(Bundes-)Raumordnungsgesetz
Br-Drs.	Bundesratsdrucksache
BrDSG	bremisches Datenschutzgesetz
Brem.	Bremisch
BRS	Baurechtssammlung
BscheuenG	Bundes-Seuchengesetz
BSHG	Bundessozialhilfegesetz
BT-Drs.	Bundestagsdrucksache
Buchst.	Buchstabe
BundesbahnG	Bundesbahngesetz
BVerfG	Bundesverfassungsgericht
BVerfGE	Bundesverfassungsgerichtsentscheidung(en)
BVerfGG	Gesetz über das Bundesverfassungsgericht
BVerfSchG	Gesetz über die Zusammenarbeit des Bundes und der Länder in Angelegenheiten des Verfassungsschutzes
BVerwG	Bundesverwaltungsgericht
BVerwGE	Bundesverwaltungsgerichtsentscheidung(en)
BVG	Bundesversorgungsgesetz
BW	Baden-Württemberg
BWaldG	Bundeswaldgesetz
ChemG	Chemikaliengesetz
CILIP	civil liberties and police (Z)
DAVO	Dienstaufsichtsverordnung
DenkmSchG	Denkmalschutzgesetz
ders.	derselbe
Diss.	Dissertation
DJT	Deutscher Juristentag
DÖV	Die Öffentliche Verwaltung (Z)
DRiG	Deutsches Richtergesetz
Drucks.	Drucksache
DRZ	Deutsche-Rechts-Zeitschrift (Z bis 1950)
DV	Deutscher Verein für öffentliche und private Fürsorge
DVBl.	Deutsches Verwaltungsblatt (Z)
DVO	Durchführungsverordnung
DVR	Datenverarbeitung und Recht (Z)

E	Entscheidung
EBG	Gesetz über Eisenbahnen und Bergbahnen
EBG	Eigenbetriebsgesetz
EGGVG	Einführungsgesetz zum Gerichtsverfassungsgesetz
EGStPO	Einführungsgesetz zur Strafprozeßordnung
EKD	Evangelische Kirche in Deutschland
EKHN	Evangelische Kirche in Hessen und Nassau
EKRhld	Evangelische Kirche im Rheinland
EKVO	Eigenkontrollverordnung
ElternmitbestimmungsG	Elternmitbestimmungsgesetz
Entw.	Entwurf
ErbStG	Erbschaftsteuergesetz
Erg.	Ergänzung(-s)...
ErgVertrag	Ergänzungsvertrag
Erichsen-Martens	H. U. Erichsen-W. Martens (Hrsg.), Allgemeines Verwaltungsrecht, 9. Aufl. 1992
Erl.	Erlaß, Erläuterung
ESchFG	Ersatzschulfinanzierungsgesetz
ESVGH	Entscheidungssammlung des Hessischen Verwaltungsgerichtshofs und des Verwaltungsgerichtshofs Baden-Württemberg
EuGRZ	Europäische Grundrechte-Zeitschrift (Z)
EzA	Entscheidungssammlung zum Arbeitsrecht
FAG	Finanzausgleichsgesetz
FamRZ	Zeitschrift für Familienrecht (Z)
FeststellungsG	Hessisches Feststellungsgesetz
FHG	Gesetz über die Fachhochschulen im Lande Hessen
Fn./FN	Fußnote
FNP	Flächennutzungsplan
FS	Festschrift
FStrG	Bundesfernstraßengesetz
GAL	Gesetz über Altershilfe für Landwirte
GastVO	Gaststättenverordnung
GaVO/GarVO	Garagenverordnung
GBl.	Gesetzblatt
gem.	gemäß
GewArch	Gewerbearchiv (Z)
GewO	Gewerbeordnung
GewStG	Gewerbesteuergesetz
GG	Grundgesetz
GjS	Gesetz über jugendgefährdende Schriften
GMBl.	Gemeinsames Ministerblatt
GOBundestag	Geschäftsordnung des Deutschen Bundestages
GOHessLT	Geschäftsordnung des Hessischen Landtages
GrStG	Grundsteuergesetz
GS	Gesetzessammlung für die preußischen Staaten
GVBl.	Gesetz- und Verordnungsblatt
GVG	Gerichtsverfassungsgesetz
GWB	Gesetz gegen Wettbewerbsbeschränkungen
H/Hess.	Hessisch(e), (r), (s)
HAbfG	Hessisches Gesetz über die Vermeidung, Verwertung und Beseitigung von Abfällen
HAbfAG	Hessisches Abfallwirtschaft und Altlastengesetz

HAbwaG	Hessisches Abwassergesetz
HäftlingshilfeG	Häftlingshilfegesetz
HAG/BSHG	Hessisches Ausführungsgesetz zum BSHG
HAG/LMBG	Hessisches Ausführungsgesetz zum Lebensmittel- und Bedarfsgegenständegesetz
HAltlastG	Hessisches Altlastengesetz
Hamb.	Hamburgisch
Handbuch	E. Friesenhahn-U. Scheuner (Hrsg.), Handbuch des Staatskirchenrechts der Bundesrepublik Deutschland I, II, 1974, 1975
HBG	Hessisches Beamtengesetz
HBO	Hessische Bauordnung
HdbKWP	Handbuch der kommunalen Wissenschaft und Praxis
HdbStR	Handbuch des Staatsrechts
HDSB	Hessischer Datenschutzbeauftragter
HDSG	Hessisches Datenschutzgesetz
HEG	Hessisches Enteignungsgesetz
HeimG	Heimgesetz
Hess AbgeordnetenG	Gesetz über die Rechtsverhältnisse der Abgeordneten des Hessischen Landtags
HessFEntzG	Hessisches Gesetz über die Entziehung der Freiheit geiteskranker, rauschgift- oder alkoholsüchtiger Personen
HessGnadenO	Hessische Gnadenordnung
Hess. Jhb f. Landesgesch.	Hessisches Jahrbuch für Landesgerichte
HessJMBl.	Justizministerialblatt des Landes Hessen
HessPersVG	Hessisches Personalvertretungsgesetz
HessPresseG	Hessisches Gesetz über Freiheit und Rechte der Presse
Hess RechnungshofG	Gesetz über den Hessischen Rechnungshof
HessRiG	Hessisches Richtergesetz
HessStGH	Hessischer Staatsgerichtshof
HessVerfSchG	Gesetz über die Errichtung eines Landesamtes für Verfassungsschutz
HessVGRspr.	Rechtsprechung der Hessischen Verwaltungsgerichte – Beilage zum Staatsanzeiger –
Hesse, Grundzüge	Konrad Hesse, Grundzüge des Verfassungsrechts der Bundesrepublik Deutschland, 18. Aufl. 1991
HForstG	Hessisches Forstgesetz
HGO	Hessische Gemeindeordnung
HGrG	Gesetz über die Grundzüge des Haushaltsrechts des Bundes und der Länder
HHG	Hessisches Hochschulgesetz
HKHG	Hessisches Krankenhausgesetz
HKO	Hessische Landkreisordnung – Hessische Kreisordnung
HKV	Hessischer Kirchenvertrag
HMdI	Hessischer Minister des Innern
HMdJ	Hessisches Ministerium der Justiz
HMG	Hessisches Meldegesetz
HNatSchG	Hessisches Naturschutzgesetz
HR	Hessicher Rundfunk
HR-G	Gesetz über den Hessischen Rundfunk
HRG	Hochschulrahmengesetz
HRHG	Gesetz über den hessischen Rechnungshof
Hrsg.	Herausgeber
Hs.	Halbsatz
HSGZ	Hessische Städte- u. Gemeindezeitung (Z)
HSOG	Hessisches Gesetz über die öffentliche Sicherheit und Ordnung
HStrG	Hessisches Straßengesetz
HUG	Gesetz über die Universitäten des Landes Hessen

HV	Verfassung des Landes Hessen
HVwVfG	Hessisches Verwaltungsverfahrensgesetz
HVwVG	Hessisches Verwaltungsvollstreckungsgesetz
HWG	Hessisches Wassergesetz
i.d.F.	in der Fassung ...
i.e.S.	im engeren Sinne
IIUG	Internationales Institut für Umwelt und Gesellschaft
INFHStT	Informationen des Hessischen Städtetages (Z)
IngG	Ingenieurgesetz
InvFondsG	Investitionsfondsgesetz
i.S.	im Sinne
i.V.m.	in Verbindung mit
IzR	Informationen zur Raumentwicklung (Z)
JA	Juristische Arbeitsblätter (Z)
JAG	Hessisches Gesetz über die juristische Ausbildung
JBSozR	Jahrbuch des Sozialrechts der Gegenwart, hrsgg. v. G. Wannagat, Bd. I-VII
Jhb	Jahrbuch
JHG	Jugendhilfegesetz
JöR (NF)	Jahrbuch des öffentlichen Rechts (Neue Folge)
JR	Juristische Rundschau (Z)
JURA	Juristische Ausbildung (Z)
Jus	Juristische Schulung (Z)
JustizMinBl.	Justizministerblatt (Z)
JWG	Jugendwohlfahrtsgesetz
JZ	Juristenzeitung (Z)
KAG	Gesetz über kommunale Abgaben
Kap.	Kapitel
KdöR	Körperschaft des öffentlichen Rechts
KGG	Gesetz über kommunale Gemeinschaftsarbeit
KHG	Hessisches Krankenhausgesetz, Krankenhauspflegegesetz, Kunsthochschulgesetz
KiGG	Kindergartengesetz
KiStG	Kirchensteuergesetz
KJ	Kritische Justiz (Z)
KMK	Kultusministerkonferenz
KöStG	Körperschaftsteuergesetz
Kopp, VwGO	Ferdinand O. Kopp, Kommentar zur Verwaltungsgerichtsordnung, 9. Aufl. 1992
Kopp, VwVfG	Ferdinand O. Kopp, Verwaltungsverfahrensgesetz. Kommentar, 6. Aufl. 1995
Korr. Abwasser	Korrespondenz Abwasser (Z)
KritV	Kritische Vierteljahresschrift für Gesetzgebung und Rechtswissenschaft
KWG	Hessisches Kommunalwahlgesetz
LAG	Lastenausgleichsgesetz
LdR	Lexikon des Rechts
LEP	Landesentwicklungsplan
LHO	Hessische Landeshaushaltsordnung
LaPlaG	hessisches Landesplanungsgesetz
LROP	Hessisches Landesraumordnungsprogramm
LS	Leitsatz
LT	Landtag
LT-Drs.	Landtagsdrucksache
LTWahlG	Gesetz über die Wahlen zum Landtag des Landes Hessen

Maunz/Schmidt-Bleibtreu/Klein/Ulsamer	Bundesverfassungsgerichtsgesetz. Kommentar v. Th. Maunz, B. Schmidt-Bleibtreu, F. Klein, G. Ulsamer, 1964 ff. (Losebl.)
Maunz/Zippelius	Theodor Maunz/Rheinhold Zippelius, Deutsches Staatsrecht, 28. Aufl. 1991
Maurer	H. Maurer, Allgemeines Verwaltungsrecht, 8. Aufl. 1992
MBO	Musterbauordnung
MDHS	Grundgesetz. Kommentar von Th. Maunz, G. Dürig, R. Herzog, R. Scholz, Losebl. Std. Januar 1992
ME	Musterentwurf
Meyer/Borgs	Hans Meyer/Hermann Borgs-Maciejewski, Kommentar zum Verwaltungsverfahrensgesetz, 2. Aufl. 1982
MilReg	Militärregierung
v. Münch, GG	I. v. Münch (Hrsg.), Grundgesetz. Kommentar Bd. I 4. Aufl. 1992, Bd. 2. 2. Aufl. 1983, Bd. 3. 2. Aufl. 1983
Mstr	Münster
m. Anm.	mit Anmerkungen
m. (w.) N.	mit (weiteren) Nachweisen
Nass. Annalen	Nassauische Annalen (Z)
NatSchG	Naturschutzgesetz
NDR	Norddeutscher Rundfunk
NdS	Niedersachsen
NDV	Nachrichtendienst des Deutschen Vereins (Z)
NJW	Neue Juristische Wochenschrift (Z)
Nr.	Nummer
n. rkr.	nicht rechtskräftig
NuR	Natur + Recht (Z)
NVwZ	Neue Zeitschrift für Verwaltungsrecht (Z)
NW	Nordrhein-Westfalen
OB	Oberbürgermeister
OberstufenG	Gesetz über die Neuordnung der gymnasialen Oberstufe
OLG	Oberlandesgericht
ör	öffentlich-rechtlich
ÖDV	Öffentliche Verwaltung und Datenverarbeitung (Z)
OMGUS	Office of Military Government for Germany (U.S.)
OVG	Oberverwaltungsgericht
OWiG	Gesetz über Ordnungswidrigkeiten
PBefG	Personenbeförderungsgesetz
PolOrgVO	Polizeiorganisationsverordnung
PrALR	Allgemeines Landrecht für die preußischen Staaten
PrGS	Preußische Gesetzessammlung
PrOVGE	Entscheidungen des Preußischen Oberverwaltungsgerichts
PVG	Polizeiverwaltungsgesetz
RdErl	Runderlaß
RdJB	Recht der Jugend und des Bildungswesens (Z)
RdL	Recht der Landwirtschaft (Z)
Rdnr./Rdnrn./Rn.	Randnummer(n)
RGaO	Reichsgaragenordnung
RGBl.	Reichsgesetzblatt
RHO	Reichshaushaltsordnung

RK	Reichskonkordat
RKEG	Gesetz über die religiöse Kindererziehung
RN	Randnummer(n)
ROV	Raumordnungsverfahren
RROP	Regionaler Raumordnungsplan
Rz.	Randziffer
SaarlVerfGH	Verfassungsgerichtshof des Saarlandes
SGb	Sozialgerichtsbarkeit (Z)
SGB	Sozialgesetzbuch (1-X)
SGG	Sozialgerichtsgesetz
SH	Schleswig-Holstein
s.o.	siehe oben
s.u.	siehe unten
Schmidt, VwR	W. Schmidt, Einführung in die Probleme des Verwaltungsrechts, 1982
Schmitt-Aßmann	Besonderes Verwaltungsrecht, 10. Aufl. 1995
SchulpflichtG	Hessisches Schulpflichtgesetz
SchVG	Gesetz über die Unterhaltung und Verwaltung der öffentlichen Schulen und die Schulaufsicht
Sp	Spalte
StabG	Gesetz zur Förderung der Stabilität und des Wachstums der Wirtschaft
StAnz	Hessischer Staatsanzeiger (Z)
StBauFG	Städtebauförderungsgesetz
Stern	K. Stern, Das Staatsrecht der Bundesrepublik Deutschland, Bd. I, 2. Aufl. 1984, Bd. 2 1980
StGB	Städte- und Gemeindebund (Z) (seit 1990: Stadt und Gemeinde)
StGH	Staatsgerichtshof
StGHG	(hessisches) Gesetz über den Staatsgerichtshof
StiftungsG	Hessisches Stiftungsgesetz
StPO	Strafprozeßordnung
StraßenG	Straßengesetz
str.	strittig
st.Rspr.	ständige Rechtsprechung
StrVollzG	Strafvollzugsgesetz
StVG	Straßenverkehrsgesetz
StVO	Straßenverkehrsordnung
TB	Tätigkeitsbericht
UPR	Umwelt- und Planungsrecht (Z)
Urt.	Urteil
UStG	Umsatzsteuergesetz
VA	Verwaltungsakt
VAG	Versicherungsaufsichtsgesetz
VBlBW	Verwaltungsblätter für Baden-Württemberg (Z)
VerfBadWürtt	Verfassung des Landes Baden-Württemberg
VerfGH	Verfassungsgerichtshof
VerfHamburg	Verfassung der Freien und Hansestadt Hamburg
VerfSaarl	Verfassung des Landes Saarland
VermögStG	Vermögensteuergesetz
VersG	Versammlungsgesetz
VersR	Versicherungsrecht
VerwArch	Verwaltungsarchiv (Z)
VerwRspr.	Verwaltungsrechtsprechung

VG	Verwaltungsgericht
VGH	Verwaltungsgerichtshof
VGH Rspr.	Rechtsprechung der hessischen Verwaltungsgerichte
vgl.	vergleiche
VjHZG	Vierteljahreshefte für Zeitgeschichte (Z)
VLWF	Verordnung über das Lagern wassergefährlicher Flüssigkeiten
VO	Verordnung
Vorbem.	Vorbemerkung
VR	Verwaltungsrundschau (Z)
VuVG	Gesetz über Volksbegehren und Volksentscheid
VVDStRL	Veröffentlichungen der Vereinigung der Deutschen Staatsrechtslehrer
VwGO	Verwaltungsgerichtsordnung
VwPO	Verwaltungsprozeßordnung
VwVfG	Verwaltungsverfahrensgesetz
VZG	Volkszählungsgesetz
WaStrG	Wasserstraßengesetz
WBO	Wehrbeschwerdeordnung
WDR	Westdeutscher Rundfunk
WHG	Wasserhaushaltsgesetz
WissR	Wissenschaftsrecht, Wissenschaftsverwaltung, Wissenschaftsförderung (Z)
WiVerw	Wirtschaft und Verwaltung (Z)
Wolff-Bachof	H. J. Wolff-O. Bachof, Verwaltungsrecht Bd. 1, 9. Aufl. 1974, Bd. 2, 5. Aufl. 1987, Bd. 3, 4. Aufl. 1978
WRV	Weimarer Reichsverfassung
ZBR	Zeitschrift für Beamtenrecht (Z)
ZDF	Zweites Deutsches Fernsehen
ZevKR	Zeitschrift für evangelisches Kirchenrecht (Z)
ZfBR	Zeitschrift für deutsches und internationales Baurecht (Z)
ZfdgesVersw.	Zeitschrift für die gesamte Versicherungswissenschaft (Z)
ZfS	Zeitschrift für Sozialreform (Z)
ZfSH	Zeitschrift für Sozialhilfe (Z)
Zfw	Zeitschrift für Wasserrecht (Z)
Zinn-Stein	Verfassung des Landes Hessen. Kommentar hrsgg. v. G. A. Zinn u. E. Stein u. Mitarb. v. W. Rupp-v. Brünneck, Bd. 1 Bad Homburg v.d.H. 1954 (Losebl. Std. Oktober 1990)
ZRP	Zeitschrift für Rechtspolitik (Z)
ZSF	Zeitschrift für das Fürsorgewesen (Z)
ZUM	Zeitschrift für Urheber und Medienrecht (Z)
zutr.	zutreffend

Erster Abschnitt

Die Entstehung des Landes Hessen und seiner Verfassung

von *Michael Stolleis*

Literatur

L. Bergsträsser, Zeugnisse zur Entstehungsgeschichte des Landes Hessen, VjHZG 5 (1957) 397-416; *H.-Chr. Beyer,* Die verfassungspolitischen Auseinandersetzungen um die Sozialisierung in Hessen 1946, phil. Diss. Marburg 1977; *W. v. Brünneck,* Die Verfassung des Landes Hessen vom 1. Dezember 1946, in: JöR NF 3 (1954) 213-270; *K. E. Demandt,* Geschichte des Landes Hessen, 2. Aufl. Kassel/Basel 1972; *W. L. Dorn,* Zur Entstehungsgeschichte des Landes Hessen, VjHZG 6 (1958) 191-196; *R. Gross,* Die Entwicklung des Hessischen Verfassungsrechts, in. JöR NF 21 (1972) 309-359; *ders.* Die Entwicklung des Hessischen Verfassungsrechts von 1972 bis 1980, in: JöR NF 29 (1980) 353-391; *B. Heidenreich/K. Schacht* (Hrsg.), Hessen. Eine politische Landeskunde, 1993; *P. Hörter,* Die Entstehung des Landes Hessen nach 1945 unter besonderer Berücksichtigung der Mitwirkung der Besatzungsmächte, Diss. jur. Würzburg 1968; *O. R. Kissel,* Neuere Territorial- und Rechtsgeschichte des Landes Hessen, Wiesbaden 1961; *W. A. Kropat,* Hessen in der Stunde Null 1945/1947. Politik, Wirtschaft und Bildungswesen in Dokumenten, Wiesbaden 1979; *W. Mühlhausen,* Hessen 1945-1950. Zur politischen Geschichte eines Landes in der Besatzungszeit, Frankfurt 1985; *H. Philippi,* Der Oberrheinische Kreis, in: Deutsche Verwaltungsgeschichte, Bd. 1, Stuttgart 1983, 634-658; *E. Stein* (Hrsg.), 30 Jahre Hessische Verfassung, 1946-1976, Wiesbaden 1976; *J. Rüchert,* 50 Jahre Hessische Verfassung, KritV 1996 Heft 2; *M. Stolleis,* Geschichte des öffentlichen Rechts in Deutschland, Bd. 2, 1800-1914, 1992.

Gliederung

I. Das Land	18
1. Der geschichtliche Faktor	18
2. Landesgeschichte bis zum 20. Jahrhundert	19
a) Die Entwicklung im Alten Reich	20

b) Das 19. Jahrhundert 21
c) Hessen-Nassau und Volksstaat Hessen 1919-1945 26
II. »Groß-Hessen« und seine Verfassung 27
  1. Der Wiederaufbau der Verwaltung 27
  2. Die Gründung von »Groß-Hessen« 28
  3. Die Entstehung der Verfassung 29

I. Das Land

1. Der geschichtliche Faktor

Das heutige Bundesland Hessen ist am 19. September 1945 zusammen mit »Württemberg-Baden« und »Bayern« durch die amerikanische Militärregierung geschaffen worden[1]. Der neue Staat umfaßte nach dem Wortlaut der Proklamation General Eisenhowers »Kurhessen und Nassau (ausschließlich der zugehörigen Exklaven und der Kreise Oberwesterwald, Unterwesterwald, Unterlahn und Sankt Goarshausen) und Hessen-Starkenburg, Oberhessen und den östlich des Rheines gelegenen Teil von Rheinhessen« (Art. I). Bereits die Namen dieser Gebiete zeigen, daß die wichtigsten Elemente des Landes schon durch die Geschichte ihre Zusammengehörigkeit gefunden hatten. Hessen kann deshalb nur in einem formalen Sinn als Gründung der Besatzungsmacht bezeichnet werden.
Ein »Großhessen« als territoriale Einheit war nicht nur in der Weimarer Republik angestrebt worden[2], es hatte im Kern vielmehr schon in ähnlicher Form spätestens im 16. Jahrhundert existiert, und es war in der bewegten Geschichte seiner einzelnen Teile (Hessen-Kassel bzw. Kurhessen, Hessen-Darmstadt, Nassau, Katzenelnbogen, Wittgenstein, Diez, Runkel, Limburg, Eppstein, Solms, Ziegenhain, Kurmainz, Waldeck, Hanau, Frankfurt u. a.) zunehmend auch als Einheit empfunden worden. Die »landsmannschaftliche Verbundenheit, die geschichtlichen und kulturellen Zusammenhänge«, auf die Art. 29 Abs. 1 GG verweist, erwiesen sich 1945 als stark genug, um als Fundament eines in sich geschlossenen Bundeslandes zu dienen. Die Besatzungsmacht vollzog, angeregt von Politikern und unterstützt von der Bevölkerung, was geschichtlich längst angelegt war[3].

---

1 Proklamation Nr. 2 Militärregierung – Amerikanische Zone v. 19. September 1945, ABl. MilReg Deutschl. Ausg. S. 2 Abgebildet in *W. A. Kropat,* Hessen in der Stunde Null 1945/1947, Wiesbaden 1979, Dok. 15.
2 *F. A. Medicus,* Reichsreform und Länderkonferenz. Die Beratungen und Beschlüsse der Länderkonferenz und ihrer Ausschüsse, Berlin 1930; *F. Poetzsch-Heffter,* Grundgedanken der Reichsreform, 1931; *W. Apelt,* Geschichte der Weimarer Verfassung, München 1964, 386 ff. (398); Verfassungsausschuß der Länderkonferenz, Berlin 1929/ 1930.
3 *W. -H. Struck,* Zur ideenpolitischen Vorbereitung des Bundeslandes Hessen seit dem 19. Jahrhundert, in: Hess. Jhb. f. Landesgesch. 1970, 282-324.

Dabei wurde allerdings nicht die Kontinuität eines älteren geschlossenen Staates wiederhergestellt, wie dies etwa in Bayern geschah, sondern es wurden historisch zusammengehörende Teile erstmals unter einem Staatsdach vereint. Deutlicher als anderswo sind deshalb auch die historischen Fugen und Risse erkennbar: die Grenzen der Landkreise und Regierungsbezirke sowie vor allem die Grenzen der katholischen Bistümer und der evangelischen Landeskirchen orientieren sich an alten dynastischen Grenzen. Auch der überlieferte Nord-Süd-Gegensatz zwischen Hessen-Kassel und Hessen-Darmstadt ist in mancherlei Gestalt noch spürbar. In Frankfurt hat sich bis heute ein – vor allem kulturell geprägtes – städtisches Sonderbewußtsein erhalten.

Gleichwohl sind die Integration der einzelnen Landesteile in einen Staat und die Ausbildung eines partikularen **Staatsbewußtseins,** soweit sich ein solches in der Bundesrepublik überhaupt entfalten konnte, vollzogen. Niemand hegt ernsthaft separatistische Gedanken. Auch die Wiedereingliederung der an Rheinland-Pfalz abgegebenen nassauischen Gebietsteile, des linksrheinischen Rheinhessens oder der von Baden-Württemberg regierten Stadt Bad Wimpfen ist heute kein Thema mehr[4].

Die historische Bedingtheit der Staatsgrenzen Hessens, die Verflochtenheit seiner Bewohner in eine Geschichte, die nach ihrer stärksten politischen Kraft »hessisch« genannt wird, sowie die Umstände der Gründung des Staates im Jahre 1945 machen es notwendig, den historischen Faktor im Staats- und Verwaltungsrecht zu unterstreichen. Die Entwicklungsgeschichte bietet nicht nur den einfachsten Weg zur Erklärung der einzelnen Elemente eines Gemeinwesens, sie leistet auch gewisse prognostische Hilfen; denn erfahrungsgemäß sind historisch gewachsene Strukturen, einschließlich der Mentalitäten und Vorurteile, zählebig. Wer sie verändern möchte, sollte, um seinen Kräftebedarf abschätzen zu können, den Blick in die Geschichte nicht verschmähen.

2. Landesgeschichte bis zum 20. Jahrhundert

Die komplizierte Geschichte der einzelnen heute vom Land Hessen umschlossenen weltlichen und geistlichen Herrschaften, Städte, Klein- und Mittelstaaten kann hier nur in knappster Form wiedergegeben werden[5].

---

4 Zu den Versuchen südhessischer Gemeinden, zu Baden-Württemberg zu gelangen, vgl. BVerfGE 5,58. Die 1956 in Montabaur und Rheinhessen durchgeführten Volksbegehren (vgl. BVerfGE 13, 54-97) führten 1975 zu Volksentscheiden (Bundesanz. Nr. 34/1975 v. 19.2.1975), wobei zu demjenigen über Montabaur nochmals des BVerfG zu entscheiden hatte (BVerfGE 42, 53). –
Zum staatsrechtlichen Kuriosum Bad Wimpfen vgl. *K.W. Platz,* in: DÖV 1966, 181-186.
5 *K. E. Demandt,* Hessen, in: Handwörterbuch zur Deutschen Rechtsgeschichte, Bd. II, Berlin 1978, Sp. 127-138 (Lit.); *ders.,* Geschichte des Landes Hessen, 2. Aufl., Kassel-Basel 1972; *O. R. Kissel,* Neuere Territorial- und Rechtsgeschichte des Landes Hessen, 1961; *W. A. Kropat* (Anm. 1), mit Literaturangaben zur Nachkriegsgeschichte.

a) *Die Entwicklung im Alten Reich*

Ausgangspunkt für die Entstehung einer einheitlichen Landesherrschaft in Hessen war der Aufstieg der hessischen Landgrafen im 13. Jahrhundert[6]. 1247 trennte sich die damals noch kleine Herrschaft Hessen von der Landgrafschaft Thüringen[7] und weitete ihren territorialen Einflußbereich in mühsamen Kämpfen, vor allem mit dem **Erzbistum Mainz**[8], rasch aus[9]. Nachdem in der Mitte des 14. Jahrhunderts noch einmal erhebliche Schwierigkeiten mit Mainz und dem landsässigen Adel aufgetreten waren, setzte im 15. Jahrhundert eine Periode großer Erfolge ein. Die Mainzer Ansprüche wurden endgültig verdrängt (1427), die Grafschaft **Ziegenhain** kam hinzu (1450) und Nieder- und Oberhessen wurden vereinigt, wobei Kassel allmählich Marburg an Bedeutung überrundete. Schließlich gelang, gegen den Widerstand der Grafen von Nassau, mit dem Erwerb der Grafschaft **Katzenelnbogen** (1479)[10] die besonders bedeutsam Expansion an den Rhein und nach Süden in den Darmstädter Raum.

Parallel zu dieser äußeren Abrundung bildeten sich im Innern allmählich zentrale Verwaltungsstrukturen, Kanzlei und Kassenwesen sowie ein einheitliches Recht. Aus der Vielzahl einzelner Rechtstitel entstanden Bündel von Hoheitsrechten, die sich wiederum in einer langen Entwicklung zur Landeshoheit (dominium terrae, summa potestas, **Souveränität**) zusammenfügten. Als ihre Hauptpunkte galten Gesetzgebung, Gerichtsbarkeit, Polizei (innere Verwaltung) Militärgewalt und Besteuerungsrecht[11]. Vorläufiger Höhepunkt dieses Prozesses war die Herrschaft Philipps des Großmütigen (1504-1567), unter der sich Hessen anschickte, zu einem bedeutenden Mittelstaat des Reiches zu werden.

Mit dem Tode Philipps brach diese Linie allerdings ab. Die Herrschaft teilte sich durch Erbfall, wenn man die kurzlebigen Gebilde Hessen-Marburg und Hessen-Rheinfels beiseite läßt, in **Hessen-Kassel** und **Hessen-Darmstadt**. Diese Teilung sollte sich als historisch äußerst folgenreich erweisen. Erst 1945 wurde sie wieder überwunden.

Zunächst blieben jedoch institutionelle Gemeinsamkeiten, die die beiden Linien aneinander banden, so etwa die Landstände, die hessische Ritterschaft und das Revisions- und Oberappellationsgericht in Kassel. Sie konnten aber auf die Dauer nicht

---

6 Grundsätzlich hierzu *Th. Mayer*, Über Entstehung und Bedeutung der älteren deutschen Landgrafschaften, 1938, in: *ders.*, Mittelalterliche Studien, Darmstadt, 1963, 187-201; *K. E. Demandt* (Anm. 5), 169 ff.
7 *H. Patze*, Die Entstehung der Landesherrschaft in Thüringen, 1. Teil, Köln-Graz 1962; *ders.*, Geschichte Thüringens, Köln-Wien 1974.
8 *M. Stimmig*, Die Entstehung des weltlichen Territoriums des Erzbistums Mainz, Darmstadt 1915.
9 *M. Eisenträger/E. Krug*, Territorialgeschichte der Kasseler Landschaft, Marburg 1935.
10 *K. E. Demandt* (Anm. 5), 207 ff.; *B. Diestelkamp*, Das Lehnrecht der Grafschaft Katzenelnbogen (13. Jahrhundert bis 1479), Aalen 1969; *ders.*, Grafschaft Katzenelnbogen, Handwörterbuch z. Dt. Rechtsgeschichte, Bd. II (1978), 663-671; *H. Maulhardt*, Die wirtschaftlichen Grundlagen der Grafschaft Katzenelnbogen im 14. und 15. Jh., Darmstadt und Marburg 1980.
11 *K. Krüger*, Finanzstaat Hessen 1500-1567: Staatsbildung im Übergang vom Domänenstaat zum Steuerstaat, Marburg 1980.

verhindern, daß sich Hessen-Kassel und Hessen-Darmstadt entfremdeten und im Dreißigjährigen Krieg heftig befehdeten. Im westfälischen Frieden des Jahres 1648 stabilisierte sich diese Trennung.
Hessen-Kassel nahm nun als kleiner Mittelstaat an der deutschen Geschichte des späten 17. und des 18. Jahrhunderts teil, ohne viel eigene Politik treiben zu können. Am Ende lehnte es sich stark an Preußen an, allerdings nicht an dessen aufgeklärte Seiten. Kurz vor dem Zusammenbruch des Alten Reichs in den napoleonischen Kriegen gelang es Hessen-Kassel, die schon bedeutungslos gewordene Kurwürde zu erlangen (1803). Drei Jahre später kam die Katastrophe, die den Kurfürsten ins Exil trieb (1806). An seiner Stelle bestieg Napoleons Bruder Jérôme in Kassel den Thron des neugeschaffenen Königreichs Westfalen[12].

In noch geringerem Maße war **Hessen-Darmstadt** in der Lage, staatlich selbständig zu handeln. Es erlitt mehrfach Kriegsschäden und endete, trotz einer Kulturblüte unter der bedeutenden Landgräfin Henriette Karoline, in Mißwirtschaft und Verschuldung. Bereits 1798 war der politisch-militärische Tiefpunkt erreicht. Die Zugehörigkeit zum **Rheinbund** (1806) führte allerdings bald wieder nach oben, äußerlich dokumentiert durch die Benennung »Großherzogtum«, durch Erlangung der vollen Souveränität und durch territoriale Erweiterung.

Auch die Fürsten von **Nassau-Usingen** und **Nassau-Weilburg**[13] gehörten zu den Gewinnern der napoleonischen »Flurbereinigung« zwischen 1803 und 1806. Nachdem sie zunächst durch ehemals geistliche Gebiete für linksrheinische Verluste entschädigt wurden (Reichsdeputationshauptschluß 1803)[14], schlossen sich die beiden Linien zusammen und bildeten 1806 das neue souveräne *Herzogtum Nassau*[15]. Es schwenkte 1813 zur antinapoleonischen Koalition über und wurde 1815 Mitglied des Deutschen Bundes, wobei es sich nochmals vorteilhaft arrondierte.

b) *Das 19. Jahrhundert*

Dem **Deutschen Bund** schlossen sich ebenso Hessen-Kassel (»Kurhessen«), Hessen-Darmstadt, die Nebenlinie Hessen-Homburg, das Fürstentum Waldeck und die freie Stadt Frankfurt an. Sie spielten dort angesichts der Dominanz von Österreich und Preußen keine große Rolle, beschäftigten aber wegen ihrer Verfassungsprobleme und ihrer inneren Unruhen mehrfach die deutsche Politik. Hessen-Kassel und Hessen-Darmstadt galten als reaktionär regierte Länder[16], die der außerordentlichen Verarmung ihrer Bevölkerung nicht Herr zu werden vermochten. Hunger und poli-

---

12 *H. Berding,* Napoleonische Herrschafts- und Gesellschaftspolitik im Königreich Westfalen 1807-1813, Göttingen 1973.
13 Zur Entwicklung *K. E. Demandt*(Anm. 5), 367-435.
14 Text bei *E. R. Huber,* Dokumente zur deutschen Verfassungsgeschichte, Bd. I, Stuttgart 1961, 1-26.
15 *W.-H. Struck,* Die Gründung des Herzogtums Nassau, in: Herzogtum Nassau 1806-1866. Politik, Wirtschaft, Kultur, Wiesbaden 1981, 1-17.
16 Vgl. *G. W. Pedlow,* The Nobility of Hessen-Kassel. Family, Land and Office, 1770-1870, J. Hopkins Univ. 1980; *E. W. Budach,* Das Fürstentum Waldeck in der Zeit des Deutschen Bundes, jur. Diss. Kiel 1973.

tischer Druck führten zu Auswanderungswellen nach Amerika, was einen noch schwereren Aderlaß bedeutete als die berechtigten »Soldatenverkäufe« des 18. Jahrhunderts.

Das **Herzogtum Nassau** wurde bis etwa 1820 liberal regiert[17], reformiert und zu einem modernen Staat ausgebildet. Es bekam schon 1814 eine Verfassung. Die darin vorgesehene Deputiertenversammlung trat aber erst 1818 zusammen. 1819 endete die liberale Linie. Nassau paßte sich Metternichs Politik an. Mit kurzen Unterbrechungen 1830 und 1848[18] wurde diese konservative Politik gegen eine liberal gesinnte Gesellschaft durchgehalten. 1866 stand Nassau auf der Seite Österreichs, wurde von Preußen annektiert und, zusammen mit Kurhessen, zur preußischen Provinz Hessen-Nassau gemacht[19].

In ähnlicher Weise entwickelte sich im 19. Jahrhundert auch **Hessen-Darmstadt.** Es gab sich 1820 eine Verfassung mit einem sehr engen indirekten Wahlrecht[20] und mußte sich ebenfalls der restaurativen österreichischen Linie anpassen. Eine eigene Außenpolitik gab es kaum noch. Die Innenpolitik war reaktionär und schürte revolutionären Widerstand (Georg Büchner, Friedrich Ludwig Weidig), der sich allerdings nicht durchsetzen konnte[21]. Dem liberalen Zwischenspiel unter dem Ministerium Heinrich von Gagern (1848) folgte mit dem hochkonservativen Ministerium Dalwigk wieder die bisherige Politik[22]. Hessen-Darmstadts Regierung blieb isoliert, hilflos gegenüber der Massenauswanderung, und setzte politisch auf Österreich. Das führte 1866 zum Verlust der Selbständigkeit. Hessen-Darmstadt mußte dem Norddeutschen Bund beitreten, eine Entschädigung zahlen und wurde von Preußen militärisch entmachtet.

Hessen-Kassel wurde nach 1815 demonstrativ im alten Stil regiert (»Zopf-Zeit«)[23]. 1816 kam es wegen der Verfassungsgebung zum Bruch mit den Landständen. Der Kurfürst widersetzte sich konstitutionellen Bindungen und beschränkte sich auf ein nach preußischem Vorbild formuliertes Organisationsedikt (1821). Die Juli-Revolution von 1830 führte dann zu erheblichen inneren Unruhen. Sie entstanden aus der allgemein mißbilligten Mißwirtschaft und Korruption, aus der Not der Bauern und des Mittelstandes sowie aus dem öffentlichen Ärgernis der kurfürstlichen Mätresse. Drohungen mit Bundestruppen von außen und das Zugeständnis einer Verfassung

---

17 *N. Zabel,* Räumliche Behördenorganisation im Herzogtum Nassau (1806-1866), Wiesbaden 1981; *W. Schüler,* Wirtschaft und Gesellschaft im Herzogtum Nassau, in: Nass. Annalen 91 (1980), 131-144.
18 *E. R. Huber,* Deutsche Verfassungsgeschichte seit 1789, Bd. II, Stuttgart 1960, 516, *W. Schüler,* Die Revolution von 1848/49, in: Herzogtum Nassau (Anm. 15), 19-35.
19 *W. A. Kropat,* Das Ende des Herzogtums (1850-1866), in: Herzogtum Nassau (Anm. 15), 37-52.
20 *H. Andres,* Die Einführung des konstitutionellen Systems im Großherzogtum Hessen, Berlin 1908; *E. R. Huber,* Deutsche Verfassungsgeschichte, Bd. I, Stuttgart 1957, 335 f.; *K. Lüderssen,* K. L. W. v. Grolmann, in: Handwörterbuch zur Deutschen Rechtsgeschichte, Bd. I, Berlin 1971, Sp. 1808-1814 m.w.Nachw.
21 Zum allmählichen Übergang auf den Rechtsstaat vgl. *K. H. Acker,* Verwaltungskontrolle in Hessen-Darmstadt 1770-1835, jur. Diss. Frankfurt 1983.
22 *E. R. Huber,* Deutsche Verfassungsgeschichte (Anm. 18), Bd. II, 514; Bd. III, 199 ff.
23 *W. Speitkamp,* Restauration als Transformation. Untersuchungen zur kurhessischen Verfassungsgeschichte 1813-1830, Darmstadt-Marburg 1986.

beschwichtigten den Aufstand. Die am 5. Januar 1831 in Kraft getretene Verfassung[24] legte den üblichen Dualismus zwischen Monarch und Ständeversammlung zugrunde, war aber radikaler als andere vormärzliche Verfassungen, da sie keine zweite Kammer vorsah, der Ständeversammlung auch das Gesetzesinitiativrecht zubilligte, das Institut der Ministeranklage und einen ausformulierten Grundrechtskatalog, allgemeine Wehrpflicht und Vereidigung des Heeres auf die Verfassung (!) kannte.

Die Regierung unter dem Minister Ludwig Hassenpflug[25] versuchte jedoch, diese Verfassung zu unterlaufen. Schon 1832 kam es zum ersten Verfassungskonflikt; der Landtag wurde mehrmals aufgelöst. Gegen Hassenpflug wurden Ministeranklagen erhoben. Budgetstreitigkeiten und kirchenpolitische Auseinandersetzungen kamen hinzu, so daß Hassenpflug 1837 zurücktreten mußte, ohne daß sich jedoch die Politik insgesamt änderte. Die liberale Regierung, die im Gefolge der Revolution von 1848 ans Ruder kam, blieb auch hier relativ wirkungslos.

Die restaurative Gegenbewegung brachte sogar Hassenpflug erneut ins Amt (1850). Er trieb das Land nun durch offenen Verfassungsbruch in den Konflikt[26]. Es kam zur Erklärung des Kriegszustandes und zur Auflehnung des gesamten Staatsapparates gegen die Regierung, die unter österreichischem Schutz den Bundestag zu Hilfe rief. Nachdem das ganze Heer den Gehorsam verweigerte, wurde die kurhessische Frage zur Machtprobe zwischen Österreich und Preußen. Schließlich führten bayerische Truppen (»Strafbayern«) die Bundesexekution aus, die Regierung wurde wieder in den Sattel gesetzt und konnte sich durch harte Unterdrückungsmaßnahmen noch einmal stabilisieren. Sogar das bis dahin standhafte Oberappellationsgericht in Kassel und die Armee beugten sich. In der Folgezeit wurde die Verfassung von neuem mißachtet und 1852 im Zusammenwirken mit dem Deutschen Bund durch eine oktroyierte Verfassung ersetzt[27]. Alle liberalen und auf stärkere Parlamentarisierung zielenden Ansätze waren in ihr beseitigt. So stand die ganze letzte Phase der Existenz Kurhessens unter dem unglücklichen Zeichen des »Verfassungskonflikts«. Es ist kein Zufall, daß aus diesem Umfeld das berühmte Buch »Der Rechtsstaat« (1864) von Otto Bähr erwachsen ist.

Obwohl Hassenpflug 1855 endgültig ausschied, lösten sich die Differenzen nicht. Die Liberalen versuchten Preußen zu gewinnen und behaupteten ab 1859 die Ungültigkeit der Verfassung von 1852. Da sich Preußen mit dieser Ansicht identifizierte, zog ein neuer Konflikt herauf. Der Kurfürst oktroyierte 1860 eine neue, ohne Mit-

---

24 R. Polley, Die Kurhessische Verfassung von 1831, Marburg 1981; K. E. Demandt (Anm. 5), 551 f.; E. R. Huber, Deutsche Verfassungsgeschichte (Anm. 18), Bd. II, 68 ff., R. Bovensiepen, Sylvester Jordan, in: J. Schnack, Lebensbilder aus Kurhessen und Waldeck, 1830-1930, Bd. III, Marburg 1955, 163-186.
25 R. Friderici, Ludwig Hassenpflug, in: J. Schnack, Lebensbilder (Anm. 23), Bd. IV, 101-121.
26 W. E. Kellner, Verfassungskämpfe und Staatsgerichtshof in Kurhessen, Marburg 1965; M. Bullik, Staat und Gesellschaft im hessischen Vormärz, Köln 1972; E. Grote, Verfassungsgebung und Verfassungskonflikt, Berlin 1996.
27 E. R. Huber, Deutsche Verfassungsgeschichte (Anm. 18), Bd. II, 930; vgl. daneben M. Bürsch, Kleinstaatliche Verfassung zwischen Vormärz und Reaktion. Studien zur Entstehung der waldeckisch-pyrmontischen Verfassungsurkunden von 1849 und 1852, jur. Diss. Kiel 1970.

wirkung der Stände revidierte, Verfassung. Drei Auflösungen der zweiten Kammer folgten (1861/62). Inzwischen verstärkte sich der Druck Preußens und des Deutschen Bundes auf die Regierung, die Verfassung von 1831 wieder in Kraft zu setzen. 1862 geschah dies endlich, um den Einmarsch Preußens abzuwenden. 1866 schließlich rückten preußische Truppen in Hessen ein. Der Kurfürst geriet in Gefangenschaft. Kurhessen wurde annektiert und mit Nassau, Frankfurt und der Landgrafschaft Hessen-Homburg zur preußischen Provinz **Hessen-Nassau** vereinigt. Nach anfänglichen Schwierigkeiten, besonders in Frankfurt[28], wurde die Verbindung mit Preußen als vorteilhaft empfunden, zumindest aber akzeptiert[29]. Auch die Dynastie fand sich schließlich damit ab.

Die **Reichsstadt Frankfurt** verlor ihre Selbständigkeit mit der Gründung des Rheinbundes. In der Rheinbundakte vom 12. Juli 1806 bekam der Fürstprimas Karl-Theodor von Dalberg Stadt und Gebiet Frankfurt »en toute propriété et souveraineté« (Art. 22). Die Stadt wurde Hauptstadt des Rheinbundes und des Großherzogtums Frankfurt (1810-1813), zu dem auch die Fürstentümer Hanau und Aschaffenburg und der größere Teil des Fürstentums Fulda gehörten[30]. Ähnlich wie im Königreich Westfalen wurden Reformen eingeleitet, der Code Napoléon eingeführt (1811) und eine Verfassung erlassen (1810). Nach der Niederlage Napoleons wurde Frankfurt zunächst als Generalgouvernement zwangsverwaltet und dann ab 1. Januar 1814 als freie Stadt mit der alten reichsstädtischen Verfassung wiederhergestellt. Zusammen mit den freien Städten Lübeck, Bremen und Hamburg wurde es Mitglied des Deutschen Bundes, dessen Bundesversammlung von 1815 bis 1866 in Frankfurt ihren Sitz erhielt. Dadurch war Frankfurt wenigstens äußerlich die politische Zentrale Deutschlands. Was der Stadt an eigenständiger politischer Macht fehlte, ersetzte sie durch ihre Entwicklung zum Banken- und Handelszentrum. Frankfurts Verfassung, festgelegt in der sog. Constitutions-Ergänzungsakte vom 19. Juli/ 18. Oktober 1816, war ein Kompromiß zwischen altständisch-patrizischen Vorstellungen und den Postulaten der modernen Verfassungsbewegung. Aber weder Gewaltenteilung noch bürgerliche Gleichheit hatten sich durchsetzen lassen[31]. Als Sitz der Bundesversammlung wurde Frankfurt Schauplatz des gegen den Deutschen Bund gerichteten »Frankfurter Wachensturms«[32], dessen Fehlschlag zu einer demütigenden Belegung Frankfurts mit Bundestruppen führte (1833-1842). Hier konzentrierten sich naturgemäß auch die Ereignisse der Jahre 1848/49. Abgesehen

---

28 *M. F Michel*, Die Einverleibung Frankfurts in den preußischen Staat als Fall einer Staatensukzession. Eine völkerrechtliche Studie, Frankfurt 1910.
29 Details zur Integration von Hessen-Nassau in die preußische Monarchie bei *L. v. Rönne*, Das Staatsrecht der preußischen Monarchie, Bd. IV (Verwaltungsrecht), 4. Aufl. Leipzig 1883/84; *C. Bornhak*, Preußisches Staatsrecht, Bd. IV (Verwaltungsrecht), 1890; *H. Schulze*, Das preußische Staatsrecht, Bd. 2, 1877; *R. Graf Hue de Grais*, Handbuch der Verfassung und Verwaltung in Preußen und im Deutschen Reiche, Berlin 1881; *K. Parey*, Handbuch des preußischen Verwaltungsrechts, 2 Bde., Berlin 1887; *G. A. Grotefend*, Lehrbuch des preußischen Verwaltungsrechts, 2 Bde., 1890/1892.
30 *P. Darmstaedter*, Das Großherzogtum Frankfurt, Frankfurt 1901.
31 *R. Koch*, Grundlagen bürgerlicher Herrschaft. Verfassungs- und sozialgeschichtliche Studien zur bürgerlichen Gesellschaft in Frankfurt am Main 1612-1866, Wiesbaden 1983.
32 *E. R. Huber* (Anm. 18), Bd. II, 164 ff.

davon, daß Frankfurt selbst von der Revolution erfaßt wurde[33], traten hier Vorparlament und Nationalversammlung zusammen, begannen die neuen Reichsorgane zu arbeiten, ereignete sich der Frankfurter Aufstand und der Abgeordnetenmord (16.-18. September 1848), wurde der preußische König Friedrich Wilhelm IV. zum Kaiser gewählt und wurde schließlich nach dem Scheitern der Revolution der Deutsche Bund im September 1850 wieder eröffnet.

Am 16. Juli 1866 gingen die eigenstaatlichen Rechte Frankfurts auf Preußen über. Seine innerstädtischen Verhältnisse wurden durch das preußische Gemeindeverfassungsgesetz vom 25. März 1867 bestimmt[34]. Die Erhaltung der bisherigen Strukturen machte Frankfurt den Übergang leichter[35].

Von 1866 an ist die Geschichte des heutigen hessischen Raums teilweise preußisch, teilweise jedenfalls stark von Preußen bestimmt. Die Verwaltung der Provinz **Hessen-Nassau** gliederte sich schnell in die preußische Verwaltung ein[36]. 1885 erhielt sie eine Provinzialordnung und 1897 eine Städteordnung und eine Landgemeindeordnung[37]. Wirtschaftlich lag der Schwerpunkt der Provinz im Rhein-Main-Gebiet[38]. Insbesondere **Frankfurt** entwickelte sich um 1900 zu einem Wirtschafts- und Verkehrszentrum. Kurz vor dem Weltkrieg erhielt die Frankfurter Universität, eine städtische Gründung[39], noch das Gründungsprivileg. Das Großherzogtum **Hessen-Darmstadt** orientierte nach 1866 seine Politik an Preußen. Die nationalliberale Partei blieb bis zum Ende führend[40], was Auswirkungen insbesondere auf den Kulturkampf hatte[41]. Im übrigen erlangte Hessen-Darmstadt keine politische Bedeutung mehr. Eine gut geordnete Verwaltung[42], glanzvolle Verbindungen zum russischen Zarenhaus und eine kulturelle Blüte im Darmstädter Jugendstil kompensierten dies in gewisser Weise[43].

---

33 *E. R. Huber* (Anm. 18), Bd. II, 523 ff.
34 GS 401.
35 *R. Koch*, Ständische Repräsentation oder liberale Repräsentativverfassung? Die Constitutions-Ergänzungs-Acte der freien Stadt Frankfurt als historischer Kompromiß, Zeitschr. f. histor. Forschung 5 (1978), 187 ff.; *W. A. Kropat*, Frankfurt zwischen Provinzialismus und Nationalismus. Die Eingliederung der »Freien Stadt« in den preußischen Staat (1866-1871), Frankfurt 1971; *W. Klötzer*, Das Wilhelminische Frankfurt, in: Archiv für Frankfurts Geschichte und Kunst, 53 (1973) 161-182.
36 *K. Müller*, Preußischer Adler und hessischer Löwe. Hundert Jahre Wiesbadener Regierung 1866-1966, Wiesbaden 1966.
37 Provinzialordnung Hessen-Nassau v. 8. Juni 1885, GS 242; Städteordnung v. 4. August 1897, GS 254 (ohne Frankfurt); Landgemeindeordnung v. 4. August 1897, GS 301.
38 *A. Anderhut*, Verwaltung im Regierungsbezirk Wiesbaden 1866-1885, Wiesbaden 1977.
39 *R. Wasmuth*, Die Gründung der Universität Frankfurt, 1929; *H. Achinger*, Wilhelm Merton und seine Zeit, Frankfurt 1965, 214 ff.; *P. Kluke*, Die Stiftungsuniversität Frankfurt a.M. 1914-1932, 1972; *N. Hammerstein*, Die Johann Wolfgang Goethe-Universität Frankfurt am Main, Bd. I, 1914-1950, 1989.
40 *E. R. Huber* (Anm. 18), Bd. IV, 418 ff.
41 *E. R. Huber* (Anm. 18), Bd. IV, 76 3 ff., 812 f.; *K. E. Demandt* (Anm. 5) 599 ff.
42 *W. Zeller*, Handbuch der Verfassung und Verwaltung im Großherzogtum Hessen, Darmstadt 1885, Erg. Bd. 1893; *K. Cosack*, Das Staatsrecht des Großherzogtums Hessen, Freigurg i.Br. 1894; *F. Küchler*, Das Verfassungs- und Verwaltungsrecht des Großherzogtums Hessen, 3. Aufl., hrsg. v. *A. E. Braun/A. K. Weber*, 4 Bde., Darmstadt 1894-96; W. van Calker, Das Staatsrecht des Großherzogtums Hessen, Tübingen 1913.
43 *Ernst Ludwig* Großherzogtum von Hessen und bei Rhein, Erinnertes, Darmstadt 1983.

c) *Hessen-Nassau und Volksstaat Hessen 1919-1945*

Die Revolution von 1918/19 stürzte mit anderen Monarchien auch die preußische und die hessen-darmstädtische. Kaiser Wilhelm II. dankte am 9. November 1919 auch als preußischer König ab[44], und in Darmstadt verzichtete Großherzog Ernst Ludwig auf den Thron, nachdem der Übergang zur Republik vollzogen war. Am 12. Dezember 1919 wurde die Verfassung für den »neuen Volksstaat Hessen« beschlossen, am 3. November 1920 die preußische[45].
In beiden Landesteilen dominierte parteipolitisch die SPD. Sie lag bereits 1919 weit vorn und konnte diese Stellung bis 1928 unangefochten bewahren. Die von ihr bestimmten Provinzialverwaltungen bzw. Regierungen waren loyal gegenüber der preußischen und der Reichsregierung und sie versuchten, auf ihre Weise mit den lokalen Schwierigkeiten der jungen Republik fertig zu werden[46]. Außer den allgemeinen Problemen der Nachkriegszeit, Inflation und Arbeitslosigkeit, waren es nach der Besetzung des linken Rheinufers durch alliierte Truppen besonders die auf eine »Rheinische Republik« zielenden und von Frankreich unterstützten separatistischen Putschversuche, die zu innenpolitischer Unruhe führten[47]. Da diesen Versuchen der Rückhalt in der Bevölkerung fehlte, brachen sie aber schnell zusammen.
Kaum zeichnete sich nach diesen Schwierigkeiten eine Phase der Konsolidierung ab (1924-1928)[48], als Weltwirtschaftskrise und Massenarbeitslosigkeit auch in Hessen-Nassau und im Volksstaat Hessen die NSDAP nach oben brachten[49]. Von 3,6 % (1928) steigerte sie sich in Hessen-Nassau auf 43,6 % bzw. 41,2 % (1932) und 49,4 % (5. März 1933), während die SPD von 32,2 % (1928) auf 18,7 % absank (5. März 1933). Die gleiche Entwicklung zeigte sich in Hessen-Darmstadt.
Mit der Machtübernahme der Nationalsozialisten begannen die für das Regime typischen Auseinandersetzungen zwischen Partei und Staat, die mit der faktischen Durchsetzung der Gauleiter in Kassel und in Frankfurt endeten[50]. Die preußische Provinzialverwaltung von Hessen-Nassau verlor entsprechend an Gewicht; die noch

---

44 *E. R. Huber* (Anm. 18), Bd. V, 1978, 682 ff.
45 *H. Gmelin,* Verfassungsentwicklung und Gesetzgebung in Hessen 1913-1919, JöR 9 (1920), 204 ff.; *ders.,* Die hessische Verfassung und Gesetzgebung von 1920, JöR 10 (1921), 301; *O. Koellreutter,* Die neuen Landesverfassungen, in: *Anschütz-Thoma,* Handbuch des Deutschen Staatsrechts, Bd. I, Tübingen 1930, 138-146; Texte bei *O. Ruthenberg,* Verfassungsgesetze des deutschen Reichs und der deutschen Länder, nach dem Stande vom 1. Februar 1926, Berlin 1926.
46 *K. E. Demandt* (Anm. 5), 605; *H. Gmelin,* Die Entwicklung des öffentlichen Rechts in Hessen von 1923 bis Ende 1928, JöR 17 (1929), 172-200.
47 *E. R. Huber* (Anm. 18), Bd. V, 1128 ff.
48 *H. Gmelin* (Anm. 45).
49 *K. E. Demandt* (Anm. 5), 605 f.; *D. Rebentisch,* Kommunalpolitik, Konjunktur und Arbeitsmarkt in der Endphase der Weimarer Rupublik, in: *R. Morsey* (Hrsg.), Verwaltungsgeschichte. Aufgaben, Zielsetzungen, Beispiele, Berlin 1977, 107 ff., *E. Schön,* Die Entstehung des Nationalsozialismus in Hessen, Meisenheim a. Gl. 1972.
50 *D. Rebentisch,* Der Gau Hessen-Nassau und die nationalsozialistische Reichsreform, in: Nass. Annalen 89 (1978), 128-162; *ders.,* Nationalsozialistische Revolution, Parteiherrschaft und totaler Krieg in Hessen (1933-1945), in: *U. Schultz* (Hrsg.), Die Geschichte Hessens, Stuttgart 1983, 233-250; *P. Hüttenberger,* Die Gauleiter, 1969, *P. Diehl-Thiele,* Partei und Staat im Dritten Reich, München 1969.

1944 vorgenommene Teilung in zwei Provinzen (Kurhessen, Nassau) ging folgenlos im Krieg unter. »Eine eigene hessische Geschichte dieser Jahre gibt es nicht«[51]. Es gab zwar lokale Ereignisse, Widerstand und Verfolgung[52] ebenso wie begeisterte Gefolgschaft, aber keine hessische Eigenstaatlichkeit mehr. Alle Verwaltung war Reichsverwaltung, die wesentlichen Fragen entschied Berlin. Auch die NS-Ideologie der »Volksgemeinschaft« war Sonderentwicklungen und historischen Eigentümlichkeiten nicht günstig.
Nimmt man zu diesen »Modernisierungseffekten wider Willen« die Kriegsverwüstungen und die nach 1945 einsetzende Durchmischung der Bevölkerung mit Flüchtlingen hinzu[53], dann liegt auf der Hand, daß nach der Kapitulation an eine Wiederherstellung der alten dynastischen Gebilde Kurhessen, Nassau und Hessen-Darmstadt nicht zu denken war. Das Fürstentum (später Freistaat) Waldeck war ohnehin schon 1929 in den preußischen Staatsverband eingegliedert worden. Zwischen 23. März und 4. April 1945 besetzten amerikanische Truppen das Land. Die Militärregierung übernahm »die höchste gesetzgebende, rechtsprechende und vollziehende Machtbefugnis und Gewalt in dem besetzten Gebiet«[54].

II. »Groß-Hessen« und seine Verfassung

1. Der Wiederaufbau der Verwaltung

Die Wahrnehmung erster Staatsfunktionen in einer Zeit der Zerstörung und allgemeiner politischer Lähmung[55] begann in der notdürftig agierenden Verwaltung und Justiz hinter der alliierten Front[56] sowie, nach der Besetzung des ganzen Landes, in den Provinzialverwaltungen.
So erhielt in der Provinz Starkenburg Prof. Dr. Ludwig Bergsträsser am 21. April 1945 provisorische Regierungsbefugnisse, die am 3. Juni auf Oberhessen ausgedehnt wurden. Ab 8. August erstreckte sich die Zuständigkeit auf das Gebiet des

---

51 *K. E. Demandt (Anm. 5)*, 596.
52 Heimatgeschichtlicher Wegweiser zu Stätten des Widerstands und der Verfolgung, Bd. 1 Hessen, Köln 1984. Vgl. auch die Antwort der Landesregierung auf die Anfrage der GRÜNEN betr. Konzentrationslager und andere Lager des NS-Regimes in Hessen v. 3. 12. 1984, Drucks. 11/2581.
53 *P. Waldmann,* Die Eingliederung der ostdeutschen Vertriebenen in die westdeutsche Gesellschaft, in: *Becker-Stammen-Waldmann,* Vorgeschichte der Bundesrepublik Deutschland, München 1979, 163 ff. (181 ff.); *P. Kluke,* Das Land Hessen, in: *E. Stein* (Hrsg.), 30 Jahre Hessische Verfassung, Wiesbaden 1976, 21 ff.
54 So die Proklamation Nr. 1 der Militärregierung Deutschland, o. Datum, Text bei *W. A. Kropat* (Anm. 1), Dok. 6.
55 Hierzu *P. Kluke* (Anm. 53) 11 ff.; *W. A. Kropat,* Hessen zwischen Kapitulation und Währungsreform (1945-1948), in: *J. Schissler* (Hg.), Politische Kultur und politisches System in Hessen, Frankfurt 1981, 93-111.
56 *M. Stolleis,* Rechtsordnung und Justizpolitik 1945-1949, in: Europäisches Rechtsdenken in Geschichte und Gegenwart, Festschr. f. H. Coing, Bd. I, München 1982, 383-407.

ehemaligen Volksstaats Hessen rechts des Rheins, und die Zivilverwaltung konnte den Namen »Deutsche Regierung des Landes Hessen« führen[57].
Ähnlich entwickelten sich die Dinge in den Provinzen Nassau und Kurhessen, in denen es ab 1. Mai bzw. 10. Mai 1945 provisorische deutsche Verwaltungsbefugnisse für den Regierungspräsidenten in Wiesbaden und für den Ober- und Regierungspräsidenten in Kassel gab[58].

2. Die Gründung von »Groß-Hessen«

Nach Lage der Dinge waren die Vorstellungen der Amerikaner für die staatliche Neugliederung des westlichen Deutschlands maßgebend. Vollständig gilt dies für den Bereich ihrer eigenen Besatzungszone. Dort hatten sie sich aus grundsätzlichen und aus praktischen Erwägungen für einen Aufbau von unten nach oben, d.h. von der Kommunal- bis zur Landesebene entschieden[59]. Erkundigungen des amerikanischen Beauftragten, Walter L. Dorn, ergaben ein historisch begründetes »gesamthessisches Bewußtsein«. Die schon in der Weimarer Zeit verfolgten Pläne zur Bildung eines »Groß-Hessens« kamen zutage, so daß der einzuschlagende Weg bald relativ klar schien. Anders als in Baden, in der Pfalz, in Oldenburg oder in Lippe zeigte sich in Hessen kein Unmut der Bevölkerung über die neue Lösung. Die endliche Verschmelzung von Hessen-Nassau und Hessen-Darmstadt wurde akzeptiert.
Am 19. September 1945 wurde die Gründung des neuen Staates durch die Proklamation Nr. 2[60] vollzogen. Eine Woche später ließen die Amerikaner die Tätigkeit von Parteien offiziell zu[61], und am 16. Oktober wurde das Land im Landeshaus in Wiesbaden feierlich konstituiert[62]. Es bestand nun aus dem alten **Kurhessen,** dem um vier Landkreise reduzierten **Nassau** und dem ebenfalls um vier Landkreise redu-

---

57 *L. Bergsträsser,* Zeugnisse zur Entstehungsgeschichte des Landes Hessen, VjHZG 5 (1957) 397-476; zu seiner Person vgl. *E. Fehrenbach,* Ludwig Bergsträsser, in: *H. U. Wehler* (Hrsg.), Deutsche Historiker VII, Göttingen 1980, 101-117.
58 *W. A. Kropat* (Anm. 1), 9 ff.; *K. E. Demandt* (Anm. 5), 608. Zur Entwicklung in Rheinland-Pfalz vgl. *U. Springorum,* Entstehung und Aufbau der Verwaltung in Rheinland-Pfalz nach dem zweiten Weltkrieg (1945-1947), Berlin-München 1982.
59 *J. Gimbel,* Amerikanische Besatzungspolitik 1945-1949, Frankfurt 1968: *C. F. Latour/Th. Vogelsang,* Okkupation und Wiederaufbau. Die Tätigkeit der Militärregierung in der amerikanischen Besatzungszone Deutschlands 1944-1947, Stuttgart 1973, 98 ff.; *M. E. Foelz-Schroeter,* Föderalistische Politik und nationale Repräsentation 1945-1946. Westdeutsche Länderregierungen, zonale Bürokratien und politische Parteien im Widerstreit, Stuttgart 1974; *W. L. Dorn,* Die Debatte über die amerikanische Besatzungspolitik für Deutschland (1944-45), VjHZG 5 (1958), 60-77; Zur Entstehungsgeschichte des Landes Hessen, VjHZG 6 (1958), 191-196; *ders.,* Inspektionsreisen in der US-Zone. Notizen, Denkschriften und Erinnerungen, hrsgg. v. *L. Niethammer,* Stuttgart 1973; *S. L. Wahrhaftig,* In jenen Tagen. Marginalien zur Führungsgeschichte eines deutschen Bundeslandes (Hessen), in: Frankfurter Hefte 1970, 785, 863; 1971, 93 ff. *W. Mühlhausen,* Die Entscheidungen der amerikanischen Besatzungsmacht zur Gründung des Landes Hessen, in: Nass. Annalen 96 (1985) 197 ff.
60 Vgl. Anm. 1.
61 *W. A. Kropat* (Anm. 1), 68.
62 *P. Hörter,* Die Entstehung des Landes Hessen nach 1945 unter besonderer Berücksichtigung der Mitwirkung der Besatzungsmächte, jur. Diss. Würzburg 1968.

zierten **Hessen-Darmstadt**[63]. Erster Ministerpräsident war der von den Amerikanern eingesetzte parteilose Nationalökonom Prof. Dr. Karl Geiler aus Heidelberg. Er bildete eine Landesregierung[64] und berief als Vorparlament einen »beratenden Landesausschuß« aus je 12 Vertretern von CDU, SPD, LDP (heute F.D.P.) und KPD. Ein provisorisches Staatsgrundgesetz des Staates Groß-Hessen vom 22. November 1945[65] erklärte Hessen zum Glied eines künftigen demokratischen Gesamtdeutschlands und verlieh dem Ministerpräsidenten umfassende Legislativ- und Exekutivbefugnisse im Rahmen des Spielraums, den die Besatzungsmacht gewährte[66].
Als Grundlage für die ersten Gemeinde- und Kreistagswahlen im Januar und im April 1946[67] ergingen ein Gemeindewahlgesetz[68], eine Gemeindeordnung[69], eine Kreisordnung[70] und ein Kreiswahlgesetz[71]. Ein halbes Jahr später wurde auf der Grundlage eines Landeswahlgesetzes vom 16. Mai 1946[72] am 30. Juni 1946 eine verfassungsberatende Groß-Hessische Landesversammlung gewählt. Die SPD erhielt dabei 42, die CDU 35, die KPD 7 und die LDP 6 Mandate[73].

3. Die Entstehung der Verfassung

Die Initiative, eine Landesverfassung zu schaffen, kam zwar von der amerikanischen Militärregierung[74], aber sie traf auf eine entsprechende deutsche Bereitschaft sowie auf Vorarbeiten, die z.T. schon vor 1945 begonnen worden waren.
Die Motive, eine wirkliche Verfassung und nicht nur ein Organisationsstatut anzustreben, waren komplex. Das Organisationsstatut hatte zwar den Vorteil, umstrittene Fragen für die Zukunft offenzuhalten und einer gesamtdeutschen Entwicklung nicht durch partikularistische Verfestigung entgegenzustehen. Die voll ausgebildete Verfassung entsprach aber mehr dem föderalistischen und dem demokratischen Grundgedanken eines Aufbaus von unten nach oben, und sie bot auch eher Schutz gegenüber den Zugriffen der Besatzungsmacht. Auch nachdem sich eine Mehrheit gegen das Organisationsstatut ausgesprochen hatte, tauchte dieser Gedanke in Form eines »Staatsgrundgesetzes« bei der CDU noch einmal auf, als diese in zentralen Fragen von SPD und KPD überstimmt zu werden drohte.

---

63 Die abgetrennten Teile bilden heute Teile der Regierung Koblenz und Rheinhessen-Pfalz. Siehe oben Anm. 4.
64 Ihre Mitglieder bei *W. A. Kropat* (Anm. 1), 28. Zu *K. Geiler* vgl. *E. Wolf*, JZ 1953, 518 f.
65 GVBl. für Groß-Hessen 1945, Nr. 3, S. 23; *O. R. Kissel*, a.a.O. S. 109.
66 *A. Arndt*, Die staats- und verwaltungsrechtliche Entwicklung in Groß-Hessen, DRZ 1946, 185-188.
67 *W. A. Kropat* (Anm. 1), 90 ff.
68 Gemeindewahlgesetz v. 21. Dezember 1945.
69 Gemeindeordnung v. 21. Dezember 1945.
70 Kreisordnung v. 24. Januar 1946.
71 Kreiswahlgesetz v. 7. März 1946.
72 Landeswahlgesetz v. 16. Mai 1946, GVBl. für Groß-Hessen 1946, Nr. 18-20, S. 139.
73 Die Ergebnisse aller Wahlen der Nachkriegszeit in: *A. Behr, G. Breit, H. Lilge, J. Schissler*, Wahlatlas Hessen, Braunschweig 1986.
74 OMGUS-Direktive v. 4. Februar 1946, vgl. *Latour/Vogelsang* (Anm. 59), 115.

Die nun im März 1946 einsetzenden Beratungen verliefen auf mehreren Ebenen und in Stufen. Als innerster Kern kann eine vom Ministerpräsidenten am 26. Februar eingesetzte **vorbereitende Verfassungskommission** gelten[75]. Sie holte über Fragebogen Stellungnahmen zu den Grundtendenzen der künftigen Verfassung ein und beriet einen Entwurf ihres Mitglieds Walter Jellinek. Dabei standen die Sicherung der Grundrechte[76], der politische Willensbildungsprozeß und der institutionelle Aufbau des Landes sowie die Festlegung von Grundpositionen im Bildungsbereich und in der Wirtschafts- und Sozialordnung im Vordergrund. Am 18. Juni 1946 legte die Kommission einen Verfassungsentwurf vor[77].

Inzwischen gab es auch vorbereitende Voten und Diskussionsentwürfe der Parteien[78], die vor bzw. während der Arbeit der nun dominierenden **Verfassungsberatenden Landesversammlung** erschienen. In dieser Versammlung bündelten sich jetzt die Bestrebungen der politischen Kräfte und deren Fühlungnahmen mit der Besatzungsmacht[79]. Von zentraler Bedeutung wurde insbesondere der am 15. Juli 1946 eingesetzte **Verfassungsausschuß**. Er umfaßte 29 Abgeordnete (SPD 13, CDU 10, KPD 3, LPD 3) und war durch seinen Vorsitzenden Bergsträsser mit der vorbereitenden Verfassungskommission verknüpft. Der Entwurf vom 18. Juni 1946 wurde zugrundegelegt, aber bald völlig umgestaltet.

Die im Verfassungsausschuß und dann bei den drei Lesungen des Entwurfs in der Landesversammlung zwischen Juli und Oktober 1946 geführten Diskussionen sind ein Spiegelbild der tragenden Strömungen und politischen Kräfteverhältnisse der unmittelbaren Nachkriegszeit. Die Differenzen begannen bei der Frage, in welcher Weise man auf die Erfahrungen mit dem NS-Staat reagieren solle[80]. SPD und KPD drängten auf konsequente Parlamentarisierung, Einkammersystem, weitgehende Mitbestimmung[81], Sozialisierung wichtiger Produktionsbereiche, Einheitssozialversicherung, Modernisierung und Säkularisierung des Bildungswesens sowie Trennung von Staat und Kirche[82]. Demgegenüber neigte die CDU zu einem Zweikammersystem, zum Einbau von minderheitsschützenden Verfassungselementen, zu einer stärkeren Betonung der liberalen Grundrechtstradition und des Föderalismus,

---

75 Mitglieder bei *W. v. Brünneck,* Die Verfassung des Landes Hessen vom 1. Dezember 1946, JöR NF 3 (1954) 213-270 (217); *W. A. Kropat* (Anm. 1), 111.
76 *W. Jellinek,* Grundrechte und Gesetzesvorbehalt, DRZ 1946, 4-6, *ders.,* Die Verfassung des Landes Hessen, DRZ 1947, 4-8.
77 Veröffentlicht in Kassel-Sandershausen 1946. Einzelheiten bei *W. v. Brünneck* (Anm. 74), 218 f.
78 *F. H. Caspary,* Vom Werden der Verfassung in Hessen. Aus den Verhandlungen des Verfassungs-Ausschusses der verfassungsberatenden Landesversammlung Groß-Hessen, Offenbach 1946; *U. Noack/P. Kremer,* Der Königsteiner Entwurf der Verfassung einer konstitutionellen Demokratie in Hessen, Juli 1946; *A. M. Euler,* Entwurf einer Verfassung für Hessen, 1946.
79 W. A. Kropat (Anm. 1), 111 ff.
80 Vgl. die Parteiprogramme im hessischen Raum bei *W. A. Kropat* (Anm. 1), 81 ff.; *H. Lilge,* Die politische Entwicklung des Landes Hessen, in *E. Stein* (Anm. 53), 56 ff.; *M. Dörr,* Restauration oder Demokratisierung? Zur Verfassungspolitik in Hessen 1945-1946, Zeitschr. für Parlamentsfragen 1971, 99-122; *H. K. Rupp,* Sozialismus und demokratische Erneuerung. Die ersten Konzeptionen der Parteien in den Westzonen nach 1945, Köln 1974.
81 *W. A. Kropat* (Anm. 1), 264 ff.
82 *G. A. Zinn/A. Arndt,* Entwurf einer Verfassung des Landes Hessen, Juli 1946. Siehe hierzu *meinen* Beitrag in der 2. Aufl. dieses Buches (1986).

schließlich zu einer Aufwertung der Elternrechte in einem christlich fundierten Erziehungswesen und zu einer engen Kooperation mit den Kirchen auf dem Boden der Gleichrangigkeit[83].

Die LPD, deren Position insgesamt noch schwach war, verfocht wie die CDU die Idee einer zweiten Kammer und den Schutz von »Freiheit und Eigentum«, setzte sich aber viel entschiedener als die CDU gegen jede Art von Wirtschaftslenkung und Sozialisierung, gegen Formen direkter Demokratie und für eine konsequente Trennung von Staat und Kirche ein[84]. Die KPD war sich in der Grundlinie mindestens taktisch mit der SPD einig, nuancierte ihre Position aber in Einzelpunkten schärfer. Erst als sich die SPD und CDU am 30. 9./1. 10. 1946 im Wege gegenseitigen Nachgebens zu dem sog. **Verfassungskompromiß** zusammengefunden hatten[85], traten die Differenzen zwischen SPD und KPD im Bereich der Wirtschafts- und Sozialverfassung sowie im Staatskirchenrecht zutage.

Der Gang der Debatten liegt trotz hastiger Beratungen und mangelhafter protokollarischer Überlieferung[86] relativ offen. Nach einer orientierenden 1. Lesung begann die Kleinarbeit im Verfassungsausschuß. Damit wurden auch die Differenzen zwischen den Parteien deutlicher. Im wesentlichen ging es um die Ausgestaltung des parlamentarischen Systems (Ein- oder Zweikammersystem, Staatspräsident[87], Ministerverantwortlichkeit, Mißtrauensvotum), um die Garantie der richterlichen Unabhängigkeit und des Berufsbeamtentums und um drei wichtige Abschnitte der Verfassung: Abschnitt III enthielt die wirtschaftspolitischen Grundregeln (Streikrecht, Mitbestimmung, soziale Sicherung, Sozialisierung), Abschnitt IV die Beziehungen zwischen Staat und Kirche und Abschnitt V das Schulwesen (Erziehungsziele, Konfessions- oder Simultanschule, Privatschulwesen, Religionsunterricht). Im Verlauf der Diskussionen bildeten sich zwei politische Blöcke (SPD-KPD und CDU-LDP), deren Konfrontation den Fortgang zu lähmen drohte. Nachdem der Gedanke, sich nun doch auf ein Organisationsstatut zu beschränken, nicht akzeptiert wurde, lag die Lösung im erwähnten *Verfassungskompromiß*, der KPD und LPD praktisch an den Rand drängte. Die CDU erreichte dabei erhebliche Zugeständnisse im Bereich der Arbeits- und Wirtschaftsverfassung, und sie stimmte der Sofortsozialisierung zu, nachdem die chemische Großindustrie herausgenommen worden war. Außerdem gelang es ihr, im Staatskirchenrecht und in der Bildungsverfassung[88] traditionelle kirchliche Positionen zu sichern bzw. offenzuhalten. Der SPD gelang es, die Grundlinie eines sozial orientierten Interventionsstaates durchzusetzen, die Sofortsoziali-

---

83 *U. Noack/P. Kremer* (Anm. 78); zur Programmatik umfassend nunmehr *H. Rüschenschmidt*, Gründung und Anfänge der CDU in Hessen, Marburg 1981.
84 *A. M. Euler* (Anm. 78).
85 *W. v. Brünneck* (Anm.75), 231.
86 *W. v. Brünneck* (Anm. 75), 223.
87 Um eine Rückkehr zur Monarchie durch Staatsstreich auszuschließen, wurde Angehörigen ehemaliger regierender Häuser der Weg in die Landesregierung versperrt (Art. 101 III HV), eine Regelung, die inzwischen als ungültig anzusehen ist (Art. 3 III, 31 GG). *A. A. Zinn-Stein*, Art. 101 HV.
88 *C Kuhlmann*, Schulreform und Gesellschaft in der Bundesrepublik Deutschland 1946-1966, Stuttgart 1970; *W. Schultze*, Das Bildungskonzept der hessischen Verfassung und seine Verwirklichung im Schulwesen und in der Lehrerausbildung, in: *E. Stein* (Anm. 53), 230-252.

sierung (Art. 41 Abs. 1 HV) und die Bodenreform zu erhalten, die Gemeinschaftsschule als Regelschule vorzusehen und im Staatskirchenrecht nicht hinter den Stand von 1919 zurückzufallen. Verlierer war vor allem die LPD, die deshalb auch am Ende nicht zustimmte.

Der zur Endabstimmung anstehende Entwurf war ein politisches und ideelles »sowohl als auch«, mit dem die weit überwiegende Mehrheit zufrieden sein konnte. Wo der Konsens noch fehlte, sorgten die engen äußeren Bedingungen, vor allem die direkt und indirekt vermittelten inhaltlichen Vorgaben der Militärregierung und der von ihr ausgeübte Zeitdruck, für wenigstens formale Einigung und dilatorische Kompromisse. Man hatte das Gefühl, einen akzeptablen Anfang gemacht zu haben. Nachdem während der dritten Lesung am 29. 10. 1946 noch das Genehmigungsschreiben von General Clay eintraf[89], das kleine Änderungen vorsah (Art. 17, 29, 36, 123, 130) und eine separate Abstimmung über die Sozialisierung verlangte, wurde der Entwurf mit 82 Ja-Stimmen (SPD, CDU, KPD) gegen 6 Nein-Stimmen (LPD) und 2 Enthaltungen angenommen.

Der darauf folgende Volksentscheid über die Annahme der Verfassung am 1. Dezember 1946 ergab 76,8 % Ja-Stimmen. Die Sozialisierung gern. Art. 41 HV wurde mit 71,9 % Ja-Stimmen gebilligt. Gleichzeitig fanden die ersten hessischen Landtagswahlen[90] statt, bei denen noch 5,3 % der Wähler als NS-Belastete nicht wahlberechtigt waren. Erster frei gewählter Ministerpräsident wurde der Sozialdemokrat Christian Stock (1947-1951).

Die Verfassung trat demgemäß am 1. Dezember in Kraft und wurde am 11. Dezember 1946 verkündet. Sie ist »die älteste noch heute in Kraft befindliche Landesverfassung« der Bundesrepublik[91]. Da ihre Schöpfer das Verfahren der Verfassungsänderung bewußt erschwert haben (Art. 123 HV), ist es seither nur zu drei Änderungen gekommen. Zum einen wurde die ursprüngliche Festlegung auf das Verhältniswahlrecht beseitigt[92], zum andern wurden aktives und passives Wahlalter herabgesetzt[93]. Die dritte, nunmehr stärker gestaltende Verfassungsänderung erfolgte 1991. Durch sie wurde das »Staatsziel Umweltschutz« in die Verfassung aufgenommen (Art. 26a HV) und die Direktwahl der Oberbürgermeister, Bürgermeister und Landräte eingeführt (Art. 138, 161 HV)[94].

Wichtiger als die förmlichen Veränderungen der Landesverfassung sind freilich die stillschweigenden, die durch den Vorrang des Bundesrechts (Art. 31 GG) eingetreten sind. Eine Verfassungsrevision ist deshalb seit langem notwendig, doch scheint ein Konsens der politischen Kräfte hierüber nicht erreichbar. Die einzige hierauf ge-

---

89 Abgedruckt bei *W. A. Kropat* (Anm. 1), 146 ff., Dok. 91.
90 Ergebnisse bei *H. Lilge* (Anm. 80) sowie *G. Strecker,* Der Hessische Landtag. Beispiel des deutschen Nachkriegsparlamentarismus, Bad Homburg v.d.H. Berlin-Zürich, 1966; *J. E. Strelitz,* 30 Jahre Hessischer Landtag, in: *E. Stein (Anm.* 53), 101 ff.
91 *Chr. Pestalozza,* Verfassungen der deutschen Bundesländer, München 1978, S. X (Einleitung).
92 Gesetz v. 22. Juli 1950, GVBl. 131 (Art. 75, 137).
93 Gesetz v. 23. März 1970, GVBl. 1, 281 (Art. 73, 75). Zu beiden Verfassungsänderungen vgl. *R. Gross,* Die Entwicklung des Hessischen Verfassungsrechts, JöR NF 21 (1972) 310, 316.
94 Zu letzterem, unten *H. Meyer,* Kommunalrecht, in und zu FN 122.

richtete Initiative aus dem Jahr 1970[95] ist jedenfalls nicht erfolgreich gewesen. Offenbar haben sich alle Richtungen mit ihren jeweiligen Besitzständen so arrangiert, daß sie von einer Verfassungsrevision Einbußen ihrer Positionen befürchten, die ihnen gravierender erscheinen als der weitere Umgang mit einer teilweise unzeitgemäß gewordenen Verfassung.

---

95 LT-Drucks. Nr. 2593 der 6. Wahlperiode.

Zweiter Abschnitt

Verfassungsrecht

von *Walter Schmidt*

Literatur

W. v. Brünneck, Die Verfassung des Landes Hessen vom 1. 12. 1946, JöR 3 (1954), S. 213 ff.; *R. Groß,* Die Entwicklung des Hessischen Verfassungsrechts, JöR 21 (1972), S. 309 ff. (bis 1972) und JöR 29 (1980), S. 353 ff. (von 1972 bis 1980); *K. Lange,* Die Landesverfassung – Fundament des politischen Lebens, in: B. Heidenreich/K. Schacht, Hessen. Eine politische Landeskunde, Stuttgart etc. 1993; *H. Meyer,* Warum brauchen wir und wie kommen wir zu einer modernen Vefassung?, KritV 1996, Heft 2; *J. Rückert,* 50 Jahre Hessische Verfassung, KritV 1996, Heft 2; *E. Stein (Hrsg.),* 30 Jahre Hessische Verfassung 1946-1976, Wiesbaden 1976 (mit Beiträgen u. a. von *Groß, Kiesow, Kogon* und *Schroeder*); *G. A. Zinn/E. Stein* (Hrsg.), Verfassung des Landes Hessen, Bad Homburg v. d. H., Kommentar (Stand: Oktober 1990).

Inhaltsübersicht

I.	Landesverfassungsrecht in der Bundesrepublik Deutschland	36
	1. Wozu Landesverfassungsrecht?	36
	2. Landesverfassung und Grundgesetz (Art. 28; 31; 142 GG)	37
II.	Einengungen einer eigenständigen Landespolitik im Bundesstaat	40
	1. Die Aufteilung der Staatsgewalt im Bundesstaat	40
	2. Die Finanzverfassung aus der Perspektive eines Bundeslandes	40
	3. »Freiwillige Zusammenarbeit«: Die Praxis der Staatsverträge und anderer Abkommen	41
	4. Landesminister als Weisungsempfänger eines Bundesministers? Die Ausführung von Bundesgesetzen durch das Land im Auftrag des Bundes	44
III.	Grundrechte – zum 1. Hauptteil der HV	45
	1. Zur Systematik des 1. Hauptteils der HV	45
	2. Die allgemeine Bestimmung des Art. 63 HV	46
	3. »Gleichheit und Freiheit« – die Individualgrundrechte der HV	46

4. Grundrechte im Kompetenzbereich des Landesgesetzgebers
     (der IV. und V. Abschnitt)   47
  5. Am Rande der Landeskompetenz: Die »sozialen und wirtschaftlichen Rechte und Pflichten« des III. und die »Justizgrundrechte«
     des II. Abschnitts   47
IV. Landeskompetenzen im Rahmen des Richterrechts zu Art. 5 I 2 GG   49
  1. Pressefreiheit   49
  2. Rundfunkfreiheit   50
V. Staatsorganisation: Verfahren der staatlichen Willensbildung und
   Entscheidungskontrolle – Zum 2. Hauptteil der HV   55
  1. Die Aufteilung der Staatsgewalt   55
  2. Der Landtag   58
  3. Der Landesrechnungshof   61
  4. Der Richterwahlausschuß   61
  5. Der Staatsgerichtshof   62

I. Landesverfassungsrecht in der Bundesrepublik Deutschland

1. Wozu Landesverfassungsrecht?

Landesrecht begegnet uns meist als Verwaltungsrecht. Bei Fragen aus dem Kommunalrecht, dem Polizeirecht, auch dem Schulrecht – um nur einige Beispiele zu nennen – muß jeweils auf landesrechtliche Eigenheiten geachtet werden. Hingegen lassen sich die Grundbegriffe des Verfassungsrechts weitgehend vom Grundgesetz her darstellen; deshalb genügen den gängigen Lehrbüchern zum Landesverfassungsrecht knappe Hinweise. Wenn den Studenten zugemutet wird, darüber hinaus weitere Einzelheiten in ihre Arbeit mit dem öffentlichen Recht einzubeziehen, bedarf das einer zusätzlichen Begründung. Sie muß in einer Rechtfertigung der bundesstaatlichen Ordnung der Bundesrepublik Deutschland gesucht werden, also in der Rechtfertigung der Eigenstaatlichkeit von Bundesländern.
Diese Rechtfertigung kann in zwei Verstärkungen der demokratisch-parlamentarischen Staatsordnung gesehen werden: in der bundesstaatlichen Gewaltenteilung und in der stärkeren Erlebbarkeit demokratischer Meinungs- und Willensbildungsprozesse in überschaubaren Gemeinwesen mit historischen und kulturellen Gemeinsamkeiten. Die bundesstaatliche (»vertikale«) Gewaltenteilung zwischen Bund und Ländern ergänzt die (»horizontale«) Gewaltenteilung zwischen den unterschiedlichen Organen der Gesetzgebung, Verwaltung und Rechtsprechung.[1] Da jede der

---

1 *Hesse*, Grundzüge des Verfassungsrechts der Bundesrepublik Deutschland, 20. Aufl. 1995, Rdnrn. 231, 232, 476 ff. (dort auch zur Problematik eines allzusehr der Vorstellung von »Gewaltentrennung« verhafteten Denkens); zur HV: *v. Brünneck*, JöR 3 (1954), S. 249 (und noch unten III 1).

bundesstaatlichen Teilgewalten, also die Gesetzgebung des Bundes und die Gesetzgebung des Landes (usw.), jeweils gesondert demokratisch zu legitimieren ist, verstärkt die bundesstaatliche Gewaltenteilung die demokratische Ordnung. Da andererseits Staatlichkeit unter den nicht zuletzt ökonomischen Überlebensbedingungen der internationalen Staatengemeinschaft sich nicht länger sinnvoll in den kleinen Ordnungen eines Bundeslandes erschöpfen kann, es vielmehr größerer Ordnungssysteme bedarf trotz der Gefahr einer Anonymisierung solcher Zentralgewalten, können kleinere Teilordnungen die demokratische Ordnung stärken helfen, wenn ihnen noch Spielraum für eigenverantwortliche Entscheidungen und ein eigenverantwortlicher Einfluß auf die Entscheidungen der Zentralgewalt bleiben. Hier steckt bisher schon das Problem der bundesstaatlichen Ordnung der Bundesrepublik Deutschland. Es wird sich, wie die Diskussion der Schwächen des Vertrags von Maastricht (Vertrag über die Europäische Union vom 7. 2. 1992) zeigt, mit der Einigung Europas verschärfen. Schon bisher sind die Bundesländer in Brüssel mit eigenen Büros vertreten, um dort ihre Informations- und Einflußmöglichkeiten zu verbessern; das »Informationsbüro des Landes Hessen für europäische Angelegenheiten« wurde im April 1989 für diese Entwicklung eher spät eröffnet.[2] Der Einigungsvertrag zwischen der Bundesrepublik Deutschland und der Deutschen Demokratischen Republik vom 31. 8. 1990 hat Text und Inhalt der Landesverfassungen nicht berührt; wohl aber hat der Einigungsprozeß durch das Hinzutreten der neuen Bundesländer das Gewicht der alten im Bundesrat und damit ihre Einflußmöglichkeiten auf die Gesetzgebung und Verwaltung des Bundes (Art. 50, 51 GG) vermindert.

2. Landesverfassung und Grundgesetz (Art. 28; 31; 142 GG)

Der Text der HV ist erst dreimal geändert worden. Änderungen der HV setzen außer einer absoluten Landtagsmehrheit noch eine Volksabstimmung voraus (Art. 123 HV); die Schwerfälligkeit eines solchen Verfahrens erklärt, warum sich die früheren Verfassungsänderungen auf unabweislich erscheinende Anpassungen beschränkten. Beide betreffen das Wahlrecht und beidemale ging es um Anpassungen an das Bundesrecht: Schon 1950 wurde die ursprünglich in Art. 75, 137 HV normierte Bindung an ein striktes Verhältniswahlsystem aufgegeben; 1970 wurden in Anpassung an die bundesrechtliche Änderung des Volljährigkeitsalters die Altersgrenzen für das aktive und das passive Wahlrecht herabgesetzt.[3] Die bisher letzte Verfassungsänderung stand in einem fragwürdigen Zusammenhang mit der Landtagswahl vom 20. 1. 1991, mit der zusammen die Volksabstimmung durchgeführt wurde: auf Betreiben des amtierenden Ministerpräsidenten, dessen Partei gleichwohl die Wahl verlor, wurden durch Änderung des Art. 138 HV die Direktwahl der Oberbürger-

---

2   Vgl. *U. Fastenrath,* DÖV 1990, 125 ff.
3   *Groß,* JöR 21 (1972), S. 310; dazu noch unten V 2 a.

meister, Bürgermeister und Landräte und mit Art. 26a HV das »Staatsziel Umweltschutz« eingeführt. Der bisher letzte Anlauf zu einer Verfassungsänderung betraf wieder das Landtagswahlrecht und dort die Anpassung des Wählbarkeitsalters an das Wahlrecht zum Bundestag; er scheiterte in der Volksabstimmung vom 18. 2. 1995, die wiederum mit einer Landtagswahl zusammengelegt worden war. Neben diesen Textänderungen treten Änderungen der HV, die sich als Folge des Art. 31 GG ergeben haben, nicht ausdrücklich nach außen in Erscheinung, sondern müssen aus einem Vergleich der HV mit dem GG und anderem Bundesrecht ermittelt werden. Offen zutage liegt das bei Art. 21 I 2 HV, der durch Art. 102 GG aufgehoben, weniger offenkundig ist das für Art. 147 II HV, der durch § 6 EGStPO gegenstandslos geworden ist.[4]

Bei *Landesverfassungsrecht* gilt Art. 31 GG nur, wenn und soweit die Landesverfassung mit dem GG oder anderem Bundesrecht inhaltlich unvereinbar ist, nicht aber bei gleichem Wortlaut oder (nur) inhaltlicher Übereinstimmung.[5] »Inhaltliche Übereinstimmung« ist dabei mehrdeutig: Sie trifft den Fall einer inhaltlichen Deckungsgleichheit bei abweichendem Wortlaut (als Beispiel Art. 21 III HV; Art. 104 I 2 GG) und den Fall einer weitergehenden Regelung, die nur dem GG noch nicht widerspricht (als Beispiel Art. 55, 56 HV; Art. 6 II, 7 I GG). Wie weit die Abweichung im Landesverfassungsrecht gehen darf, ohne die es eigenständiger Landesverfassungen nicht bedürfte, kann aus Art. 31 GG nicht mehr beantwortet werden. Dazu bedarf es zusätzlicher Regelungen im GG, und zwar gerade auch im Hinblick auf ein Mindestmaß an verfassungsrechtlicher Übereinstimmung (meist »Homogenität« genannt) im Bundesstaat. Diese sind in Art. 28 I 2, II GG für den inneren Organisationsaufbau der Länder und in Art. 142 GG für die Grundrechte enthalten. Dabei eröffnen Art. 28 GG und Art. 142 unterschiedliche Regelungsspielräume für landesverfassungsrechtliche Abweichungen vom GG. Als unabdingbar für eine eigenständige Landesverfassung setzt das GG nur das Minimum eines Organisationsstatus voraus; bei den Grundrechten werden, wie Art. 142 GG zeigt, die Gewährleistungen der Art. 1-18 GG als auch für die Bundesländer ausreichend angesehen.[6] Dementsprechend wird der landesverfassungsrechtliche Spielraum in Art. 142 GG enger abgesteckt: Weiterreichende Regelungen dürfen, wie sich aus dem Hinweis auf Art. 31 GG ergibt, *nicht* in inhaltlichem *Widerspruch* zu den Grundrechten des GG stehen. Praktische Folgen hat das, sobald – parallel zur Verfassungsbeschwerde, die sich auf Grundrechte des GG bezieht – eine Grundrechtsklage zum Landesverfassungs-

---

4   *Reh,* in: Zinn/Stein, Art. 147 Erl. 7a; zu weiteren Auswirkungen des Bundesrechts (GG und BVerfGG) auf die Verfahren vor dem StGH noch unten V 5a.
5   BVerfGE 36, 342 (366 – Doppelvorlage, dazu noch unten V 5 e); *v. Mutius,* VerwArch 66 (1975), 161 ff – Die Entscheidung betraf einen Fall von Textgleichheit bei nicht vollständiger inhaltlicher Deckung (die Landesverfassungsnorm regelte weniger als das GG). Für einfaches Recht hat das BVerfG die Frage hier und später offengelassen; a.a.O., S. 367: BVerfGE 40, 296 (327 – Abgeordnetenentschädigung). Seitdem sind zu Art. 31 GG nur noch BVerfGE 51, 77 (90, 96); 80, 137, I (153) ergangen.
6   Dementsprechend ist in den (nachgrundgesetzlichen) Verfassungen von Hamburg und Niedersachsen ganz auf einen Grundrechtsteil verzichtet worden; zu Einzelheiten Beutler, JöR 26 (1977), S. 1 ff. (23 ff.).

gericht (in Hessen zum STGH) eröffnet ist. Hingegen ist der Rahmen für die Staatsform- und Staatszielbestimmungen in Art. 28 I 1 GG weiter gesteckt: Hier können auch solche landesverfassungsrechtlichen Regelungen Bestand haben, die in Einzelheiten (wie z.B. Art. 107, 118 HV im Verhältnis zu Art. 80 I 2 GG) dem GG widersprechen, solange sie nur auf der höheren Abstraktionsebene der Verfassungsprinzipien (in dem genannten Beispielsfall des Prinzips der Gewaltenteilung) nicht gegen das GG verstoßen.[7]

Mit ihrem 1. Hauptteil zu den Grundrechten neben einem stärker auf Organisation und Verfahren der staatlichen Willensbildung ausgerichteten 2. Hauptteil zum »Aufbau des Landes« gehört die HV zum Typus der vorgrundgesetzlichen Vollverfassungen. Dennoch sind nicht alle ihre nach dem GG noch gültigen Regelungen von gleicher praktischer Bedeutung, und nicht alle für die Tätigkeit der hessischen Staatsorgane maßgebenden Regelungen sind in der Landesverfassung zu finden. Als Landesverfassung kann die HV die Kompetenzverteilung zwischen Bund und Ländern nicht regeln; vielmehr benennt das GG (»enumerativ«) die Kompetenzen des Bundes und weist den Ländern den unbenannten oder (soweit es sich um konkurrierende Zuständigkeiten handelt) den vom Bund (noch) nicht in Anspruch genommenen Rest zu. Ohne Rückgriff auf das GG läßt sich z.B. eine Frage nach den Kompetenzen des Landesgesetzgebers nicht beantworten.[8]

Mit der Zuordnung ihrer beiden Hauptteile bringt die HV zum Ausdruck, daß der Staat um des Bürgers willen da ist und nicht umgekehrt.[9] Darin liegen auch eine Antwort auf die unmittelbar vorausgegangenen geschichtlichen Erfahrungen und eine Verdeutlichung gegenüber der WRV, die zwar ebenfalls in zwei Hauptteile gegliedert war, jedoch den Grundrechtsteil an zweiter Stelle gebracht hatte. Grundrechte sollen Schutz gegen alle Ausprägungen von Staatsgewalt gewährleisten; zahlreiche Grundrechte sind aber auch auf die Bereitstellung von Organisations- und Verfahrensrecht (wie z.B. Rundfunk- und Pressefreiheit)[10] und auf inhaltliche Entscheidungen des Gesetzgebers (wie z.B. das Eigentum, Art. 45 I 2 HV; Art. 14 I 2 GG) angewiesen. Gerade insoweit kommt es für die praktische Reichweite der gemäß Art. 142 GG fortgeltenden Landesgrundrechte darauf an, welche politischen Entscheidungsspielräume die Landesorgane (und hier vor allem Landtag und Landesregierung) im Rahmen der bundesstaatlichen Ordnung noch haben. Dies wiederum hängt nicht nur von der grundgesetzlichen Kompetenzverteilung, sondern auch von anderen rechtlichen Bindungen der Landesstaatsgewalt ab.

---

7   Dazu BVerfGE 34, 52 (58), und noch unten V 1 b.
8   Vgl. noch unten V 5 d.
9   Dazu schon C.M. Wieland, Aristipp und einige seiner Zeitgenossen, Viertes Buch (7)., Sämtliche Werke, Bd. 36 (Nachdruck 1984), S. 179 = Insel Taschenbuch 718, 1984, S. 737; vgl. auch *Erwin Stein*, in: 30 Jahre, S. 188.
10 BVerfGE 57, 295 (320), und noch unten IV.

II. Einengungen einer eigenständigen Landespolitik im Bundesstaat

1. Die Aufteilung der Staatsgewalt im Bundesstaat

Wegen der Unabhängigkeit der Richter und ihrer Bindung an Recht und Gesetz (Art. 20 III, 97 I GG; Art. 126 II HV) betrifft das Problem einer im Verhältnis zum Bund eigenständigen Landespolitik primär die Bereiche Gesetzgebung und Verwaltung. Für deren Aufteilung hat das GG jeweils Grundmodelle vorgesehen. Für die Gesetzgebung werden Materien der ausschließlichen (Art. 73 GG), der konkurrierenden (Art. 74 GG), der Rahmen- (Art. 75, aber auch Art. 98 III 2 GG) und der Grundsatzgesetzgebung (Art. 91a II 2; 109 III GG) unterschieden. Für die Verwaltung gehen Art. 30, 83 GG von der Regel der Landeseigenverwaltung im Unterschied zu den Ausnahmen der Bundesauftragsverwaltung durch die Länder (Art. 85; 87b II, 87c, 87d II, 89 II, 90 II, 108, 120a GG) und der Bundeseigenverwaltung (Art. 86, 87 ff. GG) aus. Grundsätzlich sollen die Verwaltungen von Bund und Ländern getrennt geführt und getrennt verantwortet werden; ebenso grundsätzlich ist eine »Mischverwaltung« verboten. Durchbrechungen finden sich bei den Gemeinschaftsaufgaben (Art. 91a, 91b GG) und in der Finanzverwaltung (Art. 108 II, IV GG), aber auch in Art. 73 Nr. 10 GG für die dort geregelten Bereiche, vor allem den Verfassungsschutz. In dem von Art. 73 Nr. 10 GG abgesteckten Bereich kann man von einer verfassungsrechtlich zwingenden »Kooperation« zwischen Bund und Ländern sprechen, die zu Einengungen landespolitischer Entscheidungsspielräume führt. Weitere Einengungen ergeben sich aufgrund »freiwilliger Kooperation« durch den Abschluß von Staatsverträgen zwischen Bund und Land oder zwischen einzelnen Ländern für die Landesgesetzgebung (vgl. Art. 103 II HV) und von Verwaltungsabkommen (und anderen Abkommen) für die Landesverwaltung.[11]

2. Die Finanzverfassung aus der Perspektive eines Bundeslandes

Mit dem Ausdruck »Finanzverfassung« werden seit dem grundgesetzändernden »FinanzverfassungsG« vom 23. 12. 1955 die Sondernormen für die Verteilung der steuer- und haushaltsrechtlichen Gesetzgebungs- (Art. 105; 108 VI; 109 III, IV GG) und Verwaltungskompetenzen (Art. 108 I-V, VII GG) und des Steueraufkommens zwischen Bund und Ländern (Art. 106 GG; vgl. auch Art. 107 GG zum Finanzausgleich) bezeichnet. Die Finanzverfassung wird hier nur insoweit behandelt, als sie Schlußfolgerungen auf den haushaltsrechtlichen Entscheidungsspielraum der Bundesländer und damit auf deren Eigenstaatlichkeit ermöglicht; denn aus guten Gründen wird die Existenz selbständiger und unabhängiger Finanzkompetenzen als

---

11 *Grawert*, Verwaltungsabkommen zwischen Bund und Ländern in der Bundesrepublik Deutschland, 1967; allgemein auch BVerwGE 60, 162; Einzelheiten unten 3.

Prüfstein für die Eigenstaatlichkeit der Länder angesehen. Ausgangspunkt für die Selbständigkeit und Unabhängigkeit der Länder in ihrer Haushaltswirtschaft ist Art. 109 I GG – vor dem 15. ÄnderungsG 1967 bestand Art. 109 GG nur aus diesem Absatz; die 1967 hinzugefügten Absätze und die zugleich normierten Verfassungsänderungen haben von dieser Ausgangsregel wenig übriggelassen. Jede Haushaltswirtschaft ist abhängig von den zur Verfügung stehenden Mitteln und damit von der Entscheidung über die Höhe der Einnahmen; diese bestehen in einem staatlichen Haushaltsplan im Schwerpunkt aus Steuern und Krediten (zu weiteren Einzelheiten § 10 III Nr. 1 HGrG). Die Höhe der Steuereinnahmen wird über die Steuergesetzgebung geregelt. Da das Hauptgewicht der Steuereinnahmen auf der Verbundmasse des Art. 106 III GG liegt, hierfür gemäß Art. 105 II GG aber dem Bund die Gesetzgebung zusteht, und da außerdem Art und Höhe der Kreditaufnahme durch Art. 109 III GG i. V. m. §§ 19-25 StabG ebenfalls durch Bundesgesetz grundsätzlich geregelt sind, kommt der Einnahmenseite für die Garantie des Art. 109 I GG keine tiefergreifende Bedeutung zu.[12] Zusätzliche Einengungen des den Ländern verbleibenden (»selbständigen und unabhängigen«) haushaltsrechtlichen Entscheidungsspielraums folgen aus Art. 91a IV; 91b S. 2; 104a IV GG (mit den Begleiterscheinungen einer »Politikverflechtung« aller bundesstaatlichen Entscheidungsebenen bis hinunter zu den Gemeinden und einer »vertikalen Ressortkumpanei«),[13] ferner aus der die ein- bis zweijährige Haushaltsplanung der Länder überlagernden fünfjährigen (»mittelfristigen«) Finanzplanung (§ 50 HGrG), für die mit dem Finanzplanungsrat (§ 51 HGrG) eine Art Konkurrenzorgan zum Bundesrat geschaffen worden ist. Nimmt man dies alles zusammen, so kann man die Feststellung des langjährigen (1951-1969) hessischen Ministerpräsidenten G. A. Zinn verstehen, mit den Finanzreformen von 1955 und 1967 und den damit verbundenen Verfassungsänderungen – einschließlich eines nivellierenden Finanzausgleichs – seien die Entwicklungschancen des Föderalismus ebenso stranguliert worden wie die Entwicklungsvorsprünge Hessens.[14]

3. »Freiwillige Zusammenarbeit«: Die Praxis der Staatsverträge und anderer Abkommen

a) *Arten und Bezeichnungen*

Öffentlichrechtliche Verträge zwischen einzelnen Ländern oder zwischen Bund und Ländern[15] sind ein ausgeprägtes Merkmal der bundesstaatlichen Praxis in der Bun-

---

12 v. *Zezschwitz*, in: Zinn/Stein, Vorbem. D II 2.
13 Vgl. *J. J. Hesse* (Hrsg.), Politikverflechtung im föderativen Staat, 1978; darin *Wagener*, S. 155, zur »Ressortkumpanei«.
14 Vgl. *Lenz*, Der Staat 17 (1978), S. 132 ff. (133).
15 Nur diese Verträge gehören in den hier behandelten Zusammenhang, hingegen nicht Verträge mit auswärtigen Staaten im Sinne von Art. 32 III GG, Art. 67 S. 2 HV (dazu das Lindauer Abkommen zwischen Bund und Ländern vom 14. 11. 1957, abgedr. bei *Zinn/Stein*, Art. 67 Erl. 5, das seinerseits aber wieder in den folgenden Zusammenhang gehört) und ebenso nicht Vereinbarungen zwischen Staat und Kirche im Sinne von Art. 50 I HV.

desrepublik Deutschland; neben der finanzverfassungsrechtlichen »Politikverflechtung« ist die Zusammenarbeit auf vertraglicher Grundlage die zweite Säule des »kooperativen Föderalismus«, der, weil im Schwerpunkt Sache der Regierungen bei gleichzeitig starker Zurückdrängung der Parlamente, auch schon als »gouvernementaler Föderalismus« bezeichnet worden ist.[16] Verträge können zweiseitig (zwischen einzelnen Ländern oder einem Land und dem Bund) und mehrseitig (multilateral) geschlossen werden: Verträge zwischen allen Bundesländern haben einen unitarisierenden Effekt (als Beispiel die dem früheren OberstufenG zugrundeliegende Vereinbarung der Ständigen Konferenz der Kultusminister vom 7. 7. 1972); Verträge zwischen dem Bund und allen Ländern haben zusätzlich einen zentralisierenden Effekt (als Beispiel das Abkommen zwischen Bund und Ländern über die Errichtung eines Deutschen Bildungsrates vom 15. 7. 1965).[17] Die Zahl solcher Staatsverträge, Verwaltungsabkommen und Abkommen, Verwaltungsvereinbarungen und Vereinbarungen ist erheblich: Für Hessen werden allein für die Zeit von 1946 bis März 1972 über 300 Länderabkommen angegeben.[18]

Das GG spricht im Zusammenhang der finanzverfassungsrechtlichen »Mischverwaltung« in Art. 91b, 104 IV 2 GG von »Vereinbarung« bzw. von »Verwaltungsvereinbarung«. Art. 103 II HV regelt allgemein für den hier behandelten Zusammenhang nur die »Staatsverträge«, die der Zustimmung des Landtags bedürfen. Derart zustimmungsbedürftige öffentlichrechtliche Verträge zwischen einzelnen Ländern oder Bund und Land (zustimmungsbedürftig, weil sie in eine gesetzliche Eingriffsermächtigung oder ein Haushaltsgesetz umgesetzt werden müssen) werden auch außerhalb Hessens überwiegend als »Staatsverträge« bezeichnet. Andere Verträge, die einer solchen Zustimmung nicht bedürfen, aber ebenfalls unmittelbar anwendbar sind, werden »Verwaltungsabkommen« genannt, dies im Unterschied zu Koordinationsabsprachen, mit denen nur übereinstimmende Rechtsetzung oder Verwaltungspraxis der Absprachepartner angestrebt wird.[19]

Wichtiger als die Terminologie ist wegen § 40 1 VwGO die Unterscheidung von verfassungsrechtlichen und verwaltungsrechtlichen Verträgen und (stärker inhaltlich-politisch) das Erfordernis und die verfassungsrechtliche Zulässigkeit der Beteiligung des Parlaments auch im Vorfeld des Vertragsschlusses.

---

16 Zu Begriff und Problematik des »kooperativen Föderalismus« *Hesse,* Grundzüge, Rdnr. 234; *Stern,* Das Staatsrecht der Bundesrepublik Deutschland, Band I, 2. Aufl. 1984, § 19 IV 2 (S. 755).
17 Staatsanzeiger 1967, 246.
18 *Groß,* JöR 21 (1972), S. 314; a.a.O., S. 315, werden 26 Verträge als besonders wichtig herausgestellt, für den Zeitraum von 1972 bis 1980 später (JöR 29 [1981], S. 354 f.) weitere 24. Unter den Vertragsgegenständen dieser 50 Beispiele besetzt die Kultusverwaltung rund die Hälfte, weitere 7 betreffen Rundfunk-Angelegenheiten (Rundfunkgebühren; Staatsvertrag ZDF), 10 die Raumordnung im weiteren Sinn (einschließlich der Grenzbereinigung mit den Nachbarländern).
19 Zur Terminologie *Grawert* (Anm. 13), S. 30, 32, 34, 36; *Rudolf,* in: Isensee/Kirchhof, HdbStR IV, 1990, § 105 Rdnr. 51 ff.

b) *Staatsverträge als verwaltungsrechtliche Verträge*

»Staatsverträge« im Sinne von Art. 103 II HV sind meist verwaltungsrechtliche und seltener verfassungsrechtliche Verträge.[20] §§ 54 ff. HVwVfG sind wegen § 1 HVwVfG nicht anwendbar, denn Staatsverträge gehören nicht zur Verwaltungstätigkeit von Behörden, sondern sind Verträge zwischen Ländern oder dem Bund und Ländern. Die Zuordnung zum Verfassungs- oder Verwaltungsrecht hat praktische Bedeutung für den Rechtsweg; der Streit um einen verwaltungsrechtlichen Staatsvertrag ist »nichtverfassungsrechtlicher Art« und führt gemäß §§ 40 I, 50 I Nr. 1 VwGO vor das BVerwG. Mangels Anwendbarkeit der §§ 54 ff. HVwVfG wird ein ungeschriebenes Vertragsrecht zugrunde gelegt und zur Lückenfüllung auf das Völkergewohnheitsrecht zurückgegriffen. Die Einzelheiten sind – was niemanden wundern kann – umstritten.[21]

c) *Die Rolle der Landesparlamente*

Staatsverträge werden auch im Bundesstaat (insoweit angelehnt an völkerrechtliche Verfahrensabläufe) von den Landesregierungen geschlossen und erst dann von den Landtagen durch Gesetz bestätigt. Die Frage, wieweit der Landtag schon vor Abschluß eines Staatsvertrags zu informieren und in den weiteren Ablauf der Vertragsverhandlungen durch Gelegenheit zur Stellungnahme einzubeziehen ist, hängt landesverfassungsrechtlich an der Kompetenzverteilung zwischen Landesregierung und Landtag, bundesstaatspolitisch an der Zwangsläufigkeit der die Verfassungspraxis ganz überwiegend prägenden Unitarisierungs- und Zentralisierungstendenzen – wer eine solche Zwangsläufigkeit bejaht, muß in der frühzeitigen Einschaltung der Landesparlamente die Gefahr unnötiger Zeit- und Reibungsverluste sehen; er wird, um das abzuwenden, in eine verfassungsrechtliche Argumentation ausweichen, die dem Landesparlament den Anspruch auf Information und Stellungnahme vor Vertragsschluß schlicht bestreitet. Eine solche Kontroverse ist am Beispiel der von der Konferenz der Präsidenten der deutschen Länderparlamente am 6. 5. 1976 beschlossenen »Empfehlungen zur parlamentarischen Behandlung von Staatsverträgen und Verwaltungsabkommen«[22] nachzulesen. Die gegen die Empfehlungen gerichtete Position, die einen Informations- und Befassungsanspruch des Landtags als unzulässige Einmischung bestreitet, arbeitet mit einem begriffsjuristisch verstandenen Gewaltenteilungsmodell, drückt den Landtag auf die Rolle eines staatsnotariellen Ratifikationsamtes herunter und läßt dabei die gegenläufigen Ansätze

---

20 Als Beispiel eines verfassungsrechtlichen Vertrags nennt BVerfGE 42, 103 (113 f.) das Lindauer Abkommen (dazu oben Anm. 15); kritisch zu dieser Entscheidung *Meyer* in: Meyer/Borgs, § 54 Rdnr. 14.
21 Dazu die Problemübersicht bei *Grawert*, Der Staat 14 (1975), S. 229 ff. (235), und als praktisches Beispiel BVerwGE 60, 162 (Kündigung des NDR-Staatsvertrags).
22 Abgedruckt bei *Lenz*, DÖV 1977, 157 Anm. 1, und bei *Zinn/Stein*, Art. 103, Erl. 13.

der HV ganz außer acht.[23] Die Position ist schon verfassungsrechtlich nicht haltbar. Bundesstaatspolitisch fragwürdig ist die Unitarisierung um jeden Preis, auch den Preis der Einigung auf den kleinsten politischen Nenner, herbeigeführt durch die Vetoposition des in seiner Entwicklung langsamsten Bundeslandes. Hier wird die durch Staatsvertrag begründete landesrechtliche Parallelisierung zur landespolitischen Paralysierung.[24]

4. Landesminister als Weisungsempfänger eines Bundesministers? Die Ausführung von Bundesgesetzen durch das Land im Auftrag des Bundes

Bundesgesetze werden gemäß Art. 83, 84 GG von den Ländern grundsätzlich als eigene Angelegenheit ausgeführt, ausnahmsweise im Auftrag des Bundes (Art. 85, obligatorisch aufgrund Art. 90 II, 108 III GG, fakultativ in den Fällen der Art. 87c, 87d II, 89 II 3 GG) oder in Bundeseigenverwaltung (Art. 86, 87, 87a, 87b, 87d I GG). Unterschiede zwischen der Ausführung von Bundesgesetzen als eigene Angelegenheit und im Auftrag des Bundes zeigen sich in der Reichweite der Bundesaufsicht: Gemäß Art. 84 III GG ist sie nur Rechtsaufsicht, gemäß Art. 85 IV 1 GG ist sie in Auftragsangelegenheiten Rechts- und Fachaufsicht. Das Vorbild der Verwaltung im Auftrag des Bundes sind die Auftragsangelegenheiten (im Unterschied zu den Selbstverwaltungsangelegenheiten) des Kommunalrechts;[25] mit ihnen teilt sie die rechtlichen und politischen Schwierigkeiten, daß nur bei restriktiver Auslegung der Aufsichts- und Weisungsbefugnisse des Bundes noch von Landesverwaltung (beziehungsweise Kommunalverwaltung) gesprochen werden kann, während bei extensiver Auslegung und Handhabung dieser Befugnisse die Landesverwaltung in Bundesverwaltung umschlägt (die Kommunalverwaltung in die allgemeine staatliche Verwaltung des betreffenden Landes). Fachaufsicht betrifft die politische Zweckmäßigkeit einer Maßnahme im Rahmen eines gesetzlich eröffneten Ermessensspielraums. Wenn Bundes- und Landesregierung (Landesregierung und Gemeindevorstand) von unterschiedlichen politischen Parteien getragen werden, läßt sich alsbald beobachten, daß die Fachaufsicht als verlängerter Hebel in der politischen Auseinandersetzung eingesetzt wird. In Hessen wurde das 1985 besonders deutlich im Streit um eine Erweiterungsgenehmigung für und damit verbundene atomrechtliche Aufsichtsmaßnahmen gegen die Hanauer Nuklearbetriebe gemäß §§ 24, 7, 9 AtG, zuvor schon in Fragen des Sofortvollzugs und der Einlegung ge-

---

23 *Lenz*, a.a.O.: dem folgt *Groß*, in: Zinn/Stein, Art. 103 Erl. 6. Statt von Einmischung sprechen die Autoren in der vornehmen Verhüllung des Juristenlateins von »Ingerenz«. Zu den gegenläufigen Ansätzen der HV unten V 1.
24 Die einzelnen Nicht-Entscheidungsmuster werden von *Lenz* – wenn auch entgegen seinen politischen Ansichten –, DÖV 1977, 163 Anm. 7, zutreffend beschrieben.
25 Dazu *Stern*, Staatsrecht der Bundesrepublik Deutschland, Bd. II 1986, § 41 VI 1 (S. 807); zur Problematik der Kommunalaufsicht s. *Meyer* unten, Kommunalrecht, XI. Die verbreitete Kurzbezeichnung »Bundesauftragsverwaltung« ist ungenau und irreführend; vgl. *von Mangoldt/Klein*, Das Bonner GG, 2. Aufl. 1974, Art. 85 Anm. II 2 b (S. 2195).

richtlicher Rechtsmittel in Zusammenhang mit dem Planfeststellungsbeschluß für eine Bundesstraße (vgl. Art. 90 II GG). Die Einzelheiten gehören zum Staatsrecht des GG.[26]

III. Grundrechte – Zum 1. Hauptteil der HV

1. Zur Systematik des 1. Hauptteils der HV

a) Der Grundrechtsteil der HV ist, noch ganz auf der Linie der WRV und auch der anderen vorgrundgesetzlichen Landesverfassungen, mehr als doppelt so umfangreich wie später der des GG.[27] Wer vom GG her denkt, wird zunächst Mühe haben, sich zurechtzufinden; leichter fällt auch das von der WRV her. Von den sechs Grundrechtsabschnitten des 1. Hauptteils sind drei (III-V) mehr, zwei (I und II) weniger deutlich am Aufbau des 2. Hauptteils der WRV orientiert. Neu ist der VI. Abschnitt mit seinem Art. 63, ein Ausdruck des Mißtrauens gegenüber dem Gesetzgeber vor dem Hintergrund der Erfahrungen aus dem Umgang mit der WRV, wobei allerdings die neuen Abwehrinstrumente rechtstechnisch nur bedingt tauglich geraten sind. Das dürfte auch für die Grundpflicht zum Widerstand gegen verfassungswidrig ausgeübte öffentliche Gewalt gelten; Art. 147 HV.
b) Landesverfassungsrechtlich gewährleistete Grundrechte haben ihre verbleibende praktische Bedeutung im Bereich von Landeskompetenzen, namentlich von Gesetzgebungskompetenzen. Hier gibt es Lücken zur Presse- und Rundfunkfreiheit. Die Pressefreiheit wird im Verbot der Pressezensur und in der Informationsfreiheit »durch den Bezug von Druckerzeugnissen« (Art. 11 II; 13 HV) zwar vorausgesetzt, neben der Meinungsäußerungsfreiheit des Art. 11 I 1 HV aber nicht gesondert gewährleistet. Ebenso steht es mit der Rundfunkfreiheit; sie taucht nur als Freiheit des Abhörens von Rundfunksendern (Art. 13 HV) auf. In diese Lücke tritt Art. 5 I 2 GG und, wegen des seinerseits wenig ergiebigen Wortlauts, die Rechtsprechung des BVerfG zur Presse- und Rundfunkfreiheit. Damit bildet Richterrecht zu einem Grundrecht des GG den verfassungsrechtlichen Maßstab der Landesgesetzgebungskompetenzen im Medienrecht.

---

26 Vgl. BVerfGE 81, 310, II (331 ff.); 84, 25, II (31).
27 Bei dieser Rechnung werden alle Normen des GG einbezogen, auf die in Art. 93 I Nr. 4a zusätzlich zu Art. 1-19 GG verwiesen wird; vgl. *D. Schrodt*, Die Rechtsprechung des HessStGH zu den Grundrechten der HV, Diss. Frankfurt (M.), 1984.

2. Die allgemeine Bestimmung des Art. 63 HV

Art. 63 HV nimmt Art. 19 I und II GG vorweg und ist den gleichen Einwänden ausgesetzt wie diese Verfassungsnormen: Das Verbot des Einzelfall- oder Individualgesetzes (Art. 63 II 1 HV »allgemeinverbindlich«; schärfer Art. 19 I 1 GG) ist vom BVerfG der Formulierungskunst des Gesetzgebers überantwortet worden;[28] das Zitiergebot (Art. 63 II 1 HV: »ausdrücklich«; Art. 19 I 2 GG) hat sich für so zentrale Grundrechte wie die aus Art. 2 I; 12 I; 14 I GG als ebenso unbrauchbar erwiesen[29] wie die Vorstellung von einem »absoluten« Wesensgehalt (Art. 63 I HV; Art. 19 II GG).[30] Von den anderen Teilbestimmungen des Art. 19 GG findet sich die Rechtsweggarantie des Art. 19 IV GG schon in Art. 2 III HV, während eine Erstreckung der Grundrechtsfähigkeit auf juristische Personen fehlt, aber vom StGH in Anlehnung an das GG anerkannt worden ist.[31] Die Bindung auch des Gesetzgebers an die Grundrechte wird in Art. 63 HV zwar vorausgesetzt, in Art. 26 HV eigentümlicherweise aber nur für die Grundrechte des II. Abschnitts ausdrücklich, und zwar in Verbindung mit einer Unabänderlichkeitsgarantie ähnlich der des Art. 79 III GG ausgesprochen. In diesen besonders zentralen Vorschriften der Art. 26, 63 HV ist von »Grundrechten« die Rede; die Überschrift des II. Abschnitts spricht von »Menschenrechten«, die Gesamtüberschrift des 1. Hauptteils von »Rechten des Menschen«.[32] Zwar kennt die HV keine Art. 1 III GG vergleichbare allgemeine Aussage über den Vorrang der Verfassung vor dem Gesetz und dem Gesetzgeber (Art. 26 ist von seiner Stellung her eigentümlich eingeschränkt), doch wird dieser Vorrang – ebenso wie später in Art. 19 II GG – in Art. 63 I HV vorausgesetzt.

3. »Gleichheit und Freiheit« – die Individualgrundrechte der HV

Die im 1. Abschnitt der HV zusammengefaßten Grundrechte lassen sich am ehesten als Individualfreiheiten bezeichnen. Alle finden eine Entsprechung im Grundrechtskatalog der Art. 1-19 GG. Die praktische Bedeutung der Art. 1-16 HV läuft deshalb auf den verstärkenden Grundrechtsschutz durch die zusätzliche Grundrechtsklage zum StGH hinaus. In dessen Rechtsprechung nehmen der allgemeine Gleichheitssatz des Art. 1 HV und das allgemeine Freiheitsgrundrecht des Art. 2 I HV den brei-

---

28 BVerfGE 25, 371 (396); dazu und zum folgenden *W. Schmidt,* AöR 106 (1981), S. 497 ff. (512 ff.).
29 Vgl. BVerfGE 28, 36 (46); *Hesse,* Grundzüge, Rdnr. 331.
30 Vgl. *Maunz/Dürig/Herzog/Scholz,* Art. 19 II GG, Rdnr. 8.
31 ESVGH 23, 147 (150 ff.). Die Entscheidungsgründe sind dazu etwas dunkel: Der StGH wendet sich gegen die »Gleichstellung der juristischen Person des privaten und öffentlichen Rechts« – das schließt Ausnahmen, wie sie vom BVerG für Rundfunkanstalten und Universitäten gemacht wurden, nicht aus. Diese Ausnahmen und die einschlägige Rechtsprechung des BVerfG werden vom StGH nicht erwähnt. Für eine Ausdehnung der Grundrechte auf inländische juristische Personen nach dem Vorbild des GG *E. Stein,* in: Zinn/Stein, vor Art. 1 HV Erl. IV 1 (S. 93).
32 Zu solchen Unklarheiten der Terminologie *v. Brünneck,* JöR 3 (1954), S. 240 Anm. 260. Die Überschrift »Die Grundrechte des Menschen« ist zu weit gefaßt. Auch die HV kennt die Beschränkung »Deutschenrechte«; vgl. Art. 14, 15 HV; BVerfGE 37, 217 (241).

testen Raum ein; dabei bewegt sich der StGH inzwischen weitgehend innerhalb der zu Art. 2 I i. V. m. Art. 1 I und zu Art. 3 I GG vom BVerfG entwickelten Formeln.[33] Das mag auch durch den Abstraktionsgrad dieser Grundrechte mitbedingt sein.

4. Grundrechte im Kompetenzbereich des Landesgesetzgebers (der IV. und V. Abschnitt)

Kompetenzschwerpunkte des Landesgesetzgebers finden sich in den Bereichen des IV. und V. Grundrechtsabschnitts. Dennoch werden auch hier zahlreiche Grundrechtsbestimmungen der HV von den inhaltsgleichen Grundrechten des GG und der dazu entwickelten Auslegung des BVerfG und der obersten Bundesgerichte überlagert. Nur in wenigen Grundrechten prägen sich jeweils noch landesrechtliche Besonderheiten aus. Im IV. Abschnitt zum Staatskirchenrecht gilt das für Art. 50 HV, im V. Abschnitt zum Schul- und Hochschulrecht außer für die verfassungsrechtliche Verankerung von Gemeinschaftsschule (Art. 56 II HV) und Unterrichtsgeldfreiheit (Art. 59 HV) und die Hervorhebung eines Richtervorbehalts für Eingriffe in das elterliche Erziehungsrecht (Art. 55 S. 2 HV) vor allem für die Festlegung von Unterrichtszielen in Art. 56 III-V HV in Verbindung mit dem elterlichen Mitbestimmungsrecht aus Art. 56 VI HV. Der V. Abschnitt endet – angesichts seiner Überschrift »Erziehung und Schule« etwas überraschend – mit einer Schutznorm für Landschafts- und Denkmalspflege in Verbindung mit einem Gesetzgebungsauftrag, der durch das Landschaftspflegegesetz von 1973 (aufgegangen im HessNatSchG; vgl. dessen § 48 I Nr. 6) und das Denkmalschutzgesetz von 1974 (1986 neugefaßt) ausgeführt worden ist. »Schutz« und »Pflege« der »Landschaft« überschneiden sich jetzt mit dem »Staatsziel Umweltschutz« (Art. 26a HV); für die praktische Umsetzung solcher Verfassungsaufträge gegen Landschafts- und Umweltzerstörung bleibt nicht mehr viel abzuwarten.

5. Am Rande der Landeskompetenz: Die »sozialen und wirtschaftlichen Rechte und Pflichten« des III. und die »Justizgrundrechte« des II. Abschnitts

Der III. Abschnitt der HV ordnet die wirtschaftlich relevanten Grundrechte der Arbeit und des Privateigentums in ein Netz sozialer Bindungen und Pflichten ein: dem Recht auf Arbeit korrespondiert eine »sittliche« Arbeitspflicht (Art. 28 II), das Eigentum wird unterschieden nach (Groß-)Grundbesitz (Art. 42), anderem Großeigentum (Art. 39), den wirtschaftlich relevanten selbständigen Klein- und Mittelbetrieben (Art. 43) und dem sonst noch verbleibenden (Klein-)Eigentum (Art. 45); außerdem findet sich – wie schon in Art. 158 WRV – eine ausdrückliche Schutznorm zugunsten des geistigen Eigentums (Art. 46). Dieses ganze System »sozialer Grund-

---

33 Zu früheren Ansätzen vgl. *Stein,* in: Zinn/Stein, Art. 1 Erl. 3; Art. 2 Erl. 2.

rechte« ist, soweit es um die Sofortsozialisierung des Art. 41 HV ging, schon im Anlauf steckengeblieben,[34] im übrigen später teils von den Grundrechten des GG,[35] teils von den Gesetzgebungskompetenzen des Bundes verdrängt oder überlagert worden.

Verfassungsrechtliche Sperren ergeben sich vor allem aus Art. 73 Nr. 9 GG (für das Urheberrecht), 74 Nr. 11, 12 und Art. 105 II GG (für die Komplexe Wirtschaft, Arbeit, soziale Versicherung, Steuern; vgl. Art. 29, 35, 47 HV). Über den Streitigkeiten um rechtliche Abgrenzungen in Einzelfragen sollte die politische Grundsatzproblematik der meisten landesverfassungsrechtlich gewährleisteten »sozialen Grundrechte« nicht übersehen werden: Hessen ist – wie jedes andere Bundesland – nicht in der Lage, eine von der Wirtschafts- und Sozialpolitik des Bundes abweichende Linie zu verfolgen und so diesen Teil seiner Verfassung aus eigener Kraft zu verwirklichen. Die Finanzverfassungsreformen haben das endgültig besiegelt.[36] So ist verfassungsrechtlich vom III. Abschnitt der HV nur der Streit um die Fortgeltung des Aussperrungsverbots (Art. 29 V) geblieben, dies inzwischen als Frage nach der Tragweite des im Zuge der Notstandsverfassung ergänzten Art. 9 III 2 GG.[37]

Der II. Abschnitt enthält im Schwerpunkt sogenannte »Justizgrundrechte« aus den Bereichen des Strafrechts und des Strafverfahrens, daneben die weitgehend durch Art. 18 GG verdrängte Grundrechtsverwirkungsnorm des Art. 17 HV und eine den Art. 12 II (2. Halbsatz) GG ergänzende Vorschrift aus dem Bereich von Berufsfreiheit und öffentlichrechtlichen Dienstpflichten. Die Justizgrundrechte sind im GG zwar außerhalb des eigentlichen Grundrechtskatalogs der Art. 1-19 GG geregelt (Art. 101, 103, 104 GG), werden nach neuerer Auffassung aber gleichwohl von Art. 142 GG erfaßt, also nicht durch Art. 31 GG »gebrochen«.[38] Auch hier ist die Fortgeltung jedoch weitgehend durch die fehlende Gesetzgebungskompetenz des Landes gemindert: Strafrecht, gerichtliches Verfahren und Jugendschutz (vgl. Art. 18 HV) gehören zur konkurrierenden Gesetzgebungskompetenz, von der der Bund nahezu erschöpfend Gebrauch gemacht hat; für die Länder bleiben einige kleine Reste des sogenannten »Nebenstrafrechts« und die Regelung der Freiheitsentziehung im Bereich der Krankenversorgung.[39]

---

34 Dazu *Kogon,* in: E. Stein, 30 Jahre, S. 41.
35 Zu Einzelheiten *Stein,* in: Zinn/Stein, Art. 39 Erl. 1; Art. 42 Erl. 1. Hierher gehört auch die Überlagerung des Art. 29 I HV durch Art. 33 IV, V GG; zurückhaltender insoweit noch *Stein,* in: Zinn/Stein, Art. 29 Erl. 1.
36 Dazu schon oben II 2.
37 Dazu BAG NJW 1980, 1642; BVerfGE 84, 212, I (225). Zur Rechtsauffassung vor 1968 *Stein,* in: Zinn/Stein, Art. 29 Erl. 18 (S. 190 f.), m. N.
38 Für diese neuere Auffassung BVerfGE 22, 267 (271); für die ältere Auffassung *Stein,* in: Zinn/Stein, Art. 19 Erl. 3; Art. 20 Erl. 1; Art. 22 Erl. 1; Art. 23 Erl. 1.
39 Vgl. HessFEntzG vom 19. 5. 1952; zu Resten des Nebenstrafrechts *Stein,* in: Zinn/Stein, Art. 19 Erl. 2.

IV. Landeskompetenzen im Rahmen des Richterrechts zu Art. 5 I 2 GG[40]

1. Pressefreiheit

Der Rechtsbegriff »Presse« orientiert sich am Begriff des Druckwerks, somit in erster Linie am Presseerzeugnis, nicht am Presseunternehmen oder der Pressetätigkeit (namentlich von Journalisten – hier ist für das Verhältnis von Verlegern und Journalisten auch verfassungsrechtlich noch einiges offen). Der Bund hat aus Art. 75 Nr. 2 GG eine Rahmenkompetenz für die »allgemeinen Rechtsverhältnisse der Presse« zusätzlich zu besonderen presserechtlich relevanten Kompetenzen für das Urheber- und Verlagsrecht (Art. 73 Nr. 9 GG), das Wettbewerbsrecht (Art. 74 I Nr. 16 GG), aber auch das Zeugnisverweigerungsrecht im Strafverfahren (Art. 74 I Nr. 1 GG).[41]

Weil und solange der Bund von seiner Rahmenkompetenz aus Art. 75 Nr. 2 GG noch keinen Gebrauch gemacht hat, liegt die Gesetzgebungskompetenz für die allgemeinen Rechtsverhältnisse der Presse insgesamt bei den Ländern. Hier war 1949 das HessPresseG eines der ersten modernen Pressegesetze der Bundesrepublik und in vielem vorbildlich für die Rechtsentwicklung auch in anderen Bundesländern.[42] Diese Impulsfunktion ist inzwischen verlorengegangen – im Gegenteil: die letzte größere Änderung des HessPresseG war eine Anpassung an den von den Bundesländern insgesamt erarbeiteten Modellentwurf eines Landespressegesetzes.

Die Landespressegesetze beschränken sich auf den traditionellen Schutz der Presse gegenüber dem Staat und auf ergänzende Regelungen wie z. B. das Recht auf Gegendarstellung zum Schutz der Objekte der Presseberichterstattung. Die modernen Themen einer Grundrechtssicherung und Grundrechtsverwirklichung der Pressefreiheit heißen Pressekonzentration und »innere Pressefreiheit«. In bezug auf die Presse wird die Gewährleistung eines freien Meinungsbildungsprozesses herkömmlich von der Marktkonkurrenz einzelner Zeitungs- und Zeitschriftenverlage erwartet. Jedes dieser Unternehmen wird in seiner Tendenz(-freiheit) nicht nur gegen staatliche Eingriffe, sondern auch in den arbeitsrechtlichen Beziehungen zu seinen journalistischen Mitarbeitern geschützt.[43] Mit diesem Tendenzschutz nach außen (gegen den Staat) und innen (gegen die eigenen Mitarbeiter) wird das subjektivrechtliche Element der Pressefreiheit einseitig bei den Verlegern verankert;[44] die Forderung einer »inneren« Pressefreiheit stößt an diese verfassungsrechtsdogmatische Schranke des Tendenzschutzes der Verleger. Das muß sich spätestens mit einer

---

40 Dazu allgemein oben III 1 b.
41 Vgl. BVerfGE 36, 193 (202), zu § 22 I HessPresseG a.F.; zum Fortgang *Groß,* JöR 29 (1980), 386; vgl. auch BVerfGE 58, 137, zu § 9 HessPresseG.
42 Dazu *Groß,* JöR 21 (1972), 350 f.
43 Dazu BVerfGE 52, 283 (296). Zu einer (in ihrer praktischen Bedeutung streitigen) Kompensation durch einen arbeitsrechtlichen Gesinnungsschutz bestimmter Redakteure *Kübler,* 49. DJT, D 15 f.
44 Kritisch dazu *Herzog,* in: *Maunz/Dürig/Herzog/Scholz,* Art. 5 Rdnr. 172; *Mallmann,* 49. DJT, s. 10 ff. (14 ff.).

weiteren Konzentration auf dem Zeitungs- und Zeitschriftenmarkt ändern. Gefahren für die Informationsfreiheit der Bürger (Art. 13 HV!) drohen dann primär von der Organisation der Presse selbst. Wenn sich der Markt der Tageszeitungen zu regionalen Monopolen entwickelt (wie jetzt schon vor allem in Nordhessen),[45] muß der Tendenzschutz vom Verleger auf die Journalisten, also nach »innen« verlagert werden. Nur so läßt sich weiterhin gewährleisten, daß das Informationsangebot der (Zeitungs-)Presse die Vielfalt der bestehenden Meinungsrichtungen in möglichstes Breite wiedergibt.[46] Ob solche Regelungen zum Schutz der »inneren Pressefreiheit« und damit indirekt der Informationsfreiheit wirksam auch von einem Land allein getroffen werden können – zumindest solange der Bundesgesetzgeber sich weiter in vornehmer Zurückhaltung übt – ist umstritten.[47] Maßnahmen gegen die Pressekonzentration fallen wegen Art. 74 Nr. 16 GG in die konkurrierende Kompetenz des Bundesgesetzgebers.

2. Rundfunkfreiheit

a) Wenn die Juristen »Rundfunk« sagen, meinen sie Hörfunk und Fernsehen gleichermaßen. Die HV in ihrer fragmentarischen Regelung der Informationsfreiheit kennt zeitbedingt nur erst den Hörfunk (Art. 13 HV); im Parlamentarischen Rat wurde der Blick schon auf das künftige Fernsehen gerichtet, wie es aus Anfangsversuchen der Weimarer Zeit einigen Ratsmitgliedern noch erinnerlich war und wie es sich jetzt gerade in den USA zu entwickeln begann. Auf die Formulierung des Art. 5 I 2 GG hatte das keinen erkennbaren Einfluß, doch erleichterte der Begriff Rundfunk die Ausdehnung vom Hörfunk, mit dem alles begann, auf das später hinzutretende Fernsehen.

b) Schon das äußerliche Bild der deutschen Rundfunklandschaft ist so vielgestaltig, daß es sich ohne juristische Begriffe gar nicht beschreiben läßt: einerseits die öffentlichrechtlichen Anstalten, bundesweit eine nur für das Fernsehen (ZDF), vorläufig dort noch zwei andere für den Hörfunk (DW und DLF), sonst als Landesrundfunkanstalten (wie der HR in Hessen oder der BR für Bayern, der WDR für Nordrhein-Westfalen) oder Mehrländeranstalten (wie der Südwestfunk, der MDR und der NDR, um die übrigen Nachbarn Hessens zu nennen) für Hörfunk und Fernsehen im Landesbereich, aber auch bundesweit für das Fernsehen im Gemeinschaftsprogramm der ARD; andererseits die Privaten, im Fernsehen bundesweit (mit vereinzelten regionalen »Fenstern«), im Hörfunk landesweit oder regional. Von den Pro-

---

45 In Hessen gab es schon 1981 in 8 von 26 Stadt- und Landkreisen, darunter in der Großstadt Kassel, nur noch eine Abonnementszeitung (sog. Ein-Zeitungs-Kreise); das betraf 27,6 % der Wohnbevölkerung. In der Landeshauptstadt Wiesbaden gab es zwei Abonnementszeitungen der gleichen Zeitungsgruppe; vgl. *W. J. Schütz,* Deutsche Tagespresse 1981, Media-Perspektiven 1981, 645 ff.
46 Vgl. *Hesse,* Grundzüge, Rdnr. 395, sowie BVerfGE 57, 295 (320 ff.), für den Rundfunk.
47 Kritisch zu einer darauf zielenden rechtspolitischen Empfehlung der Erstauflage (S. 55) *Groß,* DÖV 1984, 175 f. (176). Der Gesetzentwurf der SPD-Fraktion vom 20. 6. 1973, LT-Drucks. 7/3667, wurde nach Ablauf der Legislaturperiode nicht weiterverfolgt; vgl. *Groß,* JöR 29 (1980), S. 386.

grammschwerpunkten abgesehen fallen alsbald die Unterschiede bei der Finanzierung auf: Rundfunkgebühren sind der öffentlichrechtlichen Anstalten wegen zu zahlen, wenn auch nicht (entgegen verbreiteter Annahme) nur ihretwegen (auf heimliche Subventionierungen der Privaten aus Anteilen der Rundfunkgebühr ist zurückzukommen); die Privaten leben von der Werbung (oder für die Werbung – so genau läßt sich das inzwischen nicht mehr sagen), die es (aus verfassungsrechtlichen Gründen in deutlich geringerem Anteil) auch in öffentlichrechtlichen Rundfunkprogrammen gibt (nicht in allen, aber dies nicht aus verfassungsrechtlichen Gründen, sondern aufgrund einer ihrerseits verfassungsrechtlich gebundenen Entscheidung des Gesetzgebers[48]). Bei den Rechtsgrundlagen des Rundfunks ist das Bild nicht minder vielgestaltig. Nahezu durchweg beruht Rundfunk auf Landesrecht, noch klar erkennbar in den Landesgesetzen über einzelne Landesrundfunkanstalten (wie am Beispiel HR und HR-G zu sehen) oder den Privatfunk im jeweiligen Land (für Hessen im Hessischen PrivatfunkG geregelt), eher verhüllt in den Staatsverträgen zwischen allen Bundesländern (etwa zur Rundfunkgebühr oder zum »Deutschland Radio«) oder (bei einigen Nachbarn Hessens) zwischen einzelnen Ländern als Grundlage einer Mehrländeranstalt. Landesrecht ist es, weil die Gesetzgebungskataloge des GG nichts enthalten (Art. 30, 70 GG – dementsprechend blieben bisher, freundlich gesagt, Unklarheiten bei der Bundesrundfunkanstalt »Deutsche Welle«[49]); zugunsten des Bundes gibt es nicht einmal eine Rahmenkompetenz (wie in Art. 75 Nr. 2 GG für die Presse), und doch gibt es den bundesrechtlichen Verfassungsrahmen der Rechtsprechung des BVerfG zur Rundfunkfreiheit des Art. 5 I 2 GG, zugleich als besonders anschauliches Beispiel für die materiell unitarisierende Wirkung der Grundrechtsrechtsprechung zum GG. Soweit die Rundfunkfreiheit durch die Organisation der öffentlichrechtlichen Rundfunkanstalten verwirklicht wird, hat das BVerfG die vorgrundgesetzliche Entwicklung der Nachkriegszeit in die Interpretation des Art. 5 I 2 GG umgesetzt. Die eigenständige Rechtsprechung des BVerfG beginnt mit den später hinzudrängenden Privaten, aber auch hier schreibt das BVerfG nur die Besonderheiten des deutschen Rundfunkverfassungsrechts fort, die in der Besatzungszeit der Jahre 1947/48 wurzeln, als die Militärregierungen der Westzonen die von ihnen – zunehmend mit deutschen Mitarbeitern – betriebenen Sender (in Hessen seit dem 1. 6. 1945 »Radio Frankfurt – Ein Sender der Militärregierung«) ganz in deutsche Hände übergaben.

c) Am Anfang war die Weisung. Beim Wiederaufbau des deutschen Rundfunks vertraten die Besatzungsmächte Organisationsvorstellungen, die eine Wiederholung des Mißbrauchs, wie ihn Staat und Partei unter dem NS-System mit dem Rundfunk getrieben hatten, nach Kräften verhindern sollten. Der neue deutsche Rundfunk sollte kein Regierungssender werden, aber auch nicht in die Hand einzelner politischer Gruppen, namentlich einer politischen Partei geraten; um zusätzlich eine Art

---

48 Dazu zuletzt BVerfGE 87, 181 I (198 ff.): Verbot der Werbung in Dritten Fernsehprogrammen.
49 Zu den verfassungsrechtlichen Bedenken *Mallmann*, JZ 1963, 350 ff.; BVerfGE 12, 205 (241 f.), ließ die Frage offen.

Organisationsmonopol zu verhindern, sollte er dezentralisiert werden. Die Dezentralisierung war am einfachsten zu bewerkstelligen; sie ergab sich zunächst aus der Aufteilung in Besatzungszonen, in der amerikanischen Besatzungszone zusätzlich aus einer weiteren, die späteren Bundesländer Bayern, Hessen und Württemberg-Baden[50] vorwegnehmenden Dezentralisierung. Für die Rundfunkorganisation konnten nicht alle Besatzungsmächte auf heimische Vorbilder zurückgreifen – genauer gesagt: im Ergebnis konnte das nur die britische. In Frankreich hatte sich der Rundfunk zu einer weitgehend zentralisierten staatlichen Einrichtung entwickelt. Die amerikanische Militärregierung mag anfangs daran gedacht haben, entsprechend der Situation in den Vereinigten Staaten auch den deutschen Rundfunk zu privatisieren und eine größere Zahl selbständiger kommerzieller Sender zu schaffen. Sie mußte jedoch rasch einsehen, daß dieses Modell aus technischen und wirtschaftlichen Gründen sich nicht auf die deutsche Situation übertragen ließ.[51] Hingegen orientierten sich die Rundfunkverantwortlichen der britischen Militärregierung, an ihrer Spitze H. C. Greene, am Vorbild der BBC, das sie auf den neu zu schaffenden NWDR (die Vorläuferanstalt von NDR und WDR) umsetzten.[52]
Dabei war dem »Hauptausschuß« des NWDR, der in den anderen Besatzungszonen zum Rundfunkrat weiterentwickelt wurde, die neutralisierende Funktion zugedacht, die in Großbritannien für die BBC die britische Krone hat. Für den Rundfunkrat des HR enthält ein Weisungsschreiben der Militärregierung die Forderung, »eine Mehrheitsbeherrschung durch die Regierung oder eine politische, religiöse oder wirtschaftliche Interessengruppe auszuschließen«.[53] Dem entspricht später die Forderung im 1. Rundfunk-Urteil, der Rundfunk dürfe »weder dem Staat noch *einer* gesellschaftlichen Gruppe ausgeliefert« werden.[54] Gegen den staatlichen Einfluß richtete sich die Zurückdrängung der Post namentlich hinsichtlich einer von ihr aus dem Fernmeldeanlagenrecht abgeleiteten Abgabenhoheit für die Rundfunkgebühr (als fernmelderechtlicher Konzessionsgebühr – die Begründung im einzelnen war umstritten).
Diese Kompetenz wurde durch § 17 I HR-G auf den HR übertragen (die Regelung wurde erst 1974 durch die Staatsverträge über die Regelung des Rundfunkgebührenwesens und über die Höhe der Rundfunkgebühr gegenstandslos). Außerhalb Hessens war die entsprechende Kompetenz weiter umstritten; geklärt und entschieden wurde das erst durch die Rundfunkgebührenurteile des BVerwG vom 15. 3. 1968,[55] die dann zu den schon erwähnten Rundfunkstaatsverträgen führten, deren letzte Fassung der Rundfunkstaatsvertrag 1991 enthält. Den Staatsverträgen zur Rundfunkge-

---

50 Das Land ging 1952 mit Baden und Württemberg-Hohenzollern, die in der französischen Besatzungszone lagen, im neuen Bundesland Baden-Württemberg auf; der Süddeutsche Rundfunk mit dem Sende- und Gebühreneinzugsgebiet des früheren Landes Württemberg-Baden blieb.
51 Dazu – am Beispiel der Entstehungsgeschichte des HR – *K. Berg*, Publizistik 1973, 310 ff. (311).
52 Zur Entstehungsgeschichte des NDWR *H. C. Greene*, Entscheidung und Verantwortung. Perspektiven des Rundfunks, 1970, S. 43 ff. (55).
53 Vgl. *Berg*, Publizistik 1973, 311.
54 BVerfGE 12, 205 (262 – Hervorhebung im Original).
55 BVerwGE 29, 214; UFITA 52 (1968), 309.

bühr zeitlich vorausgegangen war der ZDF-Staatsvertrag, der nach der Entscheidung eines zwischen Bundesregierung und den Bundesländern geführten Streits um Kompetenz und Rechtsform für ein überregionales Fernsehprogramm neben dem der ARD durch das BVerfG[56] abgeschlossen wurde und inzwischen ebenfalls im Rundfunkstaatsvertrag 1991 aufgegangen ist, der bei dieser Gelegenheit auch die ARD erstmals auf eine staatsvertragliche, damit also einheitlich landesgesetzliche Grundlage gestellt hat.

d) Rechtsgrundlagen des Rundfunks in Hessen sind heute demnach das HR-G (unter den noch geltenden Rundfunkgesetzen aus vorgrundgesetzlicher Zeit dasjenige, das bisher am wenigsten inhaltlich geändert wurde), das Hessische PrivatfunkG in der Fassung vom 25. 1. 1995 und die im Rundfunkstaatsvertrag 1991 zusammengefaßten einzelnen Staatsverträge, wobei besonders die Finanzierungsregeln zu nennen sind: für den öffentlichrechtlichen Rundfunk die Rundfunkgebührenstaatsverträge, für den öffentlichrechtlichen und den privaten Rundfunk die unterschiedlichen Grenzen für Werbesendungen. Nur schwer erkennbar sind Leistungen an die Privaten aus einem Teil des Gebührenaufkommens, und zwar zur Finanzierung der Landesaufsichtsanstalten (»Aufsichtsgroschen«) und von Infrastrukturverbesserungen zugunsten privater Sender.[57]

Der Verwirklichung der Rundfunkfreiheit dienen die öffentlichrechtliche Organisation der Landesrundfunkanstalten und die öffentlichrechtliche Organisation der für die Zulassung und Aufsicht über die privaten Veranstalter zuständigen Hessischen Landesanstalt für den privaten Rundfunk, die ihrerseits der Rechtsaufsicht der Hessischen Staatskanzlei unterworfen ist (§§ 2 Nr. 8; 3; 4 I; 11; 48; 49 HessPrivatfunkG).

Organe des HR sind wie in allen anderen öffentlichrechtlichen Rundfunk- und Fernsehanstalten die Kollegialorgane Rundfunkrat (beim ZDF: Fernsehrat) und Verwaltungsrat sowie der Intendant, der die Anstalt nach außen vertritt und in den Grenzen der Kompetenzen der Kollegialorgane leitet[58] (§ 16 II 1, III HR-G). Der Verwaltungsrat des HR wird teils vom Rundfunkrat, teils von den Beschäftigten gewählt; er hat im Schwerpunkt die laufende wirtschaftliche und technische Geschäftsführung der Anstalt zu überwachen; er ist kein Kreationsorgan und hat bei der Programmgestaltung nicht mitzureden (§§ 15 I; 16 II 2; 9 Nr. 3; 4 HR-G). Dies gehört zu den Aufgaben des Rundfunkrats; er besteht aus 1 Regierungsmitglied, 5 Landtagsabgeordneten und 10 Vertretern im einzelnen bezeichneter »gesellschaftlicher Kräfte«, zu denen bis zu drei Frauen hinzuzuwählen sind (§ 5 II, V HR-G). Landtag und Landesregierung können dementsprechend bis zu 37,5 % der originären Mitglieder stellen, von indirekten Zugriffsmöglichkeiten auf Sitze anderer Gruppen abgesehen.[59]

---

56 BVerfGE 12, 205.
57 *Th. Oppermann/M. Kilian,* Rechtsgrundsätze der Finanzierung öffentlichrechtlichen Rundfunks in der dualen Rundfunkverfassung der Bundesrepublik Deutschland, 1989, S. 96 ff.
58 Zu Herkunft und Entwicklung dieses bundesweit übernommenen Organisationsschemas *K. P. Jank,* Die Rundfunkanstalten der Länder und des Bundes, 1967, S. 17 ff.
59 So ist der Sitz des Hessischen Volkshochschulverbandes traditionell in den Händen von Parlamentariem; 1981 betrug bei 19 Sitzen der Anteil von Regierung und Landtag 7 Sitze = 36,84 %.

Hier (wie entsprechend bei der Hessischen Landesanstalt für den privaten Rundfunk) dient die Bildung der Aufsichtsgremien nur als Mittel, staatsunabhängige Sachwalter der Allgemeinheit zu gewinnen; sie hat nicht den Sinn, diesen Gruppen die Programmgestaltung zu übertragen oder sie gar zum Träger des Grundrechts der Rundfunkfreiheit zu machen.[60]

Die Programmgestaltung ist in § 16 III 2 HR-G vielmehr dem Intendanten übertragen, der sie praktisch auf die (leitenden) Mitarbeiter der Anstalt überträgt. Der Intendant ist ganz allgemein das Leitungs- und Verwaltungsorgan des HR; im Vergleich mit anderen öffentlichrechtlichen Anstalten hat er insoweit eine sehr starke, nur in wenigen Befugnissen an die Zustimmung des Verwaltungsrats gebundene Stellung (§ 16 II, III 1 HR-G).

In einer gewissen äußerlichen Parallele sind Organe der Hessischen Landesanstalt für den privaten Rundfunk die Versammlung und der Direktor; die Versammlung entspricht am ehesten dem Rundfunkrat, hat aber zugleich mehr Zuständigkeiten zulasten der Kompetenzen des Direktors (§§ 48 III; 51; 55 HessPrivatfunkG).

Die jeweiligen landesrechtlichen Besonderheiten füllen den Rahmen der in der Rechtsprechung des BVerfG entwickelten »dualen Ordnung« eines verfassungsrechtlich abgestuften Nebeneinanders von öffentlichrechtlichem und privatem Rundfunk in der Bundesrepublik Deutschland.[61] Verfassungsrechtlich folgt das aus der Funktion der Rundfunkfreiheit des Art. 5 I 2 GG für eine freie individuelle und öffentliche Meinungsbildung, die essentiell ist für die demokratische Ordnung und das kulturelle Leben. Eine darauf gerichtete Grundversorgung der Gesamtbevölkerung durch Programme, die umfassend und in der vollen Breite des klassischen Rundfunkauftrags informieren, ist von ausschließlich auf Werbefinanzierung angewiesenen Rundfunkunternehmen angesichts des dadurch bedingten Zwangs zu massenattraktiven Programmen nicht zu leisten, noch weniger von Unternehmen, deren Programme – wie inzwischen tendenziell die des überregionalen Privatfernsehens – als Werbeträger der Gewinnerzielung durch Werbesendungen untergeordnet werden. Vielmehr ist im dualen System die Grundversorgung Aufgabe der primär gebührenfinanzierten (und auch deshalb) öffentlichrechtlichen Anstalten. Das ermöglicht geringere verfassungsrechtliche Anforderungen an einen Privatfunk, der dadurch verfassungsrechtlich in die zweite Reihe verwiesen wird.

---

60 Einzelne gesellschaftliche Gruppen, die nicht im Rundfunkrat vertreten sind, haben deshalb keinen Anspruch auf Beteiligung; der Gesetzgeber hat einen entsprechend weiten Gestaltungsspielraum; BVerfG, 3. Kammer des 1. Senats, NVwZ 1992, 667.
61 Dazu (wie zum folgenden) zuletzt BVerfGE 83, 238, I (295 ff.); 90, 60, I (87 ff.).

V. Staatsorganisation; Verfahren der staatlichen Willensbildung und Entscheidungskontrolle – Zum 2. Hauptteil der HV

1. Die Aufteilung der Staatsgewalt

Die Grundsatznormen der Art. 65, 70, 71 HV verweisen auf plebiszitäre und repräsentative Elemente der staatlichen Willensbildung; auffällig ist dabei das (im Vergleich mit dem GG und den anderen älteren Landesverfassungen einzigartige) Nebeneinander der Kennzeichnungen Hessens als einer »*demokratischen und parlamentarischen* Republik« in Art. 65 HV. Das gängige Gewaltenteilungsmodell der Repräsentativverfassung wird hier im Unterschied etwa zu Art. 20 II 2 GG durch den Hinweis auf die »verfassungsmäßig bestellten Organe« (Art. 71 HV) nur angedeutet, kehrt aber alsbald in einigen der folgenden Abschnittsüberschriften (»Gesetzgebung«, »Rechtspflege«, »Staats- und Selbstverwaltung«) wieder. Landesverfassungsrechtliche Besonderheiten sind die Stellung des Volkes bei der Gesetzgebung und das Verhältnis von Landtag und Landesregierung.

a) *Organe der Gesetzgebung, Art. 116, 124 HV*

Hessen kennt wie die Mehrheit der anderen Bundesländer, aber im Unterschied zum GG, eine Gesetzgebung auch durch Volksentscheid nach vorausgegangenem Volksbegehren, Art. 116, 124 HV. Da Art. 116 II HV die Gesetzgebung durch den Landtag als den Regelfall behandelt, geben die Gesetzesinitiativen durch Volksbegehren und die Gesetzgebung durch Volksentscheid die Möglichkeit zur Korrektur der jeweiligen Landtagsmehrheit durch eine qualifizierte Minderheit der Wahlberechtigten.[62] Das auf Art. 124 IV HV beruhende VuVG hat vor das eigentliche Volksbegehren des Art. 124 I HV, für das später 20 % der (bei der letzten Landtagswahl) stimmberechtigten Bürger aufgeboten werden müssen, ein zusätzliches Zulassungsverfahren vorgeschaltet. Dabei sind für den Antrag auf Zulassung eines Volksbegehrens zwar nur die Unterschriften von 3 % der Stimmberechtigten erforderlich, jedoch kann in diesem Verfahren die Landesregierung die Verfassungsmäßigkeit des dem Antrag beigefügten Gesetzentwurfs prüfen. Verneint sie diese Frage, so entscheidet der StGH auf die Beschwerde der Vertrauenspersonen der Antragsteller über die Zulässigkeit des Volksbegehrens: »Zulässigkeit« hier in dem doppelten Sinn der Verfassungsmäßigkeit des Gesetzentwurfs und der darauf gegründeten Zu-

---

62 Ebenso alle vorgrundgesetzlichen und einige weitere Landesverfassungen, darunter die aller neuen Länder; geringfügige Besonderheiten in Art. 25 III 1, 59, 60 VerfBadWürtt (hier »Volksabstimmung« statt »Volksentscheid«); Art. 67 I 1, 101, 102 VerfSaarl (mit stärkerer Beteiligung des Landtags schon an der Gesetzesinitiative). Das wohl bekannteste Beispiel eines erfolgreichen Volksbegehrens ist die verfassungsrechtliche Verankerung der öffentlichrechtlichen Rundfunkorganisation in Art. 11 1a BayVerf.

lassung des Volksbegehrens (§§ 2-4 VuVG). Diese vorbeugende Normenkontrolle wird mit »verfassungspolitischen und rechtsökonomischen Gründen« und mit dem Hinweis gerechtfertigt, »auch die durch Volksgesetzgebung zustande gekommenen Gesetze würden – unter anderem auf Antrag der Landesregierung – der verfassungsgerichtlichen Nachprüfung unterliegen«, die dabei als »Ex-post-Kontrolle« bezeichnet wird[63] (vgl. Art. 131 I, II HV). Verfassungspolitisch liegt auf der Hand, daß die nachträgliche Normenkontrolle den plebiszitären Effekt eines erfolgreichen Volksentscheids nicht mehr völlig ausräumen kann, auch wenn durch einen solchen Volksentscheid die Verfassung nicht geändert und so etwa jeweils angepaßt werden kann (Art. 123 II HV). Verfassungspolitisch ist auch zu bedenken, wie sehr es in Grenzfällen der Verfassungsinterpretation auf Veränderungen verfassungsrechtsdogmatischer Einschätzungen, damit auf den Zeitpunkt der verfassungsgerichtlichen Entscheidung und auch auf die personelle Zusammensetzung des Gerichts ankommen kann, dessen Mehrheit in Hessen von Wahlperiode zu Wahlperiode, also mit der jeweiligen Landtagsmehrheit wechselt (Art. 130 II HV). So gesehen, wird durch die »Rechtsökonomie« des Zulassungsverfahrens der §§ 2-4 VuVG das in Art. 116, 124 HV enthaltene plebiszitär-demokratische Element deutlich abgebremst und dementsprechend abgeschwächt.

b) *Art. 107, 118 HV und der Parlamentsvorbehalt im hessischen Verfassungsrecht*

Die starke Betonung der Volkssouveränität in der HV könnte aus heutiger Sicht erwarten lassen, daß jedenfalls im Verhältnis von Parlament und Exekutive, also von Landtag und Landesregierung, die Rechtsetzung in allen wesentlichen Fragen dem Landtag vorbehalten ist (Vorbehalt des Gesetzes als Parlamentsvorbehalt).[64] Der Text der HV steht demgegenüber noch auf der älteren Stufe eines Verfassungsvorverständnisses, das auch für grundrechtsrelevante Regelungen jeden Rechtssatz mit Vorrang vor abweichenden Einzelfallentscheidungen, also auch Rechtsverordnungen und Satzungen, genügen ließ. Art. 107 HV normiert die Kompetenz der Landesregierung für gesetzesausführende Rechtsverordnungen; Art. 118 HV regelt das Verhältnis von Landtag und Landesregierung für gesetzesvertretende Rechtsverordnungen – die Verordnungskompetenz nachgeordneter Verwaltungsbehörden und die Satzungskompetenzen der Selbstverwaltungskörperschaften (z. B. gemäß § 5 HGO; vgl. auch § 21 HHG) werden in der HV nicht ausdrücklich erwähnt, aber still-

---

63 So HessStGH ESVGH 32, 20 = NJW 1982, 1141, zu II 2 a (S. 1142 – Volksbegehren »Keine Startbahn West«); vgl. auch noch unten V. 5 d.
64 Der Begriff »Parlamentsvorbehalt« ist wegen der Möglichkeit der Gesetzgebung im Wege des Volksentscheids in Hessen (im Unterschied etwa zur Bundesgesetzgebung) nicht völlig identisch mit dem Vorbehalt des förmlichen Gesetzes, sondern trifft diesen Vorbehalt nur für das Verhältnis von Parlament und Exekutive. Die Formulierung »in allen wesentlichen Fragen« zielt auf die »Wesentlichkeitstheorie« des BVerfG, wonach vor allem grundrechtsrelevante Regelungen »wesentlich« in diesem Sinne sind. Dazu allgemein *Hesse*, Grundzüge, Rdnr. 509; *W. Schmidt*, Einführung in die Probleme des Verwaltungsrechts, 1982, Rdnr. 16.

schweigend vorausgesetzt.[65] Art. 118 HV bleibt hinter den Anforderungen des Art. 80 I 2 GG zurück. Die Frage, ob das noch mit den rechtsstaatlichen Anforderungen der Homogenitätsklausel des Art. 28 I GG vereinbar sei, ist zwar vom BVerfG grundsätzlich bejaht worden,[66] jedoch ergeben sich daraus für die heute eigentlich strittigen Fragen des Parlamentsvorbehalts keine Unterschiede: Für die Verordnungskompetenz des Kultusministers im Schulbereich (ein Kernstück landeseigener Regelungskompetenz) eröffnet Art. 118 HV keinen über die Grundsätze der neueren BVerfG-Rechtsprechung hinausgehenden Freiraum.

c) *Die Gewichtsverteilung zwischen Landtag und Landesregierung im übrigen*

Es bleiben Fragen der parlamentarischen Verantwortlichkeit und damit Abhängigkeit der Landesregierung von der Landtagsmehrheit; sie werden praktisch bei der Wahl des Ministerpräsidenten und der Bestätigung der Landesregierung durch eine Vertrauenserklärung des Landtags, die auch bei Regierungsumbildungen erforderlich ist (Art. 101, 112 HV).[67] In diesen wie anderen Vorschriften der HV zeigt sich deren Bemühen, einen deutlichen Vorrang des Parlaments vor der Landesregierung zu konstituieren,[68] eine Anstrengung des Verfassungstextes, dessen normative Kraft sich bei der Verfassungsverwirklichung in einer bundesstaatlich organisierten Parteiendemokratie als zu gering erweisen mußte. In der Parteiendemokratie gibt es kein grundsätzliches Gegenüber von Landesregierung und Landtag insgesamt, sondern nur von Mehrheit(skoalition) im Landtag und der von ihr getragenen Landesregierung einerseits und Opposition im Landtag andererseits. Die parlamentarische Kontrolle ist deshalb weitgehend Sache der Opposition und richtet sich dann zwangsläufig auch gegen die jeweilige Landtagsmehrheit. Im Dreiklassensystem der Informationsmöglichkeiten (verstanden als Zugang zum jeweiligen Stand des Noch-Geheimwissens der Machtausübung) nimmt die Opposition den untersten, die Landesregierung für sich allein genommen den obersten Rang ein. Dieses schon aus allgemeinen strukturellen Gründen vorgegebene politische Ungleichgewicht wird durch das Bundesratssystem des GG noch weiter zugunsten der Landesregierung

---

65 Das führt zu Abgrenzungsschwierigkeiten bei der konkreten Normenkontrolle und dem Verwerfungsmonopol des StGH gem. Art. 132, 133 HV; vgl. ESVGH 20, 217 (222); 21, 1 (12 ff.); 30, 1 (7). Die »einfachen Rechtsverordnungen« werden von der HV nicht behandelt; dazu *Schroeder*, in: 30 Jahre, S. 305.
66 BVerfGE 34, 52 (58 f.).
67 *Groß* in: Zinn/Stein, Art. 101 Erl. 14 (S. 8 f.): Insgesamt ist ein neues Vertrauensvotum erforderlich (teilweise str.). Art. 113 II (III!) normiert für Hessen das Prinzip der Diskontinuität der Landesregierung, dies im Unterschied zur Rechtslage in Hamburg, Schleswig-Holstein und im Saarland; dazu (am Beispiel Schleswig-Holstein) BVerfGE 27, 44. Zu den im Anschluß an die Landtagswahl 1982 diskutierten Fragen zu Amtsdauer und Befugnissen einer nur »geschäftsführenden« Landesregierung eingehend *Groß*, DÖV 1982, 1008 ff. (1013 ff.).
68 *v. Brünneck*, JöR 3 (1954), S. 249, 251 (dort auch zum folgenden). Auf einem anderen Blatt stehen die Verfassungsnormen, die dem Ministerpräsidenten herkömmliche Aufgaben eines Staatsoberhaupts zuweisen: die Vertretung des Landes nach außen (Art. 103 I HV), die Ausfertigung und Verkündung von Gesetzen (Art. 120 HV) sowie das Begnadigungsrecht (Art. 109 HV) – vgl. dazu Art. 59 I, 60 II und III, 82 I 1 GG; zur Gnadenaktsproblematik StGH ESVGH 24, 1, und die Hess-GnadenO vom 3. 12. 1974 i. d. F. vom 15. 11. 1976.

verschoben, denn der Bundesrat besteht gemäß Art. 51 I GG aus Mitgliedern der Regierungen der Länder.[69] Ein weiterer Machtzuwachs der Landesregierung auf Kosten des Landtags ist schließlich im Bereich der staatlichen *Planung* zu beobachten; besonders drastisch zeigt sich das in § 3 I HessLPlanungsG: Danach wird der Landesentwicklungsplan ohne jede Beteiligung des Landtags allein von der Landesregierung erarbeitet und »festgestellt« und anschließend erst dem Landtag »zugeleitet«; was das inhaltlich bedeutet, kann aus §§ 3 II, 8 HessLPlanungsG abgelesen werden. Demgegenüber muß immer wieder hervorgehoben werden, daß die Beteiligung des Parlaments an der zentralen staatlichen Planung nicht nur zulässig, sondern verfassungsrechtlich geboten ist,[70] dies unter dem GG allgemein (Art. 20 II, 28 I GG) und in Hessen in besonderem Maße angesichts der mehrfach zitierten Grundsatznormen zum demokratischen und parlamentarischen Staat. Unbeschadet solcher Einwände ist nicht zu übersehen, daß schließlich der hessische Landtag selbst diese seine (Teil-)Entmachtung als Gesetz beschlossen hat. Und wenn immer wieder bedauert wird, in welchem Ausmaß die Erarbeitung von Gesetzesinitiativen dem Landtag entglitten und auf die Landesregierung übergegangen ist, so kann darin auch ein Versäumnis der Abgeordneten aller Fraktionen gesehen werden.

2. Der Landtag

a) *Wahlrecht, Wahlprüfungsverfahren*

In seiner ursprünglichen Fassung sah Art. 75 HV ein reines Verhältniswahlrecht vor. Um die Angleichung an das neue Bundestagswahlrecht zu ermöglichen, wurde diese Teilbestimmung in einer der beiden Verfassungsänderungen gestrichen und die Entscheidung über das Wahlsystem dem Landtag selbst überlassen. Dieser entschied sich (wie der Bundesgesetzgeber) für ein Mischsystem, das auch Bestandteile der Persönlichkeitswahl enthält (§§ 7, 9 LTWahlG); jeder Wähler hat zwei Stimmen (§ 8 LTWahlG). Anders als das GG sieht Art. 75 III 2 HV die Zulässigkeit einer Sperrklausel ausdrücklich vor und begrenzt sie auf 5 % – diese Höchstgrenze darf unterschritten werden, ist aber bislang nicht unterschritten worden (§ 10 I LTWahlG). Seit 1982 wird auch für den Hessischen Landtag nicht mehr das d'Hondtsche, sondern das Hare-Niemeyersche Zählverfahren angewendet.
Die Wahlprüfung wird durch Art. 78 HV – abweichend von dem sonst im Bund und anderen Bundesländern verbreiteten Verfahren (Wahlprüfung durch das Parlament selbst, dagegen Möglichkeit zur Anrufung des Verfassungsgerichts; vgl. Art. 41 GG) – einem besonderen, beim Landtag zu bildenden Wahlprüfungsgericht übertra-

---

69 Dazu *Groß*, JöR 21 (1972), S. 328 ff.; *Zinn/Stein,* vor Art. 100, S. 3 ff. (dort auch zum folgenden); allgemein E. V. *Heyen,* Der Staat 21 (1982), 191 ff.
70 *Ossenbühl,* Gutachten B zum 50. DJT, 1974, S. B 79, im Anschluß an *Friesenhahn,* VVDStRL 16 (1958), S. 143.

gen. Gegen dessen Entscheidung gibt es nur die Grundrechtsklage zum StGH oder die Verfassungsbeschwerde zum BVerfG.[71]

b) *Zur Professionalisierung des Abgeordnetenmandats; Unvereinbarkeitsklauseln gegen anderweitige Abhängigkeiten*

Die Unvereinbarkeit (Inkompatibilität) von Landtagsmandat und anderen Funktionen im öffentlichen Dienst bedeutet zwar nicht Unwählbarkeit (Ineligibilität), ist also im strengen Wortsinn keine Frage des Wahlrechts, läuft im praktischen Ergebnis aber darauf hinaus, denn spätestens mit der Wahl in den Landtag muß der neue Abgeordnete seine andere Funktion aufgeben oder verliert sie kraft Gesetzes. Dies gilt nach Art. 130 I 1 HV für Mitglieder des Staatsgerichtshofs. Praktisch wichtiger ist die Unvereinbarkeit von (kommunalem Wahl-)Amt und (Landtags-)Mandat aufgrund des Gesetzes vom 31. 3. 1969, eine Ausweitung allgemein beamtenrechtlicher Unvereinbarkeitsregelungen.[72] Diese Regelungen beruhen auf Art. 137 I GG.[73]

Unvereinbarkeitsregeln sollen Abhängigkeiten zurückdrängen, die einer möglichst breiten Wahrnehmung der Wählerinteressen – in einer bekannten verfassungsrechtlichen Formel: der Vertretung »des ganzen Volkes« (Art. 77 HV; Art. 38 I 2 GG) – entgegenstehen. Ganz ausschließen lassen sich solche Abhängigkeiten aufgrund von Herkunft und (partei-)politischer Bindung des Abgeordneten nicht; den interessenunabhängigen Abgeordneten gibt es so wenig wie ein dem politischen Prozeß vorgegebenes Gemeinwohl.[74] Interessenabhängigkeiten folgen schon aus einer gewissen, ebenfalls nicht ganz auszuschließenden Professionalisierung des Abgeordnetenmandats.[75] Es wird sich nicht vermeiden lassen, daß auch Abgeordnete als eigene soziale Gruppe schon nach kurzer Zeit eigene soziale Interessen entwickeln, die weniger aus ihren Worten als aus ihren Taten sprechen. Es kann nur darum gehen, solche Abhängigkeiten nicht außer Kontrolle geraten zu lassen und insgesamt möglichst gering zu halten. Dazu gehören auch Unvereinbarkeitsregeln, deren Problematik sich nicht in dem Anwendungsbereich des Art. 137 I GG erschöpft. Den Multifunktionären des öffentlichen Dienstes mag über die auf Art. 137 I GG gegründeten Regelungen halbwegs beizukommen sein. Schwieriger ist es mit anderen Verfilzungen,[76] sei es durch Mehrfachmandate, sei es durch Verbands- oder Unterneh-

---

71 *Zinn/Stein,* Art. 78 Erl. 10 (S. 11); a.a.O., Erl. 1 (S. 2), auch zur Grundsatzproblematik der hessischen Lösung; allgemein *J. Ruszoly,* Der Staat 21 (1982), 203 ff.
72 GVBl. I, 43; dazu und zu weiteren Einzelheiten *Groß,* JöR 21 (1972), S. 319.
73 StGH ESVGH 20, 206 = DÖV 1970, 243. Zum Inhalt des Art. 137 I GG (Inkompatibilität, nicht Ineligibilität) BVerfGE 58, 177 (192, m. w. N.); zur Entstehungsgeschichte des Art. 137 I GG *Maunz/Dürig/Herzog/Scholz,* Art. 137, Rdnr. 1, oder *Versteyl,* in: *v. Münch,* Art. 137 Rdnr. 2.
74 Zur Gemeinwohlproblematik allgemein *W. Schmidt,* Einführung (Anm. 64), Rdnr. 328.
75 Dazu BVerfGE 40, 296 (310 ff.), und besonders lesenswert die abweichende Meinung des Richters *Seuffert,* S. 330 ff. (335), gegen eine verfassungsrechtliche Absegnung von Tendenzen, »die Übernahme und Ausübung von Mandaten als eine Art Sonderlaufbahn des öffentlichen Dienstes zu sehen und sie damit zu bürokratisieren und zu ›verdienstrechtlichen‹«.
76 Dazu *Zinn/Stein,* Art. 75 Erl. 24 (S. 22 f.); vgl. auch VerfGH Rheinland-Pfalz, DVBl. 1982, 782.

mensfunktionen. Dagegen mag zum Teil eine größere Transparenz der Parteienfinanzierung helfen, die auf Offenlegung solcher Funktionen jedenfalls dann auszudehnen ist, wenn sie sich in Honoraren oder der Bezahlung eines Büroapparats niederschlägt, vielleicht auch – je nach Einsicht und gutem Willen – die Regulierung des Zugangs zu Mandaten in den Parteisatzungen (die, weil privatrechtlich, insoweit nicht mit dem sonst üblichen Hinweis auf Art. 38 I 1 GG angegriffen werden können).

c) *Parlamentsrecht (Rechtsstellung der Abgeordneten; Fraktionen; Landtagsgeschäftsordnung)*

Mit den Stichworten »Professionalisierung« des Mandats und Aufstellung der Kandidaten durch politische Parteien ist die Problematik des »freien Mandats« berührt. Die HV, sonst erkennbar dem Vorbild der WRV verpflichtet, schweigt dazu.[77] Darin ist eine Konzession an die Verfassungswirklichkeit gesehen worden,[78] aber auch zu dieser Wirklichkeit der politischen Parteien und ihrer Fraktionen im Parlament schweigt die HV, darin übrigens – anders als das GG – noch ganz der WRV verhaftet. Für die politischen Parteien tritt Art. 21 GG in die Lücke ein,[79] die Fraktionen sind erst spät und nur indirekt im GG erwähnt worden (Art. 53a GG); jedoch gilt für sie: »Mit der Anerkennung der Parteien in Art. 21 erkennt das GG auch sie an«[80] – sie sind die Parteien im Parlament. In diesen verfassungsrechtlichen Rahmen müssen die Ausgestaltung der Fraktionsrechte und das Verhältnis von Fraktion und Abgeordneten in den parlamentarischen Geschäftsordnungen und das neue FraktionsG, das im Kern nur ein Fraktionsfinanzierungsgesetz ist, eingepaßt werden.[81] Die parlamentarischen Geschäftsordnungen bilden zusammen mit den im Vergleich dazu lückenhaften einschlägigen Verfassungsnormen – in Hessen Art. 83-94 HV – die normative Grundlage des Parlamentsrechts.[82] Das Parlamentsrecht des Hessischen Landtags unterscheidet sich nicht wesentlich von dem des Bundestags oder der übrigen Landtage; es bedarf deshalb hier keiner gesonderten Darstellung.

---

77 Art. 77 HV ist eine Übernahme des Art. 21 S. 1 WRV. Für die Übernahme auch des Art. 21 S. 2 WRV fand sich in der Verfassungsberatenden Landesversammlung keine Mehrheit; zu den gegenläufigen Begründungen *Zinn/Stein,* Art. 77 Erl. 1 (S. 2).
78 *v. Brünneck,* JöR 3 (1954), S. 250 – vgl. aber den Nachweis in der vorigen Anmerkung 77.
79 BVerfGE 1, 208 (227), st. Rspr., vgl. später E 27, 10 (17). Zu verfassungsprozeßrechtlichen Folgen dieses Schweigens (Art. 93 I Nr. 4 GG) noch unten III 5 c aa (3) bei Anm. 63.
80 BVerfGE 10, 4 (14); zuletzt E 43, 142 (148).
81 Dazu *W. Schmidt,* Der Staat 9 (1970), 481 ff. Aus § 2 der GOHessLandtag i. d. F. von 1978 wird das – anders als aus § 10 GOBundestag – nicht deutlich.
82 Zum parlamentarischen Geschäftsordnungsrecht instruktiv BVerfGE 44, 308 (314 ff.). Was dort zu Art. 40 I 2 GG gesagt wird, gilt entsprechend für Art. 99 HV.

3. Der Landesrechnungshof

Der anhaltende Streit um Organisation und Verfahren der Rechnungsprüfung im Zusammenwirken von Rechnungshof und Parlament spiegelt Veränderungen des parlamentarischen Systems, die für den Bereich der Rechnungsprüfung zumindest in der Praxis von Regierungen und Parlamenten noch nicht hinreichend aufgearbeitet worden sind. Rechtsgrundlagen sind im Bund Art. 114 II GG, das Gesetz über Errichtung und Aufgaben des Bundesrechnungshofes vom 27. 11. 1950, §§ 88 ff. der BHO vom 19. 8. 1969 sowie der V. Abschnitt der gemäß § 119 II Nr. 1 BHO fortgeltenden RHO vom 31. 12. 1922; in Hessen Art. 144 HV, das Gesetz über den Hessischen Rechnungshof vom 18. 6. 1986 und die LHO vom 8. 10. 1970. Die HV bleibt dabei noch hinter dem GG zurück: Art. 144 HV gewährleistet weder die richterliche Unabhängigkeit der Mitglieder des Rechnungshofs (sie findet sich immerhin in § 5II HessRHG) noch die unmittelbare Zuleitung des jährlichen Prüfungsberichts an den Landtag. Die »Bemerkungen« des Landesrechnungshofs (wie sie in Art. 144 HV abschwächend genannt werden) dienen nach überwiegender Einschätzung (wie sie auch zu den Berichten des Bundesrechnungshofs und der anderen Landesrechnungshöfe vertreten wird) der »gutachterlichen Vorbereitung des anschließenden parlamentarischen Prüfungs- und Entlastungsverfahrens«; die Befugnis zu politischen Stellungnahmen wird dem Landesrechnungshof bestritten; Weisungsbefugnisse oder Zwangsmittel stehen ihm ohnehin nicht zur Verfügung.[83] Dieses »Dogma vom unpolitischen Handeln« der Rechnungshöfe entstammt jener Entwicklungsschicht des Parlamentarismus, die von einem Gegensatz zwischen Regierung und Parlament(smehrheit) ausging.[84] Heute beweist die parlamentarische Mehrheit der parlamentarischen Minderheit durch Abstimmung, daß sie und ihre Regierung korrekt und vernünftig gewirtschaftet haben – und dies nach so langer Zeit, daß selbst eine Beanstandung niemanden mehr ernstlich beunruhigen würde.

4. Der Richterwahlausschuß

Der Richterwahlausschuß entscheidet gemeinsam mit dem Landesjustizminister über die Erstanstellung eines Richters, nicht über Beförderungen. Er wirkt bei der Auswahlentscheidung mit, die eine verfahrensrechtliche Voraussetzung für die anschließende Ernennung durch den Minister ist. Rechtsgrundlage ist in Hessen Art. 127 III HV, der durch Art. 98 IV GG bestätigt und dadurch gegen die Rahmenkompetenz des Bundes aus Art. 98 III GG, auf der das DRiG beruht, abgesichert

---

83 *V. Zezschwitz,* in: Zinn/Stein, Art. 144 Erl. III 4 (S. 9 f.).
84 Dagegen kritisch *Battis,* DÖV 1976, 721 ff. Im übrigen bleibt hier einiges ein Streit um Worte, denn eine Beanstandung, und sei sie noch so »gutachtlich« formuliert, wirkt allemal politisch – so sie nur die ihr gemäße Publizität erlangt.

wurde;[85] die organisations- und verfahrensrechtlichen Einzelheiten ergeben sich aus §§ 8-24 HessRiG.[86] Wegen seiner landesverfassungsrechtlichen Grundlage ist der Richterwahlausschuß in Hessen ein oberstes Verfassungsorgan im Sinne des Art. 71 HV (vgl. auch § 8 HessRiG: »besonderes Verfassungsorgan«), durch das mit dem Ziel einer Gewaltenteilung die Personalhoheit der Landesregierung über die Richterschaft zurückgedrängt und kontrolliert werden soll. Jedoch hat der Richterwahlausschuß kein Vorschlagsrecht (dies hat der Justizminister), sondern nur ein Vetorecht, §§ 19 I, 22 HessRiG; er hat damit den schwächeren Part bei der in Art. 127 III HV vorgesehenen gemeinsamen Entscheidung. Die so abgeschwächte Gewaltenteilung ist im übrigen nur gegenüber der Landesregierung verwirklicht, nicht gegenüber dem Landtag: Jeder neue Landtag besetzt die Mehrheit des Richterwahlausschusses in seinem Sinne neu, § 9, 11 III HessRiG.

5. Der Staatsgerichtshof

a) *Rechtsgrundlagen – das neue StGHG*

Rechtsgrundlagen sind die HV und das StGHG. Die HV normiert im VIII. Abschnitt ihres 2. Hauptteils Grundstrukturen der Gerichtsverfassung (Art. 130), bezeichnet einige zentrale Entscheidungsgegenstände und damit Verfahrensarten (Art. 131 I), normiert ein Entscheidungsmonopol des StGH für die Verwerfung von Gesetzen und Rechtsverordnungen und die Grundzüge des daraus folgenden Vorlageverfahrens (Art. 132, 133), behält die Ausgestaltung eines Verfassungsbeschwerdeverfahrens für jedermann dem Gesetz vor (Art. 131 III) und normiert den Kreis der Antragsberechtigten für die verfassungsrechtlich vorgesehenen Verfahrensarten (Art. 131 II). In Art. 17 II, 115, 127 IV, 146 II, 147 II HV werden weitere Entscheidungsgegenstände des StGH geregelt; die meisten sind durch GG und Bundesrecht (Art. 31 GG!) verdrängt worden: Art. 127 IV HV durch Art. 98 V GG, Art. 147 II HV durch § 6 EGStPO, Teile des Art. 146 II HV durch Art. 21 II GG. Die verbleibenden Reste des Art. 146 II HV (die sich auf unklare Weise mit Art. 17 II HV überschneiden) sind praktisch ohne Bedeutung geblieben. Ebenfalls keine Praxis gibt es zu Art. 115 HV.

Das StGHG vom 30. 11. 1994 hat das vorgrundgesetzliche StGHG vom 12. 12. 1947 abgelöst. Unter dem Strich sind es wie bisher 52 Paragraphen, ab § 12 ändert sich die Zählung der verbliebenen Vorschriften. Gegenstandslos gewordene und sonst überholte Vorschriften wurden beseitigt, einige Unklarheiten bereinigt

---

85 Dazu *Reh*, in: Zinn/Stein, Vorbem. Art. 126-129 Erl. C; Art. 127, 128 Erl. B II 1 (m. N.). Entsprechende landesverfassungsrechtliche Regelungen kennen Bremen (Art. 136) und Hamburg (Art. 63). Baden-Württemberg, Berlin und Schleswig-Holstein haben unmittelbar aufgrund Art. 98 IV GG Richterwahlausschüsse (bei zum Teil abweichenden Einzelregelungen) eingerichtet.

86 Den Prüfungsmaßstab des § 8 HessRiG hat der StGH in ESVGH 27, 15, für mit der HV vereinbar erklärt.

und neue geschaffen. Das neue Gesetz hat mit der Grundrechtsklage der Gemeinden und Gemeindeverbände (§ 46 StGHG) parallel zur Verfassungsbeschwerde von Gemeinden und Gemeindeverbänden gemäß Art. 93 I Nr. 4 GG eine neue Verfahrensart eingeführt und den Kreis der Antragsberechtigten in den allgemeinen Vorschriften in § 19 II StGHG gegenüber Art. 131 II, III HV und § 17 II StGHG a.F. um die Landtagsfraktionen, den Rechnungshof und die Gemeinden und die Gemeindeverbände erweitert; der in Art. 131 II HV vergessene »öffentliche Kläger« des Art. 130 I 2 HV wurde vom »Landesanwalt« (§§ 10; 17 II Nr. 6 a.F.) zur »Landesanwaltschaft« (§§ 10; 19 II Nr. 7 n.F.) umbenannt. In erkennbarer Anlehnung an § 31 II 2 BVerfGG unterscheiden §§ 40 I 1, 42 V 3 (45 III) StGHG für Normenkontrollentscheidungen zwischen der »Nichtig«- und der (nur) »Unvereinbar«-Erklärung eines Gesetzes. In Normenkontroll- und Grundrechtsklageverfahren gilt diese Differenzierung auch für Rechtsverordnungen.

Beibehalten wurden in §§ 23 II, 24 I StGHG der Grundsatz der mündlichen Verhandlung und eine wichtige Ausnahme. Durch die mündliche Verhandlung wird die Verwirklichung des Grundrechts auf rechtliches Gehör (Art. 103 I GG)[87] verfahrensrechtlich verstärkt. Die Ausnahme gilt für Anträge, die »offenbar unbegründet« sind; der Beschluß bedarf einer Zweidrittelmehrheit im StGH. »Offenbar« ist, was für jeden Sachkundigen auf den ersten Blick zutage tritt. Deshalb kann dem StGH nicht gefolgt werden, wenn er meint, was zwei Drittel seiner Richter in geheimer Sitzung als unbegründet erscheine, sei es auch schon »offenbar«. Das BVerfG setzt auf diesen Denkfehler anderthalbe, wenn es aus der besonderen (viele Druckseiten benötigenden) Ausführlichkeit der vom StGH gelieferten Entscheidungsgründe den Schluß zieht, bei derart unterschiedlichen rechtlichen Bewertungsmöglichkeiten durch einige Bürger (und seien es auch einige Hunderttausend) und ein Gericht sei der Antrag der Bürger »offenbar unbegründet«.[88]

Die Anlehnung an das Verfassungsprozeßrecht des Bundes ging nicht so weit, nach dem Vorbild des § 30 II BVerfGG die Möglichkeit eines Sondervotums einzuführen – aber vielleicht wurde dafür auch nirgendwo (auch nicht im StGH selbst) ein Bedürfnis gesehen.

b) *Probleme der Richterwahl*

Die elf Mitglieder des StGH zerfallen in zwei Gruppen: 5 Berufsrichter, die von einem nach dem Fraktionsproporz gebildeten Wahlmännergremium des Landtags mit jeweils 2/3-Mehrheit auf sieben Jahre, und weitere 6 Mitglieder, die von jedem Landtag neu aufgrund von Vorschlagslisten der Landtagsfraktionen gewählt werden (§§ 2, 5, 6 StGHG). Für diese »sechs übrigen Mitglieder« (§ 6 I StGHG) läßt sich nur leicht zugespitzt sagen: Jeder Landtag wählt sich seine Mehrheit im StGH neu.

---

87 Die HV hat dieses Grundrecht nicht ausdrücklich normiert; es wird dem in Art. 1 HV »mitverankerten Prinzip der Rechtsgleichheit« entnommen; *Zinn/Stein*, Art. 131-133 Erl. B IV 9 (S. 26).
88 StGH NJW 1982, 1141; BVerfGE 60. 175 (213 f.).

Da es nach den Erfahrungen der letzten Jahre im Landtag durchaus zu Größtkoalitionen auch in solchen Fragen kommen kann, die in der außerparlamentarischen politischen Öffentlichkeit sehr umstritten sind, ist dieses Richterwahlverfahren, milde gesagt, nicht unproblematisch – aber letztlich beruht es auf Art. 130 II HV und steht nicht zur Disposition des einfachen Gesetzgebers.

c) *Einzelne Verfahrensarten*

Praktisch wichtig sind, und zwar – wie auch in der Rechtsprechung des BVerfG – in dieser Reihenfolge, die Grundrechtsklage (als hessischer Vorläufer der Verfassungsbeschwerde), die Normenkontrollverfahren und die Verfassungsstreitigkeiten (in der Rechtsprechung des BVerfG gewöhnlich Organstreit genannt).

(1) Im Unterschied zur Verfassungsbeschwerde des GG und BVerfGG, die keinen Beschwerdegegner kennt, ist die Grundrechtsklage in Hessen gegen den zu richten, der das Grundrecht verletzt hat, bei angeblichen Grundrechtsverletzungen durch die öffentliche Gewalt gegen deren Zurechnungssubjekt: das Land oder eine Selbstverwaltungskörperschaft des öffentlichen Rechts (§ 43 III StGHG). Wichtiger als diese verfassungsprozeßrechtliche Besonderheit ist die verfahrensrechtliche Schutzfunktion der Grundrechtsklage insgesamt. Entsprechend der Schutzwirkung von Landesgrundrechten zeigt sie sich in zweierlei Hinsicht: als zusätzliche Rechtsschutzmöglichkeit (zusätzlich auch zur Verfassungsbeschwerde!) bei sachlich übereinstimmendem Prüfungsmaßstab und als verfassungsgerichtlicher Schutz des landesgrundrechtlichen »Mehr« für Jedermann (Art. 131 III HV i. V. m. §§ 43 ff. StGHG). In diesem »Mehr« auch an verfassungsrechtlichem Grundrechtsschutz liegt die eigentliche Bedeutung der Grundrechtsklage.

(2) Auch für die hessische Verfassungsgerichtsbarkeit lassen sich wie im GG »abstrakte Normenkontrollverfahren« (Art. 131 I, 1. Alternative, II HV; vgl. Art. 93 I Nr. 2 GG) und »konkrete Normenkontrollverfahren« (Art. 133 HV; vgl. Art. 100 I GG) unterscheiden. Für Normenkontrollentscheidungen bestimmt Art. 132 HV ein Verwerfungsmonopol des StGH. Im Unterschied zur bundesrechtlichen Regelung (insbesondere in Art. 100 I GG) erstreckt sich das Verwerfungsmonopol auch auf Rechtsverordnungen. Damit ist ein Anwendungsfall des in § 47 III VwGO normierten Vorbehalts zugunsten der Landesverfassungsgerichtsbarkeit gegeben.[89] »Rechtsverordnungen« im Sinne der Art. 132, 133 HV sind jedoch nur Rechtsverordnungen der Landesregierung und der Landesminister (Art. 107, 118 HV), nicht die übrigen (»einfachen«) Rechtsverordnungen nachgeordneter Behörden und auch nicht Satzungen; diese werden von der HV überhaupt nicht behandelt.

(3) Die neu eingeführte kommunale Grundrechtsklage steht an systematisch falscher Stelle. Da nach ganz überwiegender, auch in Hessen geteilter Meinung die Selbstverwaltungsgarantie des Art. 137 HV (wie parallel die des Art. 28 II GG) kein

---

89 *Groß*, JöR 21 (1972), S. 336 f.; *Schroeder*, 30 Jahre, S. 203; *Schenke*, NJW 1978, 671.

Grundrecht, sondern eine institutionelle Garantie ist[90] und da zudem die Antragsbefugnis nur gegen »Landesrecht« gegeben ist (§ 46 StGHG), handelt es sich (wie bei Art. 93 I Nr. 4b GG) in Wahrheit um ein besonderes Normenkontrollverfahren,[91] das systematisch richtiger als eigener Absatz des § 90 StGHG geregelt worden wäre (etwa als neuer Absatz (2) »Gemeinden und Gemeindeverbände können den Antrag mit der Behauptung stellen, daß Landesrecht die Vorschriften der Verfassung des Landes Hessen über das Recht der Selbstverwaltung verletzt«).

(4) Für Verfassungsstreitigkeiten hat § 42 I StGHG sich jetzt an die weite Definition des Art. 93 I Nr. 1 GG angelehnt und so als »Beteiligte« alle einbezogen, »die durch die Verfassung des Landes Hessen, durch ein Gesetz oder in der Geschäftsordnung eines obersten Landesorgans mit eigenen Rechten ausgestattet sind« – in dem anschließend zitierten Art. 131 I HV findet das keine Stütze. Zu den Antragsberechtigten und den zulässigen Antragsgegnern zählen gemäß § 42 II StGHG diese anderen Beteiligten mit Ausnahme der jetzt ebenso ausdrücklich genannten Landtagsfraktionen aber nicht – insoweit ist die Vorschrift mißglückt. Zwar kann es als rechtspolitisch positiv gewertet werden, wenn in Verfassungsstreitigkeiten jetzt auch die Landtagsfraktionen antragsberechtigt sind und die subsidiäre Zuständigkeit des BVerfG gemäß Art. 93 I Nr. 4 GG entsprechend vermindert wird, aber dafür war es überflüssig, die Fraktionen in § 19 II Nr. 4 StGHG ganz allgemein zu Antragsberechtigten zu erheben, demnach auch für abstrakte Normenkontrollverfahren gemäß § 39 StGHG. Für einzelne Abgeordnete bleibt es auch künftig bei der subsidiären Zuständigkeit des BVerfG gemäß Art. 93 I Nr. 4 GG.

Völlig überflüssigerweise trifft § 42 II 2 StGHG eine Tenorierungsregelung, die als Befugnis zu authentischer Interpretation der Landesverfassung mißverstanden werden kann. Das wird zu Kontroversen über die allgemeine Bindungswirkung solcher Aussprüche führen. Mit Blick auf diese und die zuvor genannten Schwächen der Neuregelung der Verfassungsstreitigkeiten läßt sich kaum sagen, daß der neue § 42 StGHG geglückt ist. Vielleicht hätten die Landtagsfraktionen, die gemeinsam (anstelle der Landesregierung, von der das eigentlich zu erwarten gewesen wäre)[92], dieses Gesetz auf den Weg gebracht haben, etwas mehr juristischen Sachverstand zu Rate ziehen sollen.

d) *Prüfungsmaßstab und Prüfungszuständigkeit*

Die Fragen, welche Verfassung (HV oder GG?) als Prüfungsmaßstab heranzuziehen und welches Verfassungsgericht (StGH oder BVerfG?) dafür zuständig ist, stellt

---

90 StGH ESVGH 23,147 = DÖV 1973, 524; BVerfGE 50, 50. Die gängige Formel lautet: »nur institutionell, nicht individuell« – für die Gemeinde selbst mag das zutreffen, nicht aber notwendigerweise auch für die Gemeindebürger.
91 Vgl. *W. Schmidt*, Staats- und Verwaltungsrecht, Pflichtfachstoff für Übung und Examen, 2. Aufl. 1994, Rn. 49.
92 Ein 1978 vom Hessischen Justizminister vorgelegter Referentenentwurf zur Novellierung des StGH blieb in der Gesetzgebungsmaschinerie stecken; dazu *Groß*, JöR 29 (1980), S. 368 ff.; *ders.*, Recht im Amt, 1979, S. 1 ff.

sich bei jeder »abstrakten« oder »konkreten« Normenkontrolle.[93] Eine vorläufige, aber alsbald ergänzungsbedürftige Antwort lautet: Jedes Verfassungsgericht ist nur für seinen Rechtskreis berufen, das BVerfG für die Anwendung des GG, der StGH für die Anwendung der HV. Ergänzungsbedürftig ist die Antwort, weil im Bundesstaat des GG das Landesverfassungsrecht sich nicht im Text der Landesverfassung (und dem auf dieser Grundlage entwickelten Richterverfassungsrecht) erschöpft. Auch Normen des GG wirken in das Landesverfassungsrecht hinein, wie sich am Beispiel des Art. 21 GG zeigen läßt.[94] Weitere Beispiele von noch stärkerer praktischer Bedeutung liefern die Kompetenzverteilungsnormen des GG, für den Gesetzgeber also namentlich Art. 70 ff. GG. Das setzt sich in einfaches Bundesgesetzesrecht fort: So ergibt sich bei Landesgesetzen, für deren Gegenstand der Bund seine Rahmenkompetenz schon genutzt hat (wie z. B. im Raumordnungsrecht gemäß Art. 75 Nr. 4 GG), erst aus dem Inhalt des Bundesrahmengesetzes (hier: des BROG), wieweit die Gesetzgebungskompetenz des Landesgesetzgebers noch reicht.
Der Zuständigkeitsbereich des Landesgesetzgebers läßt sich mithin ohne Rückgriff auf Normen des GG und gelegentlich auch ohne zusätzlichen Rückgriff auf einfaches Bundesrecht nicht abstecken. Damit ist aber immer dann, wenn es auf die Zuständigkeit des Landesgesetzgebers im Verhältnis zum Bundesgesetzgeber ankommt, Art. 100 I S. 2 GG zu prüfen: Lautet das Prüfungsergebnis, der Landesgesetzgeber sei nicht zuständig gewesen, so hat er entweder das GG oder (zusätzlich) ein Bundesgesetz verletzt. Dies verbindlich zu entscheiden, ist aber gemäß Art. 100 I 2 GG dem BVerfG vorbehalten. Kommt der StGH in einem Normenkontrollverfahren zu einem solchen Ergebnis, so muß er wie jedes andere Gericht das Verfahren aussetzen und die Frage dem BVerfG vorlegen.[95] Hingegen kann der StGH (ebenfalls wie jedes andere Gericht) selbst entscheiden, das von ihm zu prüfende Landesgesetz sei (auch) mit dem GG (oder einem Bundesgesetz) vereinbar. In einem solchen Fall ist der StGH also nicht auf die Anwendung nur der HV beschränkt.
Einen Sonderfall bildet die »vorbeugende Normenkontrolle«, die bei der Prüfung stattfinden kann, ob der einem Antrag auf Volksbegehren beigefügte Gesetzentwurf »den Bestimmungen der Verfassung entspricht« (§§ 3 II 1; 4 S. 2 VuVG; jetzt § 48 HStGHG). Fraglich ist dabei, ob auch ein Gesetzentwurf, also ein noch nicht verkündetes (»noch nicht fertiges«) Gesetz dem Verwerfungsmonopol aus Art. 100 I 2 GG unterliegt und dementsprechend die Vorlagepflicht des StGH auslöst. Weder die Entstehungsgeschichte des Art. 100 GG noch die historische Entwicklung des richterlichen Prüfungsrechts ergeben sichere Anhaltspunkte für die Auslegung des

---

93 Nicht bei Grundrechtsklagen gegen ein Gesetz. Sie sind in Hessen nicht ausdrücklich geregelt, aber vom StGH anerkannt; StGH ESVGH 21, 193; 22, 4 (5); 25, 137 (138 f.); NJW 1982, 1381 (OberstufenG). Zur »abstrakten« und »konkreten« Normenkontrolle der Hinweis oben vor Anm. 61.
94 Oben 2 c mit Anm. 79.
95 Das ist ganz außer Streit; BVerfGE 36, 342 (356); für die Kommentarliteratur *Maunz/Dürig/Herzog/Scholz, Art.* 100 Rdnr. 27 m. N.; differenzierend *Friesenhahn,* in: BVerfG und GG I (1976), S. 756 f., der aber ebenfalls bei Entscheidungserheblichkeit einer solchen Vorfrage die Anwendbarkeit des Art. 100 I GG nicht in Zweifel zieht.

Ausdrucks »Gesetz« in Art. 100 GG; dieser ist insoweit auslegungsfähig und auslegungsbedürftig.[96] Wenn es Sinn des Art. 100 I GG ist, die Überprüfung des Gesetzgebers am Maßstab von GG und Bundesgesetzen beim BVerfG zu konzentrieren[97] und wenn im Verfahren der Zulassung eines Volksbegehrens die Tätigkeit des Gesetzgebers ausnahmsweise auch vorbeugend überprüft werden darf, dann liegt es in der Konsequenz der dem BVerfG im Rahmen des GG zugewiesenen Aufgaben, auch einen solchen Gesetzentwurf als »Gesetz« im Sinne des Art. 100 I GG zu behandeln.[98]

e) *Doppelbeschwerden (Doppelvorlagen)*

Zur Vorlage gemäß Art. 100 I GG kann es nicht kommen, wenn Grundrechte den Maßstab der Normenkontrolle bilden. Hier hat der StGH nur Grundrechte der HV heranzuziehen. Jedoch bieten die Grundrechte des GG die Möglichkeit, neben- oder nacheinander sowohl den StGH wie das BVerfG anzurufen (»Doppelbeschwerde«).[99]

f) *Die Verfassungsbeschwerde gegen Entscheidungen des StGH und die Frage eines grundrechtsbezogenen Auslegungsspielraums zugunsten der Landesverfassungsgerichte*

Der StGH kann zwar nur eingeschränkt das GG anwenden, muß aber jeweils den vom GG und dort namentlich den von den Grundrechten des GG gezogenen Rahmen beachten. Mit der Behauptung, dies sei nicht geschehen, kann auch gegen Entscheidungen des StGH Verfassungsbeschwerde erhoben werden. Verfassungsprozeßrechtlich steht das ganz außer Zweifel.[100] In der Sache kann das BVerfG den StGH nur korrigieren, wenn der StGH bei der Anwendung hessischen Verfassungsrechts Bundesverfassungsrecht verletzt hat. Dabei muß das BVerfG die in Art. 28 I, 142 GG den Landesverfassungsorganen, also auch dem StGH eingeräumten verfassungsrechtlichen Spielräume respektieren. Dies ist im Bereich der Gesetzgebungs- und Verordnungskompetenzen (zumindest verbal) bisher ziemlich großzügig gehandhabt worden,[101] weniger großzügig im Grundrechtsbereich. Bei textgleichen oder textähnlichen Grundrechten der HV ist die Frage, ob ihnen der StGH im Wege der Verfassungsauslegung mehr an Grundrechtsschutz entnehmen darf als das BVerfG den Grundrechten des GG. Dementsprechend darf dann das BVerfG den

---

96 BVerfGE 1, 184 (195). Das wird von *Sachs*, DÖV 1982, 598, übersehen.
97 Dazu BVerfGE 17, 208 (210).
98 Ausführlicher in diesem Sinn schon *W. Schmidt*, NVwZ 1982, 181 f.
99 Dazu *Friesenhahn*, a.a.O. (Anm. 95), S. 792. Als Beispiele BVerfGE 34, 52 (54), StGH ESVGH 22, 4. Zur »Doppelvorlage« entweder gem. Art. 133 HV oder Art. 100 I GG durch hessische Gerichte allgemein *Friesenhahn*, S. 781; als Beispiel BVerfGE 34, 52 (54, 56); StGH ESVGH 19, 140 (141).
100 *Friesenhahn* (Anm. 68), S. 794 f. Ein außerhessisches Beispiel ist BVerfGE 34, 81. Mißverständlich eng zu Art. 2 I GG: BVerfGE 60, 175 (207 ff.).
101 Zu Art. 107, 118 HV schon oben 1 b mit Fn. 36.

StGH nicht präjudizieren oder nachträglich korrigieren; darauf gerichtete Verfassungsbeschwerden sind unbegründet. Ein Beispiel für die Vermeidung eines solchen Präjudizes ist der Oberstufen-Beschluß des BVerfG, der erst das Oberstufen-Urteil des StGH ermöglicht hat.[102] Sein problematisches Gegenstück einer nachträglichen (wenngleich im konkreten Fall prozeßrechtlich verhallten Aufhebung eines StGH-Urteils ist der Schulgebets-Beschluß des BVerfG.[103]

Im Schulgebets-Streit ging es um die Reichweite der »negativen Bekenntnisfreiheit« (Art. 9; 48 II HV; Art. 4 I, II GG; Art. 140 GG i. V. m. Art. 136 III 1 WRV) der »betunwilligen« im Konflikt mit der positiven Bekenntnisfreiheit der »betwilligen« Schüler. Zu diesem Grundrechtskonflikt kann es allerdings erst dann kommen, wenn das Schulgebet außerhalb des Religionsunterrichts in einer bekenntnisneutralen Pflichtschule überhaupt zulässig ist. Schon das ist fraglich. Unstreitig darf das Schulgebet im Unterrichtsraum und während der allgemeinen Unterrichtszeit dennoch nicht Teil des Unterrichts sein; es darf deshalb nicht angeordnet, sondern nur »angeregt« oder »angeboten« werden[104] – dann allerdings wäre es konsequent gewesen, diese Trennung vom Schulunterricht auch organisatorisch zu verwirklichen[105] und so den Grundrechtskonflikt zu vermeiden. Statt dessen wurde die Lösung des Grundrechtskonflikts in der Zumutbarkeit der Schulgebetsveranstaltung für die »betunwilligen« Schüler gesucht. Eine eher formalistische Argumentation verweist die Betroffenen auf die Möglichkeit des Weggehens oder Schweigens – darin ist aber zwangsläufig die Offenbarung ihrer religiösen Überzeugung eingeschlossen;[106] eine stärker gruppenpsychologische Argumentation wird zusätzlich die Gefahr berücksichtigen, daß dadurch die betroffenen Schüler ständig aufs neue in ihrem Verhalten herausgehoben und gegenüber der Klassengemeinschaft diskriminiert werden.[107] Eine Entscheidung des Grundrechtskonflikts zugunsten der negativen Bekenntnisfreiheit (und damit im Sinne des StGH) hat demnach hinreichend vernünftige Gründe auf ihrer Seite und kann nicht schon als willkürlich verworfen

---

102 BVerfGE 53, 185 (195); StGH NJW 1982, 1381.
103 BVerfGE 52, 223 (224, 255 – gegen StGH ESVGH 16, 1); dazu *E. W. Böckenförde,* DÖV 1980, 323 ff., 515; *U. Scheuner,* DÖV 1980, 513 ff. (jeweils m. w. N.). Die Vorgeschichte dieses Streits ist verwickelt. Der StGH hatte Verwaltungsakte von Schulbehörden aufgehoben, durch die ein Antrag von Eltern auf Unterlassung des gemeinsamen Schulgebets abgelehnt worden war. Eine Verfassungsbeschwerde gegen das StGH-Urteil selbst hatte BVerfGE 24, 289 (298), aus prozeßrechtlichen Gründen als unzulässig verwerfen müssen, in den Gründen aber einen Wink gegeben, wie die Bindungswirkung des StGH-Urteils gleichwohl angegriffen werden könne, nämlich durch Verfassungsbeschwerden unmittelbar gegen Verwaltungsakte von Schulbehörden, die sich an diese Bindungswirkung hielten.
104 BVerfGE 52, 223 (240 f.); zur negativen Bekenntnisfreiheit in Art. 9 HV StGH ESVGH 16, 1 (7 f.).
105 *Böckenförde,* DÖV 1980, 515. Die Frage, ob dieser Einwand durch die Normierung einer überkonfessionellen (statt einer christlichen) Gemeinschaftsschule in Art. 56 II HV noch verstärkt wird, ist deshalb nicht mehr entscheidungserheblich; vgl. aber StGH ESVGH 16, 1 (7 f.); in BVerfGE 52, 223 (245) wird eine Stellungnahme ausdrücklich vermieden.
106 Der »verfassungssystematische« Hinweis in BVerfGE 52, 223 (246) auf Art. 4 III, 7 II GG ist schon im Ansatz falsch, denn diese Offenbarungspflicht beruht auf ausdrücklichen verfassungsrechtlichen Ausnahmeregelungen, während für das Schulgebet die verfassungsrechtliche Grundlage erst noch gefunden werden muß.
107 Vgl. BVerfGE 52, 223 (248, m. N. für die Gegenmeinung), und auch den Ausgangssachverhalt in StGH ESVGH 16, 1.

werden.[108] Das Grundrecht der negativen Bekenntnisfreiheit läßt sich für den Schulgebetsstreit gut vertretbar auch anders auslegen, als das BVerfG dies getan hat, und zwar unabhängig davon, ob dieses Grundrecht dem GG oder der HV entnommen wird. Die abweichende Auslegung durch den StGH steht nicht im Widerspruch zu den Auslegungsmöglichkeiten, die auch das GG bietet, sondern allenfalls im Widerspruch zur Auslegung durch das BVerfG. Dieser Auslegungsspielraum zugunsten eines Landesverfassungsgerichts muß in gleicher Weise durch Art. 142 GG gesichert werden wie ein entsprechender Auslegungsspielraum im Staatsorganisationsbereich des Art. 28 I 1 GG.[109] Damit schließt sich der Kreis.[110]

---

108 Um Mißverständnissen vorzubeugen: Der Vorwurf willkürlicher Auslegung ist gegen StGH ESVGH 16, 1 vom BVerfG an keiner Stelle erhoben worden; vgl. nur die eher skrupelbehaftete Argumentationswendung a.a.O. S. 249 zu C II 4 vor a. Aber erst an der Willkürgrenze endet die richterliche Zurückhaltung des BVerfG sonst; vgl. zuletzt BVerfGE 60, 175 (213).
109 Dazu BVerfGE 34, 32 (58 f.), zu Art. 28 I 1 GG; Art. 107, 118 HV (vgl. schon oben III 1 b). In BVerfGE 52, 223, geht das BVerfG auf die Problematik des insoweit parallelen Art. 142 GG nicht ein; zum unvollständigen Text des Art. 142 GG: BVerfGE 36, 342 (362 f.).
110 Vgl. oben I 2 bei Anm. 6-8.

Dritter Abschnitt

Grundlagen der Verwaltungsorganisation und des Verwaltungshandelns

von *Hans Meyer*

Literatur und Material:

I. Zur Verwaltungsorganisation

Literatur: R. *Bartholomäi* (Hrsg.): Die Bundesrepublik Deutschland, Staatshandbuch, Teilausgabe Land Hessen, (Redaktionsschluß Oktober 1983), Köln etc. 1986; H. *Maurer*: Allgemeines Verwaltungsrecht, 10. Aufl., München 1995, S. 485-603; H. *Meyer*, Die Landesverwaltung u. die kommunale Selbstverwaltung in: B. *Heidenreich/K. Schacht*, Hessen, eine politische Landeskunde, Stuttgart 1994; W. *Pittermann*: Entwicklungen in der Organisation der Landesverwaltung, in E. Stein (Hrsg.): 30 Jahre Hessische Verfassung 1946-1976, Wiesbaden 1976, S. 316-336; W. *Rudolf*: Verwaltungsorganisation in: H. U. Erichsen (Hrsg.), Allgemeines Verwaltungsrecht, 10. Aufl., Berlin etc. 1995, S. 683-737; W. *Schmidt*: Einführung in die Probleme des Verwaltungsrechts, München 1982, insbes. S. 23 ff. und 72 ff.; *H.J. Wolff/O. Bachof/R. Stober*: Verwaltungsrecht II (Organisations- und Dienstrecht), 5. Aufl., München 1987.

Material: Beschluß über die Zuständigkeit der einzelnen Minister nach Art. 104 Abs. 2 der Verfassung des Landes Hessen vom 18.4.1995 (GVBl. I S. 185 – 211); Dienststellenverzeichnis des Landes Hessen (mit dem Stand vom 1.1.1996), Hessischer Staatsanzeiger 1996, S. 71 – 133; Hessisches Ministerium des Innern und für Europaangelegenheiten (Hrsg.), Verwaltungsaufbau in Hessen, Wiesbaden 1993 (unveränderter Nachdruck der Ausgabe vom Mai 1992).

II. Zum Verwaltungshandeln

Literatur: N. *Achterberg*, Verwaltungsorganisation in: Grimm/Papier, Nordrhein-westfälisches Staats-und Verwaltungsrecht, Frankfurt 1986, S. 63 -104/10; N. *Achterberg*, Allgemeines Verwaltungsrecht, 2. Aufl., Heidelberg 1986; M. *App*, Verwaltungsvollstreckungsrecht, 2. Aufl., Köln etc. 1992; H. P. *Bull*, Allgemeines Verwaltungsrecht, 3. Aufl., Heidelberg 1991; H. P. *Bull*, Grundlagen des Verwaltungshandelns in: Hoffmann-Riem/Koch, Hamburgisches Staats- und Verwaltungsrecht, Frankfurt 1988, S. 155-192; H. *Engelhardt/M. App*, VwVG u. VwZG, 4. Aufl.,

München 1996; *H. U. Erichsen* (Hrsg.), Allgemeines Verwaltungsrecht, 10. Aufl., Berlin/New York 1995; *H. Faber*, Verwaltungsrecht, 4. Aufl., Tübingen 1995; *H. J. Glotzbach*, Hessisches Verwaltungsvollstreckungsgesetz, Siegburg 1992; *D. Haas*, Verwaltungsorganisationsrecht in: Hoffmann-Riem/Koch, Hamburgisches Staats- und Verwaltungsrecht, Frankfurt 1988, S. 91 – 126; *H.J. Koch/R. Rubel*, Allgemeines Verwaltungsrecht, 2. Aufl., Frankfurt 1992; *H.J. Knack* (Hrsg.), Verwaltungsverfahrensgesetz, 4. Aufl., Köln etc. 1994; *F.O. Kopp*, Verwaltungsverfahrensgesetz, 6. Aufl., München 1995; *H. Kreiling*, Hessisches Vollstreckungsrecht, Köln etc. 1967; *H. Maurer*, Allgemeines Verwaltungsrecht, 10. Aufl., München 1995; *H. Meyer/H. Borgs*, Verwaltungsverfahrensgesetz, 2. Aufl., Frankfurt 1982; *R. Mußgnug*, Verwaltungsverfahren in: Maurer/Hendler, Baden-Württembergisches Staats- und Verwaltungsrecht, Frankfurt 1990, S. 123-172; *F.-J. Peine*, Allgemeines Verwaltungsrecht, 2. Aufl., Heidelberg 1995; *R. Pietzner/M. Ronellenfitsch*, Das Assessorexamen im öffentlichen Recht, 8. Aufl., Düsseldorf 1993; *W. Schmidt*, Einführung in die Probleme des Verwaltungsrechts, München 1982; *ders.*, Staats- und Verwaltungsrecht, 2. Aufl., Neuwied 1994; *G. Schwerdtfeger*, Öffentliches Recht in der Fallbearbeitung, 9. Aufl., München 1993; *P. Stelkens/H.J. Bonk/ M. Sachs*, Verwaltungsverfahrensgesetz, München 4. Aufl., 1993; *C. H. Ule/H. W. Laubinger*, Verwaltungsverfahrensrecht, 4. Aufl., Köln etc. 1995; *R. Wahl*, Verwaltungsorganisation in: Maurer/Hendler, Baden-Württembergisches Staats- u. Verwaltungsrecht, Frankfurt 1990, S. 92 – 122.

Gliederung

I.	Grundlagen der Verwaltungsorganisation	74
	1. Verfassungsrechtliche Grundlagen und Grobgliederung der Verwaltung	74
	2. Die unmittelbare Landesverwaltung	76
	a) Die Obersten Landesbehörden, insbesondere die Regierungsebene	76
	b) Die Landesmittelbehörden	80
	c) Die Landesunterbehörden	81
	d) Die Landesoberbehörden	82
	e) Einrichtungen und Stellen	83
	f) Das Verhältnis der Landesbehörden untereinander und zu den Kommunen	83
	3. Die mittelbare Landesverwaltung	85
	4. Die Kommunalverwaltung	87
	5. Privatrechtliche Organisation der öffentlichen Hand	88

II. Grundlagen des Verwaltungshandels 89
  1. Die Bindung des Verwaltungshandelns an Verfassungsrecht,
     Verwaltungsrecht und Privatrecht 89
     a) Die Bindung durch das Grundgesetz und die Landesverfassung 89
     b) Die Bindung durch das Verwaltungsrecht 90
     c) Die Bindung durch das Privatrecht 91
  2. Der kompetenzielle, sachliche und zeitliche Anwendungsbereich
     des HVwVfG 92
     a) Der kompetenzielle Anwendungsbereich des HVwVfG 92
     b) Der sachliche Anwendungsbereich des HVwVfG 93
        aa) Beschränkung auf Verwaltungstätigkeit und Verwaltungs-
            verfahren 93
        bb) Die Subsidiaritätsklausel 94
        cc) Der Behördenbegriff 94
        dd) Ausnahmen für Kirchen und Rundfunk 94
        ee) Sozial- und abgabenrechtliche Ausnahmen 95
        ff) Ausnahmen für den Justizbereich, die Schulen und die
            Berufung von Hochschullehrern 96
        gg) Wahlverfahren 97
        hh) Bewertung der Ausnahmen 97
     c) Der zeitliche Geltungsbereich 97
  3. Formen des öffentlich-rechtlichen Verwaltungshandelns 98
     a) Kein geschlossener Kanon der Handlungsformen 98
     b) Handlungsform Rechtsnorm 98
     c) Handlungsform Plan 100
     d) Handlungsform schlichtes Verwaltungshandeln 100
     e) Handlungsformen im Innenrecht 101
  4. Das Verwaltungsverfahren 101
  5. Die Verwaltungsvollstreckung 102
     a) Anwendungsbereich von HVwVG und HSOG 102
     b) Allgemeine Vollstreckungsregeln 103
     c) Die Vollstreckung von Geldforderungen der öffentlichen
        Hand 104
     d) Die Vollstreckung von Sach-Verwaltungsakten 105
     e) Rechtsschutz, Einstellung und Aufhebung der Vollstreckung 107

I. Grundlagen der Verwaltungsorganisation

1. Verfassungsrechtliche Grundlagen und Grobgliederung der Verwaltung

Das **Grundgesetz** geht von der Eigenständigkeit der Länder als Staaten und von einem eigenen Verfassungsraum der Länder aus. Daher sind die Länder in der Gestaltung ihrer Organisation grundsätzlich frei. Während sich die Normativbestimmungen des Art. 28 I 1 GG einer Festlegung für die Verwaltungsorganisation des Landes enthalten, verpflichtet Art. 28 I 2 u. II GG die Länder zu einer bestimmten Organisation des kommunalen Bereichs. Im übrigen kennt das Grundgesetz Einwirkungsmöglichkeiten des Bundes auf die Landesorganisation z.B. in Art. 84 I GG, wonach Bundesgesetze, die die Länder als eigene Angelegenheiten ausführen, auch »die Einrichtung der Behörden und das Verwaltungsverfahren« dieser Behörden regeln können, freilich dann Zustimmungsgesetze werden. Bei der Bestimmung von Einwirkungsrechten etwa der Bundesregierung oder eines Bundesministers in die Landesverwaltung knüpft das Grundgesetz an den traditionellen Verwaltungsaufbau des Staates an, wenn z.B. Art. 84 III 2 GG von »den obersten Landesbehörden« und von den ihnen »nachgeordneten Behörden« des Landes spricht oder wenn die Art. 85 II 3 u. Art. 108 II 3 GG davon ausgehen, daß es im Land »Mittelbehörden« gibt.

Das Grundgesetz signalisiert durch Art. 30 GG, durch die Restriktionen für den Aufbau einer Verwaltungskapazität des Bundes in Art. 87 III GG und durch die Grundregel des Art. 83 GG, wonach nicht der Bund, sondern die Länder (auch)[1] die Bundesgesetze ausführen, daß der Schwerpunkt der Verwaltungstätigkeit bei den Ländern und ihren Kommunen[2] liegt. Dieser Eindruck wird durch den Verwaltungsvorbehalt zugunsten des Bundes in den Art. 87 I u. II, 87 b I , 89 II 1, 91 a u. 91 b GG, stärker noch durch die von den Ländern tolerierte außerordentlich extensive Praxis der Auslegung von Art. 87 III 1 GG durch den Bund stark gemindert, aber nicht völlig beseitigt. Die Länder sind mitsamt ihren Kommunen weiterhin die bedeutendsten Verwaltungsträger in der Bundesrepublik Deutschland.

Die Erwartung, die **Landesverfassung** würde differenzierte Regelungen über die Verwaltungsorganisation des Landes enthalten, wird enttäuscht. Es gibt zwar einen Abschnitt IX »Die Staats- und die Selbstverwaltung«, der aber für die Organisation der Landesverwaltung nur periphäre und im wesentlichen durch das Grundgesetz überholte Bestimmungen kennt. Im übrigen ist der V. Abschnitt »Die Landesregierung« der einzige Ansatzpunkt für eine verfassungsrechtliche Ordnung der Landesorganisation, wenn man die Hinweise in Art. 137 und 138 HV auf den Kommunalbereich, in Art. 56 ff. HV auf die Schulen sowie in Art. 60 u. 61 HV auf die Uni-

---

[1] Daß sie die Landesgesetze ausführen, ist selbstverständlich und ergibt sich aus Art. 30 GG.
[2] Das Grundgesetz versteht regelmäßig, wenn es von Kompetenzabgrenzungen zwischen Bund und Ländern handelt, unter »Länder« auch deren Kommunen oder andere dem Landesbereich zugeordnete Verwaltungsträger. S. auch unten im Abschnitt »Kommunalrecht« zu und in FN 32.

versitäten und staatlichen Hochschulen außer Betracht läßt. Die Verfassung äußert sich weder ausdrücklich zur Frage, ob das Organisationsrecht des Landes dem Gesetzesvorbehalt unterfällt,[3] noch sieht es ein allgemeines Landesorganisationsgesetz vor.[4]

Auf der Ebene des einfachen Rechts existiert im Gegensatz zu einer Reihe anderer Länder kein allgemeines Organisationsgesetz. Die »Mittelstufe der Verwaltung« wird im Gesetz über die Mittelstufe der Verwaltung und den Landeswohlfahrtsverband Hessen (Mittelstufengesetz)[5] nur im Hinblick auf das Regierungspräsidium und inhaltlich äußerst spartanisch behandelt. Sehr viel reichhaltiger hat sich dagegen der Gesetzgeber des kommunalen Bereichs angenommen. Siehe dazu die im Fünften Abschnitt »Kommunalrecht« sub IV. aufgeführten wichtigsten Organisationsgesetze. Aufschluß über die Organisation der hessischen Landesverwaltung erhält man daher nur punktuell über die einzelnen Verwaltungsgesetze, die zugleich Zuständigkeiten der einzelnen Behörden festlegen. So regeln die §§ 52 bis 58 SchulG die staatliche Schulaufsicht, § 3 DenkmalschutzG die Organisation der Denkmalschutzbehörden, die §§ 60 ff. HBO die Organisation der Bauaufsichtsbehörden, die §§ 85 ff. HSOG die Organisation der Ordnungsbehörden und die §§ 91 ff. HSOG die Organisation der Polizei. Einen partiellen Überblick über die Behördenorganisation gewährt der Beschluß der Landesregierung über die Zuständigkeit der einzelnen Ministerien[6] und einen vollständigen Überblick über alle Dienststellen des Landes Hessen das Dienststellenverzeichnis.[7]

Da die Zuständigkeit mit zu den Rechtmäßigkeitsbedingungen des Handelns einer Behörde gehört, ist heute unbestritten, daß entsprechenden Festlegungen einer normativen Grundlage bedürfen. Der VGH hat einen Erlaß der dienstvorgesetzten Obersten Landesbehörde über die Zuständigkeit zur Festlegung der Besoldungs- und Versorgungsbezüge nicht für ausreichend gehalten,[8] sondern wenigstens eine Anordnung im Sinne des § 5 Gesetz über die Verkündung von Rechtsverordnungen, Organisationsverordnungen und Anstaltsordnungen[9] verlangt, die im Gesetz- und Verordnungsblatt zu verkünden ist.

Die dem Verfassungsraum des Landes zuzuordnende Verwaltung läßt sich grob gliedern in die unmittelbare Landesverwaltung (2.), das ist die Verwaltung durch unselbständige Verwaltungseinheiten des Landes, die mittelbare Landesverwaltung (3.), das ist die Verwaltung durch vom Land getrennte und selbständige, aber dem Land zuzurechnende Verwaltungseinheiten, und die Kommunalverwaltung (4.), die

---

3   Wie in Baden-Württemberg (Art. 70), Berlin (Art. 51 III u. Art. 4), Brandenburg (Art. 96 I), Hamburg (Art. 57), Mecklenburg-Vorpommern (Art. 70 II), Sachsen (Art. 83) und Schleswig-Holstein (Art. 38), Thüringen (Art. 90).
4   Wie es in Bayern (Art. 77), Niedersachsen (Art. 43), Nordrhein-Westfalen (Art. 77) und Saarland (Art. 112) und Sachsen-Anhalt (Art. 86 II) gefordert wird. Lediglich die Verfassungen von Bremen und Rheinland-Pfalz enthalten wie in Hessen jeglicher Aussage.
5   Vom 7.5.1953 (GVBl. S. 93); s. auch unten im Fünften Abschnitt »Kommunalrecht« sub IV.
6   Siehe zu und in FN 16 u. 17.
7   Siehe FN 19.
8   VGH (U. v. 26.2.1986), HessVGRspr. 1986 S. 65 ff.
9   Vom 2.11.1971 (GVBl. I S. 258).

ebenfalls dem Verfassungsraum des Landes zuzurechnen ist, sich aber durch einen eigenständigen verfassungsrechtlichen Status auch gegenüber dem Land abhebt. Schließlich bedienen sich das Land, aber auch andere selbständige Verwaltungsträger im Bereich des Landes zur Erfüllung öffentlicher Aufgaben privatrechtlicher Organisationen (5.), die entweder vollständig der öffentlichen Hand gehören oder bei denen die öffentliche Hand mehrheitlich beteiligt ist.

2. Die unmittelbare Landesverwaltung

Die unmittelbare Landesverwaltung umfaßt alle Verwaltungseinheiten, die unmittelbare Bestandteile der juristischen Person Land sind, für die das Land also der Verwaltungsträger ist. Sie gliedert sich in die Regierungsebene (a), die Landesmittelbehörden (b), die unteren Landesbehörden (c) und die Landesoberbehörden (d). Daneben gibt es, was der definitorischen Klarheit wenig förderlich ist, noch »Stellen« oder Einrichtungen verschiedenster Art (e). Während das ältere hessische Recht die entsprechenden Behörden nach dem Leiter benennt, also vom Regierungspräsidenten als einer Landesmittelbehörde spricht, bezeichnet das neue hessische Gesetzesrecht die Behörde als solche, spricht also vom Regierungspräsidium oder vom Ministerium.[10]

a) *Die Obersten Landesbehörden, insbesondere die Regierungsebene*

Nach Art. 102 HV leitet jeder **Minister** innerhalb der vom **Ministerpräsidenten** festgelegten Richtlinie der Regierungspolitik[11] »den ihm anvertrauten Geschäftszweig selbständig und unter eigener Verantwortung gegenüber dem Landtag«. Mit dem Begriff Geschäftszweig[12] sind sachlich umschriebene Verwaltungsgebiete gemeint und damit zugleich der gesamte auf diesem Gebiet tätige Verwaltungsapparat des Landes der Leitung des Ministers unterstellt. Art. 102 HV verbindet also die Verwaltung unmittelbar mit der (Regierungs-)Politik. Ein prinzipieller Unterschied zwischen Regierungspolitik und Verwaltung läßt sich daher nicht machen. Der Unterschied ist eher graduell. Verwaltung ist stärker gesetzesgebunden, weil die Verwaltungsagenden oft gesetzlich regelt sind. Für die Bindung an die Grundrechte (Art. 26 HV) ist es irrelevant, ob es sich um Regierungs- oder Verwaltungshandeln

---

10 Das Nebeneinander einer alten und einer neuen Gesetzessprache ist nicht sehr elegant. Es wäre klüger gewesen, einen generellen, auch das alte Recht umfassenden, gesetzlichen Umbenennungsbefehl zu erlassen. Vermutlich sollte nur eine geschlechtsspezifische Bezeichnung vermieden werden.
11 Der Ministerpräsident ist danach rechtlich in der Lage, zur Regierungspolitik gehörende Verwaltungsagenden kraft seiner Richtlinienkompetenz festzulegen. In Koalitionsregierungen kann von diesem Recht ohne Schaden für die Koalition gegenüber dem Koalitionspartner kaum Gebrauch gemacht werden. Aber auch gegenüber Ministern der eigenen Partei ist dieses scharfe Mittel außerordentlich selten, weil es wenig sinnvoll ist, einem Minister eine Politik aufzuzwingen.
12 Nicht nur die hessische Praxis, sondern auch Art. 65 S. 2 GG spricht statt von Geschäftszweig von »Geschäftsbereich«; oft wird auch der Begriff »Ressort« benutzt.

handelt. Art. 26 HV faßt beide Begriffe unter den Oberbegriff »Verwaltung«. Auch die verwaltungsgerichtliche Kontrolle unterscheidet nicht nach Regierung und Verwaltung, sondern differenziert nach den seltenen Verfassungsakten und anderen Akten. So unterliegt die Umsetzung oder Versetzung eines persönlichen Referenten eines Ministers selbstverständlich verwaltungsgerichtlicher Kontrolle.

Mit der Zuordnung aller denkbaren Landesaufgaben zu den verschiedenen Geschäftsbereichen sind wesentliche Elemente der Verwaltungsorganisation des Landes festgelegt. Die gesamten Verwaltungsaufgaben des Landes und der gesamte Verwaltungsapparat des Landes sind jeweils einem Geschäftsbereich zugeordnet,[13] dem jeweils eine Ministerin oder ein Minister vorsteht. Welche Verwaltungsaufgaben zu einem Geschäftsbereich gehören, bestimmt nach Art. 104 II 1 HV die Landesregierung selbst, also das Kollegialorgan. Bei Koalitionsregierungen, dem Normalfall in Hessen, wird die Vorentscheidung in den Koalitionsvereinbarungen getroffen, so daß der entsprechende Beschluß der Landesregierung vorher verabredet ist.[14] Art. 104 II 2 HV zeigt aber, daß der Gesetzgeber, also der Landtag, die Kompetenz der Abgrenzung von Geschäftsbereichen ganz oder teilweise durch Gesetz an sich ziehen kann und daß er sogar befugt ist, eine Geschäftsverteilungsregelung der Landesregierung, die ihm unverzüglich vorzulegen ist, außer Kraft zu setzen bzw. zu verlangen, daß sie geändert wird. Von diesen weitgehenden Rechten hat der Landtag jedoch bisher, und das entspricht der Haltung auch in anderen Ländern, keinen Gebrauch gemacht.

Die derzeit geltende Geschäftsbereichsverteilung ist im Beschluß der Regierung nach Art. 104 II HV vom 19.4.1995 festgelegt, der wegen seiner normativen Bedeutung nach § 4 I des Gesetzes über die Verkündung von Rechtsverordnungen, Organisationsanordnungen und Anstaltsordnungen[15] im Gesetz- und Verordnungsblatt verkündet werden mußte.[16] Der außerordentlich instruktive Beschluß[17] zeigt bei jedem Geschäftsbereich zum Teil sehr minutiös alle Sachangelegenheiten, also Verwaltungsgebiete, auf, die ausschließlich in diesem Ministerium verwaltet werden.[18] Dann folgen Agenden, bei denen das jeweilige Ministerium zu beteiligen ist oder ihm eine Mitwirkung offen steht. Im dritten Gliederungspunkt werden die unmittelbar nachgeordneten Behörden und Stellen aufgezählt und im letzten Gliederungspunkt die Organisationen, denen gegenüber eine Staatsaufsicht, gelegentlich auch eine Fachaufsicht oder Dienstaufsicht besteht. Die Aufzählung der nachgeordneten Behörden und der Stellen, gegenüber denen Aufsichtsrechte bestehen, ergibt insge-

---

13 Eine Ausnahme machen aus einsichtigen Gründen jene Behörden, die selber die Stellung von Obersten Landesbehörden haben, ohne Ministerien zu sein, wie die Landtagsverwaltung oder der Hessische Datenschutzbeauftragte (s. weiter unten).
14 Selbst bei einer Einparteienregierung erfolgt der Zuschnitt der Geschäftsbereiche der Minister spätestens mit deren Vorschlag bzw. Ernennung.
15 Vom 2.11.1971 (GVBl. I S. 258).
16 Siehe GVBl. I 1995 S. 185.
17 Er umfaßt 26 Seiten des Gesetzblattes.
18 Dabei fällt auf, daß die nicht klassischen Ministerien sehr viel umfangreichere, also differenziertere Kataloge aufweisen als die klassischen Ministerien, was auf ein unterschiedliches Selbstbewußtsein der Ministerien schließen läßt.

samt eine bis auf die Landesunterbehörden fast lückenlose Darstellung der Verwaltungseinheiten, die im Lande Hessen existieren.[19]

Die **Ministerien** bilden den Kernbereich der **obersten Landesbehörden**. Ihre Zahl ist weder durch die Verfassung noch durch Gesetz festgelegt; sie obliegt der freien Entscheidung der jeweiligen Regierungsmehrheit. Dabei können externe Rücksichten ein dominierendes Gewicht gewinnen, wie z.B. die Verteilung der Gewichte zwischen zwei ungleichen Koalitionspartnern oder die Berücksichtigung von bestimmten Landesteilen oder Strömungen innerhalb der Fraktion, denen Minister zugerechnet werden. Während früher noch der konfessionelle Proporz eine gewisse Rolle spielte, treten heute geschlechtsbezogene Argumente stärker in den Vordergrund. Zunehmend dominant werden zurecht Sparerwägungen; sie haben nach der Wahl 1995 zur Einsparung von zwei Ministerien geführt. Die Folge ist, daß die Konstanz der obersten Landesbehörden weniger hoch ist, als man eigentlich erwarten könnte. Dasselbe gilt von dem Zuschnitt der Geschäftsbereiche, also dem Zuschnitt der einzelnen Ministerien. Hier können dieselben Rücksichten von Legislaturperiode zu Legislaturperiode Veränderungen hervorrufen, die von der Sache her nicht oder nicht mit hinreichendem Gewicht angezeigt sind. Gleichwohl weisen die Ministerien in ihrem Kern eine gewisse Konstanz auf. Zu den klassischen Ministerien gehören das des Innern mit den großen Blöcken der Polizei und des Kommunalwesens sowie seit 1995 mit den Bereichen Landwirtschaft, Forsten und Naturschutz, das der Finanzen, einschließlich der Vermögensverwaltung und des Hochbaus für das Land, und das der Justiz, seit 1995 einschließlich der Europaangelegenheiten, sowie entsprechend der Praxis in den größeren Bundesländern seit Mitte der 80er Jahre zwei Ministerien für den Kulturbereich, wobei das eine sich im Kern mit dem Schulwesen, das andere mit dem Hochschulwesen befaßt. Darüberhinaus existieren zur Zeit noch drei weitere Ministerien, die traditionellere Politikfelder wie »Wirtschaft und Verkehr« und zusätzlich die Landesentwicklung, »Arbeit und Sozialordnung« und zusätzlich »Frauen« und modernere Politikfelder wie »Umwelt, Energie, Jugend, Familie und Gesundheit« umfassen.

Die Ministerien weisen die klassische Gliederung in **Abteilungen** und diese in **Referate** auf. Den Abteilungen stehen Abteilungsleiter im Range eines Ministerialdirigenten und den Referaten Referatsleiter im Range eines Ministerialrates oder Regierungsdirektors vor. Gelegentlich sind Referate zu Referatsgruppen zusammengefaßt, was die Möglichkeit gibt, Leitende Ministerialräte zu ernennen. Der Staatssekretär »leitet« unter dem Minister das Ministerium und hält es ihm als Apparat zur Verfügung; im Verhinderungsfalle vertritt er ihn als Ressortleiter. Staatssekretäre sind politische Beamte mit der Folge, daß sie bei einem Regierungswechsel gegen einen der neuen Mehrheit oder dem neuen Minister nahestehenden Beamten ausgewechselt werden können. Die Ministerien sind unterschiedlich groß. Das größte ist das Ministerium des Innern und für Landwirtschaft, Forsten und Naturschutz; es ist

---

19 Eine vollständige Übersicht auch der Unterbehörden bietet das »Dienststellenverzeichnis des Landes Hessen«, das mit Stand vom 1.1.1996 im Staatsanzeiger 1996 S. 71 – 133 veröffentlicht ist.

in neun Abteilungen gegliedert und hat einen Staatssekretär, neun Ministerialdirigenten und 56 Ministerialräte, davon neun Leitende Ministerialräte. Insgesamt sind etwas über 310 Stellen für Beamte, über 240 für Angestellte und 30 Stellen für Arbeiter vorhanden, also insgesamt knapp 600 Stellen. Eine gewisse Sonderstellung nimmt die Hessische Staatskanzlei ein. Der Aufbau entspricht dem eines Ministeriums. Es ist das Führungsinstrument des Ministerpräsidenten und führt zudem die laufenden Geschäfte der Landesregierung.

Neben den Ministerien als den klassischen obersten Landesbehörden hat der Gesetzgeber einige andere Institutionen zu obersten Landesbehörden erklärt, wie den hessischen Rechnungshof oder das Landespersonalamt. Wegen ihrer unabhängigen Stellung werden der Hessische Datenschutzbeauftragte, die Kanzlei des Landtages und der Landesanwalt bei dem Staatsgerichtshof des Landes Hessen wie oberste Landesbehörden behandelt. Alle diese Institutionen zeichnen sich dadurch aus, daß sie keinem Ministerium untergeordnet sind.[20] Sie haben keinen behördlichen Unterbau.

Die acht hessischen Minister und Ministerinnen[21] sowie der hessische Ministerpräsident, dessen »Ministerium« die »Hessische Staatskanzlei« ist, bilden die **Landesregierung**, also das Kollegialorgan auf der Regierungsebene. Auch die Regierung als solche hat Verwaltungsfunktionen. So kann das Kollegium nach Art. 107 HV unmittelbar auf die Verfassung gestützt die zur Ausführung eines Gesetzes erforderlichen Rechts- und Verwaltungsvorschriften erlassen, soweit das Gesetz diese Aufgaben nicht einzelnen Ministern zuweist. Der Gesetzgeber kann der Regierung nach Art. 118 HV, anders als dies Art. 80 GG regelt, die Befugnis zum Erlaß von Verordnungen »über bestimmte einzelne Gegenstände« übertragen.[22] Außerdem ernennt nach Art. 108 HV die Landesregierung grundsätzlich die Landesbeamten.

Zu den Verwaltungsfunktionen der Ministerien als Obersten Landesbehörden gehören die Beobachtung der tatsächlichen und rechtlichen Entwicklung in den einzelnen Feldern ihres Geschäftsbereichs, die konzeptionell-planerische Arbeit auf diesen Gebieten, die Vorlage von Gesetzentwürfen oder Verordnungsentwürfen an die Regierung, der Vorschlag für Personalentscheidungen an die Regierung, in begrenztem Maße auch Einzelentscheidungen gegenüber Dritten, wie etwa Subventionsentscheidungen, und die Aufsicht über die nachgeordneten Behörden und die selbständigen Verwaltungsträger in ihrem Geschäftsbereich. Das Aufsichtsrecht umfaßt immer die **Rechtsaufsicht**, also die Kontrolle rechtmäßigen Verhaltens der der Aufsicht unterliegenden Behörden, Einrichtungen oder selbständigen Rechtsträger. Gegenüber den unmittelbar nachgeordneten Behörden umfaßt das Aufsichtsrecht zu-

---

20 Sie sind eine Sonderform der ministerialfreien Verwaltung.
21 Die Dienstbezeichnung der Ministerien lautet: Hessisches Ministerium des Innern und für Landwirtschaft, Forsten und Naturschutz, Hessisches Ministerium der Finanzen, Hessisches Ministerium der Justiz und für Europaangelegenheiten, Hessisches Kultusministerium, Hessisches Ministerium für Wissenschaft und Kunst, Hessisches Ministerium für Wirtschaft, Verkehr und Landesentwicklung, Hessisches Ministerium für Umwelt, Energie, Jugend, Familie und Gesundheit, Hessisches Ministerium für Frauen, Arbeit und Sozialordnung.
22 Siehe zu den Art. 107 u. 118 HV *W. Schmidt* im Abschnitt »Verfassungsrecht«, sub V 1. b.

sätzlich die **Fachaufsicht**, also die Aufsicht über den Teil der sachlichen Verwaltungstätigkeit, der nicht strikt rechtsgebunden ist, sondern bei dem die Verwaltung Ermessen besitzt oder Beurteilungsspielräume hat. In diesem Bereich kann die Oberste Landesbehörde die Regierungspolitik gegenüber unwilligen nachgeordneten Behörden im Konfliktfalle durch Weisung durchsetzen. Gegenüber den unmittelbar nachgeordneten Behörden besteht zusätzlich die **Dienstaufsicht** als die Aufsicht sowohl über das Personal und die Personalentscheidungen als auch über den Dienstbetrieb. Fachaufsicht und Dienstaufsicht müssen jedoch nicht zusammenfallen, wie das Beispiel des Regierungspräsidiums zeigt (b).

b) *Die Landesmittelbehörden*

Die mittleren Landesbehörden stellen die Mittelstufe des durch einen einheitlichen Weisungsstrang zusammengefaßten Verwaltungsaufbaus von den Obersten Landesbehörden zu den unteren Landesbehörden dar. Auch hier ist der Sprachgebrauch nicht einheitlich. Während z.B. das Grundgesetz in Art. 87 III 2 GG von bundeseigenen Mittelbehörden spricht, sprechen die Bundesgesetze regelmäßig von »höherer Verwaltungsbehörde«, wenn sie die Mittelbehörden meinen.[23] Die Organisation der Landesbehörden in der Mittelstufe ist dadurch charakterisiert, daß die Funktionen möglichst umfassend auf das **Regierungspräsidium** als die »Behörde der allgemeinen Landesverwaltung in der Mittelstufe«[24] konzentriert ist. Es gilt also der Grundsatz der Einheit der Verwaltung auf der Mittelstufe; alle Aufgaben, die nicht ausdrücklich Sonderbehörden der Mittelstufe übertragen sind, sind vom Regierungspräsidium zu erfüllen. Als Sonderbehörden auf der Mittelstufe bestehen z.B. die Oberfinanzdirektion Frankfurt am Main, die Generalstaatsanwaltschaft bei dem Oberlandesgericht Frankfurt am Main sowie das Hessische Oberbergamt.

Für den Ballungsraum Süd-Hessen ist das Regierungspräsidium in Darmstadt[25], für den westlichen Teil Mittel-Hessen das Regierungspräsidium in Gießen und für Nord-Hessen und das Fuldaer Gebiet das Regierungspräsidium in Kassel örtlich zuständig. Gegenüber der Auffächerung der Landesaufgaben auf der Ebene der Obersten Landesbehörde in eine Reihe von Ministerien, deren Zuschnitt und Zahl zudem noch von Legislaturperiode zu Legislaturperiode schwanken kann, sind die Regierungspräsidien die konstante Verwaltungsgröße auf der Mittelstufe der Verwaltung. Die Regierungspräsidien dienen also grundsätzlich allen obersten Landesbehörden zur Durchsetzung ihrer Aufgaben, falls dazu eine Landesmittelbehörde benötigt wird. Lediglich die Ministerien für Finanzen und Justiz werden im wesentlichen durch die schon genannten Sonderbehörden bedient. Die Regierungspräsidien glie-

---

23 Siehe z.B. § 36 I 3 BauGB, wonach die Landesregierungen durch Verordnung für Baugenehmigungen nach § 35 II, IV BauGB die Zustimmung der höheren Verwaltungsbehörden verlangen können.
24 Siehe § 1 I MittelstufenG (s. FN 5).
25 Es ist mit etwa 1.700 Bediensteten einschl. der Teilzeitbeschäftigten das größte Regierungspräsidium und wohl die größte Behörde der unmittelbaren Landesverwaltung.

dern sich in Abteilungen[26] und Dezernate, ihre Leiter, die Regierungspräsidenten, sind wie die Staatssekretäre politische Beamte.[27]
Zu den weit gespannten Aufgaben der Regierungspräsidien gehören Zuständigkeiten aus den Bereichen Staatsangehörigkeits- und Ausländerwesen, Kommunalaufsicht, öffentliche Sicherheit, Wirtschaft, Verkehr und Bauwesen, Gesundheits-, Veterinär- und Sozialwesens, Gewerbeaufsicht, Wasserwirtschaft und Abfallwesen, Schulwesen, Regionalplanung,[28] Forsten und Naturschutz. Die Regierungspräsidien haben in einer Reihe von wichtigen Angelegenheiten erstinstanzliche Zuständigkeiten, z.b. als Planfeststellungsbehörde, sind aber in größerem Umfange an den Entscheidungen unterer Behörden der Landesverwaltung sowie der Kommunalverwaltungen durch Mitwirkungsrechte und insbesondere als Widerspruchsbehörde beteiligt.
Die **Dienstaufsicht** über die Regierungspräsidien führt der Innenminister, die **Fachaufsicht** und mit ihr verbunden die **Rechtsaufsicht** führt der jeweils zuständige Minister, so daß in Verkehrsangelegenheiten der Minister für Wirtschaft, Verkehr und Technologie, in Schulangelegenheiten der Kultusminister und in Kommunalangelegenheiten der Innenminister für die Fachaufsicht zuständig ist.
Von den übrigen Sonderbehörden der Mittelstufe nimmt die Oberfinanzdirektion eine Sonderstellung ein, weil die Sonderregelung in Art. 108 I 3 u. II 3 GG, wonach die Leiter der Finanz-Mittelbehörden des Bundes im Benehmen mit der Landesregierung und die Leiter der Finanz-Mittelbehörden des Landes im Einvernehmen mit der Bundesregierung zu bestellen sind, dazu geführt hat, daß der Oberfinanzpräsident sowohl Bundes- als auch Landesbeamter ist und einer in eine Bundes- und eine oder mehrere Landesabteilungen gespaltenen Behörde vorsteht.[29]

c) *Die Landesunterbehörden*

Die unterste Stufe in der Behördenhierarchie nehmen die **unteren Landesbehörden** ein. Sie betreiben die Basisverwaltung. Sie sind fachlich spezialisiert und haben sehr unterschiedliche Einzugsbereiche. Zumeist handelt es sich um Spezialämter wie z.B. die sechs Polizeipräsidien, 16 Ämter für Regionalentwicklung, Landschaftspflege und Landwirtschaft, 111 Forstämter mit 772 Revierförstereien (hier gibt es Konzentrationsbestrebungen des Landes), 24 Schulämter, neun Staatsanwaltschaften bei den Landgerichten, drei staatliche Rechnungsprüfungsämter, 46

---

26 Das Regierungspräsidium Darmstadt hat neun Abteilungen und 93 Referate (Abt. I: Organisation, Personal, Haushalt, Abt. II: Kommunalaufsicht, Gesundheits-, Veterinär-, und Sozialwesen, Abt. III: öffentliche Sicherheit, Hoheitsverwaltung, Abt. IV: Wirtschaft, Verkehr- und Bauwesen, Abt. V: Gewerbeaufsicht, Wasserwirtschaft, Abfallbeseitigung, Abt. VI: Kultus, Abt. VII: Regionalplanung, Abt. VIII: Forsten und Abt. IX: Naturschutz.
27 Siehe § 57 Nr. 2 HBG.
28 Siehe dazu den Siebten Abschnitt »Baurecht und Planungsrecht« S. 333.
29 Vgl. das Gesetz über die Finanzverwaltung (FVG) v. 30.8.1971 (BGBl. I S. 1426, zuletzt geändert durch Gesetz vom 21.12.1992 (BGBl. I S. 2150). Siehe vor allem: § 1 Nr. 3 u. § 2 Nr. 2, 7, 8, 9 II (»Der Oberfinanzpräsident ist sowohl Bundes- als auch Landesbeamter«) FVG.

Finanzämter, drei Baustoff- und Bodenprüfstellen, 15 Straßen- und Verkehrsämter einschließlich 89 Straßen- und Autobahnmeistereien, sieben Eichämter und ein Eichamt für Glasmeßgeräte, drei Bergämter, acht Wasserwirtschaftsämter, fünf staatliche Ämter für Immissions- und Strahlenschutz, sechs Hessische Ämter für Versorgung und Soziales und fünf staatliche Ämter für Arbeitsschutz und Sicherheitstechnik.

Auf dieser Ebene der Landesverwaltung gibt es eine für die deutsche Entwicklung charakteristische Kombination von Landes- und Kommunalverwaltung, die zugleich eine gewisse Konzentration der unteren staatlichen Landesverwaltung bedeutet. Der seit 1993 direkt vom Volk gewählte **Landrat** ist in erster Linie Organ des Landkreises, er ist aber nach § 55 HKO zugleich (untere)[30] Behörde der Landesverwaltung, anders aber als dies beim Oberfinanzpräsidenten der Fall ist, nicht auch Landesbeamter. Es liegt ein klassischer Fall der Organleihe vor.[31] Seine Zuständigkeit ist nach § 55 II HKO begrenzt; es können ihm aber weitere Zuständigkeiten übertragen werden. So ist er nach § 85 I Nr. 3 HSOG Kreisordnungsbehörde und nach § 91 III Nr. 4 a HSOG untere Polizeibehörde.[32] Eine wichtige Funktion ist die Kommunalaufsicht über die kreisangehörigen Städte[33] und Gemeinden. Die wichtigste Hauptabteilung des Landrates als untere staatliche Verwaltungsbehörde umfaßt Kommunalaufsicht, öffentliche Sicherheit und Ordnung, Sozialversicherung, Gewerbe, Umwelt und Verkehr; daneben bestehen noch Hauptabteilungen für Veterinärangelegenheiten und für Katasterangelegenheiten.[34] In sehr viel geringerem Umfange werden die fünf Oberbürgermeister der kreisfreien Städte als Behörden der Landesverwaltung in Anspruch genommen (s. § 146 a HGO). Landrat wie Oberbürgermeister unterliegen als untere staatliche Verwaltungsbehörden der Fachaufsicht der jeweils zuständigen Mittelbehörde, regelmäßig also dem Regierungspräsidium.

d) *Die Landesoberbehörden*

In die von der obersten Landesbehörde bis zur unteren Landesbehörde reichende Behördenhierarchie sind die **oberen Landesbehörden** grundsätzlich nicht einbezogen. Sie unterliegen zwar der Fach- und Dienstaufsicht des zuständigen Ministeriums, haben ihrerseits aber keine Aufsichtsbefugnisse gegenüber den mittleren und unteren Landesbehörden. Die Landesoberbehörden haben die Funktion, die Mini-

---

30 § 55 HKO bezeichnet den Landrat zwar nicht ausdrücklich als untere Landesbehörde, nach § 1 II HKO bildet das Gebiet des Landkreises aber »zugleich den Bezirk der unteren Behörde der allgemeinen Landesverwaltung«.
31 Siehe unten Abschnitt »Kommunalrecht« zu und in FN 80.
32 Soweit nicht ein Polizeipräsidium zuständig ist, was nur im Landkreis Gießen der Fall ist.
33 Bis auf die Sonderstatus-Städte (s. § 136 II und III HGO und unten den Abschnitt »Kommunalrecht« sub IX).
34 Die Zuständigkeit im einzelnen ergibt sich aus § 55 II HKO und insbesondere aus § 59 HKO i.V.m. der Verordnung über die Verteilung der Aufgaben der Landesverwaltung auf der Kreisstufe v. 24.3.1953 (GVBl. I S. 39).

sterien von spezialisierter, in der Regel nicht konzeptioneller Verwaltungsarbeit zu entlasten. Sie sind in der Regel zentrale Dienstleistungsinstitutionen, wie z.b. das Hessische Statistische Landesamt, das Landesamt für Verfassungsschutz, das Landeskriminalamt, das Landesamt für Denkmalpflege, die Zentrale Besoldungsstelle Hessen, die Landesbeschaffungsstelle Hessen, die Filmbewertungsstelle Wiesbaden und das Landesjugendamt Hessen. Die Zuordnung zu den Ministerien bzw. zum Ministerpräsidenten ergibt sich aus dem schon oben erwähnten Beschluß nach Art. 104 II HV.[35] Die Oberbehörden dürfen zwar Außenstellen haben, aber keinen eigenen Behördenunterbau. Das führt dazu, daß z.B. das Hessische Finanzgericht, da es die einzige Gerichtsstufe der Finanzgerichtsbarkeit in Hessen ist, als Oberbehörde betrachtet wird, das Oberlandesgericht Frankfurt am Main, das ebenfalls landesweit zuständig ist, aber als Landesmittelbehörde, weil es nachgeordnete Gerichte (Gerichtsverwaltungen) hat. Die Folge der sehr formalen und nicht auf die Funktion abstellenden Einteilung ist, daß in Hessen die Landesoberbehörden der »mittleren Verwaltungsebene« zugerechnet werden,[36] obwohl die wichtigeren von ihnen eindeutig zentrale Funktionen haben.

e) *Einrichtungen und Stellen*

Neben diesem Behördensystem des Landes gibt es noch einen bunten Kranz von **Einrichtungen** als Untergliederungen des Landes, die höchst unterschiedlich bezeichnet sind. Sie unterstehen ebenfalls einem Ministerium und üben regelmäßig keine hoheitliche Verwaltung aus. Auch hier ist das HSOG kennzeichnend; es nennt in § 91 III HSOG nach Aufzählung der Polizeibehörden auch zwei Polizeieinrichtungen, nämlich die hessische Polizeischule und die Fernmeldeleitstelle der hessischen Polizei. Zu den Einrichtungen gehören Forschungsanstalten wie die für Weinbau, Gartenbau, Getränketechnologie und Landespflege in Geisenheim am Rhein, die staatlichen technischen Überwachungsämter, Vogelschutzwarten, Versuchsanstalten, Kulturinstitutionen wie Archive, Bibliotheken, das hessische Landesmuseum, die Verwaltung der staatlichen Schlösser und Gärten, staatliche Kunstsammlungen, Ausbildungsinstitutionen wie das Siegmund Freud-Institut, die hessische Bildungsstätte für Jugendarbeit, die hessische landwirtschaftliche Lehr- und Forschungsanstalt, Verwaltungen von Wirtschaftsunternehmen usw.

f) *Das Verhältnis der Landesbehörden untereinander und zu den Kommunen*

Da das Verhältnis von obersten Landesbehörden, Landesmittelbehörden und unteren Landesbehörden nicht durch ein generelles Organisationsgesetz des Landes geregelt ist, sind die rechtlichen Beziehungen entweder aus den speziellen Verwaltungsgesetzen zu entnehmen oder aber aus allgemeinen Prinzipien des Organisa-

---

35 Siehe oben zu und in FN 16 u. 17.
36 Siehe die offizielle Broschüre »Verwaltungsaufbau in Hessen« (aaO) S. 5.

tionsrechts zu erschließen. Die detaillierteste Regelung findet sich im HSOG. Nach § 90 III HSOG ist, was die Polizeibehörden angeht, oberste Polizeibehörde das Ministerium des Innern, mittlere Polizeibehörde das Regierungspräsidium und untere Polizeibehörde prinzipiell der Landrat als Behörde der Landesverwaltung sowie in kreisfreien Städten das Polizeipräsidium. Es handelt sich also um den klassischen dreigliedrigen Aufbau. Anders ist der Aufbau der allgemeinen Ordnungsbehörden geregelt. Nach § 85 HSOG ist das jeweils fachlich zuständige Ministerium Landesordnungsbehörde,[37] die Regierungspräsidien sind Bezirksordnungsbehörden,[38] die Landräte als Behörden der Landesverwaltung Kreisordnungsbehörden.[39] Interessant ist nun, daß dieser Behördenaufbau nahtlos auf die kommunale Verwaltung umschaltet, weil nämlich in derselben Vorschrift die Oberbürgermeister kreisfreier Städte ebenfalls als Kreisordnungsbehörde bezeichnet werden. Da sie in dieser Vorschrift aber nicht wie in § 146 a HGO als untere staatliche Verwaltungsbehörde in Anspruch genommen sind, werden sie als Organ der kreisfreien Stadt und damit als kommunale Behörde tätig. Dasselbe gilt für die unterste Stufe, nämlich für die Bürgermeister und Oberbürgermeister als örtliche Ordnungsbehörden. Daraus ergibt sich zusätzlich, daß die Ordnungsverwaltung einen vierstufigen Behördenaufbau hat. Das führt notwendig zu detaillierten Regeln über die Aufsicht, wobei die Bürgermeister der Gemeinden bis zu 50.000 Einwohnern mit dem Landrat als unterer staatlicher Verwaltungsbehörde, dem Regierungspräsidium und dem fachlich zuständigen Ministerium drei übergeordnete Aufsichtsbehörden aufweisen (§ 86 I Nr. 3 HSOG), was eine Besonderheit ist. Während auf der Ebene der obersten Landesbehörden die Fachaufsicht und die Dienstaufsicht auseinanderfallen – erstere üben die fachlich zuständigen Ministerien, letztere das Ministerium des Innern aus –, üben die mittleren und Kreisordnungsbehörden jeweils sowohl die Dienst- als auch die Fachaufsicht über die untergebenen Behörden aus, freilich nur in Ordnungsangelegenheiten (§ 86 II bis IV HSOG). Das HSOG enthält auch die ausdrückliche Erklärung, daß »die zunächst zuständige Aufsichtsbehörde« die »nächsthöhere Behörde« im Sinne des § 73 I 2 Nr. 1 VwGO ist (§ 86 V HSOG). Eine entsprechende Regelung findet sich in § 83 III HSOG für die Behörden der allgemeinen Verwaltung in ihrer Eigenschaft als Gefahrenabwehrbehörden. Diese Festlegung ist verallgemeinerungsfähig: Innerhalb der Behördenorganisation des Landes ist die nächsthöhere Behörde im Sinne von § 73 I 2 Nr. 2 VwGO immer die nächstübergeordnete Behörde. Wenn das Land die Kommunen als Selbstverwaltungskörperschaften in Anspruch nimmt, sich aber die Fachaufsicht vorbehält, wie etwa bei der Bauaufsicht (§§ 60, 61 HBO), ist ebenfalls die jeweils höhere, also staatliche Verwaltungsbehörde die nächsthöhere Behörde im Sinne der VwGO. Besteht nur eine Rechtsaufsicht über die Kommunen, existiert keine nächsthöhere

---

37 Also Oberste Ordnungsbehörde.
38 Also mittlere Ordnungsbehörden.
39 Also untere staatliche Verwaltungsbehörden.

Behörde. § 73 I 2 Nr. 3 VwGO macht in diesen Fällen die Selbstverwaltungsbehörde selbst zur Widerspruchsbehörde.

Das HSOG kennt als relativ differenziertes Gesetz eine Reihe weiterer Vorschriften, die das Verhältnis der Behörden untereinander regeln. So bestimmt § 87 I HSOG, daß die Aufsichtsbehörden den ihrer Aufsicht unterstellten Ordnungsbehörden Weisungen auch für den Einzelfall erteilen können. Nur hinsichtlich der kommunalen Organe als Ordnungsbehörden hat diese Regelung konstitutive Bedeutung, weil sie die Möglichkeit des Landes nach Art. 137 IV HV aktiviert; ohne gesetzliche Regelung wäre ein solches Einzelweisungsrecht unzulässig (s. auch § 4 HGO). Hinsichtlich der Landesbehörden ergibt sich das **Einzelweisungsrecht** der jeweils übergeordneten Behörde aus dem Sinn der Behördenhierarchie. Eine nicht verallgemeinerungsfähige Sonderregelung trifft § 88 I 1 HSOG mit dem **Selbsteintrittsrecht** der Aufsichtsbehörden, das ihnen erlaubt, die Funktionen der ihnen nachgeordneten Behörden wahrzunehmen. Dieses Recht ist mit der Behördenhierarchie nicht automatisch verbunden, so daß die jeweilige Aufsichtsbehörde nur ihr Weisungsrecht nutzen kann; eine entsprechende Befolgungspflicht ergibt sich aus dem Beamtenrecht und dem Arbeitsvertragsrecht. Noch weniger ist es zulässig, daß die unteren Behörden Funktionen der oberen Behörden wahrnehmen, wie das § 88 II HSOG für einen Sonderfall erlaubt.

Wie § 85 I Nr. 3 u. Nr. 4 HSOG zeigt, kann der Gesetzgeber, gestützt auf Art. 137 IV HV, die Gemeinden bzw. ihre Organe in den Verwaltungsvollzug einbeziehen und sie damit zugleich den hierarchischen Befugnissen unterwerfen; freilich besteht dafür ein Gesetzesvorbehalt. Von dieser Möglichkeit hat das hessische Gesetzesrecht in wichtigen Angelegenheiten Gebrauch gemacht, wie z.B. in den §§ 60 ff. HBO.

3. Die mittelbare Landesverwaltung

Die dem Land Hessen zuzurechnende Verwaltung in seinem Gebiet wird nicht nur durch den eigenen Verwaltungskörper ausgeübt, sondern auch durch eine Reihe von **Institutionen, die rechtlich selbständig** sind, also nicht als Untergliederungen des Landes angesehen werden können, die aber gleichwohl zum Verfassungsraum des Landes Hessen gehören. Es sind juristische Personen des öffentlichen Rechts. Der Haupttyp ist die Körperschaft des öffentlichen Rechts; im übrigen gibt es noch Anstalten des öffentlichen Rechts und in weit geringerem Maße Stiftungen oder Genossenschaften des öffentlichen Rechts. Wenn gesetzlich nichts anderes bestimmt ist, unterstehen diese juristischen Personen ausschließlich der Rechtsaufsicht des Landes, und zwar des jeweils nach dem Geschäftsbereich zuständigen Ministeriums. Das Land kann sich aber gesetzlich auch eine Fachaufsicht, ja sogar eine Dienstaufsicht vorbehalten.

Den größten Komplex landesmittelbarer Verwaltung stellt der **Hochschulbereich** dar mit den fünf Universitäten in Frankfurt am Main, Marburg, Gießen, Darmstadt und Kassel, zwei Kunsthochschulen und fünf Fachhochschulen. Sie sind körperschaftlich organisiert, nach § 1 I HHG aber zugleich staatliche Einrichtungen, was schwierige Probleme des Verhältnisses von originären Hochschulangelegenheiten zu der vor allem die Sachmittel betreffenden anstaltlichen Verwaltung mit sich bringt, bei der das Land größere Eingriffsrechte besitzt. Zu diesem Bereich gehören auch die Studentenwerke, die Anstalten des öffentlichen Rechts sind. Mit ungefähr 7.000 Bediensteten[40] dürfte die Universität in Frankfurt am Main die größte Einzelinstitution der Landesverwaltung überhaupt sein; damit ist zugleich angezeigt, welches Volumen der Hochschulbereich hat.

Einen breit gefächerten Komplex mittelbarer Landesverwaltung bilden die Körperschaften des öffentlichen Rechts in der Form der **Kammern**, und zwar im Bereich der Heilberufe die Kammern der Ärzte, Zahnärzte, Tierärzte und Apotheker, im Bereich der rechtsberatenden Berufe die Kammern der Anwälte, der Notare und der Steuerberater, als weitere Kammer freiberuflich Tätiger die Architektenkammer und schließlich im Bereich von Gewerbe, Handwerk und Wirtschaft die Handwerkskammern, die Ingenieurkammer, die Kursmaklerkammer und die bedeutendsten der Kammern, die Industrie- und Handelskammern. Diese Kammern sind Selbstverwaltungorganisationen, die sich über ihre Mitglieder finanzieren und die unmittelbare Landesverwaltung grundsätzlich in allen berufsrechtlichen, Ausbildungs- und Weiterbildungsfragen entlasten. Sie sind aber ihrerseits auch Sprachrohr der einzelnen in ihnen zusammengefaßten Berufe gegenüber dem Land. Die körperschaftliche Organisation bedeutet, daß die Willensbildung und damit die Politik der einzelnen Kammern durch die Mitglieder bestimmt wird, die ihrerseits die Organe der Kammern wählen. Diese Kammern beruhen zum Teil auf Bundesrecht. Es besteht Zwangsmitgliedschaft.

Mit den **Sozialversicherungsträgern** und ihren Verbänden, z.B. der Land- und Forstwirtschaftlichen Berufsgenossenschaft Darmstadt, dem Landesverband der Ortskrankenkassen Hessen oder dem Hessischen Gemeindeunfallversicherungsverband, besteht ein weiterer Komplex körperschaftlich organisierter landesmittelbarer Verwaltung.

Eine Sonderstellung nimmt der **Hessische Rundfunk** ein, der eine Anstalt des öffentlichen Rechts ist, aber wegen Art. 5 I GG keiner Staatsaufsicht unterliegt, gleichwohl dem Land zugerechnet wird.

Es gibt eine Fülle weiterer Körperschaften, wie die Hessische Zentrale für Datenverarbeitung, die kassenärztliche Vereinigung Hessen, die Wasser- und Bodenverbände und schließlich Jagd- und Waldgenossenschaften, die genossenschaftlich organisiert sind, hinzu kommen Stiftungen, wie das Deutsche Institut für Internationale pädagogische Forschung oder die Hessische Stiftung Friedens- und Konfliktforschung.

Alle diese Organisationen beruhen auf Gesetz, zum Teil sind es alte Gesetze oder Rechtsvorschriften,[41] die bis in das 19. Jahrhundert zurückreichen. Welche Befug-

---

40 Einschließlich des Klinikums.
41 Ein interessantes Beispiel ist dargestellt in *Hans Meyer*, Der Rechtsstatus der Staatlichen Hochschule für Bildende Künste in Frankfurt am Main – Städelschule – (Rechtsgutachten 1995).

nisse die einzelnen Institutionen haben, ergibt das jeweilige Gesetz selbst oder ergeben die aufgrund des Gesetzes etwa von den Körperschaften selbst gegebenen Satzungen.

4. Die Kommunalverwaltung

Eine verfassungsrechtliche Sonderstellung nimmt der Kommunalbereich im Rahmen der hessischen Verwaltung ein. Er gehört zum Verfassungsraum des Landes und ist in Form selbständiger Körperschaften organisiert, hat aber durch Art. 137 HV einen eigenständigen Status,[42] weil ihm von Verfassungs wegen eigene Aufgaben zur selbständigen Erledigung übertragen sind. Der Kommunalbereich steht insofern neben dem Landesbereich und gehört, soweit er eigene Aufgaben erfüllt, nicht zur mittelbaren Staatsverwaltung. Nach Art. 137 IV HV können den Kommunen aber staatliche Aufgaben zur Erfüllung nach Anweisung übertragen werden. Soweit die Kommunen in diesem Bereich tätig werden, üben sie mittelbare Staatsverwaltung wie andere selbständige Rechtsträger im Lande Hessen aus.
Organisation und Umfang des Kommunalbereichs sind unten im Fünften Abschnitt »Kommunalrecht« sub III. dargestellt, ebenso der doppelte Verfassungsstatus, der ihnen nach dem Grundgesetz und der Hessischen Verfassung zukommt (a.a.O. sub II.). Im Zusammenhang mit der Landesverwaltung interessiert die Stellung der Kommunen bei der Ausführung von Bundesgesetzen sowie bei der Ausführung von Landesgesetzen, soweit diese die Aufgabe als eine staatliche bezeichnen. Da die Kommunen die einzige flächendeckende Verwaltung auf der Ortsstufe sind, haben nicht die Länder mit ihrer eigenen Verwaltung, sondern die Kommunen im Sinne der Art. 83 ff. GG eine Reihe von Bundesgesetzen auszuführen. Hierbei ist jedoch zu differenzieren. Da man z.B. die Bauleitplanung als eine von Verfassungs wegen den Gemeinden obliegende Selbstverwaltungsaufgabe betrachten muß, sind die Regeln über die Bebauungspläne im BauGB rechtlich gesehen Beschränkungen der kommunalen Selbstverwaltung; der Bundesgesetzgeber wäre nicht in der Lage gewesen, die damit zusammenhängenden Verwaltungsaufgaben der Landesverwaltung zu übertragen. Im übrigen ist es strittig, ob und inwieweit der Bund in der Lage ist, nach den Art. 83 ff. GG festzulegen, daß die Kommunen seine Gesetze ausführen, oder ob er dies der Bestimmung der Länder überlassen muß. So bestimmt z.B. § 96 I BSHG die kreisfreien Städte und Landkreise zu örtlichen Trägern der Sozialhilfe. Das Ausführungsgesetz des Landes übernimmt dies und fügt an, daß die genannten Kommunen »die Sozialhilfe als Selbstverwaltungsangelegenheiten« durchführen. Das zeigt zugleich die Optionen des Landes. Es ist in der Lage, entweder eine Selbstverwaltungsaufgabe gesetzlich zu regulieren. Dann wird diese nach den

---

42 Er ist durch Art. 137 I HV in Hessen besonders ausgeprägt, weil die Verfassung die Gemeinden grundsätzlich zu den Trägern *aller* örtlichen öffentlichen Aufgaben macht (s. näher im Abschnitt »Kommunalrecht« sub II 3).

Regeln der Selbstverwaltung von den Kommunen wahrgenommen, und das Land müßte sich über eine Rechtsaufsicht hinausgehende Eingriffsrechte gesetzlich vorbehalten. Das Land kann aber auch eine als staatlich angesehene Aufgabe den Kommunen zur Erledigung übertragen. In diesem Falle wird sie im Wege der Selbstverwaltung durchgeführt, soweit sich nicht das Land ein Weisungsrecht vorbehält; es ist lediglich ein allgemeines Weisungsrecht, wenn nicht das Gesetz ein Einzelweisungsrecht vorsieht. Soweit ein solches Einzelweisungsrecht vorhanden ist, gelten alle fachaufsichtlichen Befugnisse. Besteht nur ein allgemeines Weisungsrecht, erschöpft sich das Recht des Landes darin, die Einhaltung gegebener allgemeiner Weisungen zu überwachen. Eine Dienstaufsicht gegenüber den Kommunen besteht nicht. Das Land ist im übrigen auf eine bloße Rechtsaufsicht beschränkt.[43]

5. Privatrechtliche Organisation der öffentlichen Hand

Wie der Bund und die Kommunen[44] so ist auch das Land in der Lage, durch Gründung von oder Beteiligung an juristischen Personen des Privatrechts Verwaltungsaufgaben, die nicht mit hoheitlichen Eingriffsrechten versehen sind, über die Beteiligung am Markt zu erfüllen. Regelmäßig handelt es sich um Aktiengesellschaften oder Gesellschaften mit beschränkter Haftung. Zu den wichtigeren Aktivitäten des Landes auf diesem Gebiet gehört die 45%ige Beteiligung an der Flughafen Frankfurt (Main) AG und die über 40%ige Beteiligung an der Frankfurter Messe- und Ausstellungsgesellschaft mbH. Die Variation der Aktivitäten ist sehr breit; teilweise sind sie nur historisch zu erklären. Sie reichen von der Bad Reinhard Quelle GmbH über die Hessische Landesentwicklungs- und Treuhandgesellschaft mbH und die »documenta« GmbH Kassel bis hin zur Lotterie-Treuhand-Gesellschaft mbH Hessen und die Stiftung Deutsche Klinik für Diagnostik GmbH in Wiesbaden. Größere Gemeinden haben oft Wohnungsbaugesellschaften privatrechtlich organisiert, aber auch Versorgungs- oder Verkehrseinrichtungen. Alle diese Institutionen können nur privatrechtlich agieren, es sei denn, daß sie beliehen wären. Sie sind also auf den Markt und die Durchsetzung am Markt angewiesen.

---

43 Siehe Abschnitt »Kommunalrecht« sub IX.
44 Diese sind ein wenig eingeschränkt durch die Bestimmungen der §§ 121 ff. HGO. S. oben Abschnitt »Kommunalrecht« sub VII 3.

II. Grundlagen des Verwaltungshandelns

1. Die Bindung des Verwaltungshandelns an Verfassungsrecht, Verwaltungsrecht und Privatrecht

a) *Die Bindung durch das Grundgesetz und die Landesverfassung*

Die hessische Verfassung hat der Tatsache keine besondere Beachtung geschenkt, daß nach deutscher Verfassungstradition das Schwergewicht des Verwaltungshandelns bei den Ländern und innerhalb der Länder bei den Gemeinden und Kreisen liegt;[45] die Verwaltung kommt als Thema nicht vor. Verfassungsrechtliche Grundlagen sind daher teilweise unmittelbar dem Grundgesetz zu entnehmen. Die Landesgrundrechte binden, soweit sie nach Art. 142 GG weitergelten, die Landesstaatsgewalt[46] ebenso wie die Bundesgrundrechte;[47] im Konfliktfall kann bei gleichlautenden Grundrechten sowohl der StGH als auch das BVerfG angerufen werden.[48] Der **Gesetzesvorbehalt** oder wegen des schillernden Gesetzesbegriffes teilweise exakter der Parlamentsvorbehalt bedeutet, daß ein bestimmtes Verhalten der Behörde nur durch ein Parlamentsgesetz legitimiert werden kann und ohne dies rechtswidrig ist. Eine allgemeine Regelung des Gesetzesvorbehalts existiert nicht.[49] Soweit eine Verwaltungstätigkeit Landesgrundrechte einschränkt oder ausgestaltet, statuiert oder bestätigt Art. 63 HV einen solchen Vorbehalt.[50] Für Bundesgrundrechte trifft Art. 19 I u. II GG eine ähnliche Regelung. Über diesen im wesentlichen nur die klassische Eingriffsverwaltung abdeckenden Gesetzesvorbehalt hinaus, der notwendig in die bis dahin »gesetzesfrei« gehaltenen »Besonderen Gewaltverhältnisse« oder nach heutiger Terminologie »Sonderrechtsverhältnisse« einbrach,[51] wird heute zunehmend auch ein Gesetzesvorbehalt für die Leistungsverwaltung[52] und für den Organisationsbereich[53] behauptet. Dabei dienen einerseits die Grundrechtsbezüge als Ar-

---

45 Siehe oben I 1.
46 Art. 26 HV verfügt die unmittelbare Bindung für »den Gesetzgeber, den Richter und die Verwaltung«.
47 Art. 1 III GG meint nicht nur die Bundesstaatsgewalt, sondern jede »öffentliche Gewalt« (Art. 19 IV GG); dies macht auch erst eine Norm wie Art. 142 GG verständlich.
48 Siehe *W. Schmidt* im Abschnitt »Verfassungsrecht« oben sub V 5. c.
49 Ein Volksentscheid nach Art. 116 HV reicht natürlich aus. Entgegen verbreiteter Ansicht (s. z.B. *F. Ossenbühl* in: Erichsen, Allg. Verwaltungsrecht, § 9 RN 7) sagt Art. 20 III GG nichts über den Gesetzesvorbehalt. Die Gesetzesbindung, die Art. 20 III GG vorschreibt, setzt zwar Gesetze voraus, sagt aber nicht, warum die Verwaltung solcher bedarf. Zweifel hat auch *H. Maurer*, Allgemeines Verwaltungsrecht, § 6 RN 4.
50 Dem kann durch gemeindliches Satzungsrecht Rechnung getragen werden. S. im Abschnitt »Kommunalrecht« zu und in FN 15 u. 306.
51 BVerfGE 33, 1,9 ff. (Strafgefangenenverhältnis); E 34, 165, 192 f. (Förderstufe in Hessen); E 58, 257, 264 ff., insb. 268 ff. (Schulentlassung wegen unzulänglicher Leistung) mit grundsätzlicher Erörterung des Wesentlichkeitsproblems.
52 Auch wegen der insbesondere in Konkurrenzverhältnissen belastenden Wirkung staatlicher Leistungen; s. weiter *H. Maurer*, Allgemeines Verwaltungsrecht, § 6 RN 13 bis 16; skeptisch ist *F. Ossenbühl* (s. FN 49), § 9 RN 13-14.
53 Siehe oben zu und in FN 3, 4 u. 8 sowie *H. Maurer* (s. FN 52), § 6 RN 21 u. 62 ff. u. *W. Rudolf* in Erichsen, Allg. Verwaltungsrecht, § 53 RN 3-5.

gument. Grundsätzlicher ist der Versuch, die nur historisch aus dem Kompetenzstreit zwischen dem bürgerlich-demokratisch legitimierten Parlament und der monarchisch legitimierten Exekutive erklärbare Vorbehaltsformel vom Eingriff in Freiheit und Eigentum der Tatsache anzupassen, daß heute auch die Verwaltung demokratisch legitimiert ist. Die neue Formel stellt auf die Wesentlichkeit einer Regelung ab, die die Notwendigkeit einer parlamentarischen Entscheidung durch Gesetz verlange.[54] Das Erfordernis der **Gesetzmäßigkeit der Verwaltung** bedeutet im Gegensatz zum Gesetzesvorbehalt nicht die Notwendigkeit einer Begründung des Verwaltungshandelns durch Gesetz, sondern die Notwendigkeit der Einhaltung der Gesetze beim Verwaltungshandeln und damit zugleich den Vorrang des Gesetzes vor allen anderen Tätigkeitsformen der Verwaltung. Ein Verstoß führt zur Rechtswidrigkeit des Verwaltungshandelns und je nach der Handlungsform zur Nichtigkeit oder zum Anspruch auf Aufhebung oder anderweitige Beseitigung. Die damit gegebene Gesetzesbindung der Verwaltung normiert Art. 20 III GG für den Bundesbereich. Eine entsprechende Norm fehlt in der hessischen Verfassung, selbstverständlich ist sie aber auch dieser Verfassungsordnung eigen.[55]

b) *Die Bindung durch das Verwaltungsrecht*

Das für das Verwaltungshandeln maßgebende Verwaltungsrecht ist zunächst den *besonderen Verwaltungsgesetzen* zu entnehmen, seien es Bundesgesetze wie das Baugesetzbuch des Bundes oder Landesgesetze wie die Bauordnung, oder aber, was gerade bei Bausachen oft der Fall ist, sowohl Bundes- als auch Landesgesetzen. Da der Bund von seiner konkurrierenden Gesetzgebungskompetenz nach Art. 74 GG weitgehend Gebrauch gemacht hat, liegt das Schwergewicht der Gesetzgebung beim Bund. Daher sind für die Landesverwaltung weitgehend auch die in Art. 84 und 85 GG geregelten Eingriffsrechte des Bundes gegenüber der Landesverwaltung von Bedeutung. Zu den besonderen Verwaltungsgesetzen tritt das hessische Verwaltungsverfahrensgesetz (HVwVfG)[56] als ein *allgemeines Verwaltungsgesetz* hinzu; es bestimmt in § 1 I ausdrücklich, daß es nur hinter gleichlautendem und abweichendem Landesrecht zurücktritt; das spezielle Bundesrecht geht ihm kraft Art. 31 GG vor. Die besonderen Verwaltungsgesetze des Bundes wie der Länder enthalten regelmäßig nur rudimentäre Regeln über das Verfahren, in dem die Entscheidung zustandekommen soll, und regelmäßig keine Regeln über die näheren Modalitaten von Beginn, Dauer und Ende der Wirksamkeit der einzelnen Handlungsformen und über ähnliche Fragen des allgemeinen Verwaltungsrechts. Insoweit gilt das HVwVfG ergänzend zu Bundes- wie Landesrecht. Die Regeln des allgemeinen Verwaltungsrechts, z. B. über Rücknahme oder Widerruf von Verwaltungsakten, waren von Rechtsprechung und Lehre ausgebildet worden. Sie sind erst mit Wirkung vom

---

54 Grundlegend BVerfGE 40, 237, 248 ff.
55 Nach Art. 126 II HV sind die Richter dem Gesetz unterworfen; das gibt dem Verwaltungsprozeß nur einen Sinn, wenn die Behörden ebenfalls dem Gesetz unterworfen sind.
56 Vom 1.12.1976 (GVBl. I S. 454; 1977 I S. 95).

1.1.1977 zusammen mit den Vorschriften über das eigentliche Verwaltungsverfahren in den im wesentlichen gleichlautenden Verwaltungsverfahrensgesetzen von Bund und Ländern[57] kodifiziert worden. Entscheidungen vor 1977 und wegen der Dauer der Prozesse auch teilweise bis weit in die 80er Jahre hinein, sind daher nur mit Vorsicht für die Auslegung der Verwaltungsverfahrensgesetze heranzuziehen; gleiches gilt für die Literatur. Dieselbe Funktion wie das HVwVfG hat für Sonderbereiche der Landesverwaltung die Abgabenordnung des Bundes (AO) und das X. Buch »Verwaltungsverfahren« des Sozialgesetzbuches (SGB).[58]

c)   *Die Bindung durch das Privatrecht*

Soweit[59] die Verwaltung sich privatrechtlicher *Organisations*formen, wie z. B. bei »öffentlichen Einrichtungen« oder Wirtschaftsunternehmen der öffentlichen Hand, oder privatrechtlicher *Handlungs*formen bedienen kann, wie z. B. des privatrechtlichen Vertrages oder privatrechtlicher Abwehrrechte z. B. aus Eigentum, gilt primär Privatrecht, also z. B. die Formstrenge zivilrechtlicher Organisationsformen, die mögliche Abdingbarkeit zivilrechtlicher Normen oder auch die Unterwerfung unter die Zivilgerichtsbarkeit. Mit **Verwaltungsprivatrecht**[60] wird dagegen das Phänomen umschrieben, daß die Verwaltung sich trotz der privatrechtlichen Handlungsformen nicht ebenso wie ein Privater auf die Privatautonomie berufen kann, sondern z. B. durch Grundrechte (vor allem durch Art. 3 I GG)[61] gebunden ist, insofern gilt zusätzlich öffentliches Recht.[62]

---

57   Der Vorläufer war das schleswig-holsteinische Landesverwaltungsgesetz. S. die Fundstellen bei *P. Badura* in Erichsen, Allg. Verwaltungsrecht, § 33 RN 15.
58   Siehe zum Anwendungsbereich beider Bundesgesetze unten 2 b ee.
59   Zum – strittigen – Problem s. *D. Ehlers* in Erichsen, Allg. Verwaltungsrecht, § 2 RN 31-50.
60   Siehe dazu *D. Ehlers* (s. FN 59), § 2 RN 75 ff.
61   Die Grundrechtsbindung ist dadurch legitimiert, daß der Staat in privatrechtlicher Handlungsform öffentliche Aufgaben erfüllt (s. z.B. die Rechtsprechung des BVerfG fortsetzende Entscheidung der 2. Kammer des Ersten Senats v. 5.4.1993 zur mangelnden Grundrechtsfähigkeit einer Innung, wenn es nur um ihren territorialen Zuschnitt geht, DVBl. 1993, 1202). Aus demselben Grunde lokkert sich die Grundrechtsbindung, wenn es dem Staat erlaubt ist, erwerbswirtschaftlich zu handeln (s. auch im Abschnitt »Kommunalrecht« unten RN 304).
62   Es gibt eine Tendenz, auf das privatrechtliche Handeln der öffentlichen Hand behutsam Regeln des Verwaltungsverfahrensgesetzes zu übertragen (s. z.B. *D. Ehlers*, Verwaltung in Privatrechtsform, Berlin 1984, S. 230, ders.(s. FN 9), § 2 RN 79, *F. v. Zezschwitz*, Rechtsstaatliche und prozessuale Probleme des Verwaltungsprivatrechts, NJW 1983, 1880, u. *J. Becker*, Verwaltungsprivatrecht und Verwaltungsgesellschaftsrecht, Baden Baden 1995, S. 71-84). Für eine solche analoge Anwendung kommen z.B. die §§ 20 (ausgeschlossene Personen), 28 (Anhörung), 29 (Akteneinsichtsrecht) und 40 (Ermessensregel) HVwVfG in Betracht. Dagegen wird man die materiell-rechtlichen Regeln des Verfahrensgesetzes über die Wirksamkeit und den Bestand von Rechtsakten auf zivilrechtliche Rechtsakte nicht übertragen können, weil hier das Regime des Zivilrechts notwendig seinen Vorrang haben muß.

2. Der kompetenzielle, sachliche und zeitliche Anwendungsbereich des HVwVfG

a) *Der kompetenzielle Anwendungsbereich des HVwVfG*

Das HVwVfG knüpft seinen kompetenziellen Anwendungsbereich in § 1 I an die öffentlich-rechtliche Verwaltungstätigkeit der Behörden des Landes, der Kommunen und der anderen der Aufsicht des Landes unterstehenden öffentlich-rechtlichen Organisationen (Behörden des Landesbereichs). Soweit diese Behörden Landesrecht ausführen oder im gesetzesfreien Raum agieren, fußt der Anwendungsbefehl des Gesetzes auf der ausschließlichen Landesgesetzgebungskompetenz (Art. 70 GG). Soweit die Behörden des Landesbereichs Bundesrecht ausführen, konkurriert das HVwVfG mit dem Gesetzgebungsrecht des Bundes aus Art. 84 I und (implizit) Art. 85 I GG[63] und damit mit dem Verwaltungsverfahrensgesetz des Bundes (VwVfG). Es ist zwischen zwei Fallgruppen zu unterscheiden. Soweit für Bundesgesetze, die Hessen gemäß Art. 83 GG als eigene Angelegenheit auszuführen hat und die *nach* Inkrafttreten des VwVfG am 1. 1. 1977 erlassen sind, kein spezieller Befehl für die Anwendung des VwVfG vorhanden ist, ergibt § 1 II 2 VwVfG, daß § 1 I HVwVfG unmittelbar kraft der Landesgesetzgebungskompetenz aus Art. 70, 72 I GG gilt.[64] Soweit Bundesgesetze *vor* Inkrafttreten des VwVfG als eigene Angelegenheit und soweit sie – unabhängig von ihrem Inkrafttreten – in Auftragsverwaltung gemäß Art. 85 GG von Hessen ausgeführt werden, konkurriert der Anwendungsbefehl des § 1 I HVwVfG mit dem Anwendungsbefehl der § 1 I Nr. 2 u. II 1 VwVfG. Diese Konkurrenz löst § 1 III VwVfG – einmalig im Bereich der Gesetzgebungskompetenzen – durch ein freiwilliges Zurücktreten des Bundesgesetzes auf. Dadurch wird auch für diese beiden Varianten der Ausführung von Bundesgesetzen die Landesgesetzgebungskompetenz i. S. des Art. 72 I GG wieder offen. Daß nach § 1 III VwVfG das VwVfG nur insoweit zurücktritt, als »die öffentlich-rechtliche Verwaltungstätigkeit der Behörden landesrechtlich durch ein Verwaltungsverfahrensgesetz geregelt ist,« spielt für die hessische Rechtslage keine Rolle, da das HVwVfG, das dem VwVfG bis auf kleine Ausnahmen (z.B. §§ 1, 2, 61, 78; wichtiger: §§ 48 – 49 a[65]) wortgleich ist,[66] den Erfordernissen voll genügt. Insgesamt gesehen ist die Ableitung der Rechtslage sehr kompliziert, das Ergebnis aber einfach: Für die öffentlich-rechtliche Verwaltungstätigkeit aller dem Lande Hessen zuzu-

---

63   Art. 85 I GG enthält eine Lücke, die im Erst-recht-Schluß aus Art. 84 I GG zu schließen ist. Das ist im Ergebnis nicht strittig. Es handelt sich um eine konkurrierende Gesetzgebung (s. Anm. 64).
64   Dies gilt auch, wenn die Sachkompetenzmaterie zur ausschließlichen Bundesgesetzgebungskompetenz gehört, da die Gesetzgebungskompetenz zur Regelung des Verwaltungsverfahrens zur Ausführung von Bundesgesetzen außer bei der Bundeseigenverwaltung immer eine konkurrierende ist.
65   Eingefügt durch Gesetz zur Änderung verwaltungsverfahrens- und kostenrechtlicher Vorschriften v. 1.12.1994 (GVBl. I S. 677).
66   § 137 I Nr. 2 VwGO macht das BVerwG zum Garanten für die gleiche Auslegung der VwVfGe des Bundes wie des Landes, soweit sie wörtlich übereinstimmen.

rechnenden Behörden und Stellen (s. oben I) gilt das HVwVfG, für die Tätigkeit der dem Bund zuzurechnenden Behörden und Stellen im Lande Hessen gilt das VwVfG.

b) *Der sachliche Anwendungsbereich des HVwVfG*

aa) *Beschränkung auf Verwaltungstätigkeit und Verwaltungsverfahren*

Der sachliche Anwendungsbereich des HVwVfG umfaßt die gesetzesausführende und die gesetzesfreie Tätigkeit der Behörden des Landesbereichs. Das Erfordernis der öffentlich-rechtlichen Verwaltungstätigkeit scheidet im gesetzesfreien Raum jene Tätigkeit der Verwaltung von einer direkten Anwendung aus, die dem privatrechtlichen Regime unterstellt ist, wie z. B. der Verkauf von erwerbswirtschaftlich genutzten Grundstücken.[67] Der Anwendungsbefehl des § 1 I HVwVfG wird jedoch durch das Gesetz selbst erheblich eingeschränkt. Während die Regeln über die örtliche Zuständigkeit (§ 3) und die Amtshilfe (§§ 4-8) für jegliche öffentlich-rechtliche Verwaltungstätigkeit gelten, finden die allgemeinen Regeln über das Verwaltungsverfahren (§§ 9-34), die Regeln über das förmliche Verwaltungsverfahren sowie über das Planfeststellungsverfahren (§§ 63-78), aber auch die Regeln über die ehrenamtliche Tätigkeit und die Ausschüsse (§§ 81-83) nur auf eine öffentlich-rechtliche Behördentätigkeit Anwendung, die dem Begriff des Verwaltungsverfahrens in § 9 HVwVfG entspricht. Dasselbe gilt für die wichtigen materiellen Regeln über den Verwaltungsakt (§§ 35-53) und den öffentlich-rechtlichen Vertrag (§§ 54-62), die in § 9 HVwVfG als Produkt eines Verwaltungsverfahrens definiert sind. Damit scheidet die unmittelbare Anwendung des überwiegenden Teils der Regeln des HVwVfG für alle **behördeninternen** Vorgänge und **Verfahren** aus. Das wirft die Frage nach der Möglichkeit analoger Anwendung oder zumindest der behutsamen Übertragung bestimmter Grundentscheidungen des HVwVfG auf solche Bereiche auf. Der gesetzgeberische Wille, eine unmittelbare Anwendung nicht vorzusehen, war von dem Gedanken geprägt, das behördeninterne Verfahren und die materiellen Rechte im Behördeninnenbereich seien für eine Kodifizierung in ihrer differenzierten Fülle noch zu wenig transparent, und von der Befürchtung, eine Kodifizierung werde die Flexibilität der Verwaltung zu stark einengen. Da aber auch der behördeninterne Bereich kein rechtsfreier Raum ist, stellt sich die Frage, welches materielle und welches Verfahrensrecht dort gilt, wie es z. B. mit der Wirksamkeit von rechtswidrigen Befehlen des Dienstvorgesetzten oder von rechtswidrigen Beschlüssen der Gemeindevertretung bestellt ist. Da die VwVfGe des Bundes und der Länder, die AO und das X. Buch des SGB eine Bund und Länder umfassende Einheitlichkeit durch Parlamentsgesetz hergestellt haben, spricht vieles dafür, die dort getroffenen Regeln, soweit ein Regelungsbedürfnis im behördeninternen Bereich vorhanden ist und soweit die Flexibilitätsanforderungen dieses Bereiches nicht entgegenstehen, behutsam auf vergleichbare Situationen zu übertragen; dies scheint je-

---

67 Siehe aber oben zu und in FN 62 die Bestrebungen einer partiellen analogen Anwendung.

denfalls der Verfassungsordnung angemessener, als diesen Bereich einem mehr oder weniger freien Richterrecht zu überlassen.[68]

bb) *Die Subsidiaritätsklausel*

Die zweite Einengung des Anwendungsbefehls durch die Subsidiaritätsklausel des § 1 I HVwVfG: »soweit nicht Rechtsvorschriften des Landes inhaltsgleiche oder entgegenstehende Bestimmungen enthalten«, hat ihren Grund in der Befürchtung, das neue Gesetz könne in bestehende Normgefüge einbrechen, ohne daß dies wegen der Fülle der bestehenden Normen erkannt werde. Der Bundestag hat daher die Bundesregierung aufgefordert, innerhalb von acht Jahren eine Bereinigung herbeizuführen.[69] Nach den Erläuterungen zum Entwurf des HVwVfG[70] ist auch in Hessen »eine entsprechende Bereinigung des Landesrechts ... vorgesehen.«[71] Das HVwVfG tritt nur zurück, »soweit« gleichlautendes oder abweichendes Landesrecht besteht. Ein totaler Anwendungsausschluß ist daher über diese Klausel unmöglich. Aber auch punktuelle Regeln in Spezialgesetzen schließen eine ergänzende Heranziehung des HVwVfG nur aus, wenn in der Spezialregel eine abschließende, auch spätere Rechtsfortschritte blockierende Regelung gesehen werden muß, was selten der Fall sein dürfte.[72]

cc) *Der Behördenbegriff*

§ 1 II HVwVfG mit der Definition des in § 1 I HVwVfG vorausgesetzten Behördenbegriffs kann schwerlich eine Begrenzung des Anwendungsbereiches ergeben. In ihrer Allgemeinheit setzt die Definition lediglich eine relative organisatorische Eigenständigkeit voraus, umfaßt aber von den Behörden im organisationsrechtlichen Sinne bis zu juristischen Personen oder einzelnen Amtsträgern jede Stelle, der eine Verwaltungstätigkeit zugeordnet werden kann.

dd) *Ausnahmen für Kirchen und Rundfunk*

Einen totalen Anwendungsausschluß bestimmt § 2 I HVwVfG für die Tätigkeit der Kirchen und der Religions- und Weltanschauungsgemeinschaften. Es geht wegen

---

68 S. *H. Meyer* in Meyer/Borgs, VwVfG, § 35 RN 47, § 43 RN 33 und *Vogel*, BayVBl 1977, 617, 619. Zustimmung *H. P. Bull*, Grundlagen des Verwaltungshandelns, S. 160 zu FN 25. Zur Abgrenzung von Innenrecht und Außenrecht s. auch *H.-J. Freund*, Innenrecht und Außenrecht (Diss. Frankfurt) 1985.
69 Siehe das Erste (und bisher einzige) Gesetz zur Bereinigung des Verwaltungsverfahrensrechts v. 18.2.1986 (BGBl. I 265).
70 LT Drucks. 8/3094 S. 44.
71 Hessen beschränkt sich auf eine Bereinigung im Einzelfall, wenn aus anderem Anlaß eine Novellierung ansteht. So sind bei der Novellierung der HBO die mit den §§ 48, 49, 50 HVwVfG schwer in Einklang zu bringenden Regeln über Rücknahme und Widerruf entfallen.
72 Siehe zur Anwendung der Jahresfrist der §§ 48 IV, 49 II HVwVfG angesichts § 7 I Haushaltsgesetz 1988 VGH (B. v. 21.2.1995), HessVGRspr. 1996, 6 f.

§ 1 HVwVfG nur um deren öffentlich-rechtliche Tätigkeit. Bei der innerverbandlichen Tätigkeit fußt der Ausschluß zwingend auf Art. 49 HV und teilweise auf Art. 140 GG i.V.m. Art. 137 II, VII WRV. Wegen der weiten Fassung des Ausschlusses wird man jedoch darüber hinaus auch jede andere öffentlich-rechtliche Tätigkeit ausnehmen müssen.[73] Ohne Sinn ist die nicht begründete und erst vom Innenausschuß vorgeschlagene (LT-Drucks. 8/3352) Herausnahme des Hessischen Rundfunks. Sie entspricht einer Länderabsprache.[74] Das Argument, das Gesetz könne wegen Art. 5 GG in weiten Bereichen keine Anwendung finden, ist abwegig. Daß wegen § 9 HVwVfG weite Bereiche aus dem Anwendungsbereich herausfallen, trifft für alle anderen Behörden auch zu. Die Amtshilfeverpflichtung läßt sich wegen Art. 35 GG nicht ausschließen. Daß der Gebühreneinzug spezialgesetzlich geregelt ist, hindert nicht die Notwendigkeit der Festlegung, was für die übrige nach außen wirkende Verwaltungstätigkeit des Rundfunks gilt. Die Regelungslücke läßt sich nur durch Analogie schließen.[75] Für die Ablehnung der Sendung einer Wahlwerbung gegenüber einer politischen Partei, also einen VA, sind daher z.B. die §§ 35 ff. HVwVfG analog anzuwenden.

ee) *Sozial- und abgabenrechtliche Ausnahmen*

Soweit das Gesetz nach § 2 II Nr. 2 bis 5 nicht gilt, folgt es dem VwVfG.[76] Wichtig für den Landesbereich ist die Ausnahme in § 2 II Nr. 3 HVwVfG. Sie betrifft vom Land auszuführende Bundesgesetze wie das BAföG oder das BSHG, deren Verwaltung sich nach dem X. Buch des SGB richtet. Schwierigkeiten macht der Anwendungsausschluß für »Verwaltungsverfahren, in denen Rechtsvorschriften der AO anzuwenden sind« (Nr. 1). § 4 KAG läßt für kommunale Abgaben, also kommunale Steuern, Beiträge und Gebühren, gerade auch eine Reihe von Verfahrensvorschriften der AO gelten. Daher ist die Verwaltung der kommunalen Abgaben ganz aus dem Anwendungsbereich des HVwVfG herausgenommen.[77] Dies gilt jedoch nicht für die wichtige spezielle Regel des § 80 HVwVfG über die Erstattung von Kosten im Vorverfahren. Da das Rechtsbehelfsverfahren der AO in § 4 KAG nicht für an-

---

73 S. *H. Meyer*, Das neue öffentliche Vertragsrecht und die Leistungsstörungen, NJW 1977, 1705, 1706, *Borgs* in Meyer/Borgs, VwVfG, § 2 RN 4 und § 1 RN 31. *R. Mußgnug*, Verwaltungsverfahren in: Maurer/Hendler, Baden-Württembergisches Staats-und Verwaltungsrecht, Frankfurt 1990, S. 132 FN 30.
74 Wie sich aus dem Bremer Entwurf (Drucks. 9/313 S. 35) ergibt. S. dort auch zum Folgenden.
75 In Drucks. 8/1933 S. 35 der Hamburgischen Bürgerschaft heißt es denn auch entwaffnend: »Das schließt allerdings nicht aus, daß die im Gesetz verankerten Grundsätze als allgemeine Verfahrensgrundsätze herangezogen und unter diesem Gesichtspunkt doch Anwendung finden können«. Für Analogie auch *H.P. Bull*, Grundlagen des Verwaltungshandelns, S. 160 u. *R. Mußgnug*, Verwaltungsverfahren, S. 132 FN 30, der eine Analogie auch für die nach außen gerichtete öffentlich-rechtliche Tätigkeit der Kirchen etc. empfiehlt.
76 S. die Kommentierungen; z. B. *Borgs* in *Meyer/Borgs*, VwVfG, § 2 RN 6 bis 17. Die Begründung (LT-Drucks. 8/3094 S. 43) irrt jedoch; nicht die »Verfahren«, sondern die in § 2 Nr. 1 bis 5 genannten Sachbereiche sind zum Teil bundesgesetzlich geregelt.
77 Zu der Schwierigkeit bei den Realsteuern, soweit sie von den Gemeinden verwaltet werden, und zur analogen Anwendung der Regeln über den ör Vertrag im Abgabenrecht s. näher *H. Meyer* (s. FN 73), NJW 1977, 1705, 1706.

wendbar erklärt ist, unterfällt das als eigenes Verwaltungsverfahren ausgewiesene Widerspruchsverfahren nicht der Ausschlußklausel des § 2 II Nr. 1 HVwVfG.[78]

ff) *Ausnahmen für den Justizbereich, die Schulen und die Berufung von Hochschullehrern*

§ 2 III Nr. 1 HVwVfG schließt wie das Bundesrecht die Anwendung des Gesetzes auf die öffentlich-rechtliche Verwaltungstätigkeit von Gerichtsverwaltungen, Behörden der Justizverwaltung und der ihrer Aufsicht unterliegenden Körperschaften des öffentlichen Rechts, also vor allem die Kammern mit ihren Gerichtsverfahren, dann aus, wenn die Entscheidungen nicht vor die Verwaltungsgerichte führen. Das gilt insbesondere für die Justizverwaltungsakte nach § 23 I EGGVG, worunter auch Maßnahmen der Polizei als »Hilfsbehörde der Staatsanwaltschaft« zu zählen sind.[79] Dagegen bleibt die Polizei bei ihrem präventiv-polizeilichen Verhalten voll dem Gesetz unterworfen. Wie im Bundesrecht, so gelten auch nach § 2 III Nr. 2 HVwVfG nur bestimmte Vorschriften »bei Leistungs-, Eignungs- und ähnlichen Prüfungen von Personen«. Hierbei ist nicht das Prüfungsverfahren als Ganzes, sondern nur die Prüfung selbst gemeint.[80] Für die Verwaltungsverfahren der Schulen sind in § 2 III Nr. 3 HVwVfG eine Reihe von Vorschriften, für die eine Anwendung schwer vorstellbar gewesen wäre, wie z. B. die §§ 17 bis 19 oder 63 bis 78 HVwVfG, von der Anwendung ausgenommen. Daß die Regeln über den öffentlich-rechtlichen Vertrag ebenfalls ausgenommen sind, ist angesichts der Anwendung der Regelung über die Zusicherung (§ 38 HVwVfG) nicht verständlich.[81] Wichtiger ist der Ausschluß der §§ 14 und 15 und der §§ 88 bis 93 HVwVfG. Die Befangenheitsregel des § 20 HVwVfG findet auf Schulleiter und Lehrer dann keine Anwendung, wenn der Schüler, der Anlaß der Befangenheit ist, von ihnen unterrichtet wird. Die Verpflichtung zur Anhörung nach § 28 HVwVfG und zur Begründung nach § 39 HVwVfG gelten nach § 2 III Nr. 3 Satz 2 HVwVfG grundsätzlich unbeschränkt, es sei denn, daß eine Entscheidung auf einer Leistungs- oder Eignungsbeurteilung beruht.[82]

Schwer verständlich ist die Herausnahme der »Berufung von Hochschullehrern« in § 2 II Nr. 6 HVwVfG. Die Begründung bleibt widersprüchlich, weil sowohl die abschließende Regelung des Berufungsverfahrens in den §§ 40 III bis VII HUG, § 34

---

78 Siehe näher *H. Meyer* in *Meyer/Borgs,* VwVfG, § 80 RN 10 m.w.N. Der VGH (U. v. 13.7.1978; HSTGZ 1978, 404 f.) übersieht bei seiner a. A., daß § 2 Nr. 1 HVwVfG nicht von kommunalen »Abgabensachen« spricht, sondern das Gesetz nur für »Verwaltungsverfahren«, in denen Vorschriften der AO anzuwenden sind, seine Geltung zurücknimmt. Siehe auch *R. Pietzner/M. Ronellenfitsch,* Das Assessorexamen, § 44 RN 16 m. breitem Nachweis von Lit. und Rspr. – Durch Gesetz v. 1.12.1994 (s. FN 66) ist in § 10 einer AGVwGO eine Kostenregelung zugunsten der Behörden im Widerspruchsverfahren eingeführt worden.
79 Teilweise gilt schon der absolute Ausschluß nach § 2 II Nr. 2 HVwVfG.
80 Siehe *Borgs* in *Meyer/Borgs,* VwVfG, § 2 RN 18.
81 Siehe dazu *H. Meyer,* NJW 1977, 1705, 1709.
82 Das BVerwG hat freilich einen Anspruch auf Begründung selbst bei mündlichen Prüfungen aus bundesrechtlichen Grundsätzen abgeleitet: U. v. 6.9.1995 – 6 C 18.93 –.

FHG und § 21 KHG als auch deren Lückenhaftigkeit behauptet wird.[83] Der Ausschluß kann sich also erstens nur auf den engen Ausschnitt des Berufungsverfahrens, der in § 40 HUG geregelt ist, beziehen und zum zweiten das materielle Recht des HVwVfG nicht umfassen. Verwaltungsakte oder öffentlich-rechtliche Verträge in diesem Bereich sind also nach den §§ 35 ff. bzw. 54 ff. HVwVfG zu bewerten.

gg) *Wahlverfahren*

Das Gesetz schließt das Wahlverfahren nicht aus seinem Geltungsbereich aus, gleichwohl wird contra legem das Gegenteil angenommen.[84] Das Wahlverfahren wird von Behörden im Sinne des § 1 II HVwVfG betrieben, es führt auch durchaus in einer Reihe von Fällen zu Verwaltungsverfahren im Sinne des § 9 HVwVfG mit belastenden Verwaltungsakten, wie dem Ausschluß einer Liste vor der Wahl. Daß der Rechtsschutz im Wahlverfahren mit seiner Konzentration auf die nachträgliche Wahlprüfung anders gestaltet ist als beim normalen Verwaltungsverfahren, kann die Qualität des Verwaltungsverfahrens ebensowenig beeinflussen wie die Tatsache, daß bei der Wahl von einem staatsbürgerlichen Recht Gebrauch gemacht wird.[85] Dagegen wird man eher als sonst in den Wahlgesetzen für die Landtagswahlen und Kommunalwahlen abschließende Regelungen erkennen können, die wegen der Subsidiarität des HVwVfG dessen Anwendbarkeit partiell ausschließen.

hh) *Bewertung der Ausnahmen*

Die Ausnahmen vom Anwendungsbereich des HVwVfG hätten sich teilweise von selbst ergeben, wie der Ausschluß der Planfeststellungsregeln im Schulbereich, zum anderen Teil sind sie unbegründet, wie beim Hessischen Rundfunk, und zum Dritten schaffen sie mehr Unsicherheiten, als sie beseitigen wollen, wie bei der Berufung von Hochschullehrern. Bei der oben erwähnten Rechtsbereinigung sollten daher auch diese Ausnahmen einer gründlichen Überprüfung unterzogen werden. Im übrigen ist noch einmal darauf hinzuweisen, daß die meisten Regeln des HVwVfG sowieso nur für Verwaltungsverfahren im Sinne des § 9 HVwVfG gelten, eine Tatsache, die bei der Formulierung von § 2 HVwVfG wohl vergessen worden ist.

c) *Der zeitliche Geltungsbereich*

Nach § 96 HVwVfG gilt das Gesetz seit dem 1.1.1977. Nach § 95 I HVwVfG sind vorher begonnene (Verwaltungs-)Verfahren nach den Vorschriften des HVwVfG zu Ende zu führen. Maßgebend ist also die Beendigung des Verfahrens, die nach § 9

---

83 LT-Drucks. 8/1394 S. 43; s. näher *H. Meyer,* NJW 1977, 1705, 1708.
84 So vom Wahlprüfungsgericht beim Hessischen Landtag (U.v. 10.12.1987), StAnz. 1988, 62, 68, das sich freilich um eine eigenständige Begründung nicht bemüht.
85 Siehe *H. Meyer,* Wahlgrundsätze und Wahlverfahren, HdbStR Bd. 2, § 38 RN 64 u. *ders.,* KritV 1994, 312, 356 f.

HVwVfG den Erlaß des VA und den Abschluß des öffentlich-rechtlichen Vertrages einschließt. Für die Entstehungsbedingungen öffentlich-rechtlicher Verträge, die vor dem 1.1.1977 geschlossen wurden, gilt also das alte Richterrecht, das z. B. kein Schriftformerfordernis kannte, für die Beendigungsbedingungen aber z.B. § 60 HVwVfG.[86] Ähnliches gilt für alte Zusicherungen.

3. Formen des öffentlich-rechtlichen Verwaltungshandelns

a) *Kein geschlossener Kanon der Handlungsformen*

Weder die HV noch das GG geben einen geschlossenen Kanon öffentlich-rechtlicher Handlungsformen vor; aus ihnen läßt sich z. B. über den Gesetzesvorbehalt[87] lediglich ermitteln, für welche Regelungen Normen notwendig sind.[88] Der Gesetzgeber kann daher grundsätzlich neue Handlungsformen erfinden und sie in Voraussetzungen und Wirkungen definieren. Regelmäßig verzichtet er aber auf eine solche Kennzeichnung, so daß Einordnungsschwierigkeiten entstehen können.

Wenn Spezialgesetze eine Handlungsform nicht näher definieren, ist zunächst zu klären, ob es sich um eines der im HVwVfG definierten Institute handelt, also um Verwaltungsakt, Zusicherung, öffentlich-rechtlichen Vertrag oder Planfeststellungsbeschluß.[89] Gelingt eine solche Zuordnung nicht, so wird es sich im Außenrecht regelmäßig um schlichtes Verwaltungshandeln oder um eine Rechtsnorm handeln. Bei systematischer Betrachtung kann zwischen Rechtsnormen, einseitigen und zweiseitigen Regelungsakten der Verwaltung, Plänen und schlichtem Verwaltungshandeln unterschieden werden. Die meisten dieser Handlungsformen sind für das Außenrecht entwickelt worden, für das Innenrecht fehlt es an einem ausgebildeten System der Handlungsformen. Im einzelnen lassen sich jedoch analoge Schlüsse ziehen.

b) *Handlungsform Rechtsnorm*

Zu den **Rechtsnormen** als Handlungsformen der Verwaltung zählen als wichtigste die Satzungen und Rechtsverordnungen. Dazu kommen die »Anordnung« genannten Vorschriften über die sachliche Zuständigkeit von Landesbehörden, die Anstaltsordnungen, Benutzungsordnungen, und die Ausbildungs- und Prüfungsordnungen, wie sich aus den §§ 5 und 6 des Gesetzes über die Verkündung von Rechtsverordnungen, Organisationsanordnungen und Anstaltsordnungen[90] ergibt. Satzun-

---

86 Siehe *Hans Meyer* (s. FN 41), S. 123 f.
87 Siehe oben zu und in FN 3, 4 u. 8.
88 So kann sich aus dem Gesetzesvorbehalt z. B. ergeben, daß eine bestimmte Regelungsstufe von der Verwaltung nur durch eine Rechtsnorm, z.B. durch eine VO oder eine Satzung, ausgefüllt werden kann.
89 Soweit es um diese Instrumente einseitigen oder zweiseitigen verbindlichen Handelns der Verwaltung geht, ist auf die Kommentierungen der §§ 35 ff., 38, 54 ff. und 72 ff. VwVfG zu verweisen.
90 Vom 2. 11. 1971 (GVBl. S. 258); im Folgenden »Verkündungsgesetz« genannt. – Anstaltsordnungen versteht § 6 I des Gesetzes als Benutzungsordnungen.

gen sind unabhängig von der Bezeichnung[91] Rechtsnormen, die eine juristische Person des öffentlichen Rechts kraft ihrer durch Verfassung oder Gesetz eingeräumten Autonomie mit Wirkung für die Personen erläßt, die ihr angehören oder aber ihr nur unterworfen sind. Satzungsrecht können Körperschaften, wie Gemeinden oder Berufskammern,[92] Anstalten und Stiftungen des öffentlichen Rechts besitzen. Das Satzungsrecht muß allgemein kraft Autonomie verliehen oder durch spezialgesetzliche Regelung übertragen werden, wobei der grundrechtliche Gesetzesvorbehalt[93] erzwingen kann, daß der Gesetzgeber genauere Grundlagen für Grundrechtseinschränkungen oder Ausgestaltungen legt, wie das BVerfG im Facharzturteil entschieden hat.[94] Eine besondere Stellung nehmen die gemeindlichen Satzungen ein, weil sie unmittelbar auf die Verleihung des Satzungsrechts durch Art. 28 II GG beruhen[95] und weil sie wegen der nach Art. 28 I GG identischen demokratischen Struktur von Gemeinde und Land der Gesetzgebung näher stehen[96] als der Verordnungsgebung durch die Exekutive. Rechtsverordnungen sind Rechtsnormen zur näheren Ausgestaltung einer gesetzlichen Regelung. Zu ihnen muß durch Gesetz ermächtigt sein. Soweit ein Bundesgesetz die Landesregierung ermächtigt, gilt Art. 80 GG; die Verordnung gehört jedoch dem Landesrecht an.[97] Nach Art. 107 HV hat die Landesregierung ein unmittelbar aus der Verfassung folgendes Verordnungsrecht, soweit es um die Ausführung von Landesgesetzen geht, ohne daß das Gesetz eine entsprechende Ermächtigung enthalten muß. Nach der Rechtsprechung des StGH dürfen solche Verordnungen allerdings nur den im Gesetz »enthaltenen Rechtsgedanken ausbauen«.[98] Eine hessische Besonderheit ist die gesetzesvertretende Verordnung nach Art. 118 HV; hier kann in gewissen Grenzen der Gesetzgeber eine Globalermächtigung zur Ausfüllung des Gesetzes geben.[99] Aus den Art. 107 und 118 HV ist jedoch nicht zu schließen, daß im übrigen Gesetze das Verordnungsrecht nicht auch an andere als die in beiden Artikeln genannten Destinatäre übertragen können. Eine solche Ermächtigung kann sowohl an nachgeordnete Landesbehörden als auch an Gemeinden gegeben werden, so daß die Gemeinden neben den Satzungen auch Rechtsverordnungen erlassen können. Der Unterschied zwischen Autonomie und Ermächtigung kann im Einzelfall sehr gering werden, da die Gemeinden, wie z. B. durch das BauGB, sowohl zur Satzung verpflichtet als auch in der Ausübung des Satzungsrechts relativ stark reglementiert werden können. Das »Verkün-

---

91 Siehe z. B. BVerfGE 33, 125, 161 (Facharzturteil), wo das Gericht die »Berufsordnungen« von Landesärztekammern wie selbstverständlich als Satzungen bewertet, obwohl die entsprechenden Gesetze daneben noch Satzungen kennen. (s. z. B. §§ 20 u. 28 Heilberufsgesetz NW i.d. F. vom 9.3.1989, GVBl. S. 170).
92 Siehe FN 91.
93 Siehe oben zu und in FN 49.
94 Siehe BVerfGE 33, 125, 157 ff.
95 Siehe *H. Meyer*, Die Finanzverfassung der Gemeinden, Stuttgart 1969, Seite 51-59 und im Abschnitt »Kommunalrecht« zu und in FN 14, 15 u. 306.
96 Siehe näher *Y. Ott*, Der Parlamentscharakter der Gemeindevertretung, Baden Baden 1994, 151-178.
97 Siehe BVerfGE 18, 404, 414 und ihm unter Aufgabe früherer Rechtsprechung folgend der StGH in DVBl. 1970, 217, 219.
98 Siehe DVBl. 1970, 217, 219.
99 Siehe *W. Schmidt* im Abschnitt »Verfassungsrecht« sub V 1. b.

dungsgesetz«[100] sieht denn auch vor, daß Rechtsverordnungen der Gemeinden wie deren Satzungen zu verkünden sind. Im übrigen gilt, daß Rechtsverordnungen der Landesregierung und der obersten Landesbehörden, also vor allem der Minister, im GVBl. für das Land Hessen Teil I verkündet werden. Für die übrigen Rechtsverordnungen trifft das »Verkündungsgesetz« detaillierte Regelungen. Eine allgemeine Regelung für Satzungen fehlt. Für das gemeindliche Satzungsrecht findet sich die Regelung in den §§ 5 und 7 HGO.[101] Im organisationsrechtlichen Bereich sind die Anordnungen über die sachliche Zuständigkeit von Landesbehörden durch die Landesregierung oder eine oberste Landesbehörde als Rechtsverordnungen anzusehen.[102] Dasselbe gilt für Ausbildungs- und Prüfungsordnungen. Bei den Benutzungsordnungen treten Abgrenzungsschwierigkeiten zu der Benutzungsordnung auf, die § 35 Satz 2 HVwVfG als einen Unterfall der Allgemeinverfügung faßt. Damit ist zugleich das Problem der Abgrenzung des Rechtssatzes zum Verwaltungsakt berührt.[103] Die Rechtsnorm ist bei einem Verstoß gegen höherrangiges Recht, oder wenn sie in einem grob fehlerhaften Verfahren erlassen wurde, rechtswidrig und nichtig. Die Nichtigkeit kann nach § 11 AGVwGO für alle untergesetzlichen Rechtsnormen im Normenkontrollverfahren nach § 47 VI VwGO festgestellt werden.[104]

c) *Handlungsform Plan*

Eine sich langsam ausbildende Sonderform des Verwaltungshandelns sind die Pläne. Teilweise stehen sie auf der Grenze zwischen Außen- und Innenrecht. Einige von ihnen sind ausdrücklich als Handlungsformen des Außenrechts ausgewiesen, wie nach § 10 BauGB der Bebauungsplan als Satzung und nach § 75 HVwVfG der Planfeststellungsbeschluß als VA. Bei anderen, wie beim Krankenhausplan (§ 16 HKHG, § 6 KHG) oder dem Flächennutzungsplan (§§ 5-7 BauGB), fehlt eine gesetzliche Zuordnung.

d) *Handlungsform schlichtes Verwaltungshandeln*

Das **schlichte Verwaltungshandeln** hat im HVwVfG keine Regelung gefunden. Es umfaßt alle die Handlungen, die keinen Regelungscharakter haben. Dagegen wird regelmäßig auch vom schlichten Verwaltungshandeln eine Rechtswirkung ausgelöst. Dies gilt insbesondere für Erfüllungshandlungen der Verwaltung. So ist die Gewährung der Akteneinsicht nach § 29 HVwVfG oder der Anhörung nach § 28 HVwVfG ebenso schlichtes Verwaltungshandeln wie die Auszahlung eines Beam-

---

100 Siehe oben zu und in FN 90.
101 In Verbindung mit der VO über öffentliche Bekanntmachungen der Gemeinden und Landkreise (s. unten »Kommunalrecht« FN 307). Für die Landesärztekammer fehlt es z. B. an einer Regelung.
102 Siehe § 5 »Verkündungsgesetz« (s. Anm. 90). Siehe auch die Erörterungen des StGH in DVBl. 1970, 217, 219.
103 Siehe näher *H. Meyer* in Meyer/Borgs, VwVfG, § 35 RN 65-69.
104 Zum Verwerfungsmonopol des StGH s. *W. Schmidt* im Abschnitt »Verfassungsrecht« sub V 5. c.

tengehaltes oder der Schlag mit dem Polizeiknüppel. Irrig wird oft angenommen, es handele sich um einen VA, weil der Handlung eine interne Entscheidung der Behörde vorausgegangen sei. Nicht darauf kommt es jedoch an, sondern auf den mangelnden Regelungscharakter der Handlung selbst.

e) *Handlungsformen im Innenrecht*

Die vorstehend wiedergegebenen Handlungsformen haben regelmäßig Entsprechungen im Innenrecht, wie z. B. die Rechtsnormen in den Verwaltungsvorschriften oder Richtlinien oder die Verwaltungsakte in den Innenrechtsakten; das schlichte Verwaltungshandeln ist unspezifisch und kommt auch im Innenrecht vor. In den Spezialgesetzen finden sich hier und da Hinweise auf die Wirkung und Wirksamkeitsbedingungen von Innenakten; es fehlt jedoch eine systematische Ausbildung der Handlungsformen. Eine unmittelbare Verbindlichkeit solcher Akte für den Außenrechtskreis besteht nicht. Wie bei den VAen wird man auch bei den Innenrechtsakten trotz Rechtswidrigkeit eine Wirksamkeit annehmen müssen, da sonst dem Bedürfnis nach Stabilität in diesem Bereich nicht Rechnung getragen werden würde. Das ist von besonderer Bedeutung im innerbetrieblichen Bereich bei Umsetzungen oder im Kommunalbereich bei Geschäftsverteilungen unter den Beigeordneten, bei denen es sich entgegen der hier und da vorkommenden Rechtsprechung um Innenrechtsakte, nicht um VAe handelt.[105]

4. Das Verwaltungsverfahren

Das Verwaltungsverfahren hat als Regelungsgegenstand der Gesetzgebung lange ein Schattendasein geführt. Da eine über Art. 19 IV GG abgesicherte und durch § 40 VwGO realisierte volle Gerichtskontrolle der Verfahrensprodukte gewährleistet war, schien das Verfahren und seine Gestaltung lange Zeit wenig problematisch. Materielle Institute wie der VA sind daher lange Zeit allein vom Prozeßrecht bestimmt worden, was nachwirkt.[106] Das HVwVfG hat das Verfahren, das zu einseitigen oder zweiseitigen Rechtsakten der Verwaltung führen soll, seit dem 1. 1. 1977 geregelt.[107] Für die Normgebung der Verwaltung existieren nur in einigen Bereichen spezielle Regelungen, wie z. B. in §§ 2, 3 BauGB. Im übrigen beschränken sich die Verfahrensregeln regelmäßig auf die Verkündungs- und z. T. Genehmigungsmodalitäten von Rechtsnormen. Bei den Plänen, die weder Normen noch VAe sind, fin-

---

105 Siehe *H. Meyer*, Kommunalrecht, unten zu und in FN 280. – Siehe zum Thema insgesamt auch *H.-J. Freund* (s. FN 68).
106 Siehe *H. Meyer* in *Meyer/Borgs*, VwVfG, § 35 RN 2.
107 Das gilt nach § 79 HVwVfG auch für das Widerspruchsverfahren, soweit nicht die §§ 68-80 VwGO und §§ 6-9 AGVwGO Sonderregeln enthalten. S. *H. Meyer* in *Meyer/Borgs*, VwVfG, § 79 RN 9.– Der Begriff des Verwaltungsverfahrens wird im HVwVfG in einem durch § 9 des Gesetzes beschränkten Sinne gebraucht.

den sich oft Mitwirkungs- und Beteiligungsregeln, insbesondere für Behörden oder andere öffentlich-rechtlichen Rechtsträger. Für das schlichte Verwaltungshandeln existieren regelmäßig keine Verfahrensvorschriften. Da bei allen Arten des Verwaltungshandelns das Verfahren, in dem die Entscheidung zustandekommt, oft ausschlaggebend ist, und Entscheidungen so durch Verfahren gesteuert werden können,[108] würde man bei völliger Freiheit des Verfahrens nicht unerhebliche Vorentscheidungen in das freie Ermessen der Behörden stellen. Daher und weil der Mensch nicht bloß Objekt des Verwaltungshandelns sein darf, war es folgerichtig, auch das Verwaltungsverfahren selbst gesetzlich zu regeln.

5. Die Verwaltungsvollstreckung

a) *Anwendungsbereich von HVwVG und HSOG*

Die zwangsweise Durchsetzung von Anordnungen und Forderungen der öffentlichen Hand nennt man Verwaltungsvollstreckung, wenn sie nicht durch die Justiz, sondern durch die Verwaltung selbst erfolgt, also durch den »Gläubiger«. Die Verwaltungsvollstreckung ist generell im HVwVG vom 4. 6. 1966 sowie ausschließlich für Verfügungen der Ordnungsbehörden und der Polizeibehörden specialiter in den §§ 47 bis 53 HSOG geregelt.[109] Für Verwaltungsakte,[110] die eine Geldleistung, eine sonstige Handlung oder eine Duldung oder Unterlassung verlangen, ordnet § 1 I HVwVG die Vollstreckung nach dem HVwVG an.[111] Dies gilt für Verwaltungsakte aller Behörden aus dem Landesbereich, also auch der Kommunalbehörden. Eine Ausnahme macht § 1 II HVwVG nur für die zwangsweise Durchsetzung polizeilicher und ordnungsbehördlicher Verfügungen, d. h. für Verfügungen der Polizeibehörden und der Ordnungsbehörden. Diese werden nach den §§ 47 bis 53 HSOG vollstreckt.[112] Dagegen werden Verfügungen der Landkreise oder Gemeinden auf dem Gebiet der Gefahrenabwehr (§ 2 S. 2 u. 3 HSOG) nach dem HVwVG vollstreckt. Dasselbe gilt nach § 1 II letzter Hs. HVwVG für Verwaltungsakte der Polizei- und der Ordnungsbehörden, mit denen eine Geldleistung gefordert wird. Zusätzlich sind in § 66 I Nr. 1 bis 3 HVwVG näher umschriebene bürgerlich-rechtliche

---

108 Siehe eingehend *W. Schmidt*, Einführung, RN 134 ff.
109 Das HVwVG gilt nicht für den Anwendungsbereich der Abgabenordnung (s. §§ 249 ff. AO), wohl aber für kommunale Abgaben, da § 4 I Nr. 6 KAG nur § 261 AO, also die Regelung über die Niederschlagung, für anwendbar erklärt. Für den Bereich des Sozialgesetzbuches gilt nach § 66 III SGB-X grundsätzlich das HVwVG; für die Vollstreckung von VAen enthält § 66 IV SGB-X eine interessante Variante.
110 Im Sinne des § 35 HVwVfG. Der VA hat die Funktion eines Titels. Falls er, z. B. mangels Bestimmtheit, diese Funktion nicht erfüllen kann, verliert er nicht die Eigenschaft als VA, ist aber nicht vollstreckbar (s. näher *H. Meyer* in *Meyer/Borgs*, VwVfG, § 35 RN 18 und § 37 RN 4).
111 Eine Klage, z. B. eine Leistungs- oder Unterlassungsklage, wäre mangels Rechtsschutzbedürfnisses unzulässig.
112 Siehe *E. Denninger*, im Abschnitt »Polizeirecht« sub IX.

Forderungen des Landes, der Gemeinden,[113] der Landkreise und des Landeswohlfahrtsverbandes vollstreckungsrechtlich privilegiert: sie können[114] wie Geldleistungs-VAe vollstreckt werden; notwendig ist lediglich eine Zahlungsaufforderung, die an die Stelle des VA tritt (§ 66 III HVwVG). Die Vollstreckung ist dann allerdings nur in das bewegliche Vermögen des Schuldners zulässig.

b) *Allgemeine Vollstreckungsregeln*

Jede Vollstreckung[115] setzt einen wirksamen VA voraus. Er muß also nach §§ 43, 41 HVwVfG bekanntgegeben und darf weder aufgehoben noch auch erledigt (§ 43 II HVwVfG) oder nichtig (§ 43 III HVwVfG) sein. Daher hindert seine Rechtswidrigkeit die Vollstreckung nur in dem seltenen Falle, in dem sie den Verwaltungsakt nach § 44 HVwVfG nichtig macht.[116] Weitere Voraussetzung für die Vollstreckung ist, daß der Verwaltungsakt seinem Inhalt nach vollstreckungsfähig ist, also z. B. der in seiner Regelung liegende Befehl hinreichend bestimmt ist. Schließlich muß nach § 2 HVwVG der Verwaltungsakt **vollstreckbar** sein. Er ist vollstreckbar, wenn er unanfechtbar geworden ist, weil die Fristen der §§ 70, 58 oder 74 VwGO verstrichen sind, oder wenn nach § 80 II Nr. 4 VwGO die sofortige Vollziehung des VA angeordnet ist oder wenn der Rechtsbehelf, wie z. B. bei § 80 II Nr. 1 bis 3 VwGO, keine aufschiebende Wirkung haben würde. Vollstreckt werden kann nur gegen den Pflichtigen; dies ist der Adressat des Verwaltungsaktes (§ 4 II HVwVG) oder wer nach § 66 III 2 HVwVG zur Zahlung aufgefordert worden ist. Tritt eine Rechtsnachfolge in die Verpflichtung ein, was sich allein nach materiellem Recht bemißt,[117] so kann nach § 4 III HVwVG die Vollstreckung gegen den Rechtsnachfolger erst beginnen oder fortgesetzt werden, wenn nach §§ 18, 69 HVwVG unter anderem die Vollstreckung dem Rechtsnachfolger angedroht worden ist. **Vollstreckungsbe-**

---

113 Auch der Zweckverbände, da § 7 II KGG durch die Globalverweisung § 66 I 1 HVwVG einbezieht; für Forderungen des Umlandverbandes Frankfurt gilt § 66 HVwVG dagegen nicht, da § 19 Umland-VerbG lediglich die Regeln der HGO für entsprechend anwendbar erklärt. Sehr sinnvoll scheint diese Differenzierung nicht zu sein.
114 Der Gläubiger kann in diesen Fällen aber auch einen Titel über eine Leistungsklage erstreben.
115 Mit Ausnahme der nach § 66 HVwVfG vollstreckbaren privilegierten bürgerlich-rechtlichen Forderungen öffentlich-rechtlicher Körperschaften; bei ihnen ersetzt die Zahlungsaufforderung den VA (§ 66 III HVwVG).
116 Einen weiteren Fall eines Vollstreckungshindernisses regelt neben § 79 II 2 BVerfGG und in Parallele dazu § 3 IV 1 letzter Hs. HVwVG mit einem Verbot der Vollstreckung eines wirksamen Verwaltungsaktes, der auf einer durch gerichtliche Entscheidung für ungültig erklärten Rechtsgrundlage beruht. Entgegen dem Wortlaut trifft diese Vorschrift freilich nur für die Erklärung der Nichtigkeit einer Norm durch den VGH nach § 47 VwGO zu; ein VG kann Normen nicht »durch Urteil« für nichtig erklären, es kann höchstens inzidenter von der Nichtigkeit z. B. einer Bundesverordnung ausgehen. – Nach § 20 HVwVG kann sogar trotz rechtmäßigem VA eine Vollstreckungshandlung unzulässig sein, wenn nämlich bei einem Geldleistungs-VA, der korrekterweise an einen Nichtschuldner gerichtet ist, die Grundlage der Haftung oder Duldung für die fremde Schuld entfallen ist.
117 Nach dem VGH (4 TH 530/85 v. 12. 7. 1985) gibt es z. B. keine Einzelrechtsnachfolge in eine einmal begründete und durch VA konkretisierte Ordnungspflicht des Eigentümers bei der bauaufsichtlichen Beseitigungsanordnung. Allgemein zur Rechtsnachfolge s. *O. Rumpf*, Die Rechtsnachfolge im öffentlichen Recht, VerwArch. 1987, 269-308.

hörde ist bei Sach-Verwaltungakten die Behörde, die den Verwaltungsakt erlassen hat; diese vollstreckt auch Widerspruchsbescheide der nächsthöheren Behörde (§ 68 HVwVG).[118] Vollstreckungsbehörden für Geldleistungs-Verwaltungsakte sind die Finanzämter, wenn es sich um Forderungen des Landes handelt (§ 15 I HVwVG), auf das Vollstreckungsverfahren finden dann die Regeln der Abgabenordnung Anwendung. Entsprechende Verwaltungsakte zugunsten der Gemeinden und Landkreise werden durch deren Kassen nach dem HVwVG vollstreckt (§ 16 HVwVG).[119] Werden Vollstreckungsmaßnahmen außerhalb der örtlichen Zuständigkeit der Vollstreckungsbehörde nötig, so muß nach § 5 I HVwVG um Amtshilfe der für die Vollstreckung eines entsprechenden Typs von VA örtlich und sachlich zuständigen Vollstreckungsbehörde gebeten werden. Eine Reihe von Vollstreckungsmaßnahmen können nur Vollziehungsbeamte durchführen. Sie sind von der Vollstreckungsbehörde durch schriftlichen Auftrag zu legitimieren (§ 6 II HVwVG). Nur der Vollziehungsbeamte hat ein Zutrittsrecht zur Wohnung, zu den Betriebsräumen und zum sonstigen Besitztum des Pflichtigen und das Recht zur Durchsuchung (§ 7 I HVwVG). Er kann sich nach § 8 HVwVG der Unterstützung der Vollzugspolizei bedienen. Der Rechtsweg für Streitigkeiten aus dem Vollstreckungsverhältnis ist gespalten; wenn die Vollstreckungsbehörden gehandelt haben, sind die Verwaltungsgerichte, wenn ordentliche Gerichte oder der Gerichtsvollzieher gehandelt haben, die ordentlichen Gerichte zuständig (§ 12 HVwVG).

c) *Die Vollstreckung von Geldforderungen der öffentlichen Hand*

Geldforderungen der öffentlichen Hand, einschließlich der Polizei und der Ordnungsbehörde (§ 1 II 2 HVwVG), die durch VA festgesetzt sind, werden auf der Basis der allgemeinen Regeln der §§ 1 bis 14 HVwVG nach den Spezialvorschriften der §§ 15 bis 65 HVwVG vollstreckt. Privilegierte bürgerliche Geldforderungen der öffentlichen Hand im Sinne des § 66 I HVwVG werden nach denselben Regeln mit der Besonderheit vollstreckt, daß eine Zahlungsaufforderung vorliegen und eine Mahnung in jedem Fall erfolgen muß (§ 66 III HVwVG); der Schuldner hat in diesen Fällen allerdings nach § 67 HVwVG die Möglichkeit, durch Einwendungen gegen die Forderung die Vollstreckung zu stoppen und den Gläubiger zur Klage zu zwingen, wenn dieser die Forderung durchsetzen will. § 18 HVwVG stellt über § 2 HVwVG hinausgehende Voraussetzungen für eine rechtmäßige Vollstrek-

---

118 Zur fehlenden Zuständigkeit der Widerspruchsbehörde für die Zwangsgeldandrohung siehe BayVGH, NJW 1982, 460 (DÖV 1982, 83).
119 Im übrigen gelten differenzierte Regeln für VAe des Landrats als Behörde der Landesverwaltung (15 II), für Bußgeldbescheide des Regierungspräsidenten wegen Ordnungswidrigkeiten nach § 24 und § 24a StVO (§ 15 III), für Gemeinden ohne eigene Vollziehungsbeamte oder Vollstreckungsstellen (16 II) und für die Vollstreckung zugunsten anderer juristischer Personen des öffentlichen Rechts (§ 17). Weitere Differenzierungen finden sich in den §§ 62 bis 65 HVwVG für den Landeswohlfahrtsverband, für den Ausgleichsfond im Sinne des § 359b LAG und für die Berufskammern nach dem Steuerberatungsgesetz sowie für die Vollstreckung durch die Finanzämter hinsichtlich zweier spezieller Forderungen.

kung auf. Danach muß der Geldleistungs-VA dem Pflichtigen zugestellt worden sein, auch wenn eine Zustellung nach normalem Recht nicht notwendig ist. Die Geldleistung muß fällig sein, die Vollstreckung durch Mahnung mit Fristsetzung angedroht (§ 19 I HVwVG) und diese Zahlungfrist verstrichen sein. Die Pflicht zur Mahnung kann nach § 19 III und IV HVwVG in bestimmten Fällen entfallen. Außerdem stellt § 18 II HVwVG dem Geldleistungs-VA unter bestimmten Bedingungen Selbstberechnungserklärungen bzw. Beitragsnachweisungen gleich und sieht von dem Erfordernis des Verwaltungsaktes bei Nebenleistungen ab, wenn die Vollstreckung wegen der Hauptleistung eingeleitet worden ist und bei deren Anforderung auf die Nebenleistungen hingewiesen worden ist (§ 18 III HVwVG). Unter Einbeziehung insbesondere von Vorschriften der ZPO enthalten die §§ 21 bis 26 HVwVG Sonderregelungen über Vollstreckung gegen Ehegatten, Nießbraucher, Erben, Personenvereinigungen und juristische Personen des öffentlichen Rechts sowie in sonstigen Fällen beschränkter Haftung. Bei unzumutbarer Härte hat die Vollstreckungsbehörde auf Antrag die Vollstreckung einzustellen (§ 29 HVwVG). Die §§ 30 bis 57 HVwVG regeln die Vollstreckung in das bewegliche, die §§ 58 und 59 HVwVG die Vollstreckung in das unbewegliche Vermögen.

d) *Die Vollstreckung von Sach-Verwaltungsakten*

Verwaltungsakte, die eine Handlung mit Ausnahme einer Geldleistung, eine Duldung oder eine Unterlassung fordern (Sach-Verwaltungsakte), werden auf der Basis der §§ 1 bis 14 HVwVG nach den §§ 68 bis 79 HVwVG vollstreckt. Vollstreckungsbehörde ist auch im Widerspruchsverfahren die Ursprungsbehörde (§ 68 I HVwVG). Neben der Wirksamkeit des Verwaltungsaktes und seiner Vollstreckbarkeit (§ 2 HVwVG) bedarf es nach § 69 I Nr. 1 HVwVG grundsätzlich der schriftlichen **Androhung der Vollstreckung durch Anwendung eines bestimmten Zwangsmittels**. Das Bestimmtheitserfordernis hat die Funktion, dem Pflichtigen klarzumachen, welche konkrete Maßnahme er zu gewärtigen hat. Weder ist eine alternative Androhung zulässig,[120] noch auch die bloß abstrakte Androhung etwa »einer« Ersatzvornahme oder »eines« Zwangsgeldes. Unbestimmt ist es auch, wenn zur Durchsetzung mehrerer Gebote ein einheitliches Zwangsgeld angedroht wird.[121] Die Notwendigkeit der Androhung entfällt bei dringlichen Maßnahmen der Gefahrenabwehr nach § 72 HVwVG[122] sowie unter bestimmten Voraussetzungen bei wiederholten Zwangsgeldfestsetzungen (§ 76 III HVwVG). Die Androhung kann mit dem VA verbunden werden, wie schon § 69 III HVwVG zeigt. In jedem Falle muß

---

120 So VGH (B. v.31.3.1982), HessVGRspr. 83, 74 mit Verweis auf eine ständige Rechtsprechung: das Vollstreckungsrecht sei formstreng; die Bestandskraft der Androhung beseitige nicht ihre Unbestimmtheit und diese mache die Vollstreckung unzulässig. Das Gericht ordnete nach § 12 AGVwGO i. V. m. der entsprechenden Anwendung von § 80 V VwGO die Aufhebung der schon vollzogenen Vollstreckung an.
121 Siehe VGH (W OE 29/79), B. v. 4.7.1980.
122 Der, wie der Anwendungsbereich des Gesetzes in § 1 II HVwVG zeigt (s. auch oben zu FN 109), nicht für polizeiliche und ordnungsbehördliche Verfügungen gilt.

die Androhung zugestellt werden (§ 69 I Nr. 3 u. III HVwVG).[123] Erfolgt sie selbständig, so ist sie ein eigenständiger VA,[124] da sie mit der Festlegung des konkreten Zwangsmittels für die Pflichtigen eine Regelung im Sinne des § 35 HVwVfG trifft. Wird die Androhung mit dem Sach-Verwaltungsakt verbunden, so handelt es sich um eine Nebenregelung in einem VA. In der Androhung muß dem Pflichtigen eine zumutbare **Frist zur Erfüllung seiner Verpflichtung** gesetzt werden, die zugleich so zu bemessen ist, daß der Pflichtige noch rechtzeitig vor Ablauf der Frist Rechtsschutz erlangen kann (§ 69 I Nr. 2 u. II HVwVG). Dieser kann sich einmal auf den zu vollstreckenden VA beziehen. Das ist regelmäßig der Fall, wenn die Androhung mit dem VA verbunden ist. Zum anderen kann es sich, insbesondere bei selbständigen Androhungen, um den Rechtsschutz gegen die Androhung handeln. In beiden Fällen verlangt die Norm nicht, daß die Frist mindestens die Widerspruchsfrist eines Monats umfaßt, vielmehr genügt es, wenn der Pflichtige hinreichend Zeit hatte, Widerspruch einzulegen. Das erfolglose Verstreichen der Frist ist weitere Voraussetzung für die Vollstreckung (§ 69 I Nr. 4 HVwVG). Auch hinsichtlich der Frist gilt für Maßnahmen der Gefahrenabwehr eine Ausnahme nach § 72 HVwVG.

§ 70 HVwVG stellt Auswahl und Anwendung des Zwangsmittels unter den Grundsatz der Verhältnismäßigkeit,[125] § 71 HVwVG erlaubt die wiederholte Anwendung von Zwangsmitteln, nicht jedoch die Anwendung mehrerer Zwangsmittel gleichzeitig; er läßt das Zwangsmittel von einer Strafe oder Geldbuße unberührt sein und verbietet die Anwendung, wenn die zu erzwingende Leistung dem Pflichtigen unmöglich ist.[126] Unaufschiebbare Maßnahmen der Gefahrenabwehr können nach § 72 HVwVG unter erheblichen Erleichterungen vollstreckt werden, wobei aber nicht übersehen werden darf, daß auch hier ein wirksamer Verwaltungsakt Voraussetzung für die Vollstreckung ist. Zum Problem der sogenannten »unmittelbaren Ausführung einer polizeilichen Maßnahme« besagt die Vorschrift also nichts.[127]

Als **Zwangsmittel** kennt das Gesetz die Ersatzvornahme anstelle des Pflichtigen, die Erwirkung von Duldung und Unterlassung bei Zuwiderhandlung gegen eine entsprechende Pflicht nach § 75 HVwVG, das Zwangsgeld nach § 76 HVwVG, die Wegnahme einer beweglichen Sache nach § 77 HVwVG, die Zwangsräumung nach § 78 HVwVG und die Vorführung nach § 79 HVwVG. Das Zwangsgeld wird durch Festsetzung verhängt, die ihrerseits ein VA ist. Eingetrieben wird es nach den

---

123 Zustellungsprobleme können bei Ehegatten (s. VGH v. 29.5.1985; HessVGRspr. 1985, 67: jedem Ehegatten ist zuzustellen, wenn keine Bevollmächtigung vorliegt) und bei Miteigentümern (s. VGH B. v. 25.1.1985; HessVGRspr. 1985, 52 = NJW 1985, 2492) auftreten.
124 Siehe VGH (B. v. 8.8.1994), HessVGRspr. 1994, 83 ff.
125 Das OVG Rh.-Pf. (U.v. 12.12.1991; DÖV 1992, 712 ff.), hat für die Voraussetzung eines Zwangsgeldes bei vertretbarer Handlung, ob nämlich die Ersatzvornahme »untunlich« ist (in Hessen: § 76 I 2 HVwVG), die volle Nachprüfbarkeit reklamiert. Zum Begriff »untunlich« in der Verwaltungsvollstreckung s. auch VGH (B.v. 19.4.1989), NVwZ 1990, 481 u. (U.v. 19.6.1986) ESVGH 32, 156 (nur LS). Zur Verhältnismäßigkeit s. auch VGH (B.v. 8.8.1994), HessVGRspr. 1994, 83, 85. Kritisch zur Zwangsgeldpraxis *Th. Dünchheim*, Vom Zwangsgeld zurück zur Zwangsstrafe? NVwZ 1996, 117 ff.
126 Zum Falle eines – angeblichen – unentgeltlichen Nutzungsvertrages für einen illegalen Bau als Unmöglichkeitsgrund für den Eigentümer siehe ablehnend VGH Kassel NVwZ 1985, 664, 666.
127 Siehe die Nachweise bei *E. Denninger* in Abschnitt »Polizeirecht« sub IV 3. e.

§§ 15 ff. HVwVG; eine Mahnung ist nach § 19 IV Nr. 1 HVwVG nicht nötig. Im übrigen kennt das hessische Vollstreckungsrecht keine eigene Festsetzung neben der Androhung.

e) *Rechtsschutz, Einstellung und Aufhebung der Vollstreckung*

Ist der zu vollstreckende VA bestandskräftig geworden, so bildet er, auch bei Rechtswidrigkeit, eine selbständige Grundlage für die Vollstreckung. Gegen Vollstreckungsmaßnahmen als solche, also z. B. gegen die Androhung eines Zwangsmittels, gegen die Festsetzung des Zwangsgeldes oder gegen die Frist kann nur mit der Behauptung, die Art und Weise der Vollstreckung sei rechtswidrig, vorgegangen werden. Die Vollstreckung ist in diesem Sinne rechtswidrig, wenn eine wesentliche Voraussetzung für sie fehlt, wenn also z. B. der VA (noch) nicht vollstreckbar oder die Androhung nicht zugestellt ist, wenn eine Androhung fehlt, ein unbestimmtes Zwangsmittel angedroht ist, keine[128] oder eine unzumutbare oder für den Rechtsschutz nicht hinreichende Frist gesetzt ist oder das angedrohte oder angewandte Zahlungsmittel nicht verhältnismäßig ist. Auch die Bestandskraft z. B. einer rechtswidrigen Zwangsmittel-Androhung ändert nichts daran, daß die Vollstreckung aufgrund dieser Androhung rechtswidrig ist. Der Pflichtige kann sich in diesem Falle gegen jede einzelne Vollstreckungsmaßnahme wehren.[129] Die Klageart und damit u. U. die Notwendigkeit eines Vorverfahrens hängt von dem materiell-rechtlichen Charakter der Vollstreckungsmaßnahme ab. Bei VAen ist zu beachten, daß nach § 12 AGVwGO der Rechtsbehelf gegen Vollstreckungsmaßnahmen keine aufschiebende Wirkung hat. Vorläufiger Rechtsschutz ist nach § 80 V VwGO oder § 123 VwGO nachzusuchen.

---

128 Daß freilich die Androhung ohne Fristsetzung nichtig sei (so VGH Kassel NVwZ 1982, 514), vermag nicht einzuleuchten; im übrigen reicht die Rechtswidrigkeit aus, um jede weitere Vollstreckungsmaßnahme unzulässig werden zu lassen. So auch VGH Kassel DVBl. 1984, 794/5.
129 Zum Anspruch auf Einstellung oder Aufhebung der Zwangsvollstreckung nach § 3 II HVwVG s. VGH (B. v. 8.8.1994), HessVGRspr. 1994, 83, 85.

Vierter Abschnitt

Datenschutz

von *Spiros Simitis*

Literatur

W. Birkelbach, Das hessische Modell des Datenschutzes, IBM-Nachrichten 1974, 241, 233; *L. Bergmann/R. Möhrle/A. Herb,* Datenschutzrecht: Handkommentar, Stuttgart, Loseblatt; *Cl. Demke/H. H. Schild,* Hessisches Datenschutzgesetz, Wiesbaden, Loseblatt; *U.Dammann,* Der Datenschutz in der Praxis – die Erfahrungen des Hessischen Datenschutzbeauftragten, in: Datenverarbeitung im Recht 5 (1976) 41; *J. Nungesser,* Hessisches Datenschutzgesetz, Mainz 1988; *S. Simitis,* Zwanzig Jahre Datenschutz in Hessen – eine kritische Bilanz, abgedr. im Anhang zu HDSB, 19. TB, 138 ff.; *ders.,* Virtuelle Präsenz und Spurenlosigkeit – Ein neues Datenschutzkonzept, in: W. Hassemer/Kl. P. Möller (Hrsg.), 25 Jahre Datenschutz, Forum Datenschutz Bd. 4, 28 ff., Baden-Baden 1996; *S. Simitis/U. Dammann/H. Geiger/O. Mallmann/St. Walz,* Kommentar zum Bundesdatenschutzgesetz, 4. Aufl. Baden-Baden 1992; *S. Simitis/St. Walz,* Das neue Hessische Datenschutzgesetz, in: Recht der Datenverarbeitung 1987, 157 ff.; sowie die Tätigkeitsberichte des Hessischen Datenschutzbeauftragten.

Gliederung

I.	Geschichte und Ziele	110
II.	Adressaten	116
III.	Verarbeitungsgrundsätze	121
IV.	Kontrolle	134
V.	Sanktionen	143
VI.	Informationsgleichgewicht	144

I. Geschichte und Ziele

1. Die Geschichte des Datenschutzes beginnt mit der Verabschiedung des **ersten Hessischen Datenschutzgesetzes** (GVBl. I 1970 S. 625). Lange vor dem Bundes-, ja vor jedem anderen Gesetzgeber hat sich der Hessische Landtag im September 1970 für eine gesetzliche Regelung der Verarbeitung personenbezogener Daten ausgesprochen. Der Anlaß war keineswegs ein nur für Hessen typischer Vorgang. Der Übergang zu einer leistenden und planenden Verwaltung hatte den staatlichen Informationsbedarf um ein Vielfaches erhöht, freilich um den Preis einer ständig wachsenden, kaum noch zu überschauenden, geschweige denn rationell zu verarbeitenden Informationsmenge. Automatisch gesteuerte Informationssysteme sowie ein dichtes Netz staatlicher Datenbanken sollten den Ausweg aus der Informationskrise weisen und zugleich die lang geforderte Rationalisierung der öffentlichen Verwaltung verwirklichen.
Die Bemühungen, die Vorteile einer automatisierten Datenverarbeitung auch in der öffentlichen Verwaltung zu nutzen, hatten Ende der sechziger Jahre in Hessen genauso wie in anderen Teilen der Bundesrepublik zu ersten konkreten Plänen geführt[1]. Regierung und Landtag haben es jedoch nicht bei den sonst üblichen Überlegungen zur Effizienz und zu den finanziellen Aspekten der neuen Verarbeitungstechniken belassen, sondern auch nach den sozialen und politischen Kosten der Automatisierung gefragt, noch genauer, nach den Folgen für die Chancen des einzelnen, die eigene Entwicklung selbst zu gestalten, ebenso wie nach den Auswirkungen auf das Verhältnis der Exekutive zur Legislative. Die Konsequenz war eine gesetzliche Regelung[2], die zum ersten Mal jene **Grundvorstellungen** formulierte, die seither alle Diskussionen über Bedeutung und Ziele des **Datenschutzes** beherrschen[3].
Je mehr personenbezogene Daten erhoben werden und je intensiver sich ihre Verarbeitung dank einer ständig weiter ausgebauten Informations- und Kommunikationstechnologie gestaltet, desto deutlicher nehmen die Möglichkeiten zu, steuernd in das Verhalten der Betroffenen einzugreifen, wächst der Druck auf sie, sich bestimmten auch und gerade auf die Auswertung der jeweiligen Daten gestützten Verhaltensmodellen anzupassen. In dem Maße zudem, in dem es im Rahmen einer zunehmend automatisierten Verarbeitung nicht nur gelingt, einen ebenso schnellen wie unproblematischen Zugang zu den jeweils gespeicherten Angaben sicherzustellen, sondern sich die Daten zugleich in ein tendenziell jederzeit für jeden gewünschten Zweck nutzbares Material verwandeln, verlieren die Betroffenen endgültig die

---

1 Großer Hessenplan, Entwicklungsprogramm für den Ausbau der Datenverarbeitung in Hessen, 1970, 11 ff.; vgl. auch die Begründung zum 1. HDSG, LT-Drucks. 6/3065, 1, sowie den 1. TB des HDSB, LT-Drucks. 7/1495, 7 ff.
2 Zur Vorgeschichte und zu den Einzelheiten der Verabschiedung des 1. HDSG vgl. *Simitis*, Zwanzig Jahre 138 ff. sowie Virtuelle Präsenz, S. 28 ff.
3 Dazu auch *Simitis*, in: Simitis u.a., BDSG § 1 Rdnr. 3 ff.

Übersicht über die Verwendung der zu ihrer Person erhobenen Angaben. Sie wissen also überhaupt nicht mehr, wer welche Daten in welchem Zusammenhang und mit welchen Folgen verwendet. Multifunktionale Nutzung, Unüberschaubarkeit der Verarbeitung, steigender Anpassungsdruck und wachsende Manipulierbarkeit machen freilich auch deutlich: Auf dem Spiel steht weit mehr als die individuellen Interessen der Betroffenen. Die Verarbeitung personenbezogener Daten gefährdet die demokratische Struktur der Gesellschaft, stellt also letztlich eine Gesellschaft in Frage, die sich ihrem ganzen Selbstverständnis nach auf der Kommunikations- und Partizipationsfähigkeit ihrer Bürgerinnen und Bürger gründet. Eine Alternative zu verbindlichen, gesetzlich abgesicherten **Verarbeitungsvorschriften,** deren Ziel es sein muß, die **informationelle Selbstbestimmung** zu garantieren, gibt es unter diesen Umständen nicht[4].

So unentbehrlich freilich die *gesetzliche Regelung* ist, so wenig kann sie ihre Aufgabe erfüllen, solange sie sich nach dem Vorbild traditioneller Schadenersatzvorschriften darauf beschränkt, nachteilige Konsequenzen für die Betroffenen auszugleichen. Sie muß im Gegenteil auf Prävention bedacht sein, also gezielt versuchen, die möglichen Verarbeitungsfolgen rechtzeitig aufzufangen. Personenbezogene Daten dürfen deshalb nicht frei verfügbar sein. Der Zugriff auf die Daten muß vielmehr genauso an gesetzlich festgelegte Voraussetzungen gebunden sein wie jede spätere Verwendung[5].

Die Wirksamkeit des Datenschutzes verlangt allerdings mehr als nur eine gesetzliche Regelung der Verarbeitungsbedingungen. Sie hängt auch und vor allem von einer kontinuierlichen **Kontrolle der Verarbeitung** ab. Die Überwachung kann jedoch in Anbetracht der unbestreitbaren Bedeutung der Verarbeitung personenbezogener Daten für die öffentliche Verwaltung und der Unmöglichkeit für den Betroffenen, den Verarbeitungsablauf zu verfolgen, nur einer eigens eingerichteten, von Regierung und Exekutive deutlich abgesetzten, unabhängigen Instanz anvertraut werden. Die spezifische Aufgabe der Kontrollinstanz, sich unablässig mit den Verarbeitungsbedingungen und -folgen auseinanderzusetzen, zwingt freilich mit Rücksicht auf den ständigen Wandel der Informations- und Kommunikationstechnologie dazu, ihre Funktionen anders und sehr viel breiter zu definieren als es eine traditionell verstandene Aufsicht vermuten lassen könnte. Sie muß einerseits in einem kontinuierlichen Dialog mit der öffentlichen Verwaltung anstreben, den Datenschutz möglichst effizient zu gestalten und andererseits ihre Erfahrungen gezielt nutzen, um den Gesetzgeber auf notwendige Verbesserungen der bestehenden Schutzvorkehrungen aufmerksam zu machen.

Bei jedem Versuch, die Bedingungen festzuschreiben, denen die Verarbeitung personenbezogener Daten genügen muß, gilt es, schließlich, den engen Zusammenhang zwischen dem Datenschutz sowie allen anderen Regelungen zu berücksichtigen, die genauso für die nötigen Transparenz sorgen und eine unkontrollierte, einseitige Ver-

---

[4] BVerfGE 65, 1 (42 ff.).
[5] BVerfGE 65, 1 (44 ff.).

wendung verhindern sollen. Die Aktenöffentlichkeit zählt ebenso dazu wie der Zugang der Legislative zu den von der Exekutive gesammelten und verwerteten Daten. In allen drei Fällen geht es darum, essentielle Voraussetzungen der Funktionsfähigkeit einer demokratischen Gesellschaft zu gewährleisten, die sich deshalb weder voneinander trennen noch und erst recht gegeneinander ausspielen lassen[6]. Die Kommunikations- und Partizipationsfähigkeit des einzelnen hängt nicht nur vom Schutz seiner Daten, sondern auch vom Zugang zu den Akten der öffentlichen Verwaltung ab und ein Informationsmonopol der Exekutive hat für die Stabilität und den Fortbestand einer demokratischen Gesellschaft Konsequenzen, die sich durchaus mit den Folgen einer freien Verarbeitung personenbezogener Daten vergleichen lassen. Der Datenschutz ist, so gesehen, Teil eines Regelungssystems, das zugleich die **Aktenöffentlichkeit** und das **Informationsgleichgewicht** zwischen Exekutive und Legislative umfaßt.

2. Im Dezember 1978 wurde das **zweite Hessische Datenschutzgesetz** (GVBl. 1 S. 377) verabschiedet. Der Gesetzgeber wollte damit vor allem dem Anfang 1978 in Kraft getretenen ersten Bundesdatenschutzgesetz (BDSG) Rechnung tragen. Ganz in diesem Sinn wurde nicht nur die manuelle Verarbeitung in den Anwendungsbereich des HDSG einbezogen, sondern auch eine Regelung getroffen, die weitgehend von der Diktion des BDSG geprägt war, angefangen mit der Feststellung, daß es Aufgabe des Datenschutzes sei, dem »Mißbrauch« bei der Verarbeitung personenbezogener Daten entgegenzuwirken (§ 1), bis hin zur Übernahme vieler der für das BDSG so typischen Generalklauseln (vgl. etwa die §§ 11, 12, 15, 18). Trotzdem wäre es falsch, das zweite HDSG für eine schlichte Reproduktion des BDSG zu halten. Der Gesetzgeber hat sich zwar von der immer wieder vorgebrachten Forderung beeindrucken lassen, den Datenschutz nicht zu zersplittern, sie aber keineswegs blindlings erfüllt. Im Gegenteil, die Kritik am BDSG spiegelt sich im Gesetz ebenso wider, wie der Versuch, eine ganze Reihe immer noch offener Fragen zu beantworten. Die verschärfte Zweckbindung (§ 16 II), der Schadenersatzpruch des Betroffenen (§ 8 II) und die Sonderregelung für eine zu wissenschaftlichen Zwecken vorgenommene Verarbeitung (§ 15) sind typische Beispiele dafür.

3. Wiederum dauerte es keine acht Jahre bis zur Revision des Gesetzes. Und zum zweiten Mal kam der Anstoß für die Verabschiedung des **dritten Hessischen Datenschutzgesetzes** im November 1986 (GVBl. 1. S. 309) von außen. Anders freilich als 1978 löste nicht eine Entscheidung des Bundesgesetzgebers, sondern ein Urteil des BVerfG, die Novellierung aus[7]. Das Gericht ließ keinen Zweifel an der Verankerung der informationellen Selbstbestimmung im Grundgesetz[8] und zwang so Bundes- und Landesgesetzgeber, die bestehenden Verarbeitungsregelungen den

---

6 Vgl. den 14., 22 ff. und 20. TB des HDSB 117 ff.; sowie *Simitis* in: Simitis u.a., BDSG § 1 Rdnr. 8, 17 ff.
7 BVerfGE 65, 1.
8 BVerfGE 65, 1 (41).

verfassungsrechtlichen Vorgaben anzupassen[9]. So überraschend es sich jedoch zunächst anhören mag: Mit dem dritten HDSG kehrte der Gesetzgeber zu jener 1970 so entschieden wahrgenommenen Pionierfunktion zurück. Er zog als erster die Konsequenzen aus dem Volkszählungsurteil und den Erfahrungen der vergangenen Jahre und stellte damit erneut die Weichen für die weitere Entwicklung des Datenschutzes. Der Verzicht auf alle Mißbrauchskonstruktionen (§ 1), die Einbeziehung der Akten (§ 2), die Anwendung der gesetzlichen Verarbeitungsanforderungen auf die Erhebung (§ 12), der Abbau der Kontrollschranken (§ 24), die besonderen Vorschriften für Arbeits- und Dienstverhältnisse (§ 34) sowie die Verpflichtung der Landesregierung über ihre Aufsichtstätigkeit im nicht-öffentlichen Bereich zu berichten (§ 30 II), sind durchweg Merkmale einer gesetzlichen Regelung, die sich bewußt von allen, nicht zuletzt im Rahmen der Diskussion über die Novellierung des BDSG manifestierten Bemühungen, den Datenschutz einzuschränken[10], distanziert und einmal mehr für ein Konzept optiert, das den Datenschutz zielstrebig absichert und folgerichtig ausbaut.

4. Das dritte HDSG wurde freilich just zu dem Zeitpunkt verabschiedet, zu dem sich der Schwerpunkt des Datenschutzes endgültig verlagerte. Allgemeine Regelungen, wie sie für die beiden Vorläufer des dritten HDSG, aber auch für alle übrigen Datenschutzgesetze typisch waren, können die informationelle Selbstbestimmung bestenfalls vorläufig und im übrigen nur höchst lückenhaft sicherstellen. Welchen Anforderungen die Verarbeitung personenbezogener Daten wirklich genügen muß, läßt sich erst vor dem Hintergrund der *je spezifischen Verarbeitungssituation* beurteilen. Anders und konkreter ausgedrückt: Eine Regelung, die etwa bei den Gesundheitsämtern durchaus angebracht erscheint, kann nicht ohne weiteres auf Schulen, Sicherheitsbehörden, Kraftfahrzeugämter und Archive übertragen werden. Oder: So kategorisch man das Recht der Betroffenen bejahen mag, zu erfahren, welche Daten jeweils verarbeitet werden, so wenig hat es je einen Zweifel daran gegeben, daß sich ihr Auskunftsrecht unterschiedlich gestalten kann, ja unter Umständen muß, je nachdem, ob sich die Daten bei der Meldebehörde, der Universität, der Polizei oder beim Arbeitgeber befinden. Zudem: Nur wenn sich die gesetzliche Regelung an einer bestimmten, präzise umschriebenen Verarbeitungssituation orientiert, kann sie das verfassungsrechtlich erforderliche Maß an Klarheit erreichen, also der verarbeitenden Stelle die für sie geltenden Voraussetzungen und Grenzen der Verwendung personenbezogener Daten deutlich machen und zugleich den Betroffenen ermöglichen, die Bedingungen nachzuvollziehen, unter denen auf die Angaben zu ihrer Person zugegriffen werden darf. Generalklauseln, wie sie auch das dritte HDSG enthält, mögen deshalb mit zunehmender Anwendungsbreite einer gesetzlichen Regelung unumgänglich sein, sie bewegen sich dennoch stets am Rande der Verfassungswid-

---

9 Vgl. den 12. TB des HDSB 7 ff., 19 ff.; sowie *Simitis* in: Simitis u.a., BDSG § 1 Rdnr. 22 ff. m.w.N.
10 Dazu *Simitis* in: Simitis u.a., BDSG § 1 Rdnr. 39 ff.

rigkeit. Kurzum, ein verfassungskonformer **Datenschutz** ist letztlich nur **im Rahmen bereichsspezifischer** Normen gewährleistet[11].
Die Folge: Die allgemeinen Datenschutzgesetze büßen ihre Bedeutung weitgehend ein. Ihnen verbleibt nur noch eine reine **Auffangfunktion**. Sie greifen, mit anderen Worten, lediglich dort ein, wo es an einer bereichsspezifischen Regelung fehlt. Den Gesetzgeber trifft deshalb zuallererst die Pflicht, die Verarbeitungsvorgänge innerhalb der öffentlichen Verwaltung aufzuschlüsseln und sie daraufhin zu überprüfen, wie intensiv jeweils in die informationelle Selbstbestimmung der Betroffenen eingegriffen wird. Je höher der Intensitätsgrad, desto unumgänglicher die bereichsspezifische Regelung. Abnehmende Eingriffsintensität rechtfertigt freilich nicht ohne weiteres den Rückfall in allgemeine Bestimmungen. Zwar macht es auch und gerade aus der Perspektive der Betroffenen einen Unterschied aus, ob ihre Daten von den Sicherheitsbehörden oder den staatlichen Archiven verarbeitet werden. Eine eigens auf die Archive bezogene Regelung ist aber trotzdem nicht überflüssig. Die unstreitig geringere Eingriffsintensität sagt vielmehr nur etwas über die Abfolge aus, in der die erforderlichen legislativen Entscheidungen getroffen werden müssen. Was daher noch von den allgemeinen Datenschutzgesetzen geregelt werden kann, sind grundsätzlich nur *alltägliche Verarbeitungsvorgänge,* die üblicherweise *mit keiner besonderen Belastung* für die Betroffenen verbunden sind[12]. Die Verwendung personenbezogener Daten im Rahmen der allgemeinen Verwaltung ist mit das wichtigste Beispiel dafür.
Der Gesetzgeber war insofern in keiner einfachen Lage. Eigentlich hätte er sich ganz auf die bereichsspezifischen Regelungen konzentrieren, sie mithin der Revision des HDSG vorziehen müssen. Die Konsequenz wäre jedoch ein ebenso langwieriger wie komplizierter Regelungsprozeß gewesen, der zudem für einen gewiß nicht geringen Zeitraum weite Teile der öffentlichen Verwaltung nicht abgedeckt hätte. Der Kompromiß lag auf der Hand: beides einzuleiten, also sowohl das HDSG zu korrigieren als auch erste bereichsspezifische Bestimmungen zu verabschieden. Der Gesetzgeber ging noch einen Schritt weiter. Das HDSG wurde um einen bereichsspezifischen Teil angereichert (§§ 32 ff.). Sondervorschriften, etwa zur Verarbeitung für wissenschaftliche Zwecke (§ 33) oder zum Datenschutz bei Dienst- und Arbeitsverhältnissen (§ 34) sollten den Mangel an bereichsspezifischen Regelungen zwar nicht beheben, aber zumindest provisorisch abmildern. Der Preis für den Kompromiß war freilich hoch. Weil es allenthalben an bereichsspezifischen Regelungen fehlte, verfiel der Gesetzgeber einmal mehr in eine viel zu abstrakte Sprache, die wegen der damit verbundenen Unklarheit das HDSG wiederholt an den Rand der Verfassungswidrigkeit drängt. So dürfen nach § 12 II Nr. 1 HDSG personenbezogene Daten ohne Kenntnis des Betroffenen erhoben werden, sofern eine Rechtsvorschrift dies »zwingend voraussetzt«. Der Grund ist unschwer auszumachen: Die

---

11 BVerfGE 65, 1 (44, 46); vgl. auch den 12. TB des HDSB 14 ff.; sowie *Simitis,* in Simitis u.a., BDSG § 1 Rdnr. 16, 32 f., 195 ff. m.w.N.
12 Dazu *Simitis,* in Simitis u.a., BDSG § 1 Rdnr. 197 m.w.N.

öffentlichen Stellen sollen, obgleich es an einschlägigen Normen mangelt, nach wie vor die Möglichkeit haben, die zur Erfüllung ihrer gesetzlichen Aufgaben notwendigen, innerhalb der öffentlichen Verwaltung bereits vorhandenen Daten anzufordern. Genausowenig läßt sich aber übersehen, daß mit Hilfe dieser als Notlösung gedachten, allerdings viel zu vagen und in ihren Konsequenzen kaum durchschaubaren Formel nicht nur die bisherige Verarbeitungspraxis, sondern auch und gerade ihre unbefristete Fortführung legitimiert werden kann. Vorschriften wie § 12 Abs. 2 Nr. 1 HDSG sind daher, wenn überhaupt, nur kurzfristig als Übergangsregelung tolerierbar, die möglichst bald präzisen, eindeutig bereichsspezifischen Normen weichen muß[13].

Konsequenterweise hat der Gesetzgeber die HDSG-Vorschriften mehr und mehr durch Spezialregelungen verdrängt. Die HSOG-Bestimmungen zur Verarbeitung personenbezogener Daten (§§ 13 ff.) zählen ebenso dazu wie die entsprechenden Regeln im HessVerfSchG (§ 4 ff.), im HArchivG (§ 14 ff.), im HKHG (§§ 11 f.), im HessLStatG (§§ 13 ff.) und im HessSchulG (§§ 71 f., 82 ff.). Nach wie vor fehlt es freilich an einer klaren spezialgesetzlichen Grundlage für den Hochschulbereich. Nichts anderes gilt für den Umweltschutz. Schließlich sind auch die Bedingungen unverändert offen, unter denen epidemiologische Register eingerichtet weren dürfen[14]. Die Passivität des Gesetzgebers läßt sich weder durch die üblichen Bemerkungen zum »Übergangsbonus« noch durch einen Hinweis auf das HDSG rechtfertigen. Die Entscheidung des BVerfG liegt mittlerweile mehr als ein Jahrzehnt zurück. Ebensowenig läßt sich ernsthaft bestreiten, daß die HDSG-Normen bestenfalls einen vorläufigen Ausweg bieten. Durchweg geht es zudem um längst bekannte Verarbeitungsprobleme und auch an Regelungsvorschlägen mangelt es nicht[15]. Kurzum, die Grenze zur Rechtswidrigkeit der Verarbeitung ist inzwischen erreicht, wenn nicht sogar überschritten. Aber auch in den Fällen, in denen bereichsspezifische Regelungen bestehen, haben sich die mit ihrer Verabschiedung verbundenen Erwartungen nicht immer erfüllt. So begnügt sich das HKHG (§ 12) weitgehend mit einer Verweisung auf das HDSG, statt konkret und präzise auf die für den Krankenhausbereich typischen Verarbeitungssituationen einzugehen. Wie schwer sich im übrigen der Gesetzgeber mit genauen, auf den konkreten Verwendungskontext abgestimmten Verarbeitungsbedingungen tut, zeigt die mühevolle Reform des HessLStatG und des HSOG. Zentrale vom HDSB wiederholt vorgetragene Datenschutzanforderungen konnten erst im zweiten Anlauf erfüllt werden. So ist bei Landesstatistiken die lange Zeit für unerläßlich erklärte Auskunftspflicht entfallen. Die Daten können nur noch freiwillig erhoben werden[16]. Auch die zunächst ebenso hartnäckig verteidigte Generalklausel, die der Polizei das Recht einräumte, personenbezogene Daten auch mit Hilfe von V-Personen und verdeckten Ermittlern zu erheben, sofern tatsächliche

---

13 Vgl. *Simitis/Walz*, Recht der Datenverarbeitung 1987, 158 f.
14 Vgl. den 15., 70 f. und den 21. TB des HDSB 58 f.
15 Dazu *Simitis*, in Simitis u.a., BDSG § 1 Rdnr. 34 ff.
16 Vgl. den 15., 129 f. und 23. TB des HDSB 152 f.; sowie Art. 1 Nr. 7 des Gesetzes zur Änderung des Landesstatistikgesetzes v. 24. 11. 1994, GVBl. I, 676.

Anhaltspunkte die Annahme rechtfertigten, daß eine Straftat »mit erheblicher Bedeutung« begangen werden sollte, wurde fallengelassen. Sie ist einer abschließenden Enumeration der in Betracht kommenden Straftaten gewichen[17].

II. Adressaten

1. Das Ziel des Datenschutzes, eine Verwendung personenbezogener Angaben nur unter strengen, gesetzlich definierten Bedingungen zuzulassen, die konsequent die informationelle Selbstbestimmung gewährleisten, zwingt dazu, den Kreis der **Normadressaten** möglichst weit zu ziehen. Jede öffentliche Stelle des Landes muß sich infolgedessen an die im HDSG definierten Verwendungsvoraussetzungen halten. Nichts anderes gilt für die Gebietskörperschaften und alle anderen der Aufsicht des Landes unterstehenden juristischen Personen des öffentlichen Rechts sowie für deren privatrechtliche Vereinigungen (§ 3 I). Ganz gleich also, ob es um das Innenministerium, das Statistische Landesamt, die Hochschulen, die Kreis- und Stadtsparkassen, die kommunalen Ämter, die Stiftung Hessischer Naturschutz oder die Kommunalen Gebietsrechenzentren geht, eine Ausnahme von der Verpflichtung, sich strikt nach den gesetzlichen Verarbeitungsvorgaben zu richten, gibt es nicht. Fraglich kann nur sein, woraus sie sich im einzelnen ergeben. Anders und konkreter ausgedrückt: Das HDSG stellt den eigenen Geltungsanspruch uneingeschränkt zugunsten bereichsspezifischer Vorschriften zurück (§ 3 III Satz 1). Sie sind die primäre Rechtsquelle, ihnen gebührt deshalb die unbedingte Priorität (oben I 4).

2. In drei Fällen findet sich jedoch der Gesetzgeber, allerdings aus sehr verschiedenen Gründen, mit einer nur partiellen Anwendung seiner Verarbeitungsanforderungen ab:
So müssen die **Gerichte** ohne Rücksicht darauf, ob personenbezogene Daten zu justiziellen oder administrativen Zwecken verarbeitet werden, das HDSG beachten. Lediglich in einigen wenigen, ausdrücklich in § 3 III Satz 2 erwähnten Fällen gehen Spezialregelungen den HDSG-Bestimmungen vor. Eine im Rahmen gerichtlicher Verfahren vorgenommene Verarbeitung personenbezogener Angaben in Akten zählt ebenso dazu wie die Datenverwendung bei der Strafverfolgung. Das HDSG schränkt jedoch die Kontrollrechte des HDSB ein (§ 24 I). Die richterliche Unabhängigkeit (Art. 97 GG) verträgt sich nicht mit einer Überwachung der genuin justiziellen Aktivität. Soweit dagegen die Daten für Verwaltungsangelegenheiten benutzt werden, ändert sich an der Kontrollkompetenz des HDSB nichts. Die Überprüfung der von den Staatsanwaltschaften eingerichteten Verarbeitungssysteme gehört

---

17 Vgl. den 19., 73 f. und 22. TB des HDSB 27 ff.; sowie Art. 1 Nrn. 7, 8 des Gesetzes zur Änderung des Hessischen Gesetzes über die öffentliche Sicherheit und Ordnung v. 24. 3. 1994, GVBl. I, 137.

daher genauso zu seinen Aufgaben wie etwa die Kontrolle der Datensicherung bei den Gerichten[18].

Einen Sonderstatus gesteht das Gesetz auch dem **Hessischen Rundfunk** zu, freilich nur soweit die Verarbeitung eigenen journalistisch-redaktionellen Zwecken dient (§ 3 VI). Unter dieser Voraussetzung ist der Rundfunk lediglich verpflichtet, die generell vorgeschriebenen technisch-organisatorischen Vorkehrungen (§ 10) zu treffen und muß im übrigen dafür sorgen, daß die jeweils gespeicherten Daten um mögliche Gegendarstellungen ergänzt werden (§ 37 I), sowie einen eigenen Datenschutzbeauftragten bestellen (§ 37 II). Während also bei der Verarbeitung von Angaben, die etwa mit der Erhebung von Gebühren, den Werbeeinnahmen oder den Beschäftigungsverhältnissen zusammenhängen, die allgemein geltenden Vorschriften zu beachten sind, schlägt das HDSG bei Daten, die im Rahmen journalistischer Recherchen anfallen, einen Sonderweg ein. Rechtlich zwingende Gründe gibt es dafür nicht. Die Rundfunkfreiheit schließt weder die Anwendung der übrigen Verarbeitungsbedingungen noch und erst recht die Kontrolle durch den HDSB aus. Lebach- und Volkszählungsurteil[19] bestätigen im Gegenteil gleichermaßen: Das Grundgesetz stellt keine Rangordnung auf, die es rechtfertigen könnte, die informationelle Selbstbestimmung im Namen der Rundfunk- und Pressefreiheit zu verdrängen. Beide sind vielmehr nur dann in der Lage, ihrer Funktion als konstitutive Merkmale einer freiheitlich-demokratischen Ordnung gerecht zu werden, wenn der verfassungsrechtlich gebotene Respekt vor der informationellen Selbstbestimmung auch im Rahmen der publizistische Verwendung personenbezogener Daten gewahrt bleibt. Rundfunk- und Pressefreiheit verlangen, so gesehen, nicht mehr als eine auf die journalistische Tätigkeit abgestellte bereichsspezifische Regelung, deren Ziel es vor allem sein muß, jedem Versuch entgegenzuwirken, den Datenschutz als Zensurmittel zu nutzen. Die scharfe Trennung zwischen kommerziellen und administrativen Daten einerseits und den für eigene journalistische Aktivitäten verwendeten Angaben andererseits sowie die Verknüpfung der ursprünglich gespeicherten Daten mit späteren Gegendarstellungen sind erste und daher keineswegs ausreichende Elemente einer solchen Regelung. Mindestens genauso wichtig ist es, den Betroffenen ein Auskunftsrecht zuzubilligen, ohne aber eine präventive Publikationskontrolle zuzulassen. Ebensosehr kommt es darauf an, die Kontrollrechte des HDSB in vollem Umfang aufrechtzuerhalten. Interne, mit sämtlichen Nachteilen und Konflikten einer Selbstkontrolle behaftete Instanzen können die Überwachung durch eine externe, unabhängige, eindeutig von der Exekutive getrennte und ausschließlich dem Parlament gegenüber rechenschaftspflichtige Kontrollinstanz nicht ersetzen (unten IV 3). Die institutionell abgesicherte und gesetzlich garantierte Unabhängigkeit schließt zudem einen Konflikt zwischen der Verarbeitungskontrolle und der Staatsfreiheit des Rundfunks von vornherein aus, eine Feststellung, die auch für die

---

18 Vgl. den 22. (S. 46 ff.) u. den 24. (S. 33 ff.) TB des HDSB.
19 BVerfGE 35, 202; 65, 1.

Berichtspflicht des HDSB gegenüber dem Parlament gilt[20]. Solange es freilich bei der gegenwärtigen Regelung bleibt, hilft nur eine dezidiert restriktive Interpretation weiter. Erst recht muß dem HDSB die Befugnis zustehen, der Frage nachzugehen, ob die gesetzlich vorgeschriebenen Voraussetzungen eingehalten werden. Die Grenze zwischen einer kommerziell-administrativen und einer journalistischen Verarbeitung läßt sich sicherlich nicht immer einfach ziehen, wie allein schon das Beispiel der Finanzierung einer Recherche zeigt. Die Schwierigkeiten rechtfertigen dennoch nicht eine mechanische Anwendung des § 3 VI. Der HR ist vielmehr verpflichtet, darzulegen, weshalb er eine bestimmte Verwendung dem journalistischen Bereich zuordnet. Mehr als eine plausible Erklärung kann und darf allerdings nicht verlangt werden.

Gerade weil die Verarbeitung zu journalistisch-redaktionellen Zwecken Angelpunkt aller Überlegungen zu einer bereichspezifischen Regelung ist, lassen sich Vorschriften über den HR nicht beliebig auf jede mediale Verwendung personenbezogener Daten übertragen. Ein generelles, gleichsam standardisiertes, gar unbesehen auf die »neuen Medien« erstreckbares »*Medienprivileg*« gibt es nicht. Konsequenterweise muß deutlich zwischen Struktur und Funktion der einzelnen »Medien« unterschieden und je nachdem, ob es sich etwa um die notwendigen Ergänzungen und Korrekturen des Pressegesetzes[21], die Verarbeitungsvorgaben für den privaten Rundfunk[22] oder die im Zusammenhang mit dem Bildschirmtext erforderlichen Vorschriften[23] handelt, verschieden reagiert werden.

Eine Sonderregelung gilt schließlich für **öffentlich-rechtliche Unternehmen, die sich am Wettbewerb beteiligen** (§ 3 Abs. 7). Gemeint sind selbständige, als juristische Personen auftretende Unternehmen, wie etwa die Sparkassen, die Eigenbetriebe der Gemeinden (§ 127 HGO) oder die Landesbetriebe (§ 26 LHO). Sie sollen genauso wie ihre privatrechtlich organisierten Konkurrenten behandelt werden, sich also bei der Verwendung personenbezogener Daten grundsätzlich nach den für den nicht-öffentlichen Bereich geltenden Vorschriften des BDSG richten (insb. §§ 27 ff.). Die vordergründig durchaus plausible Regelung geht freilich zu Lasten der Betroffenen. Anders als die öffentlichen Stellen sind die Unternehmen weder verpflichtet, sich auch bei der Verarbeitung in Akten an bestimmte, zwingend vorgeschriebene Anforderungen zu halten, noch unterliegen sie den sehr viel präziseren und strengeren Vorschriften über die Erhebung oder die Zweckbindung. Das Gesetz knüpft jedoch die Anwendung der Sonderregelung an eine materielle Voraussetzung. Die jeweiligen Leistungen müssen, wie etwa bei Verkehrsbetrieben oder Universitätsbediensteten vorbehaltenen Ferienheimen, mit den Angeboten anderer Un-

---

20 Vgl. den 16., 42 ff., und 18. TB des HDSB 132.
21 Eine besondere Rolle spielen dabei Voraussetzungen und Grenzen des der Presse eingeräumten Auskunftsrechts (§ 3 I HessPresseG), vgl. dazu den 17. TB des HDSB 23 ff.
22 Vgl. die §§ 51 ff. des Gesetzes über den privaten Rundfunk in Hessen (HPRG, GVBl. 1988 I S. 385) sowie den 17. TB des HDSB 146.
23 Vgl. dazu Art. 9 des Staatsvertrages über den Bildschirmtext (GVBl. 1983 I S. 91) sowie die ergänzende, die Kontrollbefugnis des HDSB garantierende Bestimmung des Zustimmungsgesetzes (§ 3 II, GVBl. 1983 I S. 91) und den 12., 102 ff., 13., 55 ff. und 14. TB des HDSB 94 ff.

ternehmen konkurrieren. Solange daher das Land oder die Gemeinden über ein Monopol verfügen, ändert sich nichts an der Geltung des HDSG. Weil es zudem immer nur auf die konkret zur Debatte stehende Leistung ankommt, sind die öffentlich-rechtlichen Unternehmen verpflichtet, sorgfältig zwischen den verschiedenen mit ihrer Tätigkeit zusammenhängenden Verarbeitungskonstellationen zu unterscheiden und dementsprechend sei es auf das BDSG, sei es auf das HDSG zurückzugreifen.

Das HDSG wird allerdings nicht restlos verdrängt. Der Gesetzgeber hält vielmehr vor allem in drei, gerade aus der Perspektive der Betroffenen, besonders wichtigen Fällen am HDSG fest. Die Anwendung des BDSG schließt nicht dessen Kontrollvorschriften ein. Die Überwachung wird also nicht dem Regierungspräsidenten übertragen (§ 38 BDSG), sondern ist nach wie vor Aufgabe des HDSB. Deshalb kommt es weder auf einen begründeten Anlaß an, noch und erst recht spielen irgendwelche Äußerungen eines der möglicherweise Betroffenen eine Rolle (§ 38 I). Wann und wie die Kontrolle im einzelnen erfolgt, bleibt dem HDSB überlassen[24]. Bei einer Verarbeitung von Arbeitnehmerdaten sind zudem die eigens darauf zugeschnittenen HDSG-Vorschriften (§ 34) zu beachten. Dienst- und arbeitsrechtliche Beurteilungen dürfen mithin nicht automatisiert verarbeitet werden (§ 34 VI). Bestimmte, vor allem für die Versorgungsbetriebe typischen Verarbeitungsmodalitäten, wie etwa Fernmessen und Fernwirken, sind, schließlich, nur unter den in § 36 näher geregelten Voraussetzungen zulässig.

3. Sowohl im Landes- als auch im kommunalen Bereich pflegen Datenverarbeitungsaufgaben immer wieder Dritten übertragen zu werden. Nicht jeder **Auftragnehmer** zählt aber zu den Stellen, die sich nach dem HDSG richten müssen. So sind private Rechenzentren normalerweise lediglich an die für den nicht-öffentlichen Bereich geltenden BDSG-Vorschriften gebunden. Mit der Auftragsvergabe droht insofern auch die Anwendung des HDSG in Frage gestellt zu werden, eine Gefahr, die sich nur vermeiden läßt, wenn es, trotz der unterschiedlichen Gesetzgebungskompetenzen, gelingen sollte, Auftraggeber und Auftragnehmer gleichermaßen zu verpflichten, das HDSG zu beachten. Ganz in diesem Sinn hat sich der Gesetzgeber für eine an die Adresse der Landes- und Kommunalverwaltung gerichtete Verhaltensvorschrift entschieden: Beide dürfen Verarbeitungsaufträge an Dritte, die an das HDSG nicht gebunden sind, nur vergeben, wenn sich diese vertraglich bereiterklären, den HDSG-Anforderungen zu genügen und sich der Kontrolle des HDSB zu unterwerfen (§ 3 II). Der HDSB ist im übrigen auch ohne eine solche Abmachung zur Überwachung befugt, soweit Körperschaften des öffentlichen Rechts mehrheitlich an einem privatrechtlich organisierten Auftragnehmer beteiligt sind (§ 3 III).

4. **Sozialleistungsträger** müssen sich bei der Verarbeitung personenbezogener Daten grundsätzlich nur nach besonderen, auf ihre Tätigkeit zugeschnittenen, im

---

24 Vgl. den 24. TB des HDSB, S. 133 ff.

SGB näher präsierten Vorschriften richten (§ 35 SGB I in Verbindung mit den §§ 67-85 SGB X). So ist beispielsweise dem SGB zu entnehmen, unter welchen Bedingungen der ursprüngliche Verarbeitungszweck geändert werden darf (§ 67c SGB X) oder wann eine Übermittlung von Sozialdaten überhaupt in Betracht kommt (§ 68 SGB X). An der Kontrollkompetenz des HDSB ändert sich freilich nichts. Sowohl seine Aufgaben als auch seine Befugnisse werden durch das HDSG bestimmt (§ 81 II Satz 3 SGB X).

5. Das HDSG äußert sich nur indirekt zur Verarbeitung personenbezogener Daten durch die **öffentlich-rechtlichen Religionsgesellschaften**. Sie sind zwar öffentlich-rechtliche Körperschaften, unterstehen aber nicht der Aufsicht des Landes. Eine Anwendung des HDSG scheidet insofern aus (§ 3 I). Das Gesetz beschränkt sich deshalb, ganz auf der Linie des 2. HDSG und des 1. BDSG darauf, einen einzigen, die öffentliche Verwaltung unmittelbar tangierenden Verarbeitungsvorgang aufzugreifen, die Übermittlung von Daten an die öffentlich-rechtlichen Religionsgesellschaften (§ 35) und überläßt es im übrigen den Kirchen, festzulegen, welchen Anforderungen die Verwendung personenbezogener Angaben in ihrem Bereich genügen muß. Nur bei Krankenhäusern geben die allgemein geltenden Regeln einen verbindlichen Maßstab ab (§ 12 VII HKHG). Weder der seit dem Volkszählungsurteil[25] nicht mehr anzuzweifelnde verfassungsrechtliche Rang der informationellen Selbstbestimmung noch die sich aus dem Beitritt der Bundesrepublik zur Datenschutzkonvention des Europarates[26] ergebende Verpflichtung, die dort festgehaltenen Grundsätze des Datenschutzes innerstaatlich umzusetzen, lassen sich freilich damit vereinbaren[27]. Position und Funktion der öffentlich-rechtlichen Religionsgesellschaften verbieten es jedoch, sie einfach den öffentlichen Stellen zuzurechnen. Eine Anwendung des HDSG kommt insofern in der Tat nicht in Betracht, eine Feststellung die übrigens genauso für die entsprechenden BDSG-Vorschriften zutrifft. So gesehen, bleibt nur die Anknüpfung an die für den nicht-öffentlichen Bereich geltenden BDSG-Bestimmungen[28]. Das HDSG kann infolgedessen nur ausnahmsweise eine Rolle spielen, so etwa wenn die öffentlich-rechtlichen Religionsgesellschaften ihnen übertragene Verwaltungsaufgaben oder hoheitliche Befugnisse wahrnehmen. Die HDSG-Vorschriften ebenso wie die möglicherweise einschlägigen bereichsspezifischen Regelungen sind aber auch bei den sog. gemeinsamen Angelegenheiten des Staates und der Kirche zu beachten, soweit sich die Verarbeitung, wie bei Angaben, die Studenten der theologischen Fakultäten an den staatlichen Hochschulen betreffen, im Funktionskreis des Staates vollzieht.

---

25 BVerfGE 65, 1.
26 Übereinkommen zum Schutz des Menschen bei der automatischen Verarbeitung personenbezogener Daten v. 28. 1. 1981, BGBl. II 1985, S. 538.
27 Dazu *Dammann*, in Simitis u.a., BDSG § 2 Rdnr. 82 ff. m.w.N.
28 Vgl. *Dammann*, (Fn. 27) Rdnr. 104 ff.

6. So sehr es auf den ersten Blick einleuchtet, **Behörden und sonstige öffentliche Stellen** als Normadressaten anzugeben (§ 3 I), so wenig läßt sich unter Datenschutzgesichtspunkten übersehen, daß damit die Wirksamkeit der gesetzlichen Verarbeitungsvorgaben leicht unterlaufen werden kann. Beides, Behörden und Stellen, sind zwar unstreitig klassische Organisationselemente der öffentlichen Verwaltung, eignen sich aber keineswegs genausogut als Orientierungspunkt, wenn, wie beim Datenschutz, neben einer möglichst engen und präzisen Aufgabenbeschreibung eine klare Zweckbindung den Kern der gesetzlichen Regelung ausmacht. Anders und konkreter ausgedrückt: Der Datenschutz spaltet dort, wo ein organisatorisch verstandener Behörden- und Stellenbegriff zusammenzufügen sucht. Die informationelle Selbstbestimmung läßt sich nur solange gewährleisten wie sich die Aufmerksamkeit in erster Linie auf das Sozial- oder das Ausländeramt und nicht auf die Kommune, auf das Studentensekretariat oder die jeweiligen Prüfungsämter und nicht auf die Universität, auf die einzelnen Polizeibehörden und nicht auf das Innenministerium richtet. Die Entwicklung des Datenschutzes ist deshalb auch und gerade durch die fortschreitende Verdrängung einer rein organisatorischen durch eine strikt *funktionale Betrachtung der öffentlichen Stellen* gekennzeichnet[29]. Komplexe, mit verschiedenen Aufgaben betraute Organisationseinheiten zerfallen in funktionsorientierte Teile, die den Anknüpfungspunkt für die gesetzlich festgelegten Verarbeitungsbedingungen bilden. Nur unter dieser Voraussetzung kann es letztlich gelingen, der oft durch eine lange Tradition gefestigten Tendenz vorzubeugen, Behörden als Informationseinheiten anzusehen, in denen Daten, die aus den unterschiedlichsten Anlässen und zu den verschiedensten Zwecken erhoben und verarbeitet worden sind, grundsätzlich frei zirkulieren müssen. Die Priorität einer rein funktionalen Betrachtung wird durch die HDSG-Vorschriften zu den generellen Verarbeitungsvoraussetzungen (§§ 11, 13) und zu den einzelnen Verarbeitungsaspekten (§§ 12, 14 ff.) ebenso bestätigt wie durch den in § 3 II formulierten Vorrang des HDSG vor dem HVwVfG. Noch deutlicher tritt sie dort zutage, wo, wie im HMG (31 VII), der Informationsaustausch innerhalb der Gemeinde gezielt eingeschränkt und genau angegeben wird, wann beispielsweise die Meldebehörde Daten dem Steuer- oder dem Ausländeramt übermitteln darf.

III. Verarbeitungsgrundsätze

1. Die informationelle Selbstbestimmung setzt das Recht voraus, selbst über die Verwendung der die eigene Person betreffenden Daten zu entscheiden. Ansatz- und Mittelpunkt aller Regelungen, die das Ziel verfolgen, die informationelle Selbstbestimmung zu gewährleisten, ist deshalb der Umgang mit **personenbezogenen**

---
29 Vgl. den 10. (S. 66 ff.), 18. (S. 29 ff.) c. 24. (S. 25 f.) TB des HDSB.

Daten. Gemeint sind Einzelangaben über eine bestimmte oder auch nur bestimmbare, also gerade mit Hilfe der jeweiligen Daten identifizierbare natürliche Person (§ 2 I). So sehr sich, mit anderen Worten, allgemeine und bereichsspezifische Datenschutzvorschriften für die Verarbeitung personenbezogener Daten interessieren, so gleichgültig ist ihnen die Verwendung anonymisierter oder aggregierter Angaben. Die Grenze mag, nicht zuletzt mit Rücksicht auf ein latent irgendwo stets vorhandenes Zusatzwissen, nicht immer leicht zu ziehen sein, wie sich etwa am Beispiel statistischer Erhebungen, epidemiologischer Untersuchungen oder der empirischen Sozialforschung zeigt[30]. Der Datenschutz hört dennoch dort auf, wo sich weder unmittelbar noch mittelbar ein Personenbezug herstellen läßt. Den Ausschlag gibt dabei stets die objektive Bestimmbarkeit des Betroffenen im konkreten Fall und nicht die subjektive Sicht desjenigen, der die Daten verarbeiten möchte[31].
Kurzum, mehr als der Personenbezug ist nicht erforderlich, um die Verpflichtung auszulösen, auf die Daten lediglich unter bestimmten, gesetzlich definierten Voraussetzungen zuzugreifen, sieht man einmal davon ab, daß es sich stets um Angaben über lebende Personen handeln muß. Nur sie sind in der Lage, selbst darüber zu entscheiden, was konkret mit ihren Daten geschehen soll, nur um ihre Angaben kann es daher gehen. Weder das HDSG noch die bereichsspezifischen Datenschutzvorschriften geben deshalb auch nur das Geringste her, um etwa die Antwort auf Fragen nach den Ursachen und den genauen Zeitpunkt des Todes gar längst verstorbener Personen zu verweigern[32].
Um welche Daten es sich im einzelnen handelt, spielt weiter keine Rolle. Ganz gleich also, ob es um Angaben über persönliche oder sachliche Verhältnisse, beispielsweise über die berufliche Entwicklung, das Freizeitverhalten, die Familiensituation, das Einkommen, den Gesundheitszustand, die Arbeitsleistung, die Konsumgewohnheiten, die Kreditwürdigkeit, oder die Religionszugehörigkeit geht, die Verarbeitung ist durchweg an die Einhaltung der gesetzlichen Vorgaben gebunden. Vordergründig mag es einen Unterschied ausmachen, ob scheinbar so »harmlose« Angaben, wie Namen und Adressen, oder überaus »sensitive« Daten, etwa Informationen über frühere Krankheiten und politische Aktivitäten benutzt werden sollen. In Wirklichkeit lassen sich Bedeutung und Tragweite der Verarbeitung erst beurteilen, wenn der konkrete Verwendungszusammenhang feststeht. Angaben zur Gewerkschaftszugehörigkeit sind reichlich »harmlos«, solange sie dazu dienen, die Mitgliederlisten der jeweiligen Organisation zusammenzustellen, erweisen sich aber als überaus »sensitiv«, sobald sich der Arbeitgeber dafür interessieren sollte. Nicht anders ist es bei Namen und Adressen. Ihre »Harmlosigkeit« hört spätestens dann auf, wenn etwa Gemeinden Adreßbücher veröffentlichen, denen leicht zu entnehmen ist, wer sich als Patient in einer psychiatrischen Klinik aufhält oder Meldeämter die Adresse von Frauenhäusern bekanntgeben[33]. Wie sehr es im übrigen auf

---

30 Dazu *Dammann,* in Simitis u.a., BDSG § 3 Rdnr. 20 ff., 32 ff. m.w.N.
31 Vgl. auch *Nungesser,* HDSG § 2 Rdnr. 13; *Dammann,* in Simitis u.a., BDSG § 3 Rdnr. 30.
32 Vgl. auch *Nungesser,* HDSG § 2 Rdnr. 4 f.; *Dammann,* in Simitis u.a., BDSG § 3 Rdnr. 17.
33 Vgl. den 13., 39 ff., 15., 60 ff., und 23. TB des HDSB 102 f.

den Verwendungszusammenhang ankommt, zeigt die wachsende Bedeutung bereichsspezifischer Vorschriften. Aber auch das HDSG variiert immer wieder seine Anforderungen, obgleich es seiner ganzen Struktur und Zielsetzung nach allgemeine Regelungen anstrebt. So sind die HDSG-Vorschriften auf die in »allgemeinzugänglichen Quellen«, etwa in Vorlesungsverzeichnissen oder Zeitschriften, enthaltenen Daten solange nicht anzuwenden, wie es beim ursprünglichen Verarbeitungskontext bleibt (§ 3 V), die Angaben also nicht in einem anderen Zusammenhang und für andere Zwecke, beispielsweise für Unterlagen der Sicherheitsbehörden, weiterverarbeitet werden[34]. Genauso deutlich kommt die Rücksicht auf den Verwendungszusammenhang beim Verbot zum Ausdruck, medizinische und psychologische Befunde, die einzelne Arbeitnehmer betreffen, automatisiert zu verarbeiten (§ 34 VI). Weil solche Befunde weitreichende Konsequenzen für die Arbeitnehmer haben können, sollen sie gar nicht erst dem Risiko der für die Automatisierung typischen Verkürzungen und der damit unweigerlich einhergehenden Fehlinterpretationen ausgesetzt werden.

2. Die **Verarbeitungsform** ist gleichgültig. Allein schon das Beispiel der nicht zuletzt im Sicherheitsbereich verwendeten Informationssysteme[35], die sich weitgehend auf eine automatisierte Verweisung beschränken, damit aber zugleich die Auswertung der Akten sehr viel effizienter gestalten, zeigt, wie sinnlos es wäre, lediglich eine bestimmte Form herauszugreifen. Ebenso wichtig ist es, allen Bestrebungen vorzubeugen, den Datenschutz durch einen Wechsel der Datenträger zu unterlaufen. Für die aus Anlaß einer Demonstration[36] oder bei der Überwachung von Geldausgabeautomaten gemachten Aufnahmen[37] darf daher nichts anderes gelten als für Personalakten und die in Textverarbeitungsautomaten gespeicherten Prüfungsunterlagen[38]. Es kommt also weder darauf an, ob die Verarbeitung automatisiert oder manuell erfolgt, noch ist es von Bedeutung, inwieweit die personenbezogenen Angaben in Dateien, Karteien oder Akten enthalten sind (§ 2 II). Verbindliche, gesetzlich definierte, jedoch nicht zwangsläufig einheitliche Verwendungsvoraussetzungen sind durchweg erforderlich. Der Gesetzgeber muß im Gegenteil versuchen, sowohl den besonderen Merkmalen der jeweiligen Verarbeitungsform als auch den je spezifischen mit ihr verbundenen Gefährdungen Rechnung zu tragen. Regelungen, die für die Erteilung von Auskünften oder die Sperrung umstrittener Daten (§ 19 II) bei automatisierten Informationssystemen (§§ 18 I, 34 III) durchaus angebracht sind, lassen sich eben nicht ohne weiteres auf Akten übertragen (§§ 18 IV, 19 VI). Eine automatisierte Verarbeitung von Beschäftigtendaten bringt

---

34 Vgl. den 19. TB des HDSB 76 ff.
35 Vgl. den 12., 33 ff. und 16. TB des HDSB 145 ff.
36 Vgl. den 13. TB des HDSB 91 ff.
37 Vgl. den 18. TB des HDSB 131 ff.
38 Vgl. dazu auch den 20. TB des HDSB 42 ff.

zudem eine Vielzahl besonderer Probleme mit sich[39]. Nicht von ungefähr verlangt deshalb das HDSG eine Stellungnahme des HDSB (§ 34 V)[40].

3. Personenbezogene Daten sind keine beliebig nutzbare Informationsquelle. Ihre Verwendung muß vielmehr die Ausnahme bleiben. Die öffentliche Verwaltung ist deshalb verpflichtet, zunächst alle anderen Informationsmöglichkeiten auszuschöpfen. Personenbezogene Daten dürfen freilich selbst dann nicht ohne weiteres verwendet werden, wenn es an einer Alternative fehlen sollte. Die Verarbeitung ist vielmehr nur unter zwei im HDSG ausdrücklich genannten Voraussetzungen zulässig: Sie muß entweder durch eine Rechtsvorschrift oder durch die Einwilligung des Betroffenen abgedeckt sein (§ 7 I). Das Gesetz entscheidet sich so klar für ein **Verarbeitungsverbot mit Erlaubnisvorbehalt.** Trotzdem ist es nicht immer einfach, die Konsequenzen zu ziehen. Zwar kann es keinen Zweifel geben, daß allgemeine Verwaltungsvorschriften oder andere Verwaltungsanordnungen nicht genügen. Nur *materielle Rechtsnormen* können die Verarbeitung rechtfertigen. Damit allein ist es aber nicht getan. Der Rechtsnorm muß vielmehr deutlich zu entnehmen sein, unter welchen Bedingungen und mit welchen Zielen die Verarbeitung vorgenommen werden darf. Genaugenommen erfüllen lediglich bereichsspezifische Regelungen diese Erwartung. Schon die sehr allgemein formulierten HDSG-Bestimmungen sind daher problematisch (oben I 4). Erst recht reichen gesetzliche Vorschriften nicht aus, die aus einer Zeit stammen, in der die informationelle Selbstbestimmung noch kein verbindlicher Regelungsmaßstab war. Der Gesetzgeber hat versucht, sich mit einem verfassungsrechtlich zweifelhaften, allenfalls temporär haltbaren Kompromiß (oben I 4) aus der Affäre zu ziehen: Die Verarbeitung ist auch dann zulässig, wenn die in Frage kommende Norm, die Verwendung personenbezogener Daten »zwingend voraussetzt«.

Fast noch größere Schwierigkeiten bereitet die **Einwilligung.** Schon deshalb, weil der Verarbeitungsspielraum der öffentlichen Verwaltung in aller Regel durch eine gesetzlich definierte Aufgabenzuweisung abgesteckt ist. Der öffentlichen Verwaltung ist es insofern verwehrt, die Einwilligung der Betroffenen zu nutzen, um den so festgelegten Verarbeitungsspielraum nach den Vorstellungen und Wünschen der einzelnen Stellen zu erweitern. Betroffene, die nach ihrem Einverständnis gefragt werden, befinden sich zudem in einer besonders mißlichen Lage. Je abhängiger sie von staatlichen Leistungen sind, desto deutlicher gerät ihre Entscheidungsfreiheit zur Fiktion und erweist sich die »Einwilligung« als verkappter Zwang. Gewiß, das HDSG versucht, vorzubeugen und verlangt nicht nur ein im Regelfall schriftliches Einverständnis, sondern auch eine rechtzeitige und präzise Information des Betroffenen über Anlaß und Folgen der Verarbeitung sowie die möglichen Empfänger der Daten, ja sogar über sein Recht, die Einwilligung zu verweigern (§ 7 II). Allzuviel ist damit aber nicht gewonnen. Der Druck bleibt bestehen, zumal die Tendenz stark

---

39 Dazu *Simitis,* NJW 1985, 401 ff., Recht der Datenverarbeitung 1989, 49 ff.
40 Vgl. den 20. TB des HDSB 37 ff.

ist, die gesetzlichen Anforderungen möglichst restriktiv handzuhaben, um einer »übermäßigen Belastung« der Verwaltung zu begegnen. Unter diesen Umständen genügt es nicht, auf einer strikten Einhaltung der gesetzlichen Voraussetzungen zu bestehen, eine Erwartung, deren unmittelbar praktische Bedeutung sich bei medizinischen Tests[41] ebenso erweist wie Sozialhilfeanträgen[42] und telefonischen Umfragen[43]. Vielmehr gilt es, die Zahl der Fälle, in denen die Verarbeitung durch eine Einwilligung gerechtfertigt werden kann, möglichst gering zu halten. Befragungen, etwa im Schul- oder Verkehrsbereich[44], gehören ebenso dazu wie die Übermittlung von Angaben an nicht-öffentliche Stellen, beispielsweise im Rahmen der Kraftfahrzeugzulassung[45], oder die Erhebung von Daten durch die Kommunen im Zusammenhang mit den von ihnen angebotenen kulturellen Leistungen.

4. Die Forderung nach einer die Verarbeitung legitimierenden Rechtsvorschrift bestätigt und begrenzt zugleich das Recht der Betroffenen, selbst über die Verwendung ihrer Daten zu entscheiden. Ohne gesetzliche Grundlage dürfen die öffentlichen Stellen keine personenbezogene Daten verwenden. Wo sie aber vorliegt, ist es ihnen nicht mehr verwehrt, das Entscheidungsvorrecht der Betroffenen zu übergehen, mithin die informationelle Selbstbestimmung einzuschränken. Allerdings nur unter einer Voraussetzung: Die Verarbeitung muß erforderlich sein, um einen **mit den Aufgaben der öffentlichen Stelle verbundenen,** konkret angegebenen und präzise definierten sowie auch und gerade für die Betroffenen erkennbaren **Zweck** zu erfüllen (§ 1 I). Die jeweiligen Stellen können sich deshalb weder damit zufriedengeben, ganz allgemein auf ihre Aufgaben zu verweisen, noch ist es ihnen erlaubt, Daten für mögliche künftige Verwendungen, gleichsam auf Vorrat zu erheben[46]. Die Aufgaben der öffentlichen Verwaltung besagen, so gesehen, noch sehr wenig über die Rechtmäßigkeit der Verarbeitung. Ihre Zulässigkeit entscheidet sich erst, wenn der je spezifische, im Einzelfall verfolgte Zweck feststeht. Maßgeblich ist insofern stets der konkrete Verwendungszusammenhang und nicht die abstrakte Verwendungsmöglichkeit, eine Erwartung, der jedoch, wie das Beispiel der statistischen Erhebungen[47] oder der Verarbeitung für Planungszwecke (§ 32) zeigt, nicht immer entsprochen werden kann. Wenn es trotzdem zu einer Verarbeitung kommen soll, dann nur soweit es möglich ist, Maßnahmen zu treffen, die den Mangel an einer klaren Zweckbindung ausreichend kompensieren. Die strenge organisatorische und personelle Abschottung der datenverarbeitenden Stelle von der übrigen öffentlichen Verwaltung (§ 32 I) gehört ebenso dazu wie das Verbot, die benutzten Daten für einen anderen Zweck zu verwenden (§ 32 II)[48].

---

41 Vgl. den 17., 79 ff., aber auch den 15., 28 ff., und 20. TB des HDSB 61 ff.
42 Vgl. den 17. TB des HDSB 90 ff.
43 Vgl. den 16. TB des HDSB 112 ff.
44 Vgl. den 16., 114 ff., und 19. TB des HDSB 62 ff.
45 Vgl. den 5., LT-Drucks. 8/2475, 23, und 10. TB des HDSB 19 f.
46 BVerfGE 65, 1 (46).
47 BVerfGE 65, 1 (47).
48 Vgl. auch BVerfGE 65, 1 (48 ff.).

Die **Zweckbindung** schließt eine **multifunktionale Verwendung** aus. Sie mag unter Rationalisierungsgesichtspunkten durchaus erwünscht und dank der Automatisierung technisch ohne weiteres realisierbar sein. Nur solange aber der Verwendungszweck von Anfang verbindlich feststeht, bleiben die Verarbeitungsfolgen sowohl überschaubar als auch kontrollierbar und haben deshalb die Betroffenen wirklich eine Chance zur informationellen Selbstbestimmung. Die Zweckbindung ist daher kein lediglich auf die Erhebung zugeschnittener und beschränkter Grundsatz, sondern, im Gegenteil, ein Prinzip, das *den gesamten Verarbeitungsverlauf* begleitet und gestaltet. Die Erhebung löst mit anderen Worten keinen Verarbeitungsprozeß mit beliebig variierbaren Zielen aus, der die personenbezogenen Daten in ein letztlich frei nutzbares Informationsmaterial verwandelt. Mit der Festlegung ihres Zwecks wird vielmehr zugleich die Richtung für alle weiteren Verwendungen verbindlich vorgeschrieben (§ 13 I).

Konsequenterweise beschränkt der Gesetzgeber die Möglichkeit einer **Zweckänderung** (§ 13 II), ja läßt sie zuweilen, wie bei Daten, die ausschließlich Kontroll- und Sicherungszwecken dienen (Protokolldaten), überhaupt nicht zu (§§ 13 V; 20 II HSOG). Einmal mehr macht sich freilich der Versuch, den Mangel an bereichsspezifischen Regelungen auszugleichen (oben I 4), nachteilig bemerkbar. Die Generalklauseln des § 12 II und III bieten reichlich Gelegenheit, sich der Zweckbindung relativ leicht zu entziehen. Demgegenüber bauen Vorschriften wie die §§ 21 ff. HSOG, so sehr sie im übrigen in mancherlei Hinsicht Anlaß zur Kritik geben, weitaus wirksamere Barrieren gegen eine Zweckänderung auf. Selbst dort jedoch, wo, wie bei den Protokolldaten, eine Änderung ausgeschlossen ist, fällt es offensichtlich schwer, sich daran zu halten. § 13 V hilft vor allem dann nicht weiter, wenn die Staatsanwaltschaft Auskunft im Rahmen eines konkreten Ermittlungsverfahrens verlangt[49]. Trotzdem gilt es mit Rücksicht auf die verfassungsrechtliche Gewährleistung der informationellen Selbstbestimmung, § 161 StPO restriktiv zu interpretieren, also auf Protokolldaten nicht anzuwenden.

5. Wenn die Betroffenen wirklich auf den Verarbeitungsprozeß Einfluß nehmen und zugleich alle Versuche unterbunden werden sollen, mit Hilfe der sich auf ihre Person beziehenden Daten steuernd in ihr Verhalten einzugreifen, dann genügt es nicht, präzise, gesetzlich definierte Verarbeitungsvorgaben sowie eine klare Zweckbindung zu verlangen. Solange sich der Verarbeitungsprozeß an ihnen vorbei vollzieht, sie also nichts darüber wissen, wer sich aus welchen Gründen und mit welchen Folgen für die Daten interessiert, haben sie auch keine Chance, sich damit auseinanderzusetzen. Die gesetzliche Ermächtigung gibt deshalb den öffentlichen Stellen keineswegs das Recht, den Informationsweg frei zu bestimmen. Als **Informationsquelle** kommt im Gegenteil grundsätzlich **nur der Betroffene** in Betracht. Die konkret benötigten Daten sind also, soweit keine zwingenden Gründe entgegenstellen, bei ihm zu erheben (§ 12 I). Die öffentlichen Stellen sind zugleich verpflichtet,

---

49 Vgl. dazu den 14., 57 ff., und 15. TB des HDSB 182 ff.

ihn mit einem Mindestmaß an Hintergrundinformation zu versorgen, angefangen bei der für die **Erhebung** maßgeblichen Rechtsgrundlage über den Verarbeitungszweck bis hin zu den potentiellen Übermittlungsempfängern (§ 12 IV).

Von der direkten Befragung der Betroffenen darf nur im Einzelfall unter bestimmten, im HDSG abschließend aufgezählten Voraussetzungen abgesehen werden (§ 12 II, III). Wiederum nimmt jedoch das Gesetz in der Hoffnung auf eine baldige Verabschiedung bereichsspezifischer Regelungen (oben I 4) einen bedenklich weiten Interpretationsspielraum in Kauf, so etwa wenn es die Abwehr erheblicher Nachteile für das »Allgemeinwohl« (§ 12 II Nr. 3) ausreichen läßt, oder sich damit zufriedengibt, daß eine Rechtsvorschrift die Erhebung bei anderen Stellen »zwingend voraussetzt« (§ 12 II Nr. 1). Merklich enger sind die Ausnahmen gefaßt, sobald die Daten außerhalb des öffentlichen Bereichs oder heimlich beim Betroffenen, etwa durch einen Testkauf oder die Messung von Wasserverschmutzungen erhoben werden sollen (§ 12 III). Mit dem Hinweis auf die Abwehr einer erheblichen Gefährdung der »natürlichen Lebensgrundlagen« bietet das Gesetz allerdings den öffentlichen Stellen erneut einen ziemlich einfachen Ausweg aus der Verpflichtung, die Betroffenen einzubeziehen. Immerhin, der Verarbeitungsprozeß darf sich auch bei verdeckten Ermittlungen nicht ganz in Unkenntnis der Betroffenen abspielen. Sie müssen informiert werden, sobald die Erfüllung der konkret involvierten Verwaltungsaufgabe nicht mehr gefährdet ist (§ 12 V).

Die Beteiligung der Betroffenen hat trotz der zahlreichen Ausnahmen beträchtliche Konsequenzen. Sie zwingt die öffentlichen Verwaltung, auf eines ihrer traditionellsten Informationsmittel zu verzichten, den Rückgriff auf bereits gespeicherte Angaben, und gestaltet damit den Informationsprozeß der öffentlichen Stellen neu. So störend aber der Umweg über den Betroffenen aus der Perspektive der Verwaltung erscheinen mag und so sehr es auf den ersten Blick den Grundsätzen einer »rationellen« und »sparsamen« Verwaltung widerspricht, vorhandene Angaben noch einmal zu erheben, so wenig gilt es das Ziel der gesetzlichen Regelung zu vergessen, die im Grundgesetz verankerte informationelle Selbstbestimmung sicherzustellen. Die scheinbar überflüssigen, ja widersinnigen Kosten, sind, so gesehen, der Preis für eine verfassungskonforme rechtsstaatliche Verwaltung.

6. Wohl nirgends machen sich die Gefahren einer Verarbeitung personenbezogener Daten so deutlich bemerkbar wie bei der **Übermittlung.** Sie weitet den Kreis der verarbeitenden Stellen aus, gefährdet die Übersichtlichkeit der Verarbeitung und begünstigt eine multifunktionale Verwendung. Die Übermittlung hat deshalb verständlicherweise lange Zeit als der eigentliche, zuweilen gar als der einzige Gegenstand aller Bemühungen um eine gesetzliche Regelung des Verarbeitungsprozesses gegolten. Das Regelungsspektrum mag sich inzwischen beträchtlich erweitert haben, die Übermittlung ist dennoch nach wie vor der neuralgische Punkt jeder Verarbeitungsregelung. Probleme gibt es genaugenommen nur solange nicht wie die erhebende Stelle Daten um der eigenen Aufgaben willen weitergibt und der Empfänger sie lediglich für die ihm jeweils vorgegebenen Zwecke benutzt. Jeder darüber hin-

ausgehende Schritt, vor allem also die Bereitschaft, eine Verwendung der Daten für Zwecke des Empfängers zuzulassen, aktualisiert die Gefahren einer Verarbeitung personenbezogener Daten für die informationelle Selbstbestimmung. Die Anwendung der traditionellen Grundsätze über die Amtshilfe verbietet sich deshalb[50]. Die Weitergabe muß sich nach besonderen »amtshilfefesten« Regeln abspielen[51]. Konsequenterweise schottet das SGB (X §§ 67 ff.) die Sozialbehörden ab und beschränkt die Übermittlung grundsätzlich auf einige wenige Angaben, wie etwa den Namen und die Anschrift des Betroffenen sowie Hinweise auf seinen Arbeitgeber, die, gemessen am eigentlichen Inhalt der bei den Sozialbehörden befindlichen Datensammlungen, Randdaten sind. Ebensowenig ist die restriktive Tendenz bei den Übermittlungsbestimmungen des HSOG (§§ 21 ff.) aber auch des HMG (§ 34 f.) zu übersehen.

Das HDSG reagiert allein schon wegen seines weiten Anwendungsbereichs sehr viel zurückhaltender und beläßt es bei einer allgemeinen Feststellung: Übermittlungen sind auch dann zulässig, wenn der Empfänger die Daten für die Erfüllung seiner Aufgaben benötigt (§ 14 I). Wohlgemerkt, das Gesetz äußert sich damit nur zur Zulässigkeit der Weitergabe, begründet also weder eine Übermittlungsverpflichtung der speichernden Stelle noch und erst recht einen Anspruch des potentiellen Empfängers. Die Gefahr liegt auf der Hand. Solange der Empfänger nur auf die eigenen Aufgaben hinzuweisen braucht, läßt sich der Rückfall in die alten Übermittlungsgewohnheiten genausowenig vermeiden wie eine Routinisierung der Weitergabe. Das HDSG versucht solchen Tendenzen auf zweifache Weise vorzubeugen. Zunächst: Die Übermittlung mag auf Wunsch des Empfängers und in dessen Interesse erfolgen, die speichernde Stelle wird trotzdem nicht von der Verantwortung für den weiteren Ablauf des Verarbeitungsprozesses befreit. Sie muß überdies die Zuständigkeit des Empfängers ebenso wie die Schlüssigkeit der Anfrage, in Zweifelsfällen auch die Erforderlichkeit prüfen (§ 14 II). Etwas schärfer fallen die Anforderungen bei Übermittlungen an nicht-öffentliche Stellen aus. Der potentielle Empfänger hat nur eine Chance, die Daten zu bekommen, wenn es ihm gelingt, ein berechtigtes Interesse glaubhaft zu machen und selbst dann, lediglich soweit keine Anhaltspunkte für eine Beeinträchtigung schutzwürdiger Belange des Betroffenen bestehen (§ 16 I). Das Gesetz zwingt insofern die speichernde Stelle sorgfältig zu differenzieren und die Verarbeitungsfolgen individuell abzuwägen. Pauschale Mitteilungen, etwa von Bauvorhaben an spezialisierte Verlage, scheiden daher von vornherein aus[52]. Weil zudem die öffentliche Verwaltung meistens gar nicht in der Lage ist, auszuschließen, daß im Einzelfall doch schutzwürdige Belange beeinträchtigt werden, muß sie die Entscheidung grundsätzlich den Betroffenen überlassen[53]. Eine Weitergabe für Werbezwecke kommt schon deshalb nicht in Frage.

---

50 Dazu *Schmidt*, VwR Rdnr. Rdnr. 133; Simitis, NJW 1986, 2795 ff.
51 BVerfGE 65, I (46).
52 Vgl. dazu auch den Erlaß des Hessischen Minister des Innern v. 15. 8. 1979 (St.Anz. S. 1800).
53 Vgl. auch *Nungesser*, HDSG § 16 Rdnr. 22.

Das HDSG weicht schließlich mit Rücksicht auf die je spezifischen Verarbeitungsumstände in drei Fällen von den allgemeinen Übermittlungsvorschriften ab. So sind, erstens, die Übermittlungsgefahren bei der Weitergabe von **Daten, die sich auf Beschäftigte beziehen,** besonders ausgeprägt. Die Übermittlung kann leicht nicht nur die Möglichkeit in Frage stellen, sich beruflich weiterzuentwickeln, sondern überhaupt die Chance, einen Arbeitsplatz zu bekommen. Um so wichtiger sind eindeutig restriktive Weitergabebedingungen. Das HDSG unterscheidet deshalb zwischen zwei Übermittlungssituationen, spricht aber dabei nur die Weitergabe an Empfänger im nicht-öffentlichen Bereich an (§ 34 II). Soweit die Daten an einen künftigen Dienstherrn oder Arbeitgeber übermittelt werden sollen, darf dies nur mit Einwilligung der Betroffenen geschehen. Eine Weitergabe kommt im übrigen lediglich in Betracht, wenn es, wie bei Stellen- und Fernsprechverzeichnissen, der Dienstverkehr erfordert, der Empfänger ein rechtliches Interesse hat, etwa um ein ihm unstreitig zustehendes Recht geltend zu machen, oder das Einverständnis des Betroffenen vorliegt.

Besondere Bedingungen gelten, zweitens, bei Übermittlungen für **wissenschaftliche Zwecke** (§ 33). Eigentlich hätte alles für eine sehr viel umfassendere, auch und gerade die Erhebung einbeziehende Regelung gesprochen[54]. Der Gesetzgeber hat es aber, anders als bei der Verarbeitung von Beschäftigtendaten (§ 34), vorgezogen, den bereichsspezifischen Exkurs möglichst knapp zu halten und alle weiteren Entscheidungen auf einen späteren Zeitpunkt zu verschieben, um sie aus einem »forschungsnäheren« Anlaß, etwa der Novellierung des HHG, zu treffen. So ist es bei einer einzigen Vorschrift geblieben, die sich darauf beschränkt, die Zweckbindung bei der Weitergabe von Daten aufzuheben, die bereits von öffentlichen Stellen gespeichert worden sind. Erst im HessSchulG ist der Gesetzgeber weitergegangen. Die Sonderregelung für die Forschung wurde auf alle Verarbeitungsformen ausgedehnt (§ 84 II HessSchulG). Soweit sich deshalb wissenschaftliche Untersuchungen auf Schulen beziehen, sind Forschungseinrichtungen nicht auf die Übermittlung der jeweils benötigten Angaben angewiesen. Sie können vielmehr die erforderlichen Daten unter genau den für die Weitergabe geltenden Bedingungen direkt in den Schulen erheben.

§ 33 HDSG versucht einerseits den im Interesse der wissenschaftlichen Forschung notwendigen Zugang zu bestimmten, für sie wichtigen Angaben sicherzustellen und andererseits jeden mit einer Übermittlungseinschränkung zwangsläufig verbundenen Anschein eines verfassungswidrigen Eingriffs in die Forschungsfreiheit (Art. 5 III GG) zu vermeiden[55]. Das Gesetz geht deshalb zwar nicht so weit einen Übermittlungsanspruch anzuerkennen, erleichtert aber unter drei Voraussetzungen die Weitergabe beträchtlich: Die besonderen Bedingungen gelten, zunächst, nur wenn die Daten in Rahmen einer »**unabhängigen**« wissenschaftlichen Forschung verarbei-

---

54 Vgl. den 17., 19 ff., und 18. TB des HDSB 25 ff.
55 Dazu *Simitis*, in Wähler (Hrsg.), Deutsch-polnisches Kolloquium über Wirtschaftsrecht und das Recht des Persönlichkeitsschutzes, 1985, 87 ff., in Festschrift für Zeidler, Bd. 2, 1987, 1475 ff.; *Bizer*, Forschungsfreiheit und informationelle Selbstbestimmung, 1992, insb. 25 ff., 135 ff.

tet werden. Den Ausschlag gibt insofern ein eindeutig materielles Kriterium. Auf die Organisationsform kommt es also nicht weiter an. Körperschaften des öffentlichen Rechts, etwa die Universitäten, können sich folglich auf § 33 genauso berufen wie privatrechtlich organisierte Forschungseinrichtungen, zum Beispiel ein Max Planck-Institut. Mit einem Unterschied freilich: Institutionen, die nicht der Anwendung des HDSG unterliegen, müssen zuvor ihre Bereitschaft erklären, die in § 33 näher formulierten Verarbeitungsbedingungen einzuhalten sowie sich der Kontrolle des HDSB zu unterwerfen (§ 33 IV). Trotzdem fällt es nicht leicht, den Adressatenkreis zu präzisieren. Auch deshalb, weil das Gesetz nicht konsequent verfährt. So haben Behörden zwar ein durchaus verständliches und legitimes Interesse daran, bestimmte ihren Aufgabenbereich unmittelbar betreffende Forschungsprojekte durchzuführen, sich beispielsweise mit der Kriminalitätsentwicklung auseinanderzusetzen, den Verlauf und die Dauer gerichtlicher Verfahren zu analysieren oder die Akzeptanz neuer Unterrichts- und Schulformen zu untersuchen[56]. Von einer »unabhängigen Forschung« kann freilich nicht die Rede sein[57]. Das HDSG bezieht dennoch die behördeneigene Forschung in den Anwendungsbereich des § 33 ein (§ 33 V), eine Regelung, die keineswegs notwendig gewesen wäre. Ihr Ziel hätte ohne weiteres durch eine entsprechende Ergänzung der Sondervorschrift über die Verarbeitung für Planungszwecke (§ 32) erreicht werden können. An der behördeneigenen Forschung erweist sich aber auch: Die »Unabhängigkeit« läßt sich, zumindest für die Zwecke des § 34, kaum abstrakt definieren, sondern allenfalls, kontextbezogen, negativ umschreiben. So scheidet eine Anwendung des § 34 dann aus, wenn die Forschung wie bei den meisten Marktforschungsinstituten in einem kommerziellen Zusammenhang erfolgt. Wie schwer es jedoch selbst in diesem Fall ist, überzeugend anzugeben, wo die Grenzen der Unabhängigkeit genau verlaufen, zeigt allein schon das Beispiel der Auftragsforschung.

Eine Übermittlung kommt ferner nur solange in Betracht wie die Daten **für ein »bestimmtes Forschungsvorhaben«** verarbeitet werden sollen. Der Grund: Die Verwendung für wissenschaftliche Zwecke rechtfertigt es nicht, die Auswirkungen auf die Betroffenen zu ignorieren. Der Gesetzgeber bleibt bei aller Bereitschaft, der Forschung entgegenzukommen, verpflichtet, den Verarbeitungsfolgen nachzugehen und sie zu berücksichtigen. Hinweise auf frühere einschlägige Untersuchungen reichen daher ebensowenig aus wie allgemeine Bemerkungen über die geplante Forschung[58]. Erst ein konkretes Forschungsdesign, das zumindest Anlaß, Ziel, Aufbau und Verlauf des Projekts erkennen lassen muß, kann ausreichend Einblick in die Konsequenzen für die Betroffenen gewähren. Die öffentliche Stelle ist freilich weder gehalten, noch überhaupt befugt, sich mit der Erforderlichkeit der gewünschten Daten auseinanderzusetzen. Mehr als eine plausible Darlegung ihrer Bedeutung für das je spezifische Projekt darf nicht verlangt werden. Jede darüber hinausgehende

---

56 Dazu *Steinhilper*, in Jehle (Hrsg.), Datenzugang und Datenschutz in der kriminologischen Forschung, 1987, 351 ff.; Rebscher, ebda 367 ff.
57 Vgl. auch *Walz*, in GK-SGB X, 1989, § 75 Rdnr. 28; *Bizer* (Fn. 55) 132, 171 ff., 262.
58 Vgl. auch *Bizer*, (Fn. 55) 175 ff., 251.

Erwartung widerspricht der Intention des Gesetzes, den Datenschutz nicht zum Anlaß für eine Kontrolle der Forschung zu nehmen. Bei allen Überlegungen über Art und Umfang der jeweils in Frage kommenden Daten gilt es zudem zu berücksichtigen, daß die wissenschaftliche Forschung ein prinzipiell offenes Verfahren ist, das sich oft nicht nur im Verlauf des einzelnen Projekts immer mehr konkretisiert und präzisiert, sondern auch in einer ganzen Reihe von Folgeuntersuchungen fortsetzt und weiterentwickelt[59].

Auf die **Einwilligung der Betroffenen** kann schließlich nur in zwei Fällen verzichtet werden (§ 33 I; § 84 II HessSchulG). Sie ist zunächst dann überflüssig, wenn die Weitergabe mit Rücksicht auf die Art der Daten, ihre Offenkundigkeit oder die gesamten Verwendungsumstände schutzwürdige Belange der Betroffenen nicht beeinträchtigt. Soweit dagegen die Übermittlung lediglich deshalb erforderlich sein sollte, weil sich der Forschungszweck nicht anders erreichen läßt, darf von einer Einwilligung nur bei einem die schutzwürdigen Belange der Betroffenen erheblich überwiegenden öffentlichen Interesse am Forschungsvorhaben abgesehen werden. Ein typisches Beispiel dafür ist eine Begleitforschung, die dazu verhelfen soll, die Wirksamkeit bestimmter seit langem praktizierter oder neu eingeführter Unterrichtsmethoden besser einzuschätzen. Die Erfahrung zeigt freilich: Das öffentliche Interesse wird vor allem bei medizinisch-epidemiologischen Projekten schnell ins Spiel gebracht. § 33 eignet sich aber seiner ganzen Geschichte und Zielsetzung nach nicht zum Einfallstor administrativer Verkürzungen der informationellen Selbstbestimmung. Wo deshalb, wie etwa beim Krebsregister, Daten übermittelt werden sollen, die aus der Perspektive der Betroffenen besonders wichtig sind und das Forschungsvorhaben sehr breit angelegt ist, läßt sich die Einwilligung nicht verdrängen. Nur der Gesetzgeber kann insofern entscheiden, ob und in welchem Umfang die Zugangsbedingungen im Hinblick auf ein Krebsregister modifiziert werden müssen[60]. In beiden Ausnahmefällen bedarf im übrigen die Weitergabe der Genehmigung durch die oberste Landesbehörde. Der HDSB ist davon zu unterrichten (§ 33 I Satz 3).

Die drei Übermittlungsvoraussetzungen werden durch eine Reihe von Vorkehrungen ergänzt, die potentielle Gefährdungen minimieren sollen: Die Identifizierungsmerkmale sind, sobald der Forschungszweck es erlaubt, getrennt zu speichern und nach dessen Erfüllung zu löschen (§ 33 II); die Daten dürfen zu keinem anderem Zweck mehr verarbeitet werden (§ 33 III Satz 1); eine Weitergabe der im öffentlichen Interesse übermittelten Angaben ist nur mit Einwilligung der Betroffenen zulässig (§ 33 III Satz 2).

Besondere Regeln gelten, drittens, **für öffentlich-rechtliche Religionsgesellschaften** (§ 35). Anders als das HMG (§ 32) oder das KirchStG (§ 8) verzichtet das HDSG darauf, die für eine Übermittlung in Betracht kommenden Daten abschließend aufzuzählen. Ebensowenig findet es sich bereit, die immerhin etwas restriktiveren Voraussetzungen einer Weitergabe an nicht-öffentliche Stellen (§ 16) anzu-

---

59 Vgl. auch *Simitis*, in Kolloquium (Fn. 54) 103 ff., in Jehle (Fn. 56) 59 ff.
60 Vgl. den 15., 69 ff., und 21. TB des HDSB 58 ff.; sowie *Nungesser*, HDSG Rdnr. 20.

wenden. Die öffentlich-rechtlichen Religionsgesellschaften werden vielmehr wie öffentliche Stellen behandelt und müssen lediglich eine Bedingung erfüllen: in ihrem Bereich für einen dem HDSG gleichwertigen Datenschutz sorgen.

7. Sowohl die Übermittlungsvorschriften des HDSG als auch die entsprechenden bereichsspezifischen Bestimmungen versagen bei einem **automatisierten Abruf**. Vordergründig geht es nur um eine besondere Spielart der Weitergabe personenbezogener Angaben. Die Datenschutzgesetze haben sich deshalb lange Zeit mit der Feststellung begnügt, daß eine Übermittlung auch dann vorliegt, wenn »Daten zur Einsichtnahme bereitgehalten werden« (§ 2 II Nr. 2 HDSG 1978). In Wirklichkeit verändert ein automatisiertes Abrufverfahren die Übermittlungsbedingungen von Grund auf. Der Empfänger kann jederzeit auf die gewünschten Daten direkt zugreifen. Die speichernde Stelle muß also gar nicht eingeschaltet werden, der Informationsaustausch vollzieht sich im Extremfall ganz an ihr vorbei. Das Ziel, mit Hilfe der Übermittlungsvorschriften Barrieren gegen eine uneingeschränkte Verbreitung personenbezogener Daten aufzurichten, droht sich als ebenso illusorisch zu erweisen wie die Forderung, den Verarbeitungsprozeß möglichst überschaubar und kontrollierbar zu gestalten, ganz davon zu schweigen, daß sich das Risiko einer unzulässigen Verarbeitung von Informationen vervielfacht[61].
Automatisierte Abrufe dürfen deshalb nicht als selbstverständliche Übermittlungsvarianten angesehen werden. Genausowenig geht es an, sich mit den allgemeinen Übermittlungsvorschriften zufriedenzugeben. Vielmehr muß es für jedes Verfahren, das Dritten einen direkten Zugriff ermöglicht, eine besondere gesetzliche Grundlage geben. Ganz in diesem Sinn unterscheiden sowohl das HSOG (§ 24) als auch das HMG (§ 31 IV i.V. mit der Landesmeldeübermittlungsverordnung v. 26. 5. 1986, GVBl. I S. 210) zwischen der »normalen« Übermittlung und dem Direktzugriff und sehen dafür eine eigene Regelung vor. Nicht minder deutlich spricht sich das HDSG für eine ausdrücklich auf das jeweilige Verfahren zugeschnittene Rechtsvorschrift aus (§ 15 I). Der Entscheidungsprozeß wird zwar durch eine Verordnungsermächtigung vereinfacht (§ 15 II). Das Gesetz schreibt aber zugleich den Mindestinhalt der Rechtsverordnung vor (§ 15 II Satz 3 und 4) und schränkt darüber hinaus die Automatisierungsmöglichkeiten ein (§ 15 II Satz 1). Der Direktzugriff ist kein beliebig nutzbares Verarbeitungsmittel. Er muß vielmehr den Fällen vorbehalten bleiben, in denen die Automatisierung in einem angemessenen Verhältnis zu den konkreten Verwaltungsaufgaben steht. Die Zulässigkeit eines Direktzugriffs ist zudem stets an den Folgen seiner Einführung für die Betroffenen zu messen. Wo, wie bei den Gemeinden, weder der Gesetzgeber noch der Verordnungsgeber befugt ist, die Abrufmodalitäten auch und vor allem durch eine genaue Angabe der jeweils zugriffsberechtigten Stellen festzulegen, bedarf es einer Organisationsentscheidung der Kommune. Sie muß sich dabei an den in § 15 formulierten Anforderungen orientieren[62].

---

61 Vgl. den 11., 54 ff., 13., 103 ff., 17., 122 ff., 18., 74 f., und 23. TB des HDSB 98.
62 Vgl. den 16. TB des HDSB 120 f.

8. Ob und wie die normativen Vorgaben befolgt werden, hängt nicht zuletzt von einer Reihe technisch-organisatorischer Maßnahmen ab. Sie pflegen unter dem Stichwort »**Datensicherung**« zusammengefaßt zu werden. Das HDSG listet die wichtigsten auf (§ 10 II). Die Überwachung des Zugangs gehört ebenso dazu wie die Benutzer-, die Zugriffs-, die Übermittlungs- oder die Organisationskontrolle. Welche Vorkehrungen wirklich erforderlich sind, läßt sich freilich nicht im voraus angeben, sondern nur in Kenntnis der je spezifischen Verarbeitungsbedingungen. Das HDSG kann daher nicht mehr als eine Orientierungshilfe bieten. Die Entscheidung muß bei der datenverarbeitenden Stelle liegen. (§ 10 I Satz 1). Ganz frei ist sie dabei allerdings nicht. Das Ziel des Gesetzes, die informationelle Selbstbestimmung möglichst wirksam zu schützen, bleibt nicht ohne Folgen für die Auswahl und die Beibehaltung der Maßnahmen. Beides muß sich nach dem jeweiligen Stand der Technik richten (§ 10 I Satz 2). Die Datensicherung ist, so gesehen, ein offenes Verfahren[63]. Die einmal getroffenen Maßnahmen sind fortlaufend zu überprüfen und dem neuesten technischen Stand anzupassen.

Wohl keine andere Erwartung signalisiert das Dilemma aller Datenschutzgesetzgebung so deutlich. Sie ist als Reaktion auf die Automatisierung der Verarbeitung entstanden und greift mit jeder ihrer Anforderungen Erfahrungen und Vorstellungen auf, die einem bestimmten Stadium der Informations- und Kommunikationstechnologie entsprechen. Längst hat sich aber beispielsweise die Annahme als falsch erwiesen, daß die Automatisierung unweigerlich zu einer Zentralisierung der Verarbeitung führen muß. Der Verarbeitungsprozeß hat sich allen gegenteiligen Vorhersagen zum Trotz nicht auf einige wenige Datenbanken konzentriert, sondern wird durch die ständig wachsende Zahl immer leistungsfähigerer personal computer gestaltet und geprägt. Datenschutzanforderungen, die solange mehr oder weniger selbstverständlich waren wie sich alle Aufmerksamkeit auf ein zentralisiertes Verarbeitungssystem richtete, versagen. Die Vorschriften über die Verarbeitungsmodalitäten sind davon genauso betroffen wie die bisherigen Kontrollvorkehrungen. Die Vernetzung der verschiedenen Rechner zeigt die Grenzen der traditionellen Regelungsmodelle noch deutlicher auf. Sie können letztlich weder die Authentizität der Daten noch ihre Integrität gewährleisten. Der Akzent verschiebt sich deshalb auf eine Sicherheitsinfrastruktur, die gezielt auf die Informations- und Kommunikationstechnologie zurückgreift und deren Möglichkeiten nutzt, um die Verarbeitung personenbezogener Angaben gegen unbefugte Eingriffe und Verfälschungen abzuschirmen[64]. Digitale Unterschriften sind ebenso ein Beispiel dafür wie die Verschlüsselung der Daten. Bestimmungen wie § 10 gewinnen unter diesen Umständen zunehmend an Bedeutung[65].

Die in § 10 II erwähnten allgemeinen technisch-organisatorischen Maßnahmen werden durch das »**Datengeheimnis**« (§ 9) ergänzt. Im Unterschied aber zu § 10 wen-

---

63 Vgl. den 18., 112 ff., 19., 120 ff., und 21. TB des HDSB 94 ff.
64 Vgl. den 13., 19 ff., 17., 33. und 22., 153 ff. und 24., 155 ff., TB des HDSB.
65 Vgl. den 15., 125 ff., 18., 123 ff., 21., 122 ff., 22., 159 ff., 23., 157 ff. und 24., 155 ff. TB des HDSB.

det sich das HDSG nicht an die datenverarbeitende Stelle, sondern an alle von ihr oder in ihrem Auftrag beschäftigten Personen, die Zugang zu personenbezogenen Daten haben. Sie dürfen bei der Verarbeitung keine anderen Zwecke verfolgen als die von einer rechtmäßigen Aufgabenerfüllung der datenverarbeitenden Stelle abgedeckten Ziele. Das Gesetz bezieht damit einen Teil der Beschäftigten unmittelbar in den Kreis der Normadressaten ein und versucht so seinen Forderungen einen zusätzlichen Nachdruck zu verleihen.

IV. Kontrolle

1. Verbindliche Verarbeitungsbedingungen grenzen zwar den Verarbeitungsspielraum der öffentlichen Stellen ein, garantieren aber nicht eine datenschutzkonforme Verwendung der personenbezogenen Daten. So wichtig deshalb gesetzlich abgesicherte Verarbeitungsvoraussetzungen sind, so wenig läßt sich die informationelle Selbstbestimmung ohne eine wirksame Kontrolle gewährleisten. Wohl am nächsten liegt es, sie den *Betroffenen* zu überlassen. Ihre Daten stehen auf dem Spiel. Sie sind daher am ehesten an einer korrekten, den gesetzlichen Anforderungen entsprechenden Verarbeitung interessiert. Um aber wirklich kontrollieren zu können, müssen sie über ausreichende Informationen verfügen, vor allem also wissen, wer wann zu welchem Zweck Daten zu ihrer Person verwendet hat. Ein gesetzlich garantiertes **Auskunftsrecht** ist, so gesehen, die Grundvoraussetzung aller Kontrolle. Nur solange die Betroffenen jederzeit von jeder öffentlichen Stelle verlangen können, sie darüber zu informieren, ob Angaben zu ihrer Person vorliegen und was damit geschehen ist, haben sie auch eine Chance, in den Verarbeitungsprozeß einzugreifen, um ihr Recht wahrzunehmen, selbst über die Verwendung ihrer Daten zu entscheiden. Generelle, einfach auf bestimmte öffentliche Stellen bezogene Ausnahmen sind deshalb ebenso verfassungswidrig wie Regelungen, die nicht präzise erkennen lassen, wann und aus welchen Gründen die Auskunft verweigert werden darf.
Sowohl das HDSG (§§ 8 Nr. 1, 18 I) als auch bereichsspezifische Regelungen wie etwa das HSOG (§ 29) und das HVerfSchG (§ 18) gewähren daher den Betroffenen ausdrücklich ein Auskunftsrecht. Die Modalitäten variieren freilich je nach der Verarbeitungsform. So kann bei einer Verarbeitung in Akten die Auskunft durch eine Einsicht in die jeweiligen Unterlagen ergänzt werden (§§ 18 IV HDSG; 29 VII HSOG). Unterschiedlich ist unter Umständen auch der Inhalt der Auskunft. Sie muß zwar grundsätzlich auf alle gespeicherten Daten eingehen (§§ 18 I Nr. 1 HDSG; 29 I Nr. 1 HSOG; 18 I HVerfSchG); ausgenommen sind lediglich die im Hinblick auf gesetzliche Aufbewahrungsfristen gesperrten oder für Kontroll- und Sicherungszwecke verarbeiteten Daten (§§ 18 III HDSG; 29 II HSOG). Die Rechtsgrundlage und der Zweck der Verarbeitung sind ebenfalls mitzuteilen (§§ 18 I Nr. 2 HDSG; 29 I Nr. 3 HSOG; 18 I HVerfSchG). Während aber nach dem HDSG (§ 18 I

Nr. 3) und dem HSOG (§ 29 I Nr. 2) die Auskunft auch Angaben über die Herkunft der Daten sowie die Übermittlungsempfänger enthalten muß, sieht das HVerfSchG (§ 18 III) von einer entsprechenden Information ab.

Allen gesetzlichen Regelungen ist dagegen der Grundsatz gemeinsam, daß die Auskunft nur in bestimmten, jeweils abschließend angegebenen Fällen abgelehnt werden darf. Die Auskunftsverweigerung setzt zudem immer eine Abwägung voraus (§§ 18 V HDSG; 29 III HSOG; 18 II HVerfSchG). Der Maßstab ist freilich sehr allgemein gehalten: Das Auskunftsrecht versagt, soweit ein öffentliches Interesse an der Geheimhaltung vorgehen muß oder Geheimhaltungsinteressen Dritter überwiegen (§§ 18 V HDSG; 29 III HSOG). Lediglich das HVerfSchG bemüht sich um etwas mehr Präzision (§ 18 II). Der Gesetzgeber räumt damit den öffentlichen Stellen einen viel zu weiten und deshalb verfassungsrechtlich bedenklichen Entscheidungsspielraum ein, zumal das HDSG nicht einmal ansatzweise zwischen den einzelnen Behörden unterscheidet. Sicher, die Entscheidung ist dem Leiter der speichernden Stelle (§ 18 V Satz 2 HDSG) oder der Behörde (§ 29 III Satz 2 HSOG) vorbehalten. Damit läßt sich zwar einem allzu schnellen Rückgriff auf die Ausnahmemöglichkeiten, zumindest bis zu einem gewissen Grad, vorbeugen, der Mangel an Genauigkeit wird aber nicht korrigiert.

Die Verweigerung der Auskunft muß, soweit das HDSG anzuwenden ist, stets begründet werden (§§ 18 V Satz 3). Das HSOG (§ 29 IV) und das HVerfSchG (§ 18 IV Satz 1) sehen dagegen davon ab, wenn der Zweck der Verweigerung gefährdet werden könnte. Die Gründe sind allerdings intern festzuhalten (§ 18 IV Satz 2). Jede öffentliche Stelle, die es ablehnt, Auskunft zu geben, hat zudem den Betroffenen darauf hinzuweisen, daß er sich an den HDSB wenden kann (§§ 18 V Satz 3 HDSG; 29 V Satz 1 HSOG; 18 IV Satz 2 HVerfSchG). Schranken, die einer Auskunft an den Betroffenen entgegenstellen, gelten nicht für den HDSB (§ 29). Seine Intervention verhilft dem Betroffenen trotzdem nicht zu der gewünschten Information. Der HDSB kann zwar die Verarbeitung überprüfen und notwendige Korrekturen veranlassen (unten 3). Solange sich aber die öffentlich Stelle zu Recht auf die entsprechenden gesetzlichen Bestimmungen beruft, ist es ihm verwehrt, die unterbliebene Information nachzuholen. Wie um sicherzugehen, daß sich der HDSB wirklich daran hält, schreiben ihm das HSOG (§ 29 V Satz 2) und das HVerfSchG (§ 18 IV Satz 4) vor, von Mitteilungen abzusehen, die Rückschlüsse auf den Erkenntnisstand der Sicherheitsbehörden zulassen könnten. Der HDSB hat, so gesehen, keine Wahl: Er muß sich auf eine kurze, summarische Aussage über die Durchführung und den Abschluß der Überprüfung, die Rechtmäßigkeit der Verarbeitung sowie die unter Umständen vorgenommenen Korrekturen beschränken[66]. Die Einschaltung des HDSB führt deshalb letztlich nur zu einer Kontrolle, deren Ergebnis dem Betroffenen weitgehend verborgen bleibt.

Immerhin: die Informationssperre ist nicht unbegrenzt. Sie gilt nur solange, wie der je spezifische Grund, der dazu berechtigt, die Auskunft zu verweigern, fortbesteht.

---

66 Vgl. den 19. TB des HDSB 99 ff.

Ist er entfallen, droht also den konkret tangierten Interessen oder Aufgaben keine Gefahr mehr durch die Information der Betroffenen, muß die unterbliebene Auskunft nachgeholt werden. Das HSOG weist ausdrücklich darauf hin (§ 29 IX). Das HDSG enthält dagegen keine entsprechende Regelung. Die verarbeitenden Stellen sind trotzdem zur Auskunft verpflichtet. Weil das Auskunftsrecht nicht ausgeschlossen, sondern lediglich suspendiert werden kann, lebt die Informationspflicht der verarbeitenden Stelle in dem Augenblick wieder auf, in dem sich keine Gründe mehr anführen lassen, die es rechtfertigen, von einer Auskunft abzusehen.

Das Auskunftsrecht verspricht freilich nicht nur wegen der zu weit geratenen Ausnahmen mehr als es zu halten vermag. Die Betroffenen werden von ihrem Recht kaum Gebrauch machen, solange sie keinen konkreten Anhaltspunkte darüber haben, welche öffentliche Stellen Daten zu ihrer Person verarbeiten, und deshalb gar nicht beurteilen können, ob sich die Mühe lohnt, Auskunft zu verlangen. Wenn daher das Auskunftsrecht seine Funktion erfüllen soll, die Transparenz aber auch die Kontrolle der Verarbeitung sicherzustellen, muß ihm eine **Benachrichtigungspflicht** vorgeschaltet, den öffentlichen Stellen also die Pflicht auferlegt werden, die Betroffenen regelmäßig und für sie verständlich über die jeweils verarbeiteten Angaben zu informieren[67]. Das HDSG (§ 8 Nr. 1) läßt sich nur äußerst vorsichtig darauf ein. Eine Benachrichtigung findet lediglich bei einer Speicherung in automatisierten Dateien statt (§ 18 II). Sie muß schriftlich erfolgen und unter anderem auf den Zweck der Datei, die Art der Daten und die Rechtsgrundlage ihrer Verarbeitung, die Empfänger regelmäßiger Übermittlungen sowie die Herkunft regelmäßig empfangener Angaben hinweisen. Das Gesetz bietet allerdings den öffentlichen Stellen auch gleich einen Ausweg: Die Benachrichtigung braucht nicht gesondert vorgenommen zu werden, sondern kann zusammen mit der Erhebung geschehen (§ 18 II Satz 2). Ganz unverständlich ist die zurückhaltende Reaktion des HDSG nicht. Die Benachrichtigungspflicht zwingt die öffentliche Verwaltung, eingefahrene Arbeits- und Organisationsstrukturen zu überprüfen. Kein Wunder, wenn es deshalb schwerfällt, eine wirklich konsequente Regelung zu akzeptieren. Die informationelle Selbstbestimmung verträgt sich jedoch nicht mit Teillösungen. Sie ist auf eine ebenso umfassende wie kontinuierliche Benachrichtigung angewiesen[68].

Berichtigung (§ 19 I), **Sperrung** (§ 19 II und VI) und **Löschung** (§ 19 III und IV) sind die Kehrseite des Auskunftsrechts. Die Auskunft soll eine gesetzeskonforme Verarbeitung sicherstellen und muß daher bei einer Verwendung der Daten, die den gesetzlichen Vorgaben nicht entspricht, Korrekturen nach sich ziehen. Mit der Löschung wird einerseits die völlige Vernichtung der Daten bei einer unzulässigen Verarbeitung garantiert, andererseits aber auch eine im Interesse der Betroffenen gebotene und von ihnen gewollte Eliminierung nicht mehr gebrauchter und deshalb überflüssiger Informationen gewährleistet. Die Berichtigung ändert zwar nichts am Datenbestand, beseitigt jedoch Fehlinformationen. Mit der Sperrung sucht das Ge-

---

67 Vgl. den 10., 23 f., und 13. TB des HDSB 110 ff.
68 Vgl. den 19. TB des HDSB 101 ff.

setz schließlich, die Schwierigkeiten aufzufangen, die dann entstehen, wenn sich Zweifel an den Daten weder beheben noch bestätigen lassen. Die Sperrung kommt einem grundsätzlichen Verwendungsverbot gleich. Die öffentliche Verwaltung darf infolgedessen nur in besonderen, gesetzlich festgelegten Ausnahmefällen auf die gesperrten Angaben zurückgreifen, etwa um eine bestehende Beweisnot zu beheben. Sperrungen können freilich auch dazu dienen, die Übermittlung personenbezogener Daten gezielt im Interesse der Betroffenen einzuschränken. So sind die Betroffenen zwar nicht in der Lage, die Weitergabe der von den Meldebehörden erhobenen Daten völlig auszuschließen, aber durchaus berechtigt, beispielsweise die Übermittlung an Adreßverlage zu unterbinden. Ihr **Widerspruchsrecht** (§ 35 V HMG) löst eine Sperrung aus.

Korrekturen müssen, sollen sie ihre Wirkung nicht verfehlen, genau den Weg nehmen, den auch die Daten befolgt haben. Wo es deshalb zu Übermittlungen gekommen ist, sind die Empfänger unverzüglich von der Berichtigung, Löschung oder Sperrung zu benachrichtigen (§ 18 V). Die Unterrichtung darf lediglich bei einem unverhältnismäßig hohen Aufwand unterbleiben, allerdings nur, soweit nicht schutzwürdige Belange des Betroffenen dagegen sprechen. Wie wichtig diese Einschränkung ist, zeigt sich bei scheinbar banalen Korrekturen, etwa von Schreibfehlern. Eine Benachrichtigung ist keineswegs von vornherein überflüssig. Ihre Erforderlichkeit richtet sich vielmehr ausschließlich nach den Folgen des Schreibfehlers für den Aussagewert der Daten.

2. Die Rechte der Betroffenen ändern nichts an der Verpflichtung der datenverarbeitenden Stellen, selbst für eine korrekte Verarbeitung zu sorgen. Sie müssen also nicht nur von sich aus alle dafür erforderlichen Maßnahmen treffen, sondern sich zugleich laufend vergewissern, ob der Verarbeitungsprozeß den gesetzlichen Anforderungen entspricht. Die Verwendung personenbezogener Daten zwingt, anders ausgedrückt, zur **Selbstkontrolle.** Vor allem die automatisierte Verarbeitung konfrontiert freilich die öffentliche Verwaltung mit einer Vielzahl neuer Probleme und Erwartungen, die neben den bisherigen Organisationsstrukturen auch die herkömmlichen internen Kontrollmechanismen in Frage stellen. Ähnlich wie im nicht-öffentlichen Bereich (§§ 36, 37 BDSG) spricht deshalb viel dafür, eine besondere interne Kontrollinstanz vorzusehen. Das HDSG greift daher eine früher schon vom Hessischen Minister des Innern[69], dem HHG (§ 27 V) sowie dem SGB (X 79 I) formulierte Forderung auf und schreibt ebenso wie das HKHG (§ 12 VI) die Bestellung eines **Beauftragten für den Datenschutz** vor (§ 5 II). Wohlgemerkt, die gesetzliche Regelung verfolgt keineswegs das Ziel, die datenverarbeitenden Stellen ganz oder nur teilweise von ihrer Verantwortung zu entlasten. Der behördliche Datenschutzbeauftragte hat lediglich die Aufgabe, die jeweilige Stelle zu unterstützen, ihr also zu helfen, die gesetzlichen Anforderungen zu konkretisieren, die im einzelnen erforderlichen Maßnahmen zu koordinieren und zu überwachen sowie die für eine

---

69 Vgl. den Erlaß v. 2. 10. 1978 (StAnz. S. 201) sowie den 10. TB des HDSB 117 ff.

rechtzeitige und korrekte Unterrichtung der Betroffenen zu sorgen. Seine Tätigkeit hat aber noch einen zweiten, nicht minder wichtigen Aspekt. Weil er jederzeit in der Lage sein muß, die verschiedenen Verarbeitungsvorgänge zu überblicken, ist er jedenfalls dann förmlich zum Ansprechpartner des HDSB prädestiniert, wenn es darum geht, erste Informationen über die Verarbeitung zu bekommen, Schwachstellen auszuloten und mögliche Ansatzpunkte für notwendige Korrekturen auszumachen[70].

Bedeutung und Komplexität der Aufgaben des behördlichen Datenschutzbeauftragten bleiben nicht ohne Folgen für die Modalitäten seiner Bestellung. Zwar entscheidet jede Behörde oder sonstige öffentlichen Stelle, die Daten für sich verarbeitet oder durch andere verarbeiten läßt, selbst, wer für ihren Zuständigkeitsbereich mit der Funktion eines Beauftragten betraut werden soll (§ 5 II i.V.m. § 2 III). Doch dürfen dabei Art und Umfang der je spezifischen Verarbeitung nicht außer acht bleiben. Eine rein formale Betrachtung reicht deshalb nicht aus, wie allein schon das Beispiel der kommunalen Eigenbetriebe zeigt. Sie zeichnen sich nicht zuletzt durch eine Reihe selbständiger Verarbeitungsprozesse aus, die oft ein hohes Maß an Spezialisierung aufweisen und daher nicht ohne weiteres in den Verantwortungsbereich des jeweiligen kommunalen Datenschutzbeauftragten einbezogen werden können. Der Eigenbetrieb ist unter diesen Umständen auf einen besonderen Beauftragten angewiesen. Nichts anderes gilt übrigens für herausgehobene Teile einer Behörde, soweit sie mit eigenen, in sich geschlossenen und sich auf die Verarbeitung auswirkenden Aufgaben betraut sind.

Der Kreis der in Betracht kommenden Personen ist zudem eng begrenzt. Behördlicher Datenschutzbeauftragter kann nur werden, wer nicht wegen seiner sonstigen dienstlichen Funktionen der Gefahr von Interessenkonflikten ausgesetzt ist und nicht nur die erforderliche Zuverlässigkeit aufweist, sondern auch über die notwendigen Sachkenntnisse verfügt (§ 5 II Satz 2). Wohl am ehesten erfüllen die Mitarbeiter der Revisions- oder der Rechtsabteilungen diese Voraussetzungen. Beschäftigte, die mit Personalfragen oder überhaupt mit der Verarbeitung personenbezogener Daten befaßt sind, scheiden dagegen von vornherein aus[71]. Die gesetzlichen Anforderungen werden jedoch oft, schon wegen der unterschiedlichen Größe und Struktur der einzelnen öffentlichen Stellen, nur schwer zu erfüllen sein. Eine, allerdings getrennte, Bestellung eines gemeinsamen Datenschutzbeauftragten ist deshalb in bestimmten, gesetzlich näher umschriebenen Fällen zulässig (§§ 56 I Satz 3 HKO; 146a VI HGO). Bei öffentlichen Stellen, bei denen nicht mehr als zehn Bedienstete beschäftigt sind, darf sogar auf die Aufsichtsbehörde zurückgegriffen werden (§ 5 III).

3. Eine ebenso konsequente wie verläßliche Überwachung läßt sich jedoch weder lediglich mit Hilfe der Betroffenen noch und erst recht über eine interne Kontrollinstanz erreichen. Die Intervention der Betroffenen bleibt verständlicherweise auf

---

70 Vgl. den 23. TB des HDSB 117.
71 Vgl. den 20., 93 und 22. TB des HDSB 104.

Fälle beschränkt, die mit der Verarbeitung ihrer Daten zusammenhängen, hat also stets nur eine punktuelle Kontrolle zur Folge. Wie sich aber automatisierte Informationssysteme konkret auswirken, oder, was für Daten in Akten aufgenommen werden, läßt sich erst feststellen, wenn nicht der individuelle Konflikt Ansatz und Grenze aller Überlegungen ist, sondern die für das Informationsverhalten einer öffentlichen Stelle maßgeblichen strukturellen und organisatorischen Bedingungen im Mittelpunkt der Überprüfung stehen. Noch ausgeprägter sind die Mängel der Selbstkontrolle. Das HDSG sucht zwar bei der Bestellung des behördlichen Datenschutzbeauftragten Interessenkonflikte auszuschalten (§ 5 II Satz 2; oben 2). Am Status des Beauftragten ändert sich allerdings nicht das Geringste. Er gehört nach wie vor der öffentlichen Stelle an, die er kontrollieren soll, und unterliegt im übrigen genauso wie jeder andere Bedienstete den Weisungen des Behördenleiters. Dieser entscheidet deshalb auch darüber, ob und welche Anordnungs- und Prüfungsbefugnisse der Beauftragte unmittelbar ausüben kann[72]. Kurzum, solange die Kontrolle letztlich dem Zufall überlassen bleibt und sie dem Einfluß des Kontrollierten ausgeliefert ist, kann bestenfalls von Kontrollansätzen, nicht aber von einer wirklichen Überprüfung die Rede sein. Anders ausgedrückt: Die Selbständigkeit der Kontrollinstanz, ihre Unabhängigkeit sowie der jederzeitige und uneingeschränkte Zugang zu allen, in welcher Form auch immer verarbeiteten personenbezogenen Daten sind die Grundvoraussetzungen einer wirksamen Überwachung.

Das HDSG institutionalisiert deshalb die Kontrolle. Sie obliegt dem **Hessischen Datenschutzbeauftragten** (§§ 21 ff.). Die Entscheidung für eine Einzelperson und gegen ein Gremium beruht vor allem auf zwei Gründen. Ein personalisiertes Regelungsmodell vermeidet die Belastungen, die bei einer Wahrnehmung der Überwachungsaufgaben durch ein Gremium auftauchen, das die Erwartungen unterschiedlicher politischer und sozialer Gruppierungen widerspiegelt und deshalb tendenziell dazu neigt, Konflikte nicht offenzulegen und auszutragen, sondern intern mit Hilfe von Kompromissen zu erledigen. Entpersönlichte Regelungsmodelle laufen zudem sehr viel schneller Gefahr, Glaubwürdigkeit und Akzeptanz des Datenschutzes in Frage zu stellen, nicht zuletzt, weil sie den Verdacht einer den Betroffenen fernstehenden, undurchschaubaren Bürokratie leicht provozieren.

Der HDSB wird auf Vorschlag der Landesregierung vom Landtag gewählt (§ 21 I), muß diesem regelmäßig über die eigene Tätigkeit berichten (§ 30) und ist nur dem Parlament gegenüber verantwortlich. Deutlicher läßt sich die Distanz zur Exekutive wohl nicht ausdrücken. Genauso unmißverständlich garantiert das Gesetz die Unabhängigkeit des HDSB (§ 22). Weder Regierungs- noch parlamentarische Instanzen können ihm Weisungen erteilen. Um auch allen Versuchen zuvorzukommen, mittelbar auf ihn Einfluß zu nehmen, verpflichtet das Gesetz den Landtagspräsidenten, die notwendigen Personal- und Sachmittel zur Verfügung zu stellen und schließt jeden Zweifel am Recht des HDSB aus, seine Mitarbeiter selbst auszuwählen sowie ihnen als einziger verbindliche Weisungen zu erteilen (§ 31).

---

72 Vgl. auch *Nungesser,* HDSG § 5 Rdnr. 20.

Das Gesetz äußert sich bewußt nicht zur Qualifikation des HDSB. Seine Professionalisierung soll ebenso wie die damit verbundene Bürokratisierung seiner Tätigkeit vermieden werden. Die Funktion des Datenschutzbeauftragten ist kein Beruf, sondern immer nur eine zeitweilige Unterbrechung einer anderen Beschäftigung. Konsequenterweise knüpft deshalb das HDSG die Amtsdauer des HDSB an den Ablauf der Legislaturperiode (§ 21 IV) und behält die Regelung der seine Person betreffenden Einzelheiten einer Vereinbarung vor, um dem konkreten beruflichen Hintergrund des HDSB sowie dessen spezifischen Qualifikationen besser Rechnung tragen zu können (§ 25 III).

Die **Kontrolle** ist zwar nicht die einzige, aber sicherlich die auffallendste Aufgabe des HDSB. Zu überwachen ist die Anwendung aller Datenschutzvorschriften (§ 24 Abs. 1). Ob sie also im HDSG, im HSOG, im LStatG, im HKHG, im LSchG, im Gesetz über den Bildschirmtext-Staatsvertrag oder in einer sonstigen bereichsspezifischen Regelung enthalten sind, ist völlig gleichgültig. Genausowenig spielt es übrigens eine Rolle, inwieweit es sich um gesetzliche Bestimmungen oder um Verwaltungsvorschriften handelt. Entscheidend ist immer nur das Regelungsziel und nicht der Regelungskontext. Schließlich kommt es auch nicht darauf an, ob sich die öffentlichen Stellen bei der Verarbeitung nach Landesvorschriften richten oder Bundesvorschriften ausfahren. Die Kontrollkompetenz bleibt beim HDSB.

Die **Kontrollanlässe** können sehr verschieden sein. Die Liste reicht von der Absicht, einzelne öffentliche Stellen turnusmäßig oder überraschend zu überprüfen, über die Beschwerde eines Betroffenen und Informationen aus der Verwaltung bis hin zum Auftrag des Parlaments, etwa die Herkunft bestimmter in einer parlamentarischen Debatte verwendeten Daten herauszufinden sowie die Berechtigung zu beurteilen, sie zu benutzen[73].

Die **Kontrollmittel** sind im HDSG festgelegt. Die öffentlichen Stellen sind ausnahmslos zur Auskunft verpflichtet und müssen dem HDSB Zutritt zu allen Diensträumen gewähren (§ 29)[74]. Das Gesetz beläßt es freilich nicht dabei, sondern strebt auf zweifache Weise eine möglichst umfassende Information des HDSB an. So muß jede speichernde Stelle dem HDSB eine Beschreibung ihrer Dateien vorlegen (§ 26 I Satz 1). Die Dateien sind in ein vom HDSB geführtes, grundsätzlich öffentliches Register aufzunehmen (§ 26 I Satz 2 und 3, III). Von der Einsichtnahme sind lediglich die Dateien des Landesamtes für Verfassungsschutz generell sowie einzelne, von den jeweils zuständigen Behörden konkret bezeichnete Dateien ausgenommen, die der Gefahrenabwehr, der Strafverfolgung oder Steuerfahndung dienen (§ 26 II). Mit dem Register verfügt der HDSB über eine ständig aktualisierte Übersicht, die es ihm vor allem ermöglicht, seine Kontrolle besser vorzubereiten. Das Register hilft aber auch den Betroffenen weiter. Sie erfahren, welche Stellen personenbezogene Daten verarbeiten und können deshalb sehr viel gezielter entscheiden, wo es sich aus ihrer Sicht empfiehlt, Auskunft zu verlangen. Wer immer zudem

---

73 Vgl. den 19. TB des HDSB 153 ff.
74 Vgl. den 21. TB des HDSB 130 ff.

meint, in seinen Rechten verletzt worden zu sein oder tatsächliche Anhaltspunkte für einen Verstoß gegen die Datenschutzvorschriften zu haben, kann sich ohne weiteres an den HDSB wenden (§ 28). Nachteile dürfen ihm daraus nicht entstehen. Erst recht kommt es bei Beschäftigten öffentlicher Stellen nicht darauf an, den Dienstweg einzuhalten (§ 28 II).

Der **Kontrollverlauf** richtet sich ausschließlich nach den Vorstellungen des HDSB. Er legt daher Gegenstand und Zeitpunkt der Überprüfung fest und ihm ist es auch vorbehalten, die Modalitäten sowie die Intensität der Kontrolle zu bestimmen. Der HDSB braucht also weder abzuwarten, bis sich jemand beschwert, noch muß er sich ankündigen oder gar eine dienstliche Rangfolge einhalten. Nur solange seine Entscheidungsfreiheit unangetastet bleibt, wird seine Unabhängigkeit respektiert und damit das Ziel der Überwachung gewahrt, die informationelle Selbstbestimmung zu gewährleisten[75]. Gesetzlich garantierte Geheimnisse können daher dem HDSB ebensowenig entgegengehalten werden wie sich die Kontrolle durch einen Hinweis auf das »Wohl des Bundes und der Länder« verhindern läßt. Auch die einzige im HDSG vorgesehene Einschränkung ist deshalb trotz ihrer weitaus geringeren Reichweite, jedenfalls partiell, verfassungsrechtlich unhaltbar: Die obersten Landesbehörden können im Einzelfall vom HDSB unter Hinweis auf die Sicherheit des Bundes oder Landes verlangen, die Kontrolle nur persönlich vorzunehmen und ihm im übrigen Daten vorenthalten, die sich auf Personen beziehen, denen, wie etwa bei V-Personen (§ 16 I HSOG), Vertraulichkeit besonders zugesichert worden ist (§ 29 II). Die Folgen dürfen nicht unterschätzt werden. Die Zugangssperre wirkt sich auf Angaben aus, ohne deren Kenntnis sich der Verarbeitungsverlauf unter Umständen gar nicht rekonstruieren und insofern nicht richtig verstehen läßt. Sie kann daher den HDSB leicht daran hindern, die Verwendung personenbezogener Daten gerade in den Verwaltungsbereichen korrekt zu beurteilen, die auch und vor allem aus der Perspektive der Betroffenen besonders wichtig sind.

Erst recht sind die sehr viel weitergehenden Einschränkungen verfassungswidrig, die nach den Vorstellungen des Bundesgetzgebers (§§ 24 II i.V.m. VI BDSG) auch von den Landesbehörden bei einer Überprüfung der Ausführung oder Anwendung von Bundesvorschriften beachtet werden müssen[76]. Konkret: Eine Kontrolle personenbezogener Daten, die, sei es dem Post- und Fernmelde- oder dem Arztgeheimnis unterliegen, sei es in Personalunterlagen oder in Akten über die Sicherheitsüberprüfung enthalten sind, scheidet aus, wenn der Betroffene im Einzelfall dem HDSB gegenüber widerspricht. Vordergründig kommt der Bundesgesetzgeber damit der informationellen Selbstbestimmung besonders entgegen, in Wirklichkeit nimmt er sie zum Vorwand, um die Kontrolle zu unterlaufen. Die Geheimhaltungsvorschriften werden ihrem Zweck entfremdet. Sie sollen Dritten im Interesse der Betroffenen den Zugriff verwehren, nicht jedoch eine Überprüfung ausschließen, deren Ziel es gerade ist, eine Verarbeitung sicherzustellen, die den Belangen der Betroffenen

---

75 BVerfGE 65, I (46).
76 Vgl. den 19. TB des HDSB 24 f.; sowie *Simitis*, in Simitis u.a., BDSG § 1 Rdnr. 58 m.w.N.

Rechnung trägt. Im Ergebnis spaltet das BDSG den jeweiligen Datenbestand auf und verhindert so eine Überprüfung der je spezifischen Informationsstrukturen und -abläufe. Die angestrebten Einschränkungen der Kontrollrechte des HDSB sind aber auch deshalb verfassungswidrig, weil es dem Bundesgesetzgeber untersagt ist, das Kontrollverfahren für Verarbeitungsvorgänge festzulegen, die ausschließlich der Regelungskompetenz des Landesgesetzgebers unterliegen.

Die Kontrolle berechtigt nicht zur Korrektur. Der HDSB ist, anders ausgedrückt, zwar verpflichtet, die Verwendung personenbezogener Daten zu überprüfen, darf jedoch nicht in den Verarbeitungsprozeß eingreifen. Das HDSG sieht lediglich eine **Beanstandung** verbunden mit einer Aufforderung zur Stellungnahme vor (§ 27). Der betroffenen öffentlichen Stelle steht es, so gesehen, frei, ihre Reaktion zu bestimmen. Sie kann den Überlegungen und Vorschlägen des HDSB Folge leisten, muß es aber nicht. Die Erklärung für diese auf den ersten Blick merkwürdige, ja widersprüchliche Regelung liefert Art. 102 Satz 2 HV. Eingriffsrechte würden dem HDSB, also einer von der Exekutive deutlich abgehobenen, dem Parlament zugeordneten Instanz, die Möglichkeit geben, sich mit verbindlichen Weisungen in den Verwaltungsablauf einzuschalten und damit die Ressortverantwortlichkeit der Minister in Frage stellen. Die Aktivität des HDSB bleibt trotzdem nicht folgenlos. Die gesetzliche Regelung verlagert nur die Gewichte von der direkten Intervention auf eine indirekte Pression. Werden die beanstandeten Mängel nicht oder nicht wirklich behoben, kann und wird der HDSB den Landtag informieren. Seine Jahresberichte (§ 30) haben nicht zuletzt die Aufgabe, einzelne Vorfälle aufzugreifen sowie kritisch zu würdigen. Der HDSB braucht freilich keineswegs den Bericht abzuwarten. Bei gravierenden Verstößen liegt es nahe, eine sofortige parlamentarische Diskussion anzustreben und sich überdies an die Öffentlichkeit zu wenden. Die öffentliche Auseinandersetzung gleicht mithin die fehlenden Eingriffsrechte aus. Sie ist das Mittel, um die Aufmerksamkeit sowohl auf die konkreten Datenschutzdefizite als auch auf die erforderlichen Gegenmaßnahmen zu lenken. Kurzum, das HDSG optiert für ein diskursives Regelungsmodell.

Die Kontrollfunktion wird durch eine nicht minder wichtige **Beratungsaufgabe** ergänzt (§§ 24 I, 25). Ihre Bedeutung wird durch die Verpflichtung, den HDSB über alle mit einer automatisierten Verarbeitung zusammenhängenden Verfahrensentwicklungen und Gesetzesvorhaben rechtzeitig zu unterrichten (§ 29 III), ebenso unterstrichen wie durch den bereits am 23. Oktober 1979 gefaßten Kabinettsbeschluß[77], den HDSB grundsätzlich vor allen den Datenschutz berührenden Entscheidungen, um eine Stellungnahme zu bitten. In dieselbe Richtung weist auch das Recht des Landtags, den HDSB mit Gutachten und Untersuchungen zu Datenschutzfragen zu betrauen (§ 25). Der HDSB wird bei der Beratung verständlicherweise immer wieder auf die vor allem im Rahmen der Kontrolle gewonnenen Erfahrungen zurückgreifen. Doch ist es damit allein nicht getan. Der HDSB muß vielmehr die Entwicklung der Verarbeitungstechnologie kontinuierlich verfolgen und

---

77 Vgl. den 8. TB des HDSB 8.

von sich aus auf mögliche Konsequenzen sowie notwendige Regelungen hinweisen. Die Beratungsaufgabe beinhaltet insofern weit mehr als eine bloße Reaktion auf die Aufforderung, sich zu äußern. Sie manifestiert sich vielmehr genauso, wenn nicht noch deutlicher, in neuen, auf seiner Initiative beruhenden Empfehlungen. Für beides gibt es genug Beispiele. Die Überlegungen zu landesweiten Kommunikationsverbindungen[78] oder den Folgen der »neuen« Informations und Kommunikationstechnologien[79] sind ebenso bezeichnend dafür wie die Vorschläge zur Datenverarbeitung im Krankenhaus[80] und der Zwischenbericht zur Volkszählung 1983[81]. Je konsequenter freilich der HDSB seine konsultative Funktion wahrnimmt, desto mehr verschieben sich die Akzente seiner Tätigkeit: Die Beteiligung am Gesetzgebungsprozeß bekommt ein immer größeres Gewicht[82].

V. Sanktionen

Die essentiell präventive Funktion der Verarbeitungsregelung schwächt die Bedeutung von Sanktionen zwar ab, macht sie aber nicht überflüssig. Sie sollen vor allem abschrecken und notfalls Verstöße ahnden. **Freiheits- und Geldstrafen** (§ 40, 41) reichen dafür allerdings nicht aus. Eine unzulässige oder auch nur unrichtige Verarbeitung personenbezogener Daten kann sich leicht nachteilig auf die berufliche und soziale Lage der Betroffenen auswirken. So gesehen, spricht alles für eine **Schadenersatzpflicht**. Sie droht allerdings wirkungslos zu bleiben, wenn sie an ein in der öffentlichen Verwaltung ohnehin kaum nachweisbares Verschulden gekoppelt wird. Genausowenig darf außer acht gelassen werden, daß eine den gesetzlichen Anforderungen nicht entsprechende Verarbeitung keineswegs nur materielle, vielmehr vor allem immaterielle Folgen haben kann. Für einen Ersatzanspruch muß unter diesen Umständen die bloße Rechtswidrigkeit der Verarbeitung genügen, ohne Rücksicht im übrigen darauf, wo der Schaden zu lokalisieren ist, also im materiellen oder im immateriellen Bereich. Das HDSG ist nicht ganz so weit gegangen (§ 20). Es verzichtet zwar auf ein Verschuldensnachweis, bleibt auch nicht bei einer Umkehr der Beweislast stehen, sondern beläßt es bei einer Beeinträchtigung der informationellen Selbstbestimmung durch eine unzulässige oder unrichtige Verarbeitung. Die Schadenersatzpflicht greift aber lediglich bei einer automatisierten Verarbeitung ein. Immaterielle Schäden sind zudem nur in »schweren Fällen« auszugleichen. Die Haftung ist schließlich durchweg an eine Höchstgrenze gebunden.

---

78 Vgl. den 16. TB des HDSB 108 ff.
79 Vgl. den 18. TB des HDSB 112 ff.
80 Vgl. den 15., 63 ff., und 17. TB des HDSB 65 ff.
81 LT-Drucks. 10/573.
82 Vgl. etwa den 14., 75 ff.; 15., 104 ff.; 17., 40 ff., 58 ff., 65 ff.; 18., 47 ff.; und 19. TB des HDSB 67 ff.

VI. Informationsgleichgewicht

Je nachhaltiger sich die Verarbeitungsbedingungen dank der Automatisierung verbessern, desto deutlicher stellt sich die Frage nach dem Zugang zu den von der öffentlichen Verwaltung gespeicherten Daten. Die Regierung ist im Vorteil. Sie kann auf Informationssysteme, Datenbanken und Rechenzentren unmittelbar zugreifen und verfügt so über einen klaren Informationsvorsprung. Die Folgen machen sich mit zunehmender Komplexität der staatlichen Planungs- und Regelungsprozesse immer mehr bemerkbar. Zu einer wirklichen, von der detaillierten Kenntnis der für die je spezifischen Sachverhalte wichtigen Daten motivierten und animierten parlamentarischen Auseinandersetzung kann es kaum noch kommen. Ob und mit welchem Erfolg das Parlament seine Funktion zu erfüllen vermag, richtet sich in entscheidendem Masse nach der Möglichkeit, die der Regierung zur Verfügung stehenden Daten ebenfalls, und zwar selbständig, verwerten zu können. Ein Parlament, dem dieses verwehrt bleibt, läuft letztlich Gefahr, jede Chance, einer rationalen Reflexion und Kritik einzubüßen. Kurzum, ein **Informationsmonopol der Exekutive** verträgt sich nicht mit einem als Gegengewicht zur Regierung verstandenen Parlament. Die strukturelle Veränderung der Datenverarbeitung wirkt sich, so gesehen, auch und gerade auf die Struktur des Staates aus. Ähnlich weitreichend sind die Folgen im Bereich der kommunalen Selbstverwaltung. Nicht nur, weil der interne Entscheidungsprozeß genauso betroffen wird, sondern auch im Hinblick darauf, daß es ein durch die Automatisierung geförderter Informationsvorsprung der Regierung sehr viel leichter erlaubt, die nur ihr zugänglichen Daten gezielt zu nutzen, um die kommunale Selbstverwaltung zu unterlaufen.

Das HDSG strebt deshalb ein **Informationsgleichgewicht** an (§ 1 Nr. 2). Der Landtag sowie die einzelnen Fraktionen erhalten ein **Auskunftsrecht**, das gegenüber allen Stellen geltend gemacht werden kann, die Verarbeitungsanlagen betreiben (§ 38 Abs. 1 Satz 1), eine Regelung die genauso für die kommunalen Vertretungsorgane gilt (§ 38 Abs. 3)[83]. Das Gesetz garantiert damit ein unmittelbaren Zugriff auf die Daten, der sich allerdings nicht auf personenbezogene Angaben erstreckt[84] und dem überdies gesetzliche Verbote sowie das öffentliche Interesse, freilich nur ausnahmsweise, entgegengehalten werden können (§ 38 Satz 2 und 3). Die Entscheidung, wann welche Daten verlangt werden sollen, ist insofern ganz dem Parlament überlassen. Das Auskunftsrecht dient also keineswegs nur dazu, Angaben zu beschaffen, die für eine Kontrolle der Regierungspolitik wichtig sind. Vielmehr lassen sich auch Daten jederzeit anfordern, die etwa von einer Fraktion benötigt werden, um eine Anfrage einzubringen oder einen eigenen Gesetzesentwurf vorzubereiten[85].

---

83 Vgl. den 14., 24 ff., 19., 94 ff., und 21. TB des HDSB 42 ff.
84 Vgl. den 20. TB des HDSB 15 ff.
85 Vgl. den Zwischenbericht des HDSB v. 6. 2. 1976, LT-Drucks. 8/2239, sowie den 14. TB des HDSB 180.

Auskünfte sind vertraulich zu behandeln. Keine der angefragten Stellen ist daher befugt, ihre Aufsichtsbehörde und damit die Landesregierung vorweg oder im nachhinein zu unterrichten. Sie sind im Gegenteil verpflichtet, von jeder Mitteilung abzusehen, die direkt oder indirekt Aufschluß über die angeforderten Angaben geben könnte[86]. Das HDSG garantiert insofern ein den Schutz des Initiativbereichs von Regierung und Parlament gleichermaßen respektierendes Informationsrecht. Nur so kann es dem Landtag gelingen, seine Kontrollfunktion selbständig auszuüben und den Fraktionen ermöglicht werden, ihre parlamentarischen Aufgaben unbehelligt zu erfüllen.

Das HDSG versucht das Informationsgleichgewicht durch zwei zusätzliche Vorkehrungen abzusichern. Die erste soll kurzfristige Störungen auffangen: Der HDSB muß auf Verlangen des Auskunftsberechtigten, den Ursachen einer Verweigerung oder nur unzureichenden Beantwortung der Anfrage nachgehen (§ 39).

Die zweite zielt dagegen darauf ab, langfristigen Gefährdungen vorzubeugen. Wiederum wird der HDSB eingeschaltet (§ 24 II). Ihn trifft zunächst die Pflicht, die Konsequenzen der automatisierten Verarbeitung für Organisation und Struktur der datenverarbeitenden Stellen ebenso rechtzeitig offenzulegen wie die Folgen für die Gewaltenteilung zwischen den verfassungsgebenden Organen des Landes[87] und für das Verhältnis der staatlichen zur kommunalen Verwaltung. Zu seinen Aufgaben gehört es aber auch, die erforderlichen Gegenmaßnahmen vorzuschlagen.

---

86 Vgl. den Zwischenbericht (Fn. 84) 7 ff.
87 Vgl. dazu auch den 14. TB des HDSB 180 ff.

Fünfter Abschnitt

Kommunalrecht

von *Hans Meyer*

Literatur

Zum hessischen Landesrecht: *M. Borchmann/D. Breithaupt/A. Viola*, Kommunalrecht in Hessen, Köln etc. 1986; *M. Borchmann*, Kommentar zur Hessischen Landkreisordnung (HKO), Losebl. Stand Okt. 1994 in: Praxis der Gemeindeverwaltung, Wiesbaden; *F. Foerstemann*, Die Gemeindeorgane in Hessen, 4. Aufl., Mainz-Kostheim 1993; *E. Franke*, Die Hessischen kommunalen Ausschüsse zwischen kommunalverfassungsrechtlicher Stellung und kommunaler Praxis (Diss. Gießen), Frankfurt 1995; *Hans Meyer*, Die kommunale Selbstverwaltung in: B. Heidenreich/ K. Schacht, Hessen. Eine politische Landeskunde, Stuttgart etc. 1993, S. 170-191; *H. Repp*, Der Bürgermeister nach der Hessischen Gemeindeordnung (Diss. Gießen), Friedberg 1988; *H.u.D. Schlempp*, Kommentar zur Hessischen Gemeindeordnung, Losebl. Stand Februar 1993; *Eva Schmidt*, Kommunalaufsicht in Hessen – Eine dogmatische und empirische Untersuchung der §§ 135 ff. HGO, Frankfurt 1990; *F. W. Schmidt/O. Kneip*, Hessische Gemeindeordnung, Kommentar, 8. Aufl., München 1995; *G. Schneider/W. Jordan*, Kommentar zur Hessischen Gemeindeordnung, Losebl. Stand März 1994; *H.-J. Stargardt*, Hessisches Kommunalverfassungsrecht, Herford 1987; *R. Wiegelmann*, Handbuch des hessischen Kommunalverfassungsrechts, 2 Bd., Kelkheim 1988; *F.v. Zezschwitz*, Kommentierung der Art. 137 u. 138 HV (Stand Sept. 1984) in: Zinn/Stein: Verfassung des Landes Hessen (mit einer großen Literaturauswahl).

Allgemeine Darstellungen zum Kommunalrecht (keine von ihnen ist vorrangig am hessischen Recht orientiert, daher ist bei der Verwendung Vorsicht geboten): *F. Erlenkämper*, Entwicklung im Kommunalrecht, NVwZ 1984, 621, 1985, 795, 1986, 989, 1988, 21, 1990, 116, 1991, 325, 1992, 33, 1993, 427, 1994, 440, 1995, 649, 1996, 534; *A. Gern,* Deutsches Kommunalrecht, Baden-Baden 1994; *A.v. Mutius,* Kommunalrecht, München 1996; *G. Püttner* (Hrsg.), Handbuch der kommunalen Wissenschaft und Praxis (HdbKWP), 2. Aufl., Berlin, Heidelberg, New York, Bd. 1 Grundlagen 1981, Bd. 2 Kommunalverfassung 1982, Bd. 3 Kommunale Aufgaben und Aufgabenerfüllung 1983, Bd. 4 Die Fachaufgaben 1983, Bd. 5 Kommunale Wirtschaft 1984, Bd. 6 Kommunale Finanzen 1985; *E. Schmidt-Aßmann*, Kommunalrecht in: Schmidt-Aßmann (Hrsg.) Besonderes Verwaltungsrecht, 10. Aufl.,

Berlin etc. 1995, S. 1-100; *E. Schmidt-Jortzig*, Kommunalrecht, Stuttgart 1982; *H. Scholler*, Grundzüge des Kommunalrechts in der Bundesrepublik Deutschland, 4. Aufl., Heidelberg 1990; *O. Seewald*, Kommunalrecht in: Steiner (Hrsg.), Besonderes Verwaltungsrecht, 5. Aufl., Heidelberg 1995, S. 1-173; *R. Stober*, Kommunalrecht in der Bundesrepublik Deutschland, 2. Aufl., Stuttgart 1992; *R. Stober*, Kommunalrecht in: Wolff/Bachof/Stober, Verwaltungsrecht II, 5. Aufl., München 1987; *K. Waechter*, Kommunalrecht, 2. Aufl., Köln etc. 1995.

Grundlegende, spezielle Literatur: *W. Binne*, Die innerkommunale Widerspruchs- und Beanstandungspflicht, Baden-Baden 1991; *W. Blümel/R. Grawert*, Gemeinden und Kreise vor den öffentlichen Aufgaben der Gegenwart, VVDStRL 36 (1978), S. 171 ff., 277 ff.; *J. Burmeister*, Verfassungstheoretische Neukonzeption der kommunalen Selbstverwaltungsgarantie, München 1977; *W. Blümel/H. Hill* (Hrsg.), Die Zukunft der kommunalen Selbstverwaltung, Berlin 1991; *J. Hesse* (Hrsg.), Zur Situation der kommunalen Selbstverwaltung, Baden-Baden 1987; *P. Humpert*, Genehmigungsvorbehalte im Kommunalverfassungsrecht, Köln etc., 1990; *Hans Meyer*, Die Finanzverfassung der Gemeinden, Stuttgart 1969; *Hans Meyer*, Kommunalwahlrecht, HdbKWP Bd. 2, S. 37-80; *Hubert Meyer*, Kommunales Parteien- und Fraktionsrecht, Baden-Baden 1990; *A. v. Mutius*, Sind weitere rechtliche Maßnahmen zu empfehlen, um den notwendigen Handlungs- und Entfaltungsspielraum der kommunalen Selbstverwaltung zu gewährleisten? Gutachten E zum 53. DJT, München 1980. *Yvonne Ott*, Der Parlamentscharakter der Gemeindevertretung – Eine rechtsvergleichende Untersuchung der Qualität staatlicher und gemeindlicher Vertretungskörperschaften, Baden-Baden 1994; *F. Schoch/J. Wieland*, Finanzierungsverantwortung für gesetzgeberisch veranlaßte kommunale Aufgaben, Baden-Baden 1995; *K.-A. Schwarz*, Finanzverfassung und kommunale Selbstverwaltung, Baden Baden 1996.

Literatur zum Kommunalrecht anderer Länder: *H.-U. Erichsen*, Kommunalrecht des Landes Nordrhein-Westfalen, Siegburg etc. 1988; *H. Faber*, Kommunalrecht in Faber/Schneider, Niedersächsisches Staats- und Verwaltungsrecht, Frankfurt 1985, S. 225 – 227; *A. Gern*, Kommunalrecht in Baden-Württemberg, 5. Aufl., Baden-Baden 1992; *J. Ipsen*, Niedersächsisches Kommunalrecht 1989; *F.-L. Knemeyer*, Bayerisches Kommunalrecht, 9. Aufl., Stuttgart etc. 1996; *H. Maurer*, Kommunalrecht in Maurer/Hendler, Baden-Württembergisches Staats-und Verwaltungsrecht, Frankfurt 1990, S. 173-263; *H. Mengelkoch*, Gemeinderecht in Ley/Prümm, Staats- und Verwaltungsrecht für Rheinland-Pfalz, 2. Aufl., Baden-Baden 1990; *von Mutius/Rentsch*, Kommunalverfassungsrecht Schleswig-Holstein, 4. Aufl., Kiel 1994; *R. Seeger*, Kommunalrecht in Baden-Württemberg, 5. Aufl., Stuttgart etc. 1987; *G. Schmidt-Eichstaedt* u.a., Gesetz über die Selbstverwaltung der Gemeinden und Landkreise in der DDR (Kommunalverfassung), Kommentar, Köln 1990; *J. Wolfahrt*, Kommunalrecht – Auf der Grundlage des saarländischen KSVG, Baden-Baden 1995.

Gliederung

I.	Status und Bedeutung der Kommunen	151
	1. Die Kommunen im politischen System	151
	2. Die Kommunen im administrativen System	153
	3. Die Kommunen im ökonomischen und sozialen System	154
	4. Die Kommunen im Kulturbereich	155
II.	Der Verfassungsstatus der Kommunen nach Grundgesetz und Landesverfassung	156
	1. Der doppelte Verfassungsstatus	156
	2. Der Status nach der Bundesverfassung	157
	a) Die Stellung der Gemeinden	157
	b) Die Stellung der Gemeindeverbände	161
	3. Der Status nach der Landesverfassung	162
	a) Die Stellung der Gemeinden	162
	b) Die Stellung der Gemeindeverbände	163
III.	Organisation und Gliederung des kommunalen Bereichs in Hessen	164
IV.	Die wichtigsten Rechtsquellen	166
V.	Die demokratische Organisation der gemeindlichen Willensbildung	167
	1. Nichtparlamentarische Formen demokratischer Beteiligung an gemeindlicher Willensbildung	167
	a) Die Bürgerversammlung	167
	b) Bürgerbegehren und Bürgerentscheid	168
	c) Wahlentscheid der Bürger	172
	d) Bürgermitwirkung	173
	e) Außerparlamentarische Einflußnahme	173
	2. Stellung und Aufgaben der Gemeindevertretung	174
	a) Die Stellung des »Gemeindeparlaments«	174
	b) Die Aufgaben der Gemeindevertretung	176
	3. Die Wahl der Gemeindevertretung	180
	4. Die innere Gliederung der Gemeindevertretung	183
	a) Die politische Gliederung der Gemeindevertretung: die Fraktionen	183
	b) Die Arbeitsgliederung der Gemeindevertretung: die Ausschüsse	185
	c) Die Leitungsebene: Der Vorsitzende und seine Vertreter	186
	5. Selbstorganisation, Verfahren und Handlungsmodalitäten der Gemeindevertretung	188
	a) Die Selbstorganisation der Gemeindevertretung	188
	b) Verfahrens- und Handlungsmodalitäten der Gemeindevertretung	189
	6. Die Stellung der Gemeindevertreter	192

VI.	Die Verwaltungsorganisation der Gemeinde und ihr Personal	195
	1. Stellung und Funktion des Gemeindevorstandes	195
	a) Der Gemeindevorstand als das »wichtigste« Organ der Gemeinde	195
	b) Der Gemeindevorstand als Verwaltungsbehörde	195
	c) Die Funktionen des Gemeindevorstandes	196
	2. Binnenorganisation von Gemeindevorstand und Gemeindeverwaltung	201
	a) Zusammensetzung und Wahl des Gemeindevorstandes	201
	b) Der Gemeindevorstand als Kollegialorgan	203
	c) Gemeindevorstand und Ressortprinzip	204
	d) Die Stellung des Bürgermeisters	207
	e) Das Personal der Gemeindeverwaltung	209
VII.	Gemeindliche Aufgaben und Aufgabenerfüllung	210
	1. Umfang und Charakter gemeindlicher Aufgaben	210
	2. Öffentlich-rechtliche und privatrechtliche Handlungsformen der Gemeinde	211
	3. Öffentliche Einrichtungen und wirtschaftliche Betätigung der Gemeinde	212
VIII.	Das Finanzwesen der Gemeinde	216
	1. Die Stellung der Gemeinde in der Finanzverfassung des Bundes	216
	a) Die Steuergesetzgebungshoheit	217
	b) Die Ertragshoheit	218
	c) Die Stellung der Gemeinden im sekundären Finanzausgleich; Zweckzuweisungen des Bundes	219
	d) Die Steuerverwaltungskompetenz	221
	e) Die Gemeinden in der staatlichen Finanzplanung und Konjunkturpolitik	221
	f) Das Haushaltswesen	222
	2. Die finanzrechtliche Stellung der Gemeinden nach dem Landesrecht	222
	a) Die Finanzgarantien der Landesverfassung	222
	b) Die gesetzliche Realisierung der Verfassungsgarantien	223
	3. Die finanzielle Situation der Gemeinden	225
IX.	Die Staatsaufsicht	226
	1. Rechtskontrolle, Opportunitätsprinzip und Selbstverwaltungsgarantie	226
	2. Die repressive Aufsicht und ihre Mittel	227
	a) Die repressive Aufsicht	227
	b) Die Mittel repressiver Aufsicht	228
	3. Die präventive Aufsicht	232
	4. Die Behörden der Aufsicht	232
	5. Die Rechtsnatur der Aufsichtsmaßnahmen und der Rechtsschutz	233

X. Gemeindeverbände und andere Formen gemeindlicher Zusammenarbeit	235
1. Der Landkreis	235
a) Stellung, Funktion und Aufgabenbereich	235
b) Die Organisation des Landkreises	236
c) Der Landrat als staatliche Verwaltungsbehörde	237
2. Der Umlandverband Frankfurt	237
3. Formen kommunaler Gemeinschaftsarbeit	239
a) Notwendigkeit und Bedeutung kommunaler Gemeinschaftsarbeit	239
b) Der Zweckverband	240
c) Sonstige Formen kommunaler Zusammenarbeit	241
d) Der Landeswohlfahrtsverband	241

I. Status und Bedeutung der Kommunen

1. Die Kommunen im politischen System

Die Kommunen[1] sind wie Bund und Länder demokratisch organisiert. Wegen der schon früh unter dem Titel der bürgerschaftlichen Selbstverwaltung einsetzenden Demokratisierung waren die Gemeinden ursprünglich, da mit dem monarchischen Legitimationsverständnis des Staates unvereinbar, dem nichtstaatlichen gesellschaftlichen Bereich zugeordnet worden mit der Folge, daß z.B. in der Paulskirchenverfassung von 1848 die Garantie der Selbstverwaltung als Grundrecht ausgewiesen war.[2] Das Grundgesetz hat die Wahlrechtsregeln für die Gemeinden und die Selbstverwaltungsgarantie im II. Abschnitt, also in seinem »Allgemeinen Teil« des Organisationsrechts zusammengefaßt[3] und damit die Gemeinde als Teilsystem des von der Verfassung konstituierten öffentlichen Bereichs und mit dem Einbezug des Demokratieprinzips in die Minimalia staatlicher Homogenität in Art. 28 I 1 GG die

---

[1] Der – traditionelle – Begriff der Kommunen meint in erster Linie und auch hier *die* Gebietskörperschaften Gemeinde und Landkreis. Zum Kommunalbereich werden aber alle Organisationen und Formen, an denen Kommunen beteiligt sind, gezählt, so der Umlandverband Frankfurt, der Landeswohlfahrtsverband und die Formen der Zusammenarbeit nach dem Gesetz über kommunale Gemeinschaftsarbeit (KGG); siehe näher u. X. Die folgenden Ausführungen konzentrieren sich auf die Gemeinden als die wichtigsten Faktoren des Kommunalbereichs.

[2] Ebenso verfuhr die WRV in Art. 127 mit der bezeichnenden Ausnahme der Wahlrechtsregeln (Art. 17 II WRV). Nachklänge finden sich noch in der gemeindlichen Verfassungsbeschwerde nach Art. 93 I 4 b GG und in der Grundrechtsklage nach § 46 StGHG. Zu den politischen und geistesgeschichtlichen Hintergründen siehe *Y. Ott*, Der Parlamentscharakter der Gemeindevertretung, S. 39-69.

[3] Über den verschlungenen Weg, den die gemeinderechtlichen Verfassungsbestimmungen von der Paulskirchenverfassung über die Verfassungen der Restaurationszeit bis zur WRV und zum GG gegangen sind, s. *H. Meyer*, Die Finanzverfassung der Gemeinden, S. 25.

Gemeinden als Teil des öffentlich-rechtlich organisierten politischen Systems anerkannt.[4] § 1 I HGO gibt den verfassungsrechtlichen Stellenwert der Gemeinden als **»Grundlage des demokratischen Staates«** daher exakt wieder. Gemeindliche Demokratie ist qualitativ nichts anderes als staatliche Demokratie[5] und deren Grundlage insofern, als das Maß bürgerlicher Mitbestimmung in der Gemeinde weitaus höher sein kann als in den Ländern und im Bund und als in den Gemeinden sowohl die erste Bindung der Bürger an die politischen Parteien entstehen als sich auch das politische Personal für den Staatsbereich auf natürliche Weise ausbilden kann. Neue politische Gruppierungen können sich – und sei es im Protest gegenüber den im Staat etablierten Parteien – am ehesten auf gemeindlicher Ebene bilden, da sie nicht den hohen Organisationsanforderungen genügen müssen, die Voraussetzung für eine dauerhafte Betätigung im staatlichen Bereich sind.[6] Schließlich ist die gemeindliche Demokratie auch offener für Experimente als der staatliche Bereich, was sich zum Beispiel beim beschränkten Ausländerwahlrecht[7] und bei der Ausweitung der unmittelbaren Volksrechte[8] zeigt.

---

4   Das BVerfG hat sich mittlerweile eindeutig für diese Sicht der Dinge entschieden. So heißt es z.B. in BVerfGE 83, 37, 54, die Kommunen seien durch das GG »in den staatlichen Aufbau integriert« und das GG habe sich »für die gegliederte Demokratie entschieden«. Das Gericht kann dabei auf BVerfGE 79, 127, 148/149 und E 52, 95, 112 verweisen. Instruktiv zum Wandel der wissenschaftlichen Anschauungen *H. Faber*, Alternativkommentar zum GG, 2. Aufl. 1989, Art. 28 RN 15 ff. Daß diese Erkenntnis freilich über 60 Jahre verspätet gewonnen wird, zeigt die Debatte um die verfassungsrechtliche Festlegung der Verhältniswahl auch für den Kommunalbereich in der Weimarer Nationalversammlung (s. dazu *H. Meyer*, Kommunalwahlrecht, HdbKWP Bd. 2, S. 38 bis 40).
5   Das BVerfG hat schon früh erkannt, daß dem auch die Verfassungswirklichkeit entspricht: »Die Arbeit in den Gemeindeparlamenten wird ... im allgemeinen Bewußtsein als echte politische Tätigkeit bewertet« (E 7, 155, 167). S. auch *M. Schröder*, Grundlagen und Anwendungsbereich des Parlamentsrechts, Baden-Baden 1979, S. 384-356 m.w.N. »Für alle Gebietskörperschaften« gilt die »Einheitlichkeit der demokratischen Legitimationsgrundlage« (BVerfGE 83, 37, 53). S. auch *H. H. v. Arnim*, Gemeindliche Selbstverwaltung und Demokratie, AöR 113 (1988), 1 ff. – Die Europäische Charta der kommunalen Selbstverwaltung anerkennt in der Präambel ebenfalls die kommunalen Gebietskörperschaften als »eine der wesentlichen Grundlagen jeder demokratischen Staatsform« (s. *F.-L. Knemeyer* (Hrsg.), Die Europäische Charta der kommunalen Selbstverwaltung, Baden-Baden 1989.
6   Mit Recht hat daher auch das BVerfG nach anfänglichem Tolerieren (BVerfGE 6, 104, 114 f.) die Beschränkung der Beteiligung an der Kommunalwahl auf politische Parteien für verfassungswidrig erachtet (BVerfGE 11, 266, 276; grundsätzlicher, auch die Landtagswahlen einbeziehend E 41, 399, 417).
7   So sieht der durch Verfassungsänderung vom 21. Dez. 1992 eingefügte Satz 3 von Art. 28 I GG das Kommunalwahlrecht für EG-Bürger vor. BVerfGE 83, 37 ff. eröffnete die Möglichkeit in einem nicht begründeten obiter dictum (S. 59), das wegen Art. 79 III GG (s. dazu BVerfGE 89, 155, 182) mit der fundamentalen Annahme des Gerichts nicht zu vereinbaren ist, Art. 20 II 1 GG bedeutet nicht nur die Festlegung der Volkssouveränität, was korrekt ist, sondern lege auch definitorisch fest, wer zum Volk gehöre, nämlich nur die Deutschen (S. 50). Der Parlamentarische Rat hatte eine definitorische Festlegung nicht im Sinne, s. dazu *H. Meyer*, Wahlgrundsätze und Wahlverfahren in: Isensee/Kirchhof (Hrsg.), Handbuch des Staatsrechts Bd. II § 38 RN 4-7. Die andere fundamentale Annahme des Gerichts, daß es keinen qualitativen Unterschied zwischen dem Volk des Bundes, der Länder und der Kommunen gebe (S. 54), ist dagegen korrekt. S. dazu oben zu und in FN 4 und FN 5. Das Gesetz zur Einführung des Kommunalwahlrechts für Unionsbürger vom 12. Sept. 1995 (GVBl. I S. 462) erweitert das aktive und passive Kommunalwahlrecht entsprechend, und zwar auch für Bürgermeisterwahlen. Es macht die Unionsbürger mit Konsequenz auch für die Bürgerentscheide (s. FN 106) zu Gemeindebürgern (§ 8 II HGO).
8   Zum Bürgerentscheid s. unten V 1 b.

2. Die Kommunen im administrativen System

Die Kommunen sind in zweifacher Funktion **Verwaltungsträger**. Zum einen verwalten sie ihre prinzipiell unbegrenzten[9] eigenen Angelegenheiten und zum anderen übernehmen sie nach deutscher Tradition und in Hessen aufgrund der Verfassung[10] in weiten Bereichen die Basisverwaltung für den Staat, d.h. für Bund und Länder. Sie sind so die Träger der umfassendsten,[11] flächendeckenden und bürgernächsten öffentlich-rechtlich organisierten Verwaltung, was hohe Anforderungen an ihre Leistungsfähigkeit stellt. Die Bedeutung der Kommunen als Verwaltungsträger und der – freilich von »self*government*« stammende – Begriff der Selbst*verwaltung* provozieren die falsche Vorstellung, die Kommunen seien insgesamt im Sinne des Art. 20 II GG der vollziehenden Gewalt, also der Verwaltung zuzuordnen.[12] Schon die Fragestellung ist methodisch irrig und ihre Beantwortung führt notwendig zu Widersprüchen: Art. 20 GG gilt nur für den Bund und seine Organisation; für die Länder und ihre Gemeinden gilt erst Art. 28 I und II GG, der seinerseits jene scharfe Trennung[13] des Art. 20 II GG nicht kennt. Widersprüchlich ist die Annahme, weil dieselben Autoren meist und zurecht betonen, Art. 28 II 1 GG garantiere von Verfassungs wegen das Rechtsetzungsrecht der Gemeinden in eigenen Angelegenheiten.[14] Die »Verwaltung« kann aber immer nur kraft Delegation durch den Gesetzgeber Normsetzung betreiben. Beim Satzungsrecht der Gemeinden findet eine solche Delegation nicht statt und daher gilt auch konsequenterweise weder Art. 80 GG noch der in ihm enthaltene Grundsatz für das gemeindliche Satzungsrecht.[15] Um die Gesetzesbindung der Kommunen auch bei der Satzungsgebung zu begründen, bedarf es der Annahme nicht, sie werde auch in diesem Falle als Verwaltung tätig, weil sich die Bindung zwanglos aus Art. 28 II GG (»im Rahmen der Gesetze«) ergibt.

---

9 Die Gemeinden können sich nach BVerfGE 79, 127, 146 »aller Angelegenheiten der örtlichen Gemeinschaft, die nicht durch Gesetz bereits anderen Trägern öffentlicher Verwaltung übertragen sind, ohne besonderen Kompetenztitel annehmen (»Universalität« des gemeindlichen Wirkungskreises)«.
10 Siehe unten II 3.
11 Die Gliederung des Haushaltes der Stadt Frankfurt weist z.B. folgende Verwaltungsbereiche aus: Allgemeine Verwaltung, Öffentliche Sicherheit und Ordnung, Schulen, Wissenschaft, Forschung, Kulturpflege, soziale Sicherung, Gesundheit, Sport, Erholung, Bau- und Wohnungswesen, Verkehr, öffentliche Einrichtungen, Wirtschaftsförderung, Wirtschaftliche Unternehmen, Allgemeines Grund- und Sondervermögen, Allgemeine Finanzwirtschaft.
12 So z.B. *E. Schmidt-Jortzig*, Kommunalrecht, S. 43; aber auch *E. Schmidt-Aßmann*, Die kommunale Rechtsetzungsbefugnis, HdbKWP Bd. 3, S. 184 und Kommunalrecht, RN 95.
13 Die im übrigen relativer ist, als sie klingt (s. *H. Meyer*, Die Stellung der Parlamente in der Verfassungsordnung des Grundgesetzes in: Schneider/Zeh, Parlamentsrecht und Parlamentspraxis, Berlin etc. 1989, § 4 RN 23 ff.).
14 So z.B. *E. Schmidt-Aßmann*, Kommunalrecht, RN 95 u. *Y. Ott*, Der Parlamentscharakter, S. 153 ff. m.w.N.
15 Siehe BVerfGE 21, 54, 63/4 u. 32, 346, 361. Darum unterscheidet sich die kommunale Satzungsgebung fundamental von der gesetzlich verliehenen Satzungsgewalt, die z.B. Anlaß für das Facharzturteil des BVerfG (E 33, 125 ff.) gewesen ist; ohne jede Sensibilität in der Sache *F. Ossenbühl* in: Erichsen, Allgemeines Verwaltungsrecht, 10. Aufl. 1995, § 6 RN 69. Den Sinn des Gesetzesvorbehalts, die Entscheidung unmittelbar demokratisch legitimierten Organen zu überlassen, erfüllt die Gemeindevertretung in ihrem Selbstverwaltungs-Zuständigkeitsbereich in idealer Weise. Siehe auch *Y. Ott*, Der Parlamentscharakter, S. 160 ff., 163 m. w. N.

3. Die Kommunen im ökonomischen und sozialen System

Die Stellung der Kommunen im ökonomischen System ist weniger von ihrer eigenen wirtschaftenden Tätigkeit als von ihrer Funktion bestimmt, für eine ausreichende Infrastruktur zu sorgen.[16] Nach § 19 I HGO haben die Gemeinden die Aufgabe, »in den Grenzen ihrer Leistungsfähigkeit die für ihre Einwohner erforderlichen wirtschaftlichen, sozialen und kulturellen öffentlichen Einrichtungen bereitzustellen«,[17] und nach § 1 V BauGB ist es ihre Aufgabe, bei der Bauleitplanung u.a. den allgemeinen Anforderungen an gesunde Wohn- und Arbeitsverhältnisse sowie den Belangen der Wirtschaft, des Verkehrs, der Versorgung, insbesondere mit Energie und Wasser, und der Entsorgung Rechnung zu tragen.[18] Die Kommunen sind so die **wichtigsten Träger der wirtschaftlichen Infrastruktur.** Sie sorgen regelmäßig für die nötigen Verkehrsanbindungen[19] wie auch für die Versorgung mit Elektrizität und Wasser und für die Abfall-[20] und Abwasserentsorgung[21]. Mit den Sparkassen erfüllt der Kommunalbereich eine wichtige Dienstleistungsfunktion für die Wirtschaft im Kreditwesen.[22] Neben diesen allgemeinen Leistungen für die Wirtschaft können die Kommunen durch Wirtschaftsförderung[23] (Grundstücksvorratspolitik etc.) die Ansiedlung von Wirtschaftsbetrieben oder ihre Erweiterung fördern. Die Kommune darf nach § 19 I und § 121 I HGO bzw. §§ 16, 52 I HKO selbst wirtschaftend tätig werden, falls nur der öffentliche Zweck des Unternehmens es rechtfertigt. Eine überkommene wirtschaftliche Betätigung[24] darf unabhängig davon weitergeführt werden.

Einen nicht unerheblichen Anteil hat der Kommunalbereich an der öffentlichen Sozialverwaltung. **Örtliche Träger der öffentlichen Sozialhilfe,** deren Finanzie-

---

16 Die Übergänge sind fließend, wie z.B. städtische Wohnungsbaugesellschaften zeigen.
17 Für die Landkreise gilt über § 16 HKO Entsprechendes.
18 Der Katalog des § 1 V BauGB zeigt im übrigen die fast unbeschränkte Weite der gemeindlichen Aufgabenstellung. § 123 I BauGB enthält eine bundesrechtliche Verpflichtung der Gemeinde zur Erschließung, welche die in § 127 II BauGB aufgeführten Anlagen umfaßt, worunter sowohl Straßen, Wege und Plätze als auch unter bestimmten Bedingungen Parkflächen und Grünanlagen sowie Anlagen zum Schutz von Baugebieten gegen schädliche Umwelteinwirkungen gehören.
19 Siehe § 4 des Gesetzes zur Weiterentwicklung des öffentlichen Personennahverkehrs i.d.F. v. 19. Jan. 1996 (GVBl. I S. 50).
20 Siehe § 1 HAbfG und dazu unten *E. Rehbinder* im Abschnitt »Umweltrecht« sub III 3.
21 Siehe § 52 Hessisches Wassergesetz (HWG).
22 Die Rekommunalisierung der großen Nassauischen Sparkasse, die Übernahme des Landesanteils an der Hessischen Landesbank durch den Sparkassen- und Giroverband, der Zusammenschluß mit dem Thüringischen Sparkassenwesen, die Verbindung der öffentlichen Versicherungsunternehmen mit dem Sparkassensystem und schließlich die Absicherung überkommener Geschäftstätigkeit im Lande Rheinland-Pfalz (s. zuletzt Staats-Vertragsgesetz v. 27.7.1993, GVBl. I 352) haben das Sparkassenwesen in Hessen reorganisiert und schlagkräftiger gemacht. Insgesamt sieht sich das Sparkassenwesen Privatisierungsforderungen ausgesetzt. (s. z.B. *J. Ipsen,* (Hrsg.), Sparkassen im Wandel, Köln etc. 1993 u. *B. Claussen,* Teilprivatisierung kommunaler Sparkassen? Baden-Baden 1990).
23 Siehe z.B. *F.-L. Knemeyer,* Wirtschaftsförderung als kommunale Aufgabe, FS Fröhler, Berlin 1980, S. 493 ff., ders., Kommunale Wirtschaftsförderung, WuV 1989, 92 ff.; *H. Lange,* Möglichkeiten und Grenzen gemeindlicher Wirtschaftsförderung, Hannover etc. 1981 oder *W.-H. Müller,* Hdb-KWP Bd. 4, S. 625 ff. sowie *D. Ehlers* (Hrsg.), Kommunale Wirtschaftsförderung 1990. S. auch ESVGH 38, 250 (U. v. 27.5.1988): Praxisgründungsdarlehn.
24 So betrieb die Stadt Frankfurt in alter Tradition das Weingut Hochheim.

rungslasten derzeit das Verhältnis zum Bund belasten, sind die kreisfreien Städte und Landkreise sowie grundsätzlich die kreisangehörigen Städte mit über 50.000 Einwohnern (Sonderstatusstädte) und der Landeswohlfahrtsverband. Die Aufgabe ist nach dem Gesetz eine Selbstverwaltungsaufgabe.[25] Ähnliches gilt für die Kinder- und Jugendhilfe.[26] Landkreise und kreisfreie Städte haben neben dem Land eine bedarfsgerechte Versorgung durch leistungsfähige Krankenhäuser sicherzustellen. Träger von Krankenhäusern können aber jede Gemeinde[27] und der Landeswohlfahrtsverband sein.

4. Die Kommunen im Kulturbereich

Eine besondere Bedeutung kommt den Kommunen im Bereich der das Bildungswesen umfassenden Kultur zu.[28] Nach § 138 I SchulG[29] sind die kreisfreien Städte und die Landkreise und nach näherer Bestimmung des § 138 II und III SchulG auch kreisangehörige Städte und Gemeinden Schulträger. Der Landeswohlfahrtsverband ist Schulträger für überregionale Schulen einschließlich der Schulheime (§ 139 SchulG). Die entsprechenden Aufgaben sind nach § 147 SchulG für die kommunalen Träger Selbstverwaltungsaufgaben. Die Errichtung von Volkshochschulen legt § 5 I VolkshochschulG[30] den kreisfreien Städten, den Landkreisen und den Sonderstatusstädten als eine Pflicht auf. Nach § 3 KindergartenG können die Gemeinden Kindergärten errichten.[31] Im engeren Bereich der Kultur sei an Büchereien, Archive, Museen, Ausstellungen, Theater, Orchester, Oper, kommunales Kino, sonstige kulturelle Veranstaltungen, die Kunstförderung sowie an den Denkmalschutz (s. Art. 62 HV) erinnert. Darüberhinaus fördern die Kommunen in nicht unerheblichem Umfange Privatinitiativen und das Vereinsleben im kulturellen Bereich. Die Inten-

---

25 Siehe die §§ 1 bis 5 des Hessischen Ausführungsgesetzes zum BSHG v. 16.9.1970 (GVBl. I S. 573); zuletzt geändert durch Art. 1 Sozialhilfeaufgaben-ÜberleitungsG v. 15.12.1992 (GVBl. I S. 629). – Siehe allgemein *R. Pitschas*, Entwicklungstendenzen und Anforderungen im Politikfeld Gesundheit und Soziales in: *W. Blümel/H. Hill* (Hrsg.), Die Zukunft der kommunalen Selbstverwaltung, S. 149-179.
26 Siehe § 69 SGB VIII u. §§ 4 und 5 des Gesetzes zur Ausführung des Kinder- und Jugendhilfegesetzes und zur Änderung des Finanzausgleichsgesetzes v. 18.12.1992 (GVBl. I S. 655); zu speziellen Aufgaben auch kreisangehöriger Gemeinden s. dort § 2 I.
27 Siehe § 3 des Hess. Krankenhausgesetzes v. 18.12.1989 (GVBl. I S. 452).
28 Siehe z.B. *P. Häberle*, Kulturpolitik in der Stadt – ein Verfassungsauftrag, Heidelberg etc. 1979; *F. Hufen*, Kulturauftrag als Selbstverwaltungsgarantie, NVwZ 1985, 516 ff.; *E. Pappermann/P.M. Mombauer/I.TH. Blank* (Hrsg.), Kulturarbeit in der kommunalen Praxis, Köln etc. 1984; instruktiv auch die Zusammenstellung in: Der Landkreis 1984, 361 – 364. S. auch das Kapitel 15 Schule, Bildung, Kultur in: HbdKWP Bd. 4, S. 145-329.
29 Vom 17.6.1992 (GVBl. I S. 233).
30 Gesetz über Volkshochschulen i.d.F. v. 21.5.1981, (GVBl. I S. 198). Nach § 14 Erwachsenenbildungsgesetz (EBG) i.d.F. v. 9. Aug. 1978 haben die kreisfreien Städte und Landkreise eine Unterstützungsfunktion.
31 Hessisches Kindergartengesetz v. 14.12.1989 (GVBl. I S. 450); zum 3. Änderungsgesetz s. FN 354. Anläßlich der Neufassung des § 218 StGB ist durch Änderung des Achten Buches Sozialgesetzbuch – Kinder- und Jugendhilfe (§ 24 II) eine Verpflichtung zur Schaffung von Kindergartenplätzen ab dem 1.1.1996 statuiert worden, die auch für die Kommunen als Träger der örtlichen Jugendhilfe Relevanz hat.

sität kultureller Aktivitäten hängt von der Größe der Gemeinde, ihren Finanzierungsmöglichkeiten und dem politischen Willen ab; da Kultur aber zunehmend auch als Standortvorteil angesehen wird, sind in den letzten Jahren vor allem in den Großstädten in diesen Bereich nicht unerhebliche Investitionen geflossen.

II. Der Verfassungsstatus der Kommunen nach Grundgesetz und Landesverfassung

1. Der doppelte Verfassungsstatus

Die Kommunen besitzen einen doppelten, nach den Art. 28, 104 a ff. GG nämlich **einen bundes-** und nach den Art. 137, 138 HV **einen landesverfassungsrechtlichen Status**.[32] Soweit die Landesgarantie mit der Bundesgarantie übereinstimmt, kann sie schon darum nicht nach Art. 31 GG gebrochen werden, weil Art. 28 II 1 GG gerade den Ländern den Auftrag gibt, die Selbstverwaltung der Gemeinden (durch Landesverfassung) zu gewährleisten.[33] Das Land ist frei, die Stellung der Kommunen gegenüber der Bundesgarantie, allerdings nur zu Lasten der Landesstaatsgewalt, zu verbessern. Verfassungsprozessual ist die Doppelgewährleistung immer noch nicht ganz überzeugend gelöst. Art. 93 I Nr. 4 b GG und das neue StGHG[34] gewähren den Kommunen nur eine als Verfassungsbeschwerde (Grundrechtsklage) ausgestaltete Normenkontrolle zum Schutz ihres Selbstverwaltungsrechts nach dem GG bzw. der HV[35]. Verstöße durch andere Rechtsakte als Rechtsnormen[36] können von den Kommunen nur im fachgerichtlichen Verfahren geltend gemacht werden. Im Verfassungsprozeß sind sie nicht organstreitfähig.

---

32 Von minderer Bedeutung ist Art. 62 HV. – Zu den europarechtlichen Implikationen s. *H.-W. Rengeling*, Rechtssetzung der Europäischen Gemeinschaft und Kommunen, ZG 1994, S. 277 ff.
33 Siehe zur dreifachen Geltungsweise des Art. 28 II GG im einzelnen *H. Meyer*, Die Finanzverfassung der Gemeinden, S. 34 ff. Da Art. 28 GG nur den Minimalstandard enthält und zugleich die Gewährleistung durch die Länder verlangt, ist Art. 31 insoweit funktionslos; daher schadet es auch nicht, daß Art. 142 GG mangels Grundrechtscharakters der Selbstverwaltungsgarantie (so – im Ergebnis und in der Begründung im einzelnen umstritten – auch der StGH in ESVGH 23, 147, 152) keine Anwendung findet.
34 §§ 19 Nr. 10 u. 46 des Gesetzes über den Staatsgerichtshof v. 30. Nov. 1994 (GVBl. I S. 684). Zur Kritik an der Systematik s. oben *W. Schmidt* zu FN 90. – Allgemein s. *W. Hoppe*, Probleme des verfassungsgerichtlichen Rechtsschutzes der kommunalen Selbstverwaltung, DVBl. 1995, S. 179 ff.
35 Die Subsidiarität der Beschwerde vor dem BVerfG betrifft nur Landesrechtsnormen und nur insoweit, als die landesverfassungsrechtliche Verbürgung mindestens den Standard der bundesverfassungsrechtlichen erreicht, was in Hessen nach Schaffung des Art. 28 II 3 GG wohl der Fall ist.
36 »Gesetz« im Sinne des Art. 93 I 4 b GG ist als »Rechtsnorm« zu lesen (zuletzt BVerfGE 76, 107, 114); die Harmonie zu § 46 StGHG, der generell von »Landesrecht« spricht ist daher vorhanden. Der VerfGH NW (U. v. 19.4.1994; DÖV 1994, S. 957 f.) hat bei vergleichbarer Rechtslage einen Ministerialerlaß, der über die Kommunalaufsicht durchgesetzt werden konnte, nicht für rügefähig erachtet. Zur Rechtslage in RhPf. s. VerfGH RhPf. (U. v. 13.10.1995), DÖV 1996, 248.

2. Der Status nach der Bundesverfassung

Der **bundesverfassungsrechtliche Status** der Kommunen war ursprünglich nur in Art. 28 GG geregelt. Mit der Ausbildung der Finanzverfassung sind die Gemeinden seit 1956 zunehmend in den Genuß einer Reihe wichtiger finanzverfassungsrechtlicher Garantien[37] gekommen. Dieser Zuwachs zeigt den politischen Einfluß des Kommunalbereichs auf die Bundespolitik und bedeutet einen durchaus nicht kampflos hingenommenen Machtverlust der Länder. Die Kommunen werden nämlich im übrigen vom Grundgesetz im Sinne des Sprachgebrauchs von Art. 130 GG als landesunmittelbare Körperschaften angesehen, so daß der Begriff »Länder« im GG regelmäßig die Kommunen mitumfaßt, wie z.B. in Art. 30, 33, 35 aber auch in Art. 83 oder 104 a I GG.[38] Regelungen des Grundgesetzes über die Kommunen sind dem Landesverfassungs- oder Landesgesetzgeber entzogen.

a) *Die Stellung der Gemeinden*

Ausgangspunkt der grundgesetzlichen Garantie bleibt Art. 28 GG, und zwar, was oft übersehen wird, gerade in seiner Verbindung von demokratischem Postulat (Abs. 1 S. 2) und Zuweisung eines Bund und Ländern prinzipiell verschlossenen Bereichs (Abs. 2 S. 1). Mit Art. 28 II 1 GG anerkennt die Verfassung des Bundes die Gemeinden[39] als selbständige Träger eigener Aufgaben; der systematische Sinn der Norm liegt in der Kompetenzabgrenzung zum Bund und zum jeweiligen Land.[40] Daraus folgt, daß die Gemeinden bei Nutzung der Verfassungsgarantie keine staatlichen[41] oder vom Staat delegierten Aufgaben wahrnehmen, im Rahmen des Art. 28 II 1 GG also auch keine mittelbare Staatsverwaltung betreiben.[42] Gerade wegen dieser ver-

---

37 Sie wurden über Art. 109 IV Nr. 1 GG allerdings auch in die Pflicht genommen. S. zum Finanzwesen näher unten VIII.
38 Siehe die Interpretation von *P. Lerche* in MDHS, Art. 83 RN 76-78, 80 (Stand 1983) u. Art. 84 RN 27, 59 (Stand 1985) jeweils m.w.N.
39 Die Garantie für die Gemeindeverbände ist dagegen merklich eingeschränkter; siehe unter b.
40 Als Kompetenzabgrenzungsnorm differenzierter als die Globalnorm des Art. 30 GG und tritt neben Art. 70 GG. Das hat einen gewaltenteilenden Effekt (s. auch *H. Maurer*, Grundlagen der kommunalen Selbstverwaltung, DVBl. 1995, 1037, 1040) und kann auch auch als Ausdruck des Subsidiaritätsprinzips gelten (*H. Heberlein*, Subsidiarität und kommunale Selbstverwaltung, NVwZ 1995, 1052 ff.) Der Bund ist z.B. nicht frei, die städtebauliche Planung durch das BauGB den Ländern zu übertragen oder sie eigener Gesetzgebung vorzubehalten, weil damit ein vom Gesetzesvorbehalt des Art. 28 II 1 GG nicht gedeckter Eingriff in ein zentrales Betätigungsgebiet (so zu recht *E. Schmidt-Aßmann*, Kommunalrecht, RN 21; noch offenlassend: BVerfGE 56, 298, 312 f. u. 66, 107, 118/119) der Kommunen vorläge.
41 Im Sinne von Aufgaben der Staaten anerkannten Systeme Bund und Länder; BVerfGE 79, 127, 143 und 83, 363, 381/2 sprechen davon, daß das GG die Gemeinden »in den Aufbau des politischen Gemeinwesens ... eingefügt und ihnen dadurch eine spezifische Funktion beigemessen hat«.
42 Daß dies gleichwohl immer noch behauptet wird (s. z.B. *E. Schmidt-Jortzig*, Kommunalrecht, S. 22 oder neuestens *A. v. Mutius*, Kommunalrecht, RN 16), beruht bestenfalls auf einer terminologischen Verwirrung. Entweder bezeichnet man die gesamte »öffentliche Gewalt« (Art. 19 IV GG) als staatlich, dann gehören die Gemeinden dazu und ihre Tätigkeit ist unmittelbare Staatstätigkeit, oder aber man reserviert den Staatsbegriff für Bund und Länder, dann gehört die den Gemeinden nach Art. 28 II 1 GG garantierte Tätigkeit nicht zur staatlichen Tätigkeit. Bei den Belegstellen des BVerfG wird regelmäßig übersehen, daß das Gericht »staatlich« im ersteren Sinne benutzt. Wenn es etwa die Ge-

fassungsunmittelbaren Zuweisung öffentlicher, aber nicht staatlicher und prinzipiell unbegrenzter Aufgaben verfügt Art. 28 I 2 GG, daß in den Gemeinden wie in den Ländern (und wie im Bund) das Volk eine Vertretung haben müsse.[43] Im einzelnen verlangt Art. 28 I 2 GG eine nach dem Standard der Staatsparlamente[44] gewählte Volksvertretung.[45] Die danach notwendige Allgemeinheit der Wahl und somit der aktiven und passiven Wahlberechtigung ist mit dem Ende 1992 eingefügten Art. 28 I 3 GG nach Maßgabe des Europarechts auf Bürger von Staaten der Europäischen Gemeinschaft, also fremde Staatsangehörige ausgedehnt worden.[46] Daß die Volksvertretung in den Gemeinden wie die in den Ländern entscheidenden Einfluß auf die Willensbildung der Gemeinde haben muß, ergibt formal der Stellenwert der Regelung im allgemeinen Organisationsteil des Grundgesetzes und der Gleichklang mit der Forderung für die Länder, inhaltlich die Bedeutung des damit für die Gemeinden verbindlich gemachten Demokratieprinzips.[47] Diesem Erfordernis trägt § 50 HGO Rechnung, der die Vertretung prinzipiell allzuständig macht.

Art. 28 II 1 GG wird meist verkürzt als Selbstverwaltungsgarantie bezeichnet. Die Norm garantiert den Gemeinden sehr viel exakter, daß sie »alle Angelegenheiten der öffentlichen Gemeinschaft«,[48] also zumindest alles, was nur örtliche Bedeutung hat,

---

meinden zum Staat zählt, dann meint es ausschließlich, sie seien nicht dem gesellschaftlichen, genossenschaftlichen oder privaten Bereich zuzurechnen, sondern eben dem öffentlich-rechtlich organisierten Bereich. Siehe z.B. E 83, 37, 53/54 oder auch E 61, 82, 103, in der es um die mangelnde Grundrechtsträgerschaft der Kommunen geht. Zur Überholtheit des Begriffes der mittelbaren Staatsverwaltung für den Kommunalbereich s. auch *F.-L. Knemeyer*, Aufgabenkategorien im kommunalen Bereich, DÖV 1988, 397, 398.

43 Die notwendige Verbindung von Allzuständigkeit und demokratischer Legitimation betont BVerfGE 83, 37, 54/55 daher zurecht.
44 Zu den Wahlgrundsätzen des Art. 28 I 2 GG s. zu und in FN 151-153.
45 Die nach Art. 28 I 4 GG auch durch eine Gemeindeversammlung ersetzt werden kann – eine nach der teritorialen Neuordnung in Hessen im wesentlichen obsolet gewordene Norm.
46 Siehe dazu und zur Realisierung in Hessen zu und in FN 7 u. FN 106.
47 Siehe jetzt deutlich BVerfGE 83, 37, 55.
48 Man spricht von »Universalität« des gemeindlichen Wirkungskreises oder »Allzuständigkeit« (s. BVerfGE 56, 298, 312; 79, 127, 146 (Rastede); 83, 363, 382). Man differenziert, ohne daß dadurch höhere Erkenntnisse z.B. für das Maß der Einschränkbarkeit gewonnen würden (s. auch *E. Schmidt-Aßmann*, Kommunalrecht, RN 23) in einzelne »Hoheiten«. Sie beziehen sich sowohl auf die Selbstorganisation, wie die Organisationshoheit, die Personalhoheit und im wesentlichen die Finanzhoheit, als auch auf die Gestaltung oder Förderung einzelner Sachangelegenheiten der örtlichen Gemeinschaft, wie die wichtige (Raum)planungshoheit. Das Maß der Beschränkung dieser »Hoheiten« ist traditionell sehr unterschiedlich. Am stärksten ist die Organisationshoheit insbesondere durch die gesetzlich vorgesehenen Kommunalverfassungssysteme (eine Übersicht über »Kommunalverfassungen in Deutschland« gibt *H.-J. Stargard*, VR 1995, S. 118 ff., 145 ff.) beschränkt (s. BVerfGE 91, 228, 236 ff. u. *B. Schaffarzik*, Das Gebot der Gleichberechtigung im Spannungsfeld staatlicher Organisationsgewalt und kommunaler Organisationshoheit, DÖV 1996, S. 152 ff.). Die Personalhoheit reduziert sich praktisch auf Personalentscheidungen im Einzelfall und die Finanzhoheit ist weitgehend eine Ausgabenhoheit. Interessanter ist die (Raum)planungshoheit (s. BVerfGE 56, 298, 312 f. u. 76, 107, 118 f.; BVerwG, NVwZ 1996, 400 sowie *Th. Giegerich*, Die Planungshoheit der Gemeinde, JA 1988, S. 367 ff.), aus der prozessual Klagebefugnis bzw. Aktivlegitimation und verfahrensrechtlich Anhörungsrechte gewonnen werden können. Hinweise in: HessVRSpr. 1991, 1/2), bei der man sich aber fragt, warum die Gemeinde nur Planungsoptionen, nicht aber realisierte Planungen soll verteidigen können (s. auch *W. Blümel*, VVDStRL 36, 265 ff, 401 u. *Verf.*, dort S. 389). Zur Frage einer Zusammenarbeit mit Gemeinden anderer Staaten s. das – restriktive – Urteil des rh.-pf. OVG (DVBl. 1988, 796 ff.) v. 17.11.1987; s. auch *H. Heberlein*, »Kommunale Außenpolitik« und »Atomwaffenfreie Zonen«: Die Maßstäbe des Bundesverwaltungsgerichts, DÖV 1991, 916 ff. und *ders.*, Grenznachbarliche Zusammenarbeit auf kommunaler Basis, DÖV 1996, 100 ff.

in eigener Verantwortung, d.h. ohne rechtlich relevante Beeinflussung durch fremde, insbesondere durch staatliche Anweisung, sollen »regeln« und also auch durch eigene Rechtsetzung verbindlich festlegen können.[49] Art. 28 II GG schweigt dagegen zur Übertragbarkeit staatlicher Aufgaben auf die Gemeinden. Die innere Schwäche dieser so definierten Selbstverwaltungsgarantie liegt zum einen in dem »Rahmen«, den ihr Bundes-[50] oder Landesgesetze ziehen können, also in ihrer Einschränkbarkeit. Beschränkt werden kann durch Gesetz oder aufgrund eines Gesetzes[51] sowohl der Umfang gemeindlicher Zuständigkeit als auch die Eigenverantwortlichkeit bei der Durchführung der eigenen Angelegenheiten.[52] Eine Grenze setzt nach der Rechtsprechung der »Kernbereich« des Selbstverwaltungsrechts,[53] dessen Bestimmung, ja Bestimmbarkeit freilich Schwierigkeiten macht.[54] Zutreffend wertet das BVerfG das Recht, sich aller Angelegenheiten der örtlichen Gemeinschaft anzunehmen, ohne daß ein besonderer Kompetenztitel notwendig wäre (Allzuständigkeit, Universalität des Wirkungskreises), »als identitätsbestimmendes Merkmal der gemeindlichen Selbstverwaltung«.[55] Aber auch außerhalb des Kernbereichs sind Aufgabenbeschränkung oder Aufgabenentzug nur zulässig, wenn die Gründe dafür schwerer wiegen als die in Art. 28 II 1 GG vorgenommene Aufgabenverteilung zu Gunsten der Gemeinden.[56] Mit dieser in der Rastede-Entscheidung vorgenommenen Klarstellung hat das Gericht der Kritik an der vorangegangenen

---

49 Das ist unstrittig. Siehe z.B. *E. Schmidt-Aßmann*, Die kommunale Rechtsetzung im Gefüge der administrativen Handlungsformen und Rechtsquellen, München 1981, S. 7 m.w.N.
50 Siehe *J. Burmeister*, Verfassungstheoretische Neukonzeption der kommunalen Selbstverwaltungsgarantie, München 1977, S. 39 ff. und *G. Schmidt/Eichstaedt*, Bundesgesetze und Gemeinden, Stuttgart 1981, S. 123 ff. und zur faktischen Bedeutung S. 1 ff.
51 Siehe BVerfGE 76, 107, 118. Erlasse oder Rundverfügungen von Ministern oder nachgeordneten Behörden reichen nicht aus (ESVGH 38, 250, 253).
52 Das wird in BVerfGE 79, 124, 143/4 noch einmal auch historisch und entstehungsgeschichtlich abgesichert; in E 83, 363, 382 f. übernommen. Die Eigenverantwortlichkeit wird durch materielle oder verfahrensrechtliche Vorgaben der Gesetze (s. z.B. §§ 1 u. V, 3, 123 BauGB) oder auch durch ein Mitspracherecht des Staates bei der Erfüllung der Aufgabe (Genehmigungsvorbehalt; Vetorecht etc.) eingeschränkt.
53 Siehe z.B. BVerfGE 23, 353, 365/6; 38, 258, 278/9; 79, 127, 146 (hier identifiziert mit dem Verbot der Aushöhlung des Wesensgehalts gemeindlicher Selbstverwaltung). Zur WRV wurde der vom BVerfG übernommene Begriff der »institutionellen Garantie« geprägt, um die Möglichkeit beliebiger gesetzgeberischer Einschränkung auszuschließen.
54 Nach BVerfGE 79, 127, 146 soll bei der Bestimmung des Kernbereichs besonders »der geschichtlichen Entwicklung und den verschiedenen Erscheinungsformen der Selbstverwaltung (was immer das sein mag, der *Verf.*) Rechnung« getragen werden und gleichwohl der Kernbereich nach Aufgabengebieten weder bestimmt noch bestimmbar sein. S. auch *J. Ipsen*, Schutzbereich der Selbstverwaltungsgarantie und Einwirkungsmöglichkeiten des Gesetzgebers, ZG 1994, S. 194 ff. u. *H.-G. Henneke*, Kommunale Eigenverantwortung bei zunehmender Normendichte, ZG 1994, S. 212 ff.
55 Siehe BVerfGE 79, 127, 146/7. Das voraussetzungslose Zugriffsrecht wird auch in E 83, 37, 54 betont. Ein instruktives Beispiel (Praxisgründungsdarlehen) findet sich in ESVGH 38, 250, 252.
56 Siehe BVerfGE 79, 127, 154: bloße Gründe der Sparsamkeit, Wirtschaftlichkeit, Verwaltungsvereinfachung oder Zuständigkeitskonzentration reichen dazu nicht aus (S. 153). Der in der früheren Rechtsprechung gelegentlich auftauchende, aber im einzelnen nicht immer ganz eindeutige Gedanke der Verhältnismäßigkeit oder des Willkürverbots (E 56, 298, 312/3; ähnlich E 76, 107, 119 f.) hat sich damit erledigt.

Entscheidung des BVerwG[57] Rechnung getragen und die gemeindliche Verfassungsgarantie nicht unerheblich aufgewertet.

Die zweite Schwäche der Garantie ist die relative Unbestimmtheit des Begriffs der Anlegenheiten der örtlichen Gemeinschaft. Die neuere Rechtsprechung des BVerfG übernimmt die alte Formel von den Angelegenheiten, »die in der örtlichen Gemeinschaft wurzeln oder auf sie einen spezifischen Bezug haben«, wendet sich aber gegen die Einschränkung, daß die Angelegenheit von der örtlichen Gemeinschaft eigenverantwortlich und selbständig erledigt werden können müsse,[58] weil es »auf die Verwaltungskraft der Gemeinde« nicht ankomme.[59] Gleichwohl wird dem Gesetzgeber eine »Einschätzungsprärogative« im Hinblick auf den »unbestimmten Verfassungsbegriff« Angelegenheiten der örtlichen Gemeinschaft zugestanden und dabei der Anforderung »an eine ordnungsgemäße Aufgabenerfüllung eine maßgebliche Bedeutung beigemessen, was zur Möglichkeit der Differenzierung nach kreisfreien und kreisangehörigen Gemeinden oder allgemeiner typisierend nach Gemeindegrößeklassen führen kann.[60] Die Abgrenzung der Aufgaben der Gemeinden zur »allgemeinen Politik«[61] ist im Lichte des Art. 28 I 2 GG zu sehen, der nicht die »mitgliedschaftlich-partizipatorische Komponente« zusätzlich stärken, sondern »die Einheitlichkeit der demokratischen Legitimationsgrundlage im Staatsaufbau sicherstellen« will.[62] Angelegenheiten können also auch wegen ihres politischen Bezugs örtliche Angelegenheiten werden, wenn sie gerade die Menschen in der Gemeinde betreffen. Dies kann insbesondere in den Fällen wichtig werden, in denen die Entscheidungskompetenz beim Bund oder beim Land liegt und die Gemeinde lediglich eine Äußerungskompetenz wahrnehmen möchte. Die zunehmende Verflechtung gemeindlicher Aufgaben mit eindeutig überörtlichen Aufgaben, z.B. im Verhältnis zwischen dem Eisenbahnbau oder dem Bundesfernstraßenbau mit der örtlichen Bauleitplanung,[63] hat zu dem Versuch einer Neuorientierung der Verfassungsgarantie geführt.[64] Es überzeugt jedoch nicht, jede öffentliche Verwaltung im Gebiet der Gemeinde der Gewährleistung des Art. 28 II 1 GG zu unterstellen. Konsequent ist dagegen der Versuch, den Gemeinden in dem Maß, in dem die eigenverantwortliche Erledigung ihrer Aufgaben durch zunehmende Verflechtung dieser Aufgaben mit staatlichen Aufgaben abnimmt, ein Mitspracherecht bei der Festlegung der entsprechenden staatlichen Aufgaben zu geben.[65]

---

57 BVerwGE 67, 321 ff. Siehe dazu FN 67.
58 Siehe z.B. BVerfGE 50, 195, 201 mit Bezug auf E 8, 122, 134.
59 Siehe BVerfGE 79, 127, 151/2.
60 BVerfGE 79, 153 f. sub b. Die Tendenz zur »Hochzonung« komplizierter werdender Aufgaben bleibt gleichwohl stark.
61 BVerfGE 79, 151 mit Verweis auf E 8, 122, 134.
62 Siehe BVerfGE 83, 37, 55.
63 Siehe z.B. § 1 IV, V Nr. 7 u. 8 und VI BauGB.
64 Auf der Basis einer scharfen Analyse der vielfältigen, mehr oder weniger leichtfertig tradierten und meist formelhaften Ungereimtheiten der herrschenden Lehre zur Stellung der Gemeinden aus verfassungsrechtlicher Sicht hat *J. Burmeister* (s. FN 50) 1977 zu radikale Folgerungen gezogen.
65 Siehe *J. Burmeister* (s. FN 50), S. 71, 113; zur »Beteiligung der Kommunen an kommunalrelevanten Rechtsetzungsakten von Bund und Ländern« s. *Hubert Meyer*, ZG 1994, S. 262 ff.

b) *Die Stellung der Gemeindeverbände*

Die Gemeindeverbände[66] haben einen deutlich geringeren Verfassungsstatus als die Gemeinden. Zwar spricht Art. 28 II 2 GG auch ihnen das Recht der Selbstverwaltung im Sinne des Art. 28 II 1 GG zu (»auch«), also der eigenverantwortlichen Erledigung eigener Aufgaben einschließlich des Satzungsrechts, beschränkt die Garantie aber auf den allein gesetzlich erst zu fixierenden Aufgabenbereich[67] und formuliert zusätzlich schärfer »nach Maßgabe der Gesetze« statt »im Rahmen der Gesetze«. Der kritische Punkt der Garantie ist der Aufgabenbereich. Aus Art. 28 I 1 u. II 2 GG läßt sich schließen, daß der Gesetzgeber den Kreisen so viel an Aufgaben zuweisen muß, daß sie lebensfähig sind und zugleich eine demokratische Organisation adäquat ist.[68] Die Aufgaben sind »eigene«, also nicht staatliche; das führt automatisch zu Konkurrenz mit den Gemeinden. Die unterschiedliche Gewährleistung erlaubt kreisfreie Städte, nicht aber gemeindefreie Landkreise. Die Übertragung ehemals oder von Hause aus gemeindlicher Aufgaben auf die Landkreise bedeutet einen Eingriff in das gemeindliche Selbstverwaltungsrecht,[69] bei dem strittig war, ob er bloß einem reduzierten Verhältnismäßigkeitsprinzip gerecht werden mußte.[70] Das BVerfG hat klargestellt, daß die Verlagerung einer örtlichen Aufgabe auf die Kreise denselben Anforderungen unterliegt, wie eine Verlagerung auf den Staat.[71] Es ist dem Gericht zwar zuzugeben, daß Art. 28 II 1 GG nicht zwischen lokal-örtlichen und regional-örtlichen Aufgaben und damit zwischen Gemeinde- und Kreisaufgaben unterscheidet; andererseits wird man den Gesetzgeber dann für verpflichtet halten müssen, eine Aufgabe, die ihren »örtlichen« Charakter z.B für kreisangehörige Gemeinden verliert, nicht auf das Land, sondern auf die Kreise zu übertragen, wenn diese sie als kreis-örtliche Aufgabe erfüllen können. Insofern kann der Gesetzgeber bei der Zuweisung von Aufgaben an die Kreise gebunden sein; die Verstaatlichung einer ehemals gemeindlichen Aufgabe ist also das letzte Mittel. Zur Übertragung staatlicher Aufgaben an die Kreise schweigt das Grundgesetz ebenso wie bei den Gemeinden.

---

66 In erster Linie die Landkreise; s. im übrigen zur Begriffsproblematik BVerfGE 52, 95, 110 ff.; s. auch unten FN 82.
67 Mit erstaunlicher Sorglosigkeit »interpretiert« BVerwGE 67, 321, 324/325 den Unterschied fort, wobei fälschlich BVerfGE 22, 352, 367 zitiert wird; dort ist nicht von der verfassungsrechtlichen Aufgabengewährleistung, sondern von der gleichwertigen Qualität der vorhandenen – also bei Landkreisen: der gesetzlich übertragenen – Selbstverwaltungsaufgaben die Rede. Siehe zu dem ungemein vielfältig kommentierten Urteil *F.-L. Knemeyer/Hofmann* (Hrsg.), Gemeinden und Kreise, Stuttgart etc. 1984 m.w.N.
68 Anklänge finden sich in BVerfGE 52, 59, 112. BVerfGE 79, 127, 151 betont aber, daß daraus keine Aufgabenverbürgung wie bei den Gemeinden geschlossen werden kann.
69 Schon nach BVerwGE 67, 321, 323 unbestritten; siehe BVerfGE 79, 127, 150. Allgemein zum Problem s. *J. Kronisch*, Aufgabenverlagerung und gemeindliche Aufgabengarantie, Baden-Baden 1993. Siehe auch den Vorlagebeschluß des VGH v. 12.2.1996, DVBl. 1996, 481.
70 So BVerwGE 67, 321, 325; zur Reduktion s. auch *F.-L. Knemeyer/Hofmann*, (s. FN 67), S. 36.
71 Siehe BVerfGE 79, 127, 150. Dem hat sich der HessVGH (B. v. 2.2.1996) angeschlossen, DÖV 1996, 475.

3. Der Status nach der Landesverfassung

a) *Die Stellung der Gemeinden*

Der **landesverfassungsrechtliche Status** der Kommunen, der unmittelbar nur gegenüber der Landesstaatsgewalt wirkt, ergibt sich im wesentlichen aus Art. 137 HV; Teilaspekte sind in Art. 138 und Art. 62 HV geregelt.[72] Soweit Art. 28 II 1 GG die Gewährleistung der gemeindlichen Selbstverwaltung durch die Landesverfassung vorschreibt,[73] kommt dem Art. 137 III HV nach.[74] Ein Gesetzesvorbehalt läßt sich nur indirekt aus Art. 137 III 2 HV schließen; die Beschränkung der staatlichen Aufsicht auf eine Rechtsaufsicht signalisiert nämlich, daß die Selbstverwaltung durch staatliches Gesetz (»im Einklang mit den Gesetzen«) reguliert werden kann.[75] Nur aus der Gegenüberstellung von Art. 137 V Satz 1 und Satz 2 HV ergibt sich, daß der Staat die Gemeinden verpflichten kann, Selbstverwaltungsaufgaben wahrzunehmen. Den entscheidenden Schritt über Art. 28 II GG hinaus macht Art. 137 I HV. Danach ist grundsätzlich jegliche örtliche Verwaltung unabhängig vom staatlichen oder nichtstaatlichen Charakter der Aufgabe gemeindliche Verwaltung. Eine anderweitige Zuweisung, d.h. vor allem die Erfüllung durch staatliche örtliche Behörden, ist nach Art. 137 I 2 HV nur »in dringendem öffentlichen Interesse« zulässig und unterliegt dem Gesetzesvorbehalt. Danach ist grundsätzlich bei allen Landesaufgaben, die örtlicher Verwaltung bedürfen, die Gemeinde als Verwaltungsträger vorzusehen. Dies gilt auch bei der Ausführung von Bundesgesetzen nach den Art. 83 ff. GG, es sei denn, der an Art. 137 I HV nicht unmittelbar gebundene[76] Bundesgesetzgeber erklärte ausdrücklich Landesbehörden für zuständig. Art. 137 I HV macht daher von Verfassungs wegen die Gemeinden zu *den* Trägern örtlicher Verwaltung.[77] Die von

---

72 Zu Art. 138 (neu) HV s. den Unterabschnitt »Wahlentscheid des Bürgers«. Die Art. 137 u. 138 (alt) HV haben durch *F.v. Zezschwitz* eine erfreulich ausführliche Kommentierung (Stand September 1984) gefunden, auf die verwiesen werden kann.
73 Siehe oben in und zu FN 33.
74 Wegen des zeitlichen Vorrangs der HV freilich nicht in der Intention, sondern nur in der Funktion. »Ihre Angelegenheiten« in Art. 137 III HV entspricht »alle Angelegenheiten der örtlichen Gemeinschaft« in Art. 28 II GG, und der Begriff Selbstverwaltung dem in Art. 28 II 2 GG und damit dem »in eigener Verantwortung zu regeln« in Art. 28 II 1 GG.
75 *F. v. Zezschwitz*, Art. 137 Anm. VII 3 will nur einen »immanenten Gesetzesvorbehalt« anerkennen, den er aus einem weiteren immanenten Gebot an das Land, »die Rechtseinheit innerhalb des Landes zu schaffen und zugleich zu begrenzen«, ableiten und zugleich begrenzen will (Anm. VII 3 d). Für die hier vertretene Auffassung spricht, daß der Abg. *Bleek* bei der Verfassungsberatung ohne ein Bedenken davon spricht, daß »von den Gemeinden die Verwaltung nach den bestehenden Gesetzen geführt wird« (Stenogr. Berichte über die Verhandlungen des Verfassungsausschusses der Verfassungsberatenden Landesversammlung von Groß-Hessen S. 143). Wie selbstverständlich nehmen *G. Schneider/W. Jordan* (HGO §§ 1, 2 Anm. 3 S. 4) einen Gesetzesvorbehalt an.
76 Höchstens über die auch zugunsten der Länder wirkende »Bundestreue«.
77 Dieser »monistischen« Konzeption war sich der Verfassungsgeber auch bewußt. Der Abg. *Wittrock* formulierte: »Der Schwerpunkt der Verwaltung soll in Zukunft nicht mehr bei staatlichen Organen, sondern bei solchen der Selbstverwaltung liegen, den nicht kreisfreien Städten, wie auch den kreisangehörigen Städten und Landgemeinden« (s. FN 75, S. 142/143). BVerfGE 79, 127 weist auf diese Besonderheit der hessischen Verfassung hin (S. 149) und überlegt sogar (S. 147), ob die »Totalität«, also die »Einheitlichkeit der öffentlichen Verwaltung auf Gemeindeebene« (gerade das, was Art. 137 I HV meint) zu den identitätsbestimmenden Merkmalen der gemeindlichen Selbstverwaltung zu zählen ist.

Art. 28 II GG offen gelassene Möglichkeit, die Gemeinden zu Trägern fremder, nämlich staatlicher Aufgaben zu machen, sieht Art. 137 IV HV ausdrücklich vor. Wegen Art. 137 I HV liegt der konstitutive Teil dieser Regelung darin, daß örtliche (staatliche) Aufgaben sowohl bloße Pflichtaufgaben sein[78] als auch zur Erfüllung nach Anweisung übertragen werden können.[79] Darüber hinaus kann die Entscheidungskompetenz für die übertragenen Aufgaben ohne Rücksicht auf die Kompetenzverteilung nach der HGO unmittelbar dem Gemeindevorstand zugewiesen werden.[80] Es bleibt aber auch in diesem Falle eine gemeindliche Tätigkeit; sie unterliegt daher der Kontrollbefugnis der Gemeindevertretung nach § 50 II HGO.[81] Da lediglich beim Vorbehalt eines Weisungsrechts die eigenverantwortliche Wahrnehmung durch die Gemeinde oder ihre Organe beschränkt ist, gilt im übrigen auch bei der Erfüllung staatlicher Aufgaben durch die Gemeinde der Grundsatz der Selbstverwaltung, also der eigenverantwortlichen Wahrnehmung.

Nach der hessischen Verfassungslage gibt es also fünf Typen kommunaler Aufgaben: freiwillige Selbstverwaltungsaufgaben (Art. 137 III u. V 2 HV), pflichtige Selbstverwaltungsaufgaben (arg. ex Art. 137 V), freiwillig übernommene fremde (staatliche) Aufgaben (Art. 137 I 2 HV), übertragene staatliche Aufgaben ohne und solche mit staatlichem Weisungsrecht (Art. 137 IV HV). – Zum Finanzstatus (Art. 137 V HV) s. den Abschnitt »Das Finanzwesen der Gemeinden«.

b) *Die Stellung der Gemeindeverbände*

Den Gemeindeverbänden, in erster Linie den Landkreisen,[82] garantiert Art. 137 III HV ebenfalls die lediglich der Rechtsaufsicht unterfallende, also eigenverantwortliche Selbstverwaltung. Das ist unproblematisch hinsichtlich der mit der Selbstorganisation zusammenhängenden Aufgaben. Kritisch ist es hinsichtlich der Sachaufgaben, da, wie bei Art. 28 II GG,[83] die Abgrenzung zum gemeindlichen Selbstverwal-

---

78 Als bloßes minus, was im übrigen wiederum durch Art. 137 V 1 i.V.m. 2 HV bestätigt wird.
79 Wichtige Beispiele: §§ 82, 87 HSOG, 60 I HBO. Zur Haftung gegenüber dem Land s. BVerwG, DÖV 1996, 326.
80 Ein Beispiel bietet § 60 II HBO. Scharf davon zu trennen ist die gesetzliche Inanspruchnahme eines kommunalen Organs als eines staatlichen Funktionsträgers im Wege der sogenannten »Organleihe«, z.B. des Oberbürgermeisters nach § 146 a HGO und des Landrats nach § 55 HKO oder § 85 I Nr. 3 HSOG; es handelt sich um einen Sonderfall unmittelbarer staatlicher Verwaltung (zur vom Gericht nicht so genannten Organleihe s. BVerfGE 63, 1, 41 ff.); *F.-L. Knemeyer*, (s. FN 42; DÖV 1988, 397, 402) will nicht einmal das als Organleihe betrachten, weil er sie auf ad hoc-Fälle beschränken will; entscheidend ist aber die Inanspruchnahme eines dem Staate fremden Funktionsträgers als eines staatlichen. Hier haftet das Land und ist der richtige Klagegegner. Dagegen fällt z.B. die Inanspruchnahme des Oberbürgermeisters als Kreisordnungsbehörde nach § 85 I Nr. 3 HSOG unter Art. 137 IV HV. Daß diese Norm von der Übertragung auf »Vorstände« spricht, schadet nichts, weil zur Zeit der Verfassungsgebung die Magistratsverfassung noch nicht obligatorisch war. Es liegt kein Fall der Organleihe vor (s. auch *F.v. Zezschwitz*, Art. 137 Anm. VIII 1 u. 2 a. E. sowie im Ergebnis ebenso ESVGH 21, 74, 77 f.). Hier haftet die Gemeinde und sie ist im Streitfall Klagegegner.
81 Siehe unten zu und in FN 141.
82 Zu ihnen ist wegen der Aufgaben und der demokratischen Organisation auch der Umlandverband Frankfurt, sind aber nicht der Landeswohlfahrtsverband und kommunale Zweckverbände (s. näher unten X 3) zu rechnen (s. *F.v. Zezschwitz*, Art. 137 Anm. VI 2 d). S. auch BVerfGE 52, 95, 110 ff.
83 Siehe oben 2 a. Daß die Gewährleistung des Art. 137 III HV sich nur auf den *gesetzlich* zu fixierenden Aufgabenbereich bezieht, zeigt der Rückschluß aus Art. 137 II HV, der die Garantie des Art. 137 I HV lediglich auf solche Aufgaben bezieht.

tungsbereich gefunden werden muß. Die hessische Verfassungslage ist durch Art. 137 II HV, der den Gemeindeverbänden »die gleiche Stellung« wie den Gemeinden nach Abs. 1 zubilligt, kompliziert, da das Maß der Gleichstellung wegen der umfassenden verfassungsunmittelbaren Zuständigkeitszuweisung für die Gemeinden in Abs. 1 gegenüber der nur »im Rahmen ihrer gesetzlichen Zuständigkeit« bestehenden Zuständigkeit der Gemeindeverbände nach Abs. 2 unsicher ist. Besteht eine gesetzliche Aufgabenzuweisung für die Gemeindeverbände, sind sie nach Abs. 1 ausschließlich zuständig und zugleich eigenverantwortlich in der Wahrnehmung, in die nur unter den Voraussetzungen des Art. 137 IV HV eingegriffen werden kann. Auch soweit die gesetzliche Zuweisung wie in § 2 I HKO allgemein umschrieben ist, gilt Art. 137 I 2 HV entsprechend. Eine unter die allgemeine Beschreibung fallende Aufgabe kann also nur durch Gesetz und nur bei dringendem öffentlichen Interesse einem anderen Träger ausschließlich zugewiesen werden. Daß Art. 137 HV einen materiellen Vorrang der Gemeinden vor den Gemeindeverbänden meint, hat BVerfGE 79, 127, 147 zurecht betont; daher gilt für die Bindung des Gesetzgebers bei einer Aufgabenverlagerung von Gemeinden auf Gemeindeverbände dasselbe, was oben[84] zu Art. 28 II gesagt ist. Im übrigen entspricht der Verfassungsstatus der Gemeindeverbände dem der Gemeinden.

III. Organisation und Gliederung des kommunalen Bereichs in Hessen

Die Basis kommunaler Verwaltung bilden die Gemeinden. Die Summe der Gemeindegebiete ist identisch mit dem Gebiet des Landes Hessen (§ 15 II 1 HGO).[85] Die Regeln der HGO sind auf »die Gemeinde« als Typus bezogen. Innerhalb dieses Typus unterscheidet die HGO jedoch terminologisch zwischen Gemeinden und Städten (§ 13 HGO),[86] ohne daß damit bis auf unterschiedliche Organbezeichnungen[87] ein unterschiedlicher Rechtsstatus verbunden wäre. Innerhalb der Städte differenziert die HGO ausdrücklich und mit rechtlicher Relevanz zum einen nach solchen mit mehr als 50.000 Einwohnern und zum anderen innerhalb dieser Gruppe eher indirekt zwischen kreisfreien und kreisangehörigen Städten. Die fünf kreisfreien Städte Frankfurt, Wiesbaden, Kassel, Darmstadt und Offenbach gehören im Gegensatz zu allen anderen Gemeinden keinem Landkreis an und übernehmen daher notwendig zu den normalen gemeindlichen Aufgaben auch Aufgaben, die im übrigen

---

84 Siehe oben zu FN 71.
85 Bis auf die vernachlässigenswerten gemeindefreien Grundstücke (§ 15 I 2 HGO); s. dazu *G. Schneider/W. Jordan*, HGO, §§ 15-17 Erl. 2. – Als Gebietskörperschaften (§ 1 II HGO) sind die Gemeinden in ihrer territorialen Hoheitsgewalt auf ihr Gebiet beschränkt.
86 Über 40% der hessischen Gemeinden sind Städte.
87 In den Städten heißen die Gemeindevertretung »Stadtverordnetenversammlung«, der Gemeindevorstand »Magistrat« (§ 9 HGO), die Beigeordneten »Stadtrat« und der hauptamtliche Beigeordnete für das Finanzwesen »Kämmerer« (§ 45 HGO).

Landesgebiet durch die Landkreise zu erfüllen sind.[88] Sie unterliegen daher auch nicht der Kreisumlage nach § 53 II HKO. Die übrigen sieben[89] Städte mit mehr als 50.000 Einwohnern sind kreisangehörig. Es hat sich für sie die Bezeichnung kreisangehörige Städte mit Sonderstatus[90] eingebürgert. In beiden Arten von Städten heißt der Bürgermeister »Oberbürgermeister« und der erste Beigeordnete »Bürgermeister« (§ 45 I HGO); die erleichterte Abberufbarkeit von Beigeordneten nach § 76 II HGO ist auf sie beschränkt. Sie unterliegen nicht der Aufsicht durch den Landrat (§ 136 II HGO). Durch § 4 a HGO macht der Gesetzgeber deutlich, daß kreisangehörigen Städten mit Sonderstatus einzelgesetzlich auch Aufgaben übertragen werden können, die eigentlich den Landkreisen zustehen. Dies ist in einer Reihe von Fällen geschehen.[91] Weitere Differenzierungen nach der Gemeindegröße finden sich in Spezialgesetzen; sie betreffen regelmäßig die Möglichkeit, Aufgaben, die an sich den Kreisen zugewiesen sind, auf größere Gemeinden zu übertragen.[92]

Die zweite Ebene kommunaler Verwaltung bilden die Landkreise. Bis auf das Gebiet der fünf kreisfreien Städte und der gemeindefreien Grundstücke sind auch die Landkreise im Hinblick auf das Landesgebiet flächendeckend. Sie sind sowohl Gebietskörperschaften wie die Gemeinden als auch Gemeindeverbände. Daraus ergibt sich, daß jede Gemeinde oder Stadt, soweit es sich nicht um eine kreisfreie Stadt handelt, einem Gemeindeverband »Landkreis« angehören muß. Nach Abschluß der kommunalen Neuordnung und der erneuten Änderung im Bereich »Lahnstadt« gibt es 21 Landkreise in Hessen.

Der derzeitige Status mit 21 Landkreisen, fünf kreisfreien Städten, sieben kreisangehörigen Städten mit Sonderstatus und 414 anderen kreisangehörigen Gemeinden (Städten) ist ein Produkt der kommunalen Gebietsreform, die in Hessen mit dem Schwerpunkt in der ersten Hälfte der siebziger Jahre durchgeführt worden ist und zu einer radikalen Reduzierung der Zahl der Kommunen geführt hat.[93]

---

88 Siehe z.B. § 138 I SchulG, § 85 I Nr. 3 HSOG, § 1 HAG/BSHG. Als Landesverwaltungsbehörde wird der Oberbürgermeister kreisfreier Städte jedoch nach § 146 a HGO in geringerem Maße in Anspruch genommen als der Landrat nach § 55 HKO (s. unten S.).
89 Es sind dies der Größe nach Hanau, Gießen, Marburg, Rüsselsheim, Fulda, Wetzlar und Bad Homburg.
90 Siehe dazu *H. Görnert*, Kreisangehörige Städte mit Sonderstatus in Hessen in: Festschrift für E. Stein, Bad Homburg, 1983, S. 51 ff. u. *M. Borchmann*, Zur Sonderstellung großer kreisangehöriger Gemeinden in Hessen, VR 1979, 404.
91 Die wohl wichtigste Übertragung findet sich in § 60 II HBO; wichtig sind aber auch § 4 I Volkshochschulgesetz (s. oben FN 30) und § 4 I 3 HAG/BSHG (s. oben FN 25); s. weiter bei *H. Görnert*, (s. FN 90), S. 57 ff.
92 Siehe z.B. § 5 HAG/KJHG; § 4 HAG/BSHG; § 138 III SchulG; an die Gemeindegröße als Maßstab der Leistungsfähigkeit wird sich auch die Entscheidung des Ministers nach § 60 II 2 HBO (s. auch § 3 II DenkmalschutzG) ausrichten.
93 Vorher bestanden 39 Landkreise mit außerordentlich hohen Größenschwankungen, mit Fulda, Hanau, Marburg und Gießen vier weitere kreisfreie Städte und insgesamt über 2.626 Städte und Gemeinden. Siehe im einzelnen *H. Voit*, Die kommunale Gebietsreform in Hessen, in: E. Stein (Hrsg.), 30 Jahre hessische Verfassung 1946-1976, Wiesbaden 1976, S. 366 ff.

Neben dem Landeswohlfahrtsverband und dem Umlandverband Frankfurt[94] bestehen noch fünf kommunale Gebietsrechenzentren, je vier Versorgungs- bzw. Zusatzversorgungskassen und 355 Zweckverbände bzw. Wasser- und Bodenverbände.

IV. Die wichtigsten Rechtsquellen

Hessische Gemeindeordnung (HGO) i.d.F.v. 1. 4. 1993 (GVBl. 1992 I 534), zuletzt geändert durch Gesetz zur Änderung kommunalrechtlicher Vorschriften v. 21. 12. 1994 (GVBl. I 816)
Hessische Landkreisordnung (HKO) i.d.F.v. 1. 4. 1993 (GVBl. 1992 I 569), zuletzt geändert durch Gesetz zur Änderung kommunalrechtlicher Vorschriften v. 21. 12. 1994 (GVBl. I 816)
Gesetz über den Umlandverband Frankfurt v. 11. 9. 1974 (GVBl. I 427), zuletzt geändert durch G v. 20. 5. 1992 (GVBl. I 170)
Gesetz über die Mittelstufe der Verwaltung und den Landeswohlfahrtsverband Hessen (MittelstufenG) v. 7. 5. 1953 (GVBl. I 93), zuletzt geändert durch G v. 20. 5. 1993 (GVBl. I 170)
Gesetz über kommunale Gemeinschaftsarbeit (KGG) v. 16. 12. 1969 (GVBl. I 307), zuletzt geändert durch G v. 15. 5. 1974 (GVBl. I 241)
Eigenbetriebsgesetz (EigBG) i.d.F.v. 9. 6. 1989 (GVBl. I 151), zuletzt geändert durch G v. 20. 5. 1992 (GVBl. I 170)
Hessisches Kommunalwahlgesetz (KWG) i.d.F.v. 19. 10. 1992 (GVBl. I 582)
Gesetz über kommunale Abgaben (KAG) v. 17. 3. 1970 (GVBl. I 225), zuletzt geändert durch G v. 31. 10. 1991 (GVBl. I 333)
Hundesteuergesetz v. 9. 3. 1957 (GVBl. S. 28), zuletzt geändert durch G v. 17. 12. 1973 (GVBl. I 467)
Gesetz zur Regelung des Finanzausgleichs (FAG) i.d.F. v. 16. 2. 1995 (GVBl. I 131).
Gesetz zur Regelung der überörtlichen Prüfung kommunaler Körperschaften in Hessen (ÜPKKG) v. 22. 12. 1993 (GVBl. I 708).

---

94 Zum Umlandverband Frankfurt, zum Landeswohlfahrtsverband und zu anderen Formen kommunaler Zusammenarbeit s. unten Abschnitt X.

V. Die demokratische Organisation der gemeindlichen Willensbildung

1. Nichtparlamentarische Formen demokratischer Beteiligung an gemeindlicher Willensbildung

a) *Die Bürgerversammlung*

Neben das klassische Mittel demokratischer Organisation, die Gemeindevertretung, hat die Gemeindeordnung Mitte der 70er Jahre und 1992 eine Reihe anderer Institute demokratischer Mitwirkung gestellt.[95] § 8 a HGO »zwingt« den Vorsitzenden der Gemeindevertretung, einmal im Jahr unter Beteiligung des Gemeindevorstandes[96] eine **Bürgerversammlung** zur Unterrichtung über wichtige Angelegenheiten der Gemeinde[97] durchzuführen. Damit ist der Aktiv-Bürgerschaft[98] die Möglichkeit eröffnet, sich insbesondere von der Gemeindeverwaltung ohne Mediatisierung durch die politischen Parteien unterrichten zu lassen. Zwar beruft der Vorsitzende der Gemeindevertretung die Versammlung ein, legt die Tagesordnung fest und leitet sie, die Gemeindevertreter sind aber nicht verpflichtet, anwesend zu sein; die Versammlung ist daher schwerlich »in erster Linie« als Informationsmittel der Gemeindevertretung zu betrachten.[99] Allein der Gemeindevorstand ist anwesenheitspflichtig. Daraus ist auf seine Verpflichtung zu schließen, im Rahmen seiner Kompetenz auch Rede und Antwort zu stehen,[100] soweit nicht Geheimhaltungsbedürfnisse das hindern. Da es keine Veranstaltung der Gemeindevertretung, sondern der Gemeinde ist[101] und deren Vorsitzender auch ausdrücklich Sachverständige und Berater hinzuziehen kann, bestehen nicht unerhebliche Bedenken, z.B. die Fraktionsvorsitzenden auf der Seite des Veranstalters teilnehmen zu lassen.[102] Es wird regelmäßig kein

---

95 Siehe allgemein *I. Ebsen*, Bürgerbeteiligung durch die Gemeindevertretung und repräsentative Demokratie, DVBl. 1984, 1107 ff.; *H.H. v. Arnim*, Möglichkeiten unmittelbarer Demokratie auf Gemeindeebene, DÖV 1990, 85 ff. Eine Bewertung aus der Sicht des Jahres 1995 findet sich bei *W. Erbguth*, Verstärkung der Elemente unmittelbarer Bürgerbeteiligung auf kommunaler Ebene, DÖV 1995, 793 ff. u. Der Landkreis 1996, 162 ff.; zur nw. Rechtslage siehe *Th. v. Danwitz*, Bürgerbegehren in der kommunalen Willensbildung, DVBl. 1996, 134 ff.
96 Der Gemeindevorstand ist nach § 8 a III 3 HGO zur Teilnahme verpflichtet; nach § 8 a II HGO hat der Vorsitzende der Gemeindevertretung im Benehmen mit ihm über Zeit, Ort und Tagesordnung der Bürgerversammlung zu entscheiden.
97 Das betrifft Selbstverwaltungs-Angelegenheiten ebenso wie freiwillig übernommene oder auch übertragene »staatliche Aufgaben« (s. oben zu FN 77-81).
98 Nach § 8 a I 3 HGO kann auch nicht wahlberechtigten Einwohnern, die nach § 8 II HGO keine Bürger sind, die Teilnahme vom Vorsitzenden erlaubt werden.
99 So aber *G. Schneider/W. Jordan*, HGO, §§ 8 a, b Anm. 2 S. 3, die andererseits aber keinen Raum mehr sehen für Bürgerversammlungen durch den Gemeindevorstand nach § 66 II HGO (aaO S. 4). Auch eine Regelung durch die Geschäftsordnung der Vertretung ist ausgeschlossen (anders HMdI in LT-Drucks. 12/399; s. auch INF.HStT 9/87).
100 Eine Anwesenheitspflicht ohne Äußerungspflicht wäre sinnlos; dagegen spricht auch nicht die ausdrückliche Regelung des § 59 S. 3 HGO, die wegen der latenten Spannung zwischen Vorstand und Vertretung und vor allem im Hinblick auf § 50 II HGO Klarheit schaffen will.
101 Sonst hätte die Vorschrift systematisch parallel zu § 66 II HGO in § 50 HGO ihren Platz finden müssen.
102 So aber *G. Schneider/W. Jordan*, (s. FN 99), S. 4; das schließt freilich weder ihre Teilnahme noch die Funktion als Berater aus.

Bedürfnis bestehen, daß der Gemeindevorstand seiner Verpflichtung der Unterrichtung der Bürger nach § 66 II HGO durch Einberufung einer Versammlung Rechnung trägt, § 8 a HGO verbietet ihm ein solches Mittel jedoch keineswegs.[103] Die Unterrichtungspflicht ist in § 8 a I 1 HGO auf »wichtige Angelegenheiten« beschränkt; damit ist nicht der relative[104] Kompetenzbegriff des § 9 HGO gemeint, Maßstab für das Gewicht der Angelegenheit ist vielmehr das Verhältnis Gemeinde-Bürger.[105]

b) *Bürgerbegehren und Bürgerentscheid*

Während seit 1977 die Bürger mit dem nicht allzu häufig genutzten Bürgerbegehren lediglich die Befassung der zuständigen Gemeindeorgane mit einer Angelegenheit erzwingen konnten, ist das Bürgerbegehren seit der Novelle 1992 auf einen Bürgerentscheid gerichtet.[106] Mit der gleichzeitigen Herabsetzung des Quorums für das Begehren auf 10% der Wahlberechtigten (§ 8 b III 3 HGO) und mit der geforderten Abstimmungsmehrheit von einem Viertel der Stimmberechtigten öffnet sich die HGO behutsam direktdemokratischen Elementen und reiht sich damit in die wachsende Zahl von Ländern ein.[107] Das Bürgerbegehren zielt darauf, das Volk an die Stelle der

---

103 Die Formulierung in LT-Drucks. 8/2350 S. 17/18: »Für besondere vom Gemeindevorstand veranstaltete Bürgerversammlungen ist daneben kein Raum mehr« besagt lediglich, daß der Gemeindevorstand eine solche nicht einberufen kann; jede andere Form der mündlichen Berichterstattung vor den Bürgern bleibt dem Gemeindevorstand vorbehalten. So auch *H. u. D. Schlempp*, HGO, § 8 a Anm. 1. § 66 II HGO ist auch ein Mittel des Vorstandes, die Bürger im Streit mit der Gemeindevertretung zu informieren.
104 Siehe in diesem Abschnitt sub 2 b (5).
105 So auch *G. Schneider/W. Jordan*, HGO, §§ 8a, b Anm. 2 S. 2.
106 Da »Bürger« nach § 8 HGO die wahlberechtigten Einwohner sind und die Unionsbürger ab Ende 1995 wahlberechtigt sind (s. FN 7), sind sie abstimmungsberechtigt und zählen zur Ermittlung des Quorums mit. Die Behauptung, das verstoße gegen Art. 28 I 3 GG (*B. Burkholz*, Teilnahme von Unionsbürgern an kommunalen Bürgerentscheiden? DÖV 1996, 816 ff., *K.-G. Meyer-Teschendorf/ H. Hofmann*, Teilnahme von Unionsbürgern nicht nur an Kommunalwahlen, sondern auch an kommunalen Plebisziten? ZRP 1995, 290,292), verkennt, daß mit dieser Norm die Unionsbürger nach der Idee des Wahlrechts, zu der auch der in § 8 I HGO tradierten Doktrin Gemeindebürger geworden sind, was BVerfGE 83, 37, 95 »erlaubt« hatte (s. FN 7). Es mag sein, daß nicht allen an der Verfassungsänderung Beteiligten die Konsequenzen klar gewesen sind, eine Sperrwirkung ist Art. 28 I 3 GG jedenfalls nicht zu entnehmen (s. auch *K. Engelken*, Einbeziehung der Unionsbürger in kommunale Abstimmungen Bürgerentscheide, Bürgerbegehren? NVwZ 1995, 432 ff.). Daher ist auch die Ausdehnung des Wahlrechts für Unionsbürger auf den Umlandverband, zu dem Art. 28 I 1 GG schweigt, entgegen *B. Burkholz* (aaO, S. 817) zulässig und konsequent. S. auch *M.-O. Grumann*, Die Verfassungskonformität eines kommunalen Ausländerwahlrechts ausschließlich für ausländische Unionsbürger i. S. d. Art. 8 b I EGV – Rechtsfolgen im Hinblick auf die Umsetzung der Richtlinie 94/80/EG insbesondere in Hessen, Frankfurt (Diss.) 1996, 182 ff.
107 Außer im Saarland, das nur einen Bürgerantrag kennt, ist mittlerweile in allen Ländern der Bürgerentscheid eingeführt; die Bayern erzwangen ihn 1995 durch Volksentscheid. Die längste Erfahrung hat Baden Württemberg; dort liegt auch die reichhaltigste Rechtsprechung vor. Zur Landesebene s. *G. Jürgens*, Direkte Demokratie in den Bundesländern, Stuttgart etc. 1993, und zur Rechtsprechung im Staatsbereich siehe *St. Pryzgode*, Die deutsche Rechtsprechung zur unmittelbaren Demokratie, Baden Baden 1995. Schon ein halbes Jahr nach Inkrafttreten gab es in Hessen den ersten und erfolgreichen Bürgerentscheid in Dieburg mit einer Beteiligung von 55,4% (s. FAZ (Rhein-Main) v. 18. 10. 1993, S. 45). Er dürfte in drei Punkten prototypisch sein. Es ging um Verkehrsgestaltung, er richtete sich gegen die Vertretungsmehrheit und wurde vom Bürgermeister, der einer Oppositionspartei angehörte, unterstützt. Da mit der Direktwahl Bürgermeister wahrscheinlicher werden, die

Gemeindevertretung zu setzen (§ 8 b I, IV 3, VII 1 HGO); insofern richtet sich das Begehren regelmäßig gegen eine unwillige Vertretung bzw. deren Mehrheit. Da diese aber nach § 8 b IV 2 HGO über die Zulässigkeit des Begehrens zu entscheiden hat, kommt den Einschränkungen große Bedeutung zu. Danach muß die Verbandskompetenz der Gemeinde und die Organkompetenz der Gemeindevertretung für das Anliegen des Begehrens gegeben sein. Letztere umfaßt sowohl die Entscheidungs- (§ 50 I HGO), die Artikulations- als auch die Kontrollkompetenz (§ 50 II HGO) der Vertretung. Daher ist eine Mißbilligung des Verhaltens des Gemeindevorstandes[108] möglicher, wenn auch nicht wahrscheinlicher Gegenstand eines Begehrens. Dieser muß »wichtig« sein (§ 8 b I HGO). Die Bedeutung dieses Begriffs ist nicht identisch mit dem in § 9 I HGO,[109] vielmehr geht es wie bei der Bürgerversammlung um die Bedeutung für die Bürger. Es ist grundsätzlich davon auszugehen, daß ein Anliegen, für das sich 10% der Wahlberechtigten einsetzen, schon darum wichtig ist. Von den nach § 8 b II HGO dem Begehren verschlossenen Gegenständen ist Nr. 1 problematisch. Da in Abs. 1 die Beschränkung auf eine Kompetenz der Gemeindevertretung nicht vorgenommen worden ist, mußten die Kompetenzen von Gemeindevorstand und Bürgermeister in den Ausschlußkatalog aufgenommen werden. Mit dem Begriff Weisungsaufgabe ist die Gesamtaufgabe, also auch die Einzelentscheidung in den Fällen gemeint, in denen der Staat sich ein Einzelweisungsrecht nicht vorbehalten hat. Offensichtlich fürchtet der Staat, in Legitimationsbedrängnis zu gelangen. Dagegen ist durch Nr. 1 nicht die Kontrollbefugnis der Gemeindevertretung, soweit sie hinsichtlich der Weisungsangelegenheiten besteht, betroffen. Die Streichung einer hauptamtlichen Beigeordnetenstelle ist zurecht nicht als eine Frage »der inneren Organisation der Gemeindeverwaltung« (Nr. 2), sondern als eine kommunalverfassungsrechtliche Frage angesehen worden (LT-Drucks. 14/916)[110] Unproblematisch ist, daß drei Jahre lang ein erfolgreicher oder erfolgloser Bürgerentscheid ein erneutes und sei es ein anderes Begehren in derselben Sache ausschließt (§ 8 b IV 1 HGO). Zu den positiven Zulassungsbedingungen gehören neben der Beibringung der Unterschriften eine beschlußfähige Vorlage (§ 8 b III 2, VI 1 HGO), deren Begründung[111] und – falls notwendig – ein Deckungsvorschlag sowie aus Verfahrensgründen die Benennung von drei Vertrauenspersonen.[112] Bei den Anforderungen,

---

keine Mehrheit in der Vertretung haben, öffnet sich hier ein weites Anwendungsfeld. Vom Beginn (1.4.1993) bis zum 31.12.1995 wurden 28 Entscheide durchgeführt, von denen 14 positiv und sieben negativ ausgingen und sieben am Quorum scheiterten (LT-Drucks. 14/1420); die Beteiligung lag zum Teil über der bei Bürgermeisterwahlen. Die Zahl der abgelehnten Begehren ist nicht bekannt. Die hess. Rechtsprechung zum Thema ist in LT-Drucks. 14/1420 referiert.
108 Siehe ein Beispiel in FN 142. – Daß gegen die Einbeziehung der Kontrollkompetenz der Wortlaut des § 8 b HGO spreche (so *U. Dreßler* in einer Rezension, StAnz. 1994, 2809), vermag ich nicht zu sehen, da auch in Kontrollangelegenheiten Entscheidungen gefällt werden (können).
109 Siehe dazu in diesem Abschnitt sub 2 b (5).
110 Die Stelle hatte die Vertretungsmehrheit gegen den direktgewählten Bürgermeister durchgesetzt (FAZ v. 23.9.1995); 81,16% stimmten bei relativ hoher Wahlbeteiligung für Streichung.
111 An sie sind keine zu hohen Anforderungen zu stellen (s. z.B. VGH BaWü ESVGH 27, 73; *Kunze/Bronner/Katz*, GO-BaWü. § 21 RN 25).
112 Ein Deckungsvorschlag ist nur notwendig, wenn besondere Kosten anfallen (s. auch VGH BaWü ESVGH 27, 73, 74). Für allgemeine Verwaltungskosten wäre ein Deckungsvorschlag ohne Sinn.

die an die einzelnen Bedingungen zu stellen sind, ist immer zu berücksichtigen, daß es sich um ein Bürgerbegehren handelt, von ihm also nicht jene Professionalität verlangt werden kann, zu der eine Verwaltung fähig ist.[113]
Der Antrag mit den Unterschriftenlisten ist nicht beim Vorsitzenden der Gemeindevertretung[114], sondern beim Gemeindevorstand einzureichen (§ 8 b III 1 HGO), der damit die eigentliche Verfahrensbehörde ist. Er hat die Prüfung der Unterschriften wie der sonstigen Zulassungsvoraussetzungen[115] vorzunehmen und ist verpflichtet,

Die Bestimmung bezieht sich vorrangig auf Investitionen. Bei ihnen müssen die voraussichtlichen Kosten prognostiziert werden. Ob dies auch für Folgekosten gilt, darf bezweifelt werden. Die Erklärungspflicht kann jedenfalls für die Bürger nicht weiter gehen, als sie für die Volksvertretung gelten; das übersieht *Th. v. Danwitz* (s. FN 95) S. 138. In einer auf öffentliche Einrichtungen zielenden Äußerung hat der VGH BaWü (ESVGH 33, 42, 45) auch die Unterhaltungs- und Betriebskosten als Folgekosten für berücksichtigungspflichtig gehalten. Als Deckungsvorschlag kommen Kreditaufnahme, Vermögensveräußerung, Einnahmesteigerung, Verzicht auf andere Ausgaben, Umschichtungen im Haushalt sowie spezielle oder allgemeine Haushaltssperren in Frage. Gesetzliche Schranken können sich in Extremfällen aus dem Gebot der Wirtschaftlichkeit und Sparsamkeit (§ 92 II HGO) ergeben. Haushaltstechnischen Schwierigkeiten kann durch einen Nachtragshaushalt oder durch über- oder außerplanmäßige Ausgaben begegnet werden. – Nach dem VGH sind die Vertrauensleute in dem zu unterschreibenden Begehren anzugeben (B. v. 18. 10. 1994; DÖV 1995, 521 LS).

113 So – für die Begründung – auch der VGH BaWü (ESVGH 27, 73, 75). Die in den hessischen Kommentaren immer noch vorhandene Reserve gegenüber dem neuen Instrument sollte nicht Anlaß sein, bei der Auslegung seiner Bedingungen restriktiv vorzugehen. *G. Schneider/W. Jordan*, die noch das alte harmlose Bürgerbegehren für »nicht unproblematisch« hielten (HGO, Anm. 1 zu §§ 8a und b alt), beharren in Anm. 2 zu § 8b auf der irrigen Vorstellung, der hessische Gesetzgebung sei wegen Art. 28 I 2 GG für die Gemeinden auf den »Grundsatz der repräsentativen Demokratie« verpflichtet. Daß gleichwohl »plebiszitäre Elemente« »nicht ausgeschlossen seien, lasse sich nicht mit Art. 28 I 3 (jetzt 4) GG begründen, da dies eine Verfassungsausnahme wäre. Auch *Schlempp/Schlempp* (HGO, Anm. zu 8 b neu S. 88 e) heben warnend den Finger, sehen aber die verfassungsrechtliche Grenze erst verletzt, wenn die repräsentative Entscheidung nicht mehr der »Normalfall« wäre, was angesichts des Aufwandes für einen Bürgerentscheid ein irrealer Fall ist. Positiver schon zum alten § 8 b HGO ist das Urteil des VGH (v. 14.7.1988), DVBl. 1989, 162 f.

114 Was eigentlich nahe gelegen hätte, weil es ausschließlich um Kompetenzen der Vertretung geht und der Vorsitzende, wie § 58 VII HGO zeigt, durchaus außenvertretungsberechtigt sein kann.

115 Im Falle eines gegen einen Vertretungsbeschluß gerichteten Begehrens gilt eine Ausschlußfrist von 6 Wochen (§ 8 b III 1 2. HS HGO). Vor allem in diesen Fällen stellt sich das Problem, ob eine Entscheidung der Vertretung, die z.B. in einen Vertrag umgesetzt werden muß, durch Vertragsschluß praktisch irreversibel gemacht werden kann. Da das Gesetz den Bürgerentscheid höher bewertet als eine Vertretungsentscheidung, wird man den Vorstand für verpflichtet halten müssen, bei allen nicht von vorneherein unzulässigen Begehren mit der Realisierung des Vertretungsbeschlusses zu warten bzw. entsprechende Vorbehalte oder Auflösungsklauseln zu vereinbaren. Die hessischen Gerichte praktizieren entgegen dem VGH BaWü (s. z.B. NVwZ 1994, 397 f.) zurecht den einstweiligen Rechtsschutz (VGH, NVwZ 1994, 396, zuletzt wohl B. v. 17. Mai 1995 6 TG 1554/95, HStGZ 1996, S. 73 f.; s. auch VGH München, NVwZ – RR 1996, 284; zustimmend *H.G. Fischer*, Rechtsschutz der Bürger bei Einwohneranträgen sowie Bürgerbegehren und Bürgerentscheid, DÖV 1996, 181, 185 f.). Das dagegen vorgebrachte Argument (*G. Hager*, Effektiver Rechtsschutz oder richterliche Rechtssetzung? Zum Vollzugsverbot von Gemeinderatsbeschlüssen bei Bürgerbegehren, NVwZ 1994, 766 ff.), die Gerichte müßten zu diesem Zwecke einen Anordnungsanspruch mangels Regelung in der Gemeindeordnung erfinden, ließe sich nur halten, wenn man die beim Begehren aktive Bürgerschaft zum Kommunalorgan erklärte und zudem die Organverhältnisse in der Gemeindeordnung abschließend geregelt sähe. Ersteres wäre inkonsequent, weil man bei dem Parallelinstrument der Kommunalwahl auch nicht so verfährt, und das zweite ist unrichtig, weil es selbstverständlich in normalen Kommunalverfassungsstreitigkeiten einen einstweiligen Rechtsschutz gibt und lediglich im Bereich der Beanstandung das Gesetz einen automatischen einstweiligen Rechtsschutz vorsieht. Eine Ergänzung der HGO ist daher nicht angezeigt; so auch die LReg. LT-Drucks. 14/387, die auf das OVG Rhpf. (NVwZ – RR 1995, 411 ff.) verweist, das sich dem VGH Kassel angeschlossen hat.

die Vertrauensleute der Initiative auf Versäumnisse aufmerksam zu machen und, wenn nötig, um Nachbesserung zu bitten. Obwohl es bei dem beabsichtigten Bürgerentscheid um eine Aktivierung des Gemeindevolkes geht, das man auch als ein Organ der Gemeinde ansehen kann, wird man wie beim Wahlverfahren[116] gleichwohl ein Außenrechtsverhältnis anzunehmen haben mit der Konsequenz, daß die den Vertrauensleuten mitzuteilende positive oder negative Entscheidung über den Antrag als Verwaltungsakt anzusehen ist und sich daher die Konsequenzen eines Verwaltungsverfahrens ergeben, insbesondere die des § 25 HVwVfG. Das Begehren mit Begründung und Deckungsvorschlag legt der Gemeindevorstand mit eigener Einschätzung der rechtlichen wie politischen Aspekte der Gemeindevertretung nach § 66 I 3 Nr. 2 HGO vor. Eine Offenbarung der Unterschriften ist nach § 30 HVwVfG unzulässig. Der bloßen Festlegung, daß die Vertretung über die Zulässigkeit entscheidet, wird man nicht die hinreichende Befugnis zur Offenbarung ihr gegenüber entnehmen können, da sie nicht über die technischen Möglichkeiten verfügt, die Ordnungsgemäßheit von Unterschriften nachzuprüfen. Auch ist die Parallele zum Wahlverfahren evident, obwohl eine unmittelbare Anwendung der Regeln nicht möglich ist, weil § 54 KWG den Regelungsbefehl von § 8 b VIII HGO restriktiv aufgefaßt hat und nur die Durchführung des Bürgerentscheids regelt. Entweder beschließt die Vertretung, was das Begehren verlangt – dann hat sich dieses erledigt (§ 8 b IV 3 HGO) –, oder es beschließt die Zulässigkeit[117] oder weist es als unzulässig ab. Jede Entscheidung über das Begehren unterliegt nach §§ 63, 74 II HGO der Beanstandung und nach § 135 ff. HGO der Aufsicht des Staates. Da aber die Entscheidung der Vertretung nach dem Gesetz auf eine Rechtskontrolle beschränkt ist und das Begehren nicht unter dem Vorbehalt des Wohls der Gemeinde steht, kann ein Widerspruch nach § 63 I HGO nur auf einen Rechtsverstoß gegründet werden; außerdem könnte die bloße Zulassung eines Bürgerentscheides das Wohl der Gemeinde noch nicht gefährden. Bejaht die Vertretung die Zulässigkeit, widerspricht aber der Vorstand nach § 63 I HGO, so hat die Vertretung erneut zu beschließen. Beanstandet daraufhin der Vorstand nach § 63 II HGO, kann die Vertretung das Verwaltungsgericht anrufen. Die HGO schweigt zu den Rechtsschutzmöglichkeiten der Initianten[118]. Da der Vorstand als Außenvertretungsorgan den Vertrauensleuten eine ablehnende Entscheidung mitzuteilen hat, der man den Verwaltungsaktscharakter schwerlich absprechen kann, ist eine Anfechtungsklage gegen die Ablehnung, ver-

---

116 Die Parallele ist evident. Auch dem Wahlkörper spricht man keinen Organstatus zu. Für den Verwaltungsakts-Charakter aus diesem Grunde *Th. v. Danwitz* (s. FN 95) S. 141, dagegen, ohne die Wahlparallele zu sehen, *H.G. Fischer*, (s. FN 115), S. 182/3.
117 Dann ist nach § 8 b VIII HGO i.V.m. § 55 I 2 u. 3 KWG ein möglichst früher Tag der Abstimmung durch die Vertretung festzulegen. S. dazu VG Frankfurt (B. v. 23.1.1995), HStGZ 1995, S. 403 f. mit w. H. der Redaktion.
118 Obwohl nach § 8 b VIII HGO das KWG »das Nähere« regeln sollte. § 54 KWG bezieht nur die Durchführung des Bürgerentscheides, also das dem Wahlverfahren entsprechende Verfahren, in seine Regelung ein. Anders ist die baden-württembergische Rechtslage, die in § 21 VIII GO i.V.m. § 41 KWG bestimmt, daß jeder Unterzeichner Anfechtungs- und Verpflichtungsklage einreichen kann und im Vorverfahren die Rechtsaufsichtsbehörde über den Widerspruch entscheidet.

bunden mit einer Leistungsklage auf Durchführung des Bürgerentscheides[119] zu erheben. Das gilt auch für den Fall, daß die Vertretung zwar die Zulässigkeit bejaht hat, gegen einen entsprechenden Widerspruch oder eine Beanstandung nach § 63 HGO aber das Gericht nicht angerufen hat. Auch in diesem Falle hat der Vorstand den Vertrauensleuten die Ablehnung des Antrages mitzuteilen. Unklar ist, wer Kläger ist. Man wird wohl nur die Vertrauensleute für klagebefugt halten können.[120] Der erfolgreiche Bürgerentscheid hat die Rechtswirkung eines Beschlusses der Vertretung. Er ist privilegiert, weil er drei Jahre lang von der Vertretung nicht revidierbar ist, und unterfällt weder der Beanstandung noch der rechtsaufsichtlichen Kontrolle. Beides ist sinnvoll, weil die Rechtmäßigkeitskontrolle schon bei der Zulassung des Entscheides erfolgt ist und die nachträgliche Desavouierung des Volkswillens Legitimationsprobleme mit sich brächte.[121]

c) *Wahlentscheid der Bürger*

Neben die schon in Art. 28 I 2 GG vorgesehene Wahl der Gemeindevertretung durch die Bürger ist seit der Novelle 1992 die unmittelbare Volkswahl des Bürgermeisters getreten (§ 39 I 1 HGO). Sie ist die Konseqenz der Volksabstimmung über Art. 138 HV. Dessen Bestimmung »(1) Die hauptamtlichen Leiter der Gemeinden und Gemeindeverbände werden in schriftlicher und geheimer Abstimmung von den gewählten Vertretern gewählt. (2) Die Dauer der Wahlzeit ist gesetzlich geregelt« wurde durch die Neufassung »Die Oberbürgermeister, Bürgermeister und Landräte als Leiter der Gemeinden oder Gemeindeverbände werden von den Bürgern in allgemeiner unmittelbarer freier, gleicher und geheimer Wahl gewählt« ersetzt. Diese Verfassungsänderung ist nicht in dem verfassungsrechtlich gebotenen Verfahren durchgeführt worden und daher ungültig.[122] Die ersten Erfahrungen brachten uner-

---

119 Siehe auch VG Frankfurt (HessVGRspr. 1987, 54, 55). Der mitgeteilte Sachverhalt läßt im Unklaren, ob eine negative Entscheidung ergangen war. Siehe auch VG Dessau (U. v. 23.3.1995), NVwZ 1996, 311 (25).
120 § 8 b III 2 HGO spricht zwar nur davon, daß die Vertrauensleute »zur Abgabe von Erklärungen gegenüber dem Gemeindevorstand ermächtigt sind«, die Parallele zu § 2 II c des Gesetzes über Volksbegehren und Volksentscheid, das in § 14 die Vertrauenspersonen beim Staatsgerichtshof für antragsberechtigt erklärt, spricht für diese Lösung. So hat auch das VG Frankfurt zum alten § 8 b entschieden (HessVGRspr. 1987, 54, 55) und ist die Rechtslage in BaWü (s. *G. Hager*, Rechtspraktische und rechtspolitische Notizen zu Volksbegehren und Volksentscheid, VerwArch. 1993, 97, 115). Die Vertrauensleute können nur gemeinsam klagen (s. VG Darmstadt, B.v. 7.7.1994, HessVGRspr. 1994, 79/80).
121 Die Bedenken *G. Schneiders/W. Jordans*, (HGO, § 8 b Anm. 8) sind daher schwer verständlich; außerdem ist die Rechtskontrolle nach Art. 137 III 2 HV keine Pflicht, sondern lediglich ein Recht des Staates, das traditionell und gerade in Hessen nach den Regeln der Opportunität ausgeübt wird; s. dazu auch Abschnitt IX 1.
122 Dem Volk als Gesetzgeber (Art. 123 II HV) ist nicht der zu beschließende Text, sondern eine Erläuterung der Regierung zur Abstimmung vorgelegt worden. Sie ist zudem in einem gravierenden Punkt fehlerhaft gewesen, weil sie verschwieg, daß mit der Neufassung die Garantie der Wahl der Beigeordneten durch die Volksvertretung beseitigt wurde. Das ist von besonderer Wichtigkeit, weil die unmittelbare Wahl des Bürgermeisters mit der hessischen Magistratsverfassung schwerlich zu vereinbaren ist (s. FN 123), keine der Parteien aber die Magistratsverfassung aufgeben wollte. Der StGH (vom 16.1.1991, P.St. 1119 e.V.) bestätigte diese Bedenken und erließ auf Antrag einer Reihe

172

wartet niedrige Wahlbeteiligungen; die mangelnde Konkordanz mit der beibehaltenen Magistratsverfassung wird sich erst im Laufe der Zeit vor allem in den Städten bemerkbar machen.[123] Neben die Wahl des Bürgermeisters ist nach § 76 IV HGO auch ein freilich an ein hohes Quorum in der Gemeindevertretung geknüpftes Abwahlrecht des Volkes getreten.

d) *Bürgermitwirkung*

Weitere Formen bürgerschaftlicher und insoweit demokratischer Mitwirkung kennt die HGO in der Gestalt ehrenamtlicher Tätigkeit (§ 21 HGO)[124] und in der Sonderform sachkundiger Kommissionsmitglieder, wobei diese in ein Mittel der Interessenrepräsentation übergehen kann (§ 72 HGO), sowie in der Beiziehung von Vertretern betroffener Bevölkerungsgruppen und von Sachverständigen zu Ausschußberatungen (§ 62 VI HGO). Spezielle Beteiligungsbefugnisse der »Bürger«[125] kennt z.B. § 3 BauGB bei der gemeindlichen Bauleitplanung.

e) *Außerparlamentarische Einflußnahme*

Außerparlamentarische Formen des Versuches der Einflußnahme auf die gemeindliche Willensbildung sind, wie das Demonstrationsrecht durch Art. 8 GG,[126] freilich auch nur in dessen Rahmen, oder die Meinungs- und Pressefreiheit durch Art. 5 GG verfassungsrechtlich abgesichert. Gegen sie eine angebliche Repräsentativverfassung der Gemeinde ins Feld zu führen, wäre ein grobes Mißverständnis.[127] Institu-

---

von SPD-Abgeordneten eine einstweilige Anordnung, versagte freilich einen effektiven Rechtsschutz, da er die Auszählung der Stimmen nicht bis zur Entscheidung in der Hauptsache aussetzte. Der politische Druck einer über 80%igen Zustimmung ließ es den Antragstellern als inopportun erscheinen, die Hauptsache weiter zu verfolgen. Eine gerichtliche Entscheidung kann daher nur noch über die Vorlage eines Verwaltungsgerichts nach § 133 I HV zur Entscheidung des StGH gestellt werden. Da bei der Weitergeltung des Art. 138 HV a.F. alle die Direktwahl des Bürgermeisters betreffenden Regeln der Novelle 1992 nichtig sind, sind die dafür notwendigen Verwaltungsprozesse auch möglich.

123 Die Wahlbeteiligung liegt nicht unerheblich unter der von Kommunalwahlen; lediglich in kleineren Gemeinden ist sie relativ hoch. In größeren Städten (Hanau: 44,4%; Marburg: 36,9%; Frankfurt: 55,8%), vor allem aber in den Landkreisen (Main-Taunus: 35,8%) dürfte sie im Schnitt weit unter 50% liegen. – Der direkt gewählte Bürgermeister hat keine seiner unmittelbaren demokratischen Legitimation entsprechende Stellung in der Verwaltung, da weiterhin das Kollegialprinzip gilt, er also im Gemeindevorstand überstimmt werden und in die Dezernate nicht hineinregieren kann. Vor allem die Oberbürgermeister, die mit großen und politisch fixierten Magistraten auszukommen haben, fordern eine Novellierung der HGO.
124 Der Kreis der Tätigkeiten ist allerdings nicht allzu umfangreich und nicht sehr bedeutend.
125 »Bürger« ist hier freilich in einem unspezifischen Sinn gemeint.
126 Siehe dazu BVerfGE 69, 315-372.
127 So aber *G. Schneider/W. Jordan*, HGO, §§ 8 b, b Anm. 1 S. 1, die sogar das alte Bürgerbegehren schon für »nicht unproblematisch« ansehen und übersehen, daß die HGO aus sich heraus und nicht nach einem beliebigen Vorverständnis auszulegen ist. § 8b a.F. HGO hat keine mindere Qualität als etwa § 35 I HGO. Art. 28 I 1 GG verlangt weder von den Ländern (die meist direktdemokratische Elemente kennen) noch von den Gemeinden eine »repräsentative Demokratie«, sondern nur eine demokratische Organisation, bei der das Volk eine Vertretung haben muß, deren Ausgestaltung im übrigen aber den Ländern offen steht.

tionalisiert ist seit der Novelle 1992 der Ausländerbeirat[128] als organisierte Interessenvertretung in Gemeinden mit mehr als 1000 gemeldeten ausländischen Einwohnern.

2. Stellung und Aufgaben der Gemeindevertretung

a) *Die Stellung des »Gemeindeparlaments«*

Das normale **Instrument verbindlicher demokratischer Willensbildung** der Gemeinde ist die Gemeindevertretung, die § 9 HGO mit Recht das oberste Organ der Gemeinde nennt. Es handelt sich dabei um die von Art. 28 I 2 GG geforderte »Vertretung des Volkes« in der Gemeinde. Sie besitzt die wesentlichen Elemente eines Parlaments, nämlich demokratische Volkswahl, Vertretungsfunktion und Dominanz der Stellung.[129] Aus dem Begriff des Parlaments allein lassen sich keine Schlüsse auf ungeschriebene Rechte oder Pflichten ableiten, andererseits erlaubt der Parlamentscharakter der Vertretung, bei zweifelhafter oder lückenhafter Rechtslage behutsam Regeln aus dem staatlichen Parlamentsrecht zu übertragen. Der Parlamentscharakter wird zu Unrecht mit dem Argument abgelehnt, die Gemeinde gehöre zur »Verwaltung« i.S. des Gewaltenteilungsschemas. Zu den schon oben[130] angeführten Gründen kommt hinzu, daß auch die staatlichen Parlamente sich nicht auf Normgebung beschränken, wie die Vertretungs-, Wahl- und Kontrollfunktionen, die schlichten Parlamentsbeschlüsse, die Mitwirkung beim Haushaltsvollzug usw. erweisen; bei der Gemeindevertretung steht lediglich die Verwaltungsfunktion stärker im Vordergrund. Der zweite Einwand beruht auf dem Hinweis, daß insbesondere die Stellung der Gemeindevertreter sich durch amtsrechtliche Einschläge stärker dem Beamtenstatus nähert als dem des Parlamentariers, wie z.B. die Regeln über die

---

128 Siehe §§ 84 bis 88 HGO; er hat ein Beratungsrecht (§ 88 I HGO), ein Informationsrecht (§ 88 II HGO) und Anspruch auf Dotierung (§ 88 III HGO).
129 Natürlich begrenzt durch die gemeindlichen Kompetenzen; entsprechendes gilt aber auch für Landesparlamente und den Bundestag. Den Parlamentscharakter zumindest hessischer Gemeindevertretungen weist in ihrer materialreichen Arbeit *Y. Ott*, Der Parlamentscharakter, nach. Interessant ist auch der Hinweis des VGH, daß der Beschluß einer Stadtverordnetenversammlung »parlamentarische Willensäußerung« sei, die einem geforderten Parlamentsvorbehalt – hier die etatmäßige Bewilligung von Subventionen: BVerwG (U. v. 17.3.1977), NJW 1977, 1838, 1839 – genüge tue (ESVGH 38, 250, 253). Der bay. VerfGH hat entschieden, daß »der Gemeinderat auf der kommunalen Ebene in gleicher Weise das System der repräsentativen Demokratie (verkörpere) wie der Bayerische Landtag auf Landesebene« (E v. 23.7.1984, BayVBl. 1984, 621, 622). *M. Schröder*, Grundlagen und Anwendungsbereich des Parlamentsrechts, Baden-Baden 1979, hat zur Übertragbarkeit von – staatlichem (!) – Parlamentsrecht auf die kommunalen Volksvertretungen eingehende Untersuchungen angestellt (Ergebnisse: S. 539). Sie zeigen u.a. auch, daß die HGO die Volksvertretung stärker als einige Länder »parlamentarisch« organisiert hat (s. z.B. S. 360 f., 366, 385). Die Vertretung ist daher nach Art. 17 GG Petitionsadressat (s. auch *A. Herbert*, Die Gemeindevertretung als Petitionsadressat, VR 1994, 154 ff.).
130 Siehe oben zu und in FN 12-14. *Y. Ott* (Der Parlamentscharakter, S. 209) hat nachgewiesen, daß die Satzungsproduktion der StVV von Frankfurt hinter der Gesetzesproduktion des hess. Landtages keineswegs zurücksteht.

Verschwiegenheit oder über den Ausschluß bei Befangenheit zeigen.[131] Damit hat der Gesetzgeber aber lediglich – zum Teil etwas übertrieben – der Gefährdung Rechnung getragen, die einmal aus der Begrenztheit des Systems und zum anderen aus der Tatsache folgt, daß auch wichtige Einzelentscheidungen verwaltungsrechtlicher Art zu fällen sind. Einen Widerspruch zum Parlamentscharakter kann man darin nur dann sehen, wenn man einzelne überkommene Elemente der Rechtsstellung von Abgeordneten in staatlichen Parlamenten verabsolutiert und übersieht, daß das Parlamentsrecht der Stadtstaaten und auch einiger Flächenstaaten teilweise entsprechende Institute kennt.[132]

Die Gemeindevertretung ist ein **Organ** der Gemeinde und daher organstreitfähig i.S. der Kommunalverfassungsstreitigkeit.[133] Sie kann also gegenüber anderen Organen, insbesondere dem Gemeindevorstand, eigene Rechte gerichtlich verteidigen, und zwar über den in § 63 HGO geregelten Fall hinaus (s. auch § 58 VII HGO). Als Willensbildungsorgan legt die Gemeindevertretung im Rahmen ihrer Zuständigkeit intern und mit Verbindlichkeit für den Gemeindevorstand[134] und damit für die gesamte Gemeindeverwaltung den gemeindlichen Willen fest. Dagegen obliegt ihr nicht die Außenvertretung, wie sich aus § 71 HGO ergibt.[135] Beschlüsse und Wahlen erzeugen daher als solche keine Außenbindung der Gemeinde, was leicht übersehen wird.[136] Die Gemeindevertretung ist auch nicht Behörde im Sinne der §§ 35 und 54 HVwVfG, kann also selbst weder VAe erlassen, noch öffentlich-rechtliche Verträge[137] schließen. Faßt die Vertretung entsprechende Beschlüsse, bedürfen sie der Umsetzung durch den Gemeindevorstand, um die Gemeinde nach außen zu binden. Lediglich aus Spezialgesetzen[138] oder aus der Natur der Sache[139] kann sich ein Außenvertretungsrecht ergeben.

---

131 Siehe näher unten sub 6. Zum Amtsprinzip s. auch *M. Schröder*, (s. FN 129), S. 367 ff.
132 Siehe den Nachweis bei *Y. Ott*, Der Parlamentscharakter, S. 251 ff., S. 260 f.
133 Sie ist ein Unterfall des verwaltungsrechtlichen Organstreites und war dessen Vorläufer. S. dazu *J. Martensen*, Grundfälle zum Kommunalverfassungsstreit, JuS 1995, 989 ff.
134 § 66 I 3 Nr. 2, 3 und 5 HGO statuiert die entsprechenden Ausführungs- und Befolgungspflichten.
135 Siehe dazu unten sub VI 1. c (6).
136 Davon geht auch der VGH (B. v. 5.1.1988; HessVGRspr. 1988, 25, 26) »regelmäßig« aus. S. auch *Meyer/Borgs*, VwVfG 2. Aufl. Frankfurt 1982, § 35 RN 55. Davon zu unterscheiden ist eine mögliche Außenwirkung z.B. bei unrichtigen, ehrverletzenden Äußerungen in Beschlüssen, die zum Widerrufsanspruch gegen die Gemeinde führen können (VGH, U. v. 20.10.1987; HessVGRspr. 1988, 37).
137 Siehe auch *H. Meyer* (s. FN 136), § 54 RN 80.
138 Aus § 20 II SchVG i.d.F. v. 30.5.1969 wie dem entsprechenden § 146 SchulG lassen sich Anhaltspunkte dafür nicht gewinnen. Daher kann der HessVGH nicht überzeugen, der einen Beschluß der Vertretung über die Änderung der Schulorganisation zum VA erklärte, obwohl sogar »Ausführungsanordnungen« des Magistrats vorlagen (VI OE 9/80 vom 10.5.82). Der Hinweis auf *Finkelnburg/Lässig*, VwVfG § 1 RN 94 führt wegen § 71 HGO nicht weiter.
139 Die Anstellung von Mitarbeitern der Fraktionsgeschäftsstellen nicht durch den Magistrat, sondern durch die Fraktion selbst, kann auf diese Weise gerechtfertigt werden. Auch der durch die Novelle 1994 eingefügte § 36 a IV HGO scheint davon auszugehen (s. FN 171).

b) *Die Aufgaben der Gemeindevertretung*

Ausdrücklich regelt die HGO die Entscheidungsfunktionen der Vertretung und ihre Kontrollfunktion gegenüber dem Gemeindevorstand (§§ 9 I, 50 I u. II HGO). Die Entscheidungsfunktionen lassen sich einteilen in Wahlfunktionen und andere Entscheidungsfunktionen. Keine ausdrückliche Kenntnis nimmt die HGO dagegen von Funktionen, die mit der Aufgabe der Vertretung des Volkes (Art. 28 I 2 GG) verbunden sind; sie werfen freilich auch keine Kompetenzprobleme auf. So ist die »Volksvertretung« befugt, Debatten über die Politik auch unabhängig von anstehenden Entscheidungen oder der Kontrolle gegenüber dem Vorstand zu führen, zur Landespolitik gegenüber der eigenen oder auch den Gemeinden allgemein Stellung zu nehmen oder auch – harmloser –, Glückwünsche auszusprechen oder Grußadressen zu formulieren. Solche Erklärungen, Stellungnahmen oder – allgemeiner – Willensäußerungen berühren das Außenvertretungsrecht des Vorstandes nach § 71 HGO nicht, weil es nicht um die Vertretung der Gemeinde, sondern nur um die Vertretung des Organs geht. Der Vorsitzende ist also befugt, entsprechende Erklärungen z.B. der Presse zu übergeben.[140]

(1) Die **Kontrollfunktion** besteht in der in § 9 I HGO geforderten Überwachung der »gesamte(n) Verwaltung«; sie wird in § 50 II HGO näher behandelt. Danach ist die Kontrolle umfassend, wobei ausdrücklich »die Geschäftsführung des Gemeindevorstands« einbezogen wird. Sie umfaßt also auch die Tätigkeit des Gemeindevorstandes aufgrund seiner ausschließlichen Zuständigkeit.[141] So kann die Gemeindevertretung zum Beispiel eine Personalentscheidung des Vorstandes nach § 73 HGO[142] oder die Art und Weise der Ausführung einer Weisung nach § 81 III HBO kritisieren, jedoch keine Änderung erzwingen. In der Sache handelt es sich primär nicht um eine Rechtskontrolle, wie an den fehlenden Sanktionsmöglichkeiten deutlich wird, sondern um eine politische Kontrolle. Übertragbar ist die Kontrollfunktion nicht. Der in § 50 II 2 HGO genannte Ausschuß hat lediglich die Kontrollentscheidung der Vertretung vorzubereiten. Er wird gelegentlich Untersuchungsausschuß genannt, besitzt aber die weitgehenden Rechte staatlicher Untersuchungsausschüsse nicht; seine Funktion kann auch auf einen bestehenden Ausschuß übertragen werden. Seit der Novelle 1992 ist dieses Kontrollinstrument neben das des Fra-

---

140 Siehe z.B. *Hans Meyer*, Die rechtliche Stellung der Vorsitzenden kommunaler Volksvertretungen im Spiegel der politischen Wirklichkeit, HStGZ 1987, 490, 498/9.
141 Das umgreift die Kontrolle des BM (OB) sowohl als Vorsitzenden des Vorstandes als auch bei Alleinzuständigkeit wie z.B. nach § 85 I Nr. 3 und 4 HSOG (§ 150 HGO steht dem nicht entgegen, da er in beiden Sätzen nur Regelungen für Entscheidungskompetenzen trifft), nicht aber bei Inanspruchnahme als Behörde der Landesverwaltung nach § 146 a HGO. Dessen Abs. 5 enthält eine abschließende Regelung; außerdem gehört es nicht zu den Aufgaben der Vertretung, Landesbehörden zu kontrollieren.
142 Die hessischen Verwaltungsgerichte nehmen § 50 II HGO gelegentlich nicht einmal zur Kenntnis. So formuliert VG Kassel, die Gemeindevertretung dürfe Personal»entscheidungen« des Magistrats weder mittelbar noch unmittelbar kommentieren und erst recht nicht kritisieren« (HessVGRspr. 1988, 86, 88); ein erstaunliches Judikat. S. weiter zu und in FN 150 und FN 233.

gerechts und der schriftlichen Anfrage als Minderheitenrecht ausgewiesen. Die Novelle hat im angefügten § 50 II 5 HGO klargestellt, daß der Vorstand Anfragen auch von Minderheiten zu beantworten hat. Eine Basis der Kontrolle bietet die Unterrichtung durch den Gemeindevorstand nach § 50 III HGO, aus dessen Regelung sich im übrigen ergibt, daß sich die Kontrolle auch auf das Verhalten gegenüber Anordnungen der Aufsichtsbehörde erstreckt. Soweit eine Unterrichtungspflicht nach § 50 III HGO nicht besteht, können die Informationen im Wege der Kontrolle nach §§ 50 II, 59 Satz 3 HGO gewonnen werden. Die Rechte aus §§ 50 II u. III, 59 S. 3 HGO können im Wege des Organstreits durchgesetzt werden.

(2) Eine wichtige Entscheidungsfunktion ist die **Wahlfunktion** der Gemeindevertretung. Die Wahl muß normativ vorgesehen sein; alle übrigen Personalentscheidungen erfolgen durch Beschluß. Soweit die Wahl gesetzlich vorgesehen ist, ist sie nach § 51 Nr. 2 HGO nicht übertragbar. Neben die natürliche Funktion der Wahl des eigenen Vorstandes (§§ 58 I, 55 HGO) und der eigenen Ausschüsse (§§ 62, 55 HGO) oder auch der Wahl der Vertreter in außergemeindliche Organe[143] tritt als wichtigste Wahlfunktion die Wahl der hauptamtlichen[144] Beigeordneten (§§ 39 a, 55 HGO). Obwohl diese Zeitbeamte sind, womit gegenüber dem politische Element sowohl das amtsrechtliche Element betont, wie auch eine gewisse, die Wahlperiode überdauernde Kontinuität garantiert werden soll, hat sich im wesentlichen die (partei-)politische Betrachtung dieser Positionen und die freilich nach Größe der Gemeinde schwankende Tendenz zu einem parlamentarischen Regierungssystem in der Gestalt von Allparteien-, Koalitions- oder Alleinregierung durchgesetzt. Die Wahl eines hauptamtlichen Beigeordneten aus parteipolitischen Motiven ist daher, da in der HGO, wenn auch nicht gefordert, so doch angelegt, zulässig motiviert,[145] wenn nur die beamtenrechtlich erforderliche Sachkunde vorhanden ist. Es war daher nicht inkonsequent, daß die HGO mit der Novelle von 1980 und erstmals wirksam für die Wahl 1985 in den kreisfreien Städten und Städten mit Sonderstatus die zeitlich beschränkte Abberufbarkeit hauptamtlicher Wahlbeamten ermöglichte.[146] Mit der Novelle 1992 wurden Wahl und Abberufung der Bürgermeister der Vertretung entzogen und dem Gemeindevolk übertragen.[147]

---

143 Wie z.B. die Wahl der Vertreter in die Verbandsversammlung eines gemeindlichen Zweckverbandes nach § 15 II KGG; s. dazu unten S. X 3 b.
144 Die ehrenamtlichen Beigeordneten sind ebenfalls von der Vertretung zu wählen; sie sollen nach §§ 39 a II 2, 55 I 1 u. II HGO die politische Gliederung der Gemeindevertretung widerspiegeln.
145 Die Konsequenz ist, daß das nicht unkomplizierte Nominierungs- und Wahlverfahren häufig Anlaß für Rechtsstreitigkeiten bietet.
146 Die Zulässigkeit ist von den Verwaltungsgerichten bis zu BVerwGE 81, 318 (s. auch ESVGH 38, 10; zuvor schon *H. Meyer*, Zur Abberufbarkeit hauptamtlicher Kommunalbeamten in Hessen, unveröff. Gutachten 1984) bejaht worden. Eine Verfassungsbeschwerde war erfolglos (DÖV 1994, 516 f.). Die dogmatischen Probleme liegen in der Überschneidung von Bundesbeamten-Rahmenrecht und seiner Auslegung und landesrechtlichem Kommunalverfassungsrecht. Zur Abberufung eines Gemeindedirektors s. OVG Lüneburg, DVBl. 1992, 982 m. Anm. *J. Ipsen*.
147 Siehe dazu oben zu und in FN 122.

(3) Zur ausschließlichen Zuständigkeit der Gemeindevertretung gehören die übrigen personellen oder sachlichen **nicht übertragbaren Entscheidungsfunktionen**. Sie finden sich nicht nur im Katalog des § 51 Nr. 1 bis 19 HGO, zu ihnen zählen vielmehr alle Befugnisse, die die HGO ausdrücklich der Gemeindevertretung zuweist, wie z. B. die Entscheidung über einen Interessenwiderstreit eines Mitglieds nach § 25 III HGO, die Abberufung hauptamtlicher Beigeordneten nach § 76 HGO oder die Entscheidung über einen Organstreit nach § 63 II HGO. Schließlich wird man eine ausschließliche Zuständigkeit unabhängig vom Katalog des § 51 HGO für die Fälle annehmen müssen, in denen Bundes- oder Landesgesetze die Vertretung für zuständig erklären, es sei denn, aus der Art der gesetzlichen Festlegung lasse sich die Zulässigkeit einer Delegation an den Gemeindevorstand oder an einen Ausschuß schließen. Der Katalog erfaßt vom Typ her nur wichtige Angelegenheiten i.S. des § 9 I HGO; an der ausschließlichen Zuständigkeit ändert sich aber nichts, wenn es sich im Einzelfall tatsächlich um eine unwichtige Angelegenheit handeln sollte. Unklar bleibt lediglich § 51 Nr. 18 HGO; der Nachsatz kann sich sinnvollerweise nur auf die – gerichtlichen und außergerichtlichen – Vergleiche beziehen, die also offenbar eher der Kompetenz der Gemeindevertretung unterfallen sollen als die Entscheidung über die Führung eines Prozesses. Die Katalog-Zuständigkeiten umfassen ausdrücklich nur die Entscheidung in der Sache; nur sie ist nicht übertragbar. Welche Kompetenzen die Gemeindevertretung im übrigen in der jeweiligen Angelegenheit hat, richtet sich nach der Zuständigkeit für übertragbare Aufgaben.

(4) In besonderer Weise ausschließlich zuständig ist die Gemeindevertretung für ihre **Selbstorganisation**. Zu ihr gehören z.B. der Erlaß einer Geschäftsordnung (§ 60 I 1 HGO) oder die Entscheidung über den Widerspruch gegen eine Geschäftsordnungsmaßnahme des Vorsitzenden (§ 60 II HGO). Wegen der Unabhängigkeit der beiden Organe der Gemeinde voneinander muß man davon ausgehen, daß die entsprechenden Beschlüsse nicht notwendig nach § 66 I Nr. 2 HGO vom Gemeindevorstand »vorzubereiten« sind.

(5) Alle übrigen Kompetenzen der Gemeindevertretung gehören nach § 50 I 2 HGO zu den an den Gemeindevorstand oder einen Ausschuß **übertragbaren Entscheidungsfunktionen**; sie sind also nicht ausschließlich. Entscheidend für die Kompetenzabgrenzung zum Gemeindevorstand sind die §§ 9, 50 und 66 HGO. Dabei ist § 9 HGO entsprechend der Stellung in den »Grundlagen der Gemeindeverfassung« und mangels differenzierter Vorbehalte anderweitiger Regelungen in der HGO nur eine schlagwortartige und insofern auch zutreffende Charakterisierung der Abgrenzung. Die detailgenaue Abgrenzung findet sich jedoch in den §§ 50 I und 66 I HGO. Danach ist die Gemeindevertretung für »die«, also alle Angelegenheiten der Gemeinde zuständig, und zwar unabhängig von ihrem Gewicht; das entspricht der Stellung als Volksvertretung. Die Allzuständigkeit kann durch Spezialgesetz oder durch oder aufgrund der HGO durchbrochen werden. Im Hinblick auf die laufende Verwaltung ist dies durch § 66 I 2 HGO geschehen, freilich mit der meist übersehe-

nen Einschränkung, daß die laufende Verwaltung »nach den Beschlüssen der Gemeindevertretung« zu besorgen ist. § 66 I 2 HGO ist also lex specialis zu § 9 II HGO. Die Gemeindevertretung kann, muß aber nicht die laufende Verwaltung durch den Vorstand dirigieren, in keinem Fall kann sie diese selbst in die Hand nehmen. Im Hinblick auf wichtige Angelegenheiten (§ 9 I HGO) ist die Zuständigkeit der Vertretung durch die alleinige Personalkompetenz des Gemeindevorstandes nach § 73 HGO durchbrochen. Mit dieser Kompetenzverteilung ist zugleich in Hessen das Dilemma entschärft, in das das Begriffspaar »wichtige Angelegenheiten« und »laufende Verwaltung« Literatur und Rechtsprechung gestürzt hat. Da die Begriffe auf unterschiedlichen Ebenen angesiedelt sind, weil es laufende aber zugleich wichtige und nicht laufende aber zugleich unwichtige Angelegenheiten gibt, führt der Versuch, die Gemeindevertretung nur für »wichtige Angelegenheiten« zuständig zu machen, zu immer neuen Abgrenzungsschwierigkeiten und zur gesetzwidrigen Annahme von Vermutungen.[148] Die Wichtigkeit einer Angelegenheit ist nur unterhalb der Ebene der Kompetenzzuweisung von Bedeutung. Das Direktionsrecht der Vertretung hinsichtlich der laufenden Verwaltung ist nach § 66 I 2 HGO unabhängig von der Wichtigkeit. Aus § 66 I 2 HGO ergibt sich aber nicht, daß die Gemeindevertretung von dieser Kompetenz Gebrauch machen muß, und zwar auch dann nicht, wenn es sich um eine wichtige Angelegenheit handelt.[149] Vielmehr ist der Gemeindevorstand auch ohne Direktiven in der Lage, nach § 66 HGO die laufenden Geschäfte zu führen. Nur so erklärt sich auch § 50 III HGO. Müßte die Gemeindever-

---

148 Die gängige Literatur ist ganz auf § 9 HGO und das Gegensatzpaar »wichtige Angelegenheiten« und »laufende Verwaltung« fixiert. Die §§ 9, 50 und 66 HGO in ein sinnvolles Verhältnis zu setzen, wird erst gar nicht versucht. So verzichten G. *Schneider/W. Jordan*, HGO, auf eine Deutung des Verhältnisses der §§ 9, 50 und 66 HGO. In § 9 Erl. 1 heißt es, die Gemeindevertretung entscheide »über alle wichtigen Angelegenheiten der Gemeinde (§ 9 Abs. 1, § 50 HGO)«, obwohl § 50 diese Einschränkung nicht kennt. Der Verweis auf die Kommentierung in § 50 und § 66 führt nur zu der Behauptung, alle Vorschriften gälten nebeneinander. In Erl. 1 bei § 50 heißt es, mangels einer Spezialzuweisung richte sich die Kompetenzverteilung nach »Wichtigkeit« bzw. »laufender Verwaltung«, obwohl § 50 I HGO weder den einen noch den anderen Begriff kennt. Bei diesen Begriffen soll es sich um gerichtlich nachprüfbare unbestimmte Rechtsbegriffe (also mit jeweils einer richtigen Lösung) handeln, was die Autoren nicht hindert, für einen nach dieser Konstruktion gar nicht denkbaren »Zwischenbereich« eine Vermutung für die Zuständigkeit der Gemeindevertretung aufzustellen; die Kollision mit dem eindeutigen Wortlaut von § 50 I 1 HGO, der die Allzuständigkeit postuliert, wird nicht gesehen. Bei § 66 Erl. 1 wird die Formulierung des § 66 I 2 HGO, wonach die laufende Verwaltung »nach den Beschlüssen der Gemeindevertretung« zu erfolgen hat, ignoriert bzw. suggeriert, diese Beschlüsse seien identisch mit den allgemeinen Grundsätzen (§ 51 Nr. 1). In § 50 Erl. 4 werden die »wichtigen Verwaltungsangelegenheiten« entgegen der Bedeutung, die die Autoren dem Begriff »wichtig« für die Kompetenzverteilung zuweisen, zu »wichtigen laufenden Geschäften« uminterpretiert. Auch der Kommentar von *H. u. D. Schlempp* bemüht sich in seiner Neufassung 1984 um eine eingehendere Auflösung des Rätsels, die die HGO stellt. Er sieht in § 9 die dominierende Kompetenzverteilungsnorm und kann daher mit § 50 I 1 HGO nichts anfangen. Schließlich muß er die Formulierung »nach den Beschlüssen der Gemeindevertretung« in § 66 I 2 HGO zu einer bloßen Beachtungsformel herabstufen (alles Erl. 2 zu § 9), obwohl es gerade nicht heißt, »im Rahmen von . . .« oder »unter Beachtung von . . .«. Wie alles mit der Behauptung zu vereinbaren ist: »über die Generalklausel des § 9 HGO hinaus (!) gilt eine gesetzliche Vermutung für die Zuständigkeit der Gemeindevertretung« (§ 50 Erl. I), bleibt notwendig dunkel. F. *Foerstemann*, Die Gemeindeorgane, S. 187 ff., will ebenfalls § 9 und § 50 I 1 HGO nebeneinander anwenden, und dennoch spricht er von einer gesetzlichen Vermutung.
149 § 66 I 2 HGO verlangt nicht, daß die laufende Verwaltung »aufgrund der Beschlüssse der Gemeindevertretung« besorgt wird.

tretung nämlich bei wichtigen Angelegenheiten notwendig Beschluß fassen, so hätte die HGO nicht bloß eine Berichtspflicht des Gemeindevorstandes angeordnet, sondern auf die Beschlußvorbereitungskompetenz des Gemeindevorstandes nach § 66 I 3 Nr. 2 HGO verwiesen. Diese Auffassung der Kompetenzverteilung kollidiert auch nicht damit, daß die hier besprochenen Angelegenheiten zu den übertragbaren Aufgaben der Gemeindevertretung nach § 50 I 2 HGO gehören. Überträgt die Gemeindevertretung eine entsprechende Aufgabe an einen Ausschuß zur Entscheidung, so hat der Ausschuß dieselbe Funktion wie die Vertretung selbst in der Angelegenheit. Ihm gilt die Unterrichtungspflicht des Gemeindevorstandes nach § 50 III HGO, und er kann, muß aber nicht einen Beschluß darüber fassen und damit die laufende Geschäftsführung des Gemeindevorstandes in der Angelegenheit dirigieren. Wird die Kompetenz auf den Gemeindevorstand übertragen, so bedeutet dies, daß die Gemeindevertretung in der Angelegenheit keinen Beschluß fassen kann, es sei denn, sie zieht die Angelegenheit nach § 50 I 4 und 5 HGO formell an sich.

Aus dieser Kompetenzverteilung folgt, daß im Bereich der übertragbaren Aufgaben die Gemeindevertretung alle, auch unwichtige Geschäfte durch Beschluß in der Ausführung dirigieren kann, aber nicht muß. Tut sie es nicht, kann der Gemeindevorstand die Angelegenheit selbstständig erledigen. Ist die Angelegenheit wichtig, so hat der Gemeindevorstand die Gemeindevertretung zu informieren, damit diese sich darüber klar wird, ob sie ihre Kompetenz in Anspruch nimmt oder nicht. Macht die Gemeindevertretung also im Rahmen ihrer Allzuständigkeit von einer Kompetenz keinen Gebrauch, so ist der Vorstand in der Behandlung frei; die Vertretung kann sich jedoch nachträglich mit der Angelegenheit befassen. Ebenso wie bei den Angelegenheiten, in denen eine ausschließliche Entscheidungskompetenz des Gemeindevorstandes besteht, kann sie über ihr die gesamte Verwaltungstätigkeit erfassendes Kontrollrecht das Handeln des Gemeindevorstandes erörtern und unter Umständen Rügen erteilen, Bitten äußern etc. Daß der Gemeindevorstand einem solchen Wunsch nicht folgen muß, ergibt sich aus seiner ausschließlichen Entscheidungskompetenz in der Sache.[150]

3. Die Wahl der Gemeindevertretung

Für die Wahl der Gemeindevertretung legt Art. 28 I 2 GG von Bundesverfassungs wegen die traditionellen Wahlgrundsätze[151] der allgemeinen, unmittelbaren,

---

150 Die Entscheidung des VGH, Urt. v. 15.1.1980 – II OE 70/78, wonach der von der neugewählten CDU-Mehrheit der Wiesbadener Stadtverordnetenversammlung geäußerte Wunsch nach Ablösung des Amtsleiters im Schulamt rechtswidrig sei, ist schon darum nicht haltbar, weil der Gemeindevertretung nach § 50 II HGO die Kontrolle über die gesamte Verwaltung obliegt und diese Kontrolle primär eine politische Kontrolle ist. Das Urteil ist auch insofern bemerkenswert, als es die bloße Bitte der Vertretung gegen den Wortlaut als »verbindliche (!) Aufforderung« auffaßt und so in die von ihm angenommene Rechtswidrigkeit hinein auslegt. Siehe auch zu und in FN 142.
151 Siehe zu den Wahlgrundsätzen und der Rechtsprechung des BVerfG *H. Meyer* (s. FN 7), RN 1 bis 45.

freien,[152] gleichen und geheimen[153] Wahl fest. Die Hessische Verfassung hatte ursprünglich in Art. 137 IV die Landtagswahl-Grundsätze des Art. 71 HV auch für die Kommunalwahl für verbindlich erklärt; die Bestimmung wurde jedoch im Jahr 1950 aufgehoben. Maßgebliches Landesverfassungsrecht ist also ausschließlich der für aktiv wie passiv Wahlberechtigte und Wahlbewerber (Parteien oder Wählergruppen) geltende allgemeine Gleichheitssatz des Art. 1 HV, der in Wahlangelegenheiten strikt gehandhabt werden muß, also nur unter besonders schwerwiegenden Gründen außer acht gelassen werden darf.[154] Das **Wahlsystem** legt § 1 I KWG[155] auf die Verhältniswahl fest.[156] Mit der Entscheidung für die Verhältniswahl hat sich der Gesetzgeber nach der ständigen Rechtsprechung des BVerfG dem Zwang auch zum gleichen Erfolgswert der Stimme unterworfen.[157] Daß die 5%-Klausel (§ 22 II KWG) diesen Anspruch erfüllt, hat das BVerfG zwar entschieden, bis auf die erste sehr frühe Entscheidung aber nicht begründet, obwohl zwei Voraussetzungen der ersten Entscheidung in dieser Sache entfallen sind. Der Bayerische Verfassungsgerichtshof hat die Zulässigkeit einer Sperrklausel verneint, obwohl die bayerische Verfassung sogar die Grundsätze für die Landtagswahl, die eine Sperrklausel ermöglichen, für die Kommunalwahl für verbindlich erklärt hat. Die hessische Sperrklausel ist verfassungswidrig geworden, da sie zur Bewahrung von Stabilität nicht notwendig ist,[158] wie die Länder Bayern, Baden-Württemberg und Niedersachsen beweisen, die schon längere Zeit keine 5%-Sperrklausel kennen. Wahlvorschlagsberechtigt sind Parteien und Wählergruppen (§ 10 KWG), eine Beschränkung auf

---

152 Nach § 17 a KWG wird seit der Novelle 1988 die Freiheit der Wahl durch das Verbot fast jeder denkbaren Beeinflussung der Wähler ab 10 Meter vor dem Eingang zum Wahllokal geschützt. Ein Verstoß hat zur Wiederholungswahl in zwei betroffenen Wahlbezirken geführt (s. ESVGH 41, 126). Der VGH Kassel (HessVGRspr. 1992, 51 ff.) erklärte die Wahl in einer mittleren Stadt (Bad Vilbel) wegen unzulässiger amtlicher Wahlbeeinflussung für ungültig und wandte zu Recht (s. schon *H. Meyer*, Kommunalwahlrecht (s. FN 4) S. 47) die Grundsätze von BVerfGE 44, 125 an. S. auch OVG NW (U. v. 19.8.1988), DVBl. 1989, 167 nur LS und generell für den Kommunalwahlkampf BVerwG (B. v. 30.3.1992, Buchholz 160 Nr. 37). Die Freiheit der Wahl hat das OVG Rh.-Pf. durch die nicht zwingend erforderliche Kennzeichnung des Stimmzettels durch eine dritte Person für verletzt angesehen (DVBl. 1986, 253).
153 Zu Problemen der geheimen Wahl bei Wahlmaschinen s. VGH (II OE 42/82 v. 5.3.1985), HSGZ 1985, 377 (nur LS). Zu einem interessanten Fall des Verbots geheimer Wahl in einer Verbandsversammlung eines Zweckverbandes s. OVG Rh.-Pf. (DVBl. 1986, 255).
154 So auch der StGH, B. v. 29.1.1993, NVwZ-RR 1993, 654 ff.
155 Das Hess. Kommunalwahlgesetz (s. oben IV) regelt die Wahl der Gemeindevertretung, der Ortsbeiräte, der Kreistage des Verbandstages des Umlandverbandes Frankfurt, der Ausländerbeiräte und die Wahl der Bürgermeister und Landräte. Einen Überblick über die kommunalen Wahlsysteme der Bundesrepublik gibt *A. Saftig*, Kommunalwahlrecht in Deutschland, Baden-Baden 1990.
156 Lediglich bei nur einem eingereichten Wahlvorschlag werden die auf dieser Liste Vorgeschlagenen nach dem Prinzip der Mehrheitswahl gewählt, wobei jeder Wähler so viele Stimmen hat, als Vertreter zu wählen sind. Das ist nicht sehr sinnvoll, da – falls in der Wählerschaft Mehrheit und Minderheiten bestehen, die sich nicht in Listen organisieren wollen –, die Mehrheit alle Mandate besetzen kann. Es wäre besser, die Stimmenzahl pro Wähler auf z.B. 2/3 der zu Wählenden zu reduzieren.
157 Siehe BVerfGE 47, 253, 277 m.w.N; zuletzt BVerfGE 82, 322, 338.
158 Wenn dies angesichts der amtsrechtlichen Einschläge der Stellung der Gemeindevertretung, der starken Stellung des beamtenrechtlichen Elements im Gemeindevorstand und der mit allen denkbaren Mitteln versehenen Staatsaufsicht überhaupt ein ernsthaftes Argument für den Kommunalbereich war. S. näher mitsamt der Nachweise zur Rechtsprechung *Hans Meyer*, Kommunalwahlrecht, HdbKWP Bd. 2 S. 56 ff. Gegen die Zulässigkeit einer 5%-Sperrklausel m.w.N. *Hubert Meyer*, Kommunales Parteien- und Fraktionsrecht, S. 205-216.

politische Parteien wäre verfassungswidrig.[159] Das Unterschriftenquorum ist für etablierte Bewerber und »Neubewerber« unterschiedlich und beträgt für letztere die doppelte Anzahl der Gemeindevertreter.[160] Das aktive Wahlrecht ist auf volljährige Deutsche i.S. des Art. 116 GG sowie Unionsbürger[161] mit mindestens dreimonatigem Wohnsitz in der Gemeinde beschränkt (§ 30 I HGO); das aktive Wahlrecht ist zugleich entscheidend für die Eigenschaft als Bürger gegenüber dem bloßen Einwohner der Gemeinde (§ 8 HGO). Der Ausschluß des Wahlrechts kraft Richterspruchs (§ 31 Nr. 2 HGO) ist überholt und entspricht in einer Reihe von Fällen nicht mehr der Verfassung.[162] Die zeitliche Wohnsitzsperre ist ausschließlich durch technische Schwierigkeiten der Wahlvorbereitung begründbar und insoweit zu lang; verfassungwidrig ist das Privileg der hauptamtlichen Mitglieder der Gemeindevertretung nach § 30 II HGO, da ihr Amtsstatus mit ihrem Wahlstatus nichts zu tun hat.[163] Das passive Wahlrecht ist an das aktive Wahlrecht geknüpft.[164] Das Wohnsitzerfordernis von 6 Monaten ist gerechtfertigt (§ 32 I HGO). Keine Beschränkung der Wählbarkeit, wohl aber Inkompatibilität zwischen dem Amt eines Gemeindevertreters und einer Stellung in der Gemeinde sieht § 37 HGO vor.[165] Beim Wahlverfahren fällt auf, daß es eine Begrenzung für die Briefwahlen nicht gibt (s. § 19 KWG). Bei der Ermittlung des Wahlergebnisses werden nach § 22 KWG die Wahlvorschläge, die nicht mindestens 5% erreicht haben, sowie die auf sie entfallenden Stimmen von der Verteilung ausgeschlossen. Diese wird nicht mehr nach dem allerdings nur prinzipiell die größeren Parteien bevorzugenden D'Hondt'schen System durchgeführt, sondern nach dem Hare-Niemeyer-Verfahren. Nach § 22 II 1 KWG wird bei jedem Wahlvorschlag die Zahl der insgesamt zu vergebenden Sitze mit der erreichten Stimmenzahl multipliziert und durch die Gesamtstimmenzahl dividiert. Jeder Vorschlag erhält soviele Sitze, wie sich bei diesem Verfahren für ihn ganze

---

159 BVerfGE 11, 266, 276; anders noch BVerfGE 6, 104, 114 f. Die Wählergemeinschaften haben insgesamt, wenn auch nach der Gemeindegröße schwankend, einen nicht unbedeutenden Anteil an den Sitzen gewonnen. S. allgemein *Th. Möller*, Die kommunalen Wählergemeinschaften in der Bundesrepublik Deutschland, 2. Aufl. München 1988. BVerfGE 85, 264, 325 hat die Berücksichtigung der kommunalen Wählervereinigungen bei der Neuordnung der Parteienfinanzierung verlangt, s. auch BVerfGE 87, 394, 398. In Hessen stellen nach der Wahl 1993 die Wählervereinigungen in 28 Gemeinden die stärkste, in 77 die zweitstärkste und in 194 die drittstärkste Fraktion. Die Kritik von *R. Kleindiek*, (Reihenfolge der Wahlvorschläge bei Kommunalwahlen, NVwZ 1996, 131 ff.) an dem StGH (NVwZ 1996, 161 ff.), wonach die Landtags(!)parteien bei der Reihenfolge auf dem Stimmzettel privilegiert werden dürfen, trifft zu.
160 Zur verfassungsrechtlichen Problematik s. *H. Meyer*, Kommunalwahlrecht, HbdKWP Bd. 2, S. 71 sowie *ders.*, Wahlgrundsätze und Wahlverfahren, HdbStR Bd. II § 38 RN 4 bis 8.
161 Siehe oben zu und in FN 7.
162 Siehe *H. Meyer*, Kommunalwahlrecht, HdbKWP Bd. 2 S. 65 und *ders.*, Wahlgrundsätze und Wahlverfahren, HdbStR Bd. II § 38 RN 3.
163 Siehe *H. Meyer*, Kommunalwahlrecht, S. 66/67. – Die bay. Wohnsitzsperre hat die 2. Kammer des Zweiten Senats des BVerfG (NVwZ 1993, 55.) toleriert, freilich ohne zu berücksichtigen, daß die Demokratie Mitbestimmung in den eigenen Angelegenheiten meint und die Vertretung für die Zukunft gewählt wird.
164 Einen verfassungsrechtlich schwer haltbaren – s. *J. Schmidt*, Zum passiven Wahlrecht für den Gemeinderat (DVBl. 1987, 212) – Ausschluß vom passiven Wahlrecht wegen enger verwandtschaftlicher Beziehung zu anderen Gemeinderäten wie in Bayern kennt das hessische Recht nicht.
165 Siehe nähere Hinweise zur reichhaltigen Rechtsprechung in *H. Meyer*, Kommunalwahlrecht, S. 69 Anm. 193.

Zahlen ergeben. Die nicht verteilten Restsitze werden ausschließlich nach der Reihenfolge der höchsten Zahlenbruchteile, die sich bei diesem Teilungsverfahren ergeben, zugewiesen. Da es bei diesem Verfahren vorkommen kann, daß ein Wahlvorschlag trotz – knapper – Mehrheit der Stimmen nicht die Mehrheit der Sitze enthält, sieht § 22 IV KWG vor, daß einem solchen Vorschlag in jedem Fall der erste Restsitz zuzuteilen ist. Ergibt sich bei der normalen Restsitzverteilung ein Bruchteils-Patt zwischen einem Vorschlag mit über der Hälfte der Stimmen und einem anderen Vorschlag, so braucht entgegen § 22 III 3 KWG nicht das Los gezogen zu werden, da in jedem Fall der Mehrheitsvorschlag den Sitz erhält.

4. Die innere Gliederung der Gemeindevertretung

a) *Die politische Gliederung der Gemeindevertretung: die Fraktionen*

Die Rekrutierung der Gemeindevertretung durch demokratische und d.h. notwendig politische Wahlen und die Festlegung des Wahlystems auf die Listenwahl[166] mit Beschränkung der Wahlbewerbung auf Parteien- und Wählergruppen führt notwendig zur politischen Binnengliederung der Gemeindevertretung in **Fraktionen**[167]. Erst im Jahre 1977 hat die HGO davon in § 36 a eine etwas verquälte Notiz genommen. Die wichtigste Bestimmung ist § 36 a I 4 HGO, wonach durch Wahl in die Gemeindevertretung gelangte Parteien- oder Wählergruppen Fraktionsstatus »erhalten«. Da auf anderem Wege als über eine Liste niemand Gemeindevertreter werden kann, ergibt die Wahl kraft Gesetzes Fraktionen; einer »Anerkennung« durch die Geschäftsordnung bedarf es nicht.[168] Diese hat aber die Rechte und Pflichten von Fraktionen zu regeln (§ 36 a I 3 HGO), soweit sie nicht durch die HGO selbst festgelegt sind, wie z.B. in §§ 27 III u. IV, 50 II 4, 62 II 1, IV 2 HGO. Die Festlegung der Fraktionsmindeststärke[169] hat nur Bedeutung für eine freiwillige Gründung, die lediglich bei Fraktionsaustritt und Fraktionsspaltung denkbar ist. Sie darf auf keinen Fall über 5% der Sitze festgelegt werden, da mit dieser Klausel nach der Vorstellung des Wahlgesetzgebers die Funktionsfähigkeit des Gemeindeparlaments auf alle Fälle erhalten bleibt und weil zugleich der Fraktionsstatus wesentliche Voraussetzung

---

166 Bis auf den – seltenen – Fall der mangels einer Listenalternative erzwungenen Mehrheitswahl (§ 1 II KWG); s. zu und in FN 156.
167 Siehe allgemein: *K.-H. Rothe*, Die Fraktion in der kommunalen Verwaltungskörperschaft – Eine praxisbezogene Gesamtdarstellung 1989, *Ulrike Bick*, Die Ratsfraktion, Berlin 1989 u. *Hubert Meyer*, Kommunales Parteien- und Fraktionenrecht, Baden-Baden 1990.
168 Anderer Ansicht sind offenbar *G. Schneider/W. Jordan*, HGO, § 36 a Anm. 6 S. 6. (Die Gemeindevertretung müsse, »überhaupt die Mitwirkung von Fraktionen beschließen und deren Rechte und Pflichten in der Geschäftsordnung regeln«). Andererseits hindert § 36 a I 4 HGO Fraktionslose nicht, sich zu einer Fraktion zusammenzuschließen. Aus § 36 a I 4 HGO folgt auch, daß eine Ein-Mann-Fraktion kraft Gesetzes entstehen kann.
169 Mangels Festlegung einer Mindeststärke hat der VGH – für Kreistage – den Zusammenschluß von zwei Personen genügen lassen (DÖV 1984, 30); die Gründe treffen für die Gemeindevertretungen ebenso zu. Siehe auch OVG Rh.-Pf. (DVBl. 1988, 798).

chancengleicher Einflußnahme in der Gemeindevertretung ist. Die HGO knüpft an den Fraktionsstatus eine Reihe von Vorrechten an wie den Ersatz von Verdienstausfall und Fahrkosten bzw. die Möglichkeit von Aufwandsentschädigung, die auch für Fraktions- oder Teilfraktionssitzungen gilt (§ 27 IV HGO).[170] Es liegt in der Logik des parlamentarischen Systems, daß die Fraktionen bei der Ausschußbesetzung die dominante Rolle spielen (siehe unten b). Erstaunlicherweise gewährt die HGO den Fraktionen kein Antragsrecht.[171] Weitergehende Befugnisse kann die Geschäftsordnung den Fraktionen verleihen. Dabei ist zu berücksichtigen, daß der Status möglicher fraktionsloser Gemeindevertreter nicht so minimiert werden darf, daß ihnen eine sinnvolle Mitarbeit in der Gemeindevertretung nicht mehr möglich ist. Probleme werfen die Sonderfälle der Fraktionsspaltung und des Parteiaustritts auf. Da nach § 36 a I 4 HGO die Parteien und Wählergruppen in der Gemeindevertretung kraft Gesetzes den Fraktionsstatus erhalten, und zwar nur weil und soweit sie durch Vertreter vertreten sind, führt der Austritt oder der Ausschluß aus einer Partei oder Wählergruppe automatisch zum Verlust der Mitgliedschaft in der entsprechenden Fraktion. Die Fraktion könnte den Betreffenden höchstens durch freiwilligen Beschluß wieder aufnehmen oder ihn als Hospitanten akzeptieren. Ein Fraktionsausschluß ohne Parteiausschluß ist mit § 36 a I 4 HGO unvereinbar; dies ist auch sinnvoll, weil regelmäßig erst die Fraktionszugehörigkeit relevante Informationen und Mitbestimmung ermöglicht und weil zum anderen das Parteiengesetz den Parteiausschluß an bestimmte Voraussetzungen bindet, die dem Gemeindevertreter einen zur Sicherung seiner in § 35 HGO bestätigten Unabhängigkeit nötigen Rechtsschutz gegen Willkür gewährt.[172] Eine Fraktionsspaltung ohne Parteiaustritt oder -ausschluß

---

170 Zu der strittigen Frage hauptberuflicher Mitarbeiter von Fraktionen s. die kritische Abhandlung von *K. H. Rothe*, Sind hauptberufliche Mitarbeiter der Gemeinderatsfraktionen rechtlich zulässig und sachlich notwendig? (DVBl. 1993, 1042). Zu den Grenzen einer Zuwendung an die Fraktionen selbst s. VG Gelsenkirchen (U. v. 13.2.1987), DÖV 1987, 830.
171 Ein solches dürfte zum Mindeststandard der Geschäftsordnung gehören. Durch die Novelle 1992, die in § 58 V 3 HGO ein Antragsrecht für jedes Mitglied der Vertretung eingeführt hat, hat sich dieses Problem praktisch erledigt, wenn auch die Antragstellung durch eine Fraktion der Normfall bleiben wird. Durch die Novelle 1994 ist in § 36 a III HGO den Fraktionen auch rechtlich der Status eines eigenständigen Akteurs in der Vertretung eingeräumt worden. Damit ist klargestellt, daß die Fraktionen keine privatrechtlichen Vereinigungen sind (so aber OLG Schleswig, U. v. 3.5.1995, NVwZ – RR 1996, 103), sondern Bestandteile des öffentlich-rechtlichen Systems. Der VGH hat ihnen freilich die Verteidigung von Rechten der Gemeindevertretung abgesprochen ist bei der Annahme eigener Rechte sehr restriktiv und ohne den durchaus einschlägigen § 50 III HGO zu erwähnen, HStGZ 1995, 401 ff.; s. auch B. v. 11.5.1995, HStGZ 1996, 165 – großzügiger ist der SächsVerfGH, LKV 1996, 21 ff. Der Anlaß für § 36 a III HGO war allerdings Halbsatz 2, der den Fraktionen freilich nur »insoweit« eine eigene Öffentlichkeitsarbeit gestattet, deren Finanzierung durch die Gemeinde wiederum § 36 a IV HGO erlaubt. Sehr schnell hat damit die HGO – aufgrund eines gemeinsamen Fraktionsantrages – die Entwicklung der Fraktionsgesetze in Bund und Ländern nachvollzogen (s. dazu *Hans Meyer*, Die Fraktionen auf dem Weg zur Emanzipation von der Verfassung, in Gegenrede, FS Mahrenholz, Baden-Baden 1994, S. 319 – 347). Sie sind aber nicht rechtlich verselbständigt worden, so daß die Frage, wer Partner der Dienstverträge mit Fraktionsmitarbeiter ist, weiterhin schwierig zu beantworten ist (s. FN 139).
172 Der VGH (B. v. 13.12.1989), NVwZ 1990, 391 f. verweist immerhin auf § 10 IV PartG. Der BayVGH (anders OVG NW, NJW 1989, 1105 u. VGH aaO) ist irrig der Ansicht, der Streit um die Mitgliedschaft in einer Fraktion sei zivilrechtlich (B. v. 24.11.1988; NVwZ 1989, 494 ff.). Die Fraktion ist kein privater Zusammenschluß, sondern – auch in Bayern – notwendige Gliederungseinheit der Volksvertretung; s. *Hans Meyer*, Die Fraktionen (s. FN 171), S. 326-331. Die Entschei-

ist für unzulässig zu halten. Dies verhindert auch, daß große Fraktionen sich durch Bildung von zwei oder mehr Fraktionen finanzielle oder andere Sondervorteile verschaffen können. Ihre innere Ordnung kann die Fraktion durch Geschäftsordnung regeln. Die harte Rechtsprechung des VGH Kassel[173], daß niemand Drittes auch nur an den Fraktionsberatungen teilnehmen darf, hat den Gesetzgeber 1992 veranlaßt, die beratende Zuziehung von Mitgliedern des Gemeindevorstandes[174] und anderer, gemeint sind vor allem politische Funktionsträger, zu erlauben (§ 36 a I 5 HGO).

b) *Die Arbeitsgliederung der Gemeindevertretung: die Ausschüsse*

Die Arbeitsgliederung in der Gemeindevertretung sind die **Ausschüsse**.[175] Notwendig ist lediglich ein Finanzausschuß (§ 62 I 2 HGO). Üblich ist zusätzlich zumindest der Hauptausschuß, dem eine zentrale Funktion zukommt. Je nach Größe der Gemeinde werden regelmäßig weitere sachgebietsspezifische Ausschüsse gebildet. Einsetzung und Aufhebung eines Ausschusses bedarf wie die politisch brisante Festlegung der Größe[176] lediglich der einfachen Mehrheit (§ 62 I 5, 54 I HGO). Die Ausschüsse sollen die politische Gliederung der Gemeindevertretung widerspiegeln; daher erfolgt die Wahl der Mitglieder entweder nach den Grundsätzen der Verhältniswahl (§ 55 I 1 HGO) oder durch einstimmigen Beschluß eines vereinbarten Personalvorschlages (§ 55 II 1 HGO) oder – und das ist der Normalfall – auf Beschluß der Gemeindevertretung durch Benennung der Vertreter durch die Fraktionen, wobei der Anteil nach dem Proporz berechnet wird (§ 62 II 1 HGO).[177] Lediglich im letzten Fall kann eine Fraktion ein Ausschußmitglied zurückziehen und durch ein anderes ersetzen; weder nach der Wahl noch nach einem gemeinsamen Beschluß ist dies möglich. Die Gemeindevertretung hat nur die Möglichkeit, den Ausschuß aufzulösen und einen neuen zu wählen. Eine relevante Veränderung der Fraktionsstärke führt nach § 62 II 5 HGO zu einer entsprechenden Veränderung der Verteilung der Ausschußsitze.[178] Kleine Fraktionen, die nicht in allen Ausschüssen

---

dung enthält auch Überlegungen zu den Voraussetzungen eines zulässigen Fraktionsausschlusses. S. dazu und zu den Rechtsschutzproblemen auch *J. Erdmann*, Der Fraktionsausschluß im Gemeinderecht und seine Auswirkungen, DÖV 1988, 907 ff., der freilich die Besonderheiten der hessischen Rechtslage nicht berücksichtigt. Instruktiv ist VG Wiesbaden (B. v. 10.11.1994), HStGZ 1995, 109 mit w. H. der Redaktion.

173 ESVGH 42, 136, die hinsichtlich des Ausschlusses Dritter von der *Abstimmung* korrekt ist.
174 Das parlamentarische Regierungssystem, das auch in den Gemeinden dominiert, hat sich damit durchgesetzt.
175 Siehe generell zu den Ausschüssen *E. Franke*, Die hessischen kommunalen Ausschüsse zwischen kommunalverfassungsrechtlicher Stellung und kommunaler Praxis, Frankfurt am Main etc., 1995.
176 Das BVerwG (7 B 47.88; Buchholz 415.1 Nr. 73) ist sehr großzügig bei einer zu Lasten der Minderheit gehenden Festlegung kleiner Ausschußgrößen. Instruktiv zum Minderheitenschutz OVG Hamburg (DVBl. 1986, 242) und dazu BVerwG (HStGZ 1986, 443).
177 Entsprechend § 22 III und IV KWG gilt auch hier das Verfahren Hare-Niemeyer und die Regel, daß die Fraktion, die die – knappe – absolute Mehrheit in der Vertretung hat, diese auch im Ausschuß erhält, wenn das Verteilungsverfahren dies nicht von sich aus ergibt (§ 62 II 1 2. HS. HGO). – Bei der Verhältniswahl hängt die Repräsentanz der Fraktionen von der Wahlbeteiligung und Disziplin beim Wählen ab; ein gebundenes Wahlrecht (s. dazu *E. Röper*, Gebundenes Wahlrecht zu Ratsausschüssen, VR 1988, 202/203) gibt es in Hessen nicht.
178 Freilich nur beim Benennungsverfahren (§ 62 II 1 HGO).

vertreten sind, können sich nach § 62 IV 2 HGO durch Vertreter mit beratender Stimme vertreten lassen.[179] Ausschluß oder Austritt aus der Fraktion führen nicht automatisch zum Verlust der Ausschußmitgliedschaft. Auf das Verfahren[180] und die innere Ordnung der Ausschüsse findet nach § 62 V 1 HGO eine Reihe von Vorschriften Anwendung, die auch für die Gemeindevertretung gelten, im übrigen hat die Geschäftsordnung der Gemeindevertretung die notwendigen Regelungen zu enthalten. Den Vorsitzenden[181] und dessen Stellvertreter wählen die Ausschüsse selbst.

Normalerweise erschöpft sich die **Kompetenz der Ausschüsse** in der Vorbereitung der Beschlüsse der Gemeindevertretung. Dies trifft auf alle denkbaren Beschlüsse zu, auch solche, die zur Ausübung der Kontrollfunktion nach § 50 II HGO gefaßt werden können. Der Geschäftsbereich der Ausschüsse und damit der Kreis der Angelegenheiten, mit denen sich der Ausschuß auch ohne eine spezielle Übertragung durch die Gemeindevertretung befassen kann, wird bei der Bildung der Ausschüsse durch die Gemeindevertretung festgelegt. Dies bindet den Gemeindevorstand, Angelegenheiten des jeweiligen Sachgebietes, die einer Vorbereitung bedürfen, nur über die Behandlung durch die Ausschüsse in die Gemeindevertretung zu bringen. Durch besonderen Beschluß kann den Ausschüssen für bestimmte Angelegenheiten oder bestimmte Arten von Angelegenheiten eine Beschlußkompetenz übertragen werden, falls es sich nicht um eine ausschließliche Zuständigkeit der Gemeindevertretung handelt.[182] Die Übertragung ist notwendig widerruflich. Solange der Widerruf nicht wirksam ist, hat der Ausschußbeschluß jedoch eine Wirkung wie ein Beschluß der Gemeindevertretung mit der Folge, daß z.B. der Gemeindevorstand an ihn gebunden ist. Die schon durch die bloße Vorbereitungskompetenz den Ausschüssen zukommende Bedeutung erklärt die Teilnahmeverpflichtung des Gemeindevorstandes bzw. bei der angeordneten sinngemäßen Anwendung des jeweiligen Dezernenten (§§ 62 V 1 i.V.m. 59 HGO), den Anspruch jeder Fraktion auf eine mindestens beratende Teilnahme (§ 62 IV 2 HGO), weniger freilich das erstaunliche Recht des Vorsitzenden und sogar seiner Stellvertreter, an den Ausschußsitzungen mit beratender Stimme teilzunehmen (§ 62 IV 1 HGO).

c) *Die Leitungsebene: Der Vorsitzende und seine Vertreter*

Die Leitungsebene besteht nur aus dem **Vorsitzenden**, eine kollegiale Leitung sieht die HGO nicht vor. Der oder die Stellvertreter haben außer dem etwas erstaunlichen Recht der Anwesenheit an allen Ausschußsitzungen (§ 62 IV HGO)[183] keinerlei ei-

---

179 Das ist eine elegante Lösung des Problems. Zum mangelnden Anspruch auf einen Sitz s. BVerwG (B. v. 25.9.1985) in DVBl. 1986, 240 f.
180 Zur Öffentlichkeit der Sitzung s. FN 197.
181 Parlamentarischem Brauch entsprechend werden die Vorsitzenden in den Ausschüssen üblicherweise und meist auf Grund von Vereinbarungen ebenfalls nach dem Stärkeverhältnis der Fraktionen bestellt.
182 Daß darunter nicht nur die in § 51 HGO genannten Aufgaben fallen, s. oben sub V 2 b (3) u. (4).
183 Siehe *H. Meyer* (s. FN 140) in HStGZ 1987, 490, 497.

genständige Funktionen. Lediglich im Vertretungsfall haben sie die Rechte des Vorsitzenden. Daher wird dieser in Einzelwahl bestimmt, die Stellvertreter aber, falls es wenigstens zwei sind, gemäß § 55 I 1 HGO in Verhältniswahl[184] oder nach § 55 II HGO kraft Vereinbarung. Es entspricht parlamentarischem Brauch, ist aber rechtlich nicht verpflichtend, daß der Vorsitzende von der stärksten Fraktion gestellt wird. Die Zahl der Stellvertreter ist durch Hauptsatzung zu bestimmen (§ 57 I 2 HGO). Der Vorsitzende hat eine Fülle von Sonderrechten,[185] von der Einberufung der Sitzungen, der Festsetzung der Tagesordnung, über die Leitung der Sitzung (§ 58 HGO), die Aufrechterhaltung der Sitzungsordnung (§ 60 HGO), die Mitunterzeichnung der Niederschrift (§ 61 II HGO) bis zum Anwesenheitsrecht bei Ausschußsitzungen (§ 62 IV 1 HGO). Der Gemeindevorstand und ein Viertel der Gemeindevertreter können nach § 56 I HGO eine Eilsitzung über Angelegenheiten erzwingen, die zur Kompetenz der Vertretung gehören. Bei einem entsprechenden Antrag hat der Vorsitzende zu prüfen, ob die Angelegenheit zur Kompetenz der Vertretung gehört (§ 56 I und § 58 V 2 HGO). Damit ist ausschließlich die Organkompetenz gemeint.[186] Der Umfang dieser Kompetenz wird, was oft übersehen wird, nicht nur durch die beschränkten Entscheidungskompetenzen der Vertretung, sondern auch durch ihr unbeschränktes Kontrollrecht[187] bestimmt. Die Novelle 1992 hat durch Einfügung des § 58 V 3 HGO für den normalen Geschäftsgang ein allgemeines und nur durch das Erfordernis einer Fristeinhaltung beschränktes Antragsrecht eines jeden Gemeindevertreters statuiert.[188] Beschränkungen durch die Geschäftsordnung sind damit unvereinbar. Außer bei den Eilfällen des § 56 I 2 HGO spricht das Gesetz dem Vorsitzenden aus gutem Grunde nicht das Recht zu, die Anträge Antragsberechtigter auf ihre Rechtmäßigkeit zu prüfen; er hat lediglich die Prüfungskompetenz, ob die Antragsberechtigung als solche besteht.[189] Ordnungs-

---

184 Siehe dazu FN 201.
185 Eine systematische Erörterung der Funktionen des Vorsitzenden sowie seiner Stellung im politischen System findet sich bei *H. Meyer* (s. FN 140), HSGZ 1987, 490, 499.
186 So auch VG Darmstadt (Urteil vom 22.8.1983; V/1 E 438/83). *M. Zuleeg* Zuständigkeit und Tagesordnung des Rates, StGB 1984, 91, 92, irrt, wenn er feststellt, daß kein Organ für ein verbandswidriges Handeln zuständig sein kann. Nicht die Organzuständigkeit, sondern lediglich die Rechtmäßigkeit des Organhandelns wird durch die Verbandskompetenz bestimmt. Auch verbandswidriges Organhandeln kann z.B. wirksam sein; Nichtigkeit ist selten anzunehmen. Beschließt der Bundestag ein Gesetz, das nach Art. 70 GG in die Landeskompetenz fällt, so handelt er nicht gegen seine Organzuständigkeit, wohl aber gegen die Verbandszuständigkeit. Diese scharfe Trennung vorzunehmen, ist auch darum wichtig, weil es regelmäßig strittig ist, ob eine Verbandszuständigkeit besteht oder nicht.
187 Siehe § 50 II HGO und oben sub V 2. b (1).
188 Dies hatte der BayVGH schon aus der Stellung der Mitglieder als Volksvertreter geschlossen (DÖV 1987, 446). Aus dem Antragsrecht folgt eine Befassungspflicht (so BayVerfGHE. v. 30.9.1994 –, DVBl. 1995, 150 ff. für LT-Abgeordnete); der Antragsteller darf ihn begründen und, falls die Vertretung(smehrheit) darauf nicht eingehen will, hat sie den Antrag abzulehnen oder an einen Ausschuß zu verweisen.
189 Contra legem eine Prüfungskompetenz anzunehmen, bedarf schon gewichtiger Gründe. Der gewichtigste von ihnen ist das Produkt eines logischen Kurzschlusses: Die Einhaltung der Rechtsordnung als Aufgabe ist nie kompetenzbegründend (so aber *B. Raum*, Das Prüfungsrecht des Vorsitzenden der Gemeindevertretung bei der Erstellung der Tagesordnung, DÖV 1985, 820), vielmehr gehört zur Einhaltung der Rechtsordnung gerade die Respektierung der Kompetenzgrenzen. Wäre es

akte oder andere verbindliche Festlegungen des Vorsitzenden sind, soweit sie sich an Gemeindevertreter oder Bedienstete der Gemeinde richten, innerdienstliche Rechtsakte, keine Verwaltungsakte.[190] Sie können bei Gemeindvertretern oder Mitgliedern des Gemeindevorstandes Anlaß eines kommunalverfassungsrechtlichen Organstreites sein.

5. Selbstorganisation, Verfahren und Handlungsmodalitäten der Gemeindevertretung

a) *Die Selbstorganisation der Gemeindevertretung*

Die Gemeindevertretung regelt ihre Organisation und ihr Verfahren durch die Geschäftsordnung[191] oder aufgrund einfachen Beschlusses selbst, soweit nicht die HGO Festlegungen trifft oder solche durch die Hauptsatzung getroffen sind (s. z.B. § 57 I 2 HGO). Angelegenheiten der Selbstorganisation sind im Sinne von § 51 HGO unübertragbare Aufgaben. Von Bedeutung ist die Stellung der jeweiligen

---

anders, so könnte jeder an irgendeinem Verfahren Beteiligte seine Mitwirkung mit dem Hinweis auf die Rechtswidrigkeit des Handelns verweigern, also z.b. der Schriftführer sich weigern, die Stimmen auszuzählen usw. Außerdem geht es regelmäßig nicht um die Durchsetzung der Rechtsordnung, sondern um die Durchsetzung der eigenen Anschauung von der Rechtsordnung. Die Antragsteller werden nämlich grundsätzlich z.b. von einer Verbandszuständigkeit ausgehen. Daß die Gemeindevertretung als »Verwaltungsorgan« – eine, wie oben zu und in FN 12-14 gezeigt, wenig sinnvolle Aussage – stärker dem Rechtsstaatsprinzip verpflichtet sein soll als die Gemeindevertretung als Parlament (so offenbar *Raum*, aaO, Seite 822), vermag ich keiner Verfassungsnorm zu entnehmen. Unrichtig ist auch sein weiteres Argument (aaO, S. 823/4), es handele sich tatsächlich um die Ausübung eines formellen Prüfungsrechts. Der Unterschied zwischen formellem und materiellem Prüfungsrecht ergibt sich allein aus dem Prüfungsobjekt, dem Antrag; nur die materielle Prüfung des Antrages gibt Auskunft über die Verbandszuständigkeit. Für wenig realistisch halte ich die Hilfsargumentation von *M. Zuleeg* (aaO, s. FN 186, S. 96), der Vorsitzende habe die Vertretung vor der »Verzettelung« ihrer Kräfte zu bewahren. Eine Übersicht über das Verhalten der hessischen Gemeinden im Hinblick auf die Nachrüstung dürfte wohl ergeben, daß die klaglose Aufnahme in die Tagesordnung weniger Kräfte verzetteilt hat, als der Streit über das Prüfungsrecht. Im übrigen ist es jeder Mehrheit in der Vertretung unbenommen, mit dem Argument fehlender Verbandskompetenz die Nichtbefassung zu beantragen. Ein sich daran anschließender Organstreit hätte wenigstens die »richtigen« Kontrahenten. Siehe auch *F. K. Schoch*, Prüfungsrecht des Vorsitzenden der Gemeindevertretung bei der Erstellung der Tagesordnung? DÖV 1986, 132. Nach alledem kann dem Diktum der Vorauflagen nur wiederholt werden, daß der Vorsitzende nicht der Zensor der Vertretung ist. Siehe zur überholten Entscheidung des VGH v. 11.8.1987 die treffende Anmerkung von *J. Würkner* (DVBl. 1988, 793, 794 – 796). Im übrigen s. den BayVGH (DÖV 1987, 446).
190 Siehe *Hans Meyer* in Meyer/Borgs, VwVfG (s. FN 136), § 35 RN 55. Zur Meinungsfreiheit (Tragen von Aufklebern zur Demonstration politischer Meinungen) s. BVerwG (B. v. 12.2.1988), DVBl. 1988, 792.
191 Die Regelung der Geschäftsordnungskompetenz in § 60 I 1 HGO unter der Überschrift »Aufrechterhalten der Sitzungsordnung« ist nicht überzeugend. Das BVerwG hat die Geschäftsordnung, wenn auch schwankend, als Innenrechtssatz bezeichnet, der gleichwohl der Normenkontrolle nach § 47 I Nr. 2 VwGO unterliege (DVBl. 1988, 790). Nach dem VGH (U. v. 7.6.1977; DVBl. 1987, 821, 822) bedarf die Geschäftsordnung für »Vorschriften über die Ahndung von Zuwiderhandlungen« (gemeint sind solche gegen Mitglieder der Vertretung) der Satzungsform, was nicht überzeugt, da auch ein – freilich veröffentlichungsbedürftiger – Innenrechtssatz zwingend sein kann. Selbstverständlich *kann* die Geschäftsordnung als Satzung ergehen (VGH aaO).

Minderheit[192] und die oben erörterte Leitungsbefugnis des Vorsitzenden nach der HGO. Als **Minderheitsrecht** sind ausgewiesen: das Fragerecht und die schriftliche Anfrage nach § 50 II 4 HGO (jedes Mitglied), das Antragsrecht zur Tagesordnung nach § 58 V III HGO (jedes Mitglied),[193] das qualifizierte, nämlich mit einem zulässigen Verhandlungsgegenstand gekoppelte Einberufungsbegehren nach § 56 I 2 HGO (1/4 der Mitglieder), die Erzwingung eines Akteneinsichtsausschusses nach § 50 II 2 HGO (1/4 der Mitglieder oder eine Fraktion), das Widerspruchsrecht gegen Wahlen nach § 55 VI HGO (jedes Mitglied),[194] der Schutz vor Überraschungsvorlagen (§ 58 II HGO: Zustimmung von 2/3), der Schutz vor Sitzungsmaßnahmen (§ 60 II HGO: die Gemeindevertretung kann durch den Betroffenen angerufen werden), das Recht auf Feststellung der Stimmabgabe im Protokoll (§ 61 I 4 HGO: jedes Mitglied) und die Einwendung gegen die Niederschrift (§ 61 III 3 HGO: jedes Mitglied). Zurecht hat der VGH angenommen, daß Tonbandaufzeichnungen von Sitzungen zu den Akten der Gemeindevertretung gehören und nicht der Verfügung des Vorstandes unterliegen und daß jedes Mitglied ein Abhörrecht hat.[195] Aus dem Antragsrecht als Minderheitsrecht folgt notwendig, daß die Mehrheit den Antrag nicht durch Nichtbefassungsbeschluß – es sei denn wegen mangelnder Verbands- oder Organzuständigkeit – von der Behandlung ausnehmen kann. Sie hat vielmehr die Begründung des Antrages in der Sitzung zu tolerieren,[196] ist aber nicht zur Stellungnahme verpflichtet. Es besteht kein Recht einer Ausschußminderheit, das Plenum anzurufen.

b) *Verfahrens- und Handlungsmodalitäten der Gemeindevertretung*

Die Öffentlichkeit der Sitzungen von Vertretung und Ausschüssen (§ 52 I u. § 62 V HGO) ist ein so fundamentales demokratisches Postulat, daß ihr Ausschluß eines rechtfertigenden Grundes bedarf und nicht im Belieben des Gremiums steht.[197] Die

---

192 Soweit es sich um Minderheitsrechte handelt, kann die Geschäftsordnung großzügigere Regelungen treffen, was insbesondere für das Antragsrecht auf der Hand liegt. Wenn die HGO in § 36 a die Fraktionen anerkennt, hätte die Zubilligung eines Antragsrechts schon durch die HGO selbst nahe gelegen.
193 Zurecht hat der BayVGH entschieden, aus dem Antragsrecht folge der Anspruch, daß der Beratungsgegenstand eines gestellten Antrages wenigstens stichwortartig in der schriftlichen Tagesordnung aufzunehmen ist (DÖV 1987, 446).
194 Das Widerspruchsrecht eröffnet zwar nach Übereinstimmung den Klageweg (§ 55 VI 3), nach dem HessVGH steht dem Widersprechenden aber kein einstweiliger Rechtsschutz zu (HStGZ 1985, 161 – 2 TG 293/84 v. 17.1.1984), was den Rechtsschutz insgesamt außerordentlich einschränkt.
195 Beschluß v. 6.4.1987 (HStT 7/8 1987).
196 Zu einem Fall nach schlesw.-holst. Recht s. OVG Lüneburg (HStGZ 1986, 353). Eine Verletzung dieses Rechtes kann vom Antragsteller im Organstreitverfahren geltend gemacht werden. S. auch FN 188.
197 BVerfGE 70, 324, 358 spricht vom »allgemeinen Öffentlichkeitsprinzip der Demokratie«. Die HGO kennt freilich, anders als andere Gemeindeordnungen, keine ausdrückliche Einschränkung der Ausschlußmöglichkeit; vgl. die grundsätzlichen Äußerungen des VGH Bad.-Württ. in HStGZ 1985, 124. Zur Unzulässigkeit des Ausschlusses aller Bauanträge und Bauvoranfragen durch die Geschäftsordnung s. VG Köln (HStGZ 1986, 89). Für Bad-Württ. hat der dortige VGH die Frage verneint, ob die öffentliche Verhandlung zu den Organrechten eines Mitgliedes der Gemeindevertretung gehört (DVBl. 1992, 981). Da die Öffentlichkeit Bedingung dafür ist, daß der Vertreter

Beschlußfähigkeit, die durch die absolute Mehrheit, bezogen auf die gesetzliche Zahl der Mitglieder, hergestellt wird, bemißt sich nach den Anwesenden, nicht nach den Abstimmenden, ist zu Beginn der Sitzung festzustellen und wird solange fingiert, bis das Gegenteil – auf Antrag und nicht von Amts wegen durch den Vorsitzenden – festgestellt wird (§ 53 I HGO).[198] Die Gemeindevertretung handelt verbindlich durch Abstimmung,[199] die Beschlüsse oder Wahlen sein können. **Wahlen** sind notwendig Personalentscheidungen, nicht jede Personalentscheidung erfolgt jedoch durch Wahl; vielmehr muß die HGO oder eine andere Rechtsnorm festlegen, ob eine Personalentscheidung durch Wahl zu fällen ist.[200] Die Vorschriften über Wahlen finden sich in § 55 HGO mit der Differenzierung nach der durch Verhältniswahl[201] vorzunehmenden Besetzung mehrerer gleichartiger unbesoldeter Stellen (§ 55 I 1 und IV HGO) und nach den durch Mehrheitswahl vorzunehmenden Einzelentscheidungen, insbesondere für die Wahl der hauptamtlichen Mitglieder des Gemeindevorstandes.[202] Bei Wahlen nach dem Proporz sind die Bewerber notwendig nach Listen zu ordnen, was Einpersonen-Listen nicht ausschließt. Wenn auch normalerweise die Listen von den jeweiligen Fraktionen vorgeschlagen werden, so ist

---

seine Rechtfertigungspflicht aus dem Vertretungsverhältnis (s. *H. Meyer*, Die Stellung der Parlamente in der Verfassungsordnung des Grundgesetzes in: *Schneider/Zeh* (Hrsg.), Parlamentsrecht und Parlamentspraxis, Berlin 1989, § 4 RN 11 bis 15) gerecht werden kann, überzeugt die Entscheidung jedenfalls für die hessische Rechtslage nicht. Das OVG Saarland (U. v. 22.4.1993; DÖV 1993, 964 ff. m.w.N.) hat eine organschaftliche Rechtsposition einer Fraktion immerhin erwogen, konnte die Frage aber offen lassen, weil eine entsprechende Klage wegen der *Möglichkeit* der Verletzung von Organrechten für zulässig hielt. Zu Fragen des Rechtsschutzes und des Einflusses eines fehlerhaften Ausschlusses der Öffentlichkeit auf einen in nichtöffentlicher Sitzung gefaßten Beschluß s. *F. E. Schnapp*, Der Streit um die Sitzungsöffentlichkeit im Kommunalrecht, VerwArch. 78 (1987) 407 ff.). Daß sich auch aus dem Öffentlichkeitsprinzip kein Anspruch der politischen Parteien auf Übersendung von Sitzungsunterlagen ergibt, hat das OVG NW am 20.8.1984 entschieden (HSGZ 1985, 333). – Zu Anhörungen von Bürgern s. *P. Blum*, Der Dialog mit den Bürgern in Sitzungen des Gemeinderats und seiner Ausschüsse, NdsVBl. 1995, 1 ff. u. *A. Herbert*, Beratung in der Gemeinde, NVwZ 1995, 1056 ff.
198 Insofern ist die Rechtslage anders als z.B. in NW; s. dazu *V. Hassel*, Die Beschlußfähigkeit des Gemeinderates nach § 34 I GO NW, VR 1985, 412 ff. Der VGH (B. v. 5.1.1988; HessVGRspr. 1988, 25 f.) hat entschieden, daß es sich nicht um eine gesetzliche Fiktion, sondern um eine Vermutung handelt, die freilich nur durch Bezweifeln widerlegt werden könne. Wer bezweifle, dürfe für die Beschlußfähigkeit nicht mitgezählt werden, wenn er den Saal sofort verlasse – eine wenig glückliche Annahme des Gerichts.
199 Die Terminologie der HGO ist verwirrend. Während die Regeln über die Öffentlichkeit (§ 52 HGO) und die Beschlußfähigkeit (§ 53 HGO) davon ausgehen, daß »Beschluß« der Oberbegriff ist, ergibt § 54 II HGO, daß auch die »Abstimmung« Beschlüsse und Wahlen umfaßt.
200 Das VG Darmstadt hat zurecht entschieden, daß die Entscheidung über die Vorschlagsliste für Schöffen nicht in Form der Wahl, sondern der Beschlußfassung zu erfolgen hat, wobei das wichtigste Argument die in § 36 I GVG verlangte 2/3-Mehrheit ist (HStGZ 1985, 126).
201 Für die nach § 55 IV 1 HGO die Regeln des Kommunalwahlgesetzes entsprechend anwendbar sind. Nach dem Urteil des VGH (v. 27.5.1988; DVBl. 1989, 160 f.), daß bei der Wahl von nur zwei Kandidaten dann beide der Liste zukommen, die mehr als 50% der Stimmen erhalten hat, wurde der entsprechende § 22 IV KWG in solchen Fällen von der Anwendung ausgeschlossen (§ 55 IV 1 2. Hs. HGO), was insbesondere für die Wahl von Vertretern des Vorsitzenden der Gemeindevertretung von Bedeutung ist. – Zur Benennung der Ausschußmitglieder siehe zu FN 177.
202 Daß § 55 III HGO für alle Wahlen, also insbesondere auch für die der Beigeordneten, Geheimheit vorschreibt ist mit der Vertretungsfunktion und der ihr entsprechenden Rechenschaftspflicht der Gemeindevertreter (s. unten zu und in FN 210) unvereinbar und vermutlich ein bloßes Relikt aus der Zeit des Honoratiorenparlaments. Heute hat die Geheimheit nur noch die zweifelhafte Funktion, bei solchen Wahlen für Spannung zu sorgen.

dies nicht zwingend. Listenverbindungen von Fraktionen sind ebenso zulässig, wie freie Listen quer zu den Fraktionen. Das Listenverbindungsverbot nach § 10 IV KWG gilt wegen der nur entsprechenden Anwendung des KWG nach § 55 IV HGO für diesen Fall nicht, da es sich auf die direkte Volkswahl und nicht auf indirekte Wahlen bezieht.[203] Die Stimme wird der Liste als solcher gegeben. Einigt sich die Vertretung statt dessen einmütig auf eine gemeinsame Liste, so findet keine Wahl statt, vielmehr genügt ein einstimmiger Beschluß (§ 55 II HGO). Bei Mehrheitswahlen ist das Verfahren nach § 55 HGO kompliziert. Die nach der Entscheidung des VGH zum alten Recht[204] für notwendig gehaltene Neufassung läßt weiterhin Fragen offen und hat mit der Regelung, daß beim zweiten oder weiteren Wahlgang ein Bewerber mit der Folge zurücktreten kann, daß der gesamte Wahlvorgang als ergebnislos zu werten ist, einen wenig schönen Ausweg gefunden. Der Rücktritt ist nur möglich bis zum Beginn der Wahlhandlung. Das Wahlverfahren verlangt grundsätzlich absolute Mehrheit der gültigen, die Neinstimmen, nicht aber die Enthaltungen umfassenden Stimmen. Bei nur einem Bewerber endet der Wahlvorgang ergebnislos, wenn die Neinstimmen überwiegen. Bei zwei und mehr Bewerbern folgt, wenn die absolute Mehrheit nicht erreicht wird, in jedem Fall eine Stichwahl; auch sie ist nur erfolgreich, wenn einer der beiden Bewerber die absolute Mehrheit im obigen Sinne erreicht. Ist das nicht der Fall, so schließt sich eine weitere Stichwahl an, bei der relative Mehrheit ausreicht. Da Neinstimmen auch in dieser Stichwahl nicht ausgeschlossen sind, ist schon bei Gleichheit des besten Bewerbers mit Nein-Stimmen der Wahlvorgang erfolglos beendet. Eine Anfechtung von Wahlen führt über den Widerspruch auch nur eines Volksvertreters nach § 55 VI HGO zu einem Organstreitverfahren.[205] Für **Beschlüsse** gilt nach § 54 I 1 HGO einfache Mehrheit, bezogen auf die abgegebenen Stimmen, wobei Stimmenthaltungen und ungültige Stimmen nicht mitzählen, also wie nicht abgegebene Stimmen behandelt werden. Da Neinstimmen zulässig sind, muß die zur Abstimmung gestellte Frage eine Ja-Nein-Alternative eröffnen. Eine bloße »Kenntnisnahme« von Vorlagen ersetzt keinen Beschluß. Gegenstand der Beschlüsse können alle denkbaren Willensäußerungen der Gemeinde sein; sie können Verwaltungsakte, schlichtes Verwaltungshandeln und Normen ebenso betreffen wie innergemeindliche Willensäußerungen. Anträge müssen nach der HGO nicht schriftlich eingereicht werden; die Geschäftsordnung kann jedoch entsprechende Bestimmungen enthalten, ohne daß sie Spontan-Anträge ausschließen könnte.[206] Wirkt jemand entgegen § 25 HGO in einem Beschlußverfahren mit, so ist der Beschluß nach § 25 VI unwirksam.[207] Weder Beschlüsse noch Wahlen haben eine unmittelbare Außenwirkung, gleichgültig welchen Inhalt sie haben.[208] Sie

---

203 So zurecht der VGH mit U. v. 17.10.1991 (HessVGRspr. 1992, 49).
204 Siehe DÖV 1981, 62.
205 Siehe die instruktive und mit weiteren Nachweisen versehene Entscheidung des VG Kassel (U. v. 27. 2. 1984; NVwZ 1984, 464 ff.): kein Antragsrecht einer Fraktion; Ungültigkeit bei wesentlichen Fehlern, wobei eine Kausalität zwischen Fehler und Wahlergebnis nicht erforderlich ist.
206 Siehe zum Problem den Beschluß des VGH v. 26.8.1986 (HStGZ 1987, 32).
207 Siehe näher dazu unten zu und in FN 223.
208 Siehe auch oben in und zu FN 136. Zu Problemen der Fragestellung bei Abstimmungen s. G. Foerster, VR 1986, 80.

sind, wenn notwendig, durch den Gemeindevorstand nach § 66 I 3 Nr. 2 HGO in Außenrechtsakte umzusetzen. So hat der Gewählte durch die Wahl noch keinen Rechtsstatus, den er gegen die Gemeinde durchsetzen könnte.[209] Außenrechtsnormen, wie z.b. Bebauungspläne, erlangen Außenwirkung erst mit der durch den Gemeindevorstand vorzunehmenden Veröffentlichung oder Bekanntgabe.

6. Die Stellung der Gemeindevertreter

Wie die parlamentarische Tradition gebietet, ist der Gemeindevertreter nach § 35 I HGO »an **Aufträge und Wünsche der Wähler**« **nicht gebunden** und hat sich nach seiner freien Überzeugung zu entscheiden, wobei er allerdings Rücksicht auf das Gemeinwohl zu nehmen hat. Da er andererseits der Vertreter des Volkes und diesem gegenüber rechenschaftspflichtig ist[210] und nach den Wahlregeln der HGO und des KWG seine Kandidatur allein einer Partei oder Wählergruppe verdankt, ist es ebenso naheliegend wie rechtlich zulässig, daß der Gemeindevertreter bei seiner Vorstellung von Gemeinwohl die politische Grundanschauung einer Gruppe zugrunde legt, wie er aus freien Stücken ebenso auf Aufträge und Wünsche der Wähler oder seiner Gruppe Rücksicht nehmen kann. Fraktionsdisziplin oder politischen Druck bis zur Drohung, nicht mehr aufgestellt zu werden, muß der Vertreter aushalten. Seine Entscheidung schützt ihn nicht vor Sanktionen wie z. B. dem Parteiausschluß. Das Gegengewicht gegen diese vielfältig möglichen Zwänge ist sein Anspruch, in seiner Fraktion die Rechte eines Gleichen unter Gleichen zu haben und vor einem Fraktionsausschluß ohne Parteiausschluß geschützt zu sein.[211] Einen Schutz erfährt der Gemeindevertreter weiterhin durch die in § 35 a HGO vorgesehene **Sicherung der Mandatsausübung**, die von einem Schutz des Bewerbers bei der Mandatsbewerbung über dessen Schutz in seinem Arbeitsverhältnis,[212] der Freistellung von Arbeit[213] bis zum Sonderurlaubsanspruch nach § 35 a IV HGO reicht. Neben diesen typischen Rechten des parlamentarischen Mandats finden sich in Form der Unvereinbarkeitsregeln des § 37 HGO typische Bindungen; so ist der Be-

---

209 Davon gehen die Gerichte aber oft wie selbstverständlich aus.
210 Siehe allgemein *H. Meyer*, Die Stellung der Parlamente in der Verfassungsordnung des Grundgesetzes, (s. FN 197), § 4 RN 9-12. Daraus folgt z.b. zwingend die grundsätzliche Öffentlichkeit der Sitzungen (s. auch zu und in FN 197).
211 Siehe zum Schutz vor dem Ausschluß aus der Fraktion auch S. . Die Problematik fraktionsloser Abgeordneter hat – für den Bund – zu einer wichtigen Entscheidung des BVerfG geführt (E 80, 188 ff.), die auch für den Kommunalbereich von Bedeutung ist. S. zum Problem auch *S. Hülscheidt*, Die Ausschußmitgliedschaft fraktionsloser Abgeordneter, DVBl. 1989, 291 ff.
212 Der Kündigungsschutz in § 35 a II 1 HGO ist durch die Novelle 1992 für die Probezeit zurückgenommen worden.
213 Die für die Arbeitsverhältnisse außerhalb des öffentlichen Dienstes geltende (§ 35 a I 4 HGO) Regelung (§ 35 a IV HGO) hat in § 106 III HBG eine entsprechende Bestimmung. Der VGH hat zurecht den Anspruch eines Studienrates, der es auf neun Funktionen in sieben verschiedenen Systemen gebracht hatte und der eine allgemeine Reduzierung der Pflichtstundenzahl wünschte, abgelehnt (B. v. 5.1.1990, HessVGRspr. 1990, 29). Ähnlich restriktiv ist das BVerwG (U. v. 11.12.1985) zum nds. Recht, DVBl. 1986, 241.

dienstete der Gemeinde zwar nicht an einer Bewerbung um das Mandat gehindert, er kann es jedoch nicht annehmen, wenn er seine Stellung in der Gemeinde behalten will.[214] Dagegen fehlt das Immunitäts- und Indemnitätsrecht. Im übrigen unterliegt der Gemeindevertreter einer Reihe von **Beschränkungen**, die für das parlamentarische Mandat zwar untypisch sind, jedoch auch im staatlichen Parlamentsrecht sporadisch vorkommen,[215] und daher nicht als parlamentswidrig angesehen werden können. Eine Parallele zu amtsrechtlichen Erscheinungen besteht. Ihre Rechtfertigung wird einmal in der stärker auf den Einzelfall bezogenen Verwaltungskompetenz der Gemeindevertretung und zum anderen – zu Recht – in der wegen der Überschaubarkeit des Systems häufigeren Gefahr des persönlichen Interessenkonflikts gesehen.[216] Nach § 35 II HGO sind die Gemeindevertreter »ehrenamtlich Tätige« im eingeschränkten Sinne der §§ 24 bis 26 HGO und des in der Praxis ungemein wichtigen § 27 HGO, der die Entschädigung regelt.[217] Sehr umstritten ist die Treuepflicht des § 26 HGO, die insbesondere bei Rechtsanwälten, die Gemeindevertreter sind, Berufsaktivitäten gegen die Gemeinde ausschließt.[218] Damit eine gewisse Transparenz über mögliche Mitwirkungsverbote besteht, verlangt § 26 a HGO,[219] daß die Gemeindevertreter die Mitgliedschaft oder eine entgeltliche oder ehrenamtliche Tätigkeit bei juristischen Personen einmal jährlich dem Vorsitzenden der Gemeindevertretung anzeigen. Außerordentlich weitgehend ist die Verschwiegenheitspflicht (§ 24 HGO). Hier wird im einzelnen eine Konkordanz zur grundsätzlichen Öffent-

---

214 Die auf Art. 137 I GG beruhende Regelung ist in der Variante § 37 Nr. 1 d HGO im Hinblick auf das »unmittelbar« unklar. Angesichts des möglichen Selbsteintrittsrechts der jeweils höheren Aufsichtsbehörde nach § 141 b HGO läßt sich das »unmittelbar« nicht als Beschränkung auf die jeweils erstzuständige Aufsichtsbehörde deuten, sondern nur als das Erfordernis, daß der Betroffene innerhalb der jeweiligen Behörde eine gewisse Nähe zu den Aufsichtsentscheidungen über die Gemeinde selbst hat. Die BVerfG ist großzügig in der Annahme der Zulässigkeit von Inkompatibilitäten (s. BVerfGE 58, 177 ff.: Ausschluß jedes Bediensteten des Landkreises für eine Mitgliedschaft in der Vertretung kreisangehöriger Gemeinden nach bad.-württ. Recht). Zur strittigen Inkompatibilität für Richter (§ 4 DRiG) s. *R. Bernhard*, Richteramt und Kommunalmandat, Berlin 1983.
215 Wie *Y. Ott*, Der Parlamentscharakter, S. 251 ff. nachgewiesen hat.
216 Es ist jedoch nicht zu verkennen, daß die fraktionelle Gliederung der Gemeindevertretung mit ihren oft geschlossenen Stimmblöcken in einem gewissen Widerspruch zu dem – politische Mehrheiten möglicherweise verschiebenden – Ausschluß von der Abstimmung eines nach abstrakten Kriterien für »befangen« gehaltenen Mitgliedes steht. Zum »Ausschuß von Ratsmitgliedern wegen Interessenkollission« s. *H. H. v. Arnim*, JA 1986, 1 ff. Generell: *M. Glage*, Mitwirkungsverbote in den Gemeindeordnungen, Göttingen 1995.
217 Durch Ergänzung von § 27 I 5 HGO hat die Novelle 1992 die Kosten für eine Ersatzkraft zur Betreuung von Personen ausdrücklich für erstattungsfähig erklärt. Zum Ausgleich für Hausfrauen s. *Th. Christner*, Nachteilsausgleich in kommunalen Vertretungskörperschaften, insb. bei Hausfrauen, DVBl. 1992, 943. Zur Begrenzung der Reisekostenerstattung nach § 27 II HGO (Anreise vom Urlaubsort) s. VGH (U. v. 3.3.1988) in HessVGRspr. 1988, 81. Generell zum Problem: *Th. Christner*, Entschädigungsregelungen für Mitglieder kommunaler Vertretungskörperschaften, Frankfurt etc. 1991.
218 Zum Vertretungsverbot des § 26 Satz 2 HGO s. BVerfGE 56, 99, 107 u. die Entscheidung der 1. Kammer des Zweiten Senats des BVerfG v. 7. 10.1987 mit Darstellung der Rechtsprechung des BVerfG und der durch sie ausgelösten Kontroverse (DVBl. 1988, 54). Zur Ausdehnung auf Mitglieder von Ortsbeiräten (§ 82 II HGO) s. den Beschluß des BVerwG v. 25.1.1988 (DVBl. 1988, 791), der am bad.-württ. Beispiel keine Probleme sieht. Zu den beiden letzten Entscheidungen s. *F. Schorr*, Verfassungsmäßigkeit und personeller Geltungsbereich des kommunalen Vertretungsverbots, JuS 1989, 531.
219 § 26 a HGO ist vom Anwendungsbefehl des § 35 II HGO ausgenommen, weil die Vorschrift auf Gemeindevertreter unmittelbar Anwendung findet.

lichkeit der Sitzungen der Gemeindevertretung (§ 52 HGO) und der Ausschüsse (§ 62 V HGO) herzustellen sein. Wichtiger ist das überaus weitgehende Mitwirkungsverbot des § 25 HGO wegen des Verdachts einer Interessenkollision.[220] Während § 25 I Nr. 1-3 HGO unproblematische Fälle betrifft, kennt Nr. 4 die sinnvolle Einschränkung, daß die Beschäftigung bei einer von der Angelegenheit »betroffenen« juristischen Person oder Vereinigung nicht in jedem Falle die Annahme der Befangenheit rechtfertigt. Restriktiv ist § 25 I Nr. 5 HGO aufzufassen. Da unter »gleichartiger Organe« auch ein kommunales Vertretungsorgan zu fassen ist, wäre bei der nicht untypischen Doppelmitgliedschaft in einer Gemeinde- und in einer Kreisvertretung der Kreistag z.B. schnell beschlußunfähig, wenn er über eine Umlage zu beschließen hätte. Nr. 5 kann also nicht für diese Fälle gelten, bei denen die betreffende Person bei dem Entscheidungsträger wie bei dem »Betroffenen« als Volksvertreter wirkt.[221] Wichtig ist die Einschränkung von § 25 I 2 HGO; sie schließt z.B. aus, daß ein Mitwirkungsverbot z.B. bei einer Gebührensatzung etc. entstehen kann. Wie immer im Recht ist das Erfordernis »unmittelbar« mehrdeutig. Die Unmittelbarkeit schon auszuschließen, wenn bei Satzungen z.B. noch Umsetzungsakte nötig sind, ist jedenfalls bei strikten Normbefehlen nicht akzeptabel.[222] Ob ein Mitwirkungsverbot besteht, entscheidet die Gemeindevertretung. Diese Entscheidung ist vom betroffenen Vertreter im Organstreit angreifbar. Ein Verstoß gegen das Beratung und Entscheidung umfassende Mitwirkungsverbot (§ 25 IV 2 HGO) hat keine Konsequenzen, wenn es bei der bloßen Beratung bleibt. Die Entscheidungen unter Mitwirkung eines Ausgeschlossenen sind nach § 25 VI 1 HGO auch dann unwirksam, wenn das Organ Ausschlußgründe nicht angenommen hat. Wenn innerhalb von 6 Monaten nach der Entscheidung weder Gemeindevorstand noch Bürgermeister unter Beachtung der Fristen der §§ 63 oder 74 HGO dem Beschluß oder der Entscheidung widersprochen haben, bzw. der Betroffene keinen Rechtsbehelf ergriffen hat, gilt der Mangel nach § 25 VI 2, 3 HGO als rückwirkend geheilt.[223] Wird die Beanstandung akzeptiert, verliert die Entscheidung ihre Wirksamkeit; im übrigen kann die Gemeindevertretung gegen die Beanstandung gerichtlich vorgehen. Unklar ist der Rechtsstatus der Entscheidung, wenn ein Vertreter zu Unrecht als ausgeschlossen behandelt wird. Wird dies im Streitfall gerichtlich festgestellt, so ist die Entscheidung aufzuheben, falls nur die Nichtbeteiligung (auch bei

---

220 Siehe dazu *U. Spies,* Interessenkollisionen in der Gemeindevertretung – auch bei öffentlich Bediensteten?, DVBl. 1986, 131 ff.
221 Durch die Novelle 1994 ist mit dem Auswechseln der Worte »von der Gemeinde entsandt worden« durch »auf Vorschlag der Gemeinde angehört« klargestellt, daß die Ausnahme auch für »Vertreter« der Gemeinde gilt, die formal z.B. vom Aufsichtsrat bestellt werden.
222 Zu der kontroversen Rechtsprechung und der Literatur darüber, die die schwer haltbare rein formale Auslegung durch den HessVGH ablehnt, s. die ausführliche Kommentierung bei *G. Schneider/ W. Jordan,* HGO, § 25 Anm. 3.
223 Diese an § 155 a BBauG (s. dazu *H. Meyer* in Brügelmann u.a., BBauG, Stuttgart Losebl. Stand 1982, § 155 a RN 26-39), dem Vorläufer von § 214 BauGB, angelehnte Klausel ist nicht unproblematisch und führt zu erheblichen Schwierigkeiten. Siehe vor allem *H. Hill,* Zur Dogmatik sogen. Heilungsvorschriften im Kommunalverfassungsrecht, DVBl. 1983, 1 ff. In § 5 IV HGO hat die Vorschrift eine verallgemeinernde Parallele gefunden.

der Beratung) einen Einfluß auf das Ergebnis hätte haben können. Bei dieser Annahme ist großzügig zu verfahren.

VI. Die Verwaltungsorganisation der Gemeinde und ihr Personal

1. Stellung und Funktion des Gemeindevorstandes

a) *Der Gemeindevorstand als das »wichtigste« Organ der Gemeinde*

Wie sich aus § 9 HGO ergibt, ist der Gemeindevorstand das zweite Organ der Gemeinde. Während § 9 I HGO die Gemeindevertretung das oberste Organ nennt, kann man – ohne Zynismus – den Gemeindevorstand als das wichtigste Organ bezeichnen. Dies liegt einmal an dem Machtapparat der Gemeindeverwaltung, der dem Gemeindevorstand unmittelbar zur Verfügung steht, und zum anderen an der zunehmenden Tendenz der (partei-)politischen Ausrichtung auch des hauptamtlichen Teils des Gemeindevorstandes mit einer durch die propagandistischen Möglichkeiten noch verstärkten Dominanz des Bürgermeisters bzw. Oberbürgermeisters, der oft genug »seine« Fraktion der Gemeindevertretung de facto führt.[224] Der Gemeindevorstand ist ein Kollegialorgan. Daran ändert auch die durch die Novelle 1992 eingeführte Direktwahl des Bürgermeisters nichts; sie ist mit der kollegialen Magistratsverfassung schwer vereinbar. Die kommunalen Verfassungssysteme können nicht beliebig gekreuzt werden. Als Organ hat der Gemeindevorstand eigene, nicht von der Gemeindevertretung abhängende oder abgeleitete Rechte wie z.B. die Entscheidungs- und Ausführungsbefugnis bei den ihm ausschließlich zugewiesenen Aufgaben und vor allem das in einem demokratischen System etwas anachronistisch anmutende[225] Beanstandungsrecht des § 63 HGO. Der Gemeindevorstand ist organstreitfähig, soweit es um seinen Organstatus geht, also insbesondere bei Kompetenzstreitigkeiten mit der Gemeindevertretung.

b) *Der Gemeindevorstand als Verwaltungsbehörde*

§ 66 I 1 HGO bezeichnet den Gemeindevorstand als »die Verwaltungsbehörde« der Gemeinde. Damit ist weder eine organisationsrechtliche Kennzeichnung[226] noch

---

[224] Bis hin zu der an die Grenze des Wahlbetrugs gehenden Kandidatur des Bürgermeisters oder Oberbürgermeisters als Spitzenkandidat für die Gemeindevertretung, obwohl jeder weiß oder es gar erklärt wird, daß er die beamtenrechtliche Stellung keinesfalls gegen ein Mandat in der Gemeindevertretung einzutauschen gedenkt (s. dazu *H. Meyer*, Kommunalwahlrecht, HdbKWP, Bd. 2, S. 71/72). Ohne Bedenken ist der StGH in ESVGH 31, 161. Die Direktwahl der Bürgermeister scheint dieser Praxis ein Ende zu setzen. Die Dominanz des Vorstandes wird durch die Direktwahl, wenn sie nicht zu konträren parteipolitischen Konstellationen führt, noch verstärkt.
[225] Siehe näher FN 238.
[226] Siehe oben den Abschnitt »Verwaltungsorganisation und Verwaltungshandeln«.

eine Kennzeichnung im Sinne des Verwaltungsverfahrens[227] noch des Verwaltungsprozeßrechts[228] gemeint.[229] Vielmehr soll damit einmal betont werden, daß nicht die Gemeindevertretung Verwaltungsfunktionen für die Gemeinde ausübt,[230] sondern nur der Gemeindevorstand, und zum anderen, daß der gesamte Verwaltungsapparat der Gemeinde im Gemeindevorstand seine Spitze hat und jede Verwaltungstätigkeit ihm zuzuordnen ist,[231] mit der Folge, daß eine unmittelbare Beziehung der Gemeindevertretung zu einzelnen Ämtern der Gemeinde oder umgekehrt nicht zulässig ist, Anweisungen oder Kritik also immer über den Gemeindevorstand bzw. dessen Mitglieder[232] zu richten sind und Vorschläge der Ämter nur über den Gemeindevorstand an die Gemeindevertretung gelangen können. Wird der Gemeindevorstand nur als Verwaltungsbehörde tätig, so verletzen z.B. rechtswidrige Entscheidungen der Gemeindevertretung nicht schon wegen der Ausführungspflicht des § 66 I 3 Nr. 2 HGO seinen Organstatus. Es bleibt ihm, die Entscheidung nicht auszuführen, oder aber sich mit seinem Beanstandungsrecht nach § 63 HGO zu wehren. Wird der Gemeindevorstand in seinem Organbereich als Verwaltungsbehörde tätig, entscheidet er z.B. über die Anstellung eines Amtsleiters nach § 73 HGO und vollzieht er diesen Beschluß, so könnte ein Eingriff[233] der Gemeindevertretung in diese Funktion durch Organstreit abgewendet werden.

c) *Die Funktionen des Gemeindevorstandes*

(1) Der Gemeindevorstand besitzt nach § 73 I 1 HGO die ausschließliche **Personalkompetenz** in der Gemeinde, er stellt die Beamten, Angestellten[234] und Arbeiter der Gemeinde an, befördert und entläßt sie. Eine Ausnahme gilt lediglich für das Personal des Gemeindevorstandes selbst, das die Bürger (§ 39) bzw. die Gemeindevertretung wählen (§ 39 a HGO), und für die Bestellung und Entlassung des Leiters

---

227 Siehe § 1 II HVwVfG: »jede Stelle«; s. oben im Dritten Abschnitt sub II 2 b cc.
228 Zum Beispiel i.S. des § 61 Nr. 3 oder 47 II VwGO. Der VGH hat – auf diese Probleme freilich nicht eingehend – den Magistrat nicht für befugt gehalten, im eigenen Namen, also als Behörde im Sinne des § 47 II VwGO, eine Normenkontrollklage gegen den Bebauungsplan einer Nachbargemeinde zu erheben (B.v. 3.5.1990; HessVGRspr. 1991, 1 ff.).
229 Die Kommentare zur HGO schweigen sich über die Bedeutung der Kennzeichnung aus.
230 Bis auf – einleuchtende – Ausnahmen, wie die Geltendmachung von Ansprüchen der Gemeinde gegen Bürgermeister oder Beigeordnete (§ 77 HGO).
231 Soweit danach das Verwaltungshandeln der Gemeinde grundsätzlich im Namen des Gemeindevorstandes erfolgt, ist der Vorstand die Behörde z.B. im Sinne des § 35 HVwVfG.
232 Siehe näher unten sub V 2 b-c..
233 Nicht schon bei einer auf das Kontrollrecht des § 50 HGO gestützten Rüge; s. oben zu und in FN 142 u. FN 150.
234 Das VG Kassel (U. v. 31.1.1988; HessVGRspr. 1988, 86 ff.) hat darunter auch die Anstellung des Intendanten der Hersfelder Festspiele gezählt, wobei die Schwierigkeit mit § 48 S. 1 HGO, der mangels Regelung in der HGO auf die »allgemeinen Vorschriften für den öffentlichen Dienst« verweist, nicht sehr überzeugend gelöst sind (aaO S. 88 r. Sp.). Zum unhaltbaren Verbot einer Kritik der Personalentscheidung des Magistrats durch die Vertretung s. oben FN 233. Daß die Übertragung eines höherwertigen Dienstpostens (mit Beförderungserwartung) schon in die Kompetenz nach § 73 I 1 HGO fällt, hat der VGH (B. v. 13.8.1992) zurecht entschieden (HessVGRspr. 1993, 29), weil die Norm weit auszulegen ist. Dagegen hat er nicht die Frage behandelt, ob § 73 I 1 HGO immer eine Kollegialkompetenz meint oder auch nach § 70 II HGO eine Dezernatskompetenz denkbar ist (so VGH HessVGRspr 1995, 17 ff. m.Verweis auf ESVGH 5, 58).

des gemeindlichen Rechnungsprüfungsamtes (§ 130 III HGO); hier muß die Zustimmung der Gemeindevertretung hinzukommen. Außerdem ist der Gemeindevorstand an die allgemeinen Grundsätze, die die Gemeindevertretung für den Personalbereich nach § 51 Nr. 5 HGO beschließen kann (nicht muß) und an den Stellenplan, der nach § 95 III 2 HGO Bestandteil des Haushaltsplans ist, gebunden. Im übrigen ist er in Personalfragen frei. Irrig ist dagegen die Ansicht des VGH, die Gemeindevertretung könne Personalentscheidungen weder anregen noch kritisieren.[235] Zur Stellung des Personals und zu den darauf bezogenen Einzelkompetenzen des Gemeindevorstandes bzw. des Bürgermeisters siehe näher unten sub 2 e.

(2) Die zusammen mit der Personalkompetenz wichtigste Kompetenz des Gemeindevorstandes besteht darin, für alle Gebiete, für die die Gemeinde überhaupt kompetent ist, die personellen, sachlichen und konzeptionellen Mittel bereit zu halten, damit zur Vorbereitung eines Gemeindevertretungs-Beschlusses (soweit ein solcher nötig ist) oder zur Vorbereitung eines eigenen Beschlusses (falls der Vorstand ausschließlich oder kraft Delegation durch die Gemeindevertretung zuständig ist) die notwendigen Informationen und sonstigen Entscheidungsunterlagen und damit Entscheidungsalternativen zur Verfügung stehen. Diese **Vorbereitungskompetenz** umfaßt auch längerfristige Planungen der Entwicklung der Gemeindepolitik auf allen denkbaren Gebieten gemeindlicher Aktivität. Die Gemeindevertretung kann solche Planungen zwar durch Beschluß dirigieren, im wesentlichen aber liegt das faktische[236] Gewicht der Vorbereitung beim Gemeindevorstand und seinem Apparat. Die rechtliche Vorbereitungskompetenz des Gemeindevorstandes kann ihm auch durch einen Ausschuß der Gemeindevertretung nicht genommen werden. Auch wenn dieser nach § 62 I 1 HGO ebenfalls eine Vorbereitungskompetenz besitzt, so kann sie doch nur so weit gehen, als sie die Gemeindevertretung selbst hätte. Daher kann sie die Kompetenz des Gemeindevorstandes nach § 66 I 3 Nr. 2 HGO nicht verdrängen. In der Vorbereitungskompetenz liegt die eigentliche Machtstellung des Gemeindevorstandes und seiner Verwaltung. Je komplizierter die Materie ist, um so schwieriger wird es der – nicht professionalisierten – Gemeindevertretung, Alternativen zu entwickeln. Ein wichtiger Sonderfall der Vorbereitungskompetenz ist die Aufstellung des Haushaltsplanes (§ 66 I 3 Nr. 6 HGO).

(3) Die **Ausführungskompetenz** des Gemeindevorstandes bezieht sich einmal auf die Entscheidungen der Gemeindevertretung, falls sie ausführungsbedürftig sind

---

235 Siehe zu und in FN 142 und FN 150. Der Tenor der Entscheidung des VGH (s. FN 150) wird von *H. u. D. Schlempp*, § 73 Anm. 1 ohne weiteres übernommen; ebenso verfahren *G. Schneider/ W. Jordan*, HGO, § 73 Anm. 2.
236 Da der Gemeindevorstand nach § 66 I Nr. 2 HGO »die«, d.h. bis auf die zur Selbstorganisation gehörenden Beschlüsse (s. oben sub V 2 b (4)) alle Beschlüsse der Gemeindevertretung vorzubereiten hat, besitzt er auch eine rechtliche Vorbereitungskompetenz. Die Gemeindevertretung ist aber an diese Vorbereitung nicht gebunden, so daß ein solcher dirigierender Beschluß auch aus ihrer Mitte kommen, sie sich im Extremfall sogar auf die eigene Verbreitung verlassen kann. Bei der Vorbereitungskompetenz des Vorstandes handelt es sich also im echten Sinne nicht um eine ausschließliche Kompetenz.

(§ 66 I 3 Nr. 2 u. 5 HGO), zum anderen auf die durch Delegation oder Zulassung oder kraft ausschließlicher Kompetenz dem Gemeindevorstand selbst zukommenden Entscheidungen und zum dritten auf die Ausführung von Gesetzen oder Verordnungen des Bundes oder des Landes Hessen wie auch der eigenen Rechtsnormen der Gemeinde (§ 66 I 3 Nr. 1 u. 5 HGO). Auch für diese Kompetenz lautet der Vorbehalt des § 66 I 2 HGO »nach den Beschlüssen der Gemeindevertretung«; zu diesen ist sie im Rahmen ihrer grundsätzlich umfassenden Kompetenz (§ 50 I 1 HGO) befugt. Macht ein Gesetz, wie es Art. 137 IV HV erlaubt, nicht die Gemeinde, sondern den Gemeindevorstand für die Gesetzesausführung zuständig, so fehlt es an einer Entscheidungszuständigkeit der Gemeindevertretung. Daß § 73 I 2 Nr. 3 VwGO in Selbstverwaltungsangelegenheiten die »Selbstverwaltungsbehörde« zur Widerspruchsbehörde macht, bedeutet nicht, daß eine ausschließliche Kompetenz des Vorstandes vorliegt. Vielmehr handelt es sich nicht um eine Ausführung des Gesetzes, die Entscheidungskompetenz in der Sache bestimmt sich im Gegenteil nach den allgemeinen Regeln (s. oben (2)), so daß einem Widerspruchsbescheid durch den Gemeindevorstand u.U. ein Beschluß der Gemeindevertretung vorausgehen muß, was bei schwierigen Bausachen regelmäßig der Fall sein dürfte. Auch wenn bei der Ausführungskompetenz der Gemeindevorstand durch den auszuführenden Beschluß oder die auszuführende Norm gebunden ist, so bleibt doch regelmäßig genügend Spielraum, um auch hier Verwaltungspolitik zu betreiben. Dem Bürger gegenüber tritt beim Gesetzesvollzug durch die Gemeinde fast ausschließlich der Gemeindevorstand und die von ihm geleitete Gemeindeverwaltung in Erscheinung. In einem etwas weiteren Sinne läßt sich auch die Verwaltung der gemeindlichen Einrichtungen und des Vermögens (§ 66 I 3 Nr. 4 HGO) zur Ausführungskompetenz zählen.

(4) **Entscheidungskompetenzen** des Gemeindevorstandes bestehen in allen Fällen ihrer ausschließlichen Zuständigkeit, bei den nach § 50 I 2 HGO übertragenen Aufgaben, seien sie wichtig oder nicht, und schließlich im Bereich der übertragbaren Aufgaben, wenn und soweit die Vertretung eine Kompetenz nicht in Anspruch nimmt (s. oben sub V 2 b (5)). Bei übertragenen Aufgaben fällt die Entscheidungskompetenz nicht wegen der Wichtigkeit der Aufgabe an die Vertretung zurück, diese muß vielmehr die Angelegenheit durch contrarius actus, also je nach Übertragungsakt durch Beschluß, Satzungsänderung oder Hauptsatzungsänderung[237] wieder an sich ziehen, wenn sie zuständig werden will.

(5) Eine ausschließliche Kompetenz des Gemeindevorstandes besteht in dem **Beanstandungsrecht** des § 63 HGO[238] gegenüber Beschlüssen der Gemeindever-

---

237 Siehe die Entscheidung des VGH v. 8.5.1984 (II OE 25/82) in HStGZ 1985, 171, bei der es um die Übertragung durch Satzung ging.
238 Es schwingt darin das Mißtrauen der monarchischen Exekutive gegenüber gemeindlicher Demokratie nach, das durch einen erhöhten Einfluß des beamtenrechtlichen Elements der Gemeinde beruhigt werden sollte. Das Beanstandungsrecht wandelt mit zunehmender Politisierung des Gemeinde-

tretung. Darunter fallen auch Wahlen.[239] Erstaunlicherweise ist dieses Recht nicht nur im Falle des Rechtsverstoßes durch die Gemeindevertretung, sondern auch, wenn der Beschluß »das Wohl der Gemeinde« gefährdet, als Pflicht ausgewiesen, obwohl in einer Demokratie bei der schwierigen Frage, was das Wohl der Gemeinde sei, dem Gemeindeparlament ein natürlicher Vorrang einzuräumen ist. Der Vorstand wird also gut daran tun, sich mit seiner Auslegung zurückzuhalten. Die »Beanstandung« erfolgt zunächst durch Widerspruch, der die Funktion eines aufschiebenden Vetos hat: die Gemeindevertretung muß erneut in der Sache entscheiden. Tut sie es nicht oder bestätigt sie ihren ursprünglichen Beschluß nicht, so ist die Angelegenheit zugunsten des Gemeindevorstandes erledigt. Bestätigt sie den Beschluß,[240] so trifft den Gemeindevorstand eine Beanstandungspflicht nur noch im Falle des Rechtsverstoßes (§ 63 II 1 HGO). Hält der Gemeindevorstand nur das Wohl der Gemeinde für gefährdet, so endet sein Vetorecht nach dem Widerspruch. Die Beanstandung ist schriftlich zu begründen, woraus zu schließen ist, daß der Widerspruch auch mündlich begründet werden kann, nicht schon, daß er zulässigerweise unbegründet ergehen könnte. Die unter Monatsfrist gestellte Beanstandung, die ebenfalls aufschiebende Wirkung hat, ist kein Verwaltungsakt. Anders hatte noch der VGH zum alten Recht judiziert.[241] Maßgebend ist jetzt allein § 35 HVwVfG. Die danach notwendige Außenwirkung ist weder intendiert noch vorhanden. Es handelt sich um einen innerorganschaftlichen Rechtsakt.[242] Wäre er Verwaltungsakt, müßten vor seinem Erlaß die völlig unpassenden Regeln der §§ 9 bis 34 HVwVfG Anwendung finden. Gegenüber Außenstehenden kann die Beanstandung schon darum kein Verwaltungsakt sein, weil die beanstandete Maßnahme, der Beschluß der Gemeindevertretung, lediglich gemeindeinterne Wirkung hat und keine Drittrechte begründen kann. Das Beanstandungsverfahren ist ausschließlich ein gemeindeinternes Kontrollverfahren, in dem lediglich geklärt wird, ob der Gemeinde-

---

vorstandes seine Bedeutung nicht unerheblich und wird leicht zu einem Instrument des Gemeindevorstandes bei Mehrheitsänderungen in der Gemeindevertretung. Im übrigen erweist sich das Beanstandungsrecht bei Abberufungen nach § 76 II HGO als wenig sachgerecht und führt in seiner Ausgestaltung im übrigen zu einer Reihe von Schwierigkeiten; so ist z.B. das Verhältnis der aufschiebenden Wirkungen nach § 55 VI HGO und nach § 63 HGO unklar. Dies setzt sich in prozessuale Schwierigkeiten fort. Bei einer Novellierung der HGO sollte das Institut überdacht, die Mißbrauchsmöglichkeiten ausgeschlossen und das Verfahren bis hin zu den prozessualen Konsequenzen folgerichtiger durchgebildet werden. Siehe die umfassende Erörterung des Instituts bis hin zu den prozessualen Problemen bei *W. Binne*, Die innerkommunale Widerspruchs- und Beanstandungspflicht, Baden-Baden 1991. S. vorher schon *K.-H. Hohm/W. Binne*, Probleme des gemeindeinternen Widerspruchs- und Beanstandungsverfahrens, INF. HStT 1986, 21-26. Zur freilich nur teilweise vergleichbaren Rechtslage in NW und in Nds. s. *R. Beckedorf*, Das Einschreiten des Gemeindedirektors gegen gesetzwidrige Beschlüsse nach nordrhein-westfälischem und niedersächsischem Recht (VR 1988, 420 ff.).

239 Die Terminologie des Gesetzes ist widersprüchlich; Abstimmung ist der Oberbegriff. S. auch oben FN 199. – In der Sache unstreitig: s. *H. u. D. Schlempp*, HGO, § 63 Anm. II m.w.N.
240 Wobei auch Erweiterungen möglich sind.
241 Siehe VGH, Urteil v. 15.1.1980 (II OE 70/78) (s. auch FN 150) m.w.N. früherer Entscheidungen; schwerlich vereinbar damit ist das Urteil v. 16.12.1980 (II OE 107/79), in dem wie selbstverständlich von einem Organstreit ausgegangen wird.
242 Siehe *H. Meyer/H. Borgs*, VwVfG (s. FN 136), § 35 RN 55. Der VGH hatte sich in den in FN 241 genannten früheren Entscheidungen allein mit den prozessualen Konsequenzen seiner Annahme zu beschäftigen.

vorstand trotz – angenommener – Rechtswidrigkeit eine Entscheidung der Gemeindevertretung ausführen muß. Ein anschließendes verwaltungsgerichtliches Verfahren ist daher ein Organstreitverfahren,[243] in dem nach der ausdrücklichen Regelung des § 63 II 3 HGO Gemeindevertretung und Gemeindevorstand die Stellung von Beteiligten im Sinne des § 61 VwGO haben.[244] Besondere Komplikationen ergeben sich, wenn der Gemeindevorstand einen den Widerspruch eines Gemeindevertreters gegen eine Wahl (§ 55 VI HGO) akzeptierenden Wahl-Aufhebungsbeschluß der Gemeindevertretung beanstandet. Man wird in diesem Falle annehmen müssen, daß die ursprüngliche Wahl, solange über die Beanstandung des Aufhebungsbeschlusses noch nicht entschieden ist, keine Wirkung entfaltet. Kommt der Gemeindevorstand seiner Widerspruchs- oder Beanstandungspflicht nach § 63 HGO nicht nach, so geht die Pflicht nach § 74 II HGO auf den Bürgermeister über.

(6) Ausschließlich ist auch die **Kompetenz** des Gemeindevorstandes **zur Außenvertretung** der Gemeinde. Nach § 71 I 1 HGO vertritt der Gemeindevorstand die Gemeinde. Das gilt für den öffentlich-rechtlichen wie den privatrechtlichen Rechtsverkehr. Der Gemeindevorstand ist Außenvertretungsorgan. Alle Erklärungen der Gemeinde sind in seinem Namen abzugeben. Jede interne Entscheidung der Gemeinde, sei es der Gemeindevertretung oder des Vorstandes oder eines Beigeordneten, die nach außen wirksam werden soll, bedarf also der Erklärung im Namen des Gemeindevorstandes. Die Erklärungen sind entweder vom Bürgermeister als solchem oder seinem allgemeinen Stellvertreter abzugeben, falls es sich nicht um Erklärungen handelt, die in das Dezernat eines Beigeordneten fallen. Dann ist dieser – oder der Bürgermeister für das von ihm verwaltete Dezernat – zuständig.[245] Abweichend davon kann der Gemeindevorstand auch andere Gemeindebedienstete mit der Abgabe der Erklärung – im Namen des Vorstandes – betrauen (§ 71 I 2 HGO). Die entsprechende Beauftragung z.B. eines Amtsleiters kann eine bestimmte Erklärung oder aber, was um des Entlastungseffektes willen näher liegt, einen ganzen Kreis von Geschäften betreffen. Da alle Arbeitsbereiche der Gemeinde einem Dezernenten zugeordnet sind, bleiben für das Erklärungsrecht des Bürgermeisters außerhalb seines Geschäftsbereichs die Erklärungen, die mehrere Dezernate betreffen und daher wegen ihres allgemeinen Charakters nicht einem Dezernat zugeordnet werden können. Bei Verpflichtungserklärungen der Gemeinde verändert § 71 II

---

243 Siehe auch das letztgenannte Urteil in FN 241 u. *Th. Kingreen*, Zur Bedeutung der gemeinderechtlichen Beanstandung für die Zulässigkeit des Kommunalstreitverfahrens, DVBl. 1995, 1137 ff. Unklar *H. u. D. Schlempp*, HGO, § 64 Anm. VII, die sowohl von Verwaltungsakt sprechen als auch von Organstreitverfahren. Die Bemerkung in § 63 II HGO, daß ein Vorverfahren nicht stattfindet, hat nur deklaratorischen Charakter.
244 Auch diese Regelung hat nur klarstellende Bedeutung. Da § 61 Nr. 3 HGO mangels Behördencharakter der Beteiligten in diesem Verfahren keine Anwendung findet, ergibt sich die bundesgesetzliche Beteiligtenstellung aus § 61 Nr. 2 VwGO; für einen Einzelbeteiligten aus analoger Anwendung, für ein Organ oder eine Organteil-Gruppe unter direkter Anwendung, es sei denn, man verlangte bei Nr. 2 ein subjektives öffentliches Recht im traditionellen Sinne; dann hilft ebenfalls nur Analogie.
245 Die Annahme, die Beigeordneten verträten den Bürgermeister in ihrem Arbeitsgebiet (so *D. u. H. Schlempp*, HGO, § 71 Anm. IV), ist weder durch § 70 I 1 HGO noch durch § 71 I HGO gedeckt.

HGO die Zuständigkeit und verschärft zugleich durch die Schriftform das Erfordernis für eine wirksame Erklärung.[246] Notwendig ist, daß der Bürgermeister oder sein allgemeiner Stellvertreter und ein weiteres[247] Mitglied des Gemeindevorstandes unterschreiben.[248]

2. Binnenorganisation von Gemeindevorstand und Gemeindeverwaltung

a) *Zusammensetzung und Wahl des Gemeindevorstandes*

Der Gemeindevorstand ist ein Kollegialorgan (§ 9 II 2 HGO)[249], das notwendig aus **hauptamtlichen und ehrenamtlichen Mitgliedern** besteht. Hauptamtlich tätig ist der Bürgermeister[250] und sind soviele Beigeordnete,[251] wie die Hauptsatzung nach § 44 II 3 HGO bestimmt.[252] Es darf jedoch nicht mehr hauptamtliche als ehrenamtliche Beigeordnete geben.[253] Bestimmt die Hauptsatzung nichts, so sind neben dem

---

246 Zum »Vertrauensschutz im Privatrechtsverkehr der Gemeinden« s. die gleichnamige Schrift von *Ch. Fritz*, Berlin 1983.
247 Erstaunlicherweise ist nicht verlangt, daß der zuständige Dezernent mitunterschreibt; dies wird aber die Regel sein.
248 Zu den Rechtsfolgen bei Verstößen gegen § 71 HGO siehe die Kommentarliteratur. Zu den Formerfordernissen allgemein siehe *L. Günniker*, Rechtliche Probleme der Formvorschriften kommunaler Außenvertretung, Berlin 1984. Zur Unbeachtlichkeit eines zur Nichtigkeit führenden Formverstoßes nach Treu und Glauben: BGH (U. v. 16.11.1978), DVBl. 1979, 514 ff. u. LG Stuttgart (U. v. 27.5.1981), NVwZ 1992, 58 ff. Zur Irrelevanz einer fehlenden Zustimmung der Vertretung für einen Rechtsakt des Außenvertretungsorgans: BAG (U. v. 11.4.1984), NJW 1986, 2271 ff. mit Verweis auf die h. M.
249 Nach der Bezeichnung des Kollegialorgans in den Städten, Magistrat (§ 9 II 2 HGO), wird das hessische Kommunalverfassungssystem auch »unechte Magistratsverfassung« genannt. »Unecht« hat keine pejorative Bedeutung, denn die echte Magistratsverfassung meint ein Zwei-Kammersystem, das geschichtlich die Funktion hatte, die bürgerschaftliche Mitwirkung durch den – beamteten und in seiner Zusammensetzung vom Staat dominierten – Magistrat zurückzudrängen. Nach der Einführung der Direktwahl des Bürgermeisters fällt es schwer, eine treffende Bezeichnung für das derzeitige hessische Kommunalverfassungssystem zu finden, da es eine ungleichgewichtige Kombination von (positiv) unechter Magistratsverfassung und (negativ) unechter Bürgermeisterverfassung ist, also in Wirklichkeit eine in zweifachem Sinne doppelt unechte Mischverfassung.
250 Nur bei Gemeinden mit nicht mehr als 1500 Einwohnern kann er ehrenamtlich agieren (§ 44 I 2 HGO).
251 In den Städten mit mehr als 50.000 Einwohnern heißt der Bürgermeister Oberbürgermeister und der Erste Beigeordnete Bürgermeister; in allen Städten heißt der für das Finanzwesen zuständige Beigeordnete Stadtkämmerer und heißen die übrigen Beigeordneten Stadtrat: § 45 HGO.
252 Da hauptamtliche Beigeordnetenstellen sowohl unter dem Aspekt des Einflusses auf die Gemeindeverwaltung wie dem der Pfründe interessant sind, ist ihre Einrichtung oder Erweiterung oft das Produkt von Koalitionsabsprachen. Die Gemeinden sind darin bis zur Willkür frei; insbesondere kann ihnen nicht ein angebliches Regel-Ausnahme-Verhältnis des § 44 HGO entgegengehalten werden. S. dazu VGH (Urteil v. 29.6.1971) HessVGRspr. 1971, 75. § 44 HGO kennt seit der Novelle 1977 keine Einschränkung mehr. Eingehend zum Problem auch das Urteil des VG Köln v. 7.6.1982 (3 K 4762/80) m.w.N. Die Haushaltsprobleme scheinen die Kommunen oder ihre Bürger (s. FN 110) die Notwendigkeit solcher Stellen realistischer einschätzen zu lehren.
253 Zurecht hat der HessVGH entschieden, daß § 44 II 5 HGO die Änderung der Hauptsatzung mit dem Ziel, die Zahl der Stellen ehrenamtlicher Beigeordneter zu vermindern, nicht »während der Wahlzeit« (im Sinne: der Gewählten), sondern nur für die jeweils nächste Wahlperiode erlaubt (NVwZ 1984, 461). Durch eine Reduzierung der Stellen sollen nicht je nach Wahlergebnis die Minderheiten ausgeschlossen werden können. Die Kritik bei *G. Schneider/W. Jordan* (HGO, § 44 Erl. 2) ist recht-

Bürgermeister nur zwei ehrenamtliche Beigeordnete tätig (§ 44 II 2 HGO). Von den hauptamtlichen Mitgliedern des Gemeindevorstandes wird der Bürgermeister durch die Bürger unmittelbar (§ 39 I 1 HGO) und werden die Beigeordneten von der Gemeindevertretung in Einzelwahl (§§ 39 a I, 55 I 1 HGO) jeweils auf 6 Jahre gewählt (§§ 39 II, 39 a II HGO), die ehrenamtlichen Mitglieder in Verhältniswahl für die Wahlzeit der Gemeindevertretung (§§ 39 a II 2, 55 I 2 HGO).[254] Politisch kombiniert daher heute[255] die HGO ein Allparteienelement im ehrenamtlichen Teil der Vertretung mit einem Mehrheitselement im hauptamtlichen Teil. Dies geschieht aber nur unvollkommen, weil die Amtszeit der hauptamtlichen Mitglieder die Wahlzeit der Gemeindevertretung, die sie gewählt hat, übersteigt und der Termin ihrer Wahl vom oft zufälligen Freiwerden der Stelle oder dem Ablauf der Amtszeit bestimmt wird.[256] Die hauptamtlichen Beigeordneten haben sich bei mindestens gleichbleibenden Anstellungsbedingungen grundsätzlich einer Wiederwahl zu stellen, wenn sie nicht ihre Versorgungsansprüche verlieren wollen (§ 40 II HGO). Über die Frage, ob die Vertretung eine Wiederwahl – statt einer Ausschreibung der Stelle – wünscht, hat sie geheim Beschluß zu fassen.[257] Der VGH hat die Geheimheit auf alle Beschlüsse ausgedehnt, die einen Antrag auf Wiederwahl erledigen (B. v. 30.10.1986; HStGZ 1987, 34). Wird der Antrag abgelehnt, so ist die Stelle auszuschreiben, wird er beschlossen, so hat der Vorsitzende die Wahl auf die Tagesordnung der nächsten Sitzung zu setzen, falls die Vertretung nichts anderes beschließt. Das Nähere der Direktwahl des Bürgermeisters regeln die §§ 41 bis 53

---

lich nicht überzeugend, da »Wahlzeit« in § 44 II 5 HGO wie in § 50 I 3 HGO, den die Autoren als Beleg anführen, nach § 36 HGO die der Gemeindevertretung meint. Der Gesetzgeber hat auch das politische Anliegen der Autoren in der Novelle 1992 nicht aufgegriffen. Der Versuch, durch Vergrößerung der Zahl der ehrenamtlichen Mitglieder die politische Zusammensetzung des Gemeindevorstandes der Mehrheit in der Vertretung anzupassen, ist rechtlich nicht ausgeschlossen.

254 Zu Wahlfehlern bei einer Organwahl nach § 55 HGO siehe VG Kassel in NVwZ 1984, 464. Zu Wahlfehlern im Wahlvorbereitungsverfahren s. die instruktive Entscheidung des VG Darmstadt (U.v. 3.7.1985) in HStGZ 1986, 443. Bei einer Erhöhung der Zahl der ehrenamtlichen Beigeordneten nach der Wahl der Beigeordneten – und dem entspricht auch die Umwandlung einer hauptamtlichen in eine ehrenamtliche Stelle (s. VG Wiesbaden, B. v. 14.6.1985 (HStGZ 1986, 446) – findet keine Nachwahl statt, es wird die Stelle vielmehr nach dem Listenergebnis sowohl bei mehreren Listen als auch bei einer gemeinschaftlichen Liste besetzt (§§ 55 I 3 u. II 2 HGO). Zu dem nicht unkomplizierten und angesichts der durchgehenden parteipolitischen Orientierung der Personalauswahl schwerlich in der jetzigen Form noch zeitgemäßen, aber auch für Wahlfehler anfälligen Vorbereitungsverfahren für die Beigeordnetenwahl, s. die freilich auf den Bürgermeister bezogenen, und insoweit überholten, im wesentlichen aber auch auf die Beigeordneten zutreffenden Ausführungen bei *F. Foerstemann*, Die Wahl des hauptamtlichen Bürgermeisters in Hessen, VR 1990, 270 ff.
255 Ursprünglich war die Idee, das als neutral gedachte Beamtenelement mit dem politischen Element zu kombinieren.
256 Die über § 211 I HBG geltenden Grundsätze der unparteiischen und am Wohle der Allgemeinheit orientierten Amtsführung sowie der Mäßigung bei der politischen Betätigung (§§ 67, 68 HBG) erscheinen bei dem Kreationsmodus und der Funktion der hauptamtlichen Wahlbeamten, die in der Sache eine Sonderform des »politischen Beamten« darstellen, in einem besonderen Licht, ohne daß man schon von einer »Antinomie« von politischer Wahl und Beamtenstellung *(v. Zezschwitz,* Art. 138 Anm. VI 1) sprechen müßte; siehe auch die Andeutungen in BVerfGE 38, 258, 272. Siehe weiter, auch zur Auswahl, oben FN 253.
257 Im zeitlichen Rahmen des § 40 I 1 HGO kann eine gescheiterte Wiederwahl erneut – aber ebenfalls geheim: VGH, B.v. 9.12.1993, HessVGRSpr. 1994, 44 ff. – versucht werden.

KWG; sie stellen keine hohen Anforderungen an eine Kandidatur. Es gilt das Prinzip der absoluten Mehrheit, was oft genug einen zweiten Wahlgang erfordert.

b) *Der Gemeindevorstand als Kollegialorgan*

Spricht die HGO dem Gemeindevorstand als solchem Kompetenzen zu,[258] so hat er sie als **Kollegialorgan** zu erfüllen. Die Entscheidung fällt also durch Abstimmung im Kollegium, wobei jedes Mitglied, unabhängig von der Zugehörigkeit einer Abstimmungsmaterie zu seinem Dezernat, das gleiche Stimmrecht hat. Erst bei Stimmengleichheit wird dem Bürgermeister als dem Vorsitzenden in § 68 II 3 HGO ein zusätzliches Stimmgewicht zugemessen.[259] Die Beschlußfähigkeit des Gemeindevorstandes, die bei Anwesenheit von mehr als der Hälfte der Mitglieder[260] besteht, ist zu Beginn der Sitzung festzustellen und wird dann fingiert, bis auf Antrag das Gegenteil festgestellt ist (§ 68 I HGO). Der Gemeindevorstand tagt regelmäßig nicht öffentlich (§ 67 I HGO).[261] Dafür sind die Abstimmungen grundsätzlich offen; dies gilt auch für Personalentscheidungen.[262] Lediglich wenn eine solche durch Wahl vorzunehmen ist, kann eine qualifizierte Minderheit geheime Stimmabgabe erzwingen (§ 67 II 1 HGO).[263] Ein Antragsrecht hat jedes Mitglied, falls nicht die Geschäftsordnung etwas anderes vorschreibt;[264] eine Beschränkung, die den Sinn der Zusammensetzung des Vorstandes widerspräche, also z.B. Minderheiten zu sehr beengte, wäre unzulässig. Alle die Geschäftsführung des Gemeindevorstandes als

---

258 Dazu reicht nicht schon, daß die HGO den Vorstand als Kompetenzträger bezeichnet, da damit auch nur die Abgrenzung zur Kompetenz der Vertretung gemeint sein kann. Ein Beispiel siehe in FN 234. Es ist immer auch § 70 II HGO zu beachten.
259 Im Normalfall der offenen Abstimmung ist dies durch einfache Verdoppelung seiner Stimme bei der Auswertung des Ergebnisses zu realisieren, bei der nach § 67 II HGO möglichen geheimen Wahl ist bei Mehrheitswahl i.S.v. § 55 I 1 HGO neu zu wählen, wobei dem Bürgermeister zwei Wahlzettel auszuhändigen sind; bei einer der seltenen Verhältniswahlen (s. FN 264) entscheidet bei Stimmengleichheit das Los, weil § 68 II 3 HGO nicht anwendbar ist, da für Pattsituationen mit § 55 I 4 HGO eine Auflösungsregel existiert. *H. Repp*, Der Bürgermeister nach der hessischen Gemeindeordnung (Diss. Gießen) 1989, S. 105 irrt, wenn er annimmt, bei der Verhältniswahl könne es keine Pattsituation geben. § 68 II 3 HGO spricht zwar von Mehrheit, Satz 3 der Bestimmung aber von »Stimmengleichheit«. § 55 V 4 HGO ist auf die vom Magistrat vorzunehmenden Mehrheitswahlen nicht entsprechend anwendbar, da für sie keine Stichwahl vorgesehen ist.
260 Eine Ausnahme findet sich in § 68 III HGO; erstaunlicherweise wird in diesem Fall, statt die Gemeindevertretung einzuschalten, die Aufsichtsbehörde bemüht. Im Falle des Umlaufverfahrens (§ 67 I HGO) wird man entsprechend die Beschlußfähigkeit davon abhängig machen müssen, ob mehr als die Hälfte der Mitglieder sich geäußert hat.
261 Zur »Ausnahme« des Umlaufverfahrens siehe FN 260.
262 Die im Jahre 1978 in Offenbach strittig gewordene Frage, ob die Bestellung eines Amtsleiters durch Wahl zu erfolgen hat, ist zu verneinen; die Entscheidung durch Wahl muß vorgeschrieben sein. Der Sinn der Privilegierung der Wahl vor anderen Personalentscheidungen liegt darin, daß bei den – seltenen (s. FN 263) – Wahlen durch den Gemeindevorstand regelmäßig Mitglieder desselben betroffen sind.
263 Eine Wahl ist selten vorgesehen; siehe z.B. § 72 II 2 HGO im Gegensatz zu § 125 I 2 HGO. *G. Schneider/W. Jordan* (HGO, § 67, 68 Erl. 4 a.E.) scheinen entgegen dem Wortlaut des § 67 II 1 2. Hs. HGO anzunehmen, geheime Abstimmung sei nicht nur bei Wahlen erlaubt.
264 Siehe VG Darmstadt (U. v. 9.11.1983), HStGZ 1986, 90 f. Die Ansicht, § 69 HGO regele das Antragsrecht zugunsten der Beigeordneten abschließend – so der Kläger in VG Wiesbaden (U. v. 18.1.1989; HStGZ 1990, 83 f.) ist unhaltbar.

203

Kollegialorgan betreffenden Akte hat der Bürgermeister als der Vorsitzende (§ 65 HGO; s. näher unter d) zu erledigen. Er hat nach § 70 III HGO zusätzlich eine Eilentscheidungskompetenz an Stelle des Gemeindevorstandes, nicht aber, wie in anderen Gemeindeordnungen, an Stelle der Gemeindevertretung.[265]

c) *Gemeindevorstand und Ressortprinzip*

(1) Obwohl »der« Gemeindevorstand das Verwaltungsorgan der Gemeinde ist, sind nicht alle Aktivitäten vom Kollegium zu erbringen, vielmehr kennt die HGO wie im parlamentarischen Regierungssystem auch die **Zuständigkeit einzelner Beigeordneter** (und des Bürgermeisters), nämlich soweit es ihr Dezernat betrifft, das § 70 I 3 HGO »Arbeitsgebiet« nennt. Mit der Dezernatsgliederung ist zugleich auch die Grobstruktur der Binnenorganisation der Verwaltung vorgegeben; die Dezernate sind regelmäßig in Ämter unterteilt. Die entscheidende Norm ist § 70 II HGO, wonach die laufenden Verwaltungsangelegenheiten – soweit der Gemeindevorstand zuständig ist – vom zuständigen Dezernenten[266] erledigt werden. Dies gilt nur dann nicht, wenn eine Rechtsnorm die Kollegialentscheidung fordert, das Gewicht der Angelegenheit dies verlangt[267] oder – und das zeigt die Stärke des Bürgermeisters – wenn der Bürgermeister dies ausdrücklich wünscht. Jeder Dezernent kann also, solange eine der beiden ersten Voraussetzungen nicht vorliegt und der Bürgermeister schweigt, eine sein Dezernat allein berührende Angelegenheit des Gemeindevorstandes selbst entscheiden und ihre Ausführung durch sein Dezernat sicherstellen. Der Beigeordnete, nicht aber der Gemeindevorstand,[268] kann selbstverständlich die Entscheidung gewisser Geschäfte auch weiter delegieren, z.B. auf seinen Amtsleiter,[269] der außenvertretungsberechtigt aber nur ist, wenn er vom Kollegium beauftragt wird (§ 71 I 3 HGO). Zur Außenvertretung des Dezernenten in Angelegenheiten seines Dezernates siehe oben sub VI 1 c (6).

(2) Die **Dezernatsverteilung** obliegt grundsätzlich dem Bürgermeister (§ 70 I 3 HGO). Er ist darin frei bis zu der von der Rechtsprechung aus beamtenrechtlichen Gründen gezogenen Grenze,[270] die überschritten ist, wenn dem hauptamtlichen Beigeordneten ein seiner beamtenrechtlichen Stellung nicht mehr adäquates Arbeitsfeld

---

265 Zu Unrecht hat sich der Frankfurter Oberbürgermeister bei spektakulären Grundstücksgeschäften Weihnachten 1979 auf eine Eilkompetenz berufen, da die Zuständigkeit der Gemeindevertretung gegeben war (s. auch LT-Drucks. 9/4127).
266 Wenn der Bürgermeister in dieser Bestimmung auch genannt ist, dann nur in seiner Eigenschaft als Dezernent. Zurecht hat der VGH (B. v. 20.5.1992), HessVGRspr. 1993, 9 f., die Inanspruchnahme einer allgemeinen Vorgesetzten-Kompetenz durch den Bürgermeister für unzulässig erachtet.
267 Nach dem VGH, HessVGRspr. 1995, 17 (s. auch FN 234) obliegt es dem Kollegium, die Wichtigkeit einzuschätzen.
268 Der Schluß, den *G. Schneider/W. Jordan* (HGO, § 70 Anm. 2.4) von der Betrauung mit der Außenvertretung nach § 71 I 3 HGO auf interne Zuständigkeiten ziehen, ist wegen der strikten Trennung beider Bereiche nicht nur in der HGO nicht zulässig.
269 Dieser handelt intern immer im Auftrage des Dezernenten.
270 Siehe z.B. BVerwG, ZBR 1975, 226/227; den ehrenamtlichen Beigeordneten kann, muß aber nicht ein Dezernat zugeordnet werden.

bleibt. Eine Dezernatsverteilung aus (partei-)politischen Gründen ist bis zur Grenze der Willkür zulässig.[271] Die Gemeindevertretung kann diese souveräne Geschäftsverteilungskompetenz des Bürgermeisters nur dadurch beschränken, daß sie bei der Wahl eines (hauptamtlichen) Beigeordneten diesen ausdrücklich[272] für ein bestimmtes Dezernat wählt. Fraglich ist, ob eine solche Festlegung durch die Vertretung auch gegen eine bestehende Dezernatsverteilung zulässig ist bzw. ob, falls das unzulässig ist, der Bürgermeister bei Vakanz und vor der Neuwahl durch Dezernatsumverteilung eine gewünschte Festlegung durch die Gemeindevertretung konterkarieren kann.[273] Man wird den Konflikt wohl zugunsten der Gemeindevertretung als dem obersten Organ lösen, zugleich aber dem Bürgermeister das Recht zugestehen müssen, auch während einer Vakanz Geschäftsumverteilungen vorzunehmen.[274] Die Festlegung kann die Gemeindevertretung durch Beschluß mit befreiender Wirkung für den Bürgermeister zurücknehmen, wenn der Beigeordnete zustimmt.[275] Ein rechtliches Regel-Ausnahme-Verhältnis zwischen der Geschäftsverteilung durch den Bürgermeister und der Festlegung durch die Gemeindevertretung sieht die HGO nicht vor; die Formulierung des § 70 I 3 HGO ist in diesem Punkt vielmehr neutral.[276] Gleichwohl gebietet es die Vernunft, wegen des Risikos der Entwicklung des Gewählten bei der Festlegung äußerste Zurückhaltung zu wahren. Die Novelle 1992 hat die starke Stellung der Gemeindevertretung bei der Dezernatsverteilung zu Gunsten des Bürgermeisters[277] durch die Rückausnahmeregel des § 70 I 3 letzter Halbsatz HGO reduziert. Der Bürgermeister kann sich[278] einen Kernbereich der

---

271 Siehe den Streit um die »Umsetzung« des Personaldezernenten Jäkel durch den Oberbürgermeister Wallmann nach dem Sieg der CDU in der Kommunalwahl 1976 (VG Frankfurt, der städtetag 1977, 712 und *Gönsch*, JZ 1979, 16), bei dem im Prozeß für jedermann offenkundige und legitime politische Gründe geleugnet wurden. – Die Stellung der nw Beigeordneten unterscheidet sich markant von der hess. Beigeordneten; schon darum ist OVG Münster (ZBR 1973, 344) nicht einschlägig, außerdem nicht überzeugend, weil es politische Gründe offensichtlich nur bei politischen Beamten im strengen Sinne als legitim anerkennen will. S. zum nw Recht *R. Stober*, Zur Stellung von Beigeordneten bei der Dezernatsverteilung, Recht im Amt 1990, 157 ff.
272 Dazu reicht weder die – üblicherweise – mit der Umschreibung des vakanten Dezernats versehene Ausschreibung aus noch eine in der Hauptsatzung festgelegte Dezernatsverteilung. – Je stärker eine Gemeindeverwaltung differenziert ist, um so stärker ist das Bedürfnis nach spezialisierten Fachleuten als Beigeordnete; darin liegt eine natürliche Grenze für Umsetzungen. Normalerweise erfolgt aber aus Gründen der Flexibilität keine ausdrückliche Wahl. Inwieweit die Direktwahl der Bürgermeister eine Änderung bringen wird, bleibt abzuwarten.
273 Probleme, die regelmäßig nur auftreten werden, wenn der Bürgermeister einer Partei nahesteht, die in der Gemeindevertretung zur Opposition gehört.
274 Regelmäßig wird freilich die Stelle so ausgeschrieben, wie sie vakant geworden ist.
275 Diese von mir in einem Gutachten für die Stadt Offenbach v. 7. Februar 1980 begründete These, hält *M. Borchmann*, Die Geschäftsverteilung auf die kommunalen Wahlbeamten nach hessischem Gemeinderecht, VR 1985, 239, 240 für »abwegig«, weil er nicht verstanden habe, daß sie zu Gunsten des Geschäftsverteilungsrechts des Bürgermeisters wirkt. Welchen Sinn eine Abwahl haben sollte, nur um die Gemeindevertretung von der Selbstbindung zu befreien, bleibt dunkel, zumal sich der Beigeordnete aus guten Gründen darauf nicht einlassen würde. Die Notwendigkeit der Zustimmung auch des Beigeordneten schützt alle von der Festlegung Begünstigten.
276 Anderer Ansicht *M. Borchmann* (aaO s. FN 276), der sich auf VG Darmstadt (18.5.1979; VI E 250/78) stützt; der Rekurs auf den Wortlaut ist unrichtig: »ausgenommen« heißt nicht »ausnahmsweise«. Die Tendenz einer Stärkung des Bürgermeisters ist verständlich, rechtlich gesehen jedoch Produkt eines Vorurteils.
277 Eine der wenigen Konzessionen an den nunmehr unmittelbar volkslegitimierten Bürgermeister.
278 Nicht aber zu Gunsten von Beigeordneten.

Selbstverwaltung als eigenes Arbeitsfeld vorbehalten. Hinsichtlich seiner eigenen Arbeitsgebiete in der Verwaltung ist er also souverän, hinsichtlich der anderen bleibt es bei der bisherigen Rechtslage.[279] Die Dezernatsneuverteilung ist auch gegenüber den betroffenen Beigeordneten kein Verwaltungsakt, wie hier und da ohne Kenntnisnahme des HVwVfG immer noch behauptet wird, sondern ein innerdienstlicher Rechtsakt;[280] der Betroffene kann höchstens Leistungsklage auf Rücknahme erheben; der einstweilige Rechtsschutz kann allein über § 123 I VwGO erstrebt werden. Es handelt sich um eine kommunalverfassungsrechtliche Maßnahme, die nicht aus einer beamtenrechtlichen Kompetenz des Bürgermeisters folgt,[281] freilich beamtenrechtliche Auswirkungen haben kann.

(3) Anders als dem Bundeskanzler, der nicht in die Ressorts seiner Minister hineinregieren kann, ist dies in gewissen Grenzen dem Bürgermeister erlaubt. Nach § 70 I 2 HGO **leitet und beaufsichtigt er den Geschäftsgang der gesamten Verwaltung** und sorgt für einen geregelten Ablauf der Verwaltungsgeschäfte. Dem entspricht, daß er nach § 73 II 1 HGO **Dienstvorgesetzter** aller[282] Bediensteten der Gemeinde ist. Er ist also, im Rahmen möglicher Bindungen durch allgemeine Grundsätze der Gemeindevertretung nach § 51 Nr. 1 HGO, Herr über den Dienstbetrieb und die Organisation des Verwaltungsvollzuges. Aus dieser Bestimmung kann jedoch nicht ein Einzelweisungsrecht in Sachangelegenheiten fremder Dezernate abgeleitet werden; insofern bleibt es bei der in § 70 II HGO genannten Selbständigkeit der Dezernenten.[283]

---

279 Da der Bürgermeister sich die Arbeitsfelder nur selbst vorbehalten kann, kann er in diesem Punkte keine Vorratspolitik zu seinen Gunsten betreiben. Arbeitsfelder, die er sich nicht selbst durch Geschäftsverteilungserlaß zuordnet, stehen dem Zugriff der Gemeindevertretung offen.
280 Siehe *H. Meyer* in Meyer/Borgs, VwVfG (s. FN 136), § 35 RN 53. Anders noch z.B. das VG Frankfurt (s. FN 271), korrekt VGH, HessVGRspr. 1983, 55 u. in einem Parallelfall VGH (B.v. 20. 5. 1992), HessVGRspr. 1993, 9 ff. Die Geschäftsverteilung ist auch dann kein Verwaltungsakt, wenn rechtswidrig in ein zugewiesenes Dezernat eingegriffen wird, da § 35 HVwVfG den Verwaltungsakt nicht von der Rechtsverletzung her definiert, was *M. Borchmann* (s. FN 276), S. 240, übersieht.
281 Folglich handelt es sich auch dann nicht um einen Außenrechtsstreit, wenn der Beigeordnete die Rechtmäßigkeit der Geschäftsverteilung durch den Bürgermeister wegen seiner beamtenrechtlichen Position für rechtswidrig hält. Es findet daher kein Vorverfahren nach § 182 III HBG statt. Damit erledigt sich auch die von *M. Borchmann* (der städtetag 1977, 678, 682 und JuS 1980, 901) aufgeworfene Frage ob der Gemeindevorstand nach § 182 II HBG i.V.m. § 1 I Nr. 1 DAVO Widerspruchsbehörde wäre, was mit § 70 I 3 HGO kollidieren würde. Ob es sich bei dem Streit um ein Organstreit handelt, wie in der Vorauflage angenommen wurde (siehe auch FN 283), oder um eine besondere Art des Innenrechtsstreits, mag dahinstehen.
282 Mit den unten sub VI 2 e genannten Einschränkungen. Während die Anstellung, Beförderung und Entlassung von Beamten – und die ihnen gleichstehenden Entscheidungen (s. VGH in FN 234) prinzipiell Kollegialkompetenzen sind (§ 70 I 1 HGO), ist der Bürgermeister als Dienstvorgesetzter (§ 73 II 1 HGO) für alle anderen dienstrechtlichen Entscheidungen zuständig. Zu einem komplizierten Fall, in dem der Bürgermeister das Ernennungsrecht des Magistrats (es ging um einen Auswärtigen) durch Blockierung der Stelle im Wege der Umsetzung eines Gemeindebediensteten vereiteln wollte, siehe den Beschluß des VGH v. 21.2.1991 (HessVGRspr. 1991, 41 ff.).
283 Dies hat der VGH (s. FN 266) bestätigt. Der Senat hatte dabei einen Streit zwischen einem Beigeordneten und dem Bürgermeister, der sich durch Dienstanweisung ein Einzelweisungsrecht auch in fremde Dezernate zugesprochen hatte, als beamtenrechtlich und nicht als kommunalverfassungsrechtlich aufgefaßt, was erst seine Zuständigkeit begründete, schwerlich aber überzeugt. Die »Herr-

(4) Eine Möglichkeit der **Beschränkung der Dezernatszuständigkeit** bietet das Instrument der Kommissionen (§ 72 HGO). Die Verwaltung eines Geschäftsbereiches durch eine Kommission bedeutet die Herausnahme dieses Bereichs aus einem Dezernat. Die Funktion der Kommission kann jedoch auf bloße Aufsichtsrechte beschränkt sein. Kommissionen haben nicht mehr Rechte als der Gemeindevorstand oder ein Dezernent es hinsichtlich des Geschäftsbereichs hätte. In ihnen dominiert der Bürgermeister (§ 72 III HGO); ihr Verfahren richtet sich grundsätzlich nach dem des Gemeindevorstandes (§ 72 IV HGO). Sondergesetzlich können weitere kommissionsähnliche Organisationen vorgeschrieben sein.[284]

d) *Die Stellung des Bürgermeisters*

Der Bürgermeister hat eine von der HGO vielfältig herausgehobene **Stellung im Gemeindevorstand**. Er ist sein Vorsitzender (§ 65 I HGO) und leitet als solcher dessen Geschäfte, von der Aufstellung der Tagesordnung (§§ 69 II, 58 I HGO)[285] und der Einberufung (§ 69 HGO) über die Sitzungsleitung[286] bis zur Genehmigung der Niederschrift (§§ 69 II, 61 HGO) und von der Vorbereitung seiner Beschlüsse[287] bis zu einem möglichen Widerspruch (§ 74 I HGO) wegen Verstoßes gegen das Recht oder das Wohl der Gemeinde[288] oder bis zu ihrer Ausführung (§ 70 I 1 HGO), falls nicht ein Beigeordneter mit der Ausführung beauftragt ist. Gerade die Vorbereitungskompetenz gibt dem Bürgermeister die Gelegenheit, in einem Dezernat er-

---

schaft« des Dezernenten über sein Dezernat ist ein wichtiges, seine Organstellung konstituierendes Element. Dies wird auch dann nicht einbezogen, wenn der Bürgermeister glaubt, als Dienstvorgesetzter gegenüber dem übrigen Gemeindepersonal diese Stellung des Beigeordneten minimieren zu können.
284 Der nach § 13 II JWG vorgeschriebene Jugendwohlfahrtsausschuß ist nach § 1 I des Gesetzes über die Jugendwohlfahrtsbehörden eine Kommission im Sinne des § 72 HGO. Während der »sachverständige, weisungsunabhängige Beirat« der nach § 3 III Denkmalschutzgesetz beim Magistrat als unterer Denkmalschutzbehörde zu berufen ist, keinen Kommissionscharakter hat.
285 Zum Antragsrecht s. oben zu und in FN 264.
286 Obwohl eigenartigerweise in § 69 II HGO nur auf § 58 I und II, nicht aber auf IV verwiesen wird.
287 Mit Ausnahme der Vorbereitung des Entwurfs der Haushaltssatzung, falls ein »Kämmerer« bestellt ist, § 97 I 2 HGO.
288 Da der Widerspruch aufschiebende Wirkung hat und bei Beharren des Vorstandes der Bürgermeister die Entscheidung der Vertretung anrufen kann, öffnet sich hier ein neues »Schlachtfeld« für einen direkt gewählten Bürgermeister, der gegenüber einem ihm »feindlich« zusammengesetzten Vorstand eine ihm wohlgesonnene Vertretungsmehrheit aktivieren kann. Es kommt dadurch zu einer Kompetenzverlagerung, falls nicht die Vorstandsmehrheit wiederum über § 63 HGO die Entscheidung der Vertretung konterkariert. Beim Streit lediglich um das Wohl der Gemeinde hat dann die Gemeindevertretung nach § 63 HGO das letzte Wort, bei Rechtsstreitigkeiten auf Anrufung durch die Vertretung das Gericht. Wenn man dann noch § 74 I HGO in die Betrachtung einbezieht, dürfte klar sein, daß es sich nicht um eine sinnvolle Konstruktiuon handelt und es wenig sinnvoll erscheint, das System unverändert beizubehalten, wenn man die Spannungen, die durch die Direktwahl des Bürgermeisters in das kommunale Verfassungssystem kommen werden, in Rechnung stellt. Zum Verhältnis von § 74 I HGO zu Entscheidungen des Vorstandes nach § 63 HGO s. *W. Binne*, (s. FN 238), S. 230-233 und VG Wiesbaden (INF.HStT 6/89), das eine endgültige Durchsetzung des Bürgermeisters nach § 74 II HGO bei gegenteiligen Mehrheiten in der Vertretung nach § 74 I HGO und im Vorstand (nach § 63 II HGO) verlangt, bevor ein Organstreit ausgetragen werden kann. Gerade diese Entscheidung zeigt die relative Unsinnigkeit der Konstruktion. Der Bürgermeister kann nach §§ 63 I, 74 II HGO erst widersprechen, wenn der Vorstand zu erkennen gibt, daß er nicht widersprechen wird (VG Darmstadt, B. v. 26.11.1985; HStGZ 1986, 121).

arbeitete Vorlagen, die z.B. wegen ihres Gewichtes in die Entscheidungskompetenz des gesamten Vorstandes fallen, zu beeinflussen. Dem Dezernenten ist es zwar nicht verwehrt, im Gemeindevorstand seine abweichende Ansicht darzutun, Beschlußvorlage ist aber nur, falls der Gemeindevorstand nichts anderes beschließt, die Vorlage des Bürgermeisters. Als Vorsitzender repräsentiert der Bürgermeister den Gemeindevorstand nach außen. Ob sich daraus ableiten läßt, daß nur er das Recht hat, der Verpflichtung des Gemeindevorstandes zur Auskunft gegenüber der Gemeindevertretung nach § 59 HGO oder gegenüber einem Ausschuß nach §§ 62 V, 59 HGO nachzukommen, ist nicht pauschal zu beantworten.[289] Zur Auskunft im Namen des Gemeindevorstandes als Kollegialorgan ist allein dessen Vorsitzender befugt;[290] er kann das Antwortrecht weiterleiten. Ein eigenständiges Rederecht eines Beigeordneten besteht nicht.[291] In jedem Fall muß, falls ein Beschluß des Gemeindevorstandes vorliegt, dieser vertreten werden; kontroverse Punkte sind zumindest auf Nachfrage anzugeben. Seit der Novelle 1992 kann der Bürgermeister seine von der Magistratsmehrheit abweichende Meinung aus eigenem Recht vortragen (§ 59 S. 4 HGO). In diesen Fällen liegt es nahe, daß er die Darstellung der Mehrheitsmeinung einem Dezernenten überträgt; verpflichtet ist er dazu nicht. Die Teilnahmepflicht nach § 59 HGO trifft aber den gesamten Gemeindevorstand; sie wäre in diesem Umfang offenbar unsinnig,[292] wenn die Gemeindevertretung nicht in der Lage wäre, in Angelegenheiten, für die nicht der Gemeindevorstand, sondern ein Dezernent zuständig wäre, Auskunft zu verlangen. Eine solche kann nur der Dezernent erteilen. Generell hat die Gemeindevertretung, weil alle Mitglieder des Gemeindevorstandes anwesend sein müssen, das Recht, jeden Dezernenten zwar nicht in seiner Eigenschaft als Kollegialmitglied, wohl aber in seiner Eigenschaft als Dezernatsleiter um Stellungnahme aus der Sicht seines Dezernats zu bitten. Dieses Recht der Gemeindevertretung folgt nicht nur aus der die »gesamte Verwaltung« umfassenden Kontrollfunktion der Vertretung (§ 50 II 1 HGO), sondern notwendig auch aus der Doppelfunktion des Beigeordneten[293] und der Tatsache, daß Kompetenzen »des« Gemeindevorstandes auch solche der Dezernenten sein können.[294] Zur Stellung des Oberbürgermeisters kreisfreier Städte als Behörde der Landesverwaltung nach

---

289 Die Kommentare von *H. u. D. Schlempp* (HGO, § 59 Anm. II) und *G. Schneider/W. Jordan* (HGO, § 59 Anm. 1) bejahen beide Fragen undifferenziert.
290 So VG Darmstadt, B. vom 26.11.1985, INF.HStT 1986, 6 u. HStGZ 1986, 123 ff. Soweit das VG Darmstadt in anderem Zusammenhang aus der Verpflichtung zur Beachtung der Gesetze eine Kompetenz für den Bürgermeister ableitet, ist auf FN 189 zu verweisen.
291 So auch VG Frankfurt (U.v. 21.5.1987; HessVGRspr. 1987, 53 f.).
292 Das VG Darmstadt (s. FN 290) läßt die Anwesenheitspflicht sich in »das schlichte und passive Dabeisein und Zuhören« erschöpfen. Verpflichtung und Zweck wären dann offenbar disproportional.
293 Als Kollegialmitglied und Ressortchef; dagegen kann wegen des Weisungsrechts des Bürgermeisters nach § 70 II HGO kein Beigeordneter mit Ausnahme des Kämmerers (§ 97 I 3 HGO) sich gegen den Willen des Bürgermeisters aus eigenem Recht zu Wort melden (s. auch VG Darmstadt; s. FN 290).
294 Wie oben FN 258 und sub c (1) dargelegt. Soweit Kompetenzen des Kollegialorgans in Frage stehen, ist nach § 77 HBG gegenüber der Presse nur der Bürgermeister oder ein Beauftragter auskunftsberechtigt, soweit Dezernatszuständigkeiten betroffen sind, der Dezernent, da dem Bürgermeister ein Einzelweisungsrecht gegenüber dem Dezernenten nicht zusteht (s. oben zu und in FN 283).

§ 146 a HGO, die durch die Rückgliederung des Staatlichen Schulamtes nicht unerheblich beschränkt worden ist, siehe die Hinweise zur entsprechenden Stellung des Landrates unten X 1c.[295]

e) *Das Personal der Gemeindeverwaltung*

Neben den ehrenamtlichen Mitgliedern des Gemeindevorstandes, für die grundsätzlich[296] die Regeln über die ehrenamtliche Tätigkeit (§§ 21 ff. HGO) und zusätzlich Sonderregelungen wie z.B. die der §§ 35 a, 39 III 2 und 3 i.V.m. 39 a II 2 und 43 HGO gelten, besteht das Personal der Gemeinde aus Beamten, Angestellten und Arbeitern. Die Gemeinde hat nach § 3 HBG **Dienstherreneigenschaft**, also das Recht, eigene Beamte zu haben. **Dienstvorgesetzter** aller Beamten, außer den hauptamtlichen Mitgliedern des Gemeindevorstandes, ist nach § 73 II 1 HGO der Bürgermeister. Er oder der von ihm Beauftragte ist zuständig für alle beamtenrechtlichen Entscheidungen über die persönlichen Angelegenheiten der Gemeindebeamten (§ 4 II 1 HBG). Vorgesetzter ist, wer nach der Behördenorganisation befugt ist, die dienstliche Tätigkeit der Beamten durch Anordnung zu regeln (§ 4 II 2 HBG). **Vorgesetzter** aller Beamten eines Geschäftsbereichs ist der jeweilige Dezernent; der Bürgermeister ist nur Vorgesetzter seines Dezernats bzw. seines Büros. Wer Dienstvorgesetzter des Bürgermeisters und der Beigeordneten ist, richtet sich nach der auf § 73 II 2 HGO basierenden Dienstaufsichtsverordnung (DAVO).[297] Im übrigen gilt das HBG und die auf seiner Grundlage erlassenen vielfältigen Verordnungen[298] auch für den Gemeindebeamten. Der Sonderstellung der Zeitbeamten des Gemeindevorstandes wird teilweise in § 211 HBG, teilweise durch eine Reihe von Sondergesetzen bzw. Verordnungen Rechnung getragen.[299] Bundesrecht wirkt über die Gesetze nach Art. 75 und 74 a GG nicht unerheblich in das Recht der Gemeindebeamten hinein. Insgesamt läßt sich sagen, daß die gemeindliche Personalhoheit im wesentlichen auf die Auswahl des Personals und auf Einzelentscheidungen über das Personal reduziert ist. Das **Recht der Angestellten und Arbeiter** richtet sich nach Tarifvertrags- und Einzelvertragsrecht. Es konstituiert privatrechtliche Rechtsbeziehungen. Rechtsstreitigkeiten führen vor die Arbeitsgerichte. Der starke Anteil gemeindlicher Arbeiter insbesondere bei der für Pressionen günstigen Müllabfuhr macht die

---

295 Siehe auch oben in und zu FN 80.
296 Nicht alle, wie z.B. § 21 II 2 im Vergleich zu § 46 I HGO zeigt.
297 Vom 12.9.1963 (GVBl. I S. 137).
298 Nicht immer korrekt wird z.B. die Möglichkeit des Sonderurlaubs nach § 15 Urlaubsverordnung (i.d.F. vom 6. Okt. 1978, GVBl. I S. 538) gehandhabt.
299 Siehe z.B. das Gesetz über die Dienstaufwandsentschädigung der hauptamtlichen Wahlbeamten auf Zeit der Gemeinden, der Landkreise, des Landeswohlfahrtsverbandes Hessen und des Umlandverbandes Frankfurt (HessWahlbeamten-Aufwandsentschädigungsgesetz – HWB-AufwEntschG –) i.d.F. v. 6.2.1990 (GVBl. I S. 31), die Hess. Kommunalbesoldungsverordnung v. 20.9.1979 (GVBl. I S. 219), zuletzt geändert am 21.12.1994 (GVBl. I S. 816), und die Verordnung über die Bestimmung und Anwendung von Stellenobergrenzen nach § 26 des Bundesbesoldungsgesetzes für kommunale Laufbahnbeamte (StellenobergrenzenVO) v. 21.11.1978 (GVBl. I S. 666), zuletzt geändert am 21.12.1994 (GVBl. 1995 I S. 11). – Zur differenzierten Anwendung der §§ 67 ff. HBG siehe FN 256.

Gemeinde zum schwächsten Glied bei den gemeinsamen Lohnverhandlungen mit Bund und Ländern gegenüber den Tarifparteien der Arbeitnehmer.

VII. Gemeindliche Aufgaben und Aufgabenerfüllung

1. Umfang und Charakter gemeindlicher Aufgaben

Die Aufgabe, das Wohl ihrer Einwohner zu fördern (§ 1 I 2 HGO), eröffnet den Gemeinden ein **außerordentlich weites Betätigungsfeld**.[300] Es ist jedoch teils rechtlich, teils faktisch beschränkt. Eine wesentliche und spezielle rechtliche Beschränkung findet sich in den Regeln über die wirtschaftliche Betätigung der Gemeinden (§§ 121 – 127 c HGO), die als – relativer – Schutz für die anderen wirtschaftenden Personen wirkt. Durch § 4 b HGO wird den Gemeinden die Verwirklichung des Verfassungsauftrages der Gleichberechtigung von Frau und Mann als Aufgabe auferlegt.[301] Eine allgemeine Beschränkung ergibt sich aus den ausschließlichen Zuständigkeiten von Bund und Ländern, soweit sie das Wohl der Bevölkerung betreffen. Unspezifische rechtliche Beschränkungen ergeben sich daraus, daß die Gemeinde zu öffentlich-rechtlichen Eingriffshandlungen einer normativen Grundlage bedarf, die sie nicht immer selbst schaffen kann. Faktische Beschränkungen ergeben die begrenzte und durch die Gemeinden nicht beliebig steigerbare Finanzausstattung sowie die – teilweise damit zusammenhängende – beschränkte Verwaltungskapazität, zumal diese durch den zweiten Aufgabenbereich, die Ausführung von Bundes- und Landesgesetzen, nicht unerheblich in Anspruch genommen wird.

Der rechtliche Unterschied im **Charakter der Aufgaben** ergibt sich zum einen aus der oben sub I 2 näher erläuterten Trennung von Selbstverwaltungsaufgaben und fremden Aufgaben. Eher nach den Handlungsformen trennt die Unterscheidung zwischen Eingriffsverwaltung, die regelmäßig im Gesetzesvollzug besteht, und Leistungsverwaltung, wobei der indirekte Eingriffscharakter mancher Leistungsverwaltung nicht übersehen werden darf. An den unterschiedlichen Zwecken orientiert ist die Einteilung in Ordnungsverwaltung auf der einen und Daseinsvorsorge auf der anderen Seite.

---

300 Einen instruktiven Einblick in die mögliche Fülle der Aufgaben gibt der Haushaltsquerschnitt des Gesamthaushaltsplanes der Stadt Frankfurt (s. FN 11) mit seinen auf die einzelnen städtischen Organisationseinheiten bezogenen Angaben. Einen Spezialaspekt behandeln *J. Wieland/J. Hellermann,* Das Verbot ausschließlicher Konzessionsverträge und die kommunale Selbstverwaltung, DVBl. 1996, 461 ff.

301 Organisatorisch sind Frauenbüros oder vergleichbare Maßnahmen vorgeschrieben. Durch § 16 Hessisches Gleichberechtigungsgesetz vom 21.12.1993 (GVBl. I S. 729), das zur Zeit dem StGH zur Prüfung vorliegt, werden Frauenbeauftragte verlangt, die dem Frauenbüro zugeordnet werden können.

2. Öffentlich-rechtliche und privatrechtliche Handlungsformen der Gemeinde

Die Gemeinde ist grundsätzlich auf öffentlich-rechtliche Handlungsformen angewiesen. **Privatrechtliche Organisation** und zugleich Handeln in Privatrechtsform ist ihr nur im Rahmen der §§ 122, 126 HGO eröffnet.[302] Ein im einzelnen umstrittenes Wahlrecht zwischen beiden Rechtsregimen wird bei den öffentlich-rechtlich organisierten gemeindlichen Einrichtungen im Sinne des § 19 HGO (siehe näher unter 3.) angenommen. Unstreitig ist, daß die Gemeinde im Bereich der sogenannten Hilfsgeschäfte der Verwaltung **privatrechtlich handelt**, also z.B. zur Bedarfsdeckung privatrechtliche Kaufverträge über Güter abschließt oder zur Bodenvorratspolitik Grundstücke kauft.[303] Auch bei privatrechtlichem Handeln unterliegt die Gemeinde öffentlich-rechtlichen Bindungen (»Verwaltungsprivatrecht«) z.B. durch die Grundrechte.[304] So darf die Gemeinde bei der Bedarfsbeschaffung wie ein Privater das für sie günstigste Angebot aussuchen, sie darf aber nicht, wie es ein Privater könnte, entgegen Art. 3 GG willkürlich einen Lieferanten bevorzugen.[305]

Als öffentlich-rechtliche normative Handlungsform steht der Gemeinde das **Satzungsrecht** schon nach Art. 28 II GG zu.[306] § 5 I 1 HGO hat insoweit keine konstitutive Bedeutung. Die weiteren Vorschriften des § 5 HGO regulieren zulässigerweise das Satzungsrecht. Die Satzung ist durch die Gemeindevertretung zu beschließen (§ 51 Nr. 6 HGO) und vom Gemeindevorstand nach den Regeln der §§ 5 III, 7 HGO i.V.m. der VO über öffentliche Bekanntmachungen der Gemeinden und Landkreise[307] öffentlich bekanntzumachen. Zu den Unbeachtlichkeitsregeln des § 5 IV HGO siehe oben FN 223. Kraft gesetzlicher Delegation kann den Gemeinden

---

302 Siehe näher unten unter 3.
303 Tendenziell ist jedoch ein stärkerer Einfluß des öffentlichen Rechts festzustellen. So wird z.B. das Vorkaufsrecht nach dem BauGB von der Gemeinde durch privatrechtsgestaltenden Verwaltungsakt ausgeübt; im übrigen richtet sich die Abwicklung nach privatem Recht. »Zur Rechtsnatur der Tätigkeiten der Gemeinden im Rahmen des Dualen Systems und zur Beteiligung des Personalrats in diesem Zusammenhang« s. *J. Müller*, der gemeindehaushalt 1993, 99 ff. Die Notwendigkeit, eine privatrechtliche Handlungsform anzunehmen, ist mit der Anerkennung des öffentlich-rechtlichen Vertrages als normale Handlungsform der Verwaltung in § 54 HVwVfG reduziert worden. Bei Massengeschäften, die wegen der Schriftform (§ 57 HVwVfG) dem ör-Vertrag an sich nicht zugänglich sind, hilft man sich mit einer teleologischen Reduktion oder mit der Annahme faktischer Vertragsverhältnisse (s. zu und in FN 326 u. 327).
304 In diesem Bereich ist vor allem Art. 3 GG von Bedeutung. Man wird aber privatrechtstypische Verhaltensweisen, sofern sie nicht diskriminierend wirken, als erlaubte Differenzierungen im Sinne des Art. 3 GG anzusehen haben. Es gibt eine Tendenz, öffentlich-rechtliche Bindungen durch analoge Anwendung genuin verfahrensrechtlicher Institute, wie das Akteneinsichtsrecht, zu verstärken. S. grundsätzlicher *D.Ehlers*, Verwaltung in Privatrechtsreform, Berlin 1984, *J. Pietzcker*, Der Staatsauftrag als Instrument des Verwaltungshandelns, Tübingen 1978 u. *J. Becker*, Verwaltungsprivatrecht und Verwaltungsgesellschaftsrecht, Baden Baden 1994.
305 Siehe zum ganzen Problem des Verhältnisses zwischen öffentlichem Recht und Privatrecht im Bereich der öffentlichen Verwaltung und also auch der Gemeindeverwaltung *W. Schmidt*, Einführung in die Probleme des Verwaltungsrechts 1982, RN 189-244.
306 Siehe oben zu und in FN 14 und 15. Siehe allgemein *H. Maurer*, Rechtsfragen kommunaler Satzungsregelungen, DÖV 1993, 184 ff. u. *Y. Ott*, Der Parlamentscharakter, S. 151-178 m. breiten Nachweisen.
307 Vom 12.10.1977 (GVBl. I S. 409).

auch ein Verordnungsrecht zukommen, wie z.B. nach § 74 HSOG. Die Rechtsverordnungen werden ebenfalls von der Vertretung beschlossen und nach § 2 des Gesetzes über die Verkündung von Rechtsverordnungen, Organisationsanordnungen und Anstaltsordnungen[308] wie Satzungen der Gemeinde verkündet. Als Träger von Hoheitsgewalt stehen der Gemeinde alle einseitigen öffentlich-rechtlichen Instrumente zur Verfügung, insbesondere der Verwaltungsakt (§ 35 HVwVfG) mit seinem universalen Anwendungsbereich,[309] sowie die Handlungsform des öffentlich-rechtlichen Vertrages nach § 54 HVwVfG. Die Gemeinde oder ihre Organe können sich auch anderer öffentlich-rechtlicher Rechtsakte wie z.B. der Innenrechtsakte bedienen. Beim schlichten Verwaltungshandeln, das von »Immissionen« über tatsächliche Verrichtungen mit[310] oder ohne unmittelbare Rechtswirkung bis zu Meinungs- und Wissensäußerungen[311] gehen kann, kommt es für die Zuordnung zum öffentlichen Recht auf den öffentlich-rechtlichen Zusammenhang an.[312]

3. Öffentliche Einrichtungen und wirtschaftliche Betätigung der Gemeinde

Der in den §§ 19 und 20 HGO benutzte Begriff der »**öffentlichen Einrichtung**« ist ein Spezialbegriff des Gemeinderechts. Anders als im allgemeinen Verwaltungsrecht verlangt er nicht eine öffentlich-rechtlich organisierte Einrichtung – so ist z.B. eine Fernwärme-GmbH in Gemeindehand eine öffentliche Einrichtung im Sinne des § 19 HSOG –, noch folgt aus dem Begriff eine Aussage über die Organisationsform im einzelnen. Die öffentliche Einrichtung umfaßt alle wirtschaftlichen, sozialen und kulturellen Einrichtungen für die Einwohner der Gemeinde. Soweit sie erforderlich sind, hat die Gemeinde sie zu schaffen, falls sie dazu in der Lage ist.[313] Ob sie erforderlich sind, steht bis zur Grenze der Willkür in der politischen Entscheidung der Vertretung. Zu den öffentlichen Einrichtungen gehören nicht im Prinzip privatnützig betriebene Einrichtungen wie Hotels oder normale Mietshäuser, Einrichtungen zur Eigennutzung der Gemeindeverwaltung wie etwa der gemeindliche Fuhrpark oder Einrichtungen zur Verwaltungsnutzung wie das Rathaus, auch nicht Einrichtungen im Gemeingebrauch wie Straßen und Plätze. Dagegen ist es nicht schädlich, wenn die Einrichtung ein wirtschaftliches Unternehmen im Sinne von § 121 HGO ist. Entscheidend ist allein der Kreis der Begünstigten und die Funktion.

---

308 Vom 2.11.1971 (GVBl. I S. 258), zuletzt geändert am 21.12.1994 (GVBl. I S. 821).
309 Nicht jedoch in der spezielleren Form der Planfeststellung.
310 Wie z.B. bei der Erfüllung eines öffentlich-rechtlichen Vertrages.
311 Siehe oben FN 136 zum Problem ehrenrühriger Äußerungen der Gemeindevertretung. S. allgemeiner *T. Leidinger*, Hoheitliche Warnungen, Empfehlungen und Hinweise im Spektrum staatlichen Informationshandelns, DÖV 1993, 925 ff.
312 Siehe dazu *W. Schmidt*, (s. FN 305), RN 234 ff.
313 Beispiele: Verkehrs-AG, Versorgungs-AG, Stadtwerke, Theater, Museum, Zoo, Botanischer Garten, Badeanstalt, Kindergarten, Sportplatz. – Zum Begriff der »Einrichtung« s. *Hans Meyer*, (s. FN 378), S. 44 – 60.

§ 19 HGO schreibt die **Organisationsform der Einrichtungen** nicht vor. Es sind daher grundsätzlich auch zivilrechtliche Formen wie GmbH und AG[314] zulässig. Geht es um eine wirtschaftliche Betätigung, so ist die Gründung einer zivilrechtlichen Gesellschaft oder die Beteiligung an ihr nur unter den Bedingungen des § 122 I HGO zulässig, geht es um soziale und kulturelle Aufgaben, so gilt grundsätzlich dasselbe, zusätzlich wird aber noch ein »wichtiges Interesse der Gemeinde« verlangt (§ 122 II HGO). § 126 HGO überträgt diese Bindungen auf »andere Vereinigungen in einer Rechtsform des privaten Rechts«. Das Gesetz hat freilich den status quo zivilrechtlicher Organisation gemeindlicher Aufgaben nicht berührt. In öffentlich-rechtlicher Form kann die Einrichtung einmal ohne eigene Organisation, d.h. als Bestandteil der Verwaltung (z.B. Sportplatz), oder als nichtrechtsfähige Anstalt, d.h. mit einer gewissen organisatorischen Selbständigkeit (z.B. Badeanstalt), geführt werden. Die organisatorisch stärker verselbständigte Form des Eigenbetriebes darf nach § 127 HGO nur für wirtschaftliche öffentliche Einrichtungen gewählt werden (z.B. Verkehrsbetriebe). Für die Einrichtung rechtsfähiger Anstalten des öffentlichen Rechts wie Sparkassen (§ 1 I SpkG) bedarf es einer normativen Grundlage.

Ein grundsätzliches **Recht der Benutzung** öffentlicher Einrichtungen haben nach § 20 I HGO die Einwohner der Gemeinde, also jeder, der in der Gemeinde seinen Wohnsitz hat (§ 8 I HGO), sowie nach § 20 II HGO zusätzlich die Grundbesitzer und Gewerbetreibenden in der Gemeinde, soweit es bei der Nutzung der Einrichtung um diesen Status geht. Für juristische Personen und Personenvereinigungen, wie z.B. den Ortsverein einer Partei, gilt nach § 20 III HGO Entsprechendes. Das Nutzungsrecht ist nur »im Rahmen der bestehenden Vorschriften« gegeben.[315] Diese Vorschriften können jede Differenzierung, soweit sie nur auf sachgerechten Gründen beruhen, vorsehen. So kann die Kartenausgabe für ein Jugendkonzert auf Jugendliche beschränkt, der Zugang zur Sauna nach Geschlechtern getrennt, die Zeiten des Sportplatzes vorrangig nach Vereinen verteilt oder eine Theateraufführung als geschlossene Veranstaltung für Kongreßteilnehmer reserviert werden. Gewährleistet sein muß lediglich die prinzipielle Offenheit für alle Einwohner im Rahmen des Nutzungszweckes.[316] Diskriminierende Zugangsregelungen sind rechtswidrig.

---

314 Diese beiden Formen kommen fast ausschließlich vor; siehe *W. Schmidt*, (s.FN 305), RN 190 m.w.N. Man spricht von Eigengesellschaften, wenn die Gemeinde alleiniger Eigentümer ist. S. dazu *F. Janitschek*, Hessische Kommunen und Eigengesellschaften. Ein Beitrag zum Vertretungs-, Weisungs-, Abberufungs- und Entsendungsrecht gem. § 125 HGO, VR 1993, 115 ff. Generell zum Problem: *Th. Koch*, Der rechtliche Status kommunaler Unternehmen in Privatrechtsform, Baden Baden 1994 u. *ders.*, Kommunale Unternehmen im Konzern, DVBl. 1994, 667.

315 Der VGH hat in einem instruktiven Beschluß (v.13.2.1985) eine durch die Benutzungsordnung erlaubte kommerzielle Nutzung, wenn sie nur der Verwaltungspraxis entspreche, als widmungserweiternd angesehen und entsprechende Nutzungsansprüche abgeleitet (NJW 1987, 145 ff.). Zu »Die Widmung als Grundlage der Nutzung kommunaler öffentlicher Einrichtungen« s. *P. Axer*, NVwZ 1996, 114 ff.

316 Einen kritischen Grenzfall bildet das mit Verweis auf § 20 I HGO untersagte Vorhaben des Frankfurter Schauspiels, das umstrittene Fassbinder-Stück »Der Müll, die Stadt und der Tod« für einen geschlossenen Kreis ausgewählter Zuschauer aufzuführen. Das Problem liegt allein darin, daß eine generelle Aufführung nicht »mehr« vorgesehen ist, das Stück also den Einwohnern der Stadt Frank-

Gebietsfremde können aufgrund von Vorschriften außerhalb der HGO ein Benutzungsrecht haben. Bei politischen Parteien ist im Rahmen des Art. 3 GG insbesondere § 5 PartG zu beachten.[317]

Viel Unsicherheit herrscht über die Art der Begründung und den Charakter der **Benutzungsverhältnisse** bei öffentlichen Einrichtungen. Einigkeit sollte darüber bestehen, daß *zivilrechtlich organisierte Einrichtungen* nur ein zivilrechtliches Benutzungsverhältnis begründen können.[318] Entgegen der wohl noch überwiegenden Meinung[319] sollte in solchen Fällen auch der Benutzungsanspruch des § 20 I HGO, obwohl er im öffentlichen Recht wurzelt, als ein zivilrechtlicher Anspruch auf Abschluß eines Mietvertrages, der auf einem Kontrahierungszwang beruht, angesehen werden.[320] Die gegenläufige Konstruktion ist außerordentlich kompliziert. Sie beruht auf der durch den Wortlaut nicht gedeckten Annahme, daß Verpflichteter aus § 20 HGO die Gemeinde und der Anspruch notwendig ein öffentlich-rechtlicher sei. Das Nutzungsrecht wäre danach gegen die Gemeinde durchzusetzen, die ihrerseits ihren Einfluß[321] auf die juristische Person des Zivilrechts zur Durchsetzung nutzen muß. Die Konstruktion ist schon darum verfehlt, weil die Gemeinde nur Anspruchsgegner ist, soweit sie ihre Einrichtungen nicht juristisch verselbständigt hat. Tut sie dies, so ist die von ihr gegründete juristische Person verpflichtet,[322] was niemand bezweifeln würde, wenn die Gemeinden eine öffentliche Einrichtung als rechtsfähige öffentliche Anstalt errichten würde. Eines eigenen Zulassungsaktes bedarf es nicht: Ansprüche können schlicht erfüllt werden.[323]

---

    furt nicht offen stehen soll. Das führt zur generellen Frage der Zulässigkeit nichtöffentlicher Arbeit öffentlicher Einrichtungen. S. auch *G. Erbel*, Wie weit darf das Theater gehen ? - Gedanken zur verhinderten Fassbinder-Premiere, DVBl. 1986, 113 ff.

317 Siehe allgemein *W. Frotscher*, Begriff, Rechtsformen und Status öffentlicher Einrichtungen, Hdb-KWP Bd. 3 1983, S. 135, 151; zu den politischen Parteien s. *U.M. Gassner*, Grenzen des Zulassungsanspruchs politischer Parteien zu kommunalen öffentlichen Einrichtungen, VerwArch. 1994, 533 ff.

318 Es sei denn, es handele sich um Beliehene, was im Kommunalbereich aber kaum vorkommen dürfte; s. auch *E. Schmidt-Aßmann*, Komunalrecht, RN 113. – S. im übrigen *W. Schmidt*, (s. FN 306), RN 190 m.w.N. u. *W. Frotscher*, aaO (s. FN 317), S. 155.

319 Siehe *W. Frotscher*, aaO (s. FN 317), S. 150; mit unverhohlener Skepsis gegenüber der Diffizilitäten« der h. M. sind *E. Schmidt-Aßmann*, Kommunalrecht, RN 113 u. *P. Axer*, (s. FN 315), S. 115.

320 Siehe auch *W. Schmidt*, aaO (s. FN 306), RN 226. Auch ein allein auf Art. 3 GG gestützter Anspruch im Bereich des Verwaltungsprivatrechts macht diesen nicht zu einem öffentlich-rechtlichen Anspruch. Die Streitigkeiten gehören also auch unter Beachtung von BVerwGE 87, 115, 199 u. Gms-OBG = BVerwGE 74, 368, 370 entgegen der h. M. ausschließlich vor die Zivilgerichte.

321 Da § 122 I Nr. 3 HGO nur einen »angemessenen Einfluß« verlangt, sowieso nicht für den Altbestand an privatrechtlich organisierten Einrichtungen gilt und niemand über seine rechtlichen Möglichkeiten hinaus gebunden werden kann, ist der Umweg für den Begünstigten von höchst zweifelhaftem Wert. Siehe auch die Zusammenfassung der Kritik bei *F. Ossenbühl*, Die Rechtsstellung von Bürgern und Einwohnern, HdbKWP Bd. 1 1981, 388; soweit dieser auch die Benutzungsverhältnisse zwischen privatrechtlich organisierten öffentlichen Einrichtungen und Privaten dem öffentlichen Recht unterstellen will, fragt sich freilich, woher jene die Rechtsmacht zu öffentlich-rechtlichem Handeln herleiten.

322 In Wirklichkeit kann sich – zurecht – niemand vorstellen, gegen eine juristische Person des Zivilrechts, die kein Beliehener ist, einen Verwaltungsakt einzuklagen. So deutet *W. Frotscher*, aaO (s. FN 318), S. 51, denn auch die – in seinen Augen zusätzliche – Möglichkeit eines privatrechtlichen Anspruchs gegen die juristische Person des Privatrechts an.

323 Die angesichts des § 35 HVwVfG schon zweifelhafte Annahme eines »konkludenten Verwaltungsaktes« (s. *W. Frotscher*, aaO (s. FN 317), S. 149), erübrigt sich daher selbst bei öffentlich-rechtlichem Handeln.

Die *öffentlich-rechtlich organisierte Einrichtung* gehört, wenn sie nicht – ausnahmsweise – eine eigene juristische Person ist, zum Verwaltungsapparat der Gemeinde mit der Konsequenz, daß es sich bei dem Zugangsanspruch nach § 20 I HGO um einen öffentlich-rechtlichen handelt und er sich gegen die Gemeinde richtet. Auch er kann schlicht erfüllt werden, ohne daß es eines Verwaltungsaktes auf Zulassung bedürfte. Die Ablehnung der Zulassung ist regelmäßig ein Verwaltungsakt.[324] Falls ein solcher nicht vorliegt, genügt es, Leistungsklage zu erheben. Das Benutzungsverhältnis wurde bisher je nach Wahl der Gemeinde für zivilrechtlich oder öffentlich-rechtlich gehalten, wobei die Schwierigkeit darin bestand, daß manche Regelung keinen sicheren Rückschluß auf die Ausübung dieses Wahlrechts zuließ.[325] Auch hier tendiert die neuere Lehre zur Zuordnung des gesamten Verhältnisses zum öffentlichen Recht. Ein zusätzliches Argument folgt aus § 10 KAG. Da er die Benutzungsgebühren für öffentliche Einrichtungen ausdrücklich und mit Bindungen für die Gemeinde regelt, wäre es mehr als verwunderlich, wenn die Gemeinde sich durch den Wechsel von der Gebühr zum Entgelt von den Bindungen beliebig befreien könnte. Die alte Lehre beruht auch auf der Tatsache, daß Vertragsverhältnisse mit dem öffentlichen Recht höchst selten verbunden worden sind, eine Auffassung, die nach § 54 HVwVfG nicht mehr aufrechtzuerhalten ist. Die Schwierigkeit, die sich für die regelmäßig bei öffentlichen Einrichtungen anfallenden Massengeschäfte dadurch ergeben, daß § 57 HVwVfG die Schriftform für den öffentlich-rechtlichen Vertrag vorsieht, läßt sich mit einer teleologischen Reduktion des § 57 HVwVfG[326] oder mit der Annahme von faktischen öffentlich-rechtlichen Vertragsverhältnissen[327] begegnen.

§ 19 II HGO erlaubt der Gemeinde, durch Satzung »bei öffentlichem Bedürfnis«[328] einen Anschluß- und Benutzungszwang zugunsten öffentlicher Einrichtungen, die der Volksgesundheit dienen, einzuführen, wobei Wasserversorgung, Kanalisation, Straßenreinigung und Fernheizung von der HGO von vornehercin als diesem Dienst gewidmet angesehen werden. Die Ausnahmemöglichkeiten des § 19 II und 3 HGO kann sich über das Prinzip der Verhältnismäßigkeit im Einzelfall zur Verpflichtung verdichten.

---

324 Nämlich dann, wenn die Ablehnung mit Regelungswillen erlassen worden ist, was nicht notwendig der Fall ist. Fehlt ein Regelungswillen, so handelt es sich um ein schlichtes Verwaltungshandeln.
325 Als Kriterien werden meist angegeben: Regelung der Benutzung durch Satzung oder allgemeine Geschäftsbedingungen, Gebühr statt Entgelt, etc.
326 Der Sinn der Schriftform ist, die öffentliche Verwaltung vor allem in dem kritischen Bereich der Verfügung über Hoheitsrechte, also im Subordinationsbereich, zur Vorsicht anzuhalten. Für den Koordinationsbereich, der schon vor Erlaß der VwVfGe unproblematisch war, ist die Schriftform ein überflüssiger Ballast, der eher kontraproduktiv und gegen die Intention des Gesetzes wirkt; bei Massengeschäften würde die Schriftform als bloßes Verhinderungsmittel fungieren.
327 So *W. Schmidt*, aaO (s. FN 305), RN 225.
328 Dieses Erfordernis stellt keine wesentliche Hürde dar; andere Gemeindeordnungen verlangen ein »dringendes« öffentliches Bedürfnis. Siehe zum ganzen und auch zum folgenden die ausführliche Kommentierung bei *G. Schneider/W. Jordan*, aaO § 19 Anm. 6.

Die wirtschaftliche Betätigung der Gemeinde über wirtschaftliche Unternehmen[329] ist durch § 121 I HGO maßvoll beschränkt durch die Fixierung auf einen öffentlichen Zweck, die Abhängigkeit von der Leistungsfähigkeit der Gemeinde und der Notwendigkeit einer realistischen Einschätzung des Bedarfs. Nach § 127 a HGO sind die Unternehmen so zu führen, daß der öffentliche Zweck nachhaltig erfüllt wird; sie sollen dabei nach Möglichkeit einen Ertrag abwerfen. Sind die Unternehmen konkurrenzlos, so dürfen sie Anschluß und Belieferung nicht von der Abnahme anderer Leistungen oder Lieferungen abhängig machen (§ 127 c HGO). Sind die Unternehmen juristische Personen, so vertritt nach § 125 HGO der Gemeindevorstand die Gemeinde in den Unternehmensorganen. Damit ist eine Mediatisierung der Gemeindevertretung verbunden.[330] Um die Effizienz der staatlichen Aufsicht zu gewährleisten, verlangt § 127 b HGO bei wichtigen Entscheidungen eine Anzeige.

VIII. Das Finanzwesen der Gemeinde

1. Die Stellung der Gemeinde in der Finanzverfassung des Bundes

Das Grundgesetz von 1949 nahm von dem gemeindlichen Finanzwesen keine Notiz; es schien sich allein um ein Problem der Länder zu handeln. Seit 1955 hat das Grundgesetz jedoch zunehmend die Gemeinden in die Bund und Länder umfassende Finanzverfassung einbezogen und die Gemeinden – in abgeschwächter Weise auch die Gemeindeverbände – entsprechend ihrem Gewicht als **dritte Säule**[331] des Systems anerkannt.

Diese Einbeziehung führte zu unmittelbaren Ansprüchen und Verpflichtungen der Gemeinden aus dem Grundgesetz, zur Bindung der Länder gegenüber den Gemeinden und zu der Eröffnung von Möglichkeiten direkter Finanzbeziehungen zwischen

---

329 § 121 II HGO nimmt u.a. die sozialen, kulturellen und der Versorgung dienenden Einrichtungen von dieser Begriffsbestimmung aus, verlangt aber auch von ihnen, daß sie grundsätzlich nach wirtschaftlichen Gesichtspunkten verwaltet werden. Zur wirtschaftlichen Betätigung der Gemeinden s. auch *J. Gierke*, Jura 1985, 349.
330 Wegen dieser Mediatisierung gibt es Bestrebungen, solche Verlagerungen gemeindlicher Aktivitäten einzuschränken. Zum Einfluß des Vorstandes s. *F. Janitschek*, (s. FN 314), VR 1993, 115 ff. S. zum Problem *W. Spannowsky*, Die Verantwortung der öffentlichen Hand für die Erfüllung öffentlicher Aufgaben und die Reichweite ihrer Einwirkungspflicht auf Beteiligungsunternehmen, DVBl. 1992, 1072 ff. u. *F. Engelhardt*, Zustimmungsvorbehalte zugunster der Kommunalaufsicht und der Kommunalparlamente in Gesellschaftsverträgen kommunaler Unternehmen, DÖV 1996, 71 ff.
331 So schon *W. Markull*, Kommentar zum Gesetz über den Finanzausgleich zwischen Reich, Ländern und Gemeinden, Berlin 1923, S. 59, der sich trotz des Gesetzestitels schwer tat, die Gemeinden als vollwertige Partner anzuerkennen; s. näher *H. Meyer*, Die Finanzverfassung der Gemeinden (s. FN 3), S. 75. – BVerfGE 86, 148 ff. betont die Bedeutung der Kommune für die gesamte Finanzverfassung. BVerfGE 83, 363 ff., 389 ff. hat die den Kommunen durch Landesgesetz auferlegte Krankenhausumlage freilich vom Finanzverfassungssystem nicht erfaßt gesehen.

Bund und Gemeinden oder indirekter Beziehungen über die Länder. Die Regelungen umfassen zum einen die Steuergesetzgebungshoheit, die Steuerertragshoheit, Ansprüche auf Weiterleitung von Steuerertragsanteilen der Länder an die Gemeinden, die Möglichkeit von Finanzzuweisungen von Bund oder Ländern an die Gemeinden und die Beschränkung der Freiheit der Kreditaufnahme der Gemeinden. Zum anderen umfassen sie Regeln über die Steuerverwaltungshoheit sowie über das Haushaltswesen und die Wirtschaftsführung. Damit sind wesentliche Faktoren des gemeindlichen Finanzwesens durch die Bundesverfassung bestimmt oder vorgeprägt. Durch die Anfügung von Art. 28 II 3 GG im Jahre 1994 ist klargestellt, daß die Verletzung von finanzverfassungsrechtlichen Garantien nach Art. 93 I Nr. 4 b GG trotz des nur auf Art. 28 GG bezogenen Wortlautes rügefähig sind.[332]

a) *Die Steuergesetzgebungshoheit*

Die Steuergesetzgebungskompetenz, auch **Steuererfindungsrecht** genannt, ist durch die Neufassung des Art. 105 II GG und die Einfügung eines Absatzes 2 a nicht berührt worden. Die Verfassung hat damit zwar *alle* denkbaren Steuern, soweit sie nicht nach Abs. 1 der ausschließlichen Bundes- und nach Abs. 2 a der ausschließlichen Landesgesetzgebungskompetenz unterworfen sind, der Bundesgesetzgebung geöffnet, eine Sperre für den Landesbereich tritt jedoch nur insoweit ein, als der Bund von seinem Steuergesetzgebungsrecht Gebrauch macht.[333] Zum Verhältnis der Kompetenzaufteilung zwischen Ländern und Gemeinden schweigt das Grundgesetz sich aus. Daher haben die Gemeinden nach dem Grundgesetz ein Steuererfindungsrecht, soweit der Bund von seiner Gesetzgebungskompetenz keinen Gebrauch gemacht und das Land es nicht eingeschränkt hat. Dies folgt daraus, daß eine gemeindliche Steuer immer eine Angelegenheit der örtlichen Gemeinschaft i.S.v. Art. 28 II GG ist. Durch § 7 II KAG[334] ist dieses Steuererfindungsrecht jedoch auf örtliche Verbrauch- und Aufwandsteuern beschränkt worden.[335] Eine rudimentäre bundesverfassungsrechtliche Sonderzuweisung einer Gesetzgebungskompetenz[336] in Form der Hebesatzkompetenz bei den Realsteuern findet sich in Art. 106 VI 2 GG.

---

332 Wegen der engen Verbindung mit der Selbstverwaltungsgarantie des Art. 28 I u. II GG hatte dies nach altem Recht schon vertreten: *H. Meyer*, Die Finanzverfassung der Gemeinden (s. FN 3), S. 85. Restriktiv BVerfGE 71, 25, 37/38. – Die von *F. Schoch* (Finanzverantwortung beim kommunalen Verwaltungsvollzug bundes- und landesrechtlich veranlaßter Aufgaben, ZG 1994, 246 f.) schon zur alten Rechtslage vertretene Finanzverantwortung auch des Bundes gegenüber den Gemeinden hat durch Art. 28 II 3 GG Unterstützung gefunden.
333 Es handelt sich lediglich um eine konkurrierende Gesetzgebungskompetenz des Bundes, so daß es nach Art. 72 I GG auf den abschließenden Charakter einer bundesgesetzlichen Regelung ankommt, was schon hier und nicht erst bei Art. 105 II a GG zu dem äußerst schwierigen Problem führt, wann Steuern gleichartig sind. Zu der mißglückten Fassung von Art. 105 II a GG s. *H. Meyer*, Das Finanzreformgesetz, DÖV 1969, 261, 262-265.
334 Siehe oben IV und näher dazu unten 2 b.
335 Zur derzeitigen Rechtslage bei den sogenannten Bagatellsteuern s. FN 344.
336 Sie wird durch die Haushaltssatzung (§ 94 II Nr. 3 HGO) festgesetzt, die insofern auch der Normenkontrolle nach § 47 VwGO i.V.m. § 11 I AGVwGO durch die Betroffenen offen steht (VGH, B.v. 17.11.1978, HessVGRspr. 1979, 19 ff.).

b) *Die Ertragshoheit*

Die stärkste **Stellung** haben die Gemeinden **im primären Finanzausgleich**,[337] d.h. im System der Verteilung der Steuererträge. Von der ertragreichsten Steuer, der Einkommensteuer, stehen den Gemeinden insgesamt nach Art. 106 III, V GG und dem Gemeindefinanzreformgesetz[338] 15% des Aufkommens an Lohnsteuer und veranlagter Einkommensteuer (und 12 % des Aufkommens aus dem Zinsabschlag[339]) im Lande zu, das im Verhältnis eines Sockelaufkommens[340] in jeder Gemeinde auf die einzelnen Gemeinden verteilt wird.[341] Nach Art. 106 VI I GG haben die Gemeinden die Ertragshoheit für die Realsteuern, nämlich für die sehr ertragreiche Gewerbesteuer und die erst in letzter Zeit durch Anhebung der Hebesätze ertragreicher gemachte Grundsteuer, wobei freilich bei der Gewerbesteuer zu Gunsten von Bund und Ländern von der Möglichkeit des Art. 106 VI 4 GG Gebrauch gemacht worden ist und ein je nach Höhe des Hebesatzes variierender Anteil (Umlage) abgeschöpft wird.[342] Nach Art. 106 VI 1 GG steht den Gemeinden weiterhin das Aufkommen der

---

337 Der Begriff »Finanzausgleich« hat sich seit der Schrift von Albert Hensel aus dem Jahre 1922 »Der Finanzausgleich im Bundesstaat« auch in der Gesetzessprache durchgesetzt (s. näher *H. Meyer*, Die Finanzverfassung der Gemeinden (s. FN 3), S. 75). Von primärem Finanzausgleich spricht man bei der – verfassungsrechtlichen – Verteilung der Steuererträge, von sekundärem Finanzausgleich bei der Verschiebung von Finanzmassen nach der Ertragsverteilung.
338 Gesetz zur Neuordnung der Gemeindefinanzen (Gemeindefinanzreformgesetz) v. 8.9.1969 (BGBl. I S. 1587) in der Neufassung v. 28.1.1985 (BGBl. I S. 202), zuletzt geändert durch das Standortsicherungsgesetz v. 13.9.1993 (BGBl. I 1569, 1591), neugefaßt am 14.12.1993 (BGBl. I S. 2087), jetzt i. d. F. d. Bekanntmachung v. 6.2.1995 (BGBl. I S. 189).
339 Ursprünglich nach dem Zinsabschlaggesetz v. 9.11.1992 (BGBl. I 1853,1862), jetzt nach § 1 Gemeindefinanzreformgesetz.
340 Maßgeblich sind die zu versteuernden Einkommensbeträge bei Einzelveranlagung nur bis zu 40.000 DM (§ 3 II Gemeindefinanzreformgesetz).
341 Obwohl Art. 106 III 1 den Begriff der Gemeinschaftsteuern nur auf Bund und Länder bezieht, ist in dieser Bestimmung auch den Gemeinden ein – nicht näher bestimmter – Ertrag zugewiesen. S. näher *H. Meyer*, Das Finanzreformgesetz, DÖV 1969, 261, 264. Nach Art. 106 V 3 GG könnte das Gesetz auch eine Hebesatzkompetenz der Gemeinden »für den Gemeindeanteil« vorsehen – die einzige unsinnige und daher auch nicht realisierte Bestimmung im Grundgesetz (s. *H. Meyer*, aaO, S. 265).
342 Die Idee war ursprünglich, die Gemeinden stufenweise an die wegen der europäischen Harmonisierung für geboten gehaltene Abschaffung der Gewerbesteuer zu gewöhnen. Mittlerweile regelt § 6 Gemeindefinanzreformgesetz die Umlage so, daß der Gemeinde umso mehr verbleibt, je höher sie den Hebesatz setzt. Durch hektische gesetzgeberische Aktivitäten ist die Umlage zunächst für 1995 (Art. 34 des Gesetzes zur Umsetzung des föderalen Konsolidierungsprogramms v. 23.6.1993, BGBl. I 944, 982) und schon drei Monate später durch das Standortsicherungsgesetz v. 13.9.1993 (BGBl. I 1569, 1591) differenziert nach Alt- und Neuländern neu gestaltet und auch als Instrument der Beteiligung der Gemeinden an der Finanzierung der Aufbaukosten für den Osten genutzt worden (jetzt § 6 V Gemeindefinanzreformgesetz). S. zum Problem auch *H. D. von Loeffelholz* und *H. Rappen*, Finanzielle Auswirkungen des Föderalen Konsolidierungsprogramms auf die Gemeinden und Gemeindeverbände – dargestellt am Beispiel Nordrhein-Westfalens, der gemeindehaushalt, 1993, 193 ff. Der Druck auf Anhebung der Gewerbesteuer-Hebesätze wird mit der einhergehenden stärkeren Abgabepflicht wachsen, da höhere Hebesätze weiterhin privilegiert werden. Ob die Gewerbesteuerumlage, die ja nur Gemeinden mit Gewerbesteuereinnahmen trifft – und das sind keineswegs alle – ein sinnvoller Ansatz für die Beteiligung der Gemeinden am Wiederaufbau im Osten ist, läßt sich bestreiten. Von der ursprünglichen Idee bei der Einführung des Umlagerechts hat sich die Neuregelung jedenfalls völlig entfernt. – Zur Zeit steht die Gewerbesteuer wieder einmal unter Abschaffungsdruck, der aber wegen der notwendigen Einnahme-Kompensation nur relativ ist. Ein Realsteuervergleich in Hessen für 1994 bringt INF. HStT 9-10/95.

örtlichen Verbrauch- und Aufwandsteuern zu.[343] Von ihnen ist landesgesetzlich geregelt nur noch die Hundesteuer.[344] Macht eine Gemeinde für die nicht landesgesetzlich geregelten örtlichen Verbrauch- und Aufwandsteuern von ihrem nach § 7 II KAG für diese Steuerarten bestehenden Steuererfindungsrecht Gebrauch,[345] so käme ihr das Aufkommen dieser Steuer schon nach dem Grundgesetz zu. Vorschläge zur Reform des gemeindlichen Steuersystems zielen auf die Ersetzung der Gewerbesteuer durch eine Wertschöpfungssteuer[346] oder durch die unmittelbare Beteiligung der Gemeinden an der Umsatzsteuer.[347]

c) *Die Stellung der Gemeinden im sekundären Finanzausgleich; Zweckzuweisungen des Bundes*

Das Grundgesetz regelt unabhängig von der Steuerertragsverteilung zusätzlich noch zwingende oder fakultative **Finanzbeziehungen zwischen Bund und Gemeinden**

---

343 Nach dem 1991 wieder eingefügten § 8 KAG können die Landkreise und die kreisfreien Städte (nicht aber die kreisangehörigen Gemeinden) eine Jagdsteuer, eine Fischereisteuer und eine Gaststättenerlaubnissteuer einführen.

344 Durch das Gesetz über die Aufhebung von Bagatellsteuergesetzen vom 14.10.1980 (GVBl. I S. 383) wurden die Gesetze über die Getränke-, Speiseeis- und Vergnügungssteuer sowie § 8 KAG mit Wirkung vom 1.1.1982 außer Kraft gesetzt. Dieser Termin wurde zunächst auf 1984 und durch Gesetz vom 24.6.1983 (GVBl. I S. 97) auf den 1.1.1987 hinausgeschoben. Dann wurde das Aufhebungsgesetz selbst aufgehoben (durch Gesetz v. 26.6.1986, GVBl. I S. 209), bevor es je in Kraft trat. Ein Jahr später wurde es dann wieder mit Wirkung v. 1.1.1988 beschlossen (G v. 25.9.1987, GVBl. I S. 174). Nach § 7 II KAG bedeutet die Aufhebung für die Gemeinden lediglich, daß sie örtliche Verbrauch- und Aufwandsteuern, also auch die Vergnügungs-, Getränke- und Speiseeissteuer durch eigene Satzung einführen (so auch *v. Zeschwitz*, Art. 137 Erl. IX 1 d S. 81) bzw. wie die Spielapparatesteuer (s. dazu VGH, B. v. 11.7.1994, HStGZ 1995, 23 f.) oder einen Kulturgroschen (s. dazu *N. Meier*, Der Kulturgroschen als Einnahmequelle der Gemeinden? der gemeindehaushalt 1990, 244) neu erfinden können; die kreisangehörigen Gemeinden dürfen freilich keine der in § 8 KAG genannten Steuern (s. FN 344), durch Satzung einführen. Das Hundesteuergesetz v. 9.3.1957 (GVBl. I S. 28) verpflichtet die Gemeinden zur Erhebung einer Hundesteuer und schreibt einen Mindeststeuersatz vor, der durch Satzung erhöht werden kann. Zum Bestimmtheitserfordernis: VGH (B. v. 27.2.1995), HessVGRspr. 1995, 73 ff. Das VG Koblenz (U. v. 15.11.1994) ist gegen erhöhte Steuerpflicht für »Kampfhunde« (HStGZ 1995, 202).

345 Strittigste Produkte des Steuererfindungsrechts sind bisher die Zweitwohnungssteuer (s. *H.-W. Bayer*, Die Zweitwohnungssteuer, Stuttgart 1982 und BVerfGE 65, 325 ff. sowie B. der 3. Kammer des Zweiten Senats v. 15.12.1989, NVwZ 1990, 356, zum Steuermaßstab; s. auch BVerwG (U. v. 10.10.1995), HStGZ 1996, 74 ff. und BVerfG (KammerB. v. 29.6.1995), HStGZ 1995, 356 f. zur Zweitwohnung als Kapitalanlage; eine an das bloße Innehaben einer Wohnung geknüpfte Einwohnersteuer hat der bad.-württ. VGH, (U. v. 29.11.1989), NVwZ 1990, 395, für unzulässig erklärt, weil es sich nicht um eine Aufwandsteuer handele) und die Verpackungssteuer (s. BVerwG, NVwZ 1995, 59 mit Kritik von *R. Hörstel*, Befugnis der Gemeinde zur Erhebung von Verpackungssteuern, NVwZ 1995, 512 und *A. Gern*, Zur Verfassungsmäßigkeit kommunaler Verpackungssteuer, NVwZ 1995, 771; s. dazu auch den Bericht vom Verwaltungsrichtertag, dort S. 773; siehe auch OVG Münster (U. v. 7.7.1995), DVBl. 1996, 504). Zu den Möglichkeiten einer Nahverkehrsabgabe (City-Maut) s. *G. Manssen*, Finanzverfassungsrechtliche Aspekte einer sog. Nahverkehrsabgabe, DÖV 1996, 12 ff.

346 Siehe das »Gutachten zur Reform der Gemeindesteuern in der Bundesrepublik Deutschland« des Wissenschaftlichen Beirats beim BMF, Bonn 1982.

347 Siehe das vom Institut »Finanzen und Steuern« vorgelegte »Modell für die Ablösung der Gewerbesteuer durch einen Gemeindeanteil an der Umsatzsteuer« (Bearbeiter: *W. Heckt*), Bonn 1982. Die Gemeindefinanzreform bleibt ein Dauerthema. Siehe z.B. *K. H. Hansmeyer*, Alternativen zur Fortführung der Gemeindefinanzreform, Der Landkreis 1984, 310 und *H. Zimmermann*, Die Gemeindesteuerreform unter dem Blickwinkel der Gemeindesteuern, ebenda S. 315 oder *ders.*, Fortsetzung der Gemeindesteuerreform ?, der gemeindehaushalt 1988, 193 ff.

und **Ländern und Gemeinden.** Den Sonderfall einer unmittelbaren Bund-Gemeinde-Finanzbeziehung schafft Art. 106 VIII GG mit dem Sonderlastenausgleich, eine schon im Reichsfinanzausgleichsgesetz vorgesehene Form des Ausgleichs für eine besondere Belastung durch den Bund (durch das Reich); ursprünglicher Anlaß und Nutznießer waren die Garnisonstädte. Der Anspruch ist aber auch bei jeder anderen markanteren Sonderbelastung denkbar.[348] Vom Land verlangt Art. 106 VII 1 GG, daß es einen prozentual nicht festgelegten Anteil eines Steueraufkommens aus den Gemeinschaftsteuern, also aus dem Anteil an der Einkommensteuer (42,5%), an der Körperschaftsteuer (50%) und an der Umsatzsteuer (1994: 37%, ab 1995: 44%),[349] an die Gemeinden weitergibt. Darüberhinaus erlaubt[350] Art. 106 VII 2 GG dem Land, einen Anteil am Aufkommen der Landessteuern nach Art. 106 II GG, vor allem der großen Kraftfahrzeugsteuer, den Gemeinden zukommen zu lassen. Beidem wird durch das Hessische Gesetz zur Regelung des Finanzausgleichs (FAG)[351] Rechnung getragen. Siehe näher dazu unter 2 b. Im übrigen sind nach dem Grundgesetz die Finanzbedürfnisse hessischer Gemeinden im Finanzverhältnis des Landes Hessen zum Bund zu berücksichtigen, und zwar sowohl bei der Festsetzung des Umsatzsteueranteils (Art. 106 III 4 i.V.m. Art. 106 IX GG) sowie eines möglichen Sonderanteils an dieser Steuer nach Art. 107 I 4 i.V.m. II 1 GG als auch bei möglichen Sonderzuweisungen des Bundes an Hessen aus eigenen Bundesmitteln nach Art. 107 II 3 i.V.m. II 1 GG als schließlich auch beim Länderfinanzausgleich nach Art. 107 II 1 GG.[352] Zweckzuweisungen des Bundes an die Länder, aber für Investitionen der Gemeinden, erlaubt unter gewissen materiellen und formellen Bedingungen Art. 104 a IV GG.[353] Dies schließt aber nicht aus, daß der Bund, falls er nur eine

---

348 Der Anspruch ist im Streitfall vor den Verwaltungsgerichten geltend zu machen, obwohl er ausschließlich dem Verfassungsrecht entspringt; er konstituiert aber kein verfassungsrechtliches Verhältnis im Sinne von § 40 VwGO zwischen dem Bund und der Gemeinde.
349 Durch das Siebte Gesetz zur Änderung des Gesetzes über den Finanzausgleich zwischen Bund und Ländern (FAG) v. 19.12.1985 (BGBl. I S. 2354) wurde der Anteil für die Jahre 1986 und 1987 auf 35% statt vormals 33,5% festgelegt. In der Folgezeit ist dieser Anteil bis 1992 beibehalten worden. Für 1993 und 1994 ist der Anteil auf 37% angehoben worden (BGBl. 1992 I S. 674). Die folgende, zeitlich nicht limitierte Erhöhung auf 44% durch das Gesetz zur Umsetzung des Föderalen Konsolidierungsprogramms v. 23.6.1993 (BGBl. I S. 944, 977) ist dadurch relativiert, daß die Länder aus ihrem Anteil die Hälfte des Bundesanteils am Fond Deutscher Einheit aufzubringen haben (jetzt: § 1 I u. II FAG).
350 Dieser Bestimmung wird man freilich nur deklaratorischen Wert beimessen können. S. näher zum sogenannten fakultativen Steuerverbund *H. Meyer*, Die Finanzverfassung der Gemeinden, S. 158 ff.
351 Siehe oben IV.
352 Siehe dazu *R. Grawert*, Die Kommunen im Länderfinanzausgleich, Berlin 1989. Diese klare Regelung ist durch die Einbeziehung der Gemeinden in den Einheits-Lastenausgleich (§ 6 IV Gemeindefinanzreformgesetz) komplizierter geworden. S. auch BVerfGE 86, 148 ff.
353 Darunter fielen früher vor allem Leistungen nach dem Städtebauförderungsgesetz und dem Krankenhausgesetz. Im Zuge des Abbaus der sogenannten Mischfinanzierung hat der Bund die Leistungen eingestellt, im Krankenhausgesetz aber eine Finanzierungspflicht der Länder statuiert. Wichtigstes Beispiel für die Bundesfinanzierung ist heute das Gemeindeverkehrsfinanzierungsgesetz (i.d.F. v. 28.1.1988, BGBl. I S. 100, zuletzt geändert durch Änderungsgesetz v. 13.8.1993, BGBl. I S. 1488 u. G. v. 27.12.1993, BGBl. I S. 2378).

Verwaltungskompetenz besitzt,[354] auch unabhängig von Art. 104 a IV GG unmittelbare Zuschüsse an eine Gemeinde leistet.

d) *Die Steuerverwaltungskompetenz*

Das Recht der Gemeinden, Steuern zu erheben und sie also auch zu verwalten, ergibt sich aus dem Hundesteuergesetz, im übrigen hinsichtlich der durch Steuersatzung einführbaren Gemeindesteuern aus § 7 II KAG. Steuern, deren Ertrag nach dem Grundgesetz den Gemeinden allein zufließt, können nach Art. 108 IV 2 GG von den Gemeinden verwaltet werden, wenn das Land den Gemeinden die Verwaltung überträgt. Nimmt man diese Bestimmung ernst, dann waren die Realsteuergesetze des Bundes, die wie selbstverständlich von einer Verwaltung dieser Steuern durch die Gemeinden ausgehen, verfassungswidrig. Die Länder haben nämlich erst sehr viel später Übertragungsgesetze erlassen. Das Hessische stammt vom 3. 12. 1981.[355] Was die Abgabenordnung (AO)[356] angeht, so erlaubt Art. 108 V 2 GG eine Anwendung auf das gesamte Verwaltungsverfahren der gemeindlichen Steuerbehörden in den Fällen des Art. 108 IV 2 GG. Davon hat der Bund in § 1 II AO nur selektiv und nur für die Realsteuern Gebrauch gemacht. Zusätzlich hat das Land in § 4 KAG seinerseits eine Reihe von Vorschriften der Abgabenordnung – freiwillig – für die Verwaltung aller gemeindlichen Abgaben für anwendbar erklärt.[357]

e) *Die Gemeinden in der staatlichen Finanzplanung und Konjunkturpolitik*

Mit Art. 109 IV GG wurde 1967 die Möglichkeit geschaffen, durch Bundesgesetze die Gemeinden und Gemeindeverbände in ihrer **Kreditaufnahme** zu beschränken. Das darauf basierende Stabilitätsgesetz (StabG)[358] hat die Ermächtigung in § 19 realisiert und lediglich Kredite ausgenommen, die Gemeinden, Gemeindeverbände oder Zweckverbände »zur Finanzierung von Investitionsvorhaben ihrer wirtschaftlichen Unternehmen ohne eigene Rechtspersönlichkeit« aufnehmen wollen. Unabhängig davon haben die Gemeinden und Gemeindeverbände nach § 16 StabG bei ihrer Haushaltswirtschaft dem in § 1 StabG näher formulierten gesamtwirtschaftlichen Gleichgewicht Rechnung zu tragen, und das Land hat nach § 16 II StabG die Pflicht, auf die Einhaltung hinzuwirken. Über den Konjunkturrat (§ 18 StabG) und den **Finanzplanungsrat** (§ 51 Haushaltsgrundsätzegesetz)[359] sind die Gemeinden

---

354 Eine im Einzelfall wegen Art. 30 GG des Nachweises bedürftige, oft über Art. 87 III 1 GG begründbare Kompetenz. Siehe auch *A. Volker*, Die Förderung kommunaler Investitionen durch den Bund, der gemeindehaushalt, 1987, 25 ff.
355 GVBl. I S. 413.
356 Vom 16.3.1976 (BGBl. I S. 613, ber. 1977 I S. 269).
357 Siehe näher – auch zum Problem der Kosten beim Widerspruchsverfahren – *H. Meyer*, Verwaltungsorganisation und Grundlagen des Verwaltungshandelns, oben, Dritter Abschnitt sub II 2 b ee.
358 Gesetz zur Förderung der Stabilität und des Wachstums der Wirtschaft v. 8.7.1967 (BGBl. I S. 582).
359 Gesetz über die Grundsätze des Haushaltsrechts des Bundes und der Länder (Haushaltsgrundsätzegesetz – HGrG) v. 19.8.1961 (BGBl. I S. 1273).

sowohl personell in dem entsprechenden Planungs- und Entscheidungsprozeß vertreten,[360] als auch in die Pflicht genommen.

f) *Das Haushaltswesen*

Die Änderung des Art. 109 GG im Jahre 1969 brachte dem Bund aus Gründen der Vergleichbarkeit der Haushaltswirtschaft von Bund und Ländern notwendig erscheinende Kompetenzen zur Harmonisierung des Haushaltsrechts. Der Wunsch des Bundes, das Haushaltsrecht der Gemeinden einzubeziehen, scheiterte am Widerstand der Länder, die aber ihrerseits versprachen, in ihren Gemeindeordnungen und Gemeindehaushaltsverordnungen den Prinzipien des Haushaltsgrundsätzegesetzes Rechnung zu tragen.[361] Durch die Änderung des Abschnittes »Gemeindewirtschaft« der HGO und die neue Gemeindehaushaltsverordnung vom 13. 7. 1973[362] wurde diesem Versprechen, so weit es dienlich schien, Rechnung getragen.

2. Die finanzrechtliche Stellung der Gemeinden nach dem Landesrecht

a) *Die Finanzgarantien der Landesverfassung*

Die hessische Verfassung kennt in Art. 137 V zwei Finanzverbürgungen für die Gemeinden und Gemeindeverbände, nämlich eine Einnahmequellen- und eine Finanzausgleichsgarantie. Diese Garantien ordnet die Verfassung unterschiedlichen Aufgabenbereichen zu. Nach Art. 137 V 1 HV ist das Land verpflichtet, den Gemeinden (und Gemeindeverbänden) die erforderlichen Finanzen für die eigenen Pflichtaufgaben[363] und für die übertragenen Aufgaben im Sinne des Art. 137 IV HV zu sichern, und zwar in der Form eines **Lasten- und Finanzausgleichs.** Dies kann durch Finanzzuweisungen des Landes ebenso geschehen wie durch Umlagen, die den Gemeinden – teils auch den Landkreisen – zugunsten der Landkreise oder des Landeswohlfahrtsverbandes oder des Umlandverbandes Frankfurt auferlegt werden.[364] Der Höhe nach ist das Land verpflichtet, die »erforderlichen«, also alle Aufwendungen, die – bei sparsamer Verwaltung – notwendig anfallen, finanziell sicherzustellen. Es kann allerdings, wie sich aus dem Begriff des Lasten- und Finanzausgleichs ergibt, die Einnahmesituation und die Einnahmemöglichkeiten[365] der einzelnen Gemeinden oder Gemeindetypen berücksichtigen und ist nicht verpflichtet, für jede Gemeinde individuelle Berechnungen anzustellen; vielmehr genügt, wie immer im Fi-

---

360 Die Vertreter werden von den Spitzenverbänden nominiert und vom Bundesrat bestimmt.
361 Siehe *R. Steenbock*, Kommunale Haushaltsreform, Stuttgart 1972.
362 Verordnung über die Aufstellung und Ausführung des Haushaltsplans der Gemeinde (Gemeindehaushaltsverordnung – GemHVO) v. 13. Juli 1973 (GVBl. I S. 275).
363 Wie man im Rückschluß aus Satz 2, der ebenfalls nur eigene Aufgaben meint, folgern muß.
364 So regelt auch das FAG (s. IV) in den §§ 37 bis 40 Umlagen dieser Art.
365 Wobei auch die Möglichkeiten von Gebühren und Beiträgen, die z.B. das KAG eröffnet, ins rechnerische Kalkül einbezogen werden können (s. näher 2 b).

nanzausgleich, eine pauschalisierende Betrachtungsweise.[366] Die **Garantie** in eigener Verantwortung zu verwaltender **eigener Einnahmequellen** für die »freiwillige Tätigkeit« beschränkt sich einerseits nicht auf die Steuern, stellt jedenfalls ausdrücklich nicht das Postulat der vollen Finanzierbarkeit jeglicher freiwilliger Aufgaben durch eigene Einnahmequellen auf und bleibt mit dem Begriff, daß die Einnahmequellen eigenverantwortlich zu »verwalten« seien, merklich blaß. Da die nach dem KAG den Gemeinden offenstehenden Gebühren und Beiträge jedenfalls regelmäßig mit Pflichtaufgaben verknüpft sind,[367] ist deren Bedeutung für die Garantie gering. Wichtiger ist die auf dem Grundgesetz beruhende Hebesatzkompetenz für die Realsteuern und wichtig bleiben, trotz ihres geringen Volumens, die Bagatellsteuern. Ob diese Realisation der Garantie ausreicht, wird zunehmend kritisch betrachtet, wobei insbesondere die mangelnde Ausstattung der Landkreise mit eigenen Einnahmequellen dem Vorwurf der Verfassungswidrigkeit ausgesetzt ist.[368]

b) *Die gesetzliche Realisierung der Verfassungsgarantien*

(1) Mit dem **Finanzausgleichsgesetz** (FAG),[369] das im Kern auf Dauer angelegt ist und im wesentlichen nur im Zahlenwerk – meist jährlichen – Schwankungen unterliegt, hat der Gesetzgeber sowohl dem Auftrag des Grundgesetzes in Art. 106 VII 1 und 2 GG als auch dem der Landesverfassung in Art. 137 V 1 HV Rechnung getragen. Das FAG bildet eine Steuerverbundmasse aus einigen Landessteuern und

---

366 Die Grenzen einer solchen Betrachtungsweise hat der VerfGH NW in einem für Hessen nicht unmittelbar einschlägigen Urteil v. 19.7.1985 (DVBl. 1985, 1306, 1308) gezogen. S. vorher schon OVG NW (U. v. 30.1.1987), DÖV 1987, 826 f. Wegen der gleichlautenden Verfassungsbestimmung (Art. 49 V rh.-pf.Verf. und Art. 137 V HV) sind die Urteile des rh.-pfl.VerfGH v. 18.3.1992 wichtiger, in dem ein Anspruch auf unmittelbare und gesonderte Kostenerstattung bei Zuweisung neuer Aufgaben abgelehnt wird (DVBl. 1992, 981 nur LS u. EZKommR 1700.124 mit ausführlicher krit. Anm. v. *Hofmann-Hoeppel*). Zur nds. Rechtslage s. NdsStGH (B. v. 15.8.1995), DÖV 1995, 944 ff. S. im übrigen zur finanzverfassungsrechtlichen Stellung der Kommunen auch die ausführliche Darstellung bei *v. Zezschwitz*, aaO, Art. 137 Erl. IX (S. 76 bis 94). Es ist zu erwarten, daß mit der Einführung der kommunalen Normenkontrolle (Grundrechtsklage) bald der StGH mit ähnlichen Problemen befaßt werden wird.
367 So beziehen sich die Benutzungsgebühren nach § 10 KAG und die Beiträge nach § 11 KAG auf die öffentlichen Einrichtungen, deren Schaffung nach § 19 I HGO unter bestimmten Bedingungen zur Aufgabe der Gemeinde gehört (s. oben sub VII 3).
368 Siehe die freilich noch auf die Rechtslage vor Wiedereinführung des § 8 KAG bezogenen, aber allgemeineren Charakter tragenden Nachweise bei *v. Zezschwitz*, aaO, Art. 137 Erl. IX 1 d (S. 81) u. IX 2 a (S. 83 f.); s. auch *A. v. Mutius/O. Dreher*, Reform der Kreisfinanzen, Baden-Baden 1990. – Die Garantie eigenverantwortlicher Verwaltung erfordert zumindest voraus, daß die Gemeinde grundsätzlich Herr über das Maß der Nutzung der Einnahmequelle sein muß.
369 Siehe oben IV. und zu und in FN 364-366. Zum kommunalen Finanzausgleich 1994 bzw. 1996 s. INF.HStT 12/93 bzw. 7-8/95 (dort findet sich auch eine zahlenmäßige Aufstellung der Jahre 1994-1996: 9-10/95, 12/95 sowie 3-4/96). Der kommunale Finanzausgleich gerät zunehmend in das Blickfeld der Verfassungsgerichte; s. z.B. VerfGH NW (U. v. 16.12.1988), DVBl. 1989, 151 ff. u. (U. v. 6.7.1993), DVBl. 1993, 1205 = DÖV 1993, 1993 und dazu *D. Birk/M. Inhester*, Die verfassungsrechtliche Rahmenordnung des kommunalen Finanzausgleichs, dargestellt am Beispiel des Landes Nordrhein-Westfalen, DVBl. 1993, 1281 ff., *D. Bayer*, Staatliche Gemeindefinanzierung und Verfassungsrecht, DVBl. 1993, 1287 ff. und *H.-G. Henneke*, Der kommunale Finanzausgleich, DÖV 1994, 1 ff.

dem Landesanteil an den Gemeinschaftsteuern,[370] legt Umlageverpflichtungen fest[371] und enthält Sondervorschriften über das Verhältnis von Zweckzuweisungen außerhalb des Finanzausgleichs zu diesem (§ 41 FAG), über die Tragung bestimmter Verwaltungskosten (§§ 43, 45, 46 FAG) und über die Einnahmen aus Verwarnungsgeldern und Geldbußen (§ 44 FAG). Die Steuerverbundmasse wird für allgemeine Finanzzuweisungen (§§ 5 bis 20 FAG), die, nach einem komplizierteren Schlüssel errechnet, zu einer allgemeinen Finanzstärkung und zu einem gewissen Ausgleich der Finanzkraft der Empfänger führen sollen, für besondere Finanzzuweisungen (§§ 21 bis 28 FAG), die für besondere Verwaltungszweige oder Ausgaben Sonderzuweisungen vorsehen, und für Ausgaben zur Finanzierung von Investitionen (§§ 29 bis 36 FAG), die für einzelne ausdrücklich ausgeführte Investitionsvorhaben die Möglichkeit von Zuwendungen vorsehen, zur Verfügung gestellt.[372]

(2) Der Verpflichtung aus Art. 137 V 2 HV hat der Gesetzgeber versucht, durch das **Gesetz über kommunale Abgaben (KAG)**[373] nachzukommen. Es räumt den Gemeinden und Landkreisen das Recht zur Erhebung von kommunalen Abgaben in Form von Steuern, Gebühren und Beiträgen ein. Das **Steuererfindungsrecht** der Gemeinde ist nach dem KAG auf örtliche Verbrauch- und Aufwandsteuern beschränkt.[374] Das Recht zur Erhebung von **Verwaltungsgebühren**, die in der Regel die Kosten des betreffenden Verwaltungszweiges decken sollen (§ 9 II 2 KAG), und von **Benutzungsgebühren** als – in der Regel kostendeckende – Gegenleistungen für die Inanspruchnahme der öffentlichen Einrichtungen der Gemeinde (§ 10 KAG) ist im einzelnen näher geregelt.[375] In zweifacher Form können Grundstückseigentümer über **Beiträge** zur Mitfinanzierung einer Schaffung, Erweiterung und Erneuerung öffentlicher Einrichtungen (§ 11 KAG) bzw. einer Herstellung, Erneuerung, Veränderung, Beseitigung und der Unterhaltung eines Grundstückanschlusses an Versorgungsleitungen und Entwässerungsanlagen (§ 12 KAG) heran-

---

370 Die Steuerverbundmasse beträgt 22,9% des Landesanteils an den Gemeinschaftsteuern (Einkommen-, Körperschaft- und Umsatzsteuer) sowie der Vermögensteuer, der Kraftfahrzeugsteuer, der Grunderwerbsteuer und sogar der Gewerbesteuerumlage (s. FN 342), die dem Land von den Gemeinden zufließt, soweit sie nicht dem Aufbau Ost dient.
371 §§ 37 bis 40 FAG.
372 Die gemeindefreundlichsten Zuweisungen sind die allgemeinen Finanzzuweisungen (Schlüsselzuweisungen – zu mit ihnen verbundenen Problemen s. *A. v. Mutius* u. *H.-G. Hennecke*, Grenzen der verfassungsrechtlichen Zulässigkeit bei der Festsetzung von Schlüsselzuweisungen, der gemeindehaushalt 1984, 149 ff.), weil sie die Entscheidungsfreiheit der Gemeinden nicht berühren. Am bedenklichsten unter diesem Gesichtspunkt sind die Zuweisungen für Investitionsvorhaben (s. auch *v. Zezschwitz*, aaO, Art. 137 Erl. IX 1 und 3 c (S. 90) m.w.N.).
373 Siehe oben IV.
374 Siehe oben zu FN 335 und FN 343-345.
375 Dabei sind z.B. in § 10 KAG Festlegungen darüber getroffen, was »Kosten« im Sinne der Deckungsvorschriften sind. Durch das 3. Änderungsgesetz (v. 21.6.1993, GVBl. I S. 256) des Kindergartengesetzes ist in § 10 die Ermächtigung enthalten, für den Besuch von Kindertagesstätten Gebühren bzw. Teilnehmerbeiträge nach Kinderzahl und Einkommensstufen zu staffeln. Zur Zulässigkeit von »Sozialtarifen« im allgemeinen s. *A. Gern*, Aktuelle Probleme des Kommunalabgabenrechts, NVwZ 1995, 1145, 1153 f., BVerwG, NVwZ 1995, 173 f. u. VGH, B. v. 14.12.1994, HStGZ 1995, 65 ff.

gezogen werden; in bestimmten Gemeinden kann ein Kurbeitrag (§ 13 KAG) erhoben werden.[376]

3. Die finanzielle Situation der Gemeinden

Wie der Bund und alle Länder, so haben sich auch die Kommunen trotz der durch die Hochkonjunktur bedingten hohen Steuereinnahmen zunehmend verschuldet. Auch die Lasten der Einigung sind bisher durch zusätzliche Schulden aufgefangen worden. Mit der Konjunkturschwäche sinken nicht nur die Einnahmen, der hohe Schuldenstand verbietet auch, die Einheit und die wegen der Wirtschaftsschwäche zunehmenden Sozialasten durch weitere Schuldenaufnahmen zu finanzieren. Das belastet die kommunalen Haushalte erheblich[377]. Über den Genehmigungsvorbehalt für den Gesamtbetrag der im Haushalt vorgesehenen Kredite nach § 103 II HGO hat das Land ein Instrument, das zunehmend genutzt wird, der weiteren Verschuldung Einhalt zu gebieten. Es ist ein Instrument der Rechtskontrolle, die Kontrollmaßstäbe (»geordnete Haushaltswirtschaft« und Aufrechterhaltung der »dauernden Leistungsfähigkeit«) sind aber der Wertung offen, so daß das Land einen relativ großen Spielraum besitzt. Die Direktwahl des Oberbürgermeisters in Offenbach 1993 hat gezeigt, daß ein konzeptioneller Sparwille sich auch politisch auszahlen kann. Durch eine überörtliche, insbesondere vergleichende Rechnungsprüfung, die beim Präsidentes Landesrechnungshofs anzusiedeln ist, wird versucht, Einsparungsmöglichkeiten ausfindig zu machen und einen Beitrag zur Korruptionsbekämpfung zu leisten.[378]

---

376 Ein insbesondere für expandierende Gemeinden ungemein wichtiger Beitrag beruht auf Bundesrecht, nämlich der Erschließungsbeitrag nach § 217 ff. BauGB.
377 Siehe z.B. den Bericht über »Die Finanzsituation der hessischen Städte und Gemeinden vor außerordentlichen Belastungen und Risiken« (INF.HStT 4/1993) oder *H. Karrenberg* u. *E. Münstermann*, Der Solidarpakt – Auswirkungen auf die Städte, der gemeindehaushalt 1993, 97 ff. u. *H. Karrenberg*, Die Finanzlage der Kommunen in den alten und neuen Ländern 1995 und 1996, der gemeindehaushalt 1996, 49 ff. – Durch Herausnahme der »Aufnahme von Krediten« aus dem Katalog der ausschließlichen Zuständigkeit in § 51 Nr. 15 HGO (Novelle 1992) kann die Entscheidung darüber auf den Finanzausschuß oder den Gemeindevorstand übertragen werden, damit die Gemeinde am Finanzmarkt schneller reagieren kann. Bei den in Einzelfällen außerordentlich hohen Schuldenständen ist dies eine Notwendigkeit. S. zum Problem *Th. Brücker*, Finanzinnovationen und kommunale Schuldenwirtschaft, Baden-Baden 1993. Um die Gemeinden flexibler zu machen, beschränkt sich die Experimentierklausel des § 132 HGO gerade auf den Bereich des Haushalts (s. dazu *K. Lange*, Die kommunalrechtliche Experimentierklausel, DÖV 1995, 770 ff. u. *S. Jutzi*, Zur Zulässigkeit genereller Öffnungs- oder Nichtanwendungsklauseln in Rechts- und Verwaltungsvorschriften in bezug auf normative Standards, DÖV 1996, 25 ff.). Die knappen Kassen führen vermehrt zu Rechtsstreitigkeiten (zur Kostenerstattung des Landes für Bürgerkriegsflüchtlinge s. VG Wiesbaden (E v. 12. 12. 1995), INF.HStT 1/96, zum Kampf um die Kreisumlage s. *F.-L. Knemeyer*, Erhebung der Kreisumlage, NVwZ 1996, 29 ff.
378 Zum ÜPKKG siehe Abschnitt IV. Zu Entstehungsgeschichte und Zielsetzung des Gesetzes s. *Hans Meyer*, Grundlagen der Reichweite der Einrichtungs- und der Betätigungsprüfung nach dem Gesetz zur Regelung der überörtlichen Prüfung kommunaler Körperschaften in Hessen (ÜPKKG) (Rechtsgutachten) im ersten Bericht des Präsidenten vom Oktober 1995.

IX. Die Staatsaufsicht

1. Rechtskontrolle, Opportunitätsprinzip und Selbstverwaltungsgarantie

Die Staatsaufsicht ist nicht nur in der ersten in § 135 HGO genannten Form bloße **Rechtskontrolle**,[379] sondern auch im Falle der Weisungsbefolgungskontrolle, wie sich aus der Beschränkung auf die »im Rahmen der Gesetze erteilten Weisungen« ergibt.[380] Dasselbe gilt für die in § 143 HGO genannten Genehmigungen, da die HGO sie unter »Siebenter Teil. Aufsicht« regelt und also auch als eine Form staatlicher Aufsicht begreift.[381] Die Staatsaufsicht wird meist als notwendiges Korrelat zur Selbstverwaltungsgarantie angesehen.[382] Dem kann nur insoweit zugestimmt werden, als die Gemeinde Bundes- oder Landesgesetze auszuführen hat. Im übrigen könnte, wie bei Bund und Ländern, als ausreichend angesehen werden, daß jeder durch ein rechtswidriges Handeln der Gemeinde Betroffene ausreichende und durch Art. 19 IV GG abgesicherte Rechtsschutzmöglichkeiten durch die Gerichte hat. Daß die HGO selbst nicht von der zwingenden Verbindung von Selbstverwaltung und Staatsaufsicht ausgeht, zeigt einmal die bei allen Aufsichtsmitteln ausdrücklich betonte bloße Möglichkeit, nicht aber Pflicht, gegen rechtswidriges Verhalten der Gemeinde einzuschreiten, also die starke **Betonung des Opportunitätsprinzips**,[383]

---

379 Wie schon Art. 137 III 2 HV festlegt und § 11 HGO proklamiert. Für den in § 11 HGO auch genannten *Schutz* der Gemeinden als Funktion der Staatsaufsicht fehlt in der HGO, sieht man von dem bedeutungslosen § 146 I HGO ab, jegliches Instrumentarium. Das Recht, die Interessen der Kommunen bei der Abstimmung der Ressorts zu vertreten, folgt für das Innenministerium nicht aus der Staatsaufsicht, sondern aus der allgemeinen Zuständigkeit für die Kommunen. § 147 HGO, der ebenfalls von der Kommentarliteratur als Beispiel herangezogen wird, steht aus gutem Grunde nicht im Teil »Aufsicht«. Zur Beratung s. unten zu und in FN 386 u. 387. – Zur Fachaufsicht siehe in und zu FN 385.
380 Folglich hat die Kommunalaufsicht, falls sie wegen § 145 HGO von einer Fachbehörde um die Durchsetzung einer fachaufsichtlichen Weisung mit den Mitteln der Kommunalaufsicht gebeten wird, die Rechtmäßigkeit der Weisung zu überprüfen, wobei sie aber nicht ihre verwaltungspolitischen Vorstellungen gegenüber der Fachbehörde durchsetzen darf (s. zum Problem auch *E. Schmidt*, Kommunalaufsicht, aaO, S. 58 f. mit Hinweis auf die nicht eindeutige Rechtsprechung des VGH u. unten FN 407).
381 Etwas anderes kann sich nur ergeben, wenn das Spezialgesetz, das den Genehmigungsvorbehalt enthält, ausdrücklich oder nach dem gesamten Kontext zwingend dem Staat eine Zweckmäßigkeitskontrolle, und das heißt verwaltungspolitische Einflußnahme, eröffnet.
382 Siehe z.B. *E. Schmidt-Jortzig*, Kommunalrecht, S. 45, der freilich übersieht, daß die Verfassung die Aufgaben zwischen Bund, Ländern und Gemeinden verteilt, nicht »der« Staat. Die von ihm zitierte BVerfGE 6, 108, 118 spricht im übrigen nur von Korrelat, nicht aber von notwendigem Korrelat. Wenn *E. Schmidt-Aßmann*, Kommunalrecht, aaO, RN 41, vorsichtiger formuliert, die Staatsaufsicht folge »aus dem parlamentarischen System und der Gesetzesbindung der Verwaltung«, so ist das zweite zwar notwendige Voraussetzung einer auf Rechtskontrolle beschränkten Aufsicht, diese aber nicht notwendige Folge. Mit dem parlamentarischen System hat die Staatsaufsicht nichts zu tun, da die Kommunen gerade parlamentarisch organisiert sind. Der Körperschaftsstatus erzwingt ebenfalls nicht »notwendig« (aaO) die Staatsaufsicht, da die Gemeinden anders als andere Körperschaften, bei denen dies zutreffen mag, ein verfassungsnotwendiges und selbstbestimmtes Element des demokratischen Staatsaufbaus sind (s. oben zu und in FN 4).
383 Die diese Regeln bestätigende Ausnahme findet sich in § 141 a HGO (dauernd beschlußunfähige Gemeindevertretung). Im übrigen »kann« (darauf weist auch BVerfGE 8, 122, 137 hin) die Aufsichtsbehörde nach §§ 137 ff. HGO eingreifen; siehe auch Urt. des VGH v. 9.8.1983 (2 OE 3/83).

und zum anderen die ausdrückliche Ermessensdirektive in § 135 S. 2 HGO, durch die Handhabung der Aufsicht »die Entschlußkraft und Verantwortungsfreudigkeit der Gemeinde« nicht zu beeinträchtigen. Da sich die politischen Parteien in den meisten Gemeinden fest etabliert haben, hat die Staatsaufsicht immer die Gefahr im Auge zu behalten, als verlängerter Arm im politischen Kampf benutzt zu werden, zumal sich oft genug unterschiedliche Rechtsansichten gegenüberstehen. Ein Anspruch Dritter auf Einschreiten der Aufsicht besteht grundsätzlich nicht.[384]

2. Die repressive Aufsicht und ihre Mittel

a) *Die repressive Aufsicht*

Repressive Aufsicht ist die **Kontrolle des Verhaltens** einer Gemeinde am Maßstab des Rechts. Repressive Aufsicht ist allgemeine Aufsicht, sie ist nicht an bestimmte Situationen gebunden und prinzipiell gegenüber jedem Verhalten der Gemeinde denkbar. Das Gesetz nennt lediglich mit der Weisungsbefolgungsaufsicht des § 135 S. 1 HGO einen Sonderfall, in dem eine bestimmte Konstellation, nämlich eine rechtmäßig erteilte staatliche Weisung in Weisungsangelegenheiten und ihre Nichtbefolgung durch die Gemeinde vorausgesetzt ist. Davon scharf zu unterscheiden ist die staatliche Weisung selbst. Sie ist nicht Mittel der Staatsaufsicht, sondern der Fachaufsicht.[385] Im übrigen kann jedes Verhalten der Gemeinde, sei es ein Tun oder das Unterlassen eines gebotenen Tuns Anlaß repressiver Aufsicht sein. Die Rechts-

---

S. – auch zum folgenden – *v. Zezschwitz*, aaO, Art. 137 Erl. VII 5 c (S. 67). Wenn *E. Schmidt*, Kommunalaufsicht in Hessen, S. 140-141 gegen die h. M. aus dem Wortlaut des § 135 HGO »soll« eine grundsätzliche Verpflichtung zum Einschreiten folgert, so mißversteht sie die Funktion des »soll« an dieser Stelle, ausschließlich den Charakter der Rechtskontrolle zu betonen. Unrichtig ist auch die Annahme (aaO, S. 140), die »Kann«-Vorschriften bei den einzelnen Aufsichtsmitteln sollten der Aufsichtsbehörde – bei grundsätzlicher Verpflichtung zum Einschreiten – eine Auswahl zwischen den Mitteln ermöglichen. Gegen einen rechtswidrigen Beschluß der Gemeindevertretung z.B. gibt es nur das Mittel der Beanstandung.
384 Siehe *G. Schneider/W. Jordan*, aaO, § 135 Anm. 2 S. 2 und 351 u. *E. Schmidt*, Kommunalaufsicht, S. 160 f. jeweils m.w.N.
385 Fachaufsicht bedeutet im Kern die Möglichkeit, gemeindliche Sacharbeit nach den verwaltungspolitischen Vorstellungen des Staates zu lenken, wobei eine Rechtskontrolle immer mit verbunden ist. Fachaufsicht besteht nur, wenn sie gesetzlich vorgesehen ist. Sie billigt den Staatsbehörden immer ein allgemeines Weisungsrecht zu und je nach der Gesetzeslage zusätzlich ein beschränktes (z. B.: § 61 VI 2 HBO oder § 84 S. 2 HSOG) oder ein unbeschränktes Weisungsrecht im Einzelfall (§ 87 I HSOG). Von der Fachaufsicht zu trennen ist die Dienstaufsicht, die Organisations- und Personalaufsicht nach den gleichen allgemeinen Maßstäben. Es entspricht der Funktion des Weisungsrechts, wenn man den Weisungen anders als den rechtsaufsichtlichen Akten die in § 35 S. 1 HVwVfG für Verwaltungsakte verlangte Intention der Außenwirkung abspricht. Gerade weil die Gemeinden Weisungsaufgaben, solange und soweit keine Weisungen ergehen, eigenverantwortlich zu erfüllen haben (s. oben FN 81), spricht der Vorbehalt des Weisungsrechts dafür, daß im Falle einer Weisung die Gemeinde in den normalen bürokratischen Weisungsstrang eingebunden sein soll. Andernfalls wäre die weisende Behörde z.B. an § 28 HVwVfG oder auch § 29 HVwVfG gebunden. Der Rechtsschutz gegen fachaufsichtliche Weisungen, und zwar auch solche, die die Gemeinde inhaltlich für rechtswidrig hält, ist daher über die Leistungsklage zu verfolgen, weil die – meist strittige – Rechtswidrigkeit zwar Außenwirkung produziert, § 35 HVwVfG aber zurecht ausschließlich auf die Intention der Außenwirkung abstellt.

widrigkeit kann auf Verstößen gegen die Zuständigkeit, gegen Verfahrens-und Formvorschriften, gegen striktes Recht jeder Normstufe, von der Verfassung bis zur eigenen Satzung der Gemeinde, und auf Verstößen gegen Anforderungen an eine rechtmäßige Ermessensausübung beruhen. Kein Mittel der Aufsicht, wohl aber eine Möglichkeit, die Gemeinden vor Aufsichtsmaßnahmen zu schützen,[386] mehr aber noch, in dem Sinne eines gemeindefreundlichen Verhaltens zu helfen, ist die Beratung. Sie beruht oft auch Gegenseitigkeit, weil auch der Staat Informationen benötigt, die ihnen nur die Gemeinden geben können.[387]

b) *Die Mittel repressiver Aufsicht*

(1) Die Basis jeder Aufsichtstätigkeit ist eine hinreichende Information. § 137 HGO stellt daher zurecht an die Spitze der Mittel repressiver Aufsicht das **Unterrichtungsrecht** der Aufsichtsbehörde. Die Formen dieses Rechts sind so vielfältig in der Vorschrift aufgeführt, daß sich schwerlich noch andere erdenken lassen.[388] Entgegen der unbeschränkten Formulierung bedeutet das Unterrichtungsrecht jedoch nicht, daß die Aufsichtsbehörde ohne Anlaß das Recht hätte, z. B. Akten einzusehen. Vielmehr gehört das Unterrichtungsrecht, obwohl Basis jeder Aufsicht, zugleich zu den Mitteln der Aufsicht, steht also im Ermessen der Aufsichtsbehörde und kann nur nach den Maßstäben des § 135 HGO angewandt werden, also nur, wenn zumindest Anlaß besteht, die Rechtmäßigkeit gemeindlichen Verhaltens zu bezweifeln. Diese Zweifel können von internen Informationen aus der Gemeinde ebenso stammen wie aus der Presse oder von privaten Dritten. Es reicht aber schon aus, wenn nach einer aufgedeckten Praxis bei anderen Gemeinden der Verdacht besteht, daß es sich um ein allgemeines Verhalten der Gemeinden handelt. Macht die Aufsichtsbehörde von ihrem Teilnahmerecht an Sitzungen nach § 137 Satz 2 HGO Gebrauch, so hat sie ein Äußerungs- und ein Fragerecht. Kommt die Gemeinde der entsprechenden Äußerungspflicht nicht nach, kann in gravierenden Fällen von den Mitteln der Bestellung eines Beauftragten nach § 141 HGO Gebrauch gemacht werden. Das Verlangen zur Einberufung eines Organs kann über die Anweisung nach § 139 HGO im Konflikt durch Ersatzvornahme der Ladung nach § 140 HGO durchgesetzt werden. Auskunftsverpflichtet ist die Gemeinde als solche; regelmäßig ist der Gemeindevorstand zur Erfüllung des Auskunftsbegehren zuständig (§ 66 I Nr. 1 HGO). Da sich ein Auskunftsersuchen, wie § 137 Satz 2 HGO zeigt, jedoch auch auf Aktivitäten der Gemeindevertretung beziehen kann, richtet sich die Person des Ver-

---

[386] Eine ausführliche Darstellung einzelner Formen der Beratung findet sich bei *E. Schmidt*, Kommunalaufsicht, S. 163 ff., z.T. mit empirischen Daten. Die Notwendigkeit, die Beratung als kommunalaufsichtliches Mittel zu begreifen, wie es BVerfGE 58, 177, 195 in einem freilich sehr speziellen Kontext tut, vermag ich nicht einzusehen. Bestenfalls handelt es sich mit *E. Schmidt* (aaO, S. 167/168) um ein ausschließlich terminologisches Problem.
[387] Ein Forum kann für die regelmäßige Dienstversammlung sein, zu der der Landrat nach § 55 IV HKO die Bürgermeister seines Kreises einzuladen hat.
[388] Auch die Fassung von § 137 HGO spricht gegen eine nur beispielhafte Aufzählung; so aber *G. Schneider/W. Jordan*, HGO, § 137 Anm. 1.

pflichteten nach dem jeweiligen Auskunftsbegehren.[389] Der Bürgermeister kann nach § 70 II HGO die Beantwortung eines Ersuchens in die Kompetenz des Gemeindevorstandes als solchen ziehen. Im übrigen bleibt es bei der Zuständigkeit eines jeden Dezernenten für seinen Bereich.[390]

(2) Das klassische Mittel der repressiven Aufsicht ist die **Beanstandung** (§ 138 HGO). Sie richtet sich gegen ein aktives Tun der Gemeinde.[391] Anders als in anderen Gemeindeordnungen versteht die HGO unter Beanstandung nicht das Verlangen, die Gemeinde solle einen von der Aufsichtsbehörde für rechtswidrig gehaltenen Beschluß aufheben, sondern ausdrücklich nur die Aufhebung durch die Aufsichtsbehörde. Unter Berufung auf die Verhältnismäßigkeit der Mittel halten G. Schneider/W. Jordan[392] dennoch das bloße Verlangen für zulässig. Das Prinzip der Verhältnismäßigkeit ist jedoch nicht kompetenzerweiternd. Das bloße Verlangen ist zudem keineswegs das »mildere Mittel«. Vielmehr kann es in der Hand der Aufsichtsbehörde, die sich viel weniger weit vorwagen muß als bei der Aufhebung, zu einem eleganteren und darum für die Gemeinde gefährlicheren Mittel des Drucks führen, weil sich mit einem Verlangen z. B. geschickt innergemeindliche Gegensätze nutzen lassen.[393] Die Formulierung »Beschlüsse und Anordnungen« als alleiniger Gegenstand des Aufhebungsrechts verbietet es, auch Akte des Außenrechts einzubeziehen.[394] Es erscheint auch inkonsequent, da § 138 HGO zusätzlich zur Aufhebung die Möglichkeit eröffnet, die Rückabwicklung von Maßnahmen aufgrund »derartiger Beschlüsse« zu verlangen.[395] § 138 HGO trennt also von sich aus schon zwischen den internen Beschlüssen und Anordnungen und ihrer möglichen Verwirklichung durch Schaffung von Außenrecht. Die Aufsichtsbehörde kann es

---

389 G. *Schneider/R. Manz*, (aaO) halten nur den Gemeindevorstand für berechtigt, die Verpflichtung aus einem Auskunftsersuchen zu erfüllen.
390 § 66 I Nr. 1 HGO meint nur die Ebene des Vorstandes; ob der Vorstand oder ein anderes Mitglied zuständig ist, ergibt sich aus § 70 HGO (s. auch in u. zu FN 258 u. FN 283).
391 Darunter fällt, wie der VGH zurecht entschieden hat, nicht schon die Verweigerung eines Tuns, z.B. die rechtswidrige Ablehnung eines Einvernehmens nach § 36 BauGB (HStGZ 1982, 73 ff.). Dasselbe muß für die Weigerung des Vorsitzenden einer Gemeindevertretung gelten, einen Antrag auf die Tagesordnung zu setzen. Zu den in § 138 HGO genannten »Beschlüssen« gehören auch die Wahlen nach § 55 HGO (VGH U.v. 9.7.1986; HessVGRspr. 1986, 84 f.), nicht aber – wegen der Spezialregelung in § 27 Nr. 3 KWG – Entscheidungen über Wahleinsprüche nach dem KWG.
392 AaO, §§ 138 bis 140 Anm. 2. Zudem war dem hessischen Gesetzgeber bekannt, daß normalerweise im Gemeinderecht dem Beanstandungsrecht ausdrücklich auch das Anweisungsrecht beigefügt wird.
393 Das schließt selbstverständlich nicht aus, daß die Aufsichtsbehörde im Wege der Beratung formlose Hinweise auf ihre Rechtsauffassung gibt, wie es nach *E. Schmidt*, Kommunalaufsicht, S. 202, in Hessen durchweg üblich ist. Dabei handelt es sich aber nicht um ein Mittel des § 138 HGO.
394 So aber G. *Schneider/W. Jordan*, HGO, §§ 138 bis 140 Anm. 1, die präzise den Begriff der Anordnung bestimmen, sich aber von ihm lösen wollen. Diese Ausweitung wäre auch rechtspolitisch schwer erträglich, weil die Aufhebungskompetenz in § 138 HGO inhaltlich nicht beschränkt ist, also bei Verwaltungsakten z.B. mit den Restriktionen von § 48 HVwVfG konkurrierte und als Spezialregel vorginge. Zu einem nw-Fall, in dem es um die Beanstandung von Rechtsbeschlüssen zum Abschluß eines Vertrages ging, den die Aufsichtsbehörde vorher schon genehmigt hatte, s. OVG nw (U.v. 6.5.1986) in HStGZ 1986, 406 ff.
395 Wegen der funktionalen Parallelität zur Anweisung wird man bei einer Weigerung der Gemeinde der Aufsichtsbehörde das Recht zugestehen müssen, nach § 140 HGO vorzugehen.

aber auch bei der Aufhebung des Beschlusses oder der Anordnung belassen. Ist nach dem Außenrecht, z.b. nach § 48 HVwVfG, die Rücknahme eines rechtswidrigen Verwaltungsaktes nicht mehr zulässig, so endet die Möglichkeit der Aufsicht. Der Begriff der Anordnung macht im übrigen klar, daß auch Maßnahmen einzelner Mitglieder der in § 138 HGO genannten Gremien der Aufhebung unterliegen sollen. Das kann z.b. für Einzelentscheidungen eines Beigeordneten nach § 70 II HGO oder bei Beanstandungen durch den Bürgermeister nach § 74 HGO aktuell werden. Das Beanstandungsrecht erlischt sechs Monate nach Beschlußfassung.

(3) Das Aufsichtsmittel gegenüber Untätigkeit der Gemeinde ist die **Anweisung** nach § 139 HGO; deren Durchsetzung im Weigerungsfalle erfolgt durch die Ersatzvornahme nach § 140 HGO. Untätigkeit liegt auch vor, wenn die Gemeinde sie zuvor durch eine Ablehnung nach außen dokumentiert hat.[396] Die Anweisung kann sich nur auf eine »gesetzliche« Verpflichtung der Gemeinde stützen. Darunter fällt jede durch eine Norm, gleich welcher Stufe, also auch durch eine gemeindliche Satzung, begründete Verpflichtung. Nachdem Verwaltungsakt und öffentlich-rechtlicher Vertrag durch das HVwVfG gesetzlich geregelt sind, stellt sich die Frage, ob auch Verpflichtungen aus diesen Handlungsformen, z. B. aus einer Zusicherung nach § 38 HVwVfG, »gesetzliche« Verpflichtungen sind, weil die Rechtsfolgen aus einer Zusicherung im HVwVfG festgelegt sind. Primärer Geltungsgrund bleibt aber in beiden Fällen der Rechtsbindungswille der Gemeinde. Eine solche Selbstbindung ist durch Anweisung aber nicht durchsetzbar; es besteht auch kein Bedürfnis, weil der Begünstigte einen Rechtsanspruch gerichtlich durchsetzen kann.[397] Mit Recht verlangen G. Schneider/W. Jordan eine »konkret ausgestaltete Handlungspflicht«; allgemeine gesetzliche Handlungsanweisungen reichen nicht aus.[398] Eine Ausschlußfrist für das Einschreiten der Aufsichtsbehörde kennt das Gesetz nicht.

(4) Folgt die Gemeinde einer Anweisung innerhalb der nach § 139 HGO zu setzenden Frist nicht, so unterliegt sie dem Aufsichtsmittel der **Ersatzvornahme** nach § 140 HGO, die bedeutet, daß die Aufsichtsbehörde »das Erforderliche anordnen«, also alle Beschlüsse für die Gemeinde oder einzelne Organe fassen kann, die zur Erfüllung der gesetzlichen Verpflichtung notwendig sind, und diese auch selbst durchführen oder durch Dritte[399] durchführen lassen kann, und zwar auf Kosten der Gemeinde. Eine vorherige Androhung verlangt das Gesetz nicht, ein entsprechender

---

396 Siehe auch FN 391 und die dort angegebene Entscheidung des VGH.
397 Es obliegt allein ihm, zu entscheiden, ob er es tun will.
398 AaO, §§ 138 bis 140 HGO, Anm. 4 mit beispielhaftem Verweis auf § 1 I 2 und § 19 I HGO. Darunter fallen nach der Systematik des Aufsichtsrechts auch Korrekturverlangen der Aufsichtsbehörde nach § 138 letzter Halbsatz HGO. Das VG Darmstadt (HStGZ 1985, 396) hat eine an die Gemeinde gerichtete und als Konkretisierung einer allgemeinen gesetzlichen Verpflichtung angesehene Verfügung der oberen Wasserbehörde für eine Anweisung nach § 139 HGO ausreichen lassen.
399 Innergemeindliche Rechtsakte muß die Aufsichtsbehörde selbst erlassen.

Hinweis ist aber empfehlenswert.[400] Die Aufsichtsbehörde wird bei der Ersatzvornahme an Stelle der Gemeinde, also des jeweils zuständigen Organs tätig, und hat sich dabei den Formvorschriften für die entsprechende gemeindliche Tätigkeit wie allen anderen Bindungen, denen die Gemeinde unterliegt, zu unterwerfen. Die Anordnung gilt gegenüber allen Dritten als eine solche der Gemeinde, gegenüber der Gemeinde selbst zusätzlich als staatliche Maßnahme. Daran ändert sich auch nichts, wenn die Aufsichtsbehörde ihre Kompetenz bei der Ersatzvornahme überschreitet.

(5) Das schärfste der allgemeinen Mittel repressiver Aufsicht ist die **Bestellung eines Beauftragten** nach § 141 HGO. Es setzt nicht nur einen hinreichend gravierenden Anlaß, eine nachhaltige Störung des ordnungsgemäßen Ganges der Verwaltung der Gemeinde voraus, sondern auch, daß die bisher behandelten Aufsichtsmittel, Unterrichtung, Beanstandung, Anweisung und Ersatzvornahme nicht ausreichen. Außerdem ist das Mittel im Sonderfall des § 141 a HGO ausgeschlossen. Wegen der Schwere des Eingriffs ist nach § 141 HGO die obere Aufsichtsbehörde zuständig.[401] Der Beauftragte handelt an Stelle gemeindlicher Organe oder Organteile. Wegen der Balance der HGO zwischen Gemeindevertretung und Gemeindevorstand ist es unzulässig, für beide Organe zusammen nur einen Beauftragten zu bestellen. Der Beauftragte steht als solcher in keinem Dienst- oder Amtsverhältnis zur Gemeinde. § 141 Satz 2 HGO bestimmt ausdrücklich, daß er in einem öffentlich-rechtlichen Amtsverhältnis[402] steht.

(6) Die **Auflösung der Gemeindevertretung** nach § 141 a I HGO obliegt der Aufsichtsbehörde, weil sie an tatbestandlich genau fixierte Voraussetzungen, nämlich an eine dauernde Beschlußunfähigkeit der Gemeindevertretung, geknüpft ist. Dagegen ist bei der Auflösung nach § 141 a II HGO, die eine nicht durch Beschlußunfähigkeit verursachte Funktionsunfähigkeit voraussetzt, die obere Aufsichtsbehörde zuständig, weil es sich um schwierige Abwägungsfragen handelt, insbesondere auch darum, ob eine Ersatzvornahme nach § 140 HGO, für die grundsätzlich ebenfalls die obere Aufsichtsbehörde zuständig ist, nicht ausreicht. Nach Auflösung ist eine Nachwahl anzuberaumen, die wegen der entsprechenden Anwendung der Regeln über die Wiederholungswahl (§ 32 IV KWG) nur für den Rest der Wahlperiode stattfindet.

---

400 Eine Rechtspflicht, wie *G. Schneider/W. Jordan*, aaO, Anm. 6, mit Bezug auf *F. E. Schnapp*, Die Ersatzvornahme in der Kommunalaufsicht, Herford 1972, S. 71, annehmen, besteht nicht, wird auch von *H.u.D. Schlempp*, HGO, § 140 Anm. II nicht behauptet. *Schnapp* überträgt unzulässigerweise Rechtspositionen aus dem Staat-Bürger-Verhältnis. Eine Androhung im Rechtssinne wäre ein Verwaltungsakt mit der Möglichkeit, die Durchsetzung zu verzögern; es ist anzunehmen, daß die HGO dies bewußt nicht gewollt hat. Der – angebrachte – Hinweis auf eine bevorstehende Ersatzvornahme ist dagegen ohne Regelungsgehalt. Eine Anwendung von § 69 I Nr. 1 HVwVG scheitert schon daran, daß die §§ 135 ff. HGO ein eigenständiges System auch der Durchsetzung kommunalaufsichtlicher Maßnahmen darstellen.
401 Der Minister des Innern kann die Funktion auf die Aufsichtsbehörde übertragen (§ 141 S. 3 HGO).
402 Und zwar zum Lande, weil nur dieses das Verhältnis begründet.

3. Die präventive Aufsicht

Die präventive Aufsicht richtet sich vorbeugend gegen eine mögliche rechtswidrige Tätigkeit der Gemeinde. Das Mittel präventiver Aufsicht ist die **Genehmigung**. Außerordentlich umstritten ist, ob und wann staatliche Genehmigungsrechte nicht (nur) aufsichtsrechtliche Funktion haben, sondern dem Staat eine Vetoposition einräumen, die er aus eigenen (verwaltungs-)politischen Absichten realisieren kann. Dabei wird oft übersehen, daß Art. 137 I 1 HV den Gemeinden die »eigene Verantwortung« für die gesamte öffentliche Verwaltung garantiert. Die nur indirekt aus Art. 137 III HV schließbare gesetzliche Einschränkbarkeit dieser Eigenverantwortung[403] verlangt, daß der Gesetzgeber bei der Regelung von Genehmigungsvorbehalten klarstellen muß, ob er dem Staat ein politisches Mitspracherecht zubilligen will. Genehmigungen, die nach Erlaß der HV gesetzlich fixiert sind und keinen ausdrücklichen[404] Vorbehalt für staatliche Zweckmäßigkeitserwägungen enthalten, gewähren nur präventive Aufsichtsrechte und erlauben daher nur eine bloße Rechtskontrolle. Bei vorkonstitutionellen Genehmigungsvorbehalten kann sich aus dem Kontext ergeben, daß der Gesetzgeber an ein staatliches Einflußrecht gedacht hat, das über die Rechtmäßigkeitskontrolle hinausgehen sollte. Aber auch dort wird man im Zweifel einen bloßen aufsichtsrechtlichen Charakter der Genehmigung annehmen müssen. Im übrigen ist nicht zu verkennen, daß auch die Rechtskontrolle nahe an eine Zweckmäßigkeitskontrolle heranrücken kann. Der Gesetzgeber hat dies dadurch in der Hand, daß er die Maßstäbe für die Rechtmäßigkeitskontrolle vage formuliert.[405] § 143 HGO regelt – nicht unwichtige – Formalia wie Schriftlichkeit, Wirksamkeit, Beginn, Fiktion der Genehmigung nach ungenutztem Fristablauf und in Abs. 2 die Möglichkeit der Befreiung vom Genehmigungszwang.

4. Die Behörden der Aufsicht

Die §§ 135 ff. HGO regeln ausschließlich die auf die Rechtskontrolle beschränkte Kommunalaufsicht. Die Zuständigkeit für die Fachaufsicht bei Weisungsangelegenheiten ist grundsätzlich in den Gesetzen geregelt, die die Fachaufsicht anordnen.[406] Nur wenn eine solche Bestimmung fehlt, kann subsidiär zur Bestimmung der zu-

---

403 Siehe oben in u. zu FN 75. *F. v. Zezschwitz*, aaO, Art. 137 Erl. VII 5 e (S. 68) reduziert die gesetzliche Einschränkbarkeit bei Selbstverwaltungsangelegenheiten auf solche mit irgendeinem überörtlichen Bezug.
404 Ausnahmsweise kann sich auch aus dem Kontext eine entsprechende Annahme zwingend ergeben.
405 Ein typisches Beispiel bildet die Genehmigung für Flächennutzungspläne nach §§ 6 II, 1 IV – VI BauGB, aber auch die Gesamtgenehmigung für die Kreditaufnahme nach § 103 II HGO; s. dazu auch oben sub VIII 3.
406 Siehe FN 385; s. weiter § 61 HBO. Dem VGH (B.v. 28.11.1988; ESVGH 39, 99 ff.) ist insoweit nicht zu folgen, als er aus der in § 135 HGO geregelten Weisungsbefolgungskontrolle i.V.m. § 4 HGO schließt, auch die Fachaufsicht sei in §§ 135 ff. HGO geregelt. Es jedoch lediglich der Ansatzpunkt für das Einschreiten der Kommunalaufsicht in fachaufsichtlichen Angelegenheiten geregelt. Auch über §§ 68, 73 VwGO vermag die Kommunalaufsicht keine Zweckmäßigkeitsentscheidung zu treffen.

ständigen Fachaufsichtsbehörde auf § 136 HGO zurückgegriffen werden. Die Behörde der Fachaufsicht ist zugleich nächsthöhere Behörde im Sinne des § 73 I 2 Nr. 1 VwGO. Die repressiven Aufsichtsmittel der §§ 138 bis 141 a HGO fallen in die ausschließliche Zuständigkeit der Kommunalaufsichtsbehörde (§ 145 S. 2 HGO). Die Fachaufsichtsbehörden haben notfalls um ein solches Einschreiten zu ersuchen.[407]
Zuständig für die Bestellung eines Beauftragten nach § 141 HGO und für die Auflösung einer Gemeindevertretung nach § 141 a II HGO ist die obere Aufsichtsbehörde, für die übrigen Aufsichtsmaßnahmen einschließlich der Erlaubnis zur Unterrichtung für andere Behörden (§ 145 HGO) die Aufsichtsbehörde, die in der Verwaltungspraxis auch untere Aufsichtsbehörde genannt wird. Die jeweils höhere Aufsichtsbehörde kann über ihr Direktionsrecht die Entscheidungen der unterstellten Aufsichtsbehörden steuern und hat nach § 141 b HGO im Weigerungsfalle ein Selbsteintrittsrecht. Von sich aus kann sie eine Aufsichtsmaßnahme also nicht an Stelle der instanziell zuständigen Aufsichtsbehörde treffen. Oberste Aufsichtsbehörde ist der Minister[408] des Innern für alle hessischen Gemeinden (§ 136 IV HGO). Obere Aufsichtsbehörde ist der Regierungspräsident (§ 136 II 1 HGO), bei Gemeinden über 50.000 Einwohner der Minister des Innern (§ 136 II HGO). Aufsichtsbehörde ist grundsätzlich der Landrat als staatliche Verwaltungsbehörde (§ 136 II 1 HGO, § 55 II HKO), für Gemeinden über 50.000 Einwohner jedoch der Regierungspräsident (§ 136 II HGO)[409] und für die Städte Wiesbaden und Frankfurt der Minister des Innern (§ 136 I HGO). Im übrigen sind in § 136 II 2 HGO die Möglichkeit einer Delegation und in § 136 V HGO Sonderfälle geregelt, die eine Abweichung vom Schema verlangen.

5. Die Rechtsnatur der Aufsichtsmaßnahmen und der Rechtsschutz

Jede an die Gemeinde gerichtete Anordnung einer Aufsichtsmaßnahme, also die Aufforderung zur Auskunft nach § 137 HGO, die Beanstandung genannte Aufhebung nach § 138 HGO, die Anweisung nach § 139 HGO und die Bestellung eines Beauftragten nach § 141 HGO, ist ein Verwaltungsakt.[410] Alle Maßnahmen erfüllen

---

407 Siehe einen instruktiven Fall im B. des VGH v. 18.1.1988 (HessVGRspr. 1988, 65 ff.), in dem der Senat zwar offen läßt, aber dazu neigt, daß die Kommunalaufsicht die Rechtmäßigkeit einer von ihm durchzusetzenden fachaufsichtlichen Weisung zu prüfen habe.
408 In der neueren Gesetzessprache wird die Behörde als solche bezeichnet, nicht der jeweilige Behördenchef als pars pro toto. Die neueren Gesetze sprechen also vom Ministerium statt vom Minister und vom Regierungspräsidium statt vom Regierungspräsidenten.
409 Für diese Sonderstatus-Städte (s. zu und in FN 89 u. 90) ist das Regierungspräsidium Widerspruchsbehörde in allen Weisungsangelegenheiten (s. z.B. § 83 I Nr.1 HSOG u. eingehender *W. Albracht u. H. Naujocks*, Die Bestimmung der zuständigen Widerspruchsbehörde, VR 1985, 373, 375).
410 So auch ESVGH 38, 250. Dies wird bestätigt durch § 142 HGO, folgt aber nicht aus dieser Norm, da der Landesgesetzgeber nicht in der Lage ist, aus eigenem Recht eine Anfechtungsklage zu eröffnen. Am ehesten Bedenken gegen den Verwaltungsakts-Charakter bestehen bei der Aufforderung zur Auskunft; durch sie aktualisiert die Aufsichtsbehörde aber ein potentiell bestehendes Recht, so daß eine Regelung vorliegt.

nämlich die Voraussetzungen, die § 35 HVwVfG an einen Verwaltungsakt stellt; vor allem liegt im Gegensatz zu den Weisungen innerhalb eines Weisungsverhältnisses,[411] eine intendierte Außenwirkung vor. Staat und Gemeinde stehen sich nämlich als selbständige Rechtsträger gegenüber, und die Gemeinde begibt sich auch nicht bei rechtswidrigem Handeln außerhalb ihrer unabhängigen Rechtsposition. Schwieriger ist dagegen die Einordnung der »Anordnungen«, die bei der Ersatzvornahme die Aufsichtsbehörde und bei Beauftragung der Beauftragte mit Wirkung für die Gemeinde und an ihrer Stelle vornehmen. Da der rechtliche Sinn dieser Akte im Verhältnis zwischen Staat und Gemeinde darin besteht, daß diese sie sich als eigene zurechnen lassen muß, diese Zurechnung aber nicht kraft Regelung durch die Aufsichtsbehörde, sondern kraft Gesetzes eintritt, fehlt es an einer Regelung gegenüber der Gemeinde. Andererseits bleibt der Beauftragte[412] der verlängerte Arm der Staatsaufsicht und den Weisungen der Aufsichtsbehörden unterworfen. Handelt er rechtswidrig, so verletzt das Land die Gemeinde in ihrem Selbstverwaltungsrecht, da es die Kompetenz zu aufsichtlichem Eingriff überschreitet. Die Gemeinde kann daher, da der Verwaltungsrechtsweg für solche Klagen nach § 40 I VwGO eröffnet ist, gegen das Land im Wege der Leistungsklage auf Rücknahme der Anordnung klagen. Für alle innergemeindlichen Anordnungen wirft das regelmäßig keine Schwierigkeiten auf. Handelt der Beauftragte dagegen als Außenvertretungsorgan, erläßt er also einen rechtswidrigen Verwaltungsakt, so hängt es allein vom Außenrecht ab, ob er zurückgenommen werden kann. Ist dies nicht mehr möglich, wird man eine Feststellungsklage für zulässig halten müssen, und sei sie nur die Basis eines Amtshaftungsprozesses. § 142 HGO hat mangels Kompetenz des Landesgesetzgebers keine konstitutive Wirkung. Bei Anfechtungsklagen ist grundsätzlich nach § 68 I VwGO ein Widerspruchsverfahren einzuhalten, ohne daß es – beim Tätigwerden des Landrats – einer Anhörung nach § 6 AGVwGO bedürfte (§ 6 V AGVwGO). Adressat der Aufsichtsmaßnahme ist nach dem HessVGH[413] die Gemeinde als solche, auch wenn eine Maßnahme z.B. der Gemeindevertretung beanstandet wird. Danach ist z. B. die Gemeindevertretung weder beteiligtenfähig noch klagebefugt.

---

411 Siehe oben FN 385 und *H. Meyer*, Meyer/Borgs, VwVfG (s. FN 128), § 35 RN 48 ff.
412 Oder bei der selbst vorgenommenen Ersatzvornahme die Aufsichtsbehörde.
413 Urteil vom 14. 5. 1985 (II OE 63/82), HStGZ 1985, 431. Die Weigerung des Gerichts, die Organdifferenzierung innerhalb der juristischen Person Gemeinde für Aufsichtsklagen anzuerkennen, kann angesichts der Widerspruchsfrist des § 70 VwGO zu Schwierigkeiten führen, wenn die Frage zwischen Vertretung und Vorstand kontrovers ist. Über eine Klage hat intern das Organ zu beschließen, dessen Maßnahme von der Aufsichtsbehörde beanstandet worden ist. Den Klagebeschluß führt nach § 71 HGO der Vorstand aus.

X. Gemeindeverbände und andere Formen gemeindlicher Zusammenarbeit

1. Der Landkreis

a) *Stellung, Funktion und Aufgabenbereich*

Der Landkreis ist nach § 1 I Hessische Landkreisordnung (HKO)[414] sowohl Gebietskörperschaft als auch Gemeindeverband. Der Verbandscharakter ist jedoch nur noch rudimentär vorhanden: Anklänge finden sich in der Umlagenkompetenz nach § 53 II HKO,[415] in der Zusammenarbeits- und Anhörungspflicht nach § 20 HKO sowie in dem Sprachgebrauch der »kreisangehörigen« Gemeinden. Es dominiert der Charakter der **Gebietskörperschaft**: Wahl des Kreistags durch die »Kreisangehörigen«,[416] keine Mitbestimmung der kreisangehörigen Gemeinden bei der Willensbildung des Landkreises und die auf das Kreisgebiet bezogene und beschränkte Gebietshoheit. Die Funktion des Landkreises besteht zum einen darin, gemeindeüberschreitende Aufgaben ohne staatlichen Charakter in kommunaler, demokratisch organisierter Trägerschaft zu halten, gemeindliche Tätigkeit zu fördern und wo notwendig ausgleichend zwischen den Gemeinden tätig zu werden (§ 2 HKO),[417] und zum anderen darin, Basis für die staatliche Verwaltung zu sein: der Landkreis bildet nach § 1 II HKO »zugleich den Bezirk der unteren Behörde der allgemeinen Landesverwaltung«. In ihrer ersten Funktion genießen die Landkreise den gegenüber den Gemeinden allerdings reduzierten Schutz des Art. 28 I und II GG sowie des Art. 137 HV.[418] Insbesondere ist ihnen kein originärer Aufgabenbereich zugewiesen, vielmehr obliegt dessen Festlegung nach beiden Verfassungen der gesetzlichen Regelung. Im übrigen entspricht der verfassungsrechtliche Schutz dem der Gemeinden. Die Finanzgarantien des Grundgesetzes sind deutlich geringer, die der Landesverfassung sind dagegen für Gemeinden und Landkreise identisch.[419] Da nach § 53 I HKO die Landkreise Steuern nur aufgrund eines Gesetzes erheben können, also kein eigenes Steuererfindungsrecht besitzen, sind sie nach § 8 KAG auf die Möglichkeit einer Jagd-, Fischerei- und Gaststättenerlaubnissteuer beschränkt. Im übrigen sind sie auf Gebühren und Beiträge nach dem KAG sowie auf die zunehmend wichtiger gewor-

---

414 In der Fassung v. 1.4.1993 (s. oben sub IV). Siehe generell *E. Schmidt-Aßmann*, Perspektiven der Selbstverwaltung der Landkreise, DVBl. 1996, 533 ff.
415 Zu deren Ausübung verpflichtet § 37 I FAG die Landkreise, falls Eigeneinnahmen und Zuweisungen nach dem FAG nicht ausreichen, was grundsätzlich der Fall sein wird.
416 Es gibt also eine unmittelbare, nicht durch die Gemeinde vermittelte Kreisangehörigkeit der Einwohner.
417 Siehe zur Problematik *F. Schoch*, Aufgaben und Funktionen der Landkreise, DVBl. 1995, 1047, 1051.
418 Siehe oben II 1 b u. 2 b.
419 Siehe generell *F. Kirchhof*, Das Finanzsystem der Landkreise, DVBl. 1995, 1057 ff.

dene Umlage[420] nach § 53 II HKO verwiesen.[421] Ob dies mit der Gewährleistung des Art. 137 V 2 HV[422] noch vereinbar ist, darf bezweifelt werden. Besondere Schwierigkeiten machen regelmäßig die Abgrenzungen zwischen gemeindlicher und kreislicher Zuständigkeit. Die mit der Subsidiaritätsklausel des § 2 I 1 HKO (öffentliche Aufgaben, die über die Leistungsfähigkeit der kreisangehörigen Gemeinden hinausgehen) aufgeworfene Frage, ob dabei auf die konkrete Leistungsfähigkeit einzelner bestimmter Gemeinden oder auf die Aufgaben abzustellen ist, die generell die gemeindliche Ebene im Kreis überfordern, ist grundsätzlich im zweiten Sinne zu beantworten.[423] Korrigierend tritt die Maßgabe des § 2 I 3 HKO hinzu, wonach die Landkreise sich »auf diejenigen Aufgaben beschränken« sollen, »die der einheitlichen Versorgung und Betreuung der Bevölkerung des ganzen Landkreises oder eines größeren Teils des Landkreises dienen«. Zur Funktion des Landkreises für die staatliche Verwaltung siehe unter c).

b) *Die Organisation des Landkreises*

Die innere Organisation des Landkreises weist gegenüber der der Gemeinden keine markante Abweichung auf. Für eine Reihe von Bereichen kann die HKO daher auf die Vorschriften der HGO verweisen. Der volksgewählte Kreistag ist das oberste Organ (§ 8 HKO); er ist prinzipiell allzuständig (§ 29 I HKO) und überwacht die gesamte Kreisverwaltung (§ 29 II HKO). Der dem Gemeindevorstand in Zusammensetzung und Funktion entsprechende Kreisausschuß ist die Verwaltungsbehörde des Landkreises (§ 41 S. 1 HKO) und Außenvertretungsorgan (§ 45 I HKO). Der wie die Bürgermeister direkt gewählte Landrat ist sein Vorsitzender (§ 36 I 1 HKO). Der Landkreis hat nach § 3 Satz 1 HBG Dienstherreneigenschaft. Was die Wirtschaftsführung und die Staatsaufsicht angeht, so gelten die Vorschriften der HGO entsprechend (§§ 52 I, 54 I HKO); Aufsichtsbehörde ist der Regierungspräsident, obere Aufsichtsbehörde der Minister des Innern, der zugleich die Funktion der obersten Aufsichtsbehörde wahrnimmt.

---

420 Der VGH (B.v. 14.1.1991: ESVGH 41, 136 ff.) hat die Umlage mit eingehender Begründung in eine Fülle von Nachweisen zu den öffentlichen Abgaben i. S. des § 80 II Nr. 1 VwGO gerechnet. Soweit der Beschluß sich über eine nach Gemeinden differenzierte Umlage ausläßt, ist ihm durch Wegfall des § 53 III HGO der Boden entzogen. Näheres über die Umlage findet sich jetzt in § 37 FAG. Zu einer rückwirkend Erhöhung der Umlage nach rh.-pf. Recht s. OVG Rh.-Pf. (U. v. 25.9.1985), DVBl. 1986, 249. Zur Rechtslage in NW s. *H. Lang*, Kommunale Selbstverwaltung und staatliche Genehmigungsvorbehalte – Ist die Neuregelung der Kreisumlage in Nordrhein-Westfalen verfassungsgemäß?, DVBl. 1995, 657. S. auch FN 377.
421 Die Kreditmöglichkeiten dürften zur Zeit bei allen Landkreisen erschöpft sein.
422 Siehe oben zu und in FN 369.
423 So wohl auch *M. Borchmann*, HKO, § 2 Anm. 10. Siehe dazu das Rastede-Urteil des BVerfG (E 79, 127, 151-155) und oben zu und in FN 70-71. – Siehe für den Spezialfall der Übernahme gemeindlicher Einrichtungen § 19 HKO.

c) *Der Landrat als staatliche Verwaltungsbehörde*

Der Landrat ist neben seiner Eigenschaft als Vorsitzender des Kreisausschusses auch staatliche Verwaltungsbehörde (§ 55 I HKO),[424] er hat eine Doppelfunktion, bleibt aber kommunaler Beamter.[425] In seiner Eigenschaft als staatliche Verwaltungsbehörde untersteht er der Aufsicht der staatlichen Verwaltung in der Mittelstufe, grundsätzlich also dem Regierungspräsidenten, bei Spezialverwaltungsangelegenheiten aber der speziellen Verwaltungsbehörde des Landes (§ 55 VI 1 HKO). Eine wichtige Funktion des Landrates als staatliche Verwaltungsbehörde ist die Aufsicht über die kreisangehörigen Gemeinden;[426] die Bedeutung der nach § 55 II HKO ausdrücklich übertragenen Angelegenheiten ist durch die Herausnahme des staatlichen Schulamtes im Jahre 1985 stark gemindert worden. Aus § 59 HKO und den danach ergangenen Verordnungen ergibt sich, welche früher von Landrat oder Landkreis zu erfüllenden staatlichen Aufgaben auf die Gemeinden verlagert wurden und welche den Landkreisen als Weisungsaufgaben übertragen worden sind mit der Folge, daß nicht der Landrat als staatliche Verwaltungsbehörde, sondern der Kreisausschuß zuständig ist. §§ 56 und 57 HKO regeln, in welchem Umfang dem Landrat Landesbedienstete zur Verfügung gestellt werden und inwieweit er Kräfte des Kreises nutzen kann sowie die Fragen der Kostenerstattung.[427] Akte des Landrats als staatliche Verwaltungsbehörde sind dem Land, nicht dem Kreis zuzurechnen, so daß bei einer Klage das Land der richtige Beklagte ist.

2. Der Umlandverband Frankfurt

Der durch Gesetz über den Umlandverband Frankfurt (UmlVerbG)[428] gebildete Umlandverband umfaßt 43 Städte und Gemeinden sowie sechs Landkreise, diese freilich nicht alle vollständig. Er ist aus politischer Vorsicht[429] so geschnitten, daß er nicht die Vorstufe eines Groß-Frankfurt werden kann, da er im Norden über die Taunuskämme hinausgreift und im Südwesten wichtige Industriezentren wie Rüs-

---

424 Da die Landkreise nicht den gesamten Bereich des Landes abdecken, lag es nahe, daß die kreisfreien Städte eine wenigstens teilweise entsprechende Funktion zu übernehmen haben. In § 146 a HGO wird daher der Oberbürgermeister in ähnlicher Weise, wenn auch in beschränkterem Umfang als Behörde der Landesverwaltung in Anspruch genommen.-Siehe auch zu und in FN 80.
425 Es handelt sich um einen klassischen Fall der Organleihe. Siehe FN 80.
426 S. oben sub IX 4.
427 Siehe dazu auch die Bestimmung des § 45 FAG. Durch die Novelle 1992 wurde in § 56 II HKO die Haftungsfreistellung des Landkreises durch das Land eingefügt, weil der BGH (U. v. 15.1.1987; NJW 1987, 2737, 2738) den Landkreis haften läßt, wenn ein Bediensteter des Landkreises in Erfüllung von Aufgaben des Landrats als Behörde der Landesverwaltung eine Amtspflichtverletzung begangen hat.
428 Vom 11. 9. 1974 (GVBl. I 427); s. oben IV.
429 Schon bei der kommunalen Territorialreform ist die Stadt Frankfurt anders als die meisten anderen Großstädte in der Bundesrepublik nicht großzügig arrondiert worden; sie ist mit unter 700.000 Einwohnern die kleinste der Großstädte. Das wirtschaftliche wie das politische Gewicht schien in Hessen schon so groß, daß man glaubte, restriktiv verfahren zu müssen.

selsheim nicht einbezieht. Er ist ein Gemeindeverband besonderer Art, der sich von Zweckverbänden insbesondere durch die Direktwahl der Mitglieder seines Parlaments, des Verbandstags (§ 6 UmlVerbG), und von den Landkreisen durch die stärkere Betonung des verbandlichen Charakters unterscheidet.[430] Letzteres zeigt sich insbesondere bei der anspruchsvollen Grundaufgabe der Aufstellung eines gemeinsamen Flächennutzungsplans[431] für das keineswegs nur das nähere Einzugsgebiet der Stadt Frankfurt umfassende Verbandsgebiet; für diese Aufgabe ist eine eigene Gemeindekammer vorgesehen (§ 12 UmlVerbG), dem je ein Vertreter der 56 beteiligten kreisfreien Städte, kreisangehörigen Städte, Gemeinden und Landkreise angehört. Für den übrigen Bereich und damit in erster Linie für seine Kompetenzen im Bereich der Abfallwirtschaft nach § 1 II 2 HAbfAG ist der Verband nach dem Vorbild eines Landkreises organisiert. Stärker noch als dieser ist er auf eine Finanzierung durch Umlagen angewiesen (§ 15 UmlVerbG). Der Verband ist Körperschaft des öffentlichen Rechts, hat Dienstherreneigenschaft (§ 1 UmlVerbG) und eine hauptamtliche Verwaltungsspitze im Verbandsausschuß (§ 9 UmlVerbG).[432] Im übrigen entspricht die Verteilung der Kompetenzen zwischen Verbandstag und Verbandsausschuß der kreislichen Kompetenzverteilung zwischen Kreistag und Kreisausschuß. Die Aufgaben des Verbandes sind im einzelnen in § 2 UmlVerbG aufgeführt[433] und erschöpfen sich teilweise in einer Abstimmungs- oder Mitwirkungsbefugnis, teilweise hat der Verband aber selbständig zu erledigende Aufgaben. Im Rahmen der Hauptaufgabe, »die geordnete Entwicklung des Verbandsgebietes« zu »koordinieren und fördern«, kann der Verbandstag dem Verband mit der Mehrheit seiner gesetzlichen Mitglieder und Genehmigung der Aufsichtsbehörde weitere Aufgaben übertragen. Nach § 3 III UmlVerbG sind die Verbandsmitglieder sogar verpflichtet, »alle zur Durchführung der Aufgaben vorhandenen Einrichtungen einschließlich der mit diesen verbundenen Grundstücke, Rechte und Pflichten in den Verband einzubringen« sowie auf Verlangen des Verbandes die Vorkaufsrechte nach dem Baugesetzbuch zugunsten des Verbandes auszuüben (§ 4 UmlVerbG). Ein Problem des Verbandes, dessen Existenz nur zögerlich von allen politischen Kräften akzeptiert wird, besteht in dem politischen Gewicht, das der Stadt Frankfurt

---

430 Da sich der Umlandverband im Prinzip nicht von den Landkreisen unterscheidet (unmittelbare demokratische Legitimation und Gebietshoheit für seine Aufgaben), muß er ebenso wie dieser als Gebietskörperschaft angesehen werden, zumal seine Aufgaben insgesamt ein hinreichendes Gewicht haben. Daß der Gesetzgeber dies nicht ausdrücklich gesagt hat, liegt an dem kompromißhaften Verhalten der damaligen Koalitionspartner SPD, die in ihrer Mehrheit nur einen gebietskörperschafts-*ähnlichen* Charakter akzeptieren wollte, und F.D.P., die ihrerseits darauf beharrte, eine Gebietskörperschaft zu schaffen.
431 Das schwierige Unterfangen ist dem Verband gelungen. Bei dem hohen Siedlungsdruck in der Region stellen Änderungswünsche den Verband vor schwierige Probleme.
432 Die Stelle des Verbandsdirektors ist notwendig hauptamtlich zu besetzen, die der Beigeordneten können ehrenamtlich besetzt werden. Statt früher drei gibt es jetzt nur noch einen hauptamtlichen Beigeordneten.
433 Durch die Novellierungen des hessischen Abfallrechts sind dem Umlandverband eine Reihe von Aufgaben auf dem Gebiete der Abfallwirtschaft übertragen worden; bei der durch das Gesetz schon seit 1974 vorgesehenen Übertragung von Einrichtungen in diesem Bereich auf den Verband sind starke Widerstände zu überwinden. Erst in den letzten Jahren sind hier Fortschritte zu verzeichnen.

als dem weitaus größten Verbandsmitglied zukommt. Deren hohe Verschuldung provoziert nicht nur Wünsche nach einem regionalen Finanzausgleich[434], sondern wirft auch die Frage einer Neuorganisation der Region auf.

3. Formen kommunaler Gemeinschaftsarbeit

a) *Notwendigkeit und Bedeutung kommunaler Gemeinschaftsarbeit*

Wie schon die oben angedeutete schwierige Beschreibung der Zuständigkeit der Landkreise gegenüber den Gemeinden zeigt, gibt es »kommunale Aufgaben«, die die Leistungsfähigkeit einzelner Gemeinden übersteigen, aber nicht schon das Gewicht von Kreisaufgaben erreichen. Sollen sie nicht unerfüllt bleiben, so hilft nur die Zusammenarbeit mehrerer Gemeinden zur gemeinsamen Erfüllung. Die kommunale Neuordnung hat zwar versucht, diese Notwendigkeit durch Zusammenschluß von Gemeinden zu mildern, sie aber nicht völlig beseitigen können. Aber nicht nur der Zwang führt zum Bedürfnis nach kommunaler Zusammenarbeit, sondern auch der Vorteil, den eine gemeinschaftliche Erledigung von Aufgaben mit sich bringen kann. Das Gesetz über kommunale Gemeinschaftsarbeit (KGG)[435] hat diesem Bedürfnis durch das Angebot von fünf Formen kommunaler Gemeinschaftsarbeit: kommunale Arbeitsgemeinschaft, Zweckverband, öffentlich-rechtliche Vereinbarung, Gemeindeverwaltungsverband und Verwaltungsgemeinschaft, Rechnung getragen. Es hat dabei ausdrücklich die Möglichkeit, sich zur gemeinsamen Wahrnehmung von Aufgaben der Formen des Privatrechts zu bedienen, offengelassen (§ 2 II KGG), die Beteiligung anderer juristischer Personen bei einigen der Formen in differenzierter Weise erlaubt und zudem dem Staat die Kompetenz eingeräumt, die kommunale Zusammenarbeit[436] aus dringenden Gründen des öffentlichen Wohls zu erzwingen (§§ 13, 29, 34 KGG).[437] Voraussetzung der kommunalen Zusammenarbeit ist in jedem Falle die Zuständigkeit der beteiligten Gemeinden oder Landkreise für die Aufgabe als solche, wenn sie nur für ihr Gebiet zu erfüllen wäre. Die Zuständigkeit des Landkreises läßt sich bei originären Gemeindeaufgaben insbesondere auf dessen Ergänzungsfunktion nach § 2 I HKO stützen. Die Kommunen haben ein aus der Selbstverwaltungsgarantie ableitbares Recht zur Zusammenar-

---

434 Siehe dazu *H.E. Frey*, Überlegungen zur Finanzierung der Rhein-Main-Region, INF.HStT 2/96; s. auch *J. Dieckmann*, Müssen die Umlandgemeinden einen finanziellen Beitrag zur Erhaltung großer Städte leisten? der gemeindehaushalt, 1995, 241 ff.
435 Vom 16. 12. 1969 (GVBl. I S. 307); s. oben IV.
436 Mit Ausnahme der kommunalen Arbeitsgemeinschaft.
437 Bundesrechtlich interessant sind vor allem die §§ 204 und 205 BauGB, die neben einer Zusammenarbeit bei der Flächennutzungsplanung Planungsverbände vorsehen, die auch zwangsweise gebildet werden können. (Siehe auch § 203 BauGB).

beit[438] mit der Folge, daß die Genehmigungsvorbehalte, wie oben[439] gezeigt, Mittel präventiver Staats- und damit Rechtsaufsicht sind. Gegen staatlichen Zwang zur Zusammenarbeit steht den Kommunen der Verwaltungsrechtsweg offen. Kommunale Zusammenarbeit kann zu einer Verselbständigung des jeweiligen Aufgabenbereichs und einer Mediatisierung der Kommunen und insbesondere ihrer Parlamente zugunsten der Verwaltungen führen, die bei der Zusammenarbeit unmittelbar beteiligt sind.

b) *Der Zweckverband*

Die markanteste Form kommunaler Zusammenarbeit ist der in den §§ 5 bis 23 KGG geregelte Zweckverband. Er ist eine mit Selbstverwaltungsrecht ausgestattete Körperschaft des öffentlichen Rechts (§ 6 KGG), dessen Recht sich nach dem KGG, der Verbandssatzung und subsidiär nach dem Recht der Gemeinden richtet (§ 7 II KGG). Die zwischen den beteiligten Kommunen vereinbarte Verbandssatzung hat unter anderem die Aufgabe, die Zuständigkeitsverteilung zwischen den Verbandsorganen, die Art der öffentlichen Bekanntmachung des Verbandes und den Maßstab für die anteilige Finanzierung zu regeln (§ 9 KGG).[440] Organe sind die grundsätzlich allzuständige Verbandsversammlung, in die die Parlamente der beteiligten Kommunen ihre Vertreter entsenden (§ 15 KGG), und der Verbandsvorstand (§ 16 KGG), dessen Aufgabe ehrenamtlich und dann durch eine der Verwaltungsspitzen der beteiligten Kommunen oder – meist bei größeren Verbänden – hauptamtlich wahrgenommen werden. Der Zweckverband hat sogar Dienstherreneigenschaft (§ 17 II KGG). Regelmäßig werden aber die Verwaltungs- und Kassengeschäfte durch die Verwaltung eines der beteiligten Träger übernommen, wie es § 17 III KGG ausdrücklich erlaubt. Die Finanzierung erfolgt zur Hauptsache durch Umlagen (§ 19 KGG); der Zweckverband hat aber auch das Recht, Gebühren und Beiträge zu erheben, wenn sie nach den allgemeinen Regeln für die von ihm übernommene Aufgabe erhoben werden dürfen (§ 20 KGG). Entscheidend für das Verhältnis des Zweckverbandes zu den Bürgern ist, daß mit dessen Entstehung aufgrund der öffentlichen Bekanntmachung der Verbandssatzung (§ 11 KGG) die satzungsmäßig festgelegte Aufgabe von den beteiligten Kommunen befreiend auf den Zweckverband übergeht und dieser zugleich alle Rechte gegenüber Dritten hat, die mit der Aufgabenerfüllung verbunden sind. Der Zweckverband kann also die zur Erfüllung der Aufgabe notwendigen Verwaltungsakte erlassen, öffentlich-rechtliche Verträge abschließen, Anschluß- und Benutzungszwang vorsehen und Satzungen erlassen, falls nicht eine

---

438 BVerfGE 26, 228, 239 für den Bereich des Schulwesens; siehe auch *H. W. Rengeling*, Formen interkommunaler Zusammenarbeit, HdbKWP Bd. 2, S. 394/395; *A. v. Mutius*, Gutachten E zum 53. DJT, aaO, S. 139; a. A. *J. Oebbecke*, Zweckverbandsbildung und Selbstverwaltungsgarantie, Köln etc. 1982, 68 ff. Das Recht ist nicht unbegrenzt; so erlaubt es z. B. nicht die Vergemeinschaftung sämtlicher oder aller wesentlichen Aufgaben einer Gemeinde.
439 Siehe oben sub IX 3.
440 Zur Bindung an die vereinbarte Satzung s. *F. Oppländer/K.-P. Dolde*, Auswirkung veränderter Verhältnisse auf den Zweckverband als Freiverband, DVBl. 1995, 637 ff.

der Befugnisse ausdrücklich ausgeschlossen ist (§ 8 KGG). Klage gegen einen solchen Akt ist daher gegen den Zweckverband selbst zu richten.

c) *Sonstige Formen kommunaler Zusammenarbeit*

Von den übrigen im KGG geregelten Formen kommunaler Zusammenarbeit werden die kommunale Arbeitsgemeinschaft, die öffentlich-rechtliche Vereinbarung und die Verwaltungsgemeinschaft durch öffentlich-rechtlichen Vertrag im Sinne des § 54 HVwVfG realisiert, der Gemeindeverwaltungsverband in derselben Form wie der Zweckverband (§ 30 I 1 KGG). Die kommunale Arbeitsgemeinschaft (§§ 3 u. 4 KGG) dient lediglich der Planung und Abstimmung gemeinsam interessierender Aufgaben; sie führt nicht zur Bildung einer juristischen Person und die Aufgabenverpflichtung und Zuständigkeit der Beteiligten bleibt unberührt. Eine Bindung der Beteiligten an gemeinschaftliche Beschlüsse ist nur über die Zustimmung der zuständigen Organe aller Beteiligten möglich. Durch öffentlich-rechtliche Vereinbarungen (§§ 24 bis 29 KGG) kann ein Beteiligter einzelne Aufgaben der übrigen Beteiligten übernehmen mit der Folge, daß Rechte und Pflichten der Aufgabenerfüllung ebenso übergehen wie grundsätzlich auch die Befugnisse. Nur der Übergang des Satzungsrechts muß ausdrücklich vorgesehen werden. Das Besteuerungsrecht kann nicht übertragen werden (§ 25 I KGG). Der Gemeindeverwaltungsverband und die Verwaltungsgemeinschaft (§§ 30 bis 34 KGG), die die eigentliche Verwaltungstätigkeit für einen oder mehrere Beteiligte übernehmen sollen, sind durch die kommunale Neuordnung im wesentlichen obsolet geworden.

d) *Der Landeswohlfahrtsverband*

Der durch »Gesetz über die Mittelstufe der Verwaltung und den Landeswohlfahrtsverband Hessen«[441] gebildete Landeswohlfahrtsverband Hessen mit Sitz in Kassel und Zweigstellen in Darmstadt und Wiesbaden ist ein Gemeindeverband der kreisfreien Städte und Landkreise des Landes. Seine grundsätzlich für alle Entscheidungen des Verbandes zuständige Verbandsversammlung (§ 12 des Gesetzes) wird von den Stadtverordneten und Kreistagsabgeordneten in besonders gebildeten fünf Wahlkreisen gewählt und besteht aus 75 Mitgliedern (§ 7 des Gesetzes). Verwaltungsbehörde des Verbandes ist der Verwaltungsausschuß mit dem Landesdirektor an der Spitze (§§ 10, 13 des Gesetzes). Der Verband hat Dienstherreneigenschaft (§ 3 HBG) und finanziert sich, abgesehen von den Finanzzuweisungen des Landes (§ 20 FAG) grundsätzlich durch Umlagen (§ 20 II des Gesetzes). Der Verband ist nach § 2 HAG/BSHG überörtlicher Träger der Sozialhilfe und hat in dieser Eigenschaft eine Sozialhilfekommission nach § 16 MittelstufenG[442] zu bilden (§ 19

---

441 Siehe oben IV.
442 Siehe oben IV.

HAG/BSHG). Nach § 12 AG-KJHG[443] ist der Verband Träger der Einrichtungen für die Heimerziehung nach § 34 SGB VIII und für Dienste zur Erziehung in Familienpflege für besonders erziehungsbedürftige Kinder nach § 33 S. 2 SGB VIII. Der Verband soll nach § 2 Maßregelvollzugsgesetz[444] in seinen Einrichtungen die Maßregeln nach dem Gesetz vollziehen. Er ist weiterhin überörtlicher Träger der Kriegsopferfürsorge,[445] und nach dem Landesblindengesetz.[446] Nach § 1 II 1 des Ausführungsgesetzes zum Betreuungsgesetz[447] kann der Verband durch Verordnung der Landesregierung in Anspruch genommen werden. Schließlich ist der Landeswohlfahrtsverband nach § 139 SchulG[448] Träger der Sonderschulen von überregionaler Bedeutung einschließlich erforderlicher Schülerheime, sowie der Sprachheilschulen, soweit nicht die Kommunen allein oder durch Schulverbände die Trägerschaft übernehmen. Der Landeswohlfahrtsverband unterhält so psychiatrische Krankenhäuser und Kliniken, orthopädische Kliniken, Sonderkrankenhäuser, Jugendheime und Sonderschulen.

---

443 Vom 18.12.1992 (GVBl. I S. 655).
444 Vom 3.12.1981 (GVBl. I S. 414, 440).
445 Nach § 1 II Kriegsopferfürsorgegesetz v. 9.10.1962 (GVBl. I S. 429).
446 Vom 25.10.1977 (GVBl. I 414).
447 Vom 5.2.1992 (GVBl. I S. 66).
448 Vom 17.6.1992 (GVBl. I S. 233).

Sechster Abschnitt

Polizeirecht

von *Erhard Denninger**

Literatur

Arbeitskreis Polizeirecht, Alternativentwurf einheitlicher Polizeigesetze des Bundes und der Länder (AEPolG), 1979; *P. Bernet/R. Groß/W. Mende*, Polizeirecht in Hessen, Loseblattwerk, Stand April 1995; *T. Darnstädt*, Gefahrenabwehr und Gefahrenvorsorge, 1983; *E. Denninger/K. Lüderssen*, Polizei und Strafprozeß im demokratischen Rechtsstaat, 1978; *E. Denninger*, Der gebändigte Leviathan, 1990; *ders.*, Die Trennung von Verfassungsschutz und Polizei und das Grundrecht auf informationelle Selbstbestimmung, ZRP 1981, 231 ff.; *M. Deutsch*, Die heimliche Erhebung von Informationen und deren Aufbewahrung durch die Polizei, 1992; *A. Dietel/ K. Gintzel/M. Kniesel*, Demonstrations- und Versammlungsfreiheit. Kommentar zum Gesetz über Versammlungen und Aufzüge vom 24. Juli 1953, 11. Aufl. 1994; *Gornig/Jahn*, Sicherheits- und Polizeirecht (Fälle mit Lösungen), 1994; *B. Drews/ G. Wacke/K. Vogel/W. Martens*, Gefahrenabwehr, 9. Aufl. 1986; *K. H. Friauf*, Polizei- und Ordnungsrecht, in E. Schmidt-Aßmann (Hrsg.), Besonderes Verwaltungsrecht, 10. Aufl. 1995, S. 101 ff.; *V. Götz*, Allgemeines Polizei- und Ordnungsrecht, 12. Aufl. 1995; *derselbe*, Polizeiliche Bildaufnahmen von öffentlichen Versammlungen, NVwZ 1990, 112 ff.; *Ch. Gusy*, Polizeirecht, 2. Aufl. 1994; *M. Kniesel/ J. Vahle*, Polizeiliche Informationsverarbeitung und Datenschutz im künftigen Polizeirecht, 1990; *F.-L. Knemeyer*, Polizei- und Ordnungsrecht, 6. Aufl. 1995; *C. Kunkel/W. Pausch/G. Prillwitz*, Hessisches Gesetz über die öffentliche Sicherheit und Ordnung, Kommentar für die Praxis, 1991; *H. Lisken/E. Denninger* (Hrsg.), Handbuch des Polizeirechts, 2. Aufl. 1996, dort umfass. Lit.nachweise; *H. Maurer*, Allgemeines Verwaltungsrecht, 10. Aufl. 1995; *K. Meixner*, Hessisches Gesetz über die öffentliche Sicherheit und Ordnung (HSOG), 7. Aufl. 1995; *J. Nungesser*, Hessisches Datenschutzgesetz, 1988; *W. Pausch/G. Prillwitz*, Polizei- und Ordnungsrecht in Hessen, 2. Aufl. 1995; *F. Rachor*, Vorbeugende Straftatenbekämpfung und Kriminalakten, 1989; *E. Rasch/H. Schulze*, Hessisches Gesetz über die öffentliche Sicherheit und Ordnung (HSOG), Kommentar, Loseblattwerk, Stand August 1995;

---

* Mein herzlicher Dank für selbständige und tatkräftige Unterstützung gilt Frau Rechtsanwältin Claudia Rothenhöfer, den Herren Dr. Johann Bizer und Dr. Frederik Rachor sowie Frau Irmgard Burmester-Schick, die in bewährter Weise das Manuskript betreut hat. Für die 4. Auflage gilt mein Dank auch den Herren Pascal Amann und Marc Grünbaum.

R. Riegel, Nochmals: Polizeiliche Bildaufnahmen von öffentlichen Versammlungen, NVwZ 1990, 745 f.; *O. Rumpf,* Neuauflage einer generellen Staatshaftung in Hessen durch das novellierte Hessische Gesetz über die öffentliche Sicherheit und Ordnung? NVwZ 1992, 250 ff.; *W.-R. Schenke,* Polizei- und Ordnungsrecht, in: U. Steiner (Hrsg.), Besonderes Verwaltungsrecht, 5. Aufl. 1995, S. 175 ff.; *F. Schoch,* Grundfälle zum Polizeirecht, JuS 1994, 391 ff. (Fortsetzungsreihe); *S. Simitis/U. Dammann/H. Geiger/O. Mallmann/S. Walz,* Kommentar zum Bundesdatenschutzgesetz, 4. Aufl. 1992, Stand Dezember 1995; *H. Wagner,* PolG NRW, Kommentar zum Polizeigesetz von Nordrhein-Westfalen und zum Musterentwurf, 1987; *H.J. Wolff/O. Bachof,* Verwaltungsrecht III, 5. Aufl.; *K. Wolzendorff,* Der Polizeigedanke des modernen Staates, 1918, Neudruck 1964; *Württemberger/Heckmann/Riggert,* Polizeirecht in Baden-Württemberg, 2. Aufl. 1994.

Gliederung

I. Gefahrenabwehr als Aufgabe der Polizei — 246
  1. Trennung von Aufgaben und Befugnissen — 246
  2. Materieller und formeller Polizeibegriff — 247
  3. Gefahrenbegriffe, »Störung« und »Gefahr« — 250
    a) Begriff der Gefahr — 250
    b) Grundsatz der Subsidiarität — 251
    c) Abstufungen im Gefahrenbegriff — 252
    d) Gefahr im Verzuge — 254
    e) Gefahrenverdacht, Anscheinsgefahr, Scheingefahr – Gefahrenerforschung — 254
  4. Die Schutzgüter polizeilichen Handelns — 256
    a) Öffentliche Sicherheit — 256
    b) Subjektive Rechte des einzelnen und Individualgüter — 260
    c) Öffentliche Ordnung — 262
  5. Polizei- und ordnungsrechtliche Verantwortlichkeit (Begriff des Störers) — 265
    a) Verhaltensstörer und Zustandsstörer — 265
    b) Nachfolge in Polizeipflichten — 270
    c) Polizeirechtlicher Begriff der Verursachung — 271
    d) Störermehrheit — 272
    e) Polizeipflicht von Hoheitsträgern? — 273
    f) Polizeilicher Notstand — 274

II.	Das Polizeihandeln	276
	1. Formen polizeilichen Handelns	276
	a) Allgemeines	276
	b) Verwaltungsakte	277
	c) Realakte	278
	d) Gefahrenabwehrverordnungen	278
	2. Maßstäbe polizeilichen Handelns	279
	a) Übermaßverbot	279
	b) Polizeiliches Ermessen	280
	c) Grundrechte	280
	3. Polizeiliche Einzelmaßnahmen	282
	a) Befragungsbefugnis und Auskunftspflicht	282
	b) Identitätsfeststellung	283
	c) Erkennungsdienstliche Maßnahmen	285
	d) Vorladung	286
	e) Platzverweisung	287
	f) Gewahrsam	287
	g) Durchsuchung von Personen und Sachen	292
	h) Betreten und Durchsuchung von Wohnungen	292
	i) Sicherstellung	293
	j) Maßnahmen auf der Grundlage der Generalklausel	294
III.	Polizeiliche Datenerhebung und -verarbeitung	295
	1. Informationelles Selbstbestimmungsrecht	296
	2. Zwecke polizeilicher Datenverarbeitung	297
	3. Datenerhebung und -verarbeitung zur Verhütung von Straftaten	297
	4. Datenerhebung und -verarbeitung zur Gefahrenabwehr	300
	5. Besondere Befugnisse zur Datenerhebung und -verarbeitung	301
	a) Öffentliche Veranstaltungen und Versammlungen	301
	b) Observation und Einsatz technischer Mittel	303
	c) V-Personen und Verdeckte Ermittler	305
	d) Polizeiliche Beobachtung	306
	e) Rasterfahndung	308
	6. Speichern und Verwenden	309
	7. Datenübermittlung	310
IV.	Polizeilicher Zwang, §§ 47-63 HSOG	311
	1. Rechtsgrundlagen und Anwendungsbereich	311
	2. Voraussetzungen der Zwangsanwendung	312
	3. Verfahren der Zwangsanwendung	313
	a) Mittelauswahl	313
	b) Androhung des Zwangsmittels	314
	c) Festsetzung	314
	d) Ausführung	315
	e) Unmittelbare Ausführung (§ 8) und Sofortvollzug (§ 47 II)	315

	4. Die einzelnen Zwangsmittel	317
	a) Ersatzvornahme	317
	b) Zwangsgeld	318
	c) Unmittelbarer Zwang; insbesondere Schußwaffengebrauch	319
V.	Entschädigung und Kosten	321
	1. Schadensausgleich für rechtmäßige Maßnahmen	321
	2. Entschädigung für rechtswidrige Maßnahmen	322
	3. Art und Umfang des Schadensausgleiches	323
	4. Kosten	323
VI.	Organisation der Polizei	325
	1. Grundsätzliches	325
	2. Gliederung der Gefahrenabwehrbehörden und der Polizei	325
	3. Weisungs- und Aufsichtsbefugnisse, Zuständigkeiten, Vollzugshilfe	328
	a) Weisungs- und Aufsichtsbefugnisse	328
	b) Passivlegitimation	328
	c) Zuständigkeiten	329
	d) Vollzugshilfe	331

I. Gefahrenabwehr als Aufgabe der Polizei

1. Trennung von Aufgaben und Befugnissen

§ 1 des Hessischen Gesetzes über die öffentliche Sicherheit und Ordnung (= HSOG, seine §§ werden im Folgenden ohne Zusatz zitiert) vom 31. März 1994 (GVBl. I S. 174, ber. S. 284), geändert durch Gesetz vom 16. November 1995 (GVBl. I S. 502), normiert für die *Gefahrenabwehrbehörden und Polizeibehörden vier Aufgabenkomplexe:*
(1) die Gefahrenabwehr,
(2) die »durch andere Rechtsvorschriften zugewiesenen weiteren Aufgaben«,
(3) den Schutz privater Rechte,
(4) die – nur den Polizeibehörden obliegende – Vollzugshilfe.
Zur »Gefahrenabwehr« rechnet das Gesetz auch »die erforderlichen Vorbereitungen für die Hilfeleistung in Gefahrenfällen, § 1 I 2, und die »vorbeugende Bekämpfung von Straftaten«, die als Verhütung zu erwartender Straftaten beschrieben wird, § 1 IV.
In der folgenden Darstellung steht die »*Gefahrenabwehr*« im Mittelpunkt. Sie bedeutet die Aufgabe der Polizei, »von der Allgemeinheit oder dem einzelnen Gefahren abzuwehren, durch die die öffentliche Sicherheit oder Ordnung bedroht wird.« So lautete die Definition in § 1 des alten, vor 1991 geltenden HSOG, die damit die

»klassische« Formulierung der polizeilichen Generalklausel wiedergab, wie sie in § 14 I des Preußischen Polizeiverwaltungsgesetzes vom 1. Juni 1931 (GS 77) Ausdruck gefunden hatte. Diese *Aufgabenumschreibung* bezeichnet man als *materiellen Begriff* der »Polizei«, der sinngemäß in allen Ländern der Bundesrepublik in gleicher Weise gilt. Dieser Begriff sagt nichts aus über
- die näheren *Voraussetzungen* polizeilichen Eingreifens,
- die der Polizei dafür zustehenden *Befugnisse,*
- noch über Bezeichnung, *Organisation und Zuständigkeiten* der mit dieser materiellpolizeilichen Aufgabe betrauten Behörden.

Im Unterschied zum alten HSOG von 1972 führt das neue von 1990 und von 1994, einem verfeinerten Rechtsstaatsverständnis entsprechend, die Trennung zwischen Aufgabenbeschreibung und Befugnisnormierung sorgfältig durch. Dementsprechend normiert es die materiellpolizeiliche Generalklausel in § 11 als eine *allgemeine Befugnisklausel*. Die zuständigen Behörden dürfen »die erforderlichen Maßnahmen treffen, um eine im einzelnen Falle bestehende Gefahr für die öffentliche Sicherheit oder Ordnung (Gefahr) abzuwehren«, soweit nicht spezielle Befugnisregelungen im HSOG selbst oder in anderen Spezialgesetzen vorgehen. Dies ist im Hinblick auf die zunehmende »Verrechtlichung« auch des Gefahrenabwehrrechts häufig der Fall. Das Ergänzungsverhältnis von vorrangigen Spezialbefugnissen und nachrangiger Generalklauselbefugnis hat seinen guten Sinn: Es eröffnet der Polizei eine umfassende Handlungsfähigkeit; sie muß in der Lage sein, *allen,* auch atypischen Gefahrenlagen zu begegnen. Andererseits dient es dem Schutz der Freiheit des Bürgers. Sind nämlich im Einzelfall die speziellen Voraussetzungen einer gesetzlich geregelten Maßnahme, wie beispielsweise einer »*Datenerhebung durch Observation*« oder einer »Identitätsfeststellung« oder einer »Wohnungsdurchsuchung« nicht erfüllt, so darf die Polizei das Fehlen dieser Voraussetzungen nicht durch Rückgriff auf die Generalklausel kompensieren. Anderenfalls verlöre das Polizeirecht jede rechtsstaatliche Kontur und der Bürger damit seine Freiheit.

2. Materieller und formeller Polizeibegriff

Die Wahrnehmung materiell-polizeilicher Tätigkeit, also Gefahrenabwehr, ist nicht auf die Behörden beschränkt, die als »Polizei« bezeichnet werden. Umgekehrt nehmen diese letzteren, also die »*Polizeibehörden*«, keineswegs nur Gefahrenabwehraufgaben wahr. M.a.W.: »Polizei« im materiellen Sinne und »Polizei« im formellen Sinne (= im organisatorischen oder institutionellen Sinne) fallen auseinander. Es handelt sich um einander schneidende, nicht deckungsgleiche Begriffskreise. Das HSOG – vgl. §§ 82 ff., 91 ff. – unterscheidet auf der einen Seite unter dem Oberbegriff »Gefahrenabwehrbehörden« die Behörden der allgemeinen Verwaltung von den Ordnungsbehörden. Auf der anderen Seite – und dies wäre die *Polizei im formellen Sinne* – nennt es die Polizeidienststellen und das Hessische Landeskriminalamt, die Hessische Polizeischule, die Fernmeldeleitstelle der Hessischen Polizei

und das Hessische Polizeiverwaltungsamt. Die Polizeidienststellen gliedern sich in *Polizeibehörden* und *Polizeieinrichtungen* sowie in deren *Außenstellen*. (Näheres s.u. VI.)
Im Zuge der seit 1945 durchgeführten »*Entpolizeilichung*« der Verwaltung wurden zahlreiche Gefahrenabwehraufgaben den Ordnungsbehörden übertragen. In Hessen kam dieser Prozeß erst mit dem Inkrafttreten des HSOG 1990 zu einem gewissen Abschluß, nachdem die Aufgaben, die noch 1972 (durch die Zuweisungsverordnung vom 18. Juli 1972) den allgemeinen Polizeibehörden zugewiesen worden waren, nunmehr den allgemeinen Ordnungsbehörden übertragen sind, § 113 II 2. Zu ihnen gehören so allgemeinwichtige Angelegenheiten wie das Paß- und Ausländerwesen, das Versammlungswesen, die Zulassung von Personen und Fahrzeugen zum Straßenverkehr, die Lärmbekämpfung, soweit nicht andere Behörden zuständig sind, u.v.a. Im übrigen haben die technische Entwicklung und die damit verbundene Komplizierung der Lebensverhältnisse zur Ausbildung zahlreicher Spezialgesetze, zur Begründung spezieller Zuständigkeiten und zur Errichtung spezialisierter, technisch ihren Aufgaben entsprechend ausgerüsteter Behörden und Ämter geführt. Dies gilt für Aufsicht und Genehmigungen nach dem Atomgesetz vom 15. Juli 1985 (z.B. Bundesamt für Strahlenschutz, ferner Bundesauftragsverwaltung durch die Länder, § 24 AtG), für die 1949 in Hessen auf die Kreise und kreisfreien Städte übergegangenen Gesundheitsämter, für die nach dem Hessischen Abfallwirtschaftsgesetz – HAbfG – an der Abfallentsorgung und die nach dem Hessischen Altlastengesetz – HAltlastG –, beide vom 20. 12. 1994 (GVBl. I S. 764), an der Altlastensanierung zu beteiligenden Behörden; außer dem Regierungspräsidium gehören zu ihnen die Bergbehörden, die Staatlichen Ämter für Immissions- und Strahlenschutz, die Wasserwirtschaftsämter, die Hessische Landesanstalt für Umwelt u.a.m., §§ 17 ff. HAbfG, §§ 19 ff. HAltlastG. Die Beispiele ließen sich vermehren. Die Kehrseite der Entpolizeilichung zeigt sich in der gesetzlich gewollten Konzentration der Polizeibehörden auf Vollzugsaufgaben. Die Anwendung unmittelbaren Zwanges – in der das legale Monopol physischer Gewaltanwendung als Charakteristikum der Staats»gewalt« augenfällig wird – ist den Polizeibehörden und einigen anderen ausdrücklich damit beauftragten Personen vorbehalten, § 52, § 63. Die Normsetzung, also der Erlaß abstrakt-genereller Gebote und Verbote zur Gefahrenabwehr, die früher als »Polizeiverordnungen« bezeichnet wurden, ist nicht Sache der Polizeibehörden. Diese Regelungen heißen »Gefahrenabwehrverordnungen«, §§ 71 ff., und fallen in streng hierarchischer Subsidiarität in die Kompetenz der Minister, der Regierungspräsidien, der Landkreise und der Gemeinden. Lediglich die hervorgehobene Kompetenz des »Ministers des Innern«, § 72, weckt noch den Hauch einer Erinnerung an den »Polizeiminister« des vorigen Jahrhunderts.
Auf der anderen Seite reichen die Kompetenzen der Polizeibehörden weit über das gefahrenabwehrende oder auch gefahrenvorbeugende Handeln hinaus. In erster Linie sind hier die Zuständigkeiten bei der Erforschung und Verfolgung von Straftaten und Ordnungswidrigkeiten zu nennen, z.B. nach §§ 158 I, 159 I, 161, 163

StPO, § 53 OWiG.¹ Die straftatverfolgende Tätigkeit ist als *repressive* von der gefahrenabwehrenden, also *präventiven* zu unterscheiden. Es macht im Einzelfall erhebliche Unterschiede, ob die Polizei in repressiver oder in präventiver Weise tätig wird. In beiden Bereichen gelten unterschiedliche Handlungsvoraussetzungen und auch die Rechtsschutzmöglichkeiten sind verschieden. Für das präventive Handeln der Polizei gilt der *Grundsatz der Opportunität* (unscharf: = der Zweckmäßigkeit)²: »Die Gefahrenabwehr- und die Polizeibehörden treffen ihre Maßnahmen nach pflichtgemäßem Ermessen«, § 5 I. Danach können sie z.B. von einer zulässigen Maßnahme (vorübergehend) absehen, wenn mehrere Gefahren zugleich abzuwehren sind und die vorhandenen Kräfte und Mittel nur zur Abwehr einer dieser Gefahren ausreichen. Bei einer gegenwärtigen erheblichen Gefahr kann das Entschließungsermessen sich aber u.U. auch zu einer *Pflicht zum Einschreiten* verdichten. (Vgl. Nr. 5 1 VVHSOG). Handelt die Polizei hingegen »repressiv«, als »verlängerter Arm der Staatsanwaltschaft«, so unterliegt sie in voller Strenge dem *Legalitätsprinzip* (unscharf. Gesetzmäßigkeitsgrundsatz) im Sinne der Pflicht zur Verfolgung, sofern »zureichende tatsächliche Anhaltspunkte« vorliegen, die den Verdacht einer strafbaren Handlung begründen, vgl. §§ 152 II, 160 I, 161 S. 2, 163 I StPO. Anders bei Ordnungswidrigkeiten: § 53 I 1 OWiG normiert das Opportunitätsprinzip.

Der einzuschlagende Rechtsweg ist verschieden: Während präventivpolizeiliche Maßnahmen nach den Vorschriften der Verwaltungsgerichtsordnung vor den Verwaltungsgerichten angefochten werden können, vollzieht sich die Kontrolle der strafprozessualen Ermittlungs- und Verfolgungstätigkeit der Polizei durch die ordentliche Gerichtsbarkeit.³

Problematisch sind »*Gemengelagen*«, die sowohl präventives als auch repressives Handeln erfordern. So kann es nach einem Bankraub mit Geiselnahme geboten sein, zur Rettung der Geisel dem Täter vorläufig die Flucht zu ermöglichen. Hier kann es, auch hinsichtlich der Anwendung unmittelbaren Zwanges (Schußwaffengebrauch zur Fluchtverhinderung und/oder Geiselrettung) auch zu Kollisionen zwischen der Weisungsbefugnis der Staatsanwaltschaft und der polizeilichen Lagebeurteilung kommen. Nach dem Grundsatz der Güter- und Pflichtenabwägung ist jeweils für die konkrete Lage zu entscheiden, ob die Strafverfolgung oder die Gefahrenabwehr die höherwertige Rechtspflicht ist. Im Dissensfall zwischen den Behörden entscheidet »vor Ort« letztlich die Polizei.⁴

Problematisch ist auch die Rechtswegfrage bei dem Erscheinungsbild nach »neutralen«, der Sache nach *doppelfunktionalen Maßnahmen:* Beschlagnahmt die Polizei aus einem zu einer Demonstration fahrenden Pkw Waffen, so kann dies ebenso zum

---

1   Lesen Sie bitte diese Vorschriften sorgfältig und vollständig!
2   Näheres unten zu II. Ausführlich: *Rachor* in: Lisken/Denninger, Handbuch des Polizeirechts, Kap. F, Rdnr. 50 ff.
3   Vgl. §§ 23 ff. EGGVG, 98 II, 111 e II StPO. Lies: BVerwGE 47, 255, »Kritische Sozialarbeiter«.
4   Vgl.: Gemeinsame Richtlinien der Justizminister/senatoren und der Innenminister/senatoren des Bundes und der Länder über die Anwendung unmittelbaren Zwanges durch Polizeibeamte auf Anordnung des Staatsanwalts, bes. B III. HessRdErl. vom 20. 10. 1993, StAnz. 93, 2766.

Zweck der Beweismittelsicherung gemäß § 94 StPO in Verbindung mit § 27 I VersammlG geschehen wie zur Sicherung eines friedlichen Demonstrationsverlaufes. Der rechtsschutzsuchende Bürger wird gut daran tun, sich bei der Polizei zu erkundigen, ob ihre Maßnahme primär präventiven oder aber *repressiven Zwecken dienen sollte.* Nach dem Bundesverwaltungsgericht (E 47, 255, 265) soll es darauf ankommen, »wie sich der konkrete Lebenssachverhalt einem verständigen Bürger in der Lage des Betroffenen bei natürlicher Betrachtungsweise darstellt.« (!) Hälfen gesunder Menschenverstand und natürliche Betrachtungsweise hier weiter, bliebe es unerklärlich, weshalb Gerichte sich mit diesen Abgrenzungsfragen so oft beschäftigen mußten.

Obwohl doppelfunktionale Maßnahmen zum polizeilichen Alltag gehören und die Abgrenzung der Bereiche der Prävention und der Repression manchmal Schwierigkeiten bereitet, besteht doch kein Anlaß, diese begriffliche Unterscheidung, etwa zugunsten eines übergreifenden Begriffs der »operativen Polizeiarbeit« aufzugeben. Dies gilt auch bei der Bekämpfung der »Organisierten Kriminalität«, bei der freilich präventives und repressives Handeln besonders eng verzahnt sein müssen. Die jeweils *rechtsstaatlich,* d.h. durch Gesetz bestimmten Handlungsvoraussetzungen müssen aber auch hier genau beachtet werden und dürfen nicht in der Konturlosigkeit eines Begriffes wie »vorbeugende Bekämpfung von Straftaten« einfach verschwinden.[5]

3. Gefahrenbegriffe, »Störung« und »Gefahr«

a) *Begriff der Gefahr*

Erste Voraussetzung für präventives Handeln der Polizei ist, daß »im einzelnen Falle« eine Gefahr für die öffentliche Sicherheit oder Ordnung besteht, § 11. »Gefahr« ist die Wahrscheinlichkeit eines Schadenseintritts, oder, mit den Worten des Bundesverwaltungsgerichts, eine Gefahr droht, »wenn eine Sachlage oder ein Verhalten bei ungehindertem Ablauf des objektiv zu erwartenden Geschehens mit Wahrscheinlichkeit ein polizeilich geschätztes Rechtsgut schädigen wird.«[6]

Diese Definition ist im wesentlichen bereits in der Rechtsprechung des Preußischen Oberverwaltungsgerichts entwickelt worden.[7] Sie stellt deutlich die Schadens*verhütung,* auch durch vorbeugende und *gefahrenvorsorgende* Maßnahmen, in den Mittelpunkt und bringt damit zum Ausdruck, daß die *Vermehrung* der Güter, also die Verbesserung der Zustände, also *Wohlfahrtspflege* im weitesten Sinne, *nicht* zur

---

5   Zum Problem vgl. Lisken/*Denninger,* Handbuch des Polizeirechts, Kap. E, Rdnr. 155 ff.
6   BVerwGE 45, 51, 57, im Anschluß an *H. J. Wolff,* Verwaltungsrecht III, § 125 III a. Vgl. auch die Legaldefinitionen im Bremischen und im Niedersächsischen Polizeigesetz. Zum Ganzen ausführlich Lisken/*Denninger,* Handbuch des Polizeirechts, Kap. E, Rdnr. 29 bis 51, Schaubild über die Gefahrenbegriffe bei Vahle, DVP 1995, 420.
7   PrOVG 77, 333, 338; weitere Nachweise aus der Rechtsprechung bei *Friauf,* 10. Aufl. 1995, Rdnr. 45, Fn. 92.

Aufgabe der Polizei gehört. Deshalb sind Tendenzen abzulehnen, die die Aufgabe der Polizei weitergehend als »Aufrechterhaltung« der öffentlichen Sicherheit oder Ordnung umschreiben wollen.
Ältere polizeiliche Generalklauseln, so auch § 1 II HSOG 1972, erwähnten neben der Abwehr der unmittelbar bevorstehenden Gefahr auch die unaufschiebbare Beseitigung einer *Störung*. Diese ist präventivpolizeilich jedoch nur insoweit von Interesse, als von ihr weitere Gefahren ausgehen (Unfallwrack auf der Autobahn als Verkehrshindernis). Der Begriff ist deshalb hier entbehrlich; in den meisten neuen Polizeigesetzen fand er keine Aufnahme mehr (anders: BWPolG vom 7. 2. 1994).

b) *Grundsatz der Subsidiarität*

§ 2 Satz 1 normiert den *Grundsatz der Subsidiarität* der Eingriffszuständigkeit der Ordnungs- und Polizeibehörden. Sie werden, abgesehen von den Fällen besonderer gesetzlicher Aufgabenzuweisung,[8] zur Gefahrenabwehr nur tätig, wenn die primär zuständigen Behörden – besonders beauftragte Gefahrenabwehrbehörden oder allgemeine Verwaltungsbehörden – die Aufgabe nicht oder nicht rechtzeitig bewältigen können.
Die Gefahr muß »im einzelnen Falle« bestehen; sie muß *konkret* sein. Werden den Polizeibehörden darüber hinaus Aufgaben gesetzlich besonders übertragen, braucht dieser Maßstab nicht unbedingt eingehalten zu werden. Auch die *Gefahrenabwehrverordnungen* (§§ 71 ff.), die von dem Minister des Innern, den Fachministern, den Regierungspräsidien, Landkreisen oder Gemeinden erlassen werden können, enthalten abstrakt-generelle Gebote und Verbote, setzen also das Bestehen einer konkreten Gefahr nicht voraus. Hier spricht man von *abstrakter Gefahr*.
Konkrete und abstrakte Gefahr sind also nicht hinsichtlich des Grades der Wahrscheinlichkeit des Schadenseintritts verschieden, sondern hinsichtlich des Realitätsmodus der Gefahrensituation.[9]
Die Regelung nicht ortsspezifischer abstrakt gefährlicher Tatbestände ist heute, zumal wenn sie mit Grundrechtseingriffen verbunden ist, in erster Linie eine Aufgabe des parlamentarischen Gesetzgebers und nicht der Exekutive.[10] Angesichts der demokratisch und rechtsstaatlich begründeten Tendenz zur Spezialgesetzgebung ist das Schrumpfen des Anwendungsbereiches für eine selbständige Polizeiverordnungsgewalt jedenfalls auf Landesebene folgerichtig. Beispiele für landesweite Gefahrenabwehrverordnungen: Hafenpolizeiverordnung, vom 29. Juni 1989, sowie die Polizeiverordnung zur Verhinderung schädlicher Umwelteinwirkungen bei austauscharmen Wetterlagen (Smog-Verordnung) vom 22. August 1988, jeweils mit späteren Änderungen, ferner: Gefahrenabwehrverordnung über das Halten von

---

8   S. vor allem die ZuweisungsVO vom 18. Juli 1972. i. d. F. des Art. 1 der ÄndVO vom 7. April 1992 (GVBl. I S. 135).
9   Zutreffend. BVerwG DÖV 1970, 714, 715; BVerwG DVBl. 1973, 857, 859; *Wolff/Bachof,* Verwaltungsrecht III, § 125, Rz. 26; Götz, Rdnr. 120.
10 Lies: BVerfGE 33, 125, 158; »Wesentlichkeitstheorie«!

Hunden (HundeVO) vom 22. April 1992. Einige ältere Polizeiverordnungen sind durch Zeitablauf außer Kraft getreten, z.b. die Polizeiverordnung über die Bekämpfung des Lärms vom 23. April 1959. An ihre Stelle ist die Gefahrenabwehrverordnung gegen Lärm (LärmVO) vom 16. Juni 1993 getreten. Die Polizeiverordnung über das Zelten vom 8. Juli 1996 tritt mit dem 1. September 1996 außer Kraft, § 18 ZeltenPVO, § 79. Es ist eine Besonderheit dieser Art von Exekutivrecht, die auch heute für Gefahrenabwehrverordnungen gilt, daß ihre Geltungsdauer nicht über dreißig Jahre hinaus bestimmt werden darf und daß sie ohne eine entsprechende Vorschrift nach dieser Frist automatisch außer Kraft treten, § 79.[11]
Der Grundsatz der Subsidiarität des § 2 führt in den Dringlichkeitsfällen zugleich zu einer *Doppelzuständigkeit* von Ordnungs- und Polizeibehörden (positiver Kompetenzkonflikt). Die praktische Auflösung erfolgt nach dem Grundsatz der *Erstbefassung*, s. dazu unten VI.3.c).

c) *Abstufungen im Gefahrenbegriff*

Rechtsstaatliches Polizeirecht muß versuchen, die Vielfalt der Lebenssituationen in abstrakte, aber doch nicht ganz unanschauliche Begriffe (Tatbestände) einzufangen, um auf der Rechtsfolgenseite den Einsatz von legaler Gewalt möglichst schonend und genau dosieren zu können. Die Entscheidung über eine bestimmte Gefahrenabwehrmaßnahme ist komplex: Sie muß im Wege einer optimierenden Synthese von Diagnose, Prognose und Wertung mehrere nicht unmittelbar kommensurable Urteilselemente zueinander ins Verhältnis setzen.[12] Zu ihnen gehören
- die möglichst genaue Erkenntnis der drohenden Gefahr hinsichtlich ihrer Wahrscheinlichkeit überhaupt und
- ihrer zeitlichen Nähe oder Ferne[13],
- die zutreffende Bewertung des Ranges des Schutzgutes,
- eine möglichst fundierte Prognose über das Ausmaß des Schadens,
- die zutreffende Rangeinschätzung des Rechtsgutes, in welches zur Abwehr des Angriffs eingegriffen werden soll,
- eine zutreffende Vorstellung über den Umfang des Eingriffs
- und schließlich eine optimale Abwägung zwischen dem Schutzgut und dem Eingriffsgut.

Dabei folgt aus dem Verhältnismäßigkeitsgrundsatz (= *Übermaßverbot*) die Faustregel, daß an die Wahrscheinlichkeit des Schadenseintrittes um so geringere Anforderungen zu stellen sind, je größer der zu erwartende Schaden und je ranghöher das Schutzgut sind.[14]

---

11 Der Gedanke dieser Vorschrift entstammt der idyllischen Epoche, als man glaubte, Gesetze könnten sogar länger als 30 Jahre (unverändert) überdauern.
12 Im einzelnen vgl. Lisken/*Denninger*, Kap. E, Rdnr. 42 ff.
13 Beides ist nicht dasselbe. Der Eintritt eines bestimmten Schadensereignisses kann sehr wahrscheinlich sein und doch zeitlich in großer Ferne liegen, z.B. der Absturz unseres Planeten und anderer in ein »Schwarzes Loch«.
14 Lies: BVerwGE 47, 31, 40.

Der Gesetzgeber hat für typische Eingriffssituationen generalisierte Wertungen vorgenommen, wobei Variationen und unterschiedliche Kombinationen hinsichtlich des Gewichts und Ausmaßes des drohenden Schadens andererseits möglich sind. Als Grundform begegnet uns die »einfache« oder »konkrete« oder »im einzelnen Falle bestehende« Gefahr; schon bei ihr gehen die Meinungen über das zu fordernde Maß an zeitlicher Nähe und Wahrscheinlichkeit des Schadenseintritts auseinander. Steigerungsform ist die »*gegenwärtige Gefahr*« (Beispiel: § 40 Nr. 1, Sicherstellung einer Sache); sie liegt vor, wenn die schädigende Einwirkung bereits begonnen hat (früher: = »eingetretene Störung«) oder in allernächster Zukunft und mit hoher Wahrscheinlichkeit bevorsteht. Ist ein Bauwerk »baufällig« im Sinne von einsturzgefährdet, so liegt eine »konkrete« Gefahr vor; sagt die Wettervorhersage Sturm an, wird die Gefahr »gegenwärtig«.[15] Die Steigerungsformen werden Tatbestandmerkmal, wenn besonders schwere Eingriffe in die Bürgerfreiheit umschrieben werden sollen. Z.B. dürfen Arbeits-, Betriebs- und Geschäftsräume während der Arbeits- oder Geschäftszeit zur (einfachen) Gefahrenabwehr ohne weiteres betreten werden. Hingegen ist das Betreten und Durchsuchen einer Wohnung u.a. nur zulässig, wenn »dies zur Abwehr einer gegenwärtigen Gefahr für Leib, Leben oder Freiheit einer Person oder für Sachen von bedeutendem Wert erforderlich ist« (§ 38 II Nr. 2). Wichtige Rechtsgüter sind bedroht oder ein quantitativ bedeutender Schaden steht ins Haus, wenn eine »*erhebliche Gefahr*« droht, die sich auch zeitlich zur »*gegenwärtigen erheblichen Gefahr*« steigern kann, § 9 I Nr. 1: Voraussetzung der Inanspruchnahme eines Nichtstörers.
Eine qualifizierte Gefahr liegt auch vor, wenn tatsächliche Anhaltspunkte die Annahme rechtfertigen, daß »*Straftaten mit erheblicher Bedeutung*« begangen werden sollen. Dieser unbestimmte Gesetzesbegriff wird in § 13 III legal definiert: Es muß sich um solche Straftaten handeln, »die auf Grund ihrer Begehungsweise oder ihrer Dauer eine Gefahr für die Allgemeinheit darstellen und geeignet sind, die Rechtssicherheit der Bevölkerung zu beeinträchtigen; dies gilt insbesondere für Straftaten, die banden-, gewerbs-, gewohnheits- oder serienmäßig begangen werden.« Sehr unterscheidungskräftig ist die wortreiche Definition nicht.
Während die aus dem Strafrecht bekannte »*gemeine Gefahr*« (z.B. § 323 c StGB) unbestimmt viele Personen (mindestens eine!) oder Sachgüter von insgesamt hohem Wert bedroht – man denke an Brände, Überschwemmungen, Explosionen –, haftet dem Begriff der »*dringenden Gefahr*« eine Unklarheit an, vgl. § 38 VI. Ein Teil der Lehre versteht sie, was der Wortsinn nahelegt, als Steigerungsform hinsichtlich zeitlicher Nähe und Wahrscheinlichkeit; die Rechtsprechung betont hingegen das Rechtsgutmoment: dringend sei die Gefahr, wenn ein Zustand oder ein Verhalten »mit hinreichender Wahrscheinlichkeit ein wichtiges Rechtsgut schädigen wird.«[16] Damit rückt der Begriff in die Nähe der »erheblichen Gefahr«.

---

15 Das alte HSOG kannte die »unmittelbar bevorstehende Gefahr«. Sie taucht im neuen, stärker am Musterentwurf orientierten HSOG nicht mehr auf.
16 BVerwGE 47, 40; ebenso *Jarass*/Pieroth, GG-Kommentar, 3. Aufl., 1995, Art. 13 Rdnr. 13.

d) *Gefahr im Verzuge*

Im Polizeirecht, vor allem aber im Strafprozeßrecht (vgl. §§ 98 I, 100 I, 104 I, 105 I StPO) findet der Begriff der *»Gefahr im Verzuge«* Anwendung, wenn zur Beschleunigung eine Zuständigkeitsverschiebung stattfinden soll, ohne welche der Erfolg der Maßnahme gefährdet wäre (vgl. § 81 a II StPO). Die StPO kennt die Zuständigkeitsfolge Richter – Staatsanwalt – Hilfsbeamte der Staatsanwaltschaft (Polizei). Ein richterlicher Durchsuchungsbefehl ist im Normalfall für jede *Wohnungsdurchsuchung* einzuholen (Art. 13 II GG), sei sie repressivpolizeilicher (§ 105 StPO) oder präventivpolizeilicher Natur (§ 39 I). Nur wenn der Richter nicht rechtzeitig erreicht werden kann, geht die Anordnungsbefugnis auf den Staatsanwalt bzw. auf den polizeilichen Einsatzleiter über. Dabei sind strenge Maßstäbe anzulegen; dies ist gegenüber einer laxen Praxis zu betonen, die allzu leicht »Gefahr im Verzuge« bejaht.
Ein besonders schwerer Grundrechtseingriff ist das heimliche Abhören oder Aufzeichnen des nicht öffentlich gesprochenen Wortes durch den Einsatz technischer Mittel, insbesondere aus Wohnräumen, also der *»Lauschangriff«* durch heimlich angebrachte »Wanzen«.[17] Er kann, wenn überhaupt, nur unter engsten Voraussetzungen zugelassen werden; § 15 IV fordert immerhin eine gegenwärtige Gefahr für Leib, Leben oder Freiheit einer Person. Auch hier ist der *Richtervorbehalt* ernstzunehmen, § 15 V letzter Satz läßt die polizeiliche Anordnung außer Kraft treten, wenn sie nicht binnen drei Tagen durch den Richter bestätigt wird (s.u. II 5 b). Immerhin hatte die Polizei bis dahin Gelegenheit, »auf eigene Faust« zu belauschen! Vgl. auch §§ 100 c I Nr. 2, 100 d StPO i.d.F. des OrgKG vom 15. Juli 1992. Ebenso wie die Wohnungsdurchsuchung und der »Lauschangriff« nach § 15 IV stehen auch die körperliche Untersuchung (§ 36 V) und die »Rasterfahndung« (= besondere Form des Datenabgleichs, § 26 IV) unter dem Vorbehalt richterlicher Anordnung – mit der Kompetenzverschiebung bei Gefahr im Verzuge.

e) *Gefahrenverdacht, Anscheinsgefahr, Scheingefahr – Gefahrenerforschung*

Der Begriff der polizeilichen Gefahr enthält eine *Prognose,* das heißt eine auf Tatsachen gegründete subjektive Einschätzung über einen zukünftigen Geschehensablauf. Insofern dem Gefahr-Begriff also ein an einen bestimmten Wissensstand gebundenes Wahrscheinlichkeitsurteil zugrunde liegt, ist er *notwendig ein »subjektiver« Begriff.*[18] Das bedeutet aber auch, daß polizeiliche Lagebeurteilung (ex ante) und »wirkliche« Gefahrenlage, wie sie sich später (ex post) herausstellt, auseinanderklaffen können. Die Polizei kann sich über ihren eigenen Wissensstand und damit über die Qualität ihrer Prognose ein zutreffendes oder auch ein falsches Bild machen. Dies wiederum kann unterschiedliche rechtliche Folgen haben, a) für die Beurteilung der polizeilichen Maßnahme als rechtmäßig oder als rechtswidrig und

---

17 Vgl. *Kutscha,* NJW 1994, 85 ff.
18 Dies wird von *Götz,* Rdnr. 127, verkannt, wenn er einen »subjektiven Gefahrenbegriff« ablehnt.

b) je nachdem für die Gewährung oder Versagung von Schadensersatz oder Entschädigung an den Betroffenen, vgl. § 64 I 2.

(1) Deshalb ist es sinnvoll[19], von einem bloßen *Gefahrenverdacht* zu sprechen, wenn die Polizei selbst im Ungewissen darüber ist, ob überhaupt eine Gefahr vorliegt, jedoch bei verständiger, »objektivierender« Betrachtung tatsächliche Anhaltspunkte für das Vorliegen sprechen. Im Stuttgarter »Endiviensalat-Fall«[20] durfte man mit erheblicher Wahrscheinlichkeit Endiviensalat als Infektionsquelle für eine sich rasch ausbreitende Typhus-Epidemie ansehen, ohne daß dieser Verdacht jedoch zur Gewißheit erhärtet werden konnte. Bei solchen Sachlagen ist die Polizei zu vorläufigen Maßnahmen (damals z.b. Verkaufsverbot) berechtigt, vor allem zu solchen, die der weiteren Erhellung der Verdachtslage dienen, zu sog. *Gefahrerforschungseingriffen.*
Stehen hochrangige Rechtsgüter auf dem Spiel (Leben und Gesundheit), so sind auch weitergehende, endgültigen Charakter tragende Maßnahmen zulässig (damals: die Vernichtung des Gemüses).

(2) Anders liegt es bei der *Anscheinsgefahr.* Hier stellt sich eine Sachlage im Zeitpunkt der polizeilichen Entschließung zunächst zweifelsfrei als gefährlich dar, tatsächlich ist sie es aber nicht. Hier darf die Polizei das nach besonnener Lagebeurteilung zum Schutz der scheinbar bedrohten Rechtsgüter Notwendige tun; doch muß sie, sobald Zweifel an der Gefährlichkeit auftauchen, intensive Aufklärung der Situation betreiben.[21]
Der Unterschied zur Situation des Gefahrenverdachtes liegt zum einen im Vorstellungsbild der Polizei, zum anderen in der realen Situation: bei der Anscheinsgefahr existiert »objektiv« eine Gefahr nicht, der Irrtum der Polizei hierüber ist jedoch »verzeihlich« – und ihr Handeln darum gerechtfertigt. Beim Gefahrenverdacht ist noch offen, ob eine Gefahr wirklich vorliegt oder nicht.

(3) Wieder anders ist der Fall der *Schein- oder Putativgefahr* zu beurteilen. Er ist durch einen leichtfertigen, jedenfalls nicht zu rechtfertigenden Irrtum der Polizei über das Vorhandensein einer Gefahr gekennzeichnet. Die ergriffenen Maßnahmen sind rechtswidrig und lösen einen Entschädigungsanspruch aus.
In jüngerer Zeit haben die Fragen des Gefahrenverdachtes und der Anscheinsstörung (oder -gefahr) im Hinblick auf die Kostenfolgen bei der *Altlastensanierung* erhebliche Bedeutung erlangt. Die Beseitigung von Bodenkontaminationen ist höchst kostspielig. Schon die Gefahrerforschung durch Bohrungen und Probeentnahmen, um die Art der »Verseuchung« des Bodens mit Giftstoffen festzustellen, kann erhebliche Kosten verursachen. Hier stellt sich die Frage, ob der Grundstückseigentümer oder der Betreiber einer chemischen Anlage in jedem Falle als kostenpflichtiger

---

19 Dies auch gegenüber der auf einer theoretischen Ebene durchaus berechtigten Kritik, etwa von *Darnstädt,* Gefahrenabwehr und Gefahrenvorsorge, 1983, S. 99, 255, der die Begriffe Anscheinsgefahr und Gefahrenverdacht als überflüssig und irreführend ansieht. Die Begriffe sind praktisch nützlich.
20 BVerwGE 12, 87 ff.
21 Lies OVG Münster, DVBl. 1979, 733 ff. (Vermeintliche Demonstrationsspäher).

»Zustandsstörer« bzw. »Verhaltensstörer« (zu den Begriffen s.u.) anzusehen ist. Im Falle irrtümlicher Gefahrenannahme ist zu fragen, ob der Anscheinsstörer (als »Störer«) *immer* für die Kosten der Maßnahme haftet (meistens wird es sich um Kosten einer »Ersatzvornahme« handeln), oder ob die Kostenfrage unter Risikosphären-Gesichtspunkten differenziert zu betrachten ist. Dies könnte zu einer Entlastung des Anscheinsstörers führen, wenn dieser nur als Zustands-, nicht als Verhaltensstörer haftet und für den Zustand seines Grundstückes (oder einer anderen gefahrauslösenden Sache) nicht verantwortlich gemacht werden kann.[22]

Geht es zunächst nur um »Gefahrermittlung« aufgrund des unspezifischen Verdachtes einer Boden- oder Grundwasserkontamination, um eine solche und ihren eventuellen Verursacher überhaupt erst zu ermitteln, so fallen die Kosten der Behörde zur Last. Bestätigt sich der Verdacht und sind die Ermittlungsmaßnahmen bereits als »Vorstufe der Bekämpfung der Gefahr« anzusehen, so kann der Verantwortliche nach den Vorschriften über die unmittelbare Ausführung einer Maßnahme in Anspruch genommen werden, vgl. § 8 II. In Hessen gelten für die Gewässergefährdung spezielle Vorschriften, welche die Kosten der Gefahrermittlung und Gefahrerforschung in weitem Umfang den Gewässerbenutzern oder auf das Gewässer Einwirkenden auferlegen.

Lies §§ 74, 76 Hessisches Wassergesetz i.d.F. vom 22. Januar 1990. Vgl. im übrigen §§ 4 ff AltlastG vom 20. 12.1994; näher Rehbinder, Umweltrecht, III, 2, 3 (in diesem Band).

4. Die Schutzgüter polizeilichen Handelns

a) *Öffentliche Sicherheit*

Primäre Aufgabe der Polizei ist die Abwehr von Gefahren für die *öffentliche Sicherheit*. § 1 I erwähnt zwar auch die »öffentliche Ordnung« als Schutzgut gleichrangig mit der Sicherheit und folgt damit der Tradition des deutschen Polizeirechts seit dem § 10 II 17 PrALR von 1794 bis zum Musterentwurf einheitlicher Polizeigesetze aus dem Jahr 1977. Doch ist heute außer Streit, daß die Bedeutung der »öffentlichen Ordnung« – vgl. dazu unten – im Zuge der fortschreitenden »Verrechtlichung« der Lebensverhältnisse stark geschrumpft ist. Deshalb hatte schon der *Alternativentwurf AEPolG 1979* auf das Schutzgut der »öffentlichen Ordnung« verzichtet. 1983 folgte der Bremische Gesetzgeber im BremPolG vom 21. März 1983 diesem Vorschlag, den inzwischen auch die Landesgesetzgeber von Niedersachsen, Nordrhein-Westfalen, Saarland und Schleswig-Holstein übernommen haben, ohne daß Schutzlücken erkennbar geworden wären.

---

22 Informativ: *Kokott,* Die dogmatische Einordnung der Begriffe »Störer« und »Anscheinsstörer« in einer zunehmend technisierten Gesellschaft, DVBl. 1992, 749 ff. Im Sinne des Textes: BGHZ 117, 303, DVBl. 1992, 1158 (Kälberschlachtung).

Der Begriff der öffentlichen Sicherheit umfaßt, was früher die polizeiliche Generalklausel deutlich zum Ausdruck brachte, *individualbezogene* und *kollektivbezogene* Elemente. Sie meinen einerseits die Unversehrtheit der privaten Rechte (wie Persönlichkeitsrecht, Eigentum usw.) und der Individualrechtsgüter (wie Leben, Gesundheit, Freiheit, Ehre, Vermögen), andererseits den Bestand und das Funktionieren des Staates und der hoheitlichen Einrichtungen einschließlich der Integrität der objektiven Rechtsordnung. Der Begriff der öffentlichen Sicherheit deckt damit ein sehr weites Anwendungsfeld ab.[23]

Jede drohende oder bereits verwirklichte Verletzung einer objektiven Rechtsnorm, insbesondere der Gebote und Verbote des öffentlichen Rechts, stellt einen Angriff auf die öffentliche Sicherheit dar, sofern das öffentliche Interesse dabei berührt wird. Die Polizei kann sich soweit auf die Feststellung der drohenden Verletzung der rechtsgutschützenden Rechtsnorm beschränken, sie braucht nicht noch gesondert zu prüfen, ob das Schutzgut im konkreten Falle auch wirklich gefährdet oder verletzt ist, ob also z.B. die Gesundheit der Nachbarn durch den Lärm in concreto beeinträchtigt wird oder nicht. Die öffentlich-rechtliche Durchnormierung vieler Lebensbereiche führt auf diese Weise dazu, daß der polizeiliche Schutz aus dem Bereich der konkreten Gefahren in das Feld der abstrakten *Gefahrenvorsorge* und -verhütung *vorverlagert* wird. Bei Verstößen gegen Straftatbestände genügt es also, strafrechtlich gesprochen, daß der Täter tatbestandsmäßig und rechtswidrig gehandelt hat, schuldhaftes Handeln und konkrete Strafbarkeit des Täters sind nicht erforderlich.[24]

Zum Aufgabenfeld »öffentliche Sicherheit« gehört insbesondere der Schutz der durch Strafrechtsnormen bewahrten Rechtsgüterordnung. Zunehmende Bedeutung gewinnt hier die systematische *vorbeugende Verbrechensbekämpfung,* deren Wirksamkeit nicht durch enge Landesgrenzen behindert werden darf. Andererseits muß die Polizeihoheit der Länder gewahrt bleiben, was auch in § 5 I BKAG (Gesetz über die Einrichtung eines Bundeskriminalpolizeiamtes (Bundeskriminalamtes) vom 29. Juni 1973) und in § 8 I PolOrgVO Ausdruck gefunden hat.

Auf gesetzlicher Grundlage kann eine enge Zusammenarbeit zwischen Bund und Ländern hergestellt werden.

Der Bestand des Staates und seiner Einrichtungen sowie deren Funktionieren sind Schutzgegenstand des politischen Strafrechts, zugleich aber auch Gegenstand der Tätigkeit der Ämter für Verfassungsschutz, Art. 73 Nr. 10 b) GG.[25] Hier ergeben

---

23 An die klassische Formulierung der polizeilichen Generalklausel in § 10 (Teil) II (Titel) 17 PrALR sei hier erinnert: »Die nöthigen Anstalten zur Erhaltung der öffentlichen Ruhe, Sicherheit und Ordnung, und zur Anwendung der dem Publico, oder einzelnen Mitgliedern desselben, bevorstehenden Gefahr zu treffen, ist das Amt der Polizey«. Heute definiert das Gesetz über die öffentliche Sicherheit und Ordnung des Landes Sachsen-Anhalt vom 19. Dezember 1991 in § 3: »Öffentliche Sicherheit (ist) die Unverletzlichkeit der Rechtsordnung, der subjektiven Rechte und Rechtsgüter des einzelnen sowie des Bestandes, der Einrichtungen und Veranstaltungen des Staates oder sonstiger Träger der Hoheitsgewalt.«
24 Vgl. BVerwGE 64, 55, 61, betr. § 103 StGB.
25 Lies: § 3 BVerfSchG vom 20. Dezember 1990, Aufgaben der Verfassungsschutzbehörden.

sich Probleme der Abgrenzung, aber auch der Zusammenarbeit der Strafverfolgungs-, der Verfassungsschutz- und der Polizeibehörden. Die Zuständigkeitsabgrenzung muß nach der gesetzlichen Aufgabenbestimmung erfolgen. Die Tätigkeit der Verfassungsschutzämter in Bund und Ländern ist danach beobachtender und informierender, keinesfalls »exekutivischer« Natur; ihnen obliegt die »Sammlung und Auswertung von Informationen, insbesondere von sach- und personenbezogenen Auskünften, Nachrichten und Unterlagen« über, kurz gesagt, verfassungsfeindliche Bestrebungen und geheimdienstliche Tätigkeiten für eine fremde Macht, vgl. § 3 I BVerfSchG vom 20. 12. 1990.

Für das Verhältnis der Sicherheitsbehörden zueinander gilt der wichtige Grundsatz der funktionellen und organisatorischen *Trennung von Verfassungsschutz und Polizeibehörden,* vgl. § 2 I 3 BVerfSchG.[26] Dem Prinzip kommt nicht formell, aber inhaltlich der Rang von Verfassungsrecht zu; seine Mißachtung verstieße gegen das Rechtsstaatsprinzip. Polizeiliche Befugnisse oder Weisungsbefugnisse stehen dem Bundesamt für Verfassungsschutz – und entsprechendes gilt für die Landesämter – nicht zu; es darf die Polizei auch nicht im Wege der Amtshilfe um Maßnahmen ersuchen, zu denen es selbst nicht befugt ist: § 8 III BVerfSchG. Beim Einsatz nachrichtendienstlicher Mittel darf der Verfassungsschutz allerdings in begrenztem Umfang in die Persönlichkeitssphäre des Bürgers eindringen. Damit das Trennungsgebot nicht durch eine extensive *Amtshilfepraxis* unter Berufung auf Art. 35 I GG ausgehöhlt werden kann, hat der Gesetzgeber unter dem Einfluß des Volkszählungsgesetz-Urteils (BVerfGE 65, 1 ff.) in den §§ 17 ff. des BVerfSchG die zulässige *Informationshilfe* durch Austausch personenbezogener Daten zwischen den Sicherheitsbehörden speziell geregelt.

Zwischen dem Generalbundesanwalt und dem Bundeskriminalamt einerseits (lies: § 5 BKAG), den Generalstaatsanwälten der Länder und den Landeskriminalämtern andererseits sowie den Verfassungsschutzbehörden drittserseits kann es, besonders bei der Bekämpfung des organisierten, politisch motivierten Terrorismus, aber auch bei anderen Erscheinungsformen des organisierten Verbrechens, zu *Funktions- und Zuständigkeitsüberschneidungen und Interessenkollisionen* kommen. Die Strafverfolgungsbehörden sind an der Festnahme entdeckter Straftäter interessiert; die Verfassungsschutzbehörden möglicherweise an einer Festnahme erst zu einem späteren Zeitpunkt, um durch Beobachtung des einen Bandenmitglieds die Aufdeckung logistischer Strukturen (konspirativer Wohnungen z.B.) oder anderer Mittäter zu ermöglichen. Dem Bundeskriminalamt und in letzter Instanz dem Bundesinnenminister kommen hierbei wichtige Befugnisse und Pflichten der Koordination und frühzeitigen Unterrichtung zu.

Das ungestörte Funktionieren der staatlichen Organe und Einrichtungen ist ein weiteres wichtiges Schutzgut der öffentlichen Sicherheit. Den Hoheitsträgern: den Verwaltungsbehörden, den öffentlich-rechtlichen Körperschaften und Anstalten ste-

---

26 Dazu näher *Denninger,* ZRP 1981, 231 ff., und KritV 1994, 232 ff., sowie in: Benda/Maihofer/Vogel, Handbuch des Verfassungsrechts, 2. Aufl. 1994, Kap. 3, Rdnr. 53. S. ferner *Ostheimer,* Verfassungsschutz nach der Wiedervereinigung, Diss. Frankfurt a.M., 1993.

hen eigene rechtliche Befugnisse zum Schutz ihrer Tätigkeit und ihrer sächlichen Ausstattung (also der Dienstgebäude, -fahrzeuge, Apparate, Museumsexponate usw.) zu. Eine Sonderstellung nehmen hier die Organe der Legislative ein. Der Präsident des Bundestages und die Präsidenten der Landtage haben, räumlich auf die Parlamentsgebäude begrenzt, selbst die Stellung von (Sonder-)Polizeibehörden.[27] Dem Leiter einer Behörde, dem Vorstand einer Körperschaft oder einer Anstalt stehen die *Ordnungsgewalt* und das *(öffentlich-rechtliche) Hausrecht* zu.[28] Der Vorsitzende eines Gerichts übt die »Sitzungspolizei« aus, § 176 GVG, d.h. er wahrt die äußere Ordnung während der Verhandlung. Im übrigen werden die Polizeibehörden, die zur Ausübung unmittelbaren Zwangs befugt und unter Umständen verpflichtet sind (vgl. §§ 54, 56 I), im räumlichen Funktionsbereich eines anderen Hoheitsträgers nur auf dessen ausdrückliches *Ersuchen* hin tätig, sofern nicht für ein wichtiges Rechtsgut Gefahr im Verzuge ist. §§ 44 ff. regeln die Einzelheiten dieser sog. *Vollzugshilfe,* die als eigenständige Polizeiaufgabe in § 1 V genannt wird. Die in §§ 4 bis 8 HVwVfG über die *Amtshilfe* getroffenen Regelungen sind auf die Vollzugshilfe subsidiär anzuwenden.

Schließlich darf die Polizei die notwendigen Maßnahmen zum Schutze ihrer eigenen Tätigkeit ergreifen. Häufig wird eine sog. *Platzverweisung* hierzu ausreichen. Schaulustige, die den Einsatz der Feuerwehr oder andere Hilfs- oder Rettungsmaßnahmen behindern, können auf diese Weise des Aufenthaltes an der Unglücksstelle verwiesen werden, § 31. Dagegen ist der sog. *Verbringungsgewahrsam,* durch den Nichtseßhafte an einen anderen Ort, z.B. an den Stadtrand »verbracht« und dort wieder in die Freiheit entlassen werden, rechtlich nicht zulässig, sofern nicht die besonderen Voraussetzungen der Ingewahrsamnahme, § 32, vorliegen.[29] Wird die Polizei zur Strafverfolgung auf Grundlage der StPO tätig, so bietet § 164 StPO ihr eine Waffe zur Abwehr von Störungen bei Amtshandlungen.

Die Platzverweisung darf ihren Charakter als bloß vorübergehendes Ge- oder Verbot nicht überschreiten, sonst müßte sie als Einschränkung des Grundrechts der Freizügigkeit (Art. 11 GG) qualifiziert werden. Hierzu besitzt aber der Bund die ausschließliche Gesetzgebungsbefugnis, Art. 73 Nr. 3 GG. Der Bund könnte gemäß Art. 71 GG das Land Hessen durch eine ausdrückliche Regelung zur Beschränkung der Freizügigkeit ermächtigen. Das hat er jedoch, jedenfalls in bezug auf die Maßnahme nach dem HSOG, nicht getan. Deshalb ist § 10, insoweit er zur Einschränkung des Freizügigkeitsrechts ermächtigt, grundgesetzwidrig; Verweisungsmaßnahmen der Polizei müssen unterhalb der Schwelle des Eingriffs in den Schutzbereich des Art. 11 I GG bleiben.[30]

---

27   Für den Bund: Art. 40 II GG. Hessen: Art. 86 Satz 4 HV.
     Ähnlich in den anderen Landesverfassungen. Zur Bannmeile vgl. Hess. Bannmeilengesetz vom 25. Mai 1990.
28   Für Hochschulen vgl.: § 62 I 3 HRG; § 10 III HUG.
29   Vg. dazu *Maaß,* NVwZ 1985, 151 ff. S. unten II. 3. h).
30   Zur Platzverweisung: *Rachor* in Lisken/Denninger, Kap. F, Rdnr. 268 ff.; *Wagner,* § 12, Rdnr. 4 (vgl. u. II.3.e); zur Kompetenzdelegation an den Landesgesetzgeber: Maunz/Dürig/Herzog/Scholz, 1970, Art. 11, Rdnr. 56, *Meixner,* HSOG, § 10, Rdn. 6, hält § 10 hingegen für verfassungsmäßig.

Die Freizügigkeit von *Ausländern* kann durch eine räumlich beschränkt erteilte Aufenthaltsgenehmigung begrenzt (§ 12 I AuslG), ihre politische Betätigung, auch etwa anläßlich eines Staatsbesuches, beschränkt oder untersagt werden (§ 37 AuslG).
Umstritten ist der Fall des autofahrerfreundlichen Warners vor einer versteckten Radar-Geschwindigkeitskontrolle der Polizei. Einerseits ist es nicht Ziel und Aufgabe der Polizei, möglichst viele Verkehrssünder zu erwischen und mit Bußgeldern zu belegen. Insofern beeinträchtigt der Warner die Arbeit der Polizei nicht. Andererseits vereitelt der erfolgreiche Warner die Chance der Polizei, die durch überhöhte Geschwindigkeit bereits begangenen Ordnungswidrigkeiten entdecken und mithin die Verstöße gegen die §§ 3, 49 StVO verfolgen zu können. Die Erfüllung dieser polizeilichen Aufgabe wird behindert.[31]

b) *Subjektive Rechte des einzelnen und Individualgüter*

Private Rechte des einzelnen (vermögenswerte oder nichtvermögenswerte Rechte, absolute oder relative Rechte) und *Individualgüter* wie Würde, Ehre, Freiheit, Leben, Gesundheit, fallen in den Schutzbereich der öffentlichen Sicherheit, wenn und soweit das öffentliche Interesse dies gebietet. Allerdings ist der einzelne gehalten, den Schutz seiner Rechte und Rechtsgüter primär durch Anrufung der zuständigen Gerichte zu bewirken, in deren Verfahren auch geeignete Instrumente des vorläufigen, aber eiligen Rechtsschutzes zur Verfügung stehen (z.B. §§ 916 ff., 935 ff. ZPO). Nur wenn ein wirksamer Schutz auch auf diesem Wege zu spät käme und wenn »ohne gefahrenabwehrbehördliche oder polizeiliche Hilfe die Verwirklichung des Rechts vereitelt oder wesentlich erschwert werden würde« (§ 1 III), kann die Hilfe dieser Behörden in Anspruch genommen werden. Sie muß sich auf die einstweilige Sicherung des bedrohten Rechtes beschränken und darf in der Regel keine endgültigen Regelungen treffen.
Stets wird zu prüfen sein, ob der Angriff auf das Individualrechtsgut nicht zugleich eine Norm des öffentlichen Rechts, etwa des Strafrechts, verletzt. Dann ist die öffentliche Sicherheit schon aus diesem Grunde gefährdet. Der Einzelne wird mit seinen Rechtsgütern nach herkömmlicher Lehre als »Mitglied des Publikums« – so schon das PrALR – oder als *»Repräsentant der Allgemeinheit«* geschützt. Im Lichte der herrschenden Grundrechtslehre des Bundesverfassungsgerichts, welches in den Grundrechten nicht nur subjektive Abwehrrechte gegen Staatseingriffe sieht, sondern auch eine objektivrechtliche Wertentscheidung der Verfassung mit der Folge einer daraus entspringenden *Schutzverpflichtung des Staates,*[32] ist das öffentliche Interesse immer berührt, wenn die bedrohten Individualrechtsgüter grundrechtlich geschützt sind (was bei Ehre, Leben, Eigentum, Freiheit usw. ja der Fall ist). Ob die

---

31 Vgl. OLG Düsseldorf, JZ 1960, 258, m.Anm. von *F. Mayer;* Schenke, Rdnr. 24; Würtemberger/ Heckmann/Riggert, Rdnr. 275.
32 BVerfGE 7, 198 (205); 39, 1 (41); 77, 170 (214) u.a. Zur Kritik s. *Denninger,* Der gebändigte Leviathan, S. 143, 146 ff.; *Böckenförde,* Der Staat 1990, 1 ff.

Polizei dann also einschreiten darf oder sogar muß, hängt von der Intensität des *sozialen Bezuges* und der *sozialen Funktion* ab, in welchen sich das bedrohte Rechtsgut befindet. Dabei geht die Möglichkeit gerichtlichen Schutzes, sofern rechtzeitig erreichbar, immer vor.

Diese Rolle des *sozialen Bezuges* wird in den Fällen der *Selbstgefährdung* deutlich. Liegt ein Fall der reinen Selbstgefährdung vor, werden also Rechtsgüter Dritter oder der Allgemeinheit nicht in Mitleidenschaft gezogen, und ist der Waghalsige hinsichtlich des gefährdeten Rechtsgutes uneingeschränkt verfügungsberechtigt, so darf die Polizei nicht eingreifen. Artistische Kunststücke (von »Todesfahrern« oder »-springern«, Raubtierbändigern oder Hochseilartisten) gehören ebenso dazu wie medizinische Selbstversuche. Doch kann die Polizei Auflagen erteilen, um Dritte zu schützen – Dompteur und Tiger agieren beide innerhalb eines das Publikum schützenden Käfigs – oder um eine Lebensgefahr gering zu halten.[33] Vielfach sind Selbstgefährdungen nicht ohne sozialen Bezug, weshalb der *Gesetzgeber* ebenso wie die Polizei auf das Eigenschutz-Interesse des Bürgers einwirken darf, z.B. durch die Anordnung der Gurtpflicht oder Helmpflicht für Auto- und Motorradfahrer. Auch das leichtsinnige alpine Klettern bleibt nicht im Bereich reiner Selbstgefährdung, da man die risikoreichen und kostspieligen Einsätze der Bergwacht mitbedenken muß.

Aus der Schutzpflicht des Staates für das Rechtsgut »Leben« (Art. 2 II 1 GG) ergibt sich für die Polizei in der Regel die Pflicht, drohenden *Selbstmord* abzuwenden. Andererseits gibt es keine polizeilich erzwingbare Pflicht zum Leben; der Patient kann die Einwilligung in den (vielleicht) lebensrettenden operativen Eingriff rechtswirksam verweigern. In der Praxis löst die Polizei das Problem im Zweifel richtig, wenn sie den Suizidwilligen als eine Person behandelt, die sich »erkennbar in einem die freie Willensbestimmung ausschließenden Zustand« befindet und ihn deshalb nach § 32 I in Schutzgewahrsam nimmt. Der Gesetzgeber hat auch an anderer Stelle, bei der medizinischen Zwangsbehandlung und Zwangsernährung von Gefangenen, den Eintritt akuter Lebensgefahr als die äußerste Grenze bezeichnet, jenseits welcher die staatlichen Organe die Willensbestimmung des Gefährdeten nicht mehr respektieren dürfen.[34]

Auf spezialgesetzlicher Grundlage kann der Staat als gemeinwohlschädlich angesehene Selbstgefährdungen auch unterhalb der Schwelle der Lebensgefahr bekämpfen. So können rauschgift- oder alkoholsüchtige Personen in einer geschlossenen Krankenabteilung sogar dann untergebracht werden, wenn sie nur für sich selbst eine erhebliche und anders nicht abwendbare Gefahr bilden. Das Gesetz sieht eine

---

33 Das BVerwG (E 82, 45, 48 f., 1989) erkennt das Recht zur Selbstgefährdung an, freilich nur bis zur Grenze der Selbstmordgefahr. »Das Selbstbestimmungsrecht schließt die Befugnis ein, darüber zu entscheiden, welchen Gefahren sich der einzelne aussetzen will. Es widerspricht im Kern dem umfassenden Persönlichkeitsrecht, das vom Grundgesetz durch die zentralen Grundrechtsnormen des Art. 2 Abs. 1 und Art. 1 Abs. 1 GG gewährleistet wird, staatlichen Behörden die Befugnis einzuräumen, dem Staatsbürger vorzuschreiben, was er im Interesse seines Eigenschutzes zu tun hat ... «

34 Vgl. § 101 StrVollzG vom 16. 3. 1976. Immer findet die Zwangsmaßnahme ihre Grenze an der »Zumutbarkeit«.

Höchstdauer der Unterbringung von zwei Jahren vor. Sofern die Unterbringung auf eine bloße Verwahrung hinausläuft und nicht von Heilmaßnahmen begleitet wird, ist eine so erhebliche Freiheitsbeschneidung verfassungsrechtlich bedenklich. Die Maßnahme darf, schon im Hinblick auf Art. 104 II GG, nur durch den Richter (Amtsgericht) angeordnet werden.[35]

c) *Öffentliche Ordnung*

Die noch herrschende, freilich mehr und mehr zerbröckelnde herrschende Meinung, der insoweit auch das HSOG folgt, hält am Begriff der »öffentlichen Ordnung« als einem zweiten selbständigen Schutzgut neben der »öffentlichen Sicherheit« fest.[36] Dabei ist die Kategorie der öffentlichen Ordnung als selbständiges polizeiliches Schutzgut entbehrlich; alles polizeilich Schützenswerte kann im Rahmen der öffentlichen Sicherheit entweder spezialgesetzlich oder über die allgemeine Befugnisklausel (§ 11) ausreichend geschützt werden. Aus dieser Einsicht heraus haben die Polizeigesetzgeber der Länder Bremen (dort schon mit dem Gesetz vom 21. 3. 1983!), Niedersachsen, Nordrhein-Westfalen, Saarland und Schleswig-Holstein in ihren neuen Polizeigesetzen auf die Kategorie der öffentlichen Ordnung verzichtet; und es ist nichts darüber bekannt geworden, daß die Sicherheit der Bürger oder die »öffentliche Moral« in diesen Teilen der Bundesrepublik darunter gelitten hätten. Der Begriff der öffentlichen Ordnung als selbständiges Schutzgut ist nicht nur entbehrlich, sondern darüber hinaus sogar schädlich, weil er, wenn er mit inhaltlichen Vorstellungen über eine bestimmte »objektive Wertordnung« in Fragen des Freiheitsgebrauchs, der Religion, des Ästhetischen oder der Sexualethik aufgeladen wird, allzu leicht zur Intoleranz gegenüber Minderheiten führen kann, deren Auffassungen und Verhaltensweisen von denjenigen der Mehrheit abweichen. Hinzu kommen hier unlösbare Probleme a) der Abgrenzung der relevanten Mehrheit (Kleinstadt? Großstadt? Region? »Das emsländische Volk«? (Vgl. BVerwGE 1, 303 f., Film »Die Sünderin«), »einzelne Bevölkerungskreise«, welche? Das ganze, pluralistisch differenzierte Deutschland? Minima moralia eines integrierten Europas?) und b) der rechtsstaatlich unbedenklichen Feststellung des Inhaltes der in dem für maßgeblich erklärten Bezirk »jeweils herrschenden Anschauungen«. Das Anstandsgefühl eines Polizeipräsidenten oder eines Amtsrichters/Verwaltungsrichters darf hier wohl nicht allein maßgeblich sein, zumal es sich häufig um sozialethische »Grenzfälle« handeln wird.[37]

»Öffentliche Ordnung« ist gemäß der Definition des Gesetzgebers des Landes Sachsen-Anhalt in Anlehnung an die Tradition des Preußischen Oberverwaltungsge-

---

35 Vgl. §§ 1 und 2 des hessischen Gesetzes über die Entziehung der Freiheit geisteskranker, geistesschwacher, rauschgift- oder alkoholsüchtiger Personen, vom 19. Mai 1952.
36 Zum Streitstand und zur Kritik vgl. *Denninger* in Lisken/Denninger, Kap.E, Rdnr. 25 ff.
37 Weiteres Fallmaterial: OVG Koblenz, DÖV 1995, 965 ff. zum Verbot von Kampfspielen mit Laserpistolen; V. Holzkämper, Die Unterbindung agressiven Bettelns als Rechtsproblem, NVwZ 1994, 146 ff.

richts[38] »die Gesamtheit der im Rahmen der verfassungsmäßigen Ordnung liegenden umgeschriebenen Regeln für das Verhalten des einzelnen in der Öffentlichkeit, deren Beachtung nach den jeweils herrschenden Anschauungen als unerläßliche Voraussetzung eines geordneten staatsbürgerlichen Zusammenlebens betrachtet wird.«

In einer pluralistischen Demokratie ist es aber die Prärogative und die Pflicht des *Gesetzgebers,* allenfalls des Verordnungsgebers (einschließlich der »Gefahrenabwehrverordnungen«, s.u.), darüber zu entscheiden, was für das Zusammenleben »unerläßlich« ist. Aus dem Schweigen des Gesetzgebers zu einer solchen »Grenzfrage« kann man entweder folgern, eine Entscheidung in einer bestimmten Richtung sei nicht »unerläßlich« oder aber, die Auffassungen divergierten so stark und vielfältig, daß von »herrschenden Anschauungen« fairerweise nicht gesprochen werden könne. Die Unsicherheiten der Rechtsprechung zur parallel liegenden Problematik der Auslegung des »Sittengesetzes« im Sinne des Art. 2 I GG oder der »guten Sitten« im Sinne des § 33 a II GewO im Gewerberecht bestätigen das Gesagte. In seiner Rechtsprechung zur Sittenwidrigkeit von Peep-Shows[39] nimmt das Bundesverwaltungsgericht zunächst für sich in Anspruch, den Inhalt der »Menschenwürde« konkret-situationsbezogen *»objektiv«* bestimmen zu können. Eine »objektive« Verletzung der Menschenwürde könne auch nicht durch Freiwilligkeit (Einwilligung) der Verletzten gerechtfertigt werden. Hier müsse »die Menschenwürde wegen ihrer über den einzelnen hinausreichenden Bedeutung auch gegenüber der Absicht des Betroffenen verteidigt werden, seine vom objektiven Wert der Menschenwürde abweichenden subjektiven Vorstellungen durchzusetzen« (a.a.O., 280). Den »objektiven Wert« »objektiv« zu bestimmen, sei aber offenbar nur das Gericht in der Lage, freilich sagt es nicht (und wäre dazu auch gar nicht imstande), wie und nach welchen Maßstäben diese Bestimmung erfolgen soll. Denn »Werte« haben kein »objektives« Sein, sie beanspruchen Geltung.

In der jüngsten Entscheidung, in der das Bundesverwaltungsgericht seinen Standpunkt gegen Kritik verteidigt,[40] scheint es die Brüchigkeit des Menschenwürde-Wert-Objektivismus zu spüren, denn jetzt soll es eines Rückgriffs auf das Argument der Menschenwürdeverletzung gar nicht mehr bedürfen, um die Sittenwidrigkeit einer Peep-Show zu begründen: »Nach Auffassung des erkennenden Senats (desselben 1. Senats wie im Urteil von 1981) sind die Peep-Show-Veranstaltungen der Klägerin unabhängig von der genannten Wertentscheidung des Grundgesetzes sittenwidrig.« Vielmehr soll jetzt die Sittenwidrigkeit von der Vereinbarkeit mit der »vorherrschenden sozialethischen Überzeugung« abhängen und sogar bei sozialethi-

---

38 Vgl. Gesetz über die öffentliche Sicherheit und Ordnung des Landes Sachsen-Anhalt, vom 19. 12. 1991, GVBl. S. 538, § 3 Nr. 2; ferner: PrOVGE 91, 139, 140, vom 9. 11. 1933 (!) betr. Damenboxkämpfe.
39 Leading case: BVerwGE 64, 274, vom 15. 12. 1981. Zur Kritik vgl. statt vieler *Gusy,* Sittenwidrigkeit im Gewerberecht, DVBl. 1982, 984. Weitere Fälle: OVG Koblenz, DÖV 1995, 965 f.; VG Neustadt, NVwZ 1993, 98 (»Zwergenweitwurf«).
40 BVerwGE 84, 314, bes. 317 ff.

scher Mißbilligung eines bestimmten Geschehens könne die Rechtsgemeinschaft »Gründe haben, das Geschehen in gewissen Grenzen hinzunehmen« (318). Bemerkenswert (und höchst bedenklich) ist, was das Gericht über die Erkennbarkeit dieser »vorherrschenden Überzeugung« verlauten läßt, von der umstandslos vorausgesetzt wird, daß es sie überhaupt gibt. Die »guten Sitten« in dieser Auslegung bilden einen wesentlichen Teil der »öffentlichen Ordnung«; die Probleme der Erkennbarkeit sind dieselben. »Als Indizien für eine in der Rechtsgemeinschaft vorherrschende Überzeugung kommen u.a. die Behördenpraxis, die Rechtsprechung und die von ihnen ausgelösten Reaktionen der Öffentlichkeit in Betracht« – meint das Bundesverwaltungsgericht (318). Das ist wenigstens eine ehrliche Variation zum Thema: »Die (vor)herrschende Meinung ist die Meinung der Herrschenden« (K. Marx). Der immer wieder in Rechtfertigungsabsicht betonte geschichtliche Wandel der sozialethischen Wertvorstellungen kann demnach immerhin in dem Maße stattfinden, in dem »Behördenpraxis« und »Rechtsprechung« ihn zulassen! Weniger freundlich gesagt: Das ist spätwilhelminisch-autoritäre staatliche Sittenwächterei, welche von der Funktion eines öffentlichen und pluralistischen Meinungsbildungsprozesses für eine demokratische, freiheitliche Zivilgesellschaft nichts begriffen hat.

Der Begriff der »öffentlichen Ordnung« erscheint in mehreren Gesetzen als Tatbestandsmerkmal, z.B. in Art. 13 III GG und in § 118 OWiG (»Grober Unfug«), sowie als Überschrift des 7. Abschnitts des StGB, Besonderer Teil. Ein Verstoß gegen diese Norm des Ordnungswidrigkeitenrechts ist, wie ausgeführt, immer schon eine Gefährdung oder Verletzung der öffentlichen *Sicherheit*. Diese ist auch in anderen polizeilichen Lagen betroffen, zu deren Bewältigung man früher den Rekurs auf die »öffentliche Ordnung« für erforderlich hielt (Leichtigkeit des Straßenverkehrs, Obdachlosigkeit, Selbstmordgefahr).

Wo immer man den Begriff der »öffentlichen Ordnung« oder einen ähnlichen Begriff, z.B. den der »guten Sitten« (s.o.), als Tatbestandsmerkmal auszulegen und zu subsumieren hat, ist an die elementare Bedeutung wechselseitig zu übender *Toleranz* für das Zusammenleben in einer Demokratie zu erinnern. Gleichviel, ob man glaubt, den Begriff der »öffentlichen Ordnung« entbehren zu können oder nicht, sollte sich die Polizei doch in allen Fragen der Religion, Kunst und Sittlichkeit oder gar des »patriotischen Empfindens« größte Zurückhaltung auferlegen und sich der Mahnung *Otto Mayers* erinnern, »daß in diesen Dingen mit täppischem Dreinfahren viel geschadet werden kann.«[41]

---

41 O. *Mayer*, Deutsches Verwaltungsrecht 1, 3. Aufl. 1924, S. 215. Dazu *Denninger*, Polizei in der freiheitlichen Demokratie, 1968, S. 32.

5. Polizei- und ordnungsrechtliche Verantwortlichkeit (Begriff des Störers)

a) *Verhaltensstörer und Zustandsstörer*

Die Polizei erfüllt ihre Aufgaben entweder selbst oder durch Dritte. Nur ein Teil ihrer Tätigkeit dient unmittelbar der Gefahrenabwehr, ein wesentlicher anderer Teil, wie Streifengänge und -fahrten, dient der allgemeinen Überwachung, also der *Gefahrenvorbeugung* (es liegt insoweit noch keine konkrete Gefahr vor!), oder steht im Zusammenhang mit der Wahrnehmung anderer gesetzlich übertragener Aufgaben, unter denen die Straftatenermittlung und -verfolgung den ersten Platz einnimmt. Bei der Gefahren- und Störungsbeseitigung kann die Polizei sich »wie ein Privater« der Hilfe Dritter bedienen, so, wenn sie ein offensichtlich herrenloses, verkehrsbehinderndes Autowrack, dessen früherer Eigentümer nicht feststellbar oder nicht erreichbar ist, durch eine Spezialfirma abschleppen läßt. Zwischen der Firma und der Polizei entsteht ein nach bürgerlichem Recht abzuwickelndes Vertragsverhältnis (Werkvertrag). In solchen Fällen spricht man von *»unmittelbarer Ausführung einer Maßnahme«* (vgl. § 8!). Die eigentlich für die Gefahrenbeseitigung verantwortliche Person ist, sobald sie ermittelt worden ist, unverzüglich von der Maßnahme zu unterrichten. Außerdem können ihr durch einen Kostenbescheid nach § 8 II die Kosten der Maßnahme auferlegt werden. Zur schwierigen Abgrenzung der »unmittelbaren Ausführung« von dem »Sofortvollzug« als Anwendung von Verwaltungszwang vgl. u. IV. 3 e.

Im Regelfall muß die Polizei zur Beseitigung einer Gefahr gegen den oder die nach dem Gesetz dafür *Verantwortlichen* vorgehen. Der Ausdruck *»Störer«* ist hierfür ein anderer, herkömmlicher Begriff, dem keinerlei moralisches Unwerturteil anhaftet. Die Polizei wendet sich also mit einem konkreten *Ge- oder Verbot*, d.h. mit einer »polizeilichen Verfügung« »hoheitlich-obrigkeitlich« an den *»polizeipflichtig«* gewordenen Verantwortlichen. Diese Polizeipflicht des Bürgers, die nirgendwo ausdrücklich geschrieben steht, sich aber als Synopse des normativen Gehalts vieler Einzelvorschriften ergibt, hat zum Inhalt, daß jedermann sich so zu verhalten und die seiner Sachherrschaft unterworfenen Gegenstände so zu verwalten hat, daß keine Gefahren für die öffentliche Sicherheit entstehen.

Nur in dem besonderen Ausnahmefall des *polizeilichen Notstandes* (vgl. unten) darf die Polizei nicht Verantwortliche, sogenannte *»Nichtstörer«*, in Anspruch nehmen (§ 9).

Als polizeipflichtig kommen natürliche oder juristische Personen in Betracht, aber auch Offene Handelsgesellschaften, Kommanditgesellschaften und nichtrechtsfähige Vereine, für die jeweils die zur Geschäftsführung Befugten in Anspruch genommen werden können.[42]

Die Eigenschaft als Störer, an die das Polizeirecht die wichtigsten Rechtsfolgen: den belastenden Verwaltungsakt, zumeist mit Kostenfolge, anknüpft, wird auf zweierlei

---

42 Zur Polizeipflicht juristischer Personen *des öffentlichen Rechts* vgl. unten 5. e).

Weise vermittelt: (1) entweder durch das Verhalten einer Person oder (2) durch den Zustand einer Sache oder eines Tieres, für den der Störer einzustehen hat. Demnach unterscheidet man den *Verhaltensstörer* oder *Verhaltensverantwortlichen* und den *Zustandsstörer* oder *Zustandsverantwortlichen (§§ 6 und 7)*.

(1) *Verhaltensstörer* ist jeder, der allein oder im Zusammenwirken mit anderen eine Gefahr »verursacht« hat, § 6 I. Das Polizeirecht, das die *öffentliche* Sicherheit zu schützen hat, betrachtet dabei den Bürger als Störer gewissermaßen nur von außen wie eine »black box«, deren moralisches, psychisches oder auch ökonomisches Innenleben es nicht interessiert, auch nicht zu interessieren hat. Deswegen ist der polizeirechtliche Störerbegriff von zivil- oder strafrechtlichen Eingrenzungen abgelöst: weder auf Geschäftsfähigkeit noch auf Verschulden im bürgerlichrechtlichen oder auf Schuld im strafrechtlichen Sinne kommt es an. Ein Kind kann ebenso gut Störer sein wie ein Geisteskranker oder ein Volltrunkener. Bewußtes Handeln ist nicht erforderlich, bloße Reflexbewegungen reichen aus. Ein Unterlassen kann die Polizeipflicht allerdings nur auslösen, wenn eine Pflicht zum Handeln bestand.

Grundsätzlich unterliegen alle Personen im Inland der polizeilichen Verantwortlichkeit, gleichgültig, ob sie deutsche oder ausländische Staatsangehörige oder Staatenlose sind. Doch gelten hier kraft Völkerrechts gewisse Ausnahmen; weitere Einschränkungen ergeben sich für Abgeordnete aus dem Recht der parlamentarischen Immunität.

Mitglieder des *diplomatischen oder konsularischen Dienstes* (Botschafter, Gesandte, Attachés, Konsuln usw.), ihre Angehörigen und Hausbediensteten genießen in abgestuftem Umfang *Exemtion* von inländischer Gerichtsbarkeit und Verwaltungshoheit, vgl. §§ 18 ff. GVG.[43] Das Grundstück der diplomatischen Mission bleibt zwar Teil des Staatsgebiets des Empfangsstaates, doch darf dieser auf ihm keine Hoheitsakte setzen. Ohne Zustimmung des Missionschefs darf die Polizei das Botschaftsgelände und die darauf befindlichen Gebäude weder in präventiver noch in repressiver Absicht betreten oder durchsuchen oder dort Beschlagnahmen durchfuhren. Der ein- oder ausgehende Fernmeldeverkehr der Botschaft darf nicht überwacht werden, vgl. sonst § 100 a StPO.

Diese Immunität und Exemtion werden den Diplomaten (usw.) nicht als persönliches Privileg, sondern um der Funktionsfähigkeit der Mission willen gewährt; der Entsendestaat kann rechtswirksam auf diesen Schutz seiner Diplomaten verzichten. Im übrigen sind diese kraft Völkerrechts gehalten, die materielle Rechtsordnung, z.B. auch die Straßenverkehrsordnung des Empfangsstaates zu beachten. Braust jedoch der Wagen des Botschafters bei Rotlicht über die Kreuzung, bleibt ein etwaiger Bußgeldbescheid ohne Wirkung.

Nur in Notwehr- und Notstandssituationen kann die Polizei auch gegen Angehörige des diplomatischen Dienstes vorgehen: auch diese dürfen andere Personen nicht mit

---

43 Im einzelnen vgl. Wiener Übereinkommen über diplomatische Beziehungen vom 16. 4. 1961 (BGBl. 1964 II, 957 ff.), sowie das Wiener Übereinkommen über konsularische Beziehungen vom 24. 3. 1963 (BGBl. 1969, II, 1585 ff.).

Waffengewalt angreifen. Allerdings muß man insoweit nicht nur ein Nothilferecht der Polizeibeamten, sondern eine »echte« hoheitliche Eingriffsbefugnis bejahen. Eine weitere Einschränkung der polizeilichen Tätigkeit kann sich aus der *parlamentarischen Immunität der Bundestags- oder Landtagsabgeordneten* ergeben, Art. 46 II, III, IV GG, Art. 96 HV. Beschränkungen ihrer persönlichen Freiheit einschließlich körperlicher Durchsuchungen oder Untersuchungen bedürfen der Genehmigung des Bundestages bzw. Landtages. Nimmt die Polizei einen Abgeordneten zur Rettung aus Leib- oder Lebensgefahr in Schutzgewahrsam (§ 32 I Nr. 1), so genügt die nachträgliche Einholung der Genehmigung. Die Einwilligung des Abgeordneten in Freiheitsbeschränkungen ist insoweit unbeachtlich: auch das parlamentarische Immunitätsrecht dient primär der Funktionsfähigkeit des Parlaments.[44]
Eine polizeiliche Verantwortlichkeit für das *Verhalten anderer* sieht das Gesetz in zwei Fällen vor: 1. als »Haftung« des Aufsichtspflichtigen für das noch nicht vierzehn Jahre alte Kind (§§ 1626 ff., 1705 ff. BGB), das Mündel oder den Betreuten (§§ 1896 ff. BGB); und 2. als Verantwortlichkeit des Geschäftsherrn für den von ihm bestellten Verrichtungsgehilfen (§ 6 II u. III). In beiden Fällen handelt es sich um eine *Zusatzverantwortlichkeit,* die neben die Verantwortlichkeit des unmittelbaren Verursachers tritt. Der Gehilfe muß, wenn der Geschäftsherr in Anspruch genommen werden können soll, »in Ausführung der Verrichtung« die Gefahr verursacht haben, d.h. es muß ein innerer Zusammenhang mit dem ihm erteilten Auftrag bestehen.[45]
(2) *Zustandsverantwortlichkeit* ist das polizeirechtliche Einstehenmüssen für den gefahrlosen Zustand einer Sache oder eines Tieres. Tiere sind zwar, wie § 90 a Satz 1 BGB bemerkt, keine Sachen. Sie werden aber im BGB wie im HSOG rechtlich wie Sachen behandelt, sofern nicht etwas anderes bestimmt ist (§ 7 I 2). Für den polizeigemäßen Zustand einer Sache »haftet« (d.h.: muß sorgen) in erster Linie der *Inhaber der tatsächlichen Gewalt,* d.h. derjenige, der die rechtliche und tatsächliche Möglichkeit besitzt, auf die gefahrbringende Sache einzuwirken (§ 7 I 1, früher: der Eigentümer). Daneben können auch der Eigentümer oder andere dinglich oder obligatorisch (Miete, Pacht) Berechtigte in Anspruch genommen werden, nicht jedoch, wenn der Inhaber der tatsächlichen Gewalt diese (z.B. als Dieb oder Räuber) ohne oder gar gegen den Willen des Eigentümers oder Berechtigten ausübt.[46] Durch Spezialgesetze kann der Kreis der Verantwortlichen erweitert werden. Zum Beispiel sind nach § 55 HBO nicht nur der Bauherr, sondern jeweils im Rahmen ihres Wirkungskreises alle »am Bau Beteiligten« für die Einhaltung der baurechtlichen Vorschriften verantwortlich.[47]
Der Begriff der »Zustandsverantwortlichkeit« bedarf der Verdeutlichung in zweierlei Hinsicht: 1. Die Gefährlichkeit der Sache kann von ihrem Zustand als solchem, also ihrer physikalisch-chemisch-biologischen *Beschaffenheit* ausgehen, aber auch

---

44 Zu den Einzelheiten vgl. *Denninger* in Lisken/Denninger, Kap. E, Rdnr. 75 ff.
45 Lies hierzu: OVG Münster, DVBl. 1973, 924, 927 u. VGH Mannheim NJW 1993, 1543 f.
46 Vgl. OVG Hamburg, DÖV 1992, 269 = NJW 1992, 1909.
47 Vgl. ESVGH 32, 234 zu § 76 HBO a.F.

von ihrem Verhältnis zu anderen Sachen, insbesondere von ihrer *Lage im Raum* (Verkehrshindernis!) und 2. muß die Gefahr *unmittelbar von der Sache selbst* ausgehen, die Gefahrenquelle muß ihren Sitz in der Sache haben.
Diese Voraussetzung fehlt, wenn Dritte die Sache unbefugt gebrauchen oder mißbrauchen und dadurch die Gefahr verursachen. Der Halter (Eigentümer) des trotz ordnungsgemäßer Sicherung (§ 14 II 2 StVO!) gestohlenen Pkw's wird wegen des vom Dieb mit diesem verursachten Unfalls nicht polizeipflichtig.[48] Hier steht die Verhaltensverantwortlichkeit des Diebes im Vordergrund.
Anders liegt es im Fall des umgestürzten Tanklastzuges, dessen auslaufendes Heizöl (o.ä.) das Erdreich des der Straße benachbarten Grundstücks verseucht und damit eine Gefahr für das Trinkwasser bildet. Als Polizeipflichtige kommen hier der Fahrer und sein Auftraggeber (»Geschäftsherr«) (Verhaltensstörer), aber auch der Grundstückseigentümer oder -pächter (Zustandsstörer) in Betracht. Auf Verschulden kommt es grundsätzlich nicht an. Damit ist noch nicht entschieden, gegen welchen der mehreren Störer die Polizei in solchen Fällen primär vorgehen darf oder sogar muß,[49] wobei noch die Fragen der *Beseitigungspflicht* und der *Kostentragungspflicht* zu unterscheiden sind, vgl. dazu unten d).
Die Anknüpfung an die tatsächliche Gewalt über die Sache, mithin an die *Sachherrscha* muß die tatsächlichen und rechtlichen Grenzen derselben berücksichtigen. Verliert der Eigentümer die Sachherrschaft ohne seinen Willen (z.B. durch Diebstahl), so endet seine Polizeipflicht. Andererseits ist, wie § 7 III jetzt klarstellt, die *Dereliktion* kein Mittel, um sich jener zu entledigen. Diese Vorschrift war im Interesse der Abfallbekämpfung dringend erforderlich.[50] Der allgemeine polizeirechtliche Grundsatz, daß die Polizei vom Bürger *nichts rechtlich oder tatsächlich Unmögliches* verlangen darf, gilt auch hier: Steht ein baufälliges Haus im Miteigentum mehrerer Eigentümer zur gesamten Hand, so kann die Polizei vom einzelnen Miteigentürner nur solche Maßnahmen verlangen, die dieser auch rechtlich zu erbringen vermag; bei Miterben ist § 2038 I 2 BGB zu beachten.
Zur tatsächlichen Sachherrschaft gehört auch der *Herrschaftswille;* sein Fehlen ist im Falle des (mißverständlich so genannten) *»aufgedrängten Besitzes«* relevant: Unbekannte Täter stellen einem Bauern heimlich und gegen seinen Willen ein Autowrack auf die nicht eingezäunte Wiese. Spielende Kinder verletzen sich an den rostigen Blechkanten des Wracks. Die Polizei fordert vom Bauern die Kosten der im Wege der Ersatzvornahme durchgeführten Beseitigung – zu Unrecht! Der Bauer ist weder Eigentümer des Wracks geworden (anders im Heizölfall!) noch auch, mangels Herrschaftswillens, Besitzer. Von seiner *Wiese* geht aber die Gefahr nicht aus. In entsprechender Weise sind Fälle von Flugzeugtrümmern oder gar Weltraum-

---

48 Anders, wenn der Dieb die tatsächliche Sachherrschaft verliert oder aufgibt, OVG Rheinl-Pfalz, DVBl. 1989, 1011, 1012.
49 Zum Auswahlermessen vgl. bspw. VG Karlsruhe, NVwZ 1993, 1018 ff.; VGH Kassel, NVwZ-RR 1992, 624.
50 Vgl. die Vorauflage, S. 231 mit Fn. 60, wo eine solche Regelung de lege ferenda gefordert wurde, §§ 11, 12 HAbfG.

schrott zu betrachten, die auf ein Grundstück stürzen. Anders wiederum ist es, wenn durch eine solche oder ähnliche Einwirkung (Bombenkrieg!) das *Grundstück selbst* (durch ein einsturzgefährliches Gebäude) zum Gefahrenherd wird. Die Fragestellung führt zu dem vieldiskutierten Problem, ob es, mindestens bei *außergewöhnlichen Risiken und Schäden,* nicht auch in dem an sich rein erfolgsorientierten und nicht »täterorientierten« Polizeirecht eine *Opfergrenze* geben muß, die den »unschuldig« selbst Geschädigten, der in der Rolle des Opfers ist, von der polizeilichen Verantwortung, oder doch mindestens auf einer sekundären Ebene von der Kostentragungspflicht befreit.[51]

In diesem Zusammenhang sind zwei Problemkomplexe zu nennen, welche die Rechtsprechung mehrfach beschäftigt haben und die Schwierigkeit des unter ganz anderen sozialen und technischen Bedingungen entstandenen herkömmlichen Polizeirechts beleuchten, mit neuartigen Gefährdungslagen der »Risikogesellschaft« (U. Beck) fertig zu werden. Der eine Komplex betrifft die Frage einer allgemeinen polizeilichen *Pflicht zur Eigensicherung* eigener Sachen gegen fremden, gefahrenverursachenden Mißbrauch. Der zweite Komplex ist durch das Stichwort *Kostentragung bei der Altlasten-Sanierung* beschrieben (vgl. dazu § 12 AltlastG, sowie Rehbinder in Abschnitt Umweltrecht, unten, IV. 4).

Bei der Problematik der *Pflicht zur Eigensicherung* kumulieren sich die Risiken der Technischen Sicherheit (besonders bei Großanlagen wie Kernkraftwerken, Flughäfen, chemischen Fabriken) mit denjenigen der Inneren Sicherheit (besonders bei »Groß-Delinquenz« wie Polit-Terrorismus und anderer Organisierter Kriminalität). Das Bundesverwaltungsgericht hat einerseits eine allgemeine, aus der Zustandsverantwortlichkeit abzuleitende Pflicht eines Flughafenunternehmers verneint, den Flughafen durch Umzäunung und Kontrollen gegen terroristische Anschläge zu sichern[52]; dasselbe Gericht hat aber andererseits *spezialgesetzliche* Sicherungspflichten eines Kernkraftwerksbetreibers dahingehend bestätigt, daß eine Auflage an den Betreiber, einen mit Faustfeuerwaffen bewaffneten Werkschutz aufzustellen, für rechtmäßig erklärt wurde. Der »erforderliche Schutz gegen Störmaßnahmen oder sonstige Einwirkungen Dritter« i.S. des § 7 II Nr. 5 AtG könne eine solche Auflage rechtfertigen.[53]

Ungeachtet dessen ist daran zu erinnern, daß der Staat, der seine dem Gewaltmonopol entsprechende Schutzverpflichtung nicht mehr ernst nähme – und das gilt auch gegenüber rechtsterroristischen Gewaltaktionen – die hochtechnisierte »Risikogesellschaft« bald zur bloßen »Katastrophengesellschaft« verkommen ließe.[54]

---

51 Das Problem kann hier nur vorgestellt werden. Zu den Einzelheiten vgl. *Denninger* in Lisken/Denninger, Kap. E, Rdnr. 94 ff.; *Sailer,* ebenda, Kap. M, bes. Rdnr. 62 ff., ferner *C. Gusy,* Polizeirecht, Rdnr. 282.
52 BVerwG, Urteil vom 4. 10. 1985, DVBl. 1986, 360 ff. mit zustimmender Anm. von *Schenke.*
53 BVerwGE 81, 185; = JZ 1989, 895 mit Anm. von *Karpen.*
54 Vgl. dazu *Denninger,* Der gebändigte Leviathan, S. 21 ff.

b) *Nachfolge in Polizeipflichten*

Meistens wird das Problem der Pflichtennachfolge unter dem irreführenden Titel der »Rechtsnachfolge« in Polizeipflichten diskutiert. Mehrere Sachverhalte sind sorgfältig zu unterscheiden:
(1) Geht es um den Übergang der generellen polizeilichen Verantwortlichkeit, der allgemeinen »Polizeipflichtigkeit« des Bürgers (z.b. vom Eigentümer auf den Mieter eines Hauses) oder ist die Nachfolge in eine schon durch Verwaltungsakt konkretisierte Polizeipflicht gemeint?
(2) Liegt ein Fall der Gesamtrechtsnachfolge (Universalsukzession), z.B. Erbfolge, vor, in dessen Rahmen eine konkrete Polizeipflicht übergehen soll oder handelt es sich um (rechtsgeschäftliche) Sonderrechtsnachfolge?
(3) Geht es um Verhaltens- oder um Zustandsverantwortlichkeit?
Die praktisch bedeutsamen Problemfälle betreffen weniger die Vollzugspolizei als vielmehr die Ordnungs- und hier insbesondere die *Bauaufsichtsbehörden*. Nach dem Dogma von der Höchstpersönlichkeit der konkreten Polizeipflicht konnte beispielsweise eine *Abrißverfügung* wegen »Schwarzbauens«, die nach jahrelangem Streit schließlich bestandskräftig (oder durch Urteil sogar rechtskräftig) geworden war, gegen die Erben des Grundstückseigentümers nicht vollstreckt werden. Hier bejaht die Rechtsprechung jetzt überwiegend die Wirksamkeit einer bestandskräftigen Beseitigungsanordnung oder Auflagenverfügung auch gegen den Rechtsnachfolger. Allerdings muß, damit die ursprüngliche Verfügung gegen den neuen Zustandsverantwortlichen vollzugsfähig werden kann, ein jene ergänzender Verwaltungsakt an den neuen Verantwortlichen adressiert werden. Dieser kann dann nur noch geltend machen, eine Rechts- und damit Pflichtennachfolge habe nicht wirksam stattgefunden.[55] Da die »Polizeiwidrigkeit« gewissermaßen an der Sache selbst haftet,[56] ist es nicht gerechtfertigt, insoweit zwischen Universal- und Singularsukzession zu unterscheiden. Ebenso wenig ist einzusehen, weshalb die für Grundstücke entwickelten Grundsätze nicht auch für andere Sachen gelten sollten.[57] Die Hessische Bauordnung in der Fassung vom 20. Dezember 1993 trägt in § 61 VIII – ähnlich wie andere Landesbauordnungen – dieser neueren Polizeirechtsentwicklung Rechnung. Eine Nachfolge in konkretisierte Pflichten aus Verhaltensverantwortlichkeit kommt nur in Frage, wenn sie auf »vertretbare« Leistungen gerichtet sind. Häufig wird es sich um die Kosten einer Ersatzvornahme handeln. Diese können, bei Bestandskraft der Kostenfestsetzung, auch gegen den Rechtsnachfolger geltend gemacht und vollstreckt werden (vgl §§ 1 II, 4 III HVwVG).

---

55 Vgl. VGH Kassel, NVwZ 1985, 291; OVG Münster, NVwZ 1987, 427; anders OVG Lüneburg, BRS 35, Nr. 132 (1979); weitere Nachweise bei *Ortloff,* NVwZ 1987, 374 ff., 382 Fn. 150.
56 BVerwG, NJW 1971, 1624.
57 Götz, Rdnr. 248.

c) *Polizeirechtlicher Begriff der Verursachung*

Als Störer kommt nur in Betracht, wer die Gefahr (durch sein Verhalten oder den Zustand seiner Sache) *verursacht*. Auch die polizeirechtliche Betrachtung legt dabei den naturwissenschaftlichen *Kausalitätsbegriff* zugrunde. Die Redeweise von der Verursachung im polizeirechtlichen Sinne meint vielmehr einen wertenden Zurechnungszusammenhang, der es erlaubt, aus der an sich unendlichen Ursachenkette den *rechtlich relevanten* Teil des realen Kausalverlaufs herauszuschneiden. Dies geschieht auch in anderen Rechtsgebieten, im Strafrecht z.B. durch die subjektbezogenen Kriterien des Vorsatzes und der Schuld. Die zivilrechtliche Haftungsbegrenzung erfolgt nach der Theorie der »adäquaten Verursachung« durch eine nach der allgemeinen Lebenserfahrung typisierende Betrachtungsweise. Beide Möglichkeiten scheiden für das an der konkreten Gefährlichkeitsprognose und am objektiven Schadenserfolg orientierte Polizeirecht aus.

Seit der Rechtsprechung des Preußischen Oberverwaltungsgerichts folgen die herrschende Lehre und Praxis der sogenannten *Theorie der unmittelbaren Verursachung*:[58] Störer ist nur der, aber auch jeder, der unmittelbar zur Entstehung der Gefahr beiträgt. Doch kommt diese Theorie, entgegen erstem Anschein, nicht ohne wesentliche, ergänzende Kriterien aus, was die Formel der Rechtsprechung erkennen läßt, nach der Störer sein soll, »wer bei wertender Betrachtung (!) unter Einbeziehung aller Umstände des jeweiligen Einzelfalles die Gefahrengrenze überschritten und damit die unmittelbare Ursache für den Eintritt der Gefahr gesetzt hat.«[59] Als Störer soll demnach nicht in Betracht kommen, wer nur sein Recht gebraucht: der Vermieter, der das Räumungsurteil gegen den Mieter vollstrecken läßt und dadurch dessen Obdachlosigkeit verursacht, ist nicht Störer.

Wer im Einklang mit den Vorschriften in seinem Garten eine dichte Hecke wachsen läßt, welche den Kraftfahrern auf der angrenzenden Straße den Einblick in die Kurve nimmt, stört die öffentliche Sicherheit nicht. Hier knüpft die 1962 von *Roman Schnur*[60] entwickelte *Theorie der rechtswidrigen Verursachung* an. Sie erkennt zutreffend, daß die entscheidende Abgrenzung zwischen »Störer« und »Nichtstörer« nicht durch bestimmte Positionen in der Ursachenkette geleistet werden kann (und auch bei der Theorie der unmittelbaren Verursachung nicht geleistet wird), sondern nur durch einen *Akt normativer Zurechnung*. Die Theorie der »unmittelbaren Verursachung«, die nicht das leistet, was ihr Name suggeriert, sieht sich zu unsicheren Hilfskonstruktionen genötigt. Leuchtet noch ein, daß der bloße »Veranlasser« nicht unmittelbarer, sondern nur mittelbarer Verursacher und damit nicht Störer ist – das sind z.B. die Teilnehmer an einer angemeldeten friedlichen Demonstration, die allein hierdurch politische Gegner zu einer unfriedlichen Gegendemonstration »veranlassen« – so paßt die Figur des »*Zweckveranlassers*« schlecht in die Codie-

---

58 Rechtsprechungsnachweise *bei Drews/Wacke/Vogel/Martens,* § 20, S. 313, Fn. 34, 35; VGH Kassel, NJW 1986, 1829.
59 OVG Münster, NVwZ 1985, 356 m.w.Nachw.
60 *Schnur,* DVBl. 1962, 1 ff. Zum ganzen Kausalitätsproblem jetzt eingehend *Denninger* in Lisken/Denninger, Kap. E, Rdnr. 60 bis 70.

rung unmittelbar/mittelbar. Durch ein an sich polizeilich neutrales Verhalten des A werden andere zu einem gefahrenverursachenden Verhalten veranlaßt, wobei A die Entstehung der Gefahr in Kauf nimmt, auch wenn er den polizeiwidrigen Erfolg nicht direkt will oder gar beabsichtigt. Beispiele: Nächtliche Ruhestörung durch die Gäste einer Tanzgaststätte[61]; attraktive Schaufensterwerbung bewirkt Verkehrsstörung durch stehenbleibende Passanten; ekstatische Rockmusik-Fans schlagen die Stühle des Konzertsaales zu Kleinholz; oder (leider fast wieder aktuell!): Kurgäste auf der Insel Borkum singen einen antisemitischen Text, sobald die Kurkapelle die Melodie eines an sich harmlosen Liedes intoniert.[62] Das PrOVG hat die Störereigenschaft der Kurkapelle zu Unrecht verneint. Es ist mißverständlich, wenn im Schrifttum darauf abgestellt wird, ob A den polizeiwidrigen Erfolg »objektiv bezweckt« habe[63]. Dieser Begriff ist in sich widersprüchlich; die Zweckvorstellungen und Erwartungen des »Zweckveranlassers« können nicht außer Betracht bleiben, sonst wäre dieser Fall von dem des bloßen »Veranlassers« gar nicht abzugrenzen.

d) *Störermehrheit*

Immer häufiger treten Gefahrensituationen auf, in denen mehrere »Störer« als Verantwortliche in Anspruch genommen werden können. Wird durch das Verhalten des A die Sache des B in einen polizeiwidrigen Zustand versetzt, so sind beide polizeipflichtig, A als Handlungs-, B als Zustandsstörer. Mehrere Verhaltensstörer können ebenso zusammentreffen wie mehrere Zustandsstörer; auch kann ein »Doppelstörer« (der beiden Kategorien unterfällt) neben einem Verhaltens- oder einem Zustandsstörer vorkommen. In solchen und ähnlichen Fällen stellt sich die Frage, ob die Polizei nach freiem Ermessen jeden beliebigen Beteiligten zur Gefahrenbeseitigung einerseits, zur Kostentragung andererseits heranziehen darf, oder ob ihr Auswahlermessen durch rechtliche Gesichtspunkte beschränkt wird, so daß sie sich u.U. an einen bestimmten der mehreren Störer halten muß. Die Antwort hierauf darf nicht vorschnell auf Billigkeitserwägungen rekurrieren. Vielmehr ist zunächst danach zu unterscheiden, ob es um die Pflicht zur Gefahrenbeseitigung selbst geht oder »nur« noch um die Pflicht zur Tragung der Kosten für eine bereits vollzogene Ersatzvornahme (oder unmittelbare Ausführung). Leitende Gesichtspunkte des Polizeihandelns sind der Grundsatz der *Effektivität* und der Grundsatz des *schonendsten Mittels* (§ 4 I). Auf der »Primärebene« der Abwehr der Gefahr wird zunächst der Grundsatz der Effektivität im Vordergrund stehen.[64] Dagegen kommt auf

---

61 Vgl. BVerwG, DVBl. 1965, 603, jetzt. – § 5 I Nr. 3 GaststG vom 5. Mai 1970. Ferner VG Köln, Urt. (nicht rkr.) v. 2. 7. 1992, NVwZ 1993, 401, 403 (Behörde als Zweckveranlasser); VGH Kassel NVwZ 1992, 1111, 1113 (Bordellbetreiber als Zweckveranlasser); VGH Mannheim, DÖV 1996, 83.
62 Borkumlied-Fall, PrOVG vom 14. 5. 1925, E 80, 176 ff. Die unterschiedliche Beurteilung dieses Falles in der Literatur lehrt auch das Ungenügen der Theorie der unmittelbaren Verursachung. Vgl. die Nachweise bei *Denninger* in Lisken/Denninger, Kap. E, Rdnr. 62.
63 *Götz*, Rdnr. 192, 196. *Wolff/Bachof*, § 127, Rz. 12.
64 Grundsatz der schnellen und effektiven Gefahrenabwehr: VGH Kassel, DÖV 1987 260, 261; OVG Münster, DVBl. 1971, 818. VGH Mannheim, VBlBW 1995, 281: Es besteht kein gesetzliches Rangverhältnis zwischen der Inanspruchnahme eines Zustands- und eines Verhaltensstörers.

der »Sekundärebene« der Kostentragung das Verhältnismäßigkeitsprinzip in der Weise zur Geltung, daß die Polizei sich an den Störer halten kann und u.U. halten muß, welchen die Heranziehung am wenigsten hart trifft. In der Figur des »Inhabers des Gegenmittels« können beide Momente zusammentreffen. Für die *Kostentragung* muß der Beitrag des einzelnen Störers zum Gesamtgeschehen gewichtet werden; der Rechtsgedanke des § 254 I BGB ist hier anwendbar. Der aktiv polizeiwidrig handelnde Verhaltensstörer wird danach grundsätzlich vor dem passiven, als »Opfer«, als Geschädigter erscheinenden Zustandsstörer haften; mehrere Verhaltensstörer sind anteilig zu belasten. Das neue HSOG trägt diesen Erwägungen Rechnung, indem es für den gerade im Bereich des Umweltschutzes wichtigen Fall der *unmittelbaren Ausführung einer Maßnahme* bei Störermehrheit eine *gesamtschuldnerische Haftung* normiert (§ 8 II 2).[65] Damit ist auch der Weg zum internen Ausgleich der Gesamtschuldner untereinander entsprechend § 426 I BGB eröffnet.

e) *Polizeipflicht von Hoheitsträgern?*

Gefahren werden nicht nur von Bürgern, sondern auch von Trägern der öffentlichen Verwaltung verursacht, und zwar umso häufiger, je stärker die Verwaltung nicht nur »überwachende« Schreibtischtätigkeit sondern selbst leistende, unmittelbar die Wirklichkeit gestaltende Aktivität entfaltet. Im Verhältnis der Polizei zu anderen Trägern hoheitlicher Verwaltung, überhaupt zu allen juristischen Personen des öffentlichen Rechts, gilt zunächst der *Grundsatz der Subsidiarität* (lies!: § 2). Er regelt die nachrangige Zuständigkeit der Polizei gegenüber anderen Gefahrenabwehrbehörden, sofern *Dritte* Gefahrenverursacher sind. (Praktisch läuft dies häufig auf den *zeitlichen Vorrang* polizeilichen Eingreifens hinaus, wenn nämlich die an sich zuständigen Behörden nicht rechtzeitig Abhilfe schaffen können.) Wie aber steht es mit der Kompetenzverteilung, wenn Hoheitsträger *selbst* sich polizeiwidrig verhalten, indem sie Gefahren verursachen? Hier sind zwei Fragen klar zu unterscheiden:
(1) Sind diese (außerpolizeilichen) Hoheitsträger *materiell-rechtlich* an die Normen des Polizeirechts gebunden, haben sie also jede Gefährdung der öffentlichen Sicherheit zu unterlassen?
(2) Darf die Polizei gegebenenfalls mit hoheitlichen Mitteln gegen die anderen Hoheitsträger einschreiten und ihre Maßnahmen unter Umständen auch mit polizeilichem Zwang durchsetzen?
Die erste Frage ist grundsätzlich mit *Ja* zu beantworten, die zweite grundsätzlich mit *Nein*.

---

65 Zur Kontroverse um die entsprechende Anwendbarkeit der gesamtschuldnerischen Haftung im übrigen vgl. *Denninger* in Lisken/Denninger, Kap. E, Rdnr. 110 f.; VGH Kassel, NJW 1984, 1197, 1999; Finkenauer, der gesamtschuldnerische Ausgleich zwischen polizeilich Verantwortlichen, NJW 1995, 432 mwN.; OVG Münster, NJW 1993, 2698. Der Gedanke der Trennung von primärer Störer-Ebene und sekundärer Kosten-Ebene wird neuerdings in der Rechtsprechung zur Entschädigung des »unverschuldeten« Anscheinsstörers betont, vgl. BGH U. v. 12. 3. 1992, DVBl. 1992, 1158, m.Anm. v. *Götz;* Dienelt, NVwZ 91, 355, 356; s.u. V. 1 und 4.

Die erste Antwort folgt bereits aus dem Grundsatz der *Gesetzmäßigkeit der Verwaltung,* Art. 20 III GG. Kein Amtswalter darf bei seiner Tätigkeit fremde Kompetenzen und Rechtsgüter verletzen. Das materielle Polizeirecht dient dem Schutz derselben, es ist die objektivrechtliche Ausprägung der staatlichen Schutzpflicht, die subjektivrechtlich ihre Absicherung in den Ansprüchen aus Amts- und Staatshaftung findet, § 839 BGB, Art. 34 GG.

Nur ausnahmsweise werden bestimmte Hoheitsträger um ihrer Aufgabenerfüllung willen von der Bindung an öffentlich-rechtliche Vorschriften befreit, vgl. das Beispiel in § 35 I StVO.

Bei der Beantwortung der zweiten Frage folgt das Bundesverwaltungsgericht »der von jeher herrschenden Meinung«, daß »eine Hoheitsverwaltung nicht mit Anordnungen oder gar mit Zwang in die hoheitliche Tätigkeit einer anderen Hoheitsverwaltung, sei es derselben, sei es einer anderen Körperschaft, eingreifen darf.«[66] Der Grundsatz soll nur »Übergriffe und Eingriffe« in die Tätigkeit des anderen Hoheitsträgers ausschließen, nicht jedoch »Einwirkungen, welche (seine) Tätigkeit unberührt lassen.«

In Fällen dringender Gefahr im Verzuge ist darüber hinaus eine Kompetenz der Polizei anzuerkennen, vorläufige Schutzmaßnahmen zu ergreifen. Im übrigen muß die Polizei durch entsprechende Anregungen bei der Fachbehörde auf die Beseitigung der Gefahrenquelle hinwirken.

f) *Polizeilicher Notstand*

Nur ausnahmsweise, unter eng umschriebenen und strikt auszulegenden Voraussetzungen darf die Polizei ihre Maßnahmen gegen *Nichtstörer* richten. Man spricht dann von *polizeilichem Notstand,* § 9. Hierfür müssen die folgenden Voraussetzungen *kumulativ* vorliegen: (a) Es muß eine *gegenwärtige erhebliche Gefahr* vorliegen (§ 9 I, Nr. 1 – zu diesem Begriff s. oben 1.3.c).

Die Gefahrenlage muß also sowohl hinsichtlich der zeitlichen Nähe und Wahrscheinlichkeit als auch hinsichtlich der bedrohten Rechtsgüter eine *gesteigerte* sein.

(b) Maßnahmen gegen die nach den §§ 6 oder 7 Verantwortlichen sind entweder nicht oder nicht rechtzeitig möglich oder versprechen keinen Erfolg; dies erfaßt auch die Fälle unbekannter Verhaltensstörer. (c) Die Polizei kann die Gefahr weder selbst noch durch beauftragte Dritte (rechtzeitig) abwehren. Liegt die Voraussetzung nach (b) vor, nicht aber die nach (c), so ist der Tatbestand der unmittelbaren Ausführung einer Maßnahme nach § 8 I gegeben. (d) Der in Anspruch zu nehmende Nichtstörer kann die Gefahr ohne erhebliche eigene Gefährdung und ohne Verletzung höherwertiger Pflichten abwehren. Der Nichtstörer muß *selbst* zur wirksamen Bekämpfung der Gefahr in der Lage sein. *Müßte* er seinerseits einen Dritten damit beauftragen, so könnte in aller Regel auch die Polizei diesen Auftrag erteilen, d.h.

---

66 BVerwGE 29, 52, 59.

die Voraussetzung (c) läge nicht vor. Ist der in Anspruch zu Nehmende selbst zur Gefahrenabwehr in der Lage, so muß die Polizei primär versuchen, ihn vertraglich (Werkvertrag?) zu verpflichten, und erst bei Weigerung, einen Vertrag abzuschließen, kommt die Inanspruchnahme gemäß § 9 in Frage.

Die Nichtstörer-Problematik führt auch immer wieder zu der Frage, ob und ab wann sich die Polizei auf die Grenzen ihrer Leistungsfähigkeit berufen darf, um die Inanspruchnahme von Nichtstörern zu rechtfertigen. Darf sie beispielsweise eine ordnungsgemäß angezeigte, friedliche Massendemonstration mit der Begründung untersagen, sie verfüge nicht über eine ausreichende Zahl von Beamten, um diese Versammlung gegen die zu erwartende unfriedliche Gegendemonstration zu schützen? Hier sind strenge Maßstäbe anzulegen. Die Polizei muß die Amtshilfemöglichkeiten des Art. 35 I GG – Anforderung von Kräften und Einrichtungen des Bundesgrenzschutzes – oder sogar des Art. 91 I GG – Anforderung zusätzlicher Polizeikräfte aus anderen Bundesländern oder vom Bundesgrenzschutz oder Hilfe seitens anderer Verwaltungen – ausschöpfen. Die Polizei hat die friedliche Versammlung gegen die unfriedliche Gegendemonstration zu schützen, es sei denn, jene würde es nachweislich auf Konfrontation anlegen. Dann ist sie nicht mehr »friedlich«, sondern »Zweckveranlasser« und damit Störer. Vor einem Verbot nach § 15 I VersammlG ist immer die Möglichkeit konfrontationsverhütender Auflagen als Anwendung schonenderer Mittel zu prüfen.[67]

In der Nachkriegszeit spielte der polizeiliche Notstand bei der Bekämpfung der Obdachlosigkeit eine erhebliche Rolle. Der Vermieter, der den Mieter gerade erfolgreich »hinausgeklagt« hatte, wurde als Nichtstörer beansprucht und der Mieter bis zu sechs Monaten wieder in die alte Wohnung polizeilich eingewiesen. Heute ist die Beseitigung der Obdachlosigkeit in erster Linie Aufgabe der Sozialhilfe, § 12 BSHG. Deren Träger und die Polizei sind gehalten, ausreichende Obdachlosenunterkünfte bereit zu halten und notfalls zusätzlichen Wohnraum (auch einfache Hotelzimmer) anzumieten.[68]

Der nach § 9 in Anspruch genommene Nichtstörer hat Anspruch auf »angemessenen Ausgleich« des ihm dadurch entstandenen Schadens, §§ 64 ff., vgl. unten V. Der Ausgleich kann unter dem vollen Schadensersatz bleiben, insbesondere hinsichtlich des entgangenen Gewinns. Ist in einer Gefahrensituation ein Unbeteiligter schon aufgrund der strafrechtlichen Hilfeleistungspflicht, § 323 c StGB, zum Tätigwerden verpflichtet (Arzt kommt an den Ort eines schweren Verkehrsunfalls) und kommt er dieser Pflicht nicht nach (Erste-Hilfe-Leistung), so kann die Polizei ihn als *Störer* wegen Verletzung der strafrechtlichen Handlungspflicht in Anspruch nehmen. Ein

---

67 Zum Problem: *Rühl*, Die Polizeipflichtigkeit von Versammlungen bei Störungen durch Dritte und bei Gefahren für die öffentliche Sicherheit bei Gegendemonstrationen, NVwZ 1988, 577 ff.; *Dietel/Gintzel/Kniesel*, Demonstrations- und Versammlungsfreiheit, 11. Aufl. 1994, § 15, Rdnr. 33 ff.
68 Lies: OVG Berlin, DVBl. 1980, 1050 ff; VGH Kassel NVwZ 1992, 503; OVG Lüneburg NVwZ 1992, 502. Zum gesamten Problem: *Anna Lübbe,* Wohnraumbeschaffung durch Zwangsmaßnahmen, 1993. Zum sozialhilferechtlichen Anspruch VGH Kassel, NJW 1994, 471; zum polizeirechtlichen Anspruch VGH Kassel, NVwZ 1992, 503 f.; *Günther/Traumann*, Aktuelle Probleme der Wohnraumbeschlagnahme zur Unterbringung Obdachloser, NVwZ 1993, 130 ff.

Anspruch auf Opferausgleich nach § 64 entfällt dann. Im übrigen sind die freiwilligen »Polizeihelfer« nach § 64 III ausgleichsberechtigt und durch die gesetzliche Unfallversicherung nach § 539 1 Nr. 9 und § 765 a RVO geschützt.

II. Das Polizeihandeln

1. Formen polizeilichen Handelns

a) *Allgemeines*

Das HSOG spricht in der Befugnisgeneralklausel des § 11 davon, daß die Gefahrenabwehr- und Polizeibehörden bei Vorliegen einer Gefahrenlage die erforderlichen »Maßnahmen« treffen können. Eine Aussage über die Rechtsformen der zu treffenden Maßnahmen enthält diese Vorschrift nicht. Es kann sich hierbei um *Verwaltungsakte* oder um *Realakte* handeln. Eine dritte Kategorie der Rechtsformen polizeilichen Tätigwerdens, die *Gefahrenabwehrverordnung,* wird in §§ 71 ff. behandelt.
Die Unterscheidung zwischen den unterschiedlichen Rechtsformen polizeilichen Handelns ist vor allem für den Rechtsschutz von Bedeutung. Gegen einen belastenden Verwaltungsakt kann gemäß § 42 VwGO nach Durchführung eines Widerspruchsverfahrens Anfechtungsklage erhoben werden. Hier ist zum einen auf die Fristen der §§ 68, 74 VwGO zu achten und zum anderen darauf, daß polizeiliche Verwaltungsakte wegen § 80 Abs. 2 Nr. 2 VwGO regelmäßig sofort vollziehbar sind, effektiver Rechtsschutz also nur über § 80 Nr. 5 VwGO erreicht werden kann. Hat sich der polizeiliche Verwaltungsakt, wie es in der Praxis meist der Fall ist, vor Klageerhebung erledigt, so ist Fortsetzungsfeststellungsklage gemäß § 113 I 4 VwGO (analog) zu erheben. Auch bei der Fortsetzungsfeststellungsklage ist die Einhaltung der Klagefrist des § 74 VwGO zu beachten. Allerdings fehlt es bei mündlichen Verwaltungsakten immer an der notwendigen schriftlichen Rechtsbehelfsbelehrung, so daß wegen § 58 Abs. 2 VwGO noch innerhalb eines Jahres Klage erhoben werden kann. Ein vorheriges Widerspruchsverfahren ist nicht Voraussetzung für die Zulässigkeit einer Fortsetzungsfeststellungsklage.[69] Bei einem rechtlichen Vorgehen gegen einen polizeilichen Realakt müssen keine Fristen eingehalten werden. Statthafte Klageart ist hier die (einfache) Feststellungsklage gern. § 43 VwGO. Will der Bürger nicht ein in der Vergangenheit liegendes Polizeihandeln angreifen, sondern ist sein Interesse auf die künftige Vornahme einer bestimmten polizeilichen Maßnahme gerichtet – er verlangt Polizeischutz oder die Vernichtung ihn betreffender Unterlagen –, so ist je nach Rechtsnatur des begehrten Handelns entwe-

---

69 BVerwGE 26, 161 (164 ff.); 56, 24 (26); 81, 226 (229).

der die allgemeine Leistungsklage oder die Verpflichtungsklage statthaft.[70] Rechtsschutz gegen Gefahrenabwehrverordnungen schließlich findet nach § 47 Abs. 1 Nr. 2 VwGO i.V.m. § 1 I Hess AGVwGO statt.

b) *Verwaltungsakte*

Nach der Legaldefinition des § 35 HVwVfG ist ein Verwaltungsakt jede hoheitliche Maßnahme, die eine Behörde zur Regelung eines Einzelfalls auf dem Gebiet des öffentlichen Rechts trifft und die auf unmittelbare Rechtswirkung nach außen gerichtet ist. Für das Recht der Gefahrenabwehr ist der sogenannte *befehlende Verwaltungsakt* typisch. Das alte HSOG sprach in § 6 in diesem Zusammenhang von »Geboten oder Verboten, welche die Polizei an bestimmte Personen oder einen bestimmten Personenkreis richtet« und nannte solche Maßnahmen, in Anlehnung an das Preußische Polizeiverwaltungsgesetz, »polizeiliche Verfügungen«. Auf diese Begrifflichkeit kann heute ebenso verzichtet werden wie auf die dogmatische Unterscheidung zwischen selbständigen und unselbständigen Verfügungen, welche durch die Systematik des alten HSOG bedingt war.[71] Typische Fälle befehlender Verwaltungsakte sind: die Aufforderung an eine Person, stehenzubleiben, sich auszuweisen, auf Fragen zu antworten, einen bestimmten Ort zu verlassen, auf der Polizeiwache zu erscheinen. Als befehlende Verwaltungsakte praktisch bedeutsam sind auch *Verkehrszeichen*. Sie verkörpern Allgemeinverfügungen.[72] Park- und Halteverbotsschilder beispielsweise enthalten nicht nur ein Park- bzw. Halteverbot, sondern gleichzeitig auch das Gebot an den Fahrer, sein Fahrzeug wegzufahren.[73] Dieses Gebot ist in entsprechender Anwendung des § 80 II Nr. 2 VwGO sofort vollziehbar. Einer Androhung und Festsetzung des Zwangsmittels bedarf es in diesen Fällen nicht.[74]

Gestaltende Verwaltungsakte, wie die noch in § 10 HSOG a.F. normierten »polizeilichen Erlaubnisse«, spielen im Polizeirecht keine Rolle mehr und werden in der Neufassung des HSOG auch nicht mehr aufgeführt. Der Begriff der polizeilichen Erlaubnis ist ein Relikt des Preußischen Polizeiverwaltungsgesetzes. Wenn von polizeilichen Erlaubnissen heute noch die Rede ist[75], so ist damit beispielsweise die Bauerlaubnis, die Fahrerlaubnis oder die Aufenthaltserlaubnis gemeint. Die gesetzlichen Grundlagen für solche Verwaltungsakte finden sich ausschließlich außerhalb des HSOG. Überdies ist es als Folge der fortschreitenden »Entpolizeilichung«[76] heute nicht mehr üblich, von der »Bau-« oder »Ausländerpolizei« zu sprechen. Die Aufgaben der Bauaufsicht oder des Ausländerrechts werden von Behörden wahrge-

---

70 Vgl. zum Ganzen *Rachor* in Lisken/Denninger, Kap. F, Rdnr. 19 ff.
71 Ebenso VGH Kassel NVwZ 1992, 1112. Vgl. noch die 2. Aufl. 1986, S. 239.
72 BVerwGE 27, 181 (182); 59, 221 (225); 92, 32, (34); 97, 323 (362); OVG Koblenz NVwZ 1988, 659; OLG Koblenz NVwZ 1995, 1035.
73 BVerwG NJW 1978, 657; NJW 1982, 348; NVwZ 1988, 38; NVwZ 1988, 623.
74 VGH Kassel NVwZ 1987, 911.
75 *Drews/Wacke/Vogel/Martens,* S. 355.
76 *Boldt* in Lisken/Denninger, Kap. A, Rdnr. 39, 67, 72.

nommen, die zwar, materiell-rechtlich gesehen gefahrenabwehrende Funktionen haben (vgl. § 61 Abs. 2 HBO; §§ 45 ff. AuslG), die aber organisatorisch von den Polizeibehörden getrennt sind.

c) *Realakte*

Realakte sind behördliche Verhaltensweisen, die nicht auf den Eintritt von Rechtsfolgen, sondern auf einen *tatsächlichen Erfolg* gerichtet sind. Man spricht hier auch von Tathandlungen oder schlichtem Verwaltungshandeln. Der typische Fall ist die Streifenfahrt oder eine Auskunft an einen Ortskundigen. Umstritten ist, ob es sich auch bei dem Einsatz von Polizeiknüppeln[77], dem Einsatz von Tränengas[78], dem Betreten einer Wohnung[79] oder Fotografieren von Demonstranten[80] um Verwaltungsakte handelt. Man wird diese Frage verneinen müssen. Die Qualifikation solcher Handlungen als Verwaltungsakte beruht auf der Figur der sogenannten *»Duldungsverfügung«*. Diese besagt, daß eine polizeiliche Maßnahme gleichzeitig den verbindlichen Befehl an den Betroffenen enthalte, die Maßnahme zu dulden. Diese merkwürdig anmutende Konstruktion wurde schon Ende des vergangenen Jahrhunderts entwickelt und hat ihren Grund im damaligen Rechtsschutzsystem. Einerseits war nach den Vorschriften der §§ 127 ff. PrLVG Rechtsschutz nur gegen »polizeiliche Verfügungen«, also Verwaltungsakte zulässig. Andererseits war man sich darüber im klaren, daß auch durch tatsächliches Handeln in Rechte des Betroffenen eingegriffen werden konnte. Um den Bürger nicht schutzlos zu stellen, erfand man die Figur der Duldungsverfügung.[81] Heute, unter der verfassungsrechtlichen Rechtsschutzgarantie des Art. 19 IV GG und der einfachgesetzlichen des § 40 VwGO, ist diese Erfindung obsolet geworden, und man möchte ihr deshalb gerne einen Platz im rechtshistorischen Museum einräumen.

d) *Gefahrenabwehrverordnungen*

Während sich der polizeiliche Verwaltungsakt auch als Allgemeinverfügung immer an bestimmte Personen oder an eine Mehrzahl bestimmbarer Personen richtet, gibt die Ermächtigung zum Erlaß von Gefahrenabwehrverordnungen (§§ 71 ff.) den Gefahrenabwehrbehörden die Befugnis, *abstrakt-generelle* Regelungen zu treffen, also im materiellen Sinne »gesetzgeberisch« tätig zu werden.[82] Eine solche Übertragung legislativen Funktionen an die Exekutive muß sich im Rahmen des Rechtsstaatsprinzips, insbesondere des Grundsatzes der Gewaltenteilung (Art. 20 II 2 GG) halten. Dieser Rahmen ist auch für die Länder verbindlich (Art. 28 I 1 GG), obwohl de-

---

77 BVerwGE 26, 161 (164) – »Schwabinger Krawalle«.
78 VGH München BayVBl. 1988, 563.
79 BVerwGE 47, 31.
80 VG Bremen NVwZ 1989, 895.
81 *Rachor* in Lisken/Denninger, Kap. F, Rdnr. 30 ff.; Pietzner, VerwA 82 (1991), 296 ff.
82 Vgl. VGH Mannheim NVwZ-RR 1992, 19 ff. (Taubenfütterungsverbot); VGH Mannheim NVwZ-RR 1993, 187 ff.; Hess VGH Rspr. 1995, 73 (Hundesatzung).

ren Delegationsbefugnis nicht unmittelbar den Schranken des Art. 80 I GG unterliegt (die nur den Bundesgesetzgeber treffen[83]). Art. 118 HV ist in diesem Sinne grundgesetzkonform zu interpretieren. Die polizeiliche Generalklausel, die in § 71 paraphrasiert wird und in §§ 76, 78 in materieller und förmlicher Hinsicht zusätzlich begrenzt und präzisiert wird, genügt den rechtsstaatlichen Anforderungen, »weil sie in jahrzehntelanger Entwicklung durch Rechtsprechung und Lehre nach Inhalt, Zweck und Ausmaß hinreichend präzisiert, in ihrer Bedeutung geklärt und im juristischen Sprachgebrauch verfestigt ist«[84].

2. Maßstäbe polizeilichen Handelns

a) *Übermaßverbot*

Der Grundsatz der Verhältnismäßigkeit (i.w.S.), besser als *Übermaßverbot* bezeichnet, ist für die materiell richtige »Indikation« und »Dosierung« der polizeilichen Maßnahmen von überragender Bedeutung. Im rechtsstaatlichen Polizeirecht seit langem zu Hause, hat der Grundsatz heute den Rang von Verfassungsrecht. Seine rechtsdogmatische Grundlage findet er sowohl im Rechtsstaatsprinzip[85] als auch in den Grundrechten[86]. Voll ausgeschöpft erfordert dieser Grundsatz die Beachtung und Anwendung von vier Teil-Grundsätzen:
1. Der einzelne hat von unnötigen Eingriffen der öffentlichen Gewalt überhaupt frei zu bleiben;
2. erweist sich ein Eingriff als notwendig, so muß das gewählte Mittel zur Erreichung des Zwecks geeignet sein;
3. unter mehreren möglichen geeigneten Miteln ist dasjenige zu wählen, welches den einzelnen und die Allgemeinheit am wenigsten beeinträchtigt (Grundsatz der Erforderlichkeit oder des »schonendsten« oder »mildesten« Mittels);
4. die durch den Eingriff zu erwartende Rechtsgutbeeinträchtigung darf nicht in offenbarem Mißverhältnis zu dem mit der Maßnahme verfolgten Gefahrenabwehrerfolg stehen (Grundsatz der Verhältnismäßigkeit i.e.S.). Der Nachteil, den die Maßnahme mit sich bringt, darf nicht größer sein als der Schaden, der ohne das polizeiliche Eingreifen entstünde.

Für die Fallbearbeitung ist, sofern sich entsprechende Anhaltspunkte ergeben, der Maßstab des Übermaßverbots auf zwei Ebenen anzulegen: bei der Auslegung der eingriffsermächtigenden Norm und im Hinblick auf Art und Umfang des Eingriffs selbst. Insbesondere die Prüfung auf der ersten Ebene stößt im modernen Polizeirecht auf Schwierigkeiten. Die Tatbestandsstruktur vieler Normen, insbesondere

---

83 Statt aller Maunz in Maunz-Düring, Komm. z. GG, Art. 80, Rdnr. 44. Zur kommunalen Verordnungsgebung vgl. oben Meyer, Kommunalrecht, VII. 2.
84 BVerfGE 54, 143 (144 f.).
85 BVerfGE 23, 127 (133); 55, 159 (165); 69, 161 (169).
86 BVerfGE 19, 342 (348 f.).

derjenigen, welche die Erhebung und Nutzung personenbezogener Daten regeln, ist so »weich«, daß sie sich einer Kontrolle anhand des Übermaßverbots zu entziehen droht. Beispielsweise erlaubt § 20 I die Verwendung personenbezogener Daten, soweit dies zur Aufgabenerfüllung erforderlich ist. Zur polizeilichen Aufgabenstellung gehört gemäß § 1 IV auch die vorbeugende Bekämpfung von Straftaten. Der Inhalt gerade dieses Begriffs ist aber nicht hinreichend geklärt.[87] Es fällt deshalb schon schwer, hier eine hinreichend präzise Aussage über die Zweck-Mittel-Relation zu treffen. Kommen noch andere diffuse Tatbestandsmerkmale hinzu (vgl. § 25 I: ».. . erforderlich erscheint. . .«), so gerät die verfassungsrechtliche Kontrolle anhand des Übermaßverbots vollends zur Farce. Hier ist das gänzliche Fehlen handhabbarer Maßstäbe zu beklagen. Will man deshalb nicht schon die Gesetzesnorm als solche für zu vage und damit wegen Verstoßes gegen das Bestimmtheitsgebot für verfassungswidrig ansehen, so muß jedenfalls die Einzelfallprüfung zu einer einschränkenden Auslegung solcher Normen führen.

b) *Polizeiliches Ermessen*

Nach § 11 »können« die Gefahrenabwehr- und Polizeibehörden die erforderlichen Maßnahmen zur Gefahrenabwehr treffen. Nach § 163 StPO »haben« die Polizeibehörden Straftaten zu erforschen (vgl. auch § 152 II StPO). Die unterschiedliche Begrifflichkeit zwischen Polizeirecht einerseits und Strafverfahrensrecht andererseits steht für jeweils unterschiedliche Handlungsgrundsätze: Dort das *Opportunitätsprinzip,* hier das *Legalitätsprinzip,* vgl. oben I.2. In der Praxis hat sich diese systematisch-begriffliche Unterscheidung längst verwischt, weil das Legalitätsprinzip in vielfacher Weise durch den Opportunitätsgedanken aufgeweicht wurde (vgl. nur §§ 153 ff. StPO). Darüber hinaus gibt es eine Tendenz, die Ermessensbetätigung der Polizeibehörden auf dem Gebiet der Gefahrenabwehr einzuschränken.[88] Gemäß § 40 HVwVfG muß die Behörde, der ein Ermessen eingeräumt wurde, ihr Ermessen dem Zweck der Ermächtigung entsprechend ausüben. Wenn es sich also bei der Ermächtigungsgrundlage um eine Norm des Polizeirechts handelt, können nur Gesichtspunkte der Gefahrenabwehr ein Einschreiten oder Nichteinschreiten rechtfertigen. Bequemlichkeit, fehlendes persönliches Interesse, weltanschauliche Abneigungen, Furcht vor »Scherereien« sind kein Grund zum Untätigbleiben. Wenn aber beispielsweise ein Vorgehen gegen Hausbesetzer zu schwerwiegenderen Ausschreitungen und damit zu noch größeren Schäden führen würde, so kann die Polizei unter Opportunitätsgesichtspunkten von einem Einschreiten absehen. Diese Erwägungen rechtfertigen allerdings keine dauerhafte Untätigkeit, sondern begründen nur eine polizeitaktische Dispositionsbefugnis im Hinblick auf den Zeitraum des Einschreitens.[89] Im übrigen ist die Polizei immer dann zum Einschreiten verpflich-

---

87 Vgl. dazu *Rachor,* in Lisken/Denninger, Kap. F, Rdnr. 90, *Gusy,* Rdnr. 187; teilweise abweichend *Würtenberger/Heckmann/Riggert,* Rdnr. 122 ff.
88 Knemeyer, Rdnr. 93.
89 Vgl. hierzu VG Berlin NJW 1991, 1749; VG Freiburg VBlBW 1987, 349 ff.; *Schenke,* Rdnr. 46.

tet, wenn ihr nicht die Hände durch andere, wichtigere Aufgaben gebunden sind. Sind gar Menschenleben bedroht, muß die Polizei sämtliche verfügbaren Einsatzkräfte aufbieten, um die Bedrohung abzuwehren. Hier ist für Opportunitätserwägungen kein Raum.

Der polizeilichen Pflicht zum Einschreiten kann ein *Anspruch des Bürgers auf Einschreiten* entsprechen. Voraussetzung eines solchen Anspruchs ist, daß andernfalls subjektive Rechte des Betroffenen einen Nachteil erleiden würden.[90] Insbesondere hier ist auf das Subsidiaritätsprinzip des § 1 III zu achten. Die Polizei ist nur dann zum Schutz privater Rechte verpflichtet, wenn gerichtlicher Rechtsschutz nicht rechtzeitig zu erlangen ist und wenn ohne polizeiliche Hilfe die Verwirklichung des Rechts vereitelt oder erschwert würde. Gerade auch bei der Räumung von besetzten Häusern kann dieses Merkmal relevant werden,[91] sofern man nicht in jeder Besetzung eines Gebäudes gleichzeitig einen strafbaren Hausfriedensbruch[92] und damit die Verletzung öffentlichen Rechts sieht.

c) *Grundrechte*

Die Reichweite polizeilicher Befugnisse wird nicht zuletzt durch die Geltungskraft der Grundrechte begrenzt. Vor allem sie bilden den Maßstab für die Ausformung polizeirechtlicher Befugnisformen im Einzelfall. Die Grundrechte des von einem Polizeieinsatz nachteilig Betroffenen bilden zum einen ein abwägungsrelevantes Kriterium im Rahmen der Verhältnismäßigkeitsprüfung. Diese Prüfung gibt Antwort auf die Frage, ob überhaupt und in welcher Weise eingeschritten werden darf. Grundrechte wirken zum anderen ermessenssteuernd. Auch wenn die Polizei einschreiten darf, kann eine grundrechtsschonende Ermessensausübung im Einzelfall ergeben, daß von der beabsichtigten Maßnahme jedenfalls vorläufig Abstand genommen werden soll und darf. Für die Fallbearbeitung ist darauf hinzuweisen, daß »die Grundrechte« kein gesonderter Prüfungsmaßstab in dem Sinne sind, daß hierfür ein eigener Gliederungsabschnitt bereitgestellt werden müßte, wie es in der Praxis der Fallbearbeitung leider allzu häufig geschieht. Anders ist es nur, wenn die einschlägige Befugnisnorm selbst einer vorherigen verfassungsrechtlichen Überprüfung unterzogen wird. Im übrigen wird die Wirkungskraft der Grundrechte durch die geschilderten Prinzipien der Rechtsanwendung vollständig vermittelt. Ist die in Betracht kommende Rechtsgrundlage also verfassungsmäßig oder jedenfalls verfassungskonform interpretierbar, so muß nur geprüft werden, ob das polizeiliche Handeln den Voraussetzungen dieser Norm entspricht. Wird dies bejaht, so muß überlegt werden, ob nicht wegen der Besonderheiten des konkreten Falls ein Verstoß gegen das Übermaßverbot im engeren Sinne vorliegt. Schließlich ist, sofern Anhaltspunkte im Sachverhalt hierfür Veranlassung geben, die Frage nach der richtigen Er-

---

90 Vgl. BVerwGE 37, 112 (113); VG Hannover NVwZ-RR 1991, 148; *Dietlein* DVBl. 1991, 605 ff.
91 Vgl. dazu *Rachor* in Lisken/Denninger, Kap. F, Rdnr. 71.
92 Vgl. hierzu etwa *Ostendorf,* JuS 1981, 640; *Schön* NJW 1982, 1126; *Seier,* JA 1982, 232; *Würtenberger/Heckmann/Riggert,* Rdnr. 116.

messensausübung aufzuwerfen. Eine nachgeschobene Grundrechtsprüfung wäre hier fehl am Platz.

3. Polizeiliche Einzelmaßnahmen

a) *Befragungsbefugnis und Auskunftspflicht*

Nach § 12 I können die Gefahrenabwehr- und die Polizeibehörden eine Person *befragen*. Die Voraussetzungen dieser Befragungsbefugnis sind undeutlich. Nach dem Wortlaut dieser Vorschrift reicht es aus, daß tatsächliche Anhaltspunkte die Annahme rechtfertigen, die befragte Person könne sachdienliche Angaben zur Aufklärung eines Sachverhalts in einer bestimmten gefahrenabwehrbehördlichen oder polizeilichen Angelegenheit machen. Der Begriff der »polizeilichen Angelegenheit« ist neu und im übrigen eine rein hessische Spezialität. Zum Zwecke seiner Auslegung wird man auf die Aufgabenbestimmung des § 1 rekurrieren müssen. Polizeiliche Angelegenheit kann nur das sein, was in den Aufgabenbereich der Polizei fällt.[93] Da hierzu auch die vorbeugende Straftatenbekämpfung zählt (§ 1 IV), ist die polizeiliche Befragungsbefugnis sehr weit gefaßt.

Die *Auskunftspflicht* des Befragten, die von der Befugnis zum Fragen zu unterscheiden ist, bestimmt sich nach § 12 II. Sie ist auf Gefahrenlagen beschränkt, wie der Verweis auf §§ 6, 7 und 9 zeigt: Grundsätzlich müssen nur Störer antworten. Nichtstörer sind nur dann zur Antwort verpflichtet, wenn der sogenannte polizeiliche Notstand – und damit eine gegenwärtige erhebliche Gefahr (vgl. § 9 I Nr. 1) – eingetreten ist. Auch unter diesen Voraussetzungen besteht für den Befragten jedoch ein der Strafprozeßordnung (§§ 52 bis 55 StPO) nachgebildetes Auskunftsverweigerungsrecht. Es ist Ausdruck des allgemeinen Verfassungsgrundsatzes, daß niemand sich selbst in strafrechtlicher Hinsicht belasten muß. Der Betroffene ist über dieses Auskunftsverweigerungsrecht zu belehren. Nach hessischem Polizeigesetz gibt es beim Auskunftsverweigerungsrecht allerdings wiederum eine Rückausnahme. Wenn die Auskunft für die Abwehr einer Gefahr für Leib, Leben oder Freiheit einer Person erforderlich ist, soll sich der Betroffene nicht auf sein Recht zur Auskunftsverweigerung berufen können. Diese Bestimmung ist restriktiv zu interpretieren. Nur wenn zwischen dem Befragten und der gefährdeten Person ein »besonderes Pflichtenverhältnis«[94] besteht, wie etwa die strafrechtliche Garantenstellung, ist eine Selbstbezichtigung zumutbar.[95] Auch die gesetzlich vorgesehene weitere Verwendung der so erlangten Informationen zu Zwecken der vorbeugenden Straftatenbekämpfung (§ 12 II 4 i.V.m. § 1 IV) ist in dieser Form wegen Dysfunktionalität der polizeilichen Handlungszwecke unzulässig. Wenn der Betroffene nämlich damit rechnen muß, aufgrund seiner Angaben künftig in das Visier polizeilicher Ermittlungen zu gera-

---
93 *Meixner*, HSOG, § 2 Rdnr. 2.
94 BVerfGE, 56, 37 (48).
95 *Rachor* in Lisken/Denninger, Kap. F, Rdnr. 178 f.

ten, wird er kaum zu einer wahrheitsgemäßen Auskunft bereit sein. Die Regelung des § 12 II 3 wäre insoweit zur Zweckerreichung ungeeignet.[96] Ihre Verfassungsmäßigkeit kann nur dann sichergestellt werden, wenn eine weitere Verwendung der unter Suspendierung vom strafprozessualen Auskunftsverweigerungsrecht gewonnenen Informationen nicht erfolgen darf.[97]

b) *Identitätsfeststellung*

§ 18 ermächtigt die Polizei, die Identität einer Person festzustellen. Das geschieht meistens durch Einsichtnahme in die Ausweispapiere des Betroffenen (vgl. § 18 Abs. 3). Die Identitätsfeststellung für sich betrachtet ist zur Abwehr einer Gefahr kein geeignetes Mittel. Sie ist lediglich eine *vorbereitende Maßnahme* und deshalb im Zusammenhang mit anderen Befugnissen zu sehen. Mit Hilfe der Identitätsfeststellung kann die Polizei nur herausfinden, ob der Betreffende als Adressat einer anderen präventiven Maßnahme (Durchsuchung, Ingewahrsamnahme) in Betracht kommt, ob er mit anderen Worten Störer ist oder nicht. Ein Beispiel: Die Polizei sucht nach einem von zu Hause weggelaufenen Jugendlichen, dessen Eltern befürchten, er könne »sich etwas antun«. Die Polizei wird diejenigen Personen, auf welche die Beschreibung zutrifft, zunächst auf ihre Identität hin überprüfen. In einem solchen Fall ist die Identitätsfeststellung »zur Abwehr einer Gefahr« (§ 18 I 1. Variante) erforderlich.
Die Identitätsfeststellung ist nach § 18 I 2. Variante auch dann zulässig, wenn dies zur Erfüllung von Aufgaben dient, die den Gefahrenabwehr- und Polizeibehörden *aufgrund anderer Rechtsvorschriften* zugewiesen sind. Hier sind in erster Linie die Befugnisse der Strafprozeßordnung (§ 163 b) angesprochen. Sie haben in der Praxis eine weit größere Bedeutung als etwa die polizeigesetzlichen Normen, welche die Identitätsfeststellung zur Gefahrenabwehr zulassen. Hinzuweisen ist insbesondere darauf, daß unter den Voraussetzungen des § 163 b II StPO auch Unverdächtige überprüft werden dürfen.
Der Anwendungsbereich der Befugnis zur Identitätsfeststellung zum »*Schutz privater Rechte*« (§ 18 I 3. Variante) liegt in der Praxis vor allem darin, den Täter einer fahrlässigen Sachbeschädigung zu identifizieren. Da eine fahrlässige Sachbeschädigung nicht strafbar ist, besteht hier nur die Möglichkeit, auf polizeirechtlicher Grundlage vorzugehen. Als Beispiel – abgesehen von dem an einem Unfall beteiligten Kfz-Führer – wäre der Passant zu nennen, der aus Unachtsamkeit eine Schaufensterscheibe eindrückt, oder der Hundehalter, dessen Tier jemanden gebissen hat. Dagegen ist die Feststellung der Identität eines Zeugen einer fahrlässigen Sachbeschädigung mangels Vorliegen der Voraussetzungen des polizeilichen Notstands unzulässig.[98]

---

96 Vgl. zur Dysfunktionalität der Zwecke des Volkszählungsgesetzes BVerfGE 65, 1 (61 ff.).
97 *Rachor* in Lisken/Denninger, Kap. F, Rdnr. 181.
98 *Rachor* in Lisken/Denninger, Kap. F, Rdnr. 203.

Die Befugnis zur Identitätsfeststellung an den in § 18 II Nr. 1 und anderen Polizeigesetzen bezeichneten sogenannten »*gefährlichen*« oder »*verrufenen Orten*« (vgl. auch § 104 II StPO) setzt nicht das Bestehen einer konkreten Gefahrenlage voraus. Es reicht, daß sich der Betreffende an solch einem Ort aufhält. Zwischen Störer und Nichtstörer wird nicht unterschieden.[99] Zutreffend wird in diesem Zusammenhang von einer »Ortshaftung«[100] gesprochen. § 18 II Nr. 1 ist die zentrale Rechtsgrundlage für die Durchführung der sogenannten *Razzia*. Der Begriff Razzia wurde im 19. Jahrhundert aus dem Französischen übernommen. Er stammt ursprünglich aus dem Arabischen, wo er soviel wie Kriegszug oder militärische Expedition bedeutet. Eine polizeiliche Razzia ist nach einer Umschreibung des Kammergerichts die planmäßig vorbereitete, überraschende Absperrung bestimmter Örtlichkeiten durch ein Polizeiaufgebot, wobei an alle Personen die Aufforderung ergeht, sich zu legitimieren und alle Verdächtigen einer eingehenden Überprüfung zugeführt werden.[101] Diese Überprüfung besteht regelmäßig darin, daß die Personalien des Betroffenen mit den polizeilichen Datenbeständen verglichen werden (vgl. § 25). Auf diese Weise kann die Polizei feststellen, ob sie einen gesuchten Straftäter vor sich hat oder ob die überprüfte Person bereits früher »polizeilich in Erscheinung getreten« ist. Nach § 36 II Nr. 2 und § 37 II Nr. 2 ist die Polizei befugt, die Person oder die von ihr mitgeführten Sachen zu durchsuchen. Die Einordnung dieser Befugnis in das Recht der Gefahrenabwehr ist insoweit bedenklich, als es der Polizei bei einer Razzia in aller Regel darauf ankommt, gesuchte Straftäter zu finden oder bereits begangene Straftaten aufzudecken, um bei entsprechendem Tatverdacht auf strafprozessualer Grundlage vorgehen zu können. Deshalb stellen die Befugnisse zur Identitätsfeststellung und Durchsuchung an »gefährlichen« Orten bei Licht betrachtet nicht nur eine Suspendierung der konkreten Gefahr im Sinne des Polizeirechts, sondern auch des konkreten Anfangsverdachts im Sinne des Strafprozeßrechts dar. Die Kompetenz des Landesgesetzgebers zur Regelung derartiger Maßnahmen muß deshalb bezweifelt werden.

Rein präventiven Charakter hat die Befugnis zur Identitätsfeststellung an den sogenannten »*gefährdeten Objekten*« gemäß § 18 II Nr. 3. Hier geht es im Kern darum, terroristische Anschläge auf die im Gesetz genannten Einrichtungen zu verhindern. Die Norm ist deshalb restriktiv gefaßt. Hinweise auf Diebstähle in einem Kaufhaus oder Betrügereien in einer Bank oder einem Postamt rechtfertigen kein polizeiliches Einschreiten. Außerdem muß die Identitätsfeststellung nach § 18 II Nr. 3 letzter Halbsatz »auf Grund der Gefährdungslage oder auf die Person bezogener Anhaltspunkte erforderlich« sein. Dieser Zusatz, der sich nicht in allen Polizeigesetzen findet, verdeutlicht, daß von der Befugnis zur Identitätsfeststellung an »gefährdeten« Objekten nur mit großer Zurückhaltung Gebrauch gemacht werden darf. Dies gilt insbesondere auch für die Befugnis der Identitätsfeststellung *zum Schutz gefährde-*

---

99 Vgl. VGH Mannheim VBl. BW 1982, 338.
100 *Hoffmann-Riem* JZ 1978 337.
101 KG, NJW 1975, 888.

ter *Personen* nach § 18 II Nr. 4, deren tatbestandliche Konturen (»räumliches Umfeld«[102], »gefährdet erscheint«, tatsächliche Anhaltspunkte »rechtfertigen« eine Maßnahme) nur schwer faßbar sind. Die Befugnis zur Identitätsfeststellung an *Kontrollstellen* ist in § 18 II Nr. 5 geregelt. Kontrollstellen sind Sperren, an denen Personen angehalten werden, um ihre Identität zu überprüfen sowie sie selbst und ihre mitgeführten Sachen zu durchsuchen.[103] Zweck der Identitätsfeststellung an Kontrollstellen ist die Verhütung der in dieser Norm aufgeführten Straftaten. Der praktische Schwerpunkt liegt im Bereich des Versammlungsrechts. Die Einrichtung von Kontrollstellen soll verhindern, daß mit Waffen oder ähnlichen Gegenständen ausgerüstete Personen an Demonstrationen teilnehmen (vgl. § 27 VersG). In dieser Regelung, die durch § 37 II Nr. 4 ergänzt wird, sehen die Polizeibehörden eine wichtige Präventivbefugnis zur Sicherung des friedlichen Ablaufs von Großdemonstrationen. Die Polizei hat gemäß § 18 IV, V die Befugnis, die Person zur Identitätsfeststellung festzuhalten.[104]

c) *Erkennungsdienstliche Maßnahmen*

Erkennungsdienstliche Maßnahmen sollen helfen, eine Person zu identifizieren und sie später wiederzuerkennen. Erkennungsdienstliche Maßnahmen sind gemäß § 19 I die Abnahme von Fingerabdrücken und Abdrücken anderer Körperpartien, die Aufnahme von Abbildungen und Messungen und Feststellungen äußerer körperlicher Merkmale. Die Regelung ist abschließend. Anders als in den meisten anderen Ländern sind Tonbandaufnahmen oder Schriftproben unzulässig. Auch die *Genomanalyse*[105] zählt nicht zu den erkennungsdienstlichen Maßnahmen. Sie wird bislang nur als Beweismittel im Strafverfahren[106] und im Zivilprozeß[107] eingesetzt. Die Aufbewahrung gentechnischen Materials durch die Polizei über das Strafverfahren hinaus ist unzulässig. Die Anfertigung von Foto- oder Videoaufnahmen bei Demonstrationen oder sonstigen Menschenansammlungen wie beispielsweise in Sportstadien hat nach ihrem Zweck ebenfalls erkennungsdienstlichen Charakter. Sie dient der Beweissicherung im Hinblick auf möglicherweise einzuleitende Strafverfahren. Solche Maßnahmen sind in §§ 12 a, 19 a VersG und § 14 HSOG geregelt (s.u. III.5.a). Zweck erkennungsdienstlicher Maßnahmen ist zum einen die Feststellung der Identität der betreffenden Person (§ 19 II Nr. 1 i.V.m. § 18 III), sofern diese nicht auf andere Weise geklärt werden kann (§ 18 V). Juristisch interessanter ist die Variante, deren Zweck in § 19 II Nr. 2 mit »Verhütung von Straftaten« umschrieben wird. Tatsächlich geht es hier nicht, ebensowenig wie bei § 81 b StPO, um die Verhütung

---

102 Vgl. *Meixner*, HSOG, § 18, Rdnr. 20.
103 *Riegel*, Polizeiliche Personenkontrolle, S. 34.
104 Zu dessen Voraussetzungen vgl. BVerfG NVwZ 1992, 767 f.
105 Dazu *Bäumler* in Lisken/Denninger, Kap. J, Rdnr. 257 ff.
106 BGH NJW 1990, 2328; BGH NJW 1990, 2944; LG Darmstadt NJW 1989, 2338.
107 BGH NJW 1991, 749 – Vaterschaftsfeststellung.

von Straftaten, sondern um die *Vorbereitung auf die künftige Strafverfolgung,* wie das Bundesverwaltungsgericht in ständiger Rechtsprechung hervorhebt. Danach liegt der Zweck der Aufbewahrung erkennungsdienstlicher Unterlagen in der vorsorgenden Bereitstellung von sachlichen Hilfsmitteln für die sachgerechte Wahrnehmung der Aufgaben, die der Kriminalpolizei hinsichtlich der Erforschung und Aufklärung von Straftaten durch § 163 StPO zugewiesen sind.[108] Die Rechtsprechung zieht allerdings nicht die notwendigen Konsequenzen aus dieser Charakterisierung, nämlich die systematische Einordnung dieses Bereichs in das Strafverfahrensrecht.[109] § 19 II Nr. 2 hat im übrigen keinen anderen Anwendungsbereich als § 81 b StPO.[110] Insbesondere kann er, weil § 81 b StPO eine abschließende Regelung enthält, nicht auch Personen erfassen, die keine Beschuldigten im Sinne der Strafprozeßordnung sind.[111] § 19 II Nr. 2 ist gegenüber der strafprozessualen Regelung damit praktisch bedeutungslos.

d) *Vorladung*

Nach § 30 können die Gefahrenabwehr- und Polizeibehörden eine Person vorladen. Eine *Vorladung* ist das rechtliche Gebot an eine bestimmte, namentlich bekannte Person, zu einer bestimmten Zeit an einem bestimmten Ort zu erscheinen und dort bis zur Erledigung der in der Vorladung bezeichneten Angelegenheit zu verweilen.[112] Die Vorladung ist ein belastender Verwaltungsakt, der schriftlich oder mündlich ergehen kann (§ 30 I 1). Er greift in das Grundrecht auf allgemeine Handlungsfreiheit (Art. 2 I GG) ein, nicht jedoch bereits in die durch Art. 2 II GG geschätzte körperliche Bewegungsfreiheit. Ein solcher Eingriff ist erst die zwangsweise Durchsetzung der Vorladung im Wege der *Vorführung* (§ 30 III).[113] Die Vorführung ist gegenüber der Vorladung an zusätzliche materielle (§ 30 III Nr. 1, 2) und formelle (§ 30 IV) tatbestandliche Voraussetzungen gebunden.
Eine Vorladung kann zum einen ergehen, wenn Tatsachen die Annahme rechtfertigen, daß die betreffende Person sachdienliche Angaben machen kann, die für die Erfüllung einer bestimmten gefahrenabwehrbehördlichen oder polizeilichen Aufgabe erforderlich sind (§ 30 I 1). Die Befugnis zur Vorladung steht unter dem Vorbehalt, daß der Betroffene zur Auskunftserteilung verpflichtet ist.[114] Eine Vorladung kann zum anderen ausgesprochen werden, wenn dies zur Durchführung erkennungsdienstlicher Maßnahmen erforderlich ist (§ 30 I 2). Auch hier müssen die Voraussetzungen der beabsichtigten Maßnahmen vorliegen. Weil erkennungsdienstliche Maßnahmen in aller Regel im Rahmen des strafrechtlichen Ermittlungsverfahrens, etwa im Anschluß an die Festnahme nach § 127 StPO und auf der Grundlage des

108 BVerwGE 26, 164 (170); 66, 192 (196); 66, 202 (204); BVerwG DÖV 1990, 117.
109 Vgl. dazu *Rachor,* Vorbeugende Straftatenbekämpfung und Kriminalakten, 1989, S. 158 ff.
110 Vgl. zur Abgrenzung VGH Kassel NVwZ-RR 1994, 653 f.
111 *Fugmann* NJW 1981, 2228; *Götz,* Rdnr. 402.
112 OVG Münster DVBl. 1982, 658.
113 Ebenso *Meixner,* HSOG, § 30, Rdnr. 18; a.A. *Götz,* Rdnr. 285.
114 *Wagner,* PolG NW, § 11 Rdnr. 46 ff.; *Rachor* in Lisken/Denninger, Kap. F, Rdnr. 260.

§ 81 b 1. Alt. StPO durchgeführt werden, kommt dieser Regelung in der Praxis deshalb nur eine vergleichsweise geringe Bedeutung zu.[115]

e) *Platzverweisung*

Nach § 31 können die Gefahrenabwehr- und die Polizeibehörden zur Abwehr einer Gefahr eine Person vorübergehend von einem Ort verweisen oder ihr vorübergehend das Betreten eines Ortes verbieten. Die Platzverweisung ist ein Verwaltungsakt, der mündlich oder in Form von Zeichen ergehen kann. Sie greift in das Grundrecht der körperlichen Bewegungsfreiheit gemäß Art. 2 II 2 GG ein. Das Grundrecht auf Freizügigkeit gemäß Art. 11 GG wird dagegen nicht berührt.[116] Denn das von Art. 11 GG geschätzte Verhalten muß von einer gewissen Dauer sein.[117] Die Platzverweisung hat per definitionem aber nur kurzfristigen Charakter. Beispiele für zulässige Maßnahmen dieser Art sind die Räumung eines Lokals anläßlich einer Razzia, die durch Martinshorn und Blaulicht verlautbarte Anordnung an andere Verkehrsteilnehmer, die Verkehrsfläche für die Durchfahrt des Einsatzwagens freizumachen, die Absperrung eines Unfallorts, um Rettungsarbeiten zu ermöglichen, die Sperrung einer Straßenseite, die an ein einsturzgefährdetes Haus grenzt, die Räumung eines Gebiets, das in der Reichweite einer Bombe liegt. Dagegen ist der bloße Aufenthalt von Nichtseßhaften etwa in städtischen Fußgängerzonen oder Parks kein Grund zur Platzverweisung, da weder der Tatbestand der Nichtseßhaftigkeit noch der Alkoholkonsum die Voraussetzungen einer Gefahr im polizeirechtlichen Sinn erfüllt.[118] Weil im übrigen straßen- und wegerechtliche Satzungen, welche die Benutzung der öffentlichen Straßen und Wege auf den Fußgängerverkehr beschränken und das Verweilen zum Verzehr alkoholischer Getränke verbieten, unzulässig sind[119], dürfte eine Platzverweisung in diesen Fällen auch nicht als sogenannte normenvollziehende Verfügung[120] ergehen.

f) *Gewahrsam*

Der polizeiliche Gewahrsam ist in §§ 32-35 eingehend geregelt. Er wird im allgemeinen und etwas umständlich so umschrieben: Gewahrsam ist ein mit hoheitlicher Gewalt hergestelltes Rechtsverhältnis, kraft dessen einer Person die Freiheit in der Weise entzogen ist, daß sie von der Polizei in einer dem polizeilichen Zweck entsprechenden Weise verwahrt und daran gehindert wird, sich fortzubewegen.[121] Kürzer ausgedrückt: Der Gewahrsam ist eine Maßnahme der Freiheitsentziehung im Sinne der Art. 2 II 2, 104 II GG und damit mehr als eine bloße Freiheitsbeschrän-

---

115 Vgl. aus der Rechtsprechung VGH München BayVBl. 82, 757.
116 Ebenso VG Sigmaringen NVwZ-RR 1995, 329; a.A. *Meixner,* HSOG, § 31, Rdnr. 11.
117 *Jarass/Pieroth,* GG, Art. 11, Rdnr. 2; *Wagner,* PolG NW, § 12 Rdnr. 4.
118 *Kohl* NVwZ 1991, 621 ff.
119 VGH Mannheim NJW 1984, 507.
120 *Götz,* Rdnr. 580.
121 OVG Münster NJW 1980, 138 f.; VG Bremen NVwZ 1986, 862.

kung.[122] Regelmäßig erfolgt die Ingewahrsamnahme[123] in einer speziellen Einrichtung wie einem Haft- oder Arrestraum. Auch Polizeifahrzeuge[124] oder Krankenhauszimmer kommen als Orte der Verwahrung in Betracht. Ebenso kann die Einschließung von Demonstranten in Form eines »Polizeikessels« den Tatbestand der Freiheitsentziehung erfüllen.[125]
§ 32 bestimmt im einzelnen die materiellen Voraussetzungen des Polizeigewahrsams. Es wird unterschieden zwischen dem *Schutzgewahrsam* (§ 32 I Nr. 1), dem *Sicherheitsgewahrsam*, auch Vorbeuge-, oder Unterbindungsgewahrsam genannt (§ 32 I Nr, 2), dem Gewahrsam zur *Durchsetzung eines Platzverweises* (§ 32 I Nr. 3), der Ingewahrsamnahme *Minderjähriger* (§ 32 II) und der Ingewahrsamnahme *Entwichener*. Der Schutzgewahrsam erfolgt gegenüber hilflosen Personen, also beispielsweise Betrunkenen (»Ausnüchterungsgewahrsam«), Personen, die einen Nervenschock oder einen epileptischen Anfall erleiden, oder im Straßenverkehr Verunglückten. Die Vorschrift deckt auch die Ingewahrsamnahme des Suizidgefährdeten.[126] Der Schutzgewahrsam dient dem Schutz der Rechtsgüter desjenigen, den die Polizei in Gewahrsam nimmt. Die Vorschrift des § 32 I Nr. 2 über den Sicherheitsgewahrsam ist insoweit problematisch, als sie auch die Ingewahrsamnahme zur Verhinderung einer Ordnungswidrigkeit »mit erheblicher Bedeutung für die Allgemeinheit« zuläßt. Hierin liegt ein Verstoß gegen die Europäische Menschenrechtskonvention (EMRK), die im Rang von Bundesrecht steht.[127] Denn nach Art. 5 I lit. c) EMRK ist die Freiheitsentziehung nur zur Verhinderung einer strafbaren Handlung zulässig. Auch im übrigen darf von dieser Maßnahme, wie das Wörtchen »unerläßlich« zeigt, nur mit größter Zurückhaltung Gebrauch gemacht werden. Die Bestimmung des § 32 I Nr. 3 über den Gewahrsam zur Durchsetzung eines Platzverweises wird im Hinblick auf die Räumung besetzter Häuser für notwendig erachtet. Es könne nicht ausgeschlossen werden, daß eine Platzverweisung trotz der Befugnisse zur Anwendung unmittelbaren Zwangs nicht durchgesetzt werden könne, etwa weil sie durch Wiederholungsaktionen unterlaufen werde oder weil unmittelbarer Zwang nicht während der ganzen zur Gefahrenabwehr erforderlichen Zeit durchführbar sei.[128] Diese Regelung, deren materielle Voraussetzungen nicht in § 32, sondern in der wesentlich »weicheren« Vorschrift des § 31 zu finden sind, birgt die Gefahr, daß sich die Polizei ihre Arbeit auf Kosten der Freiheit der Person

---

122 Zur Abgrenzung BVerwGE 62, 317 (321 f.); BGHZ 82, 261 (265 ff.); *Hantel,* Der Begriff der Freiheitsentziehung, 1978; *Gusy* NJW 1992, 457 ff.; *Rachor* in Lisken/Denninger, Kap. F, Rdnr. 273 ff.
123 Diese ist als Realakt zu qualifizieren (vgl. oben II.1.c), ebenso *Drews/Wacke/Vogel/Martens,* S. 216; a.A. VG Frankfurt a.M. NVwZ 1994, 721 (VA).
124 VG Bremen NVwZ 1986, 863; OVG Bremen NVwZ 1987, 236 f.
125 LG Hamburg NVwZ 1987, 834; VG Berlin NVwZ-RR 1990, 188; VG Mainz NVwZ-RR 1991, 242.
126 *Denninger* in Lisken/Denninger, Kap. E, Rdnr. 22, s. oben I. 4. b), BayVerfGH NJW 1989, 1791; BayObLG NJW 1989, 1816.
127 *Blankenagel,* DÖV 1989, 697; *Jahn* DVBl. 1989, 1043; a.A. BayVerfGH BayVBl. 1990, 658 f.; wohl auch VG Frankfurt a.M. NVwZ 1994, 722.
128 BayVerfGH BayVBl. 1990, 687; zur Höchstfrist s. SächsVerfG, U. v. 14.5.96 (VG 44-II-94), B V 1.

unzulässigerweise erleichtert. Hier ist das Merkmal der »Unerläßlichkeit« deshalb besonders sorgfältig zu prüfen.
Verfassungsrechtliche Bedenken bestehen gegen § 32 Abs. 1. Verfassungsrechtlicher Prüfungsmaßstab vor dem Staatsgerichtshof ist die Landesverfassung. Dieser hat Art. 24 HV zu beachten, der Freiheitsbeschränkungen nur unter eng definierten Voraussetzungen zuläßt, die § 32 Abs. 1 jedenfalls überschreitet. Nach Art. 142 GG ist ein über Art. 104 I GG, 2 II GG hinausgehender Freiheitsschutz durch Grundrechte einer Landesverfassung gegenüber *landesrechtlichen* Vorschriften prinzipiell möglich.[129] Der Landesgesetzgeber kann sich einen einschneidenderen bundesverfassungsrechtlichen Gesetzesvorbehalt nicht zu nutze machen, um die Freiheitsspielräume der *Landesverfassung* einzugehen.
Im Hinblick auf die Ingewahrsamnahme Minderjähriger gemäß § 32 II bestehen deshalb Bedenken, weil eine dem Minderjährigen drohende Gefahr nicht verlangt wird. Ziel der Maßnahme soll allein der Schutz des Sorgerechts sein.[130] Dem ist entgegenzuhalten, daß weder die personenrechtliche noch die staatliche Fürsorge in die Aufgabenstellung der Polizei fällt. Deshalb darf die Polizei außerhalb konkreter Gefahrenlagen für den Minderjährigen nur dann einschreiten, wenn die Voraussetzungen des § 1 JÖSchG vorliegen, der Minderjährige sich also an Orten aufhält, an denen ihm, wie das Gesetz sich ausdrückt, unmittelbar eine sittliche Gefahr oder Verwahrlosung droht. Die Regelung zur Ingewahrsamnahme Entwichener gemäß § 32 III schließlich stößt auf kompetenzrechtliche Bedenken. Der Bund hat die Rückführung Entwichener abschließend in §§ 87 StvollzG, 457 StPO geregelt. Danach darf die Polizei nur tätig werden, wenn entweder die Vollzugsbehörde gemäß § 87 StVollzG dazu Veranlassung gibt oder die Vollstreckungsbehörde gemäß § 457 StPO einen Vollstreckungshaftbefehl erlassen hat. Von sich aus darf die Polizei nach diesen Bestimmungen nicht einschreiten.[131] Handelt es sich bei dem Entwichenen allerdings um einen gefährlichen Straftäter, so ist die Polizei selbstverständlich nach den Bestimmungen über die Ingewahrsamnahme zwecks Verhinderung von Straftaten zum Einschreiten befugt.
§ 33 bestimmt, daß über die Zulässigkeit und Fortdauer der Ingewahrsamnahme unverzüglich eine richterliche Entscheidung herbeizuführen ist. § 33 wiederholt damit das verfassungsrechtliche Gebot des Art. 104 II GG. Das Herbeiführen einer richterlichen Entscheidung ist eine Amtspflicht, es bedarf hierfür also keines besonderen Antrags des Betroffenen. *Unverzüglich* im Sinne dieser Vorschrift bedeutet, daß die richterliche Entscheidung ohne jede Verzögerung, die sich nicht aus sachlichen Gründen rechtfertigen läßt, herbeigeführt werden muß. Auf das Vertretenmüssen des einzelnen Polizeibeamten kommt es nicht an. Die Länge des Weges, eine not-

---

129 *Denninger* in AK-GG, 2. Aufl. 1989, Art. 142, Rn. 10; Inkonsequent insoweit *Zinn/Stein,* Hessische Verfassung Kommentar, vor Art. 1, VII 4. und 5.
130 Amtl. Begr. zu § 32 HSOG, LT-Drucks. 12/5794.
131 Vgl. zum Ganzen *Seebode* in FS Bruns, 1978, 487 ff.; Arbeitskreis Polizeirecht, AE PolG, § 20, Rdnr. 5 ff.; *Callies/Müller-Dietz,* StrVollzG, 1994, § 87, Rdnr. 2; a.A. *Kleinknecht/Meyer-Goßner,* StPO, 1995, § 457, Rdnr. 5; *Riegel* DÖV 1979, 203 f.

wendige Protokollierung oder das renitente Verhalten des Festgenommenen können eine Verzögerung rechtfertigen, nicht dagegen verwaltungsinterne Unzulänglichkeiten oder das persönliche Versagen einzelner Beamter.[132] Nach einer Entscheidung des Bundesverwaltungsgerichts[133] liegt ein Verstoß gegen das Gebot der unverzüglichen Herbeiführung einer richterlichen Entscheidung nicht schon dann vor, wenn ein Richter deshalb nicht zu erreichen ist, weil das zuständige Amtsgericht außerhalb der allgemeinen Dienststunden keinen richterlichen Bereitschaftsdienst eingerichtet hat. Eine Pflicht zur Einrichtung eines Bereitschaftsdienstes zu jeder Tages- und Nachtzeit lasse sich der Vorschrift des Art. 104 II GG nicht entnehmen. Diese Auffassung ist abzulehnen, weil nach ihr die Reichweite des Art. 104 II GG allein davon abhinge, wie die Justizverwaltung ihre Dienststunden gestaltet und ob und in welcher Form sie einen Bereitschaftsdienst einrichtet. Wenn die Polizei auch nachts und an Wochenenden zur Gefahrenabwehr aufgerufen ist, darf auch die Justiz nicht schlafen. Einer richterlichen Entscheidung bedarf es nach § 33 I 2 aber nicht, wenn dieses Verfahren zur Verlängerung der Ingewahrsamnahme führen würde. Der Betroffene soll nicht länger als unbedingt nötig festgehalten werden. Falls der Betroffene nicht ausdrücklich darauf verzichtet, ist dann eine nachträgliche richterliche Entscheidung herbeizuführen.[134] Sachlich zuständig für die Entscheidung sind die Amtsgerichte (§ 33 II), obwohl es sich hier um eine öffentlich-rechtliche Streitigkeit handelt. Eine solche Zuweisung ist nach § 40 I 2 VwGO zulässig. Sie hat ihren Grund in der größeren Orts- und Sachnähe (vgl. § 3 FreiheitsentziehungsG, 115 a StPO) des Amtsrichters. Das Verfahren richtet sich nach den Vorschriften des Freiheitsentziehungsgesetzes (§ 33 II 2), die ihrerseits wieder auf das FGG verweisen (§ 3 S. 2 FreiheitsentziehungsG). Hervorzuheben ist hier der in § 12 FGG geregelte Amtsermittlungsgrundsatz. Er gebietet dem Richter, selbst die Tatsachen festzustellen, die eine Freiheitsentziehung rechtfertigen. Er darf sich nicht auf die Prüfung beschränken, ob die von der Polizei vorgetragenen Gründe plausibel erscheinen.[135]

§ 34 regelt die Behandlung festgehaltener Personen. Nach § 34 I muß dem Festgehaltenen unverzüglich der Grund für die Maßnahme bekanntgegeben werden. »Unverzüglich« bedeutet, daß die Bekanntgabe nicht erst in der Zelle, sondern schon während der Ingewahrsamnahme erfolgen muß. Außerdem muß der festgehaltenen Person unverzüglich Gelegenheit gegeben werden, einen Angehörigen oder eine Person ihres Vertrauens zu benachrichtigen (§ 34 II 1). Dies wird meistens telefonisch geschehen. Die Polizei darf das Führen eines Telefongesprächs nicht davon abhängig machen, daß der Betroffene die nötigen Groschen bei sich hat.[136] Das Be-

---

132 *Maunz* in Maunz/Dürig, Komm. z. GG, Art. 104, Rdnr. 38.
133 BVerwGE 45, 51 (63 f.); VG Frankfurt a.M. NVwZ 1994, 724.
134 Umstritten! Wie hier: Arbeitskreis Polizeirecht; AE PolG § 21 Anm. 3; *Wagner*, PolG NW, vor § 8, Rdnr. 69; *Lisken* NJW 1979, 1992; *Rachor* in Lisken/Denninger, Kap. F, Rdnr. 318. A.A.: *Meixner*, HSOG, § 33, Rdnr. 8; *Azzola* in AK-GG, 2. Aufl. 1989, Art. 104, Rdnr. 36; *Heise/Tegtmeyer*, PolG NW, § 36, Rdnr. 6.
135 BVerfGE 83, 24 (33).
136 *Rachor* in Lisken/Denninger, Kap. F, Rdnr. 330.

nachrichtigungsrecht steht unter dem gesetzlich normierten Vorbehalt, daß der Zweck der Freiheitsentziehung durch die Benachrichtigung nicht gefährdet wird. Diese Bestimmung ist restriktiv anzuwenden.[137] Ist der Betroffene zur Benachrichtigung nicht in der Lage, so hat die Polizei, sofern dies dem mutmaßlichen Willen des Betroffenen nicht widerspricht, die Benachrichtigung selbst vorzunehmen (§ 34 II 3). Ist die festgehaltene Person minderjährig, entmündigt oder unter vorläufige Vormundschaft gestellt, so ist in jedem Fall unverzüglich derjenige zu benachrichtigen, dem die Sorge für die Person obliegt (§ 34 II 4). In Anlehnung an § 119 StPO bestimmt § 34 III 1, daß festgehaltene Personen nicht in demselben Raum mit Straf- oder Untersuchungsgefangenen untergebracht werden sollen. Auch sollen Männer und Frauen getrennt untergebracht werden (§ 34 III 2). Dem Verfassungsgrundsatz der Verhältnismäßigkeit entspricht die Bestimmung des § 34 III 3, wonach den festgehaltenen Personen nur solche Beschränkungen auferlegt werden dürfen, die der Zweck der Freiheitsentziehung oder die Ordnung im Gewahrsam erfordern.

Ausdrücklich geregelt ist auch die Dauer der Freiheitsentziehung. Die Norm des § 35 HSOG nennt vier Bedingungen, bei deren Eintritt der Betroffene freizulassen ist. Eine Selbstverständlichkeit drückt § 35 I Nr. 1 aus. Danach ist die festgehaltene Person zu entlassen, sobald der Grund für die Maßnahme der Gefahrenabwehr- oder Polizeibehörde weggefallen ist. Eine Neuerung enthält § 35 I Nr. 2. Danach ist der Betroffene spätestens vierundzwanzig Stunden nach dem Ergreifen zu entlassen, wenn er nicht vorher dem Richter zugeführt worden ist. Diese Norm enthält eine Konretisierung des Begriffs »unverzüglich« im Sinne des Art. 104 II 2 GG, § 33 I 1, soweit der polizeiliche Verfahrensgang betroffen ist. Nach Ablauf der Vierundzwanzig-Stunden-Frist kann danach nicht mehr von Unverzüglichkeit gesprochen werden, gleich welche Ursachen die Verzögerung hat.[138] Verzögerungen im justiziellen Bereich erfaßt diese Vorschrift allerdings nicht. Wiederum Selbstverständliches enthält die Klausel des § 35 I Nr. 3, wonach die festgehaltene Person freizulassen ist, wenn die Fortdauer der Freiheitsentziehung durch richterliche Entscheidung für unzulässig erklärt wird. Dieses Gebot ergibt sich bereits aus Art. 104 II 1 GG, wonach allein der Richter die Entscheidungsbefugnis hat. Die Bestimmung schließlich, wonach der Festgehaltene spätestens bis zum Ende des Tages nach dem Ergreifen freizulassen ist, wenn nicht vorher die Fortdauer der Freiheitsentziehung auf Grund eines anderen Gesetzes durch richterliche Entscheidung angeordnet ist (§ 35 I Nr. 4), findet sich in den meisten Polizeigesetzen. Sie beschränkt den – richterlich angeordneten – Polizeigewahrsam auf kurzfristige Maßnahmen. Die im baden-württembergischen, bayerischen und sächsischen Polizeigesetz zugelassene Ausdehnung des Polizeigewahrsams auf maximal zwei Wochen ist bedenklich.[139]

---

137 Vgl. *Rachor* in Lisken/Denninger, Kap. F, Rdnr. 331.
138 *Rachor* in Lisken/Denninger, Kap. F, Rdnr. 335.
139 *Hirsch* ZRP 1989, 81 ff.; *Blankenagel* DÖV 1989, 659 ff.; *Jahn* DVBl. 1989, 1039 ff.; zu weitgehend: BayVerfGH, NVwZ 1991, 664 ff.

g) *Durchsuchung von Personen und Sachen*

Ebenso wie andere Polizeigesetze enthält das Hessische Polizeirecht mit §§ 36 und 37 weitreichende Befugnisnormen, die zur Durchsuchung von Personen und Sachen ermächtigen. Beide Normen korrespondieren einander weitgehend, wie sich aus § 37 I Nr. 1 ergibt: Eine Sache kann immer auch dann durchsucht werden, wenn sie von einer Person mitgeführt wird, die nach § 36 durchsucht werden darf. In §§ 36 I Nr. 1, 37 I Nr. 3 knüpft das Gesetz an die Voraussetzungen zur Sicherstellung eines Gegenstandes an. § 36 I Nr. 2 ist der Bestimmung des § 32 I Nr. 1 nachgebildet und betrifft das Vorgehen zum Schutz hilfloser Personen. Gleiches gilt im Prinzip auch für § 37 I Nr. 2. Neben der Suche nach Gegenständen, welche die Identifizierung des Betroffenen ermöglichen (§ 36 II i.V.m. § 18 IV), ist praktisch bedeutsam die Durchsuchung von Personen, die aufgrund des Polizeirechts oder anderer Gesetze festgehalten werden dürfen (§ 36 II Nr. 1). Auf die Durchsuchungsbefugnisse an sogenannten gefährlichen Orten (§§ 36 II Nr. 2, 37 II Nr. 2) und an gefährdeten Objekten (§§ 36 II Nr. 3, 37 II Nr. 3) wurde oben bereits hingewiesen. Eine hessische Besonderheit ist die Durchsuchungsbefugnis im Umfeld gefährdeter Personen (§ 36 II Nr. 4). An Kontrollstellen ist ohne weiteres nur die Durchsuchung von Sachen (§ 37 II Nr. 4), nicht aber die Personendurchsuchung zulässig. Hinzuweisen ist schließlich auf die Befugnis zur Durchsuchung zwecks Eigensicherung (§ 36 III). Eine Besonderheit des hessischen Rechts ist die ausdrückliche Befugnis zur *körperlichen Untersuchung* (§ 36 V), die im Gegensatz zur Durchsuchung den Zweck hat, die Beschaffenheit und den Zustand des Körpers selbst festzustellen.[140] Sie ist nur unter strengen Voraussetzungen zulässig.

h) *Betreten und Durchsuchung von Wohnungen*

Art. 13 GG stellt die Wohnung unter besonderen verfassungsrechtlichen Schutz. Eingriffe in dieses Grundrecht dürfen nur vorgenommen werden, wenn sie den Voraussetzungen der qualifizierten Gesetzesvorbehalte des Art. 13 II und III GG entsprechen. § 38 enthält deshalb eine spezifische Befugnis, welche die Polizei zum Betreten und Durchsuchen von Wohnungen ermächtigt. Die Definition des Begriffs Wohnung in § 38 I ist überflüssig, weil der Schutzbereich aus Art. 13 GG selbst zu ermitteln ist. Im Hinblick auf die Zielrichtung wird zunächst unterschieden zwischen Wohnungseingriffen zum Zwecke der *Sicherstellung* (§ 38 II Nr. 1) und solchen zur *Abwehr einer gegenwärtigen Gefahr* für hochrangige Rechtsgüter (§ 38 II Nr. 2), wobei die letztgenannte Befugnis nichts anderes als eine restriktive Paraphrasierung des verfassungsrechtlichen Eingriffsvorbehalts des Art. 13 III GG (»Verhütung dringender Gefahren«) ist. Weiterhin darf eine Wohnung betreten und durchsucht werden, wenn sich in ihr eine Person aufhält, die zum Zwecke der erkennungsdienstlichen Behandlung vorgeführt oder die in Gewahrsam genommen wer-

---

140 *Würtenberger/Heckmann/Riggert*, Rdnr. 243.

den darf. Neu und an § 103 I 2 StPO angelehnt ist die polizeiliche Befugnis, im Falle von Entführungen auch die Wohnungen von Nichtstörern zu betreten (§ 38 IV). Verfassungsrechtlich bedenklich ist die in § 38 VI geregelte Befugnis zum Betreten sogenannter »gefährlicher Wohnungen«. Diese Befugnis soll polizeiliche Lagen außerhalb konkreter Gefahren erfassen.[141] Mit dem Gesetzesvorbehalt des Art. 13 III GG dürfte eine solche Regelung nicht mehr in Einklang zu bringen sein.[142] Gleiches gilt für die in § 38 VII geregelte polizeiliche Befugnis zum Betreten öffentlich zugänglicher Räume wie Schwimmbäder, Kinos, Stadien, soweit auch sie als Befugnis interpretiert wird, schon außerhalb konkreter Gefahrenlagen tätig zu werden.[143] Gegen den Willen des Hausrechtsinhabers darf sich die Polizei keinen Zutritt zu solchen Örtlichkeiten verschaffen, sofern es ihr nur um die Ausübung allgemeiner Überwachungsbefugnisse geht. In der Praxis wird es hier allerdings nur selten Konflikte geben, da die Hausrechtsinhaber in vielen Fällen schon aus eigenem Interesse – man denke an Sportstadien – nichts gegen eine Anwesenheit der Polizei einwenden werden.

i) *Sicherstellung*

Sicherstellung ist die hoheitliche Begründung der tatsächlichen Herrschaft über eine Sache unter Ausschluß der Einwirkung durch die Allgemeinheit oder eine Person.[144] Weil und sofern die Polizei beispielsweise beim Abschleppen eines Autos gerade nicht das Ziel verfolgt, die Einwirkungsmöglichkeit anderer Personen auf dieses Auto auszuschließen, kann dieser Vorgang nicht als Sicherstellung qualifiziert werden.[145] Die Sicherstellung ist von der Beschlagnahme abzugrenzen. Sie bezeichnet die zwangsweise Sicherstellung einer Sache, vgl. § 94 II StPO. Sichergestellt werden können bewegliche Sachen wie belichtete Filme[146] oder die Haltestangen eines Transparents[147] und unbewegliche Sachen wie Gebäude. Im letzteren Fall geschieht dies durch das Anbringen von amtlichen Siegeln.[148] Auch Tiere sind, trotz der neu eingefügten Vorschrift des § 90 a BGB, wie »Sachen« zu behandeln, § 7 I 2. Der Sicherstellung kann ein Herausgabeverlangen gegenüber der Betroffenen Person vorausgehen. Läßt sich kein Adressat ermitteln, wie etwa bei einem verlassenen Koffer im Flughafenterminal, so ist die Sicherstellung ein rein tatsächliches Handeln. Sie kann zur Abwehr einer gegenwärtigen Gefahr erfolgen (§ 40 Nr. 1), man denke an giftigen

---

141 Vgl. *Meixner*, HSOG, § 38 Rdnr. 20.
142 *Rachor* in Lisken/Denninger, Kap. F, Rdnr. 407 f.; ebenfalls kritisch *Schwabe*, NVwZ 1993, 1173 f.
143 Vgl. *Meixner*, HSOG, § 38 Rdnr. 22.
144 *Rachor* in Lisken/Denninger, Kap. F, Rdnr. 418.
145 Str., wie hier VGH Kassel NVwZ 1987, 909; VGH Kassel NVwZ 1988, 655; vgl. VGH Kassel NJW 1995, 2124; *Meixner*, HSOG, § 40 Rdnr. 4; a.A.: VGH München BayVBl. 1989, 437; OVG Münster DVBl. 1983, 1075; VGH München BayVBl. 1986, 625; *Götz*, Rdnr. 313.
146 VG Karlsruhe NJW 1980, 1708; VG Frankfurt NJW 1981, 2372; VG Köln NJW 1988, 368.
147 VG Braunschweig NVwZ 1988, 662.
148 VGH Kassel NJW 1981, 2270.

Abfall oder an radioaktives Material, an einen Sprengsatz oder auch an einen bissigen Hund. Auch zum Schutz privater Rechte ist die Sicherstellung zulässig (§ 40 Nr. 2).[149] Personen, die eingesperrt oder sonst festgehalten werden sollen, müssen gemäß § 40 Nr. 3 die in ihrem Besitz befindlichen Gegenstände herausgeben, sofern sie damit sich selbst oder anderen Schaden zufügen könnten. Eine hessische Besonderheit ist die Regelung des § 40 Nr. 4, wonach die Polizei eine Sache schon dann soll sicherstellen können, wenn tatsächliche Anhaltspunkte die Annahme rechtfertigen, daß sie zur Begehung einer Straftat oder Ordnungswidrigkeit gebraucht oder verwertet werden soll.[150] Eine konkrete Gefahr braucht hier nicht vorzuliegen. Diese Vorverlagerung der Eingriffsschwelle für die Sicherstellung von Gegenständen ist unter rechtsstaatlichen Gesichtspunkten kaum mehr akzeptabel.[151] Sie dehnt den Wirkungsbereich der Polizeibehörden erheblich aus (vgl. §§ 36 I Nr. 1, 37 I Nr. 3, beide in Verbindung mit § 40 Nr. 4), ohne daß hierfür eine offenkundige Notwendigkeit bestünde. Die »Erfahrungen der Praxis«, mit denen der hessische Gesetzgeber die Einführung dieser Regelung lapidar begründet, können einen derart schweren Einbruch ins System des Polizeirechts nicht rechtfertigen.

j) *Maßnahmen auf der Grundlage der Generalklausel*

Die Generalklausel des § 11 hat nur subsidiären Charakter. Sie kann nur dann herangezogen werden, wenn die beabsichtigte Maßnahme nicht bereits in den spezielleren Vorschriften geregelt ist. Mit der fortschreitenden Kodifizierung spezieller Einzelbefugnisse nimmt die praktische Bedeutung der Generalklausel immer weiter ab. Bei der Frage nach dem noch verbleibenden Anwendungsbereich des § 11 ist zu beachten, daß ein Rückgriff nicht nur dann ausgeschlossen ist, wenn die §§ 12 ff. die in Aussicht genommene Maßnahme in besonderer Weise normieren, wie etwa die Freiheitsentziehung oder die Wohnungsdurchsuchung. § 11 ist auch dann unanwendbar, wenn die in Rede stehende Maßnahme zwar nicht explizit, der Kreis der in Betracht kommenden Maßnahmen aber abschließend geregelt ist. Deshalb kann der sogenannte Verbringungsgewahrsam[152], der eine Freiheitsentziehung ist, nicht auf die polizeiliche Generalklausel gestützt werden. Praktische Bedeutung kommt der Generalklausel nur noch als Grundlage für die Konkretisierung genereller Verbote zu. Generelle Verhaltensnormen können als förmliche Gesetze, Verordnungen oder Satzungen aufgestellt werden. Sie sind häufig, wie im Bereich des Straßenverkehrsrechts, als Straf- oder Ordnungswidrigkeitentatbestände ausgestattet, enthalten aber nicht immer eine Ermächtigung zur Durchsetzung der Verhaltensgebote. Ein Verstoß gegen ein solches Verhaltensgebot ist bereits eine konkrete Störung der öffentlichen Sicherheit und eröffnet damit den Anwendungsbereich des Polizeirechts.[153]

---

149 Vgl. den vom OVG Koblenz DÖV 1989, 174 geschilderten Fall und OVG Rheinland-Pfalz DVBl. 1989, 1011.
150 Vgl. auch VG Frankfurt a.M. NVwZ 1990, 1101 f.
151 Vgl. im einzelnen *Rachor* in Lisken/Denninger, Kap. F, Rdnr. 439 ff.
152 Dazu *Maaß* NVwZ 1985, 151 ff.; *Stolleis/Kohl* Gefährdetenhilfe 1990, 55 ff.
153 Vgl. *Denninger* in Lisken/Denninger, Kap. E, Rdnr. 7.

Weil schon die Unverletzlichkeit der Rechtsordnung als solche Bestandteil der öffentlichen Sicherheit ist, kommt es nicht darauf an, ob die durch die verletzte Rechtsnorm geschätzten Rechtsgüter im Einzelfall tatsächlich gefährdet oder beeinträchtigt sind.[154] Verwaltungsakte auf der Grundlage des Polizeirechts, die solche generellen Verbote oder Gebote konkretisieren, werden als normenvollziehende Verfügungen bezeichnet.[155]

III. Polizeiliche Datenerhebung und -verarbeitung

Zum Handwerkzeug des polizeilichen Alltags gehört die Verarbeitung personenbezogener Daten, die mittlerweile aus dem Stadium von Notizblock und Karteikasten heraus und in das EDV-Zeitalter hineingewachsen ist. Die technischen Möglichkeiten erlauben es, innerhalb kürzester Zeiträume unbegrenzte Datenmengen zu speichern, zu übermitteln und nach unterschiedlichen Gesichtspunkten zu verknüpfen und auszuwerten. Personenbezogene Datenbanken von APIS bis SPUDOK, neue Methoden, von der Rasterfahndung bis zum on-line Zugriff auf Datenbanken, und neue Techniken vom Richtmikrofon bis zur Haarnadelkamera sind Bausteine der »*elektronischen Polizei*« der Gegenwart.[156] Das polizeiliche Instrumentarium zur Gefahrenabwehr (Prävention) und Straftatverfolgung (Repression) hat sich erweitert, gleichzeitig aber auch die Grenzen zwischen beiden Aufgaben verwischt. Die zur Erfüllung der einen Aufgabe erhobenen Daten werden jeweils auch zur Erfüllung der anderen Aufgabe verwendet.

Rechtlich ist diese Entwicklung in zweierlei Hinsicht zu betrachten: Unter dem Gesichtspunkt des Schutzes der bürgerlichen Freiheitsrechte, insbesondere des informationellen Selbstbestimmungsrechtes, aber auch der Versammlungsfreiheit und der Unverletzlichkeit der Wohnung, müssen die polizeilichen Befugnisse auf bereichsspezifischen gesetzlichen Bestimmungen beruhen, die den Anforderungen der Normenklarheit und der Verhältnismäßigkeit genügen.[157] Zum anderen muß ein landesrechtliches Polizeigesetz auch in seinem Vollzug die kompetenzrechtliche Ordnung des Grundgesetzes beachten, die die Gefahrenabwehr den Ländern, dagegen die Gesetzgebung über die Strafverfolgung dem Bund nach Art. 74 Nr. 1 GG überträgt.

---

154 Unzutreffend VG Frankfurt NVwZ-RR 1991, 559.
155 *Götz*, Rdnr. 580.
156 Zu Entwicklung, Stand und Perspektiven der polizeilichen Datenverarbeitung *Bäumler* in Lisken/Denninger, Kap. J, Rdnr. 147 ff. 267.
157 BVerfGE 65, 1 (44 ff.); 69, 315 (342 ff.).

1. Informationelles Selbstbestimmungsrecht

Die Bestimmungen des HSOG, die es der Polizei erlauben, personenbezogene Daten zu erheben und zu verarbeiten, §§ 13 ff., sind Befugnisnormen, weil sie Grundrechtseingriffe rechtfertigen. Aus Vereinfachungsgründen steht hier das informationelle Selbstbestimmungsrecht im Vordergrund. Bei einzelnen Befugnissen ist das Grundrecht der Versammlungsfreiheit aus Art. 8 GG, § 14 I, II, oder der Unverletzlichkeit der Wohnung aus Art. 13 GG, § 15 IV, einschlägig.
Das *Recht auf informationelle Selbstbestimmung* ist vom Bundesverfassungsgericht im sog. Volkszählungsurteil aus dem allgemeinen Persönlichkeitsrecht entwickelt worden und ist fester Bestandteil der Rechtsprechung des Bundesverfassungsgerichts.[158] Es schützt, in den Worten des Bundesverfassungsgerichts, »die Befugnis des einzelnen, grundsätzlich selbst über die Preisgabe und Verwendung seiner persönlichen Daten zu bestimmen«.[159] Der einzelne soll, um seine Kommunikationsfähigkeit zu erhalten, »wissen, wer was wann und bei welcher Gelegenheit über ihn weiß«.[160] Das HSOG berücksichtigt diesen Schutzbereich zumindest im Ansatz, denn personenbezogene Daten sind grundsätzlich offen, § 13 VII 1, und bei der betroffenen Person, § 13 VI 1, zu erheben. Tatsächlich aber ist die Ausnahme die Regel, denn die besonderen Befugnisse zur Datenerhebung wie die Observation nach § 15, der verdeckte Ermittler nach § 16 oder die polizeiliche Beobachtung nach § 17 setzen eine *heimliche Datenerhebung* voraus. Eingriffe in das informationelle Selbstbestimmungsrecht sind im übrigen alle Verarbeitungsschritte personenbezogener Daten ohne Einwilligung des Betroffenen, dazu zählen das Erheben, Speichern, Verwenden und Übermitteln.[161] Die Eingriffe bestehen unabhängig von dem späteren Speichermedium Akte, Datei, Bild- oder Tonspeicher[162] und betreffen jede Form der personenbezogenen Datenerhebung und -verarbeitung der Polizei.
Der Betroffene muß Eingriffe im Rahmen der polizeilichen Datenverarbeitung nur im überwiegenden Allgemeininteresse auf einer gesetzlichen Grundlage hinnehmen, die bereichsspezifisch, normenklar und verhältnismäßig sein muß.[163] Diesen Anforderungen ist nur Genüge getan, wenn die gesetzliche Verarbeitungsermächtigung Zweck und Voraussetzungen der Datenverarbeitung bereichsspezifisch festlegt *(Zweckbindung),* die Verarbeitung dieser Daten zur Zweckerfüllung *erforder-*

---

158 BVerfGE 65, 1 (44 ff.); 67, 100 (142); 77, 1 (46); 78, 77 (84); 80, 367 (373) u.a.; *Denninger,* Leviathan, S. 375 ff. *Bizer,* Forschungsfreiheit und Informationelle Selbstbestimmung, 1992, S. 136 ff.
159 BVerfGE 65, 1 (43); 78, 77 (84); BVerfG CR 1989, 528 f.
160 BVerfGE 65, 1 (43); Vgl. *Podlech,* AK-GG, Art. 2 I, Rdnr. 45, Fn. 53.
161 Vgl. auch BVerfGE 65, 1 (43); 67, 100 (143); 77, 1 (46). Zur datenschutzrechtlichen Terminologie § 2 HDSG, *Nungesser,* § 2, Rdnr. 24 ff. *Demke/Schild,* § 2 Anm. III; *Dammann* in Simitis u.a., BDSG-Kommentar, § 3, Rdnr. 106 ff.
162 Die Entscheidungen des BVerfG zum informationellen Selbstbestimmungsrecht beschränken sich nicht auf die automatisierte Datenverarbeitung. Vgl. BVerfGE 65, 1 (43 ff.); 67, 100 (142 ff.); 72, 155 (170 f.); 77, 1 (46 f.); 78, 77 (84 ff.); 80, 367 (373 ff.).
163 BVerfGE 65, 1 (44 ff.); 67, 100 (143); 77, 1 (46 f.); 78, 77 (85). Näher *Denninger,* Leviathan, S. 293 ff.; *Bäumler* in Lisken/Denninger, Kap. J, Rdnr. 7 ff., 21 ff. Zu den Regelungsdefiziten des HSOG a.F. VGH Kassel, JZ 1984, 1118; VG Frankfurt CR 1988, 158.

lich ist und die Belange des Betroffenen durch organisatorische und verfahrensrechtliche *Vorkehrungen* gesichert werden.[164]
Unzweifelhaft handelt es sich bei den §§ 13 ff. um bereichsspezifische Datenverarbeitungsregelungen, die dem allgemeinen Datenschutzrecht des HDSG wegen ihrer besonderen Zweckbestimmung vorgehen.[165] Von den grundrechtssichernden Vorkehrungen sind hier das Auskunftsrecht des Betroffenen nach § 29[166], die Kontrolle der polizeilichen Datenverarbeitung durch den hessischen Datenschutzbeauftragten, § 21 ff. HDSG (s. aber auch § 26 HDSG) und die Berichtigungs-, Löschungs- oder Sperrpflichten nach § 27 zu nennen.[167]

2. Zwecke polizeilicher Datenverarbeitung

Das HSOG unterscheidet für die Erhebung und Verarbeitung personenbezogener Daten zwischen der klassischen Aufgabe der *Gefahrenabwehr* (§ 1 I 1 s.o. I. 1), der *Vorbereitung* auf die Gefahrenabwehr (§ 1 I 2[168]) und, im Rahmen der Gefahrenabwehr, der *vorbeugenden Bekämpfung von Straftaten,* also der Verhütung zu erwartender Straftaten (§ 1 IV). Während die klassische Gefahrenabwehr und ihre Vorbereitung Aufgabe der Gefahrenabwehr- und Polizeibehörden bleibt und sie insoweit auch zur Erhebung personenbezogener Daten ermächtigt ist (§ 13 I), ist die vorbeugende Bekämpfung von Straftaten allein Aufgabe der Polizeibehörden (§§ 1 IV, 13 II).

3. Datenerhebung und -verarbeitung zur Verhütung von Straftaten

Die vorbeugende Bekämpfung von Straftaten besteht in erster Linie im Erheben und Verarbeiten personenbezogener Daten. Im Grunde genommen haben die technischen Möglichkeiten der elektronischen Datenverarbeitung erst die Verwirklichung weitreichender Verhütungsmaßnahmen im Vorfeld einer Gefahr ermöglicht. Der Ausweitung der Polizeiaufgaben entsprechen erweiterte Befugnisse der Polizei, die das Erheben von personenbezogenen Daten bereits im Vorfeld einer konkreten Gefahr zulassen (§ 13 II). Ausreichend ist in zahlreichen Fällen, daß »tatsächliche Anhaltspunkte die Annahme rechtfertigen, daß die Person Straftaten mit erheblicher

---

164 Dazu *Denninger,* Leviathan, S. 378 ff.; *Bizer* (Fn. 3), S. 190 ff.; 212. Die besondere Bedeutung verfahrensrechtlicher Grundrechtssicherung im Falle heimlicher Datenerhebung betont SächsVerfGH, U. v. 14. 5. 96 (s. FN 128), bes. E IV.
165 § 3 III 1 HDSG; *Schild,* NVwZ 1990, 738 (740); Vgl. *Nungesser,* § 3, Rdnr. 45 ff. Anwendung finden die allgemeine Regelungen wie die Definition der datenschutzrechtlichen Begriffe, der Datensicherheit und der Datenschutzkontrolle etc., vgl. *Simitis,* Datenschutz (in diesem Band), I, 4.
166 Zur Abwägung zwischen Auskunftsinteresse und Geheimhaltungsinteresse BVerwG NJW 1990, 2765; NJW 1990 2761 – dazu mit Recht kritisch *Simitis/Fuckner,* NJW 1990, 2173 ff.; BVerwG DÖV 1992, 116; VGH München NVwZ-RR 1992, 74.
167 VGH Mannheim NVwZ-RR 1992, 74.
168 Schulbeispiel: Die Polizei führt eine aktuelle Liste von Abschleppunternehmen.

Bedeutung begehen wird« (§ 13 II Nr. 1). Damit wird die klassische Eingriffsschwelle der Gefahrenabwehr, nämlich die konkrete Gefahr (s. § 11!), auf einen Vorfeldverdacht gegen eine Person abgesenkt, der geringere Anforderungen an die Wahrscheinlichkeit des Schadenseintritts stellt, als dies bespielsweise für den Gefahrenverdacht der Fall ist.[169]

Diese Vorverlagerung der polizeilichen Aufgaben ist mit Risiken für den Rechtsstaat und insbesondere die Grundrechte belastet. Das Vorfeld einer Gefahr hat begrifflich keine Grenze, so daß es schon an den *Voraussetzungen für die Anwendung des Übermaßverbotes fehlt*. Ohne Gefahr gibt es keinen Störer und die Voraussetzungen der Haftung eines Nichtstörers im polizeilichen Notstand werden zugunsten der polizeirechtlichen Inanspruchnahme von Jedermann aufgegeben.[170]

Die Einordnung der vorbeugenden Bekämpfung von Straftaten nach den *Kompetenzbestimmungen* des Grundgesetzes ist nicht ohne Schwierigkeiten. Systematische Gründe sprechen für eine Einordnung der Befugnisse als repressive Maßnahme im Rahmen der StPO, jedenfalls wenn personenbezogene Daten zur *Vorbereitung der Verfolgung von Straftaten* erhoben werden.[171] Die Rechtsgrundlagen wären damit bei den Befugnisnormen zu suchen, die der Bundesgesetzgeber mit dem Gesetz über die organisierte Kriminalität (OrgKG) in die StPO aufgenommen hat.[172]

Schließlich ergibt eine Analyse der einzelnen Maßnahmen der Datenerhebung, die eine Verhütung von Straftaten bewirken sollen, daß schon begrifflich das für die Abwehr einer Gefahr konstitutive Einschreiten der Polizei nicht gegeben ist. Die von einem Verdeckten Ermittler oder einer V-Person oder durch eine polizeiliche Observation erhobenen Daten veranlassen die Polizei nicht zum Einschreiten, um die Gefahr im Keim zu ersticken, sondern bereiten in der Regel die Strafverfolgung vor.[173] Sie gehören damit in den Bereich der *Repression*.

Andererseits erfordern die Vorbereitung auf die Gefahrenabwehr wie auch auf die Straftatverfolgung in weitem Umfang identische organisatorisch-technische Maßnahmen, die beide institutionell-zuständigkeitsmäßig in der Hand der Polizei liegen. Daher sollten anstelle der begrifflichen Einordnung die *verfassungsrechtlich gebotenen Voraussetzungen* der Datenerhebung und ihrer weiteren Verarbeitung im Vordergrund stehen. Aus der Perspektive des Grundrechtes des Betroffenen ist die Erhebung und spätere Verwendung der erhobenen Daten eine Frage des gesetzlich festzulegenden und verfassungsrechtlich zu rechtfertigenden Verwendungszwecks. Die Polizei muß daher ihre einzelnen Maßnahmen im Fall präventiver Maßnahmen unter die Vorschriften des HSOG und bei repressiver Tätigkeit unter die der StPO subsumieren.[174]

---

169 *Rachor* in Lisken/Denninger, Kap. F, Rdnr. 95.
170 Vgl. § 13 II Nr. 2, Nr. 3, § 15 II 2. Näher dazu Lisken/*Denninger*, Kap. E, Rdnr. 156 ff.
171 Vgl. *Rachor* in Lisken/Denninger, Kap. F, Rdnr. 93.
172 Gesetz zur Bekämpfung des illegalen Rauschgifthandels und anderer Erscheinungsformen der Organisierten Kriminalität (OrgKG) vom 15. 7. 1992, BGBl. 1 S. 1302.
173 *Rachor* in Lisken/Denninger, Kap. F, Rdnr. 93. Vgl. zur Begriffsbestimmung *Rachor*, Vorbeugende Straftatenbekämpfung und Kriminalakten, 1989, S. 40 ff., 49 ff.
174 Vgl. dort § 100 a, c StPO (Observation, Abhören), § 110 a-e (Verdeckter Ermittler), § 163 e (Ausschreibung zur Beobachtung).

Im übrigen ist gegen eine Vorverlagerung der Gefahrenabwehr solange nichts einzuwenden, wie sie auf *bestimmte Kriminalitätsfelder* wie das organisierte Verbrechen, Bekämpfung links- und rechtsterroristischer Anschläge oder Rauschgiftdelikte *beschränkt* bleibt, die anders nicht bekämpft werden können.[175] Das HSOG verwendet den Begriff der *»Straftaten mit erheblicher Bedeutung«*, der allerdings weder auf Verbrechen noch auf einen bestimmten Straftatenkatalog beschränkt ist (§ 13 III); es genügen Straftaten, die durch ihre Begehungsweise oder ihre Dauer eine Gefahr für die Allgemeinheit darstellen und geeignet sind, die Rechtssicherheit der Bevölkerung zu beeinträchtigen.[176] Die Polizei muß daher, bevor sie Daten zum Zweck der Verhütung von Straftaten erhebt, nicht nur die Begehung der Straftat, sondern auch ihre Wirkung auf die »Rechtssicherheit der Bevölkerung« prognostizieren.[177] Nach dem vom Gesetz genannten Beispielen muß es sich um Delikte handeln, die mindestens der *mittleren Kriminalität* zuzurechnen sind.[178]
Notgedrungen ist die Prognose der Wahrscheinlichkeit, daß eine Straftat begangen werden soll, mit großen Unsicherheiten belastet, die sich vor allem in einer Ausweitung des Kreises der Vorfeld-Verdächtigen auswirken.[179] Nicht nur der *Vorfeld-Verdächtige* selbst (§ 13 II Nr. 1), sondern auch sein soziales Umfeld der sog. *»Kontakt- und Begleitpersonen«* (§ 13 II Nr. 2) wird zum Objekt einer Datenerhebung. Weit gefaßt ist auch der Kreis der betroffenen Personen, die sich (wohl meistens zufällig) im räumlichen *Umfeld einer »Risikoperson«* (Politiker, Wirtschaftsbosse) aufhalten (§ 13 II Nr. 3). Auch gänzlich Unbeteiligte können im Rahmen der Vorfeldmaßnahmen in den Blick der Polizei kommen (vgl. nur § 14, § 15 II Nr. 3, 4). Verfassungsrechtlichen Bedenken gegen die Erhebung der Daten dieses Personenkreises kann nur durch eine *strikte Zweckbindung* der weiteren Datenverarbeitung begegnet werden. Daher muß die *Übermittlung* der Daten vorfeld-verdächtiger Kontakt- und Begleitpersonen nach § 13 II Nr. 2 und von Umfeldpersonen nach § 13 II Nr. 3 auf Polizeibehörden beschränkt bleiben (§ 22 I 4 i.V.m. § 20 III). Etwas anderes kann nur gelten, wenn diese Daten zur Gefahrenabwehr erforderlich sind (§ 22 II). Schließlich dürfen die nach dem Bundeszentralregistergesetz (BZRG) zu beachtenden Übermittlungs- und Verwertungsgrenzen nicht überschritten werden (§ 21 IV i.V.m. § 41, 51 f. BZRG). Bedeutung hat dieses Übermittlungsverbot vor allem für personenbezogene Verdachtsdaten, die nicht zu einer rechtskräftigen Verurteilung geführt haben und nicht in ein Führungszeugnis aufgenommen werden dürfen. Diese Verdachtsdaten dürfen nicht an andere als an die in § 41 BZRG genannten Stellen übermittelt werden. Im übrigen ist auch das Verwertungsverbot nach §§ 51, 52 BZRG auf Verdachtsdaten anzuwenden.[180]

---

175 *Denninger*, JA 1987, 131.
176 Nähere Anhaltspunkte können sich auch aus dem Katalog der Straftaten mit erheblicher Bedeutung in § 98 a I, § 110 a I StPO ergeben. S. auch oben I. 3. c).
177 *Bäumler* in Lisken/Denninger, Kap. J, Rdnr. 566.
178 *Meixner*, HSOG, § 13 Rdnr. 19; *Rachor* in Lisken/Denninger, Kap. F, Rdnr. 107; *Bäumler* in Lisken/Denninger, Kap. J, Rdnr. 567 ff. Vgl. auch § 66 I Nr. 3, §§ 63 f. StGB.
179 Kritisch *Bäumler* in Lisken/Denninger, Kap. J, Rdnr. 573 ff.; *Kniesel/Vahle*, Rdnr. 47.
180 *Bäumler* in Lisken/Denninger, Kap. J, Rdnr. 732 f.

Das Gesetz spricht von *tatsächlichen Anhaltspunkten,* die die Annahme der Begehung einer Straftat rechtfertigen müssen.[181] Zwischen »tatsächlichen Anhaltspunkten« und »Tatsachen« besteht sachlich kein nennenswerter Unterschied.[182] Es muß sich immer um äußere Tatsachen handeln. Abzugrenzen sind die »tatsächlichen Anhaltspunkte« von bloßen Vermutungen. Die *Annahme* der Begehung einer Straftat ist gerechtfertigt, wenn nach der Erfahrung der Polizei *bestimmte Indizien* für die Annahme sprechen, daß Straftaten zu erwarten sind.[183]
Eine wichtige *grundrechtssichernde* Beschränkung erfahren die Befugnisse der Datenerhebung zur Verhütung zu erwartender Straftaten durch die im Einzelfall ausdrücklich festgelegte *Anordnungskompetenz* des Behördenleiters oder Richters.[184] Anordnungen des Behördenleiters oder der beauftragten Bediensteten sind schriftlich niederzulegen.[185] Auf diese Weise wird die Verantwortlichkeit für die Anordnung einer Maßnahme sichergestellt und ein Rechtfertigungsmechanismus ausgelöst, der schon innerbehördlich eine sorgfältige Prüfung und Rechtfertigung der einzelnen Tatbestandsvoraussetzungen notwendig macht. Die Maßnahmen der Datenerhebung sind zeitlich beschränkt.[186]
Von den *grundrechtssichernden Regelungen* ist die Pflicht der Polizeibehörden zu nennen, den Betroffenen nach einer Oberservation oder dem Einsatz technischer Mittel von der Maßnahme zu unterrichten[187], Unterlagen nach Zweckerfüllung zu vernichten[188] oder nach Ablauf einer bestimmten Frist zu löschen oder zu sperren.[189]

4. Datenerhebung und -verarbeitung zur Gefahrenabwehr

Gegenüber den eben erörterten begrifflichen Schwierigkeiten kann sich die Darstellung der Voraussetzungen, unter denen die *Gefahrenabwehr- und Polizeibehör*den personenbezogene Daten zur *Gefahrenabwehr* erheben und verarbeiten dürfen, kürzer fassen, denn die tatbestandlichen Voraussetzungen sind durch die Rechtsprechung hinreichend konkretisiert. Vor allem ist wie bei jeder Maßnahme der Gefahrenabwehr der *Verhältnismäßigkeitsgrundsatz* zu beachten (s.o. II. 2.a). Aus diesem Grund muß auch die Erhebungsbefugnis nach § 13 I Nr. 3, wonach zur Abwehr einer Gefahr Daten des Störers und des Nichtstörers erhoben werden können (vgl. § 9 I), entsprechend abgestuft angewendet werden. Zuerst sind die Daten des Störers und dann die des Nichtstörers zu erheben.[190] Da es sich um Grundrechtseingriffe

---

181 Vgl. nur § 13 II Nr. 1, 2, 3, § 14 I 1, II, 1, § 15 II 1, III 1.
182 Näher *Rachor* in Lisken/Denninger, Kap. F, Rdnr. 96 ff. A.A. *Meixner,* § 13, Rdnr. 9.
183 Vgl. *Rachor* in Lisken/Denninger, Kap. F, Rdnr. 99.
184 § 15 III, V 1, 8; § 16 V 1; § 17 IV 1, V.
185 § 15 V 3, § 17 IV 2; § 16 V 5.
186 § 15, V 5 ff.; § 17 IV 2; § 16 V 7.
187 Vgl. § 15 VII, § 16 VI, § 17 VII, § 20 X.
188 Vgl. § 15 VIII, § 16 VI, § 17 VII.
189 § 27 II, IV, VI, VII.
190 *Bäumler* in Lisken/Denninger, Kap. J, Rdnr. 665 f. verkennt, daß der in § 13 I Nr. 3 genannte Personenkreis der »anderen Personen« nicht über den der Nichtstörer nach § 9 I hinausgeht.

handelt, ist Voraussetzung, daß die erhobenen Daten zur Abwehr einer *konkreten Gefahr erforderlich* sind.[191] Die Erhebung von nicht gefahren- oder tatbezogenen Merkmalen über Erkrankungen oder besonderen Verhaltensweisen ist nur für Identifizierungszwecke oder zum Schutz des Betroffenen oder der Bediensteten der Gefahrenabwehr- und Polizeibehörden zulässig (§ 13 V 2).
Die Anwendung der *besonderen Mittel der Datenerhebung* (dazu unten 5.) zu Zwecken der Gefahrenabwehr ist in einigen Fällen ausdrücklich vorgesehen (bspw. § 15 IV, § 26), in anderen Fällen wird sie nicht ausgeschlossen werden können, wenn das Erhebungsmittel schon im Vorfeld der Gefahr eingesetzt werden kann. Vielfach werden diese Mittel jedoch nicht zur Gefahrenabwehr geeignet sein, weil sie nicht auf ein Einschreiten der Polizei, sondern auf eine länger andauernde Beobachtung hin angelegt sind.[192]

5. Besondere Befugnisse zur Datenerhebung und -verarbeitung

Die hier genannten besonderen Befugnisse zur Datenerhebung nach §§ 14 ff. sind ausschließlich Aufgaben der *Polizeibehörden*.[193]

a) *Öffentliche Veranstaltungen und Versammlungen*

Die Befugnis der Polizeibehörden, personenbezogene Daten bei oder im Zusammenhang mit öffentlichen Veranstaltungen oder öffentlichen Versammlungen nach § 14 I und II zu erheben, muß im Zusammenhang mit den *§§ 19 a, 12 a VersG* gesehen werden, in denen der Bund auf Grund seiner konkurrierenden Gesetzgebungskompetenz für das Versammlungswesen, Art. 74 Nr. 3 GG, eine bereichsspezifische Regelung zur Abwehr versammlungsbezogener Gefahren erlassen hat.[194] Der Landesgesetzgeber kann also im Bereich des Versammlungswesens nur Regelungen treffen, soweit der Bund keine abschließende Regelung getroffen hat.[195]
Inhaltlich ermächtigt §§ 19 a, 12 a VersG die Polizei, Bild- und Tonaufnahmen von Teilnehmern bei oder im Zusammenhang mit *öffentlichen Versammlungen* anzufertigen, wenn tatsächliche Anhaltspunkte die Annahme rechtfertigen, daß von den Teilnehmern *erhebliche Gefahren* für die öffentliche Sicherheit oder Ordnung ausgehen (§§ 19 a, 12 a I 1 VersG). Erhebliche Gefahren sind nur solche, die bedeutsamen Rechtsgütern etc. drohen. Der Eingriff setzt eine gesicherte Gefahrenprognose voraus. Wenn es unvermeidbar ist, können auch die Daten unbeteiligter Dritter erhoben werden (vgl. §§ 19 a, 12 a I 2 VersG).

---

191 Vgl. *Bäumler* in Lisken/Denninger, Kap. J, Rdnr. 669 f.
192 Vgl. *Bäumler* in Lisken/Denninger, Kap. J, Rdnr. 677.
193 Vgl. §§ 14, 15, 16, 17, 25 I, 26.
194 ZumVersG *Kniesel* in Lisken/Denninger, Kap. H, Rdnr. 393 ff., 405; *Dietel/Gintzel/Kniesel,* § 12 a, Rdnr. 6; *Götz* NVwZ 1990, 112 ff.; *Riegel,* NVwZ 1990, 745 f.
195 *Kniesel* in Lisken/Denninger, Kap. H, Rdnr. 55.

Der Anwendungsbereich der §§ 19 a, 12 a VersG ist auf öffentliche *Versammlungen* im Sinne des VersG beschränkt.[196] Dazu zählen *nicht* öffentliche Veranstaltungen oder Ansammlungen, soweit ihnen das für eine Versammlung konstitutive Element der inneren Verbindung der Personen zu einem gemeinsamen Handeln fehlt.[197] Der hessische Gesetzgeber konnte demnach für öffentliche *Veranstaltungen und Ansammlungen* eigene Regelungen zur Abwehr auch versammlungsspezifischer Gefahren treffen (§ 14 I); jedoch nur durch Gesetz, denn Art. 8 GG schützt auch die Teilnahme an einer Veranstaltung und ist damit weiter gefaßt als der Versammlungsbegriff des VersG.[198] Soweit Art. 8 GG nicht einschlägig ist, bedarf die Erhebung wegen des informationellen Selbstbestimmungsrechtes einer gesetzlichen Grundlage.

Nach § 14 I 1 können personenbezogene Daten auch von Nichtstörern erhoben werden, wenn tatsächliche Anhaltspunkte die Annahme rechtfertigen, daß »*bei oder im Zusammenhang mit der öffentlichen Veranstaltung oder Ansammlung*« Straftaten oder nicht geringfügige Ordnungswidrigkeiten drohen. Zulässig sind damit Erhebungen bereits im *Vorfeld der Gefahr;* jedoch muß diese Befugnis zur Sicherung einer ungehinderten Grundrechtsausübung Unbeteiligter restriktiv ausgelegt werden.[199] Sie ist auf Fälle zu beschränken, in denen der Zweck der Veranstaltung auf die Begehung von Straftaten gerichtet ist oder die potentiellen Täter gerade die Gegebenheiten der Veranstaltung (Anonymität, Untertauchen) ausnutzen wollen.

Die Unterlagen sind spätestens zwei Monate nach der Veranstaltung zu vernichten, soweit sie nicht zu Verfolgung der Straftat oder Ordnungswidrigkeit oder zur Strafvollstreckung erforderlich sind (§ 14 I 2). Die Daten dürfen nicht für andere Zwecke verwendet werden. Ausgeschlossen ist damit beispielsweise eine Weitergabe an Verfassungsschutzbehörden(§ 14 I 3).[200]

Nach § 14 II 1 kann die Polizei personenbezogene Daten über Störer und Nichtstörer auch im Anwendungsbereich des § 19 a, § 12 a VersG, nämlich bei oder im Zusammenhang von *öffentlichen Versammlungen oder Aufzügen* erheben, wenn tatsächliche Anhaltspunkte die Annahme rechtfertigen, daß »bei oder im Zusammenhang mit der Versammlung oder des Aufzuges Straftaten drohen«. Für die Abwehr *versammlungsspezifischer Gefahren* von öffentlichen Versammlungen und Aufzügen hat der Landesgesetzgeber keine »Gesetzgebungskompetenz,« denn der Bund hat seine konkurrierende Gesetzgebungskompetenz mit den §§ 19 a, 12 a VersG durch eine versammlungsspezifische Regelung bereits ausgefüllt.[201]

---

196 Lediglich § 17 a I VersG gilt auch für öffentliche Veranstaltungen. Zum Versammlungsbegriff des Art. 8 GG BVerfGE 69, 315 (342 ff.).
197 *Dietel/Gintzel/Kniesel,* § 1 Rdnr. 196 ff.; *Kniesel* in Lisken/Denninger, Kap. H, Rdnr. 172 ff.
198 Vgl. *Kniesel* in Lisken/Denninger, Kap. H, Rdnr. 15; *Pieroth/Schlink,* Rdnr. 758; BVerfGE 69, 315, 343. Auch das Filmen eines Zuschauers ist kein Grundrechtseingriff; einschlägig ist jedoch nicht Art. 8 GG, sondern das informationelle Selbstbestimmungsrecht.
199 Vgl. kritisch bereits der *HDSB,* 18. TB (1989), S. 50; *Bäumler* in Lisken/Denninger, Kap. J, Rdnr. 584.
200 *Bäumler* in Lisken/Denninger, Kap. J, Rdnr. 588. Zur Verwendung zu Ausbildungszwecken der Polizei § 14 I 4 § 20 VII.
201 Bedenken auch bei *Pausch/Prillwitz,* S. 160; vgl. auch *Kniesel* in Lisken/Denninger, Kap. H, Rdnr. 405. A.A. *Meixner,* HSOG, § 14, Rdnr. 19.

Eine Regelungskompetenz des Landes ließe sich allenfalls unter Berücksichtigung der tatbestandlichen Voraussetzungen der beiden Vorschriften begründen. Diese sind nach § 19 a, § 12 a VersG die Abwehr erheblicher Gefahren für die öffentliche Sicherheit oder Ordnung und in § 14 II lediglich der Vorfeldverdacht einer drohenden Straftat. Jedoch ist eine derartige Abgrenzung zwischen versammlungsspezifischen *Gefahren* für die öffentliche Sicherheit und Ordnung (Bundeskompetenz) und der *Verhütung* versammlungsbezogener Straf- und Ordnungswidrigkeiten (Landeskompetenz) kaum plausibel.[202] Der kompetenzrechtliche Begriff des Versammlungswesens in Art. 74 Nr. 3 GG läßt sich nicht in Abwehr und Verhütung versammlungsspezifischer Gefahren aufspalten, zumal nach der oben getroffenen Begriffsbestimmung die Verhütung einer Straftat Teil der Gefahrenabwehr im weiteren Sinne ist (s.o. zu 3.). Der These, § 14 II entfalte seinen Anwendungsbereich kompetenzrechtlich unbedenklich gegen Nicht-Versammlungsteilnehmer[203], steht § 12 a, § 19 a VersG entgegen, der gerade versammlungsspezifische Gefahren abwehrt und sich insoweit auch gegen Nicht-Teilnehmer richtet, wenn sie bei oder im Zusammenhang mit einer öffentlichen Versammlung stehen.[204] Dieselben Voraussetzungen gelten aber auch nach § 14 II.

Ohne eine weitere Einschränkung und Konkretisierung der geschätzten Rechtsgüter bestehen aber auch gegen eine Regelung im VersG nach dem Beispiel des § 14 II wegen Art. 8 GG tiefgreifende Bedenken, die auch nicht durch gesonderte Löschungsfristen und eine strikte Zweckbindung ausgeräumt werden können (§ 14 II 2-4). Bereits eine präventive Erhebung aller Versammlungsteilnehmer vermag die freie Entscheidung Unbeteiligter zu beeinträchtigen, das Grundrecht der Versammlungsfreiheit wahrzunehmen.[205]

b) *Observation und Einsatz technischer Mittel*

Mit der Observation und dem Einsatz technischer Mittel sind zwei an sich nur in Geheimdienstkreisen übliche Mittel der heimlichen Datenerhebung in das HSOG aufgenommen worden.[206] Unter *Observation* versteht § 15 I Nr. 1 die planmäßig angelegte Beobachtung einer Person länger als 24 Stunden innerhalb einer Woche oder über den Zeitraum einer Woche hinaus.[207] Sie ist abzugrenzen von anderen heimlichen Erhebungsmethoden nach § 16 oder § 17. Unter *Einsatz technischer Mittel* sind

---

202 So aber wohl *Kniesel* in Lisken/Denninger, Kap. H, Rdnr. 56, der zwischen Maßnahmen, die unmittelbar auf die Grundrechtsausübung nach Art. 8 GG zielen, und Vorfeldmaßnahmen zum Schutz der Versammlung zu unterscheiden versucht.
203 *Götz,* NVwZ 1990, 729.
204 *Dietel/Gintzel/Kniesel,* § 12 a, Rdnr. 11.
205 *Pausch/Prillwitz,* S. 160; *HessDSB* in 18. TB, S. 150 f. Unzutreffend die Einschätzung von *Meixner,* § 14 Rdnr. 15, es liege kein Eingriff vor. Dazu auch *Kniesel* in Lisken/Denninger, Kap. H, Rdnr. 42.
206 *Bäumler* in Lisken/Denninger, Kap. J, Rdnr. 590.
207 Zu weitgehende Definition nach *Bäumler,* weil sie eine dreistündige Beobachtung am Tag zuläßt unter Aussparung der Arbeitszeit, bei der sich der Betroffene ohnehin an seinem Arbeitsplatz befindet, Rdnr. 591 f.

für die Person nicht erkennbare Anwendungen dieser Mittel zu verstehen, insbesondere die Anfertigung von Bildaufnahmen oder -aufzeichnungen oder das Abhören oder Aufzeichnen des gesprochenen Wortes (§ 15 I Nr. 2).
Die Polizeibehörden können mit Hilfe der beiden Erhebungsmittel personenbezogene Daten zur *Verhütung von Straftaten* über Personen erheben, wenn tatsächliche Anhaltspunkte die Annahme rechtfertigten, daß diese Personen bestimmte im Gesetz im einzelnen aufgeführte Straftaten selbst (§ 15 II 1 Nr. 2 a) oder »gewerbs- oder gewohnheitsmäßig als Mitglieder von Banden oder in anderer Weise organisiert« (§ 15 I 1 Nr. 2 b) begehen werden. Jedoch ist die Datenerhebung im Einzelfall nur unter strikter Beachtung des Verhältnismäßigkeitsgrundsatzes zulässig (4 I, II), damit die Observation nicht zu einem allzeit gebräuchlichen Mittel der verdeckten Datenerhebung im Vorfeld noch nicht begangener Straftaten wird.[208] Nach § 15 II 2 sind diese Maßnahmen nur zulässig, wenn andere Maßnahmen mit Ausnahme der in §§ 16 und 17 genannten erheblich weniger Erfolg versprechen würden oder die polizeiliche Aufgabenerfüllung mit Hilfe anderer Maßnahmen wesentlich erschwert würde. Die Polizei muß davon ausgehen, daß der Observierte innerhalb des Observierungszeitraumes eine Straftat begeht; andernfalls wird es sich nicht um eine Datenerhebung zur Verhütung einer Straftat handeln, sondern eine Verdachtserhebung für Zwecke einer später vermuteten Straftatverfolgung.[209] In diesem Fall ist jedoch § 100 c StPO einschlägig, dessen Anwendungsbereich enger gefaßt ist. Durch Observation und technische Mittel dürfen auch die Daten von *Kontakt- und Begleitpersonen* erhoben werden, jedoch nur, wenn die Datenerhebung zur Verhütung dieser Straftaten erforderlich ist (§ 15 II 1 Nr. 3). Personenbezogene Daten über unbeteiligte *Dritte* dürfen nur erhoben werden, soweit dies für den eigentlichen Erhebungszweck unerläßlich ist (15 II 4). Auch hier sind Einschränkungen zu beachten:[210] Die Daten unbeteiligter Dritter dürfen nur insofern erhoben werden, als die Person zufällig »ins Bild« der Kamera läuft, die Kamera darf aber nicht zielgerichtet auf sie schwenken.[211] Schließlich ist auch die Erhebung von Daten über Personen zulässig, die sich im räumlichen Umfeld einer besonders gefährdet erscheinenden Person bewegen (13 II Nr. 3, 15 III 1 Nr. 3).
Observation und Einsatz technischer Mittel können auch zur *Gefahrenabwehr* eingesetzt werden. Es gelten aber gegenüber der Verhütung von Straftaten eingeschränkte Voraussetzungen: Daten können zwar über *jede* Person erhoben werden, aber nur soweit dies zur Abwehr einer *Gefahr für Leib, Leben oder Freiheit* einer Person unerläßlich ist (§ 15 II 1 Nr. 1). In oder aus *Wohnungen und Arbeitsräumen* etc. dürfen Daten nur zur Abwehr einer gegenwärtigen Gefahr für die eben genannten Rechtsgüter erhoben werden (§ 15 IV).[212]
Verfahrensrechtlich sind die Grundrechtseingriffe durch Regelungen über die *Anordnungskompetenz* abgesichert. Außer bei Gefahr im Verzug liegt sie bei der Be-

---

208 So *Bäumler* in Lisken/Denninger, Kap. J, Rdnr. 596.
209 *Bäumler* in Lisken/Denninger, Kap. J, Rdnr. 596.
210 Vgl. *Bäumler* in Lisken/Denninger, Kap. J, Rdnr. 597 ff., 600.
211 *Bäumler* in Lisken/Denninger, Kap. J, Rdnr. 601.
212 Vgl. *Kutscha*, NJW 1994, 85 ff.

hördenleitung oder bei deren Beauftragten, § 15 III 1; im Fall einer Observation über mehr als drei Monate ist die Zustimmung des Innenministeriums oder einer von ihm benannten Dienststelle notwendig (§ 15 III 2). Abhörmaßnahmen u.ä. *in oder aus Wohnungen* (§ 15 IV) oder das *Abhören oder Aufzeichnen* des nicht öffentlich gesprochenen Wortes durch Einsatz technischer Mittel stehen unter *Richtervorbehalt* (§ 15 V 1). Die Anordnung muß schriftlich ergehen, die betroffenen Personen möglichst genau bezeichnen und Art und Dauer der Maßnahme festlegen; sie muß auf höchstens drei Monate befristet und nach Möglichkeit räumlich begrenzt sein (§ 15 V 3-6). Die Maßnahme darf nur dreimal um je drei Monate verlängert werden (§ 15 V 7). Bei Gefahr im Verzug muß die richterliche Anordnung unverzüglich nachgeholt werden, andernfalls tritt sie nach drei Tagen außer Kraft (§ 15 V 8, 9). Die Vorschriften über den Richtervorbehalt und die anderen Einschränkungen der Absätze II bis V gelten nicht, wenn zur *Abwehr der Gefahr für Leib oder Leben* einer *V-Person* oder einer *VE-Person* abgehört wird (§ 15 VI).

Nach Abschluß der Maßnahmen ist die Person, gegen die sich die Maßnahme gerichtet hat, von derselben zu *unterrichten,* wenn dies ohne Gefährdung des Zwecks der Maßnahme geschehen kann (§ 15 VII 1). Eine Unterrichtung kann unterbleiben, wenn keine Daten erhoben worden sind oder diese und die gewonnenen Erkenntnisse unverzüglich nach Beendigung der Maßnahme vernichtet worden sind (§ 15 VII 2 1. HS). Dies gilt nicht für Erhebungen in oder aus Wohnungen oder bei Maßnahmen über einen Zeitraum von mehr als drei Monaten (§ 15 VII 2 2. HS). Entsprechend müssen auch Begleit- und Kontaktpersonen sowie andere Unbeteiligte (vgl. § 15 II 1 Nr. 1, 3; II 3), deren Daten erhoben worden sind, unterrichtet werden.[213] Ohne eine derartige Unterrichtung liegt eine Verletzung der Rechtsschutzgarantie des Art. 19 IV GG vor.

Soweit Unterlagen durch Erhebungen in oder aus Wohnungen oder Abhörung oder Aufzeichnung des nicht öffentlich gesprochenen Wortes erlangt worden sind, sind sie nach Erfüllung ihres Anordnungszweckes zu *vernichten* (§ 15 VIII 1). Entsprechendes gilt auch mit Zustimmung des Staatsanwaltes, wenn die Unterlagen zur Strafverfolgung oder zur Strafvollstreckung nicht mehr erforderlich sind (§ 15 VIII 2, 1).

c) *V-Personen und VE-Personen*

Heimlich werden Daten auch durch sogenannte V-Personen und verdeckt ermittelnde Personen (VE-Personen) erhoben (§ 16 I, II). Die Eignung dieser Erhebungsmethode zur präventivpolizeilichen Zwecken ist äußerst fraglich.[214] Als V-Personen werden Personen bezeichnet, deren Zusammenarbeit mit der Polizeibehörde Dritten nicht bekannt ist (§ 16 I 1). Es darf sich nicht um Polizeivoll-

---

213 *Bäumler* in Lisken/Denninger, Kap. J, Rdnr. 604.
214 *Bäumler* in Lisken/Denninger, Kap. J, Rdnr. 618; *Graulich,* NVwZ 1991, 648 (651). Der Gesetzgeber hat auch im OrgKG darauf verzichtet, die V-Person in die StPO aufzunehmen, denn es handele sich strafprozessual lediglich um Zeugen, vgl. BR-Drs. 219/91, S. 139.

zugsbeamte handeln.[215] Sie erheben Daten im *Vorfeld einer Gefahr*, soweit dies zur Verhütung von *Straftaten* im Sinne des Katalogs des § 15 II 1 erforderlich ist und tatsächliche Anhaltspunkte die Annahme rechtfertigen, daß der Dritte derartige Straftaten begehen wird (§ 16 I 2). Wenn dies erforderlich ist, können auch die Daten von *Kontakt- und Begleitpersonen* sowie von *Umfeldpersonen* eines potentiellen Opfers oder unbeteiligter Dritter (§ 16 I 2) erhoben werden.

Als *verdeckt ermittelnde Personen* bezeichnet das HSOG Polizeivollzugsbeamte (-beamtinnen), die unter einer Legende eingesetzt werden (§ 16 II 1). Zum Aufbau der Legende dürfen entsprechende Urkunden hergestellt oder verändert werden (§ 16 III 3).[216] Zur Erfüllung ihres Auftrages dürfen sie unter der Legende am Rechtsverkehr teilnehmen, § 16 III 4. Die Voraussetzungen der Datenerhebung entsprechen im wesentlichen denen für die V-Person (§ 16 II, III). Darüberhinaus dürfen VE-Personen unter ihrer Legende Wohnungen mit Einwilligung des Berechtigten betreten; eine heimliche Durchsuchung ist unzulässig (§ 16 IV 3).

Sobald die VE-Person Daten zum *Zweck der Strafverfolgung* oder der Vorbereitung zur Strafverfolgung erhebt, müssen die Voraussetzungen der §§ 110 a-e StPO vorliegen.

Die *Anordnungskompetenz* für den Einsatz einer V-Person oder einer VE-Person liegt bei der Behördenleitung oder ihrem Beauftragten (§ 16 V 1). Der Einsatz einer VE-Person unter einer auf Dauer angelegten Legende steht sogar unter Richtervorbehalt, Gefahr im Verzug ausgenommen (16 V 2). Die Staatsanwaltschaft ist über die Anordnung zu unterrichten (§ 16 V 11).

Für die Pflicht zur *Unterrichtung* und zur *Vernichtung* der Unterlagen gelten die Vorschriften zur Observation entsprechend (§§ 16 VI, 15 VII, VIII).[217] Über die dort genannten Ausnahmen hinaus ist eine Unterrichtung auch dann nicht geboten, wenn durch die Unterrichtung der weitere Einsatz der V-Person, der VE-Person oder Leib oder Leben von Personen gefährdet wird (§ 16 VI 2).

d) *Polizeiliche Beobachtung*

Die Ausschreibung zur Polizeilichen Beobachtung erfolgt durch die Speicherung der Personalien einer Person sowie des amtlichen Kennzeichens und sonstiger Merkmale des von ihr benutzten oder eingesetzten Kraftfahrzeuges in einer als Teil des polizeilichen Fahndungsbestandes geführten Datei.[218] Die Ausschreibung soll bewirken, daß andere Polizeibehörden des Landes und anderer Länder und des Bundes sowie die mit der Grenzkontrolle befaßten Zollbehörden das Antreffen der Person oder des Fahrzeuges melden, wenn sie zufällig aus anderem Anlaß das Fahrzeug

---

215 Andernfalls handelt es sich um VE-Personen.
216 Dies kann aber nicht für Pässe gelten, denn für das Paßwesen hat der Bund die ausschließliche Gesetzgebungskompetenz nach Art. 73 Nr. 4 GG.
217 Zum Anspruch auf Auskunft und Loschung nach PolG BW, VGH Mannheim, DVBl. 1995, 369.
218 Zum Verfahren *Bäumler* in Lisken/Denninger, Kap. J, Rdnr. 170 ff.

oder die Person überprüfen. Auf diese Weise sollen Straftaten von erheblicher Bedeutung verhütet werden können (vgl. § 17 II).
Maßnahmen gegen den Angetroffenen sind aber nur im Rahmen der Voraussetzungen der jeweiligen gesetzlichen Befugnisnormen möglich (§ 17 III). Ob die polizeiliche Beobachtung zur Verhütung von Straftaten das geeignete Mittel ist, muß bezweifelt werden, denn in der Praxis werden nur Zufallsfunde zu erwarten sein.[219] Im übrigen wird es sich in der Praxis regelmäßig um eine repressive Maßnahme zur Vorbereitung der Verfolgung einer Straftat handeln, die aber die Voraussetzungen des § 163 e StPO erfüllen muß.
Die Ausschreibung ist nach dem Gesetz nur zulässig, wenn die Gesamtwürdigung der Person und ihre bisherigen Straftaten erwarten lassen, daß sie auch künftig Straftaten mit erheblicher Bedeutung begehen wird (§ 17 II Nr. 1). Zusätzlich müssen aber tatsächliche Anhaltspunkte die Annahme rechtfertigen, daß die auf Grund der Ausschreibung gemeldeten Erkenntnisse für die *Verhütung von Straftaten* mit erheblicher Bedeutung erforderlich sind (§ 17 II Nr. 2, 2. HS). Dieser Einschränkung kommt insofern besondere Bedeutung zu, als der Kreis der zu meldenden Erkenntnisse nicht nur auf das Antreffen der Person beschränkt ist, sondern auch etwaige Begleitpersonen und den Führer des Kraftfahrzeuges umfaßt. Bloße Vermutungen, daß eine Straftat begangen werden wird, genügen nicht, erforderlich ist ein begründeter Verdacht, der im übrigen auch schriftlich niederzulegen ist (§ 17 IV 2).
Zur Polizeilichen Beobachtung können auch Personen unter den Voraussetzungen für die Anordnung einer Observation ausgeschrieben werden (§ 17 II Nr. 2, § 15 II 1, 2). In verfassungsrechtlich anfechtbarer Weise können damit auch *Begleit- und Kontaktpersonen* zur Beobachtung ausgeschrieben werden, obwohl bei diesen Personen kein Verdacht besteht, sie werden Straftaten begehen. Die Ausschreibung zur polizeilichen Beobachtung muß aus Gründen des Verhältnismäßigkeitsgrundsatzes auf Verdächtige beschränkt werden[220], damit nicht Bewegungsbilder unverdächtiger Personen erstellt werden.
Die Anordnungskompetenz liegt bei der Behördenleitung oder einem von ihr Beauftragten (§ 17 IV, 1). Sie muß schriftlich ergehen und ist auf höchstens *12 Monate* zu befristen (§ 17 IV 2). Eine weitere Verlängerung ist nur durch den Richter möglich (§ 17 V 1). Die Person, die zur Beobachtung ausgeschrieben ist, muß in der Anordnung so genau wie möglich bezeichnet werden (§ 17 IV 3). Nach jeweils drei Monaten muß *geprüft* werden, ob die Voraussetzungen der Anordnung noch bestehen (§ 17 IV 4). Das Prüfergebnis ist zu den Akten zu nehmen (§ 17 IV 4 2. Hs.), so daß der Betroffene nach Beendigung der Maßnahme und entsprechender Unterrichtung (§ 17 VII), die Ausschreibung gerichtlich überprüfen lassen kann. Die Ausschreibung ist unverzüglich zu löschen, wenn die Voraussetzungen nicht mehr vorliegen, der Zweck der Maßnahme erreicht ist oder nicht mehr erreicht werden kann (§ 17 VI). Die Unterlagen sind nach Zweckerfüllung zu vernichten; im Fall ihrer

---

219 Kritisch auch *Bäumler* in Lisken/Denninger, Kap. J, Rdnr. 628 ff.
220 *Bäumler* in Lisken/Denninger, Kap. J, Rdnr. 626.

Verwendung im Rahmen einer Strafverfolgung oder zur Strafvollstreckung muß der Staatsanwalt zustimmen (§ 17 VII, § 15 VIII).

e) *Rasterfahndung*

Ausschließlich zu Zwecken der Gefahrenabwehr und zusätzlich beschränkt auf eine *gegenwärtige Gefahr* (zum Begriff s.o. I. 3.c) für den Bestand oder die Sicherheit des Bundes oder eines Landes oder für Leib, Leben oder Freiheit einer Person können Polizeibehörden von öffentlichen und nichtöffentlichen Stellen die Übermittlung personenbezogener Daten bestimmter Personengruppen verlangen, um diese mit anderen Datenbeständen abgleichen zu können (sog. *Rasterfahndung*). Das Übermittlungsverlangen ist nur zulässig, wenn Tatsachen die Annahme rechtfertigen, die Maßnahme sei zur Abwehr der Gefahr erforderlich (§ 26 I 1).

Zu unterscheiden sind die positive und die negative Rasterfahndung.[221] Bei der positiven Rasterfahndung werden die Datenbestände nach einem bestimmten Merkmal gerastert, im Fall der negativen Fahndung werden die Daten der Personen gelöscht, die die gesuchten Merkmale nicht aufweisen. Beide Varianten der Methode verfolgen dasselbe Ziel der Verdachtsgewinnung oder -verdichtung.

Trotz der Einschränkung auf die Abwehr einer gegenwärtigen und erheblichen Gefahr ist die präventive Rasterfahndung zu den zweifelhaften Maßnahmen zu zählen. Sie führt zu einer Auflösung der Zweckbindung der Daten, ohne daß ihr Erfolg und damit ihre praktische *Eignung* bislang überzeugend nachgewiesen werden konnten. Die Abwehr einer gegenwärtigen Gefahr wird regelmäßig ein entschlossenes Handeln der Polizei erfordern. In den wenigen Beispielsfällen wie einer Geiselnahme wird ohnehin regelmäßig ein hinreichender Anfangsverdacht gegeben sein, der die Rasterfahndung als *Instrument der Strafverfolgung* ausweist, für die die Voraussetzungen der §§ 98 a f StPO vorliegen müssen.

Das Übermittlungsverlangen der Polizei muß die Merkmale der zu übermittelnden Personengruppen enthalten und zwar Namen, Anschriften, Tag und Ort der Geburt sowie bestimmte im Einzelfall festzulegende Merkmale (§ 26 II 1). Nur wenn technische Schwierigkeiten bestehen, die mit angemessenem Zeit- oder Kostenaufwand nicht beseitigt werden können, dürfen weitere Daten übermittelt werden, die aber nicht verwertet werden dürfen (§ 26 II 2).

Ist der Zweck erreicht oder kann er nicht mehr erreicht werden, dann sind die übermittelten und während der Maßnahme angefallenen Daten zu *löschen* und die Unterlagen unverzüglich zu *vernichten,* wenn sie nicht für ein mit dem Sachverhalt zusammenhängendes Strafverfahren erforderlich sind (§ 26 III 1). Die Anordnungskompetenz für die Rasterfahndung liegt außer bei Gefahr im Verzug beim Richter (§ 26 IV 1). Außerdem ist der Datenschutzbeauftragte zu unterrichten (§ 26 IV 5).

---

221 *Kniesel/Vahle,* Rdnr. 145 ff.; Vgl. *Bäumler* in Lisken/Denninger, Kap. J, Rdnr. 211 ff. Vgl. auch § 98 a I 1 StPO.

6. Speichern und Verwenden

Das Speichern bedeutet nach der Legaldefinition des § 2 II Nr. 2 HDSG »das Erfassen, Aufnehmen oder Aufbewahren von Daten auf einem Datenträger zum Zwecke ihrer weiteren Verarbeitung«. Für den Betroffenen bedeutet das Speichern seiner Daten eine Verlängerung des Grundrechtseingriffes. Seine Daten werden auf Dauer gespeichert, um auch für weitere Verwendungen zur Verfügung zu stehen. Die gespeicherten Daten bilden insofern die *Verdachtsreserve* der Polizei. Aus diesem Grund hat die Sicherung der Zweckbindung an den Zweck, zu dem sie erhoben worden sind, besondere Bedeutung für den Betroffenen. Hierzu fehlt es den Regelungen des HSOG jedoch an der notwendigen Deutlichkeit.

Zunächst enthält § 20 I die allgemeine Ermächtigung der Gefahrenabwehr- und Polizeibehörden, erhobene personenbezogene Daten auch in Akten oder Dateien zu speichern, zu verändern oder sonst zu verwenden, soweit dies *zur Erfüllung ihrer Aufgaben erforderlich* ist.[222] Die Daten Dritter, die nicht verdächtig sind, Straftaten mit erheblicher Bedeutung zu begehen (§ 13 II Nr. 1[223]), dürfen nur gespeichert und verwendet werden, soweit die Gefahrenabwehr- und Polizeibehörden *sie zu diesem Zweck* auch selbst hätten erheben und noch verwenden dürfen, § 20 III. Die Zweckbindung läuft aber leer, wenn sie nicht eingeschränkt dahingehend verstanden wird, daß die Daten nur verwendet werden dürfen, wenn sie von der Stelle mit *derselben Methode* für den neuen Zweck hätten erhoben werden dürfen.[224]

Darüberhinaus soll die Polizei Daten verändern oder sonst verwenden können, die sie im Rahmen *strafrechtlicher Ermittlungsverfahren* gewonnen hat, zum Zweck der *Gefahrenabwehr oder Verhütung von Straftaten* (§ 20 IV Nr. 1). In automatisierten Dateien dürfen auch die Daten von Personen gespeichert, verändert oder sonst verwendet werden, soweit es sich um Personen handelt, »die verdächtig sind, eine Straftat begangen zu haben, wenn die Besorgnis der Begehung weiterer Straftaten besteht« (§ 20 IV Nr. 2). Diese Vorschrift ist Rechtsgrundlage für die Nutzung des Kriminalaktennachweises (KAN) zu polizeilichen Zwecken.[225]

Gegen diese Regelung bestehen wegen der fehlenden Gesetzgebungskompetenz des Landes und aus der Sicht des informationellen Selbstbestimmungsrechtes Bedenken. Es ist allein Sache des Bundesgesetzgebers, die Zweckbindung der im Rahmen der Strafverfolgung erhobenen Daten aufzuheben und eine Zweckänderung der Daten zur Gefahrenabwehr zuzulassen. Es kommt im übrigen nicht darauf an, ob die StPO einer solchen Zweckänderung entgegensieht (so aber § 20 IV), sondern sie muß als Rechtsgrundlage der Erhebung schon wegen des informationellen Selbstbestimmungsrechts eine solche Regelung ausdrücklich selbst enthalten.[226]

---

222 Zu den Begriffen lies § 2 II HDSG, Verändern ist dem HDSG allerdings als Begriff unbekannt, vgl. aber § 3 V Nr 2 BDSG »inhaltliches Umgestalten gespeicherter Daten«.
223 Begleit- und Kontaktpersonen nach § 13 II Nr. 2, Umgebungspersonen nach § 13 II Nr. 3 oder unbeteiligte Dritte nach § 15 II Nr. 3.
224 *Bäumler* in Lisken/Denninger, Kap. J, Rdnr. 650.
225 *Meixner,* § 20 Rdnr. 7, 18; Ausführlich zum KAN auch *Rachor* (Fn. 18), S. 174 ff., 180 ff.
226 Zur Frage der Gesetzgebungskompetenz *Rachor* (Fn. 173), S. 177 ff.

Die Polizei soll befugt sein, Daten über *verdächtige Verdachtspersonen* zu speichern und zu verwenden. Derartige Speicherungen können nur unter der Voraussetzung Anwendung finden, daß sich der Verdacht auf die Begehung von Straftaten mit erheblicher Bedeutung beschränkt.[227] Zulässig soll eine solche Speicherung nur unter der Einschränkung einer Negativprognose[228] bezüglich der *Wiederholungsgefahr* sein.[229] Hier spätestens zeigt sich die tatbestandliche Unschärfe derartiger Verdachtsspeicherungen, denn unter den Voraussetzungen dieser Vorschrift kann sich nur der Verdacht eines Verdachtes wiederholen. In der Praxis relevant ist die Frage, ob die personenbezogenen Daten eines Verdächtigen, gegen den die Staatsanwaltschaft bereits das Verfahren eingestellt hat, auch zu Gefahrenabwehr- und Straftatenverhütungszwecken gespeichert werden dürfen.[230] Hierzu schweigt das Gesetz. Es wird im Einzelfall einer sorgfältigen Prüfung bedürfen, ob noch weitere Verdachtsmomente bestehen.

Kritisch sind vor allem auch das Speichern und Verändern der Daten von *Begleit- und Kontaktpersonen* (§ 13 II Nr. 2) sowie von Zeugen, Hinweisgebern und sonstigen Auskunftspersonen zu beurteilen.[231]

Nach § 20 IX sind die Betroffenen zu *unterrichten,* wenn die Daten länger als drei Jahre gespeichert werden und die Aufgabenerfüllung dadurch nicht gefährdet ist. Eine besondere Regelung gilt für das Speichern der Daten von *Kindern* (§ 20 X).

7. Datenübermittlung

Die Übermittlung personenbezogener Daten, die die Gefahrenabwehr- und Polizeibehörden erhoben haben, an Dritte erweitert den Kreis der Behörden und Personen, die polizeilich relevante Daten des Betroffenen zur Kenntnis bekommen. Der mit einer Übermittlung ausgelöste *Grundrechtseingriff* wird insbesondere dadurch ausgelöst, daß der Betroffene, in den Worten des Bundesverfassungsgerichts, nicht weiß, wer (noch) über ihn etwas weiß.[232] Die Schwere des Eingriffs wird dadurch verschärft, daß die besonderen Erhebungen ohnehin ohne Kenntnis des Betroffenen vorgenommen werden und allenfalls in Einzelfällen eine nachträgliche Unterrichtung erfolgt.

Dieser Bedeutung der Übermittlung für das informationelle Selbstbestimmungsrecht des Betroffenen werden die Regelungen des HSOG mangels differenzierender Regelungen nicht immer gerecht. So fehlt es beispielsweise an einer ausdrücklichen Regelung, die die Übermittlung der Daten Unverdächtiger beschränkt. Aus der Sicht des Betroffenen verheilen auch allgemeine Formulierungen des Gesetzes, die eine

---

227 *Bäumler* in Lisken/Denninger, Kap. J, Rdnr. 639.
228 BVerwG NJW 1989, 2640 zu § 81 b StPO.
229 *Bäumler* in Lisken/Denninger, Kap. J, Rdnr. 638; *Kniesel/Vahle,* Rdnr. 107.
230 *Bäumler* in Lisken/Denninger, Kap. J, Rdnr. 640 f; vgl. auch VGH Kassel, NVwZ-RR 1994, 652.
231 Vgl. *Bäumler* in Lisken/Denninger, Kap. J, Rdnr. 647 ff.
232 Vgl. BVerfGE 65, 1 (43 ff.).

Übermittlung an andere Stellen zulassen, wenn diese bloß *zur Aufgabenerfüllung des Empfängers erforderlich* ist, keine wirkliche Beschränkung der Weitergabe. Derartige Voraussetzungen gelten für Übermittlungen der *Polizeibehörden untereinander,* wenn sie die Daten in Erfüllung ihrer Aufgaben erlangt haben (§ 22 I 1). *Zwischen den Polizeibehörden und anderen Gefahrenabwehrbehörden* können personenbezogene Daten übermittelt werden, soweit ihre Kenntnis zur Aufgabenerfüllung des Empfängers erforderlich erscheint (§ 22 I 3). An *andere Behörden oder öffentliche Stellen* können personenbezogene Daten übermittelt werden, wenn dies zur eigenen polizeilichen Aufgabenerfüllung oder der Aufgabe der Gefahrenabwehr durch den Empfänger erforderlich ist (§ 22 II, 1 Nrn. 1, 2, 3). Restriktivere Bestimmungen gelten nur für die Übermittlung an *Private* (§ 23).

Es gelten allgemein folgende Einschränkungen: Die Gefahrenabwehr- und Polizeibehörden können personenbezogene Daten nur zu dem Zweck übermitteln, zu dem sie die Daten erlangt haben (§ 21 I 1). Auf dieser Grundlage können beispielsweise die Daten, die über *Unverdächtige* im Rahmen der Verhütung von Straftaten erhoben und gespeichert worden sind, nur an Polizeibehörden übermittelt werden, denn nur diese haben die Aufgabe der Verhütung von Straftaten. Im übrigen gilt für alle übermittelten Daten der Grundsatz der Bindung an den Übermittlungszweck (§ 21 VI).

Gesonderte Regelungen bestehen für die Übermittlung von Daten, die einem Berufs- oder besonderen Amtsgeheimnis unterliegen (§ 21 II). Auf die besondere Bedeutung der Zweckbindung nach § 21 IV i.V.m. den Bestimmungen des BZRG ist schon oben hingewiesen worden (s.o. 3).

Unzureichend ist die Regelung des § 24 für den sog. *on-line Abruf;* solche automatisierten Abrufverfahren, bei denen der Empfänger ohne weitere Kontrolle einen direkten Zugriff auf die Daten des Absenders erhält, bedürfen einer bereichsspezifischen Rechtsgrundlage.[233]

IV. Polizeilicher Zwang, §§ 47-63 HSOG

1. Rechtsgrundlagen und Anwendungsbereich

Nach Max Weber ist der Staat u.a. durch die (erfolgreiche) Inanspruchnahme des Monopols legitimer physischer Gewaltsamkeit definiert[234]. In der Anwendung *polizeilichen Zwanges,* besonders auch im Rahmen der *Vollzugshilfe* für beliebige andere Behörden (§ 44), wird die Existenz staatlicher Macht (nach innen) als jederzeit und überall präsente *Möglichkeit* legitimer *Gewaltanwendung* besonders sinnfällig. Im freiheitsschützenden Verfassungsstaat entspricht dem auf der anderen Seite die

---

233 Näher *Bäumler* in Lisken/Denninger Kap. J, Rdnr. 742 ff.
234 Max *Weber,* Wirtschaft und Gesellschaft, 1956, S. 830, passim.

genaue rechtsstaatliche Einbindung und Kontrolle solcher Gewaltmöglichkeit. Der Anordnungsbefugnis der Exekutive, die aufgrund des in Art. 20 III GG verankerten Grundsatzes der Gesetzmäßigkeit der Verwaltung nicht ohne weiteres die Kompetenz zur Durchführung einschließt[235], folgt demgemäß bei der Anwendung polizeilichen Zwanges strikt die Beachtung des Prinzips des Gesetzesvorbehaltes. Nach Inkrafttreten des neuen HSOG am 1. 1. 1991[236] sind die einzelnen Zwangsmittel und ihre Anwendungsvoraussetzungen nunmehr abschließend im hessischen Polizeigesetz (§§ 47-63) geregelt. Ergänzt werden die Normierungen des HSOG durch die »Verwaltungsvorschrift zur Ausführung des hessischen Gesetzes über die öffentliche Sicherheit und Ordnung« vom 25. 4. 1994 (VVHSOG)[237], deren Regelungen jedoch lediglich der Sicherung der Einheitlichkeit bei Durchführung und Anwendung der normierten Aufgaben und Befugnisse im Landesgebiet dienen, selbst jedoch polizeiliche Befugnisse weder begründen noch erweitern können[238]. Die nach Art und Voraussetzungen in §§ 47-63 HSOG geregelten Zwangsmittel sind sowohl für die Durchsetzung ordnungsbehördlicher als auch für die Erzwingung polizeilicher Verwaltungsakte mit Gebots-, Verbots- oder Duldungscharakter anzuwenden. Der Verwaltungszwang zur Vollstreckung von Verwaltungsakten der Behörden der allgemeinen Verwaltung im Bereich der Gefahrenabwehr richtet sich hingegen nach den Vorschriften des HVwVG (§§ 68 ff.)[239]. Ebenso erfolgt die Beitreibung öffentlich-rechtlicher Geldforderungen der Ordnungs- und Polizeibehörden – z.B. der Kosten der Ersatzvornahme (§ 49 II) oder des Zwangsgelds (§ 50 III) – nach den Vorschriften der §§ 1 II 2, 15 ff. HVwVG.

2. Voraussetzungen der Zwangsanwendung

Die Anwendung polizeilichen Zwanges setzt regelmäßig eine vollstreckungsfähige »Grund«-Verfügung voraus[240]. Dem Begriff der »Vollstreckungsfähigkeit« wohnt hierbei sowohl ein inhaltliches als auch – in Ansehung der grundsätzlich aufschiebenden Wirkung von Rechtsmitteln – ein zeitliches Moment inne. Sachlich muß die Grundverfügung ihrem Inhalt nach auf ein Handeln, Dulden oder Unterlassen gerichtet sein, das dem Adressaten rechtlich und tatsächlich möglich ist[241] (so kann eine an einen Mieter oder Pächter ergangene Verfügung, bauliche Veränderungen an dem Miet- bzw. Pachtobjekt vorzunehmen, nicht vollstreckt werden[242].) In zeitli-

---

235 S. schon *Forsthoff,* VerwR, § 15. 1; jetzt *Maurer,* § 6, Rdnr. 3 ff.
236 GVBl. 1990, 197, 534; zu den gesetzlichen Änderungen vgl. den Überblick bei *Graulich,* NVwZ 1991, 648 ff. S. jetzt in Neufassung vom 31. 3. 1994.
237 StAnz 1994, S. 1214.
238 Vgl. hierzu die Problematik des »gezielten Todesschusses« (60.2.1. VVHSOG).
239 Siehe oben *H. Meyer,* Grundlagen des Verwaltungshandelns, S. 104 f.; *Bernet/Groß/Mende,* § 47, Rdnr. 2; allg. M. VG Gießen NVwZ-RR 1993, 250.
240 *Kunkel/Pausch/Prillwitz,* § 47, Rdnr. 2; *Meixner,* HSOG, § 47, Rdnr. 2.
241 *Pauch/Prillwitz,* S. 252.
242 Zur Unmöglichkeit und Rechtsnachfolge bei der Erzwingung von Grundverfügungen *Rasch* DVBl. 1980, 1017 ff.

cher Hinsicht liegt »Vollstreckungsfähigkeit« nur dann vor, wenn die Verfügung entweder unanfechtbar geworden ist (so etwa bei Fristablauf nach §§ 70, 74 VwGO), oder die aufschiebende Wirkung von Widerspruch und Anfechtungsklage nach § 80 II VwGO entfällt. Letzteres ist insbesondere bei unaufschiebbaren Anordnungen und Maßnahmen der Polizeibehörden (§ 80 II Nr. 2 VwGO)[243] oder bei der besonderen Anordnung der sofortigen Vollziehung gemäß § 80 II Nr. 4 VwGO der Fall. Schließlich sind auch solche Verfügungen vollstreckbar, bei denen die aufschiebende Wirkung des Rechtsmittels kraft Bundesgesetzes entfällt (§ 80 II Nr. 3 VwGO, z.B. § 187 III VwGO i.V.m. § 12 HessAGVwGO bei Rechtsbehelfen gegen Maßnahmen der Verwaltungsvollstreckung). Grundsätzlich ist die Zwangsanwendung auch bei Vorliegen einer vollstreckbaren Grundverfügung nur insoweit zulässig, als die Polizei ihr Ziel nicht auf anderem Weg erreichen kann. So ist z.b. die zwangsweise Durchsetzung der Herausgabe eines Feuerlöschers gegen den Nachbarn eines brennenden Hauses rechtswidrig, wenn im gleichen Moment Löschfahrzeuge der Feuerwehr am Brandort eintreffen. Da § 47 Abs. 1 und Abs. 2 keine Vollstreckungspflicht statuieren (»kann«), steht die Entscheidung über das »ob« der Zwangsanwendung im ptlichtgemäßen Entschließungsermessen der zuständigem Vollstreckungsbehörde (§ 47 III)[244].

3. Verfahren der Zwangsanwendung

Bei der Anwendung der Zwangsmittel ist ein bestimmtes – grundsätzlich gestrecktes – Verfahren einzuhalten, dessen einzelne Stufen u.U. selbständiger Anfechtung und gerichtlicher Kontrolle unterliegen[245].

a) *Mittelauswahl*

Unter den in § 48 I abschließend aufgezählten Zwangsmitteln – Ersatzvornahme, Zwangsgeld und unmittelbarer Zwang – hat die Polizei nach pflichtgemäßem Ermessen und unter Beachtung des Verhältnismäßigkeitsgrundsatzes (§ 4) dasjenige erfolgversprechende und zugleich mildeste Zwangsmittel auszuwählen, das in einem angemessenen Verhältnis zum angestrebten Zweck steht[246].
Bei der zwangsweisen Durchsetzung einer *unvertretbaren* Handlung (z.B. Abgabe einer Erklärung; Herausgabe[247]; Räumung) oder Unterlassung (z.B. bei Nutzungsuntersagung) scheidet die Ersatzvornahme per definitionem aus (vgl. § 49 I), so daß

---

243 § 80 II Nr. 2 VwGO gilt analog auch für Verkehrszeichen; BVerwG NJW 1978, 656; NJW 1982, 348; NJW 1988, 624; VGH Mannheim NVwZ 1994, 802; NVwZ – RR 1996, 150.
244 OVG Koblenz NVwZ 1988, 658; BVerwG DÖV 1990, 707; VGH Mannheim VBlBW 1990, 259. *Pausch/Prillwitz*, S. 253.
245 Vgl. zum Rechtsschutz auch *Rasch* DVBl. 1980, 1017 ff.
246 *Bernet/Groß/Mende*, § 48, Rdnr. 2.
247 Str. für Herausgabe eines Führerscheins: VGH Kassel NVwZ-RR 1994, 89 (vertretbare Handlung); a.A. *Patella* NVwZ 1992, 248.

dann als mildestes Mittel das Zwangsgeld anzuordnen ist[248]. Im Falle *vertretbarer Handlungen* (z.B. Entfernen unzulässiger Werbung; Entfernen eines verbotswidrig abgestellten Pkw) richtet sich die Entscheidung der Frage nach dem milderen Mittel (Ersatzvornahme oder Zwangsgeld) nach den Umständen des Einzelfalles[249]; in allen Bereichen ist jedoch die Anwendung unmittelbaren Zwanges die schärfste Form staatlicher Durchsetzungsmöglichkeit[250]. Innerhalb des Rahmens unmittelbarer Zwangsanwendung stellt der Gebrauch von Schußwaffen die ultima ratio dar, wobei ihr Einsatz gegen Personen (§§ 60, 61) die schärfste Form staatlichen Zwanges bedeutet und deshalb nur als äußerstes Mittel in Betracht kommt[251].

b) *Androhung des Zwangsmittels*

Das gewählte Zwangsmittel ist unter Setzung einer angemessenen Frist zur Vornahme der Handlung schriftlich *anzudrohen* (§§ 48 II, 53, 58)[252], um dem Pflichtigen noch einmal Gelegenheit zur freiwilligen Befolgung der Anordnung zu geben und ihn gleichzeitig über die Konsequenzen weiteren Ungehorsams aufzuklären[253]. Die Anordnung ist formelle Voraussetzung für die Rechtmäßigkeit der Zwangsanwendung[254] und nur im Falle der sofortigen Anwendung eines Zwangsmittels zur Abwehr einer (gegenwärtigen) Gefahr entbehrlich, § 53 I 4[255]. Wird die Androhung mit der Grundverfügung verbunden (§ 53 II, sog. unselbständige Androhung), so ist sie gerichtlich nur zusammen mit der Grundverfügung anfechtbar. Im Gegensatz dazu unterliegt die unabhängig von der Grundverfügung erlassene, sog. selbständige Androhung als eigenständiger Verwaltungsakt separater gerichtlicher Kontrolle[256]. Gemäß § 53 III muß sich die Androhung auf ein bestimmtes Zwangsmittel beziehen[257], Zwangsgeld ist in bestimmter Höhe anzudrohen (§ 53 V).

c) *Festsetzung*

Der erfolglosen Androhung folgt die *Festsetzung* des Zwangsmittels, die hinsichtlich Fristsetzung und Umfang des Zwanges nicht über den Rahmen der Androhung hinausgehen darf: die festgesetzten Kosten der Ersatzvornahme dürfen die in der Androhung gemäß § 53 IV angegebene Höhe nicht überschreiten (a.A. BVerwG,

---

248 Dies gilt nicht bei einer unaufschiebbaren polizeilichen Anordnung; hier ist die Anwendung unmittelbaren Zwanges zulässig.
249 Bsp.: OVG Koblenz NVwZ-RR 1992, 519.
250 *Rachor* in Lisken/Denninger, Kap. F, Rdnr. 495; *Bernet/Groß/Mende*, § 48, Anm. 2.
251 Vgl. § 60 I 2.
252 Zur Anhörung bei der Androhung vgl. BVerwG NVwZ 1983, 742.
253 *Pausch/Prillwitz*, S. 253.
254 *Meixner* bezeichnet die Verpflichtung zur Zwangsandrohung als »Kernstück des bei der Zwangsanwendung einzuhaltenden rechtsstaatlichen Verfahrens«, § 53, HSOG, Rdnr. 1.
255 Vgl. hierzu auch *Meixner*, HSOG, § 53, Rdnr. 3; *Rachor* in Lisken/Denninger, Kap. F, Rdnr. 520.
256 VGH BW ESVGH 24, 105; HVGH ESVGH 30, 115; zum Regelungsinhalt BayVGH NJW 1982, 460; BVerwG NVwZ 1983, 742.
257 Konkretisierend OVG Münster NVwZ-RR 1991, 242.

vgl. u. V. 4); entsprechendes gilt gemäß § 53 V für das Zwangsgeld. Gegen die Festsetzung, die ein Verwaltungsakt ist[258], sind Widerspruch und Anfechtungsklage zulässig; die Rechtsbehelfe entfalten jedoch wegen § 12 AGVwGO i.V.m. § 187 III VwGO keine aufschiebende Wirkung.

d) *Ausführung*

Der durch Androhung und Festsetzung gezogene Rahmen ist bei der *Ausführung* des Zwangsmittels zu beachten, die als Verwaltungsakt[259] ebenfalls wieder angefochten werden kann. Zwangsmittel sind keine Strafen, sondern *Beugemittel, die* den Polizeipflichtigen veranlassen sollen, den bestimmten polizeilichen Erfolg herbeizuführen. Einerseits hat dies zur Folge, daß etwa ein Zwangsgeld ohne Verstoß gegen das Verbot des ne bis in idem (Art. 103 III GG, 22 III HV) mehrfach festgesetzt und vollstreckt werden darf, so oft, bis der Ungehorsame sich »beugt«. Andererseits ist die Vollstreckung einzustellen, sobald der polizeiliche Erfolg eingetreten ist: kommt der Störer – und sei es auch nach Fristablauf[260] – dem Gebot nach, so darf auch das bereits festgesetzte Zwangsmittel nicht mehr angewendet werden.

e) *Unmittelbare Ausführung (§ 8) und Sofortvollzug (§ 47 II)*

Nach der Einführung des Instituts der *unmittelbaren Ausführung* durch Gesetz vom 11. 5. 1988 (vormals § 14 a, nunmehr § 8) hat der hessische Gesetzgeber in der jüngsten Novellierung des HSOG auch eine Regelung über den *Sofortvollzug*, der strikt von der sofortigen Vollziehung i.S.d. § 80 II Nr. 4 VwGO zu trennen ist, in § 47 II HSOG getroffen. Da beiden Instituten nicht nur das Element der Dringlichkeit gemeinsam ist, sondern auch die tatbestandlichen Voraussetzungen teilweise deckungsgleich sind, ist eine Abgrenzung beider Rechtsfiguren schwierig, jedoch wegen der verschiedenen Anwendungsbereiche notwendig[261]. So sind die Adressaten der unmittelbaren Ausführung auf die Störer nach §§ 6 und 7 HSOG beschränkt, während sich der Sofortvollzug gegen Verantwortliche i.S.d. §§ 6 bis 9 HSOG, also auch gegen Nichtstörer, richten kann. Ferner ermächtigt § 8 I die Behörde zur eigenen oder drittbeauftragten Ausführung einer Maßnahme, so daß nach dem Wortlaut des Gesetzes der Anwendungsbereich lediglich die Ausführung vertretbarer Handlungen umfaßt. Hingegen läßt sich dem systematischen Zusammenhang der Regelung über den Sofortvollzug mit der generellen Durchführung von Verwaltungszwang entnehmen[262], daß sich § 47 II sowohl auf die Durchsetzung von vertretbaren

---

258 BVerwGE 49, 169 (170); OVG Koblenz NVwZ 1994, 715; OVG Rh-Pf DÖV 1986, 1030.
259 So auch BVerwGE 26, 161 »Schwabinger Krawalle«; a.A. *Rachor* in Lisken/Denninger Kap. F, Rdnr. 39 f. und 523.
260 A.A. OVG Münster NVwZ 1993, 671.
261 So auch *Bernet/Groß/Mende*, § 47, Rdnr. 8, § 8, Rdnr. 2, *Pausch/Prillwitz*, S. 258 f.; nach Systematik und Ausgestaltung kann eine »einheitliche Rechtsfigur« von unmittelbarer Ausführung und Sofortvollzug nicht erkannt werden; so aber *Graulich* in NVwZ 1991, 648 (652) unter Hinweis auf die Begründung des Regierungsentwurfes.
262 *Pausch/Prillwitz*, S. 258.

und unvertretbaren Handlungen als auch auf die Erzwingung von Duldungen und Unterlassungen erstreckt.
Auch in der dogmatischen Konstruktion weisen die Rechtsfiguren des § 8 I und des § 47 II Unterschiede auf. während bei der unmittelbaren Ausführung Grundverfügung, Androhung, Festsetzung und Durchführung des Zwangsmittels in der konkreten Maßnahme fiktiv zu einem Verwaltungsakt zusammengefaßt werden, liegt das Wesen des Sofortvollzuges gerade in der Entbehrlichkeit einer Grundverfügung[263].
Die Abgrenzungsproblematik der Rechtsfiguren stellt sich vorwiegend in den Fällen, in denen bei Abwesenheit des Störers Gefahrenabwehrmaßnahmen der Polizei in Form der Ersatzvornahme durchgeführt werden. Das alltäglichste Beispiel hierfür ist wohl das polizeilich angeordnete Abschleppen eines verbotswidrig geparkten Pkw durch einen beauftragten Abschleppunternehmer.[264]
Ein Teil der Literatur[265] wendet hier § 8 I mit der Begründung an, ein dem polizeilichen Zwang i.S.d. §§ 47 ff. immanenter entgegenstehender Wille des Adressaten werde bei dessen Abwesenheit nicht manifestiert und könne nicht schlechthin unterstellt werden, so daß eine Maßnahme nach § 47 II ausscheide. Die Gegenmeinung[266] begründet die polizeiliche Ermächtigung mit der Regelung des Sofortvollzuges, da für die erste Regelungsvariante des § 47 II (». . . weil Maßnahmen gegen Personen nach den §§ 6 bis 9 nicht rechtzeitig möglich sind . . .«) keine andere als die oben dargestellte Fallkonstellation denkbar sei. Der letztgenannten Auffassung zufolge ist die nach den Voraussetzungen *engere* Regelung über die unmittelbare Ausführung obsolet[267]; dieses Ergebnis ist nicht frei von rechtsdogmatischen Bedenken. Zweifelsfrei stellt § 47 II jedenfalls dann die ausschließliche Ermächtigungsgrundlage dar, wenn bei der Vollstreckung ein entgegenstehender Wille des (anwesenden) Adressaten gebeugt werden muß und aus Zeitgründen auf den Erlaß einer Grundverfügung verzichtet werden kann (muß). Kann sich indes bei der Vollstreckung einer vertretbaren Handlung der entgegenstehende Wille des Polizeipflichtigen nach §§ 6, 7 HSOG nicht manifestieren (so meist bei dessen Abwesenheit), so richten sich die Durchführungsvoraussetzungen der Maßnahme nach § 8 I. Dieser Auffassung scheint nunmehr auch der VGH zu folgen, wenn auch § 8 I nur gegenüber der Ersatzvornahme (§ 49) nicht aber gegen den Sofortvollzug abgegrenzt wird.[268]
Da die Regelung der unmittelbaren Ausführung expressis verbis nur den Adressatenkreis der Störer i. S. d. §§ 6, 7 umfaßt, ist die Frage der Willensbeugung zur Abgrenzung der Rechtsinstitute ausschließlich bei der Zustands- und Verhaltensverantwortlichkeit zu stellen. Der generelle Ausschluß polizeilichen Zwanges mangels

---

263 *Kunkel/Pausch/Prillwitz*, § 47, Rdnr. 4 ff., *Meixner*, HSOG, § 47, Rdnr. 15.
264 Zu den wesentlichen Fragen lies: *Dienelt* NVwZ 1994, 664 ff.; *Schwabe* NVwZ 1994, 629 ff.; vgl. auch VG Frankfurt a.M. NVwZ-RR 1994, 90 f.; VG Frankfurt a.M. NVwZ-RR 1993, 28 f.
265 *Bernet/Groß/Mende*, § 47, Rdnr. 8; *Pausch/Prillwitz*, S. 258 f.
266 So *Rachor* in Lisken/Denninger, Kap. F, Rdnr. 481 ff.
267 *Rachor* in Lisken/Denninger, Kap. F, Rdnr. 487.
268 Hess VGH NJW 1995, 2123 f.; VGH Kassel NVwZ-RR 1995, 29; vgl. auch OVG Saarlouis NJW 1994, 880; OVG Hamburg 1992, 1909; VGH Mannheim, NVwZ – RR 1996, 150.

entgegenstehenden Willens (s. Argumentation oben) führt zu einer systemwidrigen Lücke bei der Inanspruchnahme eines abwesenden Nichtstörers (§ 9): Die Polizei beansprucht zur Rettung der sich in einem brennenden Haus befindenden Personen die auf dem anrainenden Grundstück herumliegende Leiter des abwesenden Nachbarn N. Bei Anwesenheit des N wäre dessen Inanspruchnahme bis hin zur Durchsetzung der Herausgabeverfügung mittels unmittelbaren Zwanges zulässig. Ist die Beugung des offenkundig entgegenstehenden Willens durch die schärfste Form staatlichen Zwanges rechtmäßig, so ist es sinnwidrig, ein gegenteiliges Ergebnis mangels Manifestierung des Willens zu begründen. Da jedoch der klare Wortlaut und die systematische Stellung des § 8 I dessen analoge Anwendung auf die Inanspruchnahme abwesender Nichtstörer ausschließen, sind die oben beschriebenen polizeilichen Maßnahmen gegen nicht verantwortliche Personen i.S.d. § 9 auf die Ermächtigungsgrundlage des § 47 II zu stützen.

4. Die einzelnen Zwangsmittel

Die Aufzählung der in § 48 genannten Zwangsmittel – Ersatzvornahme, Zwangsgeld und unmittelbarer Zwang – ist abschließend[269]. Kein selbständiges Zwangsmittel ist die in § 51 geregelte Ersatzhaft;[270] sie tritt anstelle des rechtmäßig festgesetzten, aber nicht beitreibbaren Zwangsgeldes[271].

a) *Ersatzvornahme*

Die in § 49 geregelte *Ersatzvornahme* ist die Ausführung einer dem Polizeipflichtigen obliegenden vertretbaren Handlung durch die Polizei (Selbstvornahme) oder einen von ihr beauftragten Dritten (Fremdvornahme)[272]. Da als vertretbar nur solche Handlungen anzusehen sind, deren Vornahme ohne Änderung ihres Inhaltes durch einen anderen als den Verantwortlichen möglich ist[273], scheidet die Ersatzvornahme zur Erzwingung einer Duldung oder Unterlassung aus[274]. Die Ersatzvornahme ist ein eigenständig anfechtbarer Verwaltungsakt[275]. Die Kosten dieser Maßnahme sind vom Polizeipflichtigen zu erstatten[276]; sie können gemäß § 49 II auch im voraus erhoben werden. Die Beitreibung der Kosten erfolgt – soweit angefallen (vgl.

---

269 *Rachor* in Lisken/Denninger, Kap. F, Rdnr. 488; *Bernet/Groß/Mende,* § 48, Rdnr. 1; allg. Meinung.
270 Vgl. VG Frankfurt a.M. NVwZ 1994, 725.
271 Zur Zwangshaft s.a. BVerwGE 4, 196 (198).
272 Häufigster Fall der Ersatzvornahme ist das Abschleppen eines verbotswidrig geparkten Pkw, wenn sich der Verantwortliche trotz polizeilicher Verfügung weigert, die Störung selbst zu beseitigen; vgl. hierzu HessVGH NJW 1988, 655 ff.; HessVGH NVwZ-RR 1991, 28 ff. noch zur alten Rechtslage und VGH Kassel NVwZ-RR 1995, 29.
273 *Bernet/Groß/Mende,* § 49, Rdnr. 1; vgl. auch §§ 887, 890 ZPO.
274 HessVGH ESVGH 24, 35 (37).
275 *Meixner,* HSOG, § 49, Rdnr. 2.
276 Zur Erstattung der Aufbewahrungskosten eines rechtmäßig abgeschleppten Kfz vgl. HessVGH NJW 1988, 655 ff.

§ 49 II 3) – nach den Vorschriften der §§ 15 ff. HVwVG. Der die Ersatzvornahme im Auftrag der Polizei ausfahrende Unternehmer (z.B. Kfz-Abschleppunternehmer) kann weder den Kostenanspruch für die Polizei gegen den Verantwortlichen geltend machen (weil die Polizei an die öffentlich-rechtlichen Vorschriften der Verwaltungsvollstreckung gebunden ist) noch steht ihm ein Anspruch auf Aufwendungsersatz (etwa aus GoA, §§ 683, 679, 677 BGB) gegen den Polizeipflichtigen zu[277]. Zulässig ist allerdings eine öffentlich-rechtliche Vereinbarung zwischen der Polizeibehörde und dem Pflichtigen über die Höhe der Kosten und über die Zahlungsmodalitäten (Ratenzahlung); auch kann eine Vollstreckungsunterwerfungsklausel vereinbart werden (§§ 61, 54 Satz 2 HVwVG)[278].

b) *Zwangsgeld*

Mit dem Zwangsgeld (§ 50) können vertretbare oder unvertretbare Handlungen, Duldungen und Unterlassungen durchgesetzt werden[279]. Ausschließliches Mittel ist das Zwangsgeld für die Erzwingung einer Erklärungsabgabe (vgl. § 52 II). Zwangsgeld ist *psychisches Beugemittel*[280] und kann ohne Verstoß gegen Art. 103 III GG und Art. 22 III HV auch neben einer strafrechtlich oder ordnungswidrigkeitsrechtlich verhängten Geldbuße festgesetzt werden[281]. Steht der Behörde bei der Erzwingung einer vertretbaren Handlung das Wahlrecht zwischen der Ersatzvornahme und der Festsetzung eines Zwangsgeldes (in Höhe bis zu 50 000,– DM, § 50 I) zu[282], so hat sie nach pflichtgemäßem Ermessen das im konkreten Fall mildere Mittel zu wählen, soweit die Verhängung von Zwangsgeld nicht von vornherein wegen der Dringlichkeit der polizeilichen Maßnahme ausscheidet. Gemäß § 50 II ist dem Polizeipflichtigen bei der Verhängung von Zwangsgeld eine angemessene Zahlungsfrist einzuräumen, nach deren fruchtlosem Ablauf die Beitreibung (§ 50 II, §§ 1 II 2, 15 ff. HVwVG) erfolgt. Die in § 50 II statuierte Zahlungsfrist ist von der in der Androhung festzusetzenden Frist zur Vornahme der Handlung (§ 53 I 3) zu unterscheiden. Auf letztere kann bei der Erzwingung von Duldungen und Unterlassungen verzichtet werden[283]. Die Beitreibung des Zwangsgeldes hat zu unterbleiben, wenn der Polizeipflichtige die gebotene Handlung nach der Festsetzung, aber noch vor der Beitreibung nachholt oder die zu duldende Maßnahme gestattet (§ 50 III 2). Die Ausnahmeregelung des § 50 III 2 trifft jedoch nicht den Fall der Zuwiderhandlung gegen ein polizeiliches Verbot; da dessen vollständige Erfüllung schlechthin nicht mehr möglich ist, kann von der Beitreibung des Zwangsgeldes nicht ohne Verlust der psychischen Zwangswirkung dieses Beugemittels abgesehen werden[284].

---

277 *Bernet/Groß/Mende,* § 49, Rdnr. 5; *Stober* DVBl. 1973, 351 ff. m.w.N.
278 OVG Münster OVGE 26, 180; OVG Lüneburg OVGE 26, 437 ff.
279 Hierzu HessVGH in HessVGRspr 1971, 76.
280 OVG Koblenz NVwZ-RR 1992, 520; OVG Münster NVwZ-RR 1993, 671.
281 *Drews/Wacke/Vogel/Martens,* S. 535; *Meixner,* HSOG, § 50, Rdnr. 1.
282 HessVGH in HessVGRspr 1971, 76 (78); vgl. auch HessVGH in HessVGRspr 1979, 4 f.
283 Vgl. Wortlaut § 53 I 3.
284 *Bernet/Groß/Mende,* § 50, Rdnr. 7.

Ein unanfechtbar festgesetztes Zwangsgeld kann nach dem Tode des Pflichtigen nicht gegen dessen Erben vollstreckt werden, da die hierdurch begründete Zahlungspflicht wegen des spezifischen Charakters des Zwangsgeldes als Willensbeugungsmittel als höchstpersönliche Pflicht anzusehen ist[285].

c) *Unmittelbarer Zwang; insbesondere Schußwaffengebrauch*

Nach der Legaldefinition des § 55 I liegt *unmittelbarer Zwang* bei der »Einwirkung auf Personen oder Sachen durch körperliche Gewalt, durch ihre Hilfsmittel und durch Waffen« vor. Die Aufzählung der drei Einwirkungsmöglichkeiten ist abschließend[286], so daß z.B. psychischer Zwang mittels Verabreichung von Drogen oder Hypnose unzulässig sind. Während die zulässigen Waffen (Schlagstock, Pistole, Revolver, Gewehr, Maschinenpistole; § 55 IV)[287] im Gesetz abschließend aufgezählt werden, werden die Hilfsmittel der körperlichen Gewalt – also Mittel, die beim polizeilichen Einsatz zur Unterstützung der Körperkraft verwendet werden[288] – in § 55 III nur beispielhaft genannt[289]. Den zuständigen Behörden soll hierdurch ohne langwieriges Gesetzgebungsverfahren die Möglichkeit der jederzeitigen Anpassung der polizeilichen Ausrüstung an den neuesten technischen Standard eröffnet werden[290]. Der Gebrauch sogenannter »besonderer Waffen« (Maschinengewehr, Granatwerfer, Handgranaten, etc.) bleibt gemäß § 55 V den Beamten des Bundesgrenzschutzes im Rahmen eines Amtshilfeeinsatzes nach Art. 35 II 1 oder 91 I GG vorbehalten.

Die Auswahl unter den drei verschiedenen Einwirkungsmöglichkeiten nach § 55 I ist streng am *Grundsatz der Verhältnismäßigkeit* auszurichten: während die Anwendung einfacher körperlicher Gewalt regelmäßig das mildeste Mittel darstellt, liegt in dem Einsatz von Schußwaffen, der seinerseits nur unter den strengen Voraussetzungen der §§ 60 ff. zulässig ist, stets der schärfste Eingriff in die Rechte aus Art. 2 II und 14 I GG. Innerhalb der Einsatzvoraussetzungen von Schußwaffen (§ 60 I 1) stellt der Waffengebrauch gegen Personen die ultima ratio dar (arg. § 60 I 2). Grundsätzlich unterliegt der Schußwaffengebrauch gegen Sachen nicht den engen Beschränkungen der §§ 6 I, 62[291]; ist jedoch mit erhöhter Wahrscheinlichkeit mit der Verletzung von Personen zu rechnen (beispielsweise bei gezielten Schüssen auf ein fahrendes Kfz), so richtet sich die Rechtmäßigkeit auch dieses Schußwaffengebrauches nach den Voraussetzungen der §§ 61, 62[292].

---

285 So auch *Bernet/Groß/Mende*, § 50 Rdnr. 3; *Kunkel/Pausch/Prillwitz*, § 50, Rdnr. 9; *Meixner*, HSOG, § 50, Rdnr. 7; a.A. *Rasch* § 50 C 2.
286 *Meixner*, HSOG, § 55, Rdnr. 2, allg. Meinung.
287 Die abschließende Aufzählung der Waffen war aus verfassungsrechtlichen Gründen (Art. 2 II 3, 20 III GG) geboten.
288 *Bernet/Groß/Mende*, § 55, Rdnr. 4.
289 *Rachor* in Lisken/Denninger, Kap. F, Rdnr. 497 mit weiteren Beispielen.
290 *Pausch/Prillwitz*, S. 264.
291 *Bernet/Groß/Mende*, § 60, Rdnr. 3.
292 Wie Fn. 291; so auch *Pausch/Prillwitz*, S. 264; *Bernet/Groß/Mende*, § 60, Rdnr. 4.

Das Ziel des Schußwaffengebrauches gegen Personen darf lediglich die Flucht- oder Angriffsunfähigkeit sein, § 60 II[293]. Fluchtunfähigkeit wird zumeist durch Schüsse auf die Beine oder Füße des Fliehenden erreicht werden können, während der Zielpunkt der Angriffsunfähigkeit nach der Art des Angriffs auszurichten ist[294]. Umstritten ist, ob bei einem entsprechenden Angriff (Bankräuber bedroht eine Geisel mit der Pistole an der Schläfe, um in das Fluchtauto zu gelangen), das Tatbestandsmerkmal der »Angriffsunfähigkeit« auch einen gezielten Todesschuß (finaler Rettungsschuß mit Todesfolge) deckt.

Nach der befürwortenden Ansicht findet der gezielte Todesschuß jedenfalls dann in den §§ 60 ff. seine Ermächtigungsgrundlage, wenn in Extremsituationen wie der Geiselnahme die »Angriffsunfähigkeit« des Täters nur durch einen finalen tödlichen Schuß herbeigeführt werden könne und andernfalls der Geisel eine gegenwärtige Lebensgefahr oder die Gefahr einer schwerwiegenden Körperverletzung drohe[295]. Nach der Gegenauffassung läßt sich schon dem Wortlaut der Begriffsbestimmung »Angriffsunfähigkeit« entnehmen, daß andere Fähigkeiten noch erhalten bleiben müssen; die Ausdehnung dieses Tatbestandsmerkmals auf einen gewollt tödlich endenden Schuß sei »juristische Interpretationskunst«[296]. Auch die verfassungsrechtliche Beurteilung des »Todesschusses« ist kontrovers. Wird einerseits auf die Wesensgehaltssperre des Art. 19 II GG zugunsten des Grundrechts auf Leben (Art. 2 II 1) verwiesen[297], so wird andererseits behauptet, »schon Art. 1 GG gebiete die Tötung des Geiselnehmers«[298]. Die Beantwortung der Frage führt an die Grenze der juristischen Beurteilungskraft; letztendlich ist hier die ethische Frage nach den absoluten Grenzen staatlicher Macht aufgeworfen und zu beantworten. Zweierlei erscheint jedoch als gesichert: 1) Die strafrechtlichen Vorschriften über Nothilfe und Notwehr reichen wohl zur persönlichen strafrechtlichen Rechtfertigung des tödlich schießenden Beamten aus; sie können aber eine fehlende polizeiliche Befugnisnorm für den Tötungsschuß nicht ersetzen. 2) Ebensowenig kann die Verwaltungsvorschrift des 60.2.1. VVHSOG, nach der zur Abwehr einer gegenwärtigen Lebensgefahr einer Person als letztes Mittel der gezielte tödlich wirkende Schuß zulässig sein soll, eine Ermächtigungsgrundlage für den »finalen Rettungsschuß mit Todesfolge« darstellen[299]. In Hessen ist außerdem die Gesetzgebungsgeschichte zu berücksichtigen: Dem hessischen Gesetzgeber war bei der Novellierung des HSOG die Problematik des »finalen Todesschusses« im Hinblick auf den mit Verfassungsrang ausgestatteten Be-

---

293 Zum Schußwaffengebrauch von Zollbeamten: BGH NJW 1989, 1811 (Begriff des »unbeteiligten« Dritten).
294 *Bernet/Groß/Mende,* § 60, Rdnr. 7.
295 So *Meixner,* HSOG, § 60 Rdnr. 7; zur Auslegung des Begriffs der Angriffsunfähigkeit auch *Bernet/Groß/Mende,* § 60, Rdnr. 7; ausführlich zum ganzen Problem jetzt *Rachor* in Lisken/Denninger, Kap. F, Rdnr. 549 ff.
296 *Alberts* NVwZ 1983, 585 ff.
297 AE-PolG § 64 Arm. 6 ff.; *Rachor* bezeichnet diese Argumentation als »naive Auslegung des Art. 19 II«, in Lisken/Denninger Kap. F, Rdnr. 553.
298 *V. Winterfeld* in NJW 1972, 1991 ff.; ebenso *Samper,* PAG, Art. 45 Nr. 5.
299 Vgl. Ausführungen unter III 1.

stimmtheitsgrundsatz bekannt; trotzdem wurde eine dem § 41 II MEPolG entsprechende Regelung über Zulässigkeit und Voraussetzungen des Rettungsschusses mit Todesfolge in das neue HSOG nicht aufgenommen: Da jedoch die Novellierung des Polizeirechts in Hessen vorwiegend unter dem Blickwinkel des Bestimmtheitsgrundsatzes vorgenommen wurde (vgl. die Regelungen über den Datenschutz)[300], die schärfste Form staatlichen Eingriffes – nämlich die Tötung eines Menschen – indes keinerlei gesetzliche Regelung erfuhr, kann eine extensive Interpretation des Tatbestandsmerkmales »Angriffsunfähigkeit« nicht länger hingenommen werden. Die Zulässigkeit des finalen Todesschusses in Hessen ist daher abzulehnen[301].

V. Entschädigung und Kosten

Die Entschädigungsansprüche des Bürgers sind nach rechtmäßigen und rechtswidrigen Maßnahmen der Polizei zu unterscheiden.

1. Schadensausgleich für rechtmäßige Maßnahmen

Anspruch auf angemessenen Ausgleich seines Schadens hat, wer im Falle des polizeilichen Notstandes (oben I. 5. f) als *Nichtstörer* in Anspruch genommen worden ist, § 64 I 1. Dieser Anspruch ist eine gesetzliche Normierung des allgemeinen Aufopferungsanspruches. Dem Nichtstörer wird ein Sonderopfer auferlegt, obwohl er für den zielgerichteten hoheitlichen Eingriff in seine Grundrechte keine Verantwortung trägt.[302] Schulbeispiel: Die Polizei beschädigt die im Eigentum des Vermieters stehende Tür, als sie gewaltsam in die Wohnung des polizeipflichtigen Mieters eindringt.[303]
Wer als *Unbeteiligter* durch eine polizeiliche Maßnahme einen Schaden erleidet, erhält nur nach den Grundsätzen der Aufopferung bzw. des enteignenden Eingriffs eine Entschädigung.[304] Unbeteiligt ist, wer einen Schaden als unbeabsichtigte Nebenfolge einer rechtmäßigen polizeilichen Maßnahme erleidet. Typischer Fall ist die verirrte Kugel aus einer Polizeipistole, die einen Passanten verletzt.[305] Der Ge-

---

300 *Bernet/Groß/Mende*, § 60 Rdnr. 10.
301 So auch *Pausch/Prillwitz*, S. 268; *Kunkel/Pausch/Prillwitz*, § 60, Rdnr. 6; *Rasch/Schulze*, § 60 Anm. 2.3, 2.4; *Bernet/Groß/Mende*, § 60, Rdnr. 10; a.A. *Meixner*, HSOG, § 60, Rdnr. 7 ff. Wie hier *Rachor* in Lisken/Denninger, Kap. F, Rdnr. 557.
302 *Rachor* in Lisken/Denninger, Kap. L, Rdnr. 3.
303 Anderes Beispiel: Entschädigungsanspruch des als Nichtstörer in Anspruch genommenen Eigentümers von Wohnraum, OLG Köln, NJW 1994, 1012.
304 *Rachor* in Lisken/Denninger, Kap. L, Rdnr. 5. Beachte: Entschädigung ist nicht Schadensersatz; LG Köln, NVwZ 1992, 1125 f.
305 BGHZ 20, 81 (82 ff.).

schädigte hat mangels rechtwidrigen Verhaltens der Polizei keinen Ersatzanspruch aus § 64 I 2 (unten 2.), wenn bei einem ansonsten rechtmäßigen Polizeieinsatz trotz Beachtung der erforderlichen Sorgfalt ein Unbeteiligter zu Schaden kommt.[306] Zutreffender Ansicht nach hat auch der *Anscheinsstörer* (zum Begriff oben I. 3 e) einen Entschädigungsanspruch aus Aufopferung, wenn er den Gefahrenanschein nicht vorsätzlich oder fahrlässig verursacht hat.[307] Der Anscheinsstörer ist zwar aus der polizeirechtlich gebotenen ex-ante Sicht als Störer rechtmäßig in Anspruch genommen worden, entschädigungsrechtlich ist er jedoch, ex-post betrachtet, nicht dem rechtmäßig in Anspruch genommenen Störer, der ohne Anspruch auf Schadensausgleich bleibt[308], gleichzustellen.[309]

Einen Anspruch auf Schadensausgleich hat auch, wer als sogenannter »*Polizeihelfer*« mit Zustimmung der Gefahrenabwehr- oder Polizeibehörden bei der Wahrnehmung von Aufgaben freiwillig mitwirkt oder Sachen zur Verfügung stellt, § 64 III. An die Zustimmung der Behörde dürfen keine überspannten förmlichen Anforderungen gestellt werden, es genügt, daß die Polizei die Mitwirkung duldet. Daneben ist der Polizeihelfer nach § 539 I Nr. 9 lit b RVO 1 unfallversichert und hat einen Anspruch auf entsprechende Leistungen (§ 547 RVO) gegen das Land (§ 655 II Nr. 3 RVO) sowie auf Ersatz seines Sachschadens und seiner Aufwendungen (§ 765 a RVO).[310]

Spezialgesetzliche Aufopferungsansprüche wie §§ 66 ff. TierseuchG, § 49 BScuchen, § 51 GewO, gehen den Entschädigungsansprüchen des HSOG vor.

2. Entschädigung für rechtswidrige Maßnahmen

Auch wer durch eine rechtswidrige Maßnahme einen Schaden erleidet, unabhängig davon, ob er Störer oder Nichtstörer ist, hat einen Anspruch auf angemessenen Ausgleich (§ 64 I 2). Der Anspruch ist verschuldensunabhängig und wird durch rechtswidrige Maßnahmen der Polizeibehörden und der Verwaltungs- und Ordnungsbehörden (Gefahrenabwehrbehörden) ausgelöst.[311] Neben diesem aus dem Aufopferungsgedanken folgenden Entschädigungsanspruch kann ein Schadensersatzanspruch aus Amtshaftung bestehen, § 839 BGB, Art. 34 GG, der sich auch auf die Verletzung von Persönlichkeitsrechten und den Ersatz von Schmerzensgeld erstreckt.[312]

---

306 *Rachor* in Lisken/Denninger, Kap. L, Rdnr. 5. A.A. *Götz,* Rdnr. 290; *Kasten,* JuS 1986, 451(453).
307 BGZ 117, 303 = DVBl. 1992, 1158 m.Anm. *Götz;* BGH NJW 1994, 2355; VGH Mannheim im NVwZ-RR 1991, 24 (26). Jetzt auch *Meixner,* HSOG, § 64, Rdnr. 6. A.A. noch *Drews/Wacke/ Vogel/Martens,* S. 668 f.
308 BGHZ 5, 144 (15 1); 55, 366 (370 f.).
309 Differenzierend *Götz,* Rdnr. 288; *Knemeyer,* Rdnr. 299; BayVGH, DÖV 1996, 82.
310 Vgl. auch § 539 I Nr. 9 lit. a und c RVO.
311 Näher *Rumpf,* NVwZ 1992, 250.
312 Bspw. LG Baden-Baden NVwZ 1991, 1118; BGH NJW 1993, 1258; BGH NJW 1995, 2918. Unberührt bleibt auch der Anspruch auf Vertrauensschaden nach § 48 III HessVwVfG; *Rumpf,* NVwZ 1992, 251.

3. Art und Umfang des Schadensausgleiches

Die Ansprüche nach § 64 I, III gehen, wie auch der allgemeine Aufopferungsanspruch, nur auf *Entschädigung*. Ausgeschlossen sind die Ansprüche, wenn die den Schaden verursachende Maßnahme zum Schutz der Person oder des Vermögens des Geschädigten getroffen worden ist (§ 64 II). Im Unterschied zum Schadensersatz des Amtshaftungsanspruches, der den wirtschaftlichen Schaden ungeschehen machen soll (Naturalrestitution), kompensiert der Entschädigungsanspruch nur die erlittenen Nachteile. Entschädigt wird nur in Geld (§ 65 III 1) und ausgeglichen wird nur der Verkehrswert einer Sache.[313] Teilweise geht die Entschädigung nach 64 I, III über die bloße Kompensation hinaus. Ersetzt wird zwar nur der Vermögensschaden (§ 65 I 1), in besonderen Fällen (Körper- oder Gesundheitsverletzungen, Freiheitsentziehung) aber auch der immaterielle Schaden (§ 65 II) und in Härtefällen der entgangene Gewinn, der über den Ausfall des gewöhnlichen Nutzungs- und Verdienstausfalls hinausgeht (§ 65 I 2). Bei der Bemessung des Ausgleiches sind die näheren Umstände des Schadens zu berücksichtigen; § 254 BGB gilt entsprechend, § 65 V. Nach § 66 können auch mittelbar Geschädigte Ansprüche geltend machen (vgl. § 844 II BGB).

Die Entschädigungsansprüche *verjähren* ebenso wie Amtshaftungsansprüche nach 3 Jahren (§ 67, § 852 BGB). Nur der Aufopferungsanspruch verjährt nach 30 Jahren (§ 195 BGB).

Die Ansprüche sind gegen die *Anstellungskörperschaft* zu richten (§ 68 I). Dem Geschädigten wird aber nur Ersatz gewährt, wenn er seine Ansprüche gegen den Schädiger (»Dritte«) an die ersatzpflichtige Körperschaft *abtritt* (§ 65 IV). Diese kann aber von den Verantwortlichen (§§ 6, 7) Ersatz ihrer Aufwendungen verlangen, soweit die Geschädigten rechtmäßig oder als Nothelfer in Anspruch genommen worden sind (§ 69 I). Mehrere Verantwortliche haften als Gesamtschuldner (69 II).

Für Ansprüche auf Schadensausgleich besteht der *Rechtsweg* zu den ordentlichen Gerichten; für Ansprüche auf Erstattung und Ersatz von Aufwendungen nach §§ 68 III, 69 der zu den Verwaltungsgerichten (§ 70).

4. Kosten

Nach den allgemeinen Kostenregelungen sind Kosten die Personal- und Sachausgaben für die Gefahrenabwehr sowie die Ausgaben, die durch die Tätigkeit der Gefahrenabwehrbehörden, der Polizeidienststellen und des Hessischen Polizeiverwaltungsamtes entstehen (§ 104).

Nach § 49 I können die Ordnungs- und Polizeibehörden die *Ersatzvornahme* (zum Begriff s.o. IV. 4 a) auf Kosten des Störers selbst (Selbstvornahme) oder durch einen beauftragten Dritten ausfahren. Jedoch darf der Störer nach allgemeinen

---

313 *Rachor*, in: Lisken/Denninger, Kap. L, Rdnr. 33.

Grundsätzen gemessen an seiner individuellen Verantwortung und seinen individuellen Möglichkeiten nicht im Übermaß belastet werden.[314] Bei Störermehrheit sind die Grundsätze der Mitverursachung entsprechend anzuwenden.
Die Kosten der Ersatzvornahme als Selbstvornahme können auf Grundlage der nach § 21 Abs. 1 HVwKostG erlassenen Verwaltungskostenordnung für die Polizei- und Ordnungsbehörden erhoben werden.[315]
Die Kosten werden durch *Kostenbescheid* erhoben.[316] Kostenschuldner ist der Störer.[317] Ob die Kosten von dem Störer erhoben werden, steht im Ermessen der Behörde.[318] Nach Auffassung der Rechtsprechung können die tatsächlichen Kosten beansprucht werden, auch wenn sie den vorläufig veranschlagten Betrag wesentlich überschreiten.[319] Kostenvorschuß kann bestimmt werden (§ 49 II 1). Die Kosten können im Verwaltungsvollstreckungsverfahren beigetrieben werden (§ 49 II 2; §§ 1 II, 15 ff. HVwVG), wenn der im Wege der Ersatzvornahme durchzusetzende Verwaltungsakt unanfechtbar geworden ist (§ 47 I). Weil die Kosten der Ersatzvornahme als Nebenkosten keine Kosten i.S.d. § 80 II Nr. 1 VwGO sind, kann das Verwaltungsvollstreckungsverfahren nicht unter der Voraussetzung des § 80 II VwGO eingeleitet werden.[320]
Entsprechendes gilt für die Kosten der *Sicherstellung* einer Sache (§ 43 III) sowie für die Kosten der *unmittelbaren Ausführung* (§ 8 II). Zu den Kosten zählen auch die Nebenkosten, wenn diese durch die Maßnahme unmittelbar verursacht worden sind.[321] Fehlt ein Verantwortlicher, dann sind die Kosten vom Träger der Kosten der Gefahrenabwehr- oder Polizeibehörde nach §§ 105 ff. zu tragen.
Die Kosten der *Vollzugshilfe* sind als Kosten der Amtshilfe nach § 8 VwVfG zu behandeln (§ 44 III 2.).[322] Danach kommt u.U. eine Auslagenerstattung in Betracht. Die durch *Selbsteintritt* der Aufsichtsbehörde entstehenden Kosten sind von der Ordnungsbehörde zu tragen, für die die Aufsichtsbehörde die Befugnisse ausgeübt hat (§ 106 II, 88 I).[323] Dagegen sind die Kosten, die der eintretenden Ordnungsbehörde für unaufschiebbare Maßnahmen nach § 88 II entstanden sind, deren Kosten.[324]

---

314 *Sailer* in Lisken/Denninger, Kap. M, Rdnr. 17.
315 Anlage zur Verwaltungskostenordnung für den Geschäftsbereich des inneren und für Europaangelegenheiten vom 2. September 1993, GVBl. I S. 376, Kostenverzeichnis Nr. 543 (Ersatzvornahme nach § 49), Nr. 542 (Sicherstellung nach § 40) und Nr. 541 (Unmittelbare Ausführung nach § 8); vgl. auch VGH Kassel, HessVGRspr. 1995, 18, 19 = NJW 1995, 2123; *Meixner,* § 49, Rdnr. 9.
316 Vgl. VGH Kassel, NVwZ 1988, 655; HessVGRspr. 1988, 1.
317 Für die Kostentragungspflicht ist allerdings nicht die ex-ante Sicht des handelnden Beamten, sondern die wirkliche Sachlage maßgebend, OVG Münster, NwVZ 1993, 2698 f.
318 VGH Kassel, NVwZ-RR 1995, 29, 30; VGH Mannheim, NJW 1991, 1698 f. Zur Trennung von Primär- und Sekundärhaftung, siehe oben II, 5.e. Die Kostentragungspflicht für Abschleppmaßnahmen ist durch Art. 14 I 2 GG gedeckt, BVerwG, NJW 1992, 1908.
319 BVerwG, BayVBl. 1985, 538. Bedenklich! S.o. IV 3 c.
320 VGH Kassel NJW 1980, 1248; VGH Mannheim NVwZ 1986, 933.
321 VGH Kassel NVwZ 1988, 655 f.; Gutachter- und Übersetzerkosten.
322 Zur Vollzugshilfe § 1 V, §§ 44-46.
323 *Meixner,* HSOG, § 106 Rdnr. 4; § 88, Rdnr. 4.
324 *Meixner,* HSOG, § 88, Rdnr. 9.

VI. Organisation der Polizei

1. Grundsätzliches

Der Wiederaufbau der hessischen Polizei nach 1945 erfolgte zunächst auf kommunaler Ebene. Dies entsprach den Wünschen der amerikanischen Militärregierung, welche nach heimatlichem Vorbild eine stark dezentralisierte und kommunalisierte Vollzugspolizei anstrebte. So gab es in Hessen am 1. 10. 1962 noch 94 Gemeinden mit einer eigenen Vollzugspolizei. Das HSOG vom 17. 12. 1964 sah ein Mischsystem vor: kommunale Polizei nur in den kreisfreien Städten und den Gemeinden mit mehr als 20 000 Einwohnern. Diese letzteren sollten aber die Möglichkeit haben, zum System staatlicher Polizei überzugehen. Zunehmende Finanzschwierigkeiten drängten jedoch auch die größeren Gemeinden, auf eigene Polizeikräfte zu verzichten. Eine Novellierung des HSOG vom 17. 12. 1971 regelte in zwei Schritten die Verstaatlichung der Polizei in allen Gemeinden, zuletzt zum 1. 1. 1974 in den Großstädten Darmstadt, Frankfurt, Kassel, Offenbach und Wiesbaden.

Die Gefahrenabwehr ist eine staatliche Aufgabe, ist »Angelegenheit des Landes, soweit andere Rechtsvorschriften nichts Abweichendes bestimmen« (§ 81). Die Polizeihoheit des Landes wird im Grundgesetz nur indirekt durch die generelle Kompetenzzuweisung der Art. 30, 70 GG angesprochen (vgl. aber auch Art. 73 Nr. 10 und 91 GG); die Landesverfassung schweigt über die Polizei (Ausnahme: Art. 86 Satz 4 HV). § 81 stellt die *staatliche Aufgabenverantwortung* vor allem im Hinblick auf die Selbstverwaltungsgarantie des Art. 137 HV klar. Dies bedeutet nicht, daß Gefahrenabwehraufgaben nur von staatlichen Behörden wahrgenommen werden dürften. §§ 2 Satz 2 und 3, und 82 I gehen vielmehr davon aus, daß die kommunalen Verwaltungsträger, also Landkreise und Gemeinden, hier ein weites Tätigkeitsfeld finden (Aufgaben zur Erfüllung nach Weisung i.S.v. § 4 HGO, § 4 HKO).

2. Gliederung der Gefahrenabwehrbehörden und der Polizei

Das HSOG 1972 hatte die Entwicklung zur »Entpolizeilichung« der Verwaltung,[325] wie sie in sieben der elf alten Bundesländer stattfand, nur halbherzig mitvollzogen. Einerseits hatte es unter dem Oberbegriff »Behörden der Gefahrenabwehr« die Behörden der allgemeinen Verwaltung und die »Polizeibehörden« zusammengefaßt, und beide der »Vollzugspolizei« gegenübergestellt. Andererseits hatte es (§ 1 II alt) aus »Polizeibehörden« und »Vollzugspolizei« einen Begriff der »Polizei« im formellen oder institutionellen Sinne gebildet, die vor allem für die unaufschiebbare

---

325 Vgl. die Darstellung bei *Götz,* § 2 II, Rdnr. 21-23, § 3, Rdnr. 30; ferner *Boldt,* in Lisken/Denninger, Kap. A, Rdnr. 74 ff.

Gefahrenbeseitigung zuständig war. Das neue HSOG verzichtet auf einen formellen Begriff der »Polizei«. Die früher als »allgemeine Polizeibehörden« bezeichneten Behörden heißen jetzt »*allgemeine Ordnungsbehörden*« (§§ 85 ff.); zusammen mit den Behörden der allgemeinen Verwaltung bilden sie die »Gefahrenabwehrbehörden«. Ihnen stehen für den polizeilichen Vollzug die »*Polizeibehörden*« gegenüber, die zusammen mit den »*Polizeieinrichtungen*« die Polizeidienststellen des Landes bilden, § 91 I, II. Das HSOG 1990 bzw. 1994 spricht zwar noch von »Polizeivollzugsbeamten« (z.B. in §§ 101 ff.), kennt aber den Begriff »Vollzugspolizei« als Oberbegriff nicht mehr. Dieser beherrscht jedoch die gemäß § 113 II 1 fortgeltende *Verordnung über die Organisation und Zuständigkeit der hessischen Vollzugspolizei (PolOrgVO)* vom 31. Januar 1974, die auch, ebenso wie das HSOG, an der Gliederung in Schutzpolizei, Bereitschaftspolizei, Wasserschutzpolizei und Kriminalpolizei festhält.

Die Unterscheidung Gefahrenabwehrbehörden (Verwaltungsbehörden, Ordnungsbehörden, § 1 I) einerseits, Polizeibehörden andererseits durchzieht das ganze Gesetz, auch die Befugnisregelungen der §§ 1 I ff. Manche Maßnahmen können und dürfen nur von Polizeibehörden durchgeführt werden, z.B. die Datenerhebung durch Observation oder den Einsatz technischer Mittel (»Lauschangriff«, heimliche Videoüberwachung, § 15), oder die Ausübung *unmittelbaren Zwanges* (§§ 52, 54 ff.).

Diese theoretisch klare Unterscheidung der Behörden stellt sich in der Praxis anders dar, weil die verantwortlich ausführenden Organe und Organwalter vielfach identisch sind. Besonders deutlich wird dies bei den Landräten und Oberbürgermeistern.

Ein Landrat ist a) Organ der Selbstverwaltung des Landkreises als Vorsitzender des Kreisausschusses (§§ 36, 44 I HKO). In dieser Eigenschaft ist er nach § 2 Satz 2 und 3 für Aufgaben der Gefahrenabwehr zuständig;

b) allgemeine Ordnungsbehörde als Behörde der Landesverwaltung (§ 85 I Nr. 3, § 55 HKO). In dieser Eigenschaft ist er für die Gefahrenabwehr in doppelter Weise zuständig: einmal »subsidiär« nach § 2 Satz 1, wenn die primär zuständige Behörde nicht oder nicht rechtzeitig tätig wird, und zweitens kraft spezieller Zuweisung (§ 1 II); hier ist vor allem an die *Zuweisungsverordnung* vom 18. Juli 1972 (GVBl. I S. 255) zu denken (VO über die Zuweisung von Aufgaben der Gefahrenabwehr an die allgemeinen Polizeibehörden, geändert durch Gesetz vom 4. 9. 1974 (GVBl. I S. 361) und VO vom 7. 4. 1992 (GVBl. I S. 135), Weitergeltung nach § 113 II);

c) schließlich untere Polizeibehörde (§ 91 III Nr. 4a); damit ist der Landrat als Person polizeilicher Vorgesetzter der ihm zugewiesenen Vollzugsbeamten, er selbst untersteht der Dienst- und Fachaufsicht des Regierungspräsidiums (§ 96 I). Seine Zuständigkeit zur Gefahrenabwehr ist subsidiär im Sinne des § 2 Satz 1, praktisch bedeutet dies in den Fällen dringlich erforderlichen Eingreifens (Verkehrsunfall, Brand, Überschwemmung, Selbstmordgefahr, terroristischer Anschlag, »Randale« usw.) die Kompetenz und Pflicht zu sofortigem Handeln, u.U. auch mit Hilfe Dritter, z.B. der Feuerwehr.

Auch der Bürgermeister bzw. Oberbürgermeister ist einerseits Teil des Selbstverwaltungsorgans »Gemeindevorstand« bzw. »Magistrat« (§§ 9 II, 65 I HGO), andererseits allgemeine Ordnungsbehörde auf der Orts- bzw. Kreisstufe (§ 85 I). Er (sie) nimmt die letztgenannten Aufgaben.»in alleiniger Verantwortung« wahr, also nicht etwa, wie die allgemeinen Verwaltungsaufgaben, als Vorsitzender eines kollegialen Gremiums, § 150 HGO.

Anders als der Landrat ist der Oberbürgermeister jedoch nicht zugleich auch untere Polizeibehörde. Als solche fungieren in den kreisfreien Städten und, bei Beauftragung, in den Landkreisen die *Polizeipräsidien* (§ 91 III Nr. 4 b). Das frühere Weisungsrecht des Oberbürgermeisters gegenüber dem Polizeipräsidenten in Angelegenheiten der Ordnungsbehörde (§ 68 I alt) ist entfallen.

Die *Ordnungsbehörden* sind vierstufig auf Landes-, Bezirks-, Kreis- und Ortsebene gegliedert (§ 85). Die jeweils höhere Behörde übt die Aufsicht über die nachgeordneten Behörden aus, wobei zwischen Fachaufsicht und Dienstaufsicht zu unterscheiden ist. Oberste Fachaufsichtsbehörden sind die *fachlich zuständi*gen Ministerien, während das Ministerium des Innern – im Benehmen[326] mit den Fachministerien – immer die Dienstaufsicht ausübt (§ 86 II). Die fachliche Zuständigkeit eines Ministeriums bestimmt sich nach Gesetzes- oder Verordnungsrecht und subsidiär nach den Beschlüssen der Landesregierung (Art. 104 II HV). Der Landtag hat ein Kontroll- und Beanstandungsrecht (ebenda, Satz 2).

Neben den allgemeinen Ordnungsbehörden nennt das HSOG (§ 90) die *Sonderordnungsbehörden*. Sie stehen außerhalb der allgemeinen Verwaltung und handeln nach speziellen Rechtsvorschriften. Als solche besonderen Gefahrenabwehrbehörden sind auf Landesebene die Staatlichen Ämter für Arbeitsschutz und Sicherheitstechnik,[327] die Bergämter und das Oberbergamt, die Eichämter und die Eichdirektion hervorzuheben.

Die *Polizei des Landes Hessen* umfaßt die vier Dienstzweige der (uniformierten) Schutzpolizei, der Kriminalpolizei, der Bereitschafts- und der Wasserschutzpolizei. Daneben bestehen als Polizeieinrichtungen die Hessische Polizeischule, die Fernmeldeleitstelle der Hessischen Polizei und das Hessische Polizeiverwaltungsamt (§ 95). Die Regierungspräsidien als mittlere, die Landräte und die Polizeipräsidien als untere Polizeibehörden nehmen die Aufgaben der Schutz- und der Kriminalpolizei wahr (§ 94 I); die Bereitschaftspolizei, die nicht nur bei »besonderen Einsätzen« (§ 6 PolOrgVO) zu Hilfe gerufen wird, sondern vor allem der Nachwuchsausbildung dient, untersteht der Direktion der Hessischen Bereitschaftspolizei als einer »oberen Polizeibehörde«. Auf dieser Ebene finden sich auch das Hessische Landeskriminalamt, das notfalls die Bearbeitung von Strafsachen an sich ziehen oder vom Ministerium übertragen bekommen kann (§ 92 II), sowie das Hessische Wasserschutzpolizeiamt. Auch diese Polizei ist für die Bearbeitung zahlreicher Strafsachen

---

326 »Benehmen« bedeutet nicht unbedingt »Einvernehmen«. Es genügt, wenn die das Benehmen herstellende Behörde vom Standpunkt der anderen Behörde durch diese zur Kenntnis genommen hat.
327 Siehe Gesetz zur Neuorganisation der Gewerbeaufsichtsverwaltung in Hessen vom 25. 2. 1993 (GVBl. I S. 49) sowie VO vom 15. 3. 1993 (GVBl. I S. 65).

im räumlichen Zusammenhang mit befahrbaren Wasserflächen zuständig, vgl. den Katalog in § 7 PolOrgVO. Alle oberen, mittleren und unteren Polizeibehörden und die Polizeieinrichtungen unterstehen entweder unmittelbar oder mittelbar dem Ministerium des Innern. Werden Beamte aus verschiedenen Dienstzweigen und Behörden der Polizei gemeinsam eingesetzt, z.b. Schutzpolizei zusammen mit Bereitschaftspolizei bei größeren Demonstrationen, so wird ein gemeinsamer *Einsatzleiter*, möglichst aus dem Dienstbezirk des Einsatzortes, bestellt (§ 3 IV PolOrgVO). Dieser erteilt die Weisungen an die Vorgesetzten der Bereitschaftspolizei, welche ihrerseits die Weisungen an die ihnen unterstehenden Beamten weitergeben (§ 6 III PolOrgVO).

3. Weisungs- und Aufsichtsbefugnisse, Zuständigkeiten, Vollzugshilfe

a) *Weisungs- und Aufsichtsbefugnisse*

Das HSOG 1994 trennt stärker, als es bisher der Fall war, die (kommunalen) Ordnungsbehörden von den (staatlichen) Polizeibehörden. Gleichwohl nimmt z.b. der Oberbürgermeister als Kreisordnungsbehörde staatliche Aufgaben in staatlichem Auftrag wahr. Entsprechend sind die Weisungs- und Aufsichtsrechte ausgestattet: Die Aufsicht (§ 86) umfaßt die Rechts- und Fachaufsicht (wobei die Rechtmäßigkeitskontrolle zusammen mit der Zweckmäßigkeitsprüfung im Begriff der Fachaufsicht enthalten ist) – anders also als bei der auf Rechtmäßigkeitskontrolle begrenzten Kommunalaufsicht in Selbstverwaltungsangelegenheiten (§ 135 S. 1, 1. Alt. HGO). Das Weisungsrecht ist nicht auf allgemeine Anordnungen beschränkt wie bei der Erfüllung von Weisungsaufgaben nach der Sollvorschrift des § 4 HGO/HKO, sondern erstreckt sich auch auf Weisungen für den Einzelfall (§ 87 I). Damit sind die allgemeinen Ordnungsbehörden genauso straff in den staatlichen Weisungszug eingebunden wie die Polizeidienststellen (vgl. § 97 I). Nach § 88 I haben die Aufsichtsbehörden, in letzter Instanz also die Fachministerien und das Ministerium des Innern, das Recht des *Selbsteintritts,* während es der unteren Ordnungsbehörde nur bei »gegenwärtiger Gefahr« zusteht. Im Verhältnis der Polizeibehörden zueinander normiert das Gesetz ein Recht des Selbsteintritts nicht; das umfassende Weisungsrecht von »oben« nach »unten« und das Recht des Eilzugriffs der unteren Behörden machen es wohl entbehrlich.
Im *Widerspruchsverfahren* nach der VwGO gegen ordnungsbehördliche Verwaltungsakte ist die nächstzuständige Aufsichtsbehörde die nächsthöhere Behörde im Sinne des § 73 I 2 Nr. 1 VwGO, welche den Widerspruchsbescheid erläßt.

b) *Passivlegitimation*

(1) Für das *verwaltungsgerichtliche Verfahren* gilt § 78 I Nr. 1 VwGO, da Hessen die Ermächtigung nach Nr. 2 nicht genutzt hat. Auch wenn Bürgermeister oder

Oberbürgermeister als allgemeine Ordnungsbehörden und damit in staatlichem Auftrag handeln, bleiben sie kommunale Behörden. Eine Anfechtungs- oder Verpflichtungsklage ist deshalb gegen die Gemeinde (Stadt) zu richten. Anders steht es mit dem Landrat. Dieser ist zwar Organ des Landkreises[328], wird aber als allgemeine Ordnungsbehörde (§ 85 I Nr. 3) und als untere Polizeibehörde (§ 91 III Nr. 4 a) im Wege der Organleihe als untere Behörde der *Landesverwaltung* (s. § 55 HKO) in Anspruch genommen. Verwaltungsakte, die er als Behörde der Landesverwaltung erläßt, sind daher dem Land zuzurechnen, das insoweit für die Klage passivlegitimiert ist.

(2) Für das *Staatshaftungsverfahren* wegen Amtspflichtverletzung, für das Art. 34 Satz 3 GG den ordentlichen Rechtsweg vorschreibt, soll es nach der ständigen Rechtsprechung des BGH[329] darauf ankommen, »welche Körperschaft dem Amtsträger das Amt, bei dessen Ausübung er fehlsam gehandelt hat, anvertraut hat, wer mit anderen Worten dem Amtsträger die Aufgaben, bei deren Wahrnehmung die Amtspflichtverletzung vorgekommen ist, übertragen hat« (sog. Anvertrauens- oder Amtsübertragungstheorie). In der Regel läuft dies auf die Anstellungskörperschaft hinaus. Die Formel des BGH ist unklar, weil sie im selben Satz einmal auf das Amt (Anstellungstheorie) und einmal auf die Aufgabenübertragung (Funktionstheorie) abstellt. Es verwundert daher nicht, daß Literatur und Rechtsprechung unterschiedliche und im Ergebnis verwirrende Auskunft erteilen.[330] Unter Verzicht auf einen nicht durchführbaren theoretischen Purismus ist zu fragen, welchem Dienstherrn die Behörde zuzurechnen ist, deren Bediensteter fehlsam gehandelt hat. Dies führt zu folgenden Ergebnissen: Handelt es sich um eine Gefahrenabwehraufgabe nach § 82 I, die von der Gemeinde oder dem Landkreis wahrgenommen wird, so haften diese Gebietskörperschaften für ihre Beamten. Handelt der Landrat als *Behörde der Landesverwaltung,* so ist er staatliche Behörde, für deren Bedienstete der Staat einzutreten hat (ebenso: Maurer, a.a.O.). Dies ist der Fall, wenn er als allgemeine Ordnungsbehörde und wenn er als untere Polizeibehörde tätig wird. Der Bürgermeister oder Oberbürgermeister als Ordnungsbehörden werden zwar in staatlichem Auftrag tätig, und zwar »in alleiniger Verantwortung«, sie bleiben aber kommunale Behörden. Dies rechtfertigt die Passivlegitimation der Gemeinde.

c) *Zuständigkeiten*

In erster Linie ist an den Grundsatz der *Subsidiarität* zu erinnern (vgl. o. I.3.b). Ordnungsbehörden und Polizeibehörden werden zur Gefahrenabwehr nur tätig, wenn die anderen zur Abwehr der Gefahr berufenen Behörden nicht oder nicht rechtzeitig

---

328 Siehe oben H. Meyer, Kommunalrecht, in FN 80 u. sub X 1. c.
329 Vgl. vor allem BGHZ 99, 326, 330 = NJW 1987, 2737.
330 Vgl. *Ossenbühl,* Staatshaftungsrecht, 4. Aufl. 1991, § 9, 3., S. 95; *Steinberg,* Aufopferung – Enteignung und Staatshaftung, 1991, § 5, IV, S. 319: (Haftung der kommunalen Körperschaften auch bei staatlichen Auftragsangelegenheiten); anders: *Bickel,* DÖV 1981, 583 und wohl auch *Maurer,* Allg. Verwaltungsrecht, 10. Aufl. 1995, § 25, Rdnr. 42.

tätig werden können (§ 2 Satz 1). Um hierfür gerüstet zu sein, haben sie »auch die erforderlichen Vorbereitungen für die Hilfeleistung in Gefahrenfällen zu treffen« (§ 1 Satz 2).
Außerdem haben sie die durch andere Rechtsvorschriften zugewiesenen Aufgaben zu erfüllen (§ 1 II). Für die *Ordnungsbehörden* kommen hier insbesondere die in § 1 der Zuweisungsverordnung vom 18. Juli 1972 genannten Aufgaben in Betracht, die vom Paß-, Personalausweis- und Ausländerwesen (Nr. 1) bis zur Bekämpfung der verbotenen Prostitution reichen.
Für die *Polizeibehörden* sind die »vorbeugende Bekämpfung von Straftaten« als präventive Aufgabe (§ 1 IV), die Vollzugshilfe (§ 1 V) und die Erforschung und Verfolgung von Straftaten und Ordnungswidrigkeiten zu nennen (§ 1 Nr. 2 PolOrgVO, §§ 161, 163 StPO, 53 OWiG). Zur Zuständigkeitsaufteilung zwischen Schutz- und Kriminalpolizei (vgl. §§ 5, 8 PolOrgVO).
Die Ordnungsbehörden und die Polizeibehörden sind nach § 2 Satz 1 im Dringlichkeitsfalle für die Gefahrenabwehr gleichermaßen zuständig. Für ihr Eingreifen gilt der *Grundsatz der Erstbefassung,* d.h. diejenige Behörde, die zuerst mit der Gefahrenlage konfrontiert ist, hat die notwendigen Maßnahmen zu ergreifen. Außerhalb der gewöhnlichen Dienststunden und an Wochenenden wird dies ohnehin die Polizeibehörde oder deren Außenstelle sein. Zwischen allen Behörden der Gefahrenabwehr besteht eine wechselseitige, nicht nur auf Ersuchen zu erfüllende Unterrichtungspflicht (§ 1 VI).
Im Interesse einer zuverlässigen Herbeiführung des Gefahrenabwehrerfolges nimmt das Gesetz es in Kauf, daß für denselben Sachverhalt mehrere Behörden (in Stufenfolge) zur Durchführung von Maßnahmen berufen sind. Wird z.B. ein denkmalgeschütztes Haus akut baufällig, so kommt die Zuständigkeit der unteren Denkmalschutzbehörde gemäß §§ 3 II, 7 I DenkmalSchG und die der unteren Bauaufsichtsbehörde nach § 61 II HBO in Betracht. In kreisfreien und größeren kreisangehörigen Städten ist dies beidesmal der Magistrat. Daneben ist aber bei Gefahr im Verzug auch die (untere) Polizeibehörde zuständig, also z.B. das Polizeipräsidium, vgl. § 6 III DenkmalSchuG und § 2 Satz 1. Und schließlich kann auch der Oberbürgermeister als allgemeine Ordnungsbehörde tätig werden, § 85 I Nr. 4, 2 Satz 1. Eine rasche wechselseitige Information aller (möglicherweise) befaßten Behörden kann unerwünschte »Parallelaktionen« vermeiden helfen.
Unterschiede zwischen den Behördenarten ergeben sich bei der *örtlichen Zuständigkeit.* Während »Gefahrenabwehrbehörden« – und dazu zählen auch die Ordnungsbehörden – örtlich auf ihren Amtsbereich beschränkt sind (§ 100 I), sind die Polizeidienststellen im ganzen Landesgebiet zuständig (§ 101 I 1). Sie sollen freilich in der Regel (nur) in ihrem Dienstbereich tätig werden (§ 101 I 2). Die Kompetenz des Landrats endet somit, handelt er als Ordnungsbehörde, an der Kreisgrenze; handelt er dagegen als Polizeibehörde, so kann er, jedenfalls unter den Voraussetzungen des § 101 II (gegenwärtige Gefahr, Strafverfolgung, Verfolgung Entwichener usw.) im ganzen Land agieren. Unter den in § 102 näher umschriebenen Voraussetzungen dürfen auch Polizeivollzugsbeamte des Bundes oder eines anderen Bun-

deslandes in Hessen Amtshandlungen vornehmen. Ihre Befugnisse richten sich allerdings nach hessischem Recht.

d) *Vollzugshilfe*

Die Außenstellen der Schutz- und der Kriminalpolizei werden bei den Regierungspräsidien (z.b. Polizeiautobahnstationen), bei den Polizeipräsidien und den Landräten errichtet (§ 94 I, § 15 PolOrgVO), nicht jedoch bei den Bürgermeistern und Oberbürgermeistern, auch nicht bei den fachlich zuständigen Ministerien als Landesordnungsbehörden. Diese Behörden bedürfen also eines »ausführenden Arms«, wenn ihre Maßnahmen Vollzugshandlungen erfordern. Diese Exekutivgewalt stellt das Gesetz als »Vollzugshilfe« zur Verfügung (§§ 44 bis 46). Da es sich hierbei um eine originäre Aufgabe der Polizeidienststellen handelt, ist es folgerichtig, daß die *Kosten* der Vollzugshilfe grundsätzlich dem Land zur Last fallen (§ 108).
Die Vollzugspolizei soll sich auf ihre eigentlichen Aufgaben der dringlichen Gefahrenabwehr (einschließlich der Aufgaben im *Straßenverkehr),* der *Straftaten-* und Ordnungswidrigkeitenverfolgung konzentrieren können; sie soll nicht »Mädchen für alles« im Außendienst für alle anderen Behörden spielen müssen. Deshalb stuft das Gesetz die Hilfeleistungspflicht je nach dem Empfänger ab: den Ordnungsbehörden wird Vollzugshilfe für alle Arten ordnungsbehördlicher Maßnahmen geboten, wenn diese Behörden nicht über geeignetes eigenes Vollzugspersonal verfügen (§ 44 I). Dagegen ist anderen Behörden Vollzugshilfe nur zu leisten, 1. wenn unmittelbarer Zwang anzuwenden ist, 2. oder zum Schutz der Vollzugsorgane dieser Behörden, von Zeugen und Hilfspersonen, wenn zu erwartender Widerstand gebrochen werden soll oder 3., wenn erkennungsdienstliche Maßnahmen erforderlich sind (§ 44 II).
In allen Fällen werden die Polizeibehörden nur »auf Ersuchen« tätig, d.h. nicht von Amts wegen und auch nicht auf Weisung. Der Oberbürgermeister als Ordnungsbehörde hat also kein Weisungsrecht gegenüber dem Polizeipräsidenten (mehr! vgl. § 68 I alt). Die Regeln über *»Amtshilfe«* (§§ 4 bis 8 HVwVfG) gelten ergänzend: die ersuchende Behörde trägt die Verantwortung für die Rechtmäßigkeit der Maßnahme, die ersuchte Polizeibehörde diejenige für die Art und Weise der Durchführung der Vollzugshilfe.[331]
Liegen die gesetzlichen Voraussetzungen der Vollzugshilfe vor, so ist die Polizeibehörde zur Hilfeleistung verpflichtet, es sei denn, es liegt einer der Gründe des § 5 II oder III HVwVfG vor aus denen die Vollzugshilfe entweder nicht geleistet werden darf oder nicht geleistet zu werden braucht. Im Konfliktfall entscheidet die gemeinsam fachlich zuständige Aufsichtsbehörde, notfalls die fachlich zuständige Aufsichtsbehörde für die ersuchte Behörde, § 5 V HVwVfG.

---

331 Zu Vollzugshilfe und Amtshilfe vgl. *Denninger* in Lisken/Denninger, Kap. E, Rdnr. 170 ff.

Siebter Abschnitt

Baurecht

von *Rudolf Steinberg*

Literatur

U. Battis, Öffentliches Baurecht und Raumordnungsrecht, 3. Aufl., Stuttgart 1992; *U. Battis/M. Krautzberger/R.-P. Löhr,* Baugesetzbuch, Kommentar, 4. Aufl. 1994; *W. Erbguth,* Bauplanungsrecht, in: Achterberg/Püttner, Besonderes Verwaltungsrecht, Band 1, Heidelberg 1990, *W. Hoppe/S. Grotefels,* Öffentliches Baurecht München 1995; *W. Ernst/W. Zinkahn/W. Bielenberg,* Baugesetzbuch, Loseblattkommentar, 4 Bände, Stand 1995; *K. Finkelnburg/K.-M. Ortloff,* Öffentliches Baurecht, Band I Bauplanungsrecht, 3. Aufl., München 1995; Band II Bauordnungsrecht, 3. Aufl., München 1994; *G. Gaentzsch,* Baugesetzbuch, Kommentar, Köln 1991; *Hager,* Grundfälle zur Zulässigkeit von Bauvorhaben, JUS 1989, S. 382 ff. und 460 ff.; *H.-J. Koch/R. Hendler,* Baurecht, Raumordnungs- und Landesplanungsrecht, 2. Aufl. 1995; *W. Krebs,* Baurecht, in I. v. Münch/E. Schmidt-Amann (Hrsg.), Besonderes Verwaltungsrecht, 10. Aufl., Berlin 1995; *F. H. Müller,* Das Baurecht in Hessen, Kommentar zur HBO, Stand 1995; *ders.,* Baurecht '93, Baugesetzbuch und BauGBMaßnG, 1994; *K.-M. Ortloff,* Die Entwicklung des Bauordnungsrechts, NVwZ 1994, S. 229 ff.; *ders.,* Die Entwicklung des Bauordnungsrechts, NVwZ 1995, S. 436 ff.; *G. Schmidt-Eichstaed,* Das Bau- und Planungsrecht in der Europäischen Union, DÖV 1995, S. 95 ff.; *A. Simon,* Bayerische Bauordnung, München 1991; *U. Steiner,* Baurecht mit Bezügen zum Raumordnungs- und Landesplanungsrecht, 2. Aufl., 1996.

Gliederung

I.	Einleitung	334
II.	Bund-/Länderkompetenzen	336
III.	Grundzüge des Bauplanungsrechts	338
	1. Das bauplanungsrechtlich relevante Vorhaben (§ 29 BauGB)	339
	2. Vorhaben im qualifizierten Planbereich (§ 30 BauGB)	339
	3. Ausnahmen und Befreiungen (§ 31 BauGB)	349

	4. Vorhaben im Innenbereich (§ 34 BauGB)	351
	5. Vorhaben im Außenbereich (§ 35 BauGB)	352
	6. Verschiebung der Planbereiche	354
	7. Städtebauliche Verträge und die Satzung über den Vorhaben- und Erschließungsplan	354
	8. Das Verhältnis des Bauplanungsrechts zu anderen Rechtsgebieten	357
IV.	Die Grundzüge des materiellen Bauordnungsrechts	362
	1. Die baurechtliche Generalklausel	362
	2. Das Grundstück und seine Bebauung	363
	3. Anforderungen an die Bauausführung	368
V.	Die Bauaufsicht: Organisation und Verfahren	370
	1. Die Bauaufsichtsbehörden	370
	2. Das Baugenehmigungsverfahren	372
	3. Die Baugenehmigung	377
	4. Die Bauüberwachung	383
	5. Die Beseitigung materiell-baurechtswidriger Zustände, insbesondere die Abbruchverfügung	384
VI.	Rechtsschutz	389
	1. Rechtsschutz des Bauherrn	389
	2. Rechtsschutz des Nachbarn	390

I. Einleitung

Das Baurecht stellt die Gesamtheit der rechtlichen Normen dar, welche das Interesse des Grundeigentümers, die bauliche Nutzung seines Grundstücks nach seinem Belieben zu bestimmen, mit den vielfältigen Belangen der Allgemeinheit hinsichtlich einer geordneten baulichen Entwicklung in Einklang bringt. Verfassungsmaßstab für diese Zuordnung ist die Eigentumsgarantie des Art. 14 GG, die nach der h.A. auch die sog. Baufreiheit umfaßt. Deren erheblich gewandeltes Verständnis[1] spiegelt das Maß an wirtschaftlicher und sozialer Entwicklung der Gesellschaft wider, die es verbietet, die »Nutzung (sc. des Bodens) dem unübersehbaren Spiel der freien Kräfte und dem Belieben des Einzelnen vollständig zu überlassen; eine gerechte Rechts- und Gesellschaftsordnung zwingt vielmehr dazu, die Interessen der Allgemeinheit beim Boden in weit stärkerem Maße zur Geltung zu bringen als bei anderen Vermögensgütern.«[2]

---

1 Grundlegend *Schmidt-Aßmann*, Grundfragen des Städtebaurechts, 1972, S. 89 ff., und *Breuer*, Die Bodennutzung im Konflikt zwischen Städtebau und Eigentumsgarantie, 1976, S. 162 ff. jew. m. umf. Nachw. Vgl. auch *Krebs*, Rn. 27 ff.
2 BVerfGE 21, 73 (83).

Danach umfaßt die Baufreiheit nicht das Recht der grundsätzlich freien baulichen Nutzung entsprechend den Dispositionen des Eigentümers. Ihr kommt vielmehr nur der Inhalt zu, daß das Grundeigentum auch das Recht umschließt, das Grundstück nach Maßgabe öffentlich-rechtlicher Bindungen baulich zu nutzen.[3] Das so verstandene Prinzip der Baufreiheit, das die baurechtlichen Normen als Inhalts- und Schrankenbestimmung des Grundeigentums (Art. 14 I 2 GG) mit unübersehbarem »Zuteilungscharakter«[4] erscheinen läßt, läuft damit nicht leer: Die baurechtlichen Eigentumsbindungen müssen von dem geregelten Sachbereich her geboten sein und dürfen nicht weitergehen, als der Schutzzweck reicht, dem die Regelungen dienen.[5] Dazu gehört vor allem die Beachtung des Grundsatzes der Verhältnismäßigkeit.[6] Die Baufreiheit bringt aber auch mit sich, daß im Rahmen der gesetzlichen Bindungen ein Anspruch auf Zulassung eines Baues, d.h. auf Erteilung einer Baugenehmigung besteht (s. unten V. 3. a).

Als bedeutsamste Inhaltsbestimmung des Grundeigentums sind die **bauplanungsrechtlichen** Instrumente in den letzten Jahrzehnten erheblich fortentwickelt und in dem seit dem 1. 3. 87 geltenden *Baugesetzbuch* zusammengefaßt worden.[7] Dieses wird ergänzt durch die *Verordnung über die bauliche Nutzung der Grundstücke (Baunutzungsverordnung – BauNVO)*[8], die auf der Grundlage des § 2 V BauGB ergangen ist. Die Verordnung enthält ebenfalls materielles Planungsrecht und stellt daher eine Ergänzung des BauGB dar[9].

---

3 So *Badura*, Möglichkeiten und Grenzen des Zivilrechts bei der Gewährleistung öffentlicher und sozialer Erfordernisse im Bodenrecht, AcP 176 (1976), 139 ff.; *Götz*, Bauleitplanung und Eigentum, 1969, S. 39 ff.; vgl. auch *Böckenförde*, Eigentum, Sozialbindung des Eigentums, Enteignung, in: Staat, Gesellschaft, Freiheit, 1976, S. 318 ff. – Krit. *Schulte*, Das Dogma Baufreiheit, DVBl. 1979, 133 ff. Vgl. auch *Steinberg/Lubberger*, Aufopferung – Enteignung und Staatshaftung, 1991, § 2 II 2 d).
4 *Böckenförde*, ebd., S. 325.
5 BVerfGE 50, 290 (341). Dazu *Steinberg/Lubberger*, (Fn. 3), § 3 II 1 c.
6 Vgl. *Hoppe*, Rechtliche Aspekte beim Bauen in vorgeprägter Umgebung, in Gedächtnisschrift für F. Klein, 1977, S. 223 ff. – Fälle unverhältnismäßiger Regelungen: BVerwG, Buchholz 406.41, § 1 BaugestaltungsVO Nr. 1 u. BVerwGE 40, 94 (beide zu Werbeverboten); BVerwGE 17, 315 (Bauverbote wegen Brandgefahr). – Zulässige (ortsrechtliche) Regelungen: BVerwGE 21, 251 (Beschränkung von Werbeanlagen in bestimmten Baugebieten, entspricht § 15 IV bis VI HBO (a.F.)); BVerwG, Urt. v. 22.2.1980, DÖV 1980, 521 (Verbot von Leuchtreklame im historischen Altstadtbereich); BVerwG, Urt. v. 22. 2. 1980, BauR 1980, 455 (Verbot von Werbeanlagen und Warenautomaten in Vorgärten und Einfriedungen in einem Wohngebiet); Hess VGH, Urt. v. 23. 1. 1981, HessVGRspr. 1981, 89 (Zulässigkeit einer kommunalen Gestaltungssatzung nach § 118 I Nr. 1 u. 2 HBO (a.F.), die zur Erhaltung des historischen Ortsbildes einer Fachwerkstadt serienmäßig hergestellte Werbeanlagen für Markenwerbung (»Tschibo«) verbietet.).
7 Zur früheren Entwicklung: *Brohm*, Entwicklungen im Raum- und Stadtplanungsrecht, 1979. Zum neuen Baugesetzbuch: *Krautzberger/Löhr*, NVwZ 1987, S. 177 ff. Kritisch: *Feldmann/Groth*, DVBl. 1986, S. 652 ff.; zu den Grundlagen der im BauGB enthaltenen Instrumente sowie zur weiteren Gestaltung dieses Gesetzes siehe die Beiträge von *Krautzberger/Wagner, Hoppe, Degenhart, Grziwotz* und *Mampel* zum Anlaß des dreißig-jährigen Bestehens des Zentralinstitutes für Raumplanung an der Universität Münster, DVBl. 1994, S. 1025 ff.; ferner *Gaentsch*, Baurecht '93, 1994.
8 Vom 23. 1. 1990, BGBl. I S. 132, zul. geänd. durch G. v. 22. 4. 1993, BGBl. I S. 446 (479). S. hierzu *Henne*, Entwicklung des öffentlichen Rechts, DVBl. 1996, 354 ff.
9 Sie ergänzt die Vorschriften der §§ 1 – 13 BauGB (Bauleitplanung) sowie die der §§ 29 – 38 BauGB (Zulässigkeit von Vorhaben). Näheres siehe *Hoppe/Grotefels*, S. 22 f.

Weiterhin findet ggf. das *Maßnahmegesetz zum Baugesetzbuch (BauGB-MaßnahmenG)* Anwendung, das eine Beschleunigung der Aufstellung von Bauleitplänen sowie eine Verkürzung der Zulassung von Vorhaben bewirkt, die überwiegend Wohnzwecken dienen werden. Im Rahmen einer Reform des öffentlichen Baurechtes ist mit der Übernahme dieser Vorschriften in das BauGB zu rechnen.[10]
Die bauordnungsrechtlichen Regelungen für Hessen finden sich in der HBO vom 31. August 1976[11], in der geänderten Fassung vom 20. 7. 1990[12] sowie in der Neufassung vom 16. Dezember 1993.[13] Diese im Vergleich zur HBO 1990 erheblich geänderte Neufassung trat am 1. Juni 1994 in Kraft.[14]
Ausgeklammert aus der nachfolgenden Darstellung bleiben die Vorschriften des privaten Bau- und Bodenrechts, wenngleich vor allem im Bereich des Nachbarrechts Überschneidungen mit dem öffentlichen Baurecht unverkennbar sind.[15]

II. Bund-/Länderkompetenzen

Die **Gesetzgebungskompetenzen** des Bundes im Bereich des Baurechts beruhen auf Art. 74 I Nr. 18 GG in der maßgeblichen Interpretation des Bundesverfassungsgerichts im sog. Baurechtsgutachten aus dem Jahr 1954.[16] Darin wird eine Bundeskompetenz für das Baurecht als Gesamtmaterie abgelehnt und auf einzelne Materien begrenzt: Die städtebauliche Planung, die Baulandumlegung, die Zusammenlegung von Grundstücken, den Bodenverkehr, und die sich auf diese Gebiete beziehende Bodenbewertung. Das Recht der Erschließungsbeiträge war gem. Art. 74 I Nr. 18 GG a.F. Gegenstand der konkurrierenden Gesetzgebungskompetenz; nun ist diese Materie durch die Änderung der genannten Vorschrift im Rahmen des *Gesetzes zur*

---

10 Siehe den Bericht in UPR 1995, S. 135 f.; ferner den Bericht der »*Schlichter-Kommission zur Novellierung des Bauplanungsrechtes*«, Bonn 1996; s. auch den Bericht in URP 1996, 62, *Dolde*, Novellierung des Baugesetzbuches, NVwZ 1996, 209 ff., *Stüer*, Novellierung des BauGB, DVBl. 1996, 177 ff.
11 GVBl., S. 339.
12 GVBl. I, S. 476 (566).
13 GVBl. I S. 655 ff.
14 Zu Einzelheiten dieser Änderung siehe den Regierungsentwurf v. 14. 9. 1993, LT-Drs. 13/4813; zum Inkrafttreten einiger Vorschriften vgl. § 88 HBO. Die HBO 1993 hat im Rahmen der Änderung des HENatSchG bereits geringfügige Änderungen erfahren (GVBl. I S. 775 (793). Es können - je nach Fallgestaltung - die Vorschriften dreier Fassungen der HBO zur Anwendung kommen. Dazu *Herbert/Keckemeti/Dittrich*, Die neue Hessische Bauordnung (HBO 1993) - Umweltschutz und Verfahrensbeschleunigung, ZfBR 1995, S. 67 (72). Siehe auch HessVGH, ESVGH 42, S. 31 ff. Ferner ist der *Einführungserlaß zur HBO 1993* vom 14.7.1994, StAnz. S. 1986, zu beachten.
15 Vgl. hierzu etwa *Baur*, Möglichkeiten und Grenzen des Zivilrechts bei der Gewährleistung öffentlicher und sozialer Erfordernisse im Bodenrecht, AcP 176 (1976), 97 ff.; *Trzaskalik*, Veränderungen im Nachbarrechtsverhältnis durch staatliche oder kommunale Raumnutzungsentscheidungen, DVBl. 1981, 71 ff. - Zum Hess. Nachbargesetz vgl. *Hodes/Dehner*, Hessisches Nachbarrecht, 4. Aufl. 1986 sowie *Hoof*, Das Nachbarrecht in Hessen, 16. Aufl. 1990.
16 BVerfGE 3, S. 407.

Änderung des Grundgesetzes vom 27. 10. 1994[17] der Landesgesetzgebungskompetenz zugefallen. Die besonders wichtige Kompetenz für die städtebauliche Planung gehört danach zur Materie »Bodenrecht« als Inbegriff der Vorschriften, »die den Grund und Boden unmittelbar zum Gegenstand rechtlicher Ordnung haben, also die rechtlichen Beziehungen des Menschen zu Grund und Boden regeln.«[18] Hinzu kommt die Rahmengesetzgebungskompetenz für die Raumordnung (Art. 75 I Nr. 4 GG). Soweit der Bund von seiner bodenrechtlichen Kompetenz abschließend Gebrauch gemacht hat, sind den Ländern auch ergänzende bodenrechtliche Regelungen verwehrt (vgl. Art. 72 I GG).[19] Allerdings hat der Bundesgesetzgeber in Art. 72 III GG nun die Möglichkeit, bestimmte Regelungsmaterien auf die Landesgesetzgeber zu übertragen.[20] Den Ländern verbleibt letztlich die Gesetzgebungskompetenz für das Bauordnungsrecht.[21]

Schlagwortartig läßt sich die **Unterscheidung von Bauplanungsrecht**[22] und **Bauordnungsrecht** so formulieren, daß sich jenes mit dem Einfügen des Bauvorhabens in die Umgebung beschäftigt, dieses die Anforderungen in gestalterischer und baukonstruktiver Hinsicht bestimmt und das Genehmigungsverfahren regelt.[23] Nach dieser Kompetenzverteilung kann derselbe Sachverhalt sowohl einer bauplanungs- als auch einer bauordnungs rechtlichen Regelung zugänglich sein.
Beispiel: Werbeanlagen gehören als solche weder allein zum Bauplanungsrecht noch allein zum Bauordnungsrecht. So kann gem. § 14 I 3 BauNVO im Bebauungsplan die Zulässigkeit von Werbeanlagen eingeschränkt oder ausgeschlossen werden, wenn sie der Eigenart des Baugebietes widersprechen. Nicht ausgeschlossen werden dadurch bauordnungsrechtliche Regelungen nach den §§ 13 u. 87 I Nr. 1 und 2 HBO (BVerwGE 40, 94).[24]
Weitere Fälle: Zur Zulässigkeit auch bauordnungsrechtlicher Bodenverkehrsgenehmigungen (neben der Bodenverkehrsgenehmigung nach den §§ 19 ff. BauGB) BVerfGE 40, 261, 266 f.; Festsetzungen der nicht überbaubaren Grundstücksflächen erfolgen bauplanungsrechtlich nach § 9 I Nr. 2 BauGB i.V.m. den §§ 22

---

17 BGBl. I, S. 3146.
18 BVerfGE 3, 407 (424); vgl. auch Vorlagebeschlu d. HessVGH v. 10.6.1981, DVBl. 1982, 363 zu § 12 BBauG; krit. dazu *Niehues*, DVBl. 1982, S. 317 ff.; dazu BVerfG, Beschl. v. 22. 11. 1983, BVerfGE 65, 283.
19 BVerwGE 55, 272 (277); vgl. aber auch BVerwG, Beschl. v. 15. 4. 1988, BRS 48 Nr. 21 (S. 65 f.), wonach das Bundesrecht keine abschließende Regelung der formellen Voraussetzungen des Bauleitplanverfahrens enthält. Allgemein zur Kompetenzverteilung nach der GG-Reform: *Rybak/Hofmann*, Verteilung der Gesetzgebungsrechte zwischen Bund und Ländern nach der Reform des Grundgesetzes, NVwZ 1995, S. 230 ff.
20 Siehe dazu *Rybak/Hofmann*, ebd., S. 230 (233 f).
21 BVerfGE 3, 407 (433).
22 Heute auch als Allgemeines Städtebaurecht bezeichnet, vgl. *Krebs*, Rn. 5.
23 So *Gelzer/Birk*, Bauplanungsrecht, 5. Aufl. 1991, Rn. 7.
24 Daneben kommt ein Verbot von Werbeanlagen nach straßen-(wege-)rechtlichen (vgl. § 9 VI FStrG) und straßenverkehrsrechtlichen Regelungen (vgl. § 33 I 1 Nr. 3 StVO) in Betracht. Vgl. dazu BVerfGE 32, 319, 331 f.; schließlich naturschutzrechtliche Regelungen (vgl. § 5 I Nr. 1 Hess NatSchG). – Instruktiv der Beschluß der VGH Bad.-Württ. v. 10. 3. 1976, ESVGH 27, 94.

BauNVO, bauordnungsrechtlich nach den §§ 6 ff. HBO, vgl. VGH Bad.-Württ., BRS 16, Nr. 71.[25]
Entscheidend für die kompetenzrechtliche Zuordnung einer Regelung kann somit nicht deren Gegenstand und Form sein. Abzustellen ist vielmehr auf die gesetzgeberische Zielsetzung, den Zweck oder die Funktion einer Bestimmung.[26] Schwierige Probleme treten in Kollisionsfällen auf, d.h. dann, wenn die Anwendung der verschiedenen bundes- und landesrechtlichen Regelungen auf denselben Sachverhalt zu unterschiedlichen Ergebnissen führen würde. Die Lösungen des Konfliktes ergeben sich aus positivrechtlichen Regelungen, z.B. aus § 6 XIII HBO oder aus den allgemeinen Kollisionsregeln.[27]
Die **Verwaltungskompetenz** im Bereich des Baurechts liegt grundsätzlich bei den Ländern. Das ergibt sich für die Ausführung des BauGB aus Art. 83 f. GG und ist für das Bauordnungsrecht nach dem Grundsatz des Art. 30 GG selbstverständlich.

III. Grundzüge des Bauplanungsrechts

Die wichtigsten Regelungen, deren Beachtung für die Erteilung einer Baugenehmigung[28] Voraussetzung ist, sind bauplanungsrechtlicher Natur. Für die bauplanungsrechtliche Zulässigkeit von Vorhaben gelten seit dem 1. 7. 1987 in erster Linie die Vorschriften der §§ 29 ff. BauGB.[29] Für Baugenehmigungsverfahren, die vor dem 1. 7. 1987 eingeleitet wurden, gilt die Übergangsvorschrift des § 236 BauGB.
Das BauGB unterscheidet den qualifiziert beplanten Innenbereich (§ 30 I BauGB: planabhängige Genehmigung), die im Zusammenhang bebauten, aber i.S.d. § 30 II BauGB nicht qualifiziert beplanten Ortsteile (§ 34 BauGB) und den (prinzipiell) unbebauten und unbeplanten Außenbereich (§ 35 BauGB). Wenn ein Gebiet nicht nach § 30 I BauGB beplant ist oder nicht die Voraussetzungen des § 34 BauGB erfüllt, gehört es zum Außenbereich.
Die Anwendbarkeit der bauplanungsrechtlichen Vorschriften setzt voraus, daß es sich bei der geplanten Baulichkeit um ein Vorhaben i.S.d. § 29 BauGB handelt.

---

25 Zu den Folgen für die Zulässigkeit eines Bauvorhabens vgl. VGH Bad.-Württ., Urt. v. 6. 3. 1978, ESVGH 29, 108.
26 Vgl. *Steinberg*, Baumschutzsatzungen und -verordnungen, NJW 1981, 550 ff. und *Scholz*, Ausschließliche und konkurrierende Gesetzgebungskompetenz von Bund und Ländern in der Rechtsprechung des Bundesverfassungsgerichts, 1976, Bd. II, S. 252 ff.; siehe auch *Rybak/Hofmann*, Verteilung der Gesetzgebungsrechte zwischen Bund und Ländern nach der Reform des Grundgesetzes, NVwZ 1995, S. 230 ff.; s. auch BVerwG, NVwZ 1996, 265 f.
27 Vgl. *Weyreuther*, Bundes- und Landesbaurecht, BauR 1972, 1 ff.; *Ziegler*, Zum Dualismus Bodenrecht – Bauordnungsrecht, ZfBR 1980, 275 ff.; vgl. auch *Steinberg*, (Fn. 26), S. 553 ff. m.w.N. – Kein Fall der Kollision sind kumulativ anzuwendende Normen, vgl. BVerwG, Beschl. v. 6. 1. 1970, BRS 23, Nr. 47.
28 Vgl. unten S. 368.
29 Baugesetzbuch i.d.F. der Bekanntmachung v. 8.1.1986, BGBl. I, 2253.

1. Das bauplanungsrechtlich relevante Vorhaben (§ 29 BauGB)

Nur für die in § 29 BauGB genannten Vorhaben gelten die §§ 30 bis 37 BauGB. Der bauplanungsrechtliche Begriff des Vorhabens ist dabei nicht ohne weiteres mit dem bauordnungsrechtlichen identisch.[30] Entscheidend ist die künstliche Verbindung mit dem Erdboden. Der danach recht weite Begriff des baulichen Vorhabens wird eingeschränkt durch das Element der bodenrechtlichen Relevanz: Nur diejenigen Anlagen fallen unter § 29 S. 1 BauGB, die geeignet sind, die für eine bauplanungsrechtliche Abwägung nach § 1 VI BauGB erheblichen Belange (§ 1 V, IV BauGB) zu berühren und dadurch ein Bedürfnis nach verbindlicher Planung hervor zurufen.[31] § 29 BauGB setzt aber nicht nur das Erfordernis der (landesrechtlich geregelten) bauaufsichtlichen Mitwirkung vor aus, sondern fordert es auch grundsätzlich.[32] Auch Maßnahmen der Landesverteidigung unterliegen prinzipiell bauplanungsrechtlicher Kontrolle (§ 29 S. 2 BauGB; beachte aber § 37 II BauGB). Der Abbruch baulicher Anlagen fällt hingegen nicht unter § 29 BauGB. Hinzuweisen ist auch darauf, daß nach § 38 BauGB die dort aufgezählten fachplanerischen Feststellungen die Bauleitplanung verdrängen.[33]

2. Vorhaben im qualifizierten Planbereich (§ 30 BauGB)

a) *Voraussetzungen und Wirkungen des qualifizierten Bebauungsplans*

In einem Gebiet, das durch die in § 30 BauGB genannten Mindestfestsetzungen planerisch geprägt ist (**qualifizierter Bebauungsplan**), dürfen Vorhaben nur genehmigt werden, wenn sie den Festsetzungen des Bebauungsplans nicht widersprechen und die Erschließung gesichert ist. Die Festsetzungen des qualifizierten Bebauungsplans sind verbindlicher und alleiniger Maßstab für die Zulässigkeit baulicher Anlagen im Planbereich. Wird die Baugenehmigung entgegen den Festsetzungen des Bebauungsplans erteilt, so ist sie rechtswidrig. Umgekehrt besteht ein (planungsrechtlicher) Anspruch des Bauherrn auf Erteilung der Genehmigung, wenn das Vorhaben den Festsetzungen des Bebauungsplans entspricht. Merkmale eines qualifizierten Bebauungsplanes sind Festsetzungen über

a) die Art der baulichen Nutzung, § 9 I Nr. 1 BauGB (vgl. die Gebietstypen nach den §§ 2 bis 14 BauNVO);

---

30   Vgl. unten V. 2. b; s. *Stüer/Ehebrecht-Stüer*, Bauplanungsrecht und Freistellungspolitik, DVBl. 1996, 482 ff.
31   BVerwG, BRS 28, Nr. 89; daneben BVerwG, Urt. v. 16. 12. 1993, NVwZ 1994, S: 1010; zum Begriff der Anlage auch VGH Mannheim, UPR 1994, S. 278; VG Meiningen, LKV 1995, S. 302.
32   BVerwGE 72, 300 (323-325).
33   *Hoppe/Grotefels*, S. 403 f.; ausführlich auch *Finkelnburg/Ortloff*, Bd. I, S. 293 ff.; ferner *Engel*, Die Neufassung des § 38 BauGB durch das Investitionserleichterungs und Wohnbaulandgesetz, UPR 1993, S. 209 ff.; siehe auch *Steinberg*, Fachplanung, 1993, § 4, Rn. 89; ferner *Hoffmann-Hoeppel*, Zur Berücksichtigung städtebaulicher Belange im Rahmen der immissionsschutzrechtlichen Genehmigung, BauR 1996, 479 ff.

b) das Maß der baulichen Nutzung, § 9 I Nr. 1 BauGB (§ 16 II BauNVO);
c) die überbaubaren Grundstücksflächen, § 9 I Nr. 2 BauGB (Festsetzung von Baulinien, Baugrenzen, Bebauungstiefen; vgl. § 23 BauNVO);
d) die örtlichen Verkehrsflächen, § 9 I Nr. 11 BauGB.

Darüber hinaus enthält der Katalog des § 9 I BauGB zahlreiche weitere Festsetzungsmöglichkeiten. In den letzten Jahren gewinnen die umweltschutzbezogenen Festsetzungen zunehmend an Bedeutung. So können beispielsweise nach § 9 I Nr. 23 BauGB auch für einzelne Flächen Verwendungsverbote oder Verwendungsbeschränkungen, etwa das Verbot mit Kohle oder Öl zu heizen, zum Zwecke vorbeugenden Umweltschutzes erlassen werden.[34] Auch kann die Festsetzung von Flächen für Maßnahmen zum Schutz, zur Pflege und zur Entwicklung von Natur und Landschaft (§ 9 I Nr. 20 BauGB) alleiniger Inhalt eines Bebauungsplans sein.[35]

Im Gebiet eines Bebauungsplanes, der nicht den dargestellten Mindestinhalt aufweist (**einfacher Bebauungsplan**), § 30 II BauGB, gelten die §§ 34, 35 BauGB als gesetzesunmittelbare Voraussetzungen ergänzend.[36]

Im qualifizierten Plangebiet entscheidet allein der im Plan konkretisierte Wille der Kommune: Was der qualifizierte Plan nicht ge- oder verbietet, ist erlaubt. Abweichende Darstellungen im Flächennutzungsplan sind ebenso ohne Bedeutung wie nicht planerisch konkretisierte öffentliche Belange. Nach § 15 BauNVO kann allerdings ausnahmsweise eine im Bebauungsplan zugelassene Nutzung unzulässig sein, wenn das Vorhaben – auch wenn es dem Plan an sich genügt – im konkreten Einzelfall nach Anzahl, Lage, Umfang oder Zweckbestimmung der Eigenart des Baugebiets widerspricht und städtebaulich nicht vertretbar ist.

Beispiel: In einem Gewerbegebiet nach § 8 BauNVO sind Warenhäuser grundsätzlich zulässig. Ausnahmsweise kann aber das Vorhaben, wenn dessen zu erwartendes Verkehrsaufkommen die Aufnahmefähigkeit der im Plangebiet vorhandenen Verkehrsflächen sprengt, unzulässig sein.[37]

§ 30 BauGB fordert zusätzlich – regelmäßig im öffentlichen Interesse, nicht im Interesse des Nachbarn – die gesicherte Erschließung.[38] Gefordert ist damit der Anschluß des Grundstücks im Zeitpunkt der Fertigstellung an das Gesamterschließungssystem, vor allem hinsichtlich der verkehrlichen Anbindung.[39]

---

34 BVerwG, Beschl. v. 16. 12. 1988, BRS 48, Nr. 43 (S. 119 ff.)
35 BVerwG, Beschl. v. 27. 7. 1990, BRS 50 Nr. 101 (S. 240/241); zum Ganzen ferner *Goerlich/Fuß*, Umweltverträglichkeitsprüfung und naturschutzrechtliche Eingriffsregelung in der Bauleitplanung, SächsVBl, 1995, S. 79 ff.
36 Zur Anwendbarkeit des § 34 BauGB vgl. BVerwG, DVBl. 1992, 566.
37 BVerwG, U. v. 3. 2. 1984, BRS 42, Nr. 51.
38 BVerwG, DVBl. 1992, 374.
39 Dazu: BVerwG, DVBl. 1992, 374; BVerwG, DVBl. 1995, S. 527 ff.; BVerwG, DVBl 1995, S. 1137; VGH Mannheim, VBlBW 1995, S. 358 f.; OVG Münster, UPR 1995, S. 280; VGH Mannheim, UPR 1995, S. 194.

b) *Bindungen für Bauleitpläne*

Die Rechtmäßigkeit einer im Bereich eines qualifizierten Bebauungsplans erteilten Baugenehmigung hängt ihrerseits von der Rechtmäßigkeit des ihr zugrundeliegenden Bebauungsplans ab. Die Anforderungen an das **Bauleitplanverfahren** sind in den Vorschriften der §§ 2 ff. BauGB geregelt. Die Bauleitplanung verläuft zweistufig. Die Grundzüge der Bodennutzung werden im vorbereitenden Bauleitplan, dem *Flächennutzungsplan*, dargestellt. Aus ihm ist der *Bebauungsplan* als verbindlicher Bauleitplan zu *entwickeln* (§ 8 II 1 BauGB), der parzellenscharf und außen rechtsverbindlich die Nutzung der von ihm erfaßten Flächen regelt.[40]

aa) *Formelle Anforderungen an den Bebauungsplan*

Für das Bebauungsplanverfahren gelten detaillierte Form- und Verfahrensvorschriften. Die **formelle Rechtmäßigkeit** des Bebauungsplans setzt die Einhaltung der folgenden Schritte und Vorschriften voraus:

1. Aufstellungsbeschluß (§ 2 I 1 BauGB)
2. Ortsübliche Bekanntmachung (§ 2 I 2 BauGB)
3. Ausarbeitung des Planentwurfs
   FNP: incl. d. Entwurfserläuterungsberichts (§ 5 I 2 HS. 2 BauGB)
   BBP: incl. d. Entwurfsbegründung (§ 9 VIII BauGB)
4. Vorgezogene Bürgerbeteiligung (§ 3 I BauGB)
   BBP: kann entfallen: § 2 II 1 BauGBMaßnG
5. Öffentliche Unterrichtung über die allgemeinen Ziele und Zwecke der Planung
6. Beteiligung der Träger öffentl. Belange (§ 4 BauGB)
   BBP: in Form eines Anhörungstermins möglich: § 2 V 1 BauGBMaßnG
7. Offenlegungsbeschluß zur förmlichen Bürgerbeteiligung (§ 3 II BauGB)
8. Ortsübliche Bekanntmachung des Offenlegungsbeschlusses – Dauer: 1 Woche
9. Öffentliche Auslegung
   FNP: mit Erläuterungsbericht (§ 5 V BauGB)
   Dauer: 1 Monat (§ 3 II 1 BauGB)
   BBP: mit Begründung (§ 9 VIII BauGB)
   Dauer: grds. 1 Monat (§ 3 II 1 BauGB); Verkürzung auf 2 Wochen möglich (§ 2 III BauGBMaßnG)
10. Entgegennahme der Bedenken und Anregungen
11. Mitteilung des Ergebnisses – bei wesentl. Änderungen: Erneute Offenlegung (§ 3 III BauGB) – Dauer: wie oben, 9.
12. Verabschiedung
    FNP: Beschluß der Gemeinde

---

40 Zur Zweistufigkeit des Planungsprozesses vgl. auch *Krebs*, Rn. 73 ff.

BBP: Satzungsbeschluß d. Gemeinde (§ 10 BauGB)
13. Vorlage d. Bauleitplans mit den nicht berücksichtigten Bedenken und Anregungen bei der Genehmigungsbehörde
14. Handeln der höheren Verwaltungsbehörde
FNP: Genehmigung (§ 6 I-IV BauGB)
BBP: Anzeige bzw. Genehmigung (§ 11 BauGB) – Anzeige kann entfallen: § 2 VI 1 BauGBMaßnG
15. Ortsübliche Bekanntmachung (§§ 6 V 1, 12 I BauGB)
FNP: d. Erteilung d. Genehmigung
BBP: d. Erteilung d. Genehmigung (§ 11 II BauGB) oder d. Durchführung des Anzeigeverfahrens (§ 11 III BauGB)
16. **FNP:** Wirksamwerden (§ 6 V BauGB)
BBP: Inkrafttreten (§ 12 BauGB)

Das Verfahren der Bauleitplanung beginnt mit dem Beschluß der Gemeinde, einen Bebauungsplan aufzustellen. Der *Planaufstellungsbeschluß* muß das Plangebiet erkennen lassen, nicht aber den Inhalt der beabsichtigten Planung. Er ist ortsüblich *bekanntzumachen* und entfaltet wichtige Rechtswirkungen für die gemeindliche Planung: Die Gemeinde kann für zukünftige Planungen eine Veränderungssperre erlassen (§ 14 BauGB), Baugesuche zurückstellen (§ 15 BauGB) sowie nach dem Eintritt der Planreife im Vorgriff auf den Bebauungsplan Vorhaben genehmigen (§ 33 BauGB). Nach der Rechtsprechung des Bundesverwaltungsgerichts stellt der Planaufstellungsbeschluß allerdings keine Wirksamkeitsvoraussetzung für den späteren Bebauungsplan dar.[41]

Dem Aufstellungsbeschluß folgt die *frühzeitige Bürgerbeteiligung* (§ 3 I BauGB). Der Kreis der Partizipationsberechtigten ist nicht auf die von der Planung in ihren Rechten Betroffenen beschränkt und die Beteiligung ist nicht Voraussetzung für die spätere Geltendmachung von Rechten. Die vorgezogene Bürgerbeteiligung erweist sich damit als eine »Vorform unmittelbarer Demokratie«,[42] sie dient zugleich der Optimierung der Planung. Sie unterscheidet sich von der späteren Beteiligung darin, daß auch Planungsalternativen zu erörtern sind. Die frühzeitige Bürgerbeteiligung kann jedoch ausnahmsweise (§ 3 I 2 BauGB) entfallen.

Möglichst frühzeitig sind die *Träger öffentlicher Belange* zu beteiligen (§ 4 I BauGB).[43] Nehmen sie innerhalb einer ihnen gemeindlich gesetzten Frist zu der Planung nicht Stellung, darf die Gemeinde davon ausgehen, daß die Planung die durch die Träger wahrgenommenen Belange nicht berührt. Dient ein Bauleitplan der Deckung eines dringenden Wohnbedarfs[44] der Bevölkerung, § 2 I BauGBMaßnG, ist ein verspätetes Vorbringen seitens eines Trägers öffentlicher Belange innerhalb der Ab-

---

41 BVerwG, Beschl. v. 15. 4. 1988, BRS 48, Nr. 21.
42 *Finkelnburg/Ortloff*, BauR I, S. 140.
43 Vgl. auch die Hess. Richtlinien zur Beteiligung der Träger öffentlicher Belange vom 18. 9. 1989 (StAnz. S. 2555).
44 Zum Begriff siehe VGH Mannheim, NVwZ-RR 1995, S. 380.

wägung nach § 1 VI BauGB grundsätzlich nicht mehr zu berücksichtigen, § 2 IV 4 BauGBMaßnG.[45] Um die Anhörung der Träger öffentlicher Belange zu beschleunigen, kann die Gemeinde gem. § 2 V BauGBMaßnG im Falle dringenden Wohnbedarfes einen Anhörungstermin festsetzen, wobei ein Versäumen der Geltendmachung der Betroffenheit eines Trägers öffentlicher Belange ebenfalls zur Präklusion seines Vorbringens führt, § 2 V 4 BauGBMaßnG.

Zu den Trägern öffentlicher Belange zählen neben den öffentlichen Planungsträgern (Straßenbaubehörden, Wasserbehörden, Umwelt- und Naturschutzbehörden) auch die Träger der funktionalen Selbstverwaltung (Industrie- und Handelskammern). Wie Träger öffentlicher Belange sind auch die Nachbargemeinden zu behandeln.[46] Die Gemeinden sind allerdings nicht gehindert, über den Kreis der Träger öffentlicher Belange hinaus Stellen und Organisationen zu beteiligen, was häufig sogar zweckmäßig ist. Bei umweltrelevanten Planungen gilt dies vor allem für die anerkannten Naturschutzverbände. Nach der Rechtsprechung bemißt sich die Beteiligung der anerkannten Verbände nach § 29 BNatSchG hingegen nicht nach § 4, sondern nach § 3 BauGB.[47]

Es folgt die *Auslegung* (§ 3 II 1 BauGB) des Plans nebst dessen *Begründung* (§ 9 VIII BauGB), mit der die Bürger über die konkreten Planungsabsichten der Gemeinde unterrichtet werden. Während der Dauer der Auslegung (ein Monat) ist jedermann zur Erhebung von *Einwendungen* berechtigt. Zweck des Einwendungsverfahrens ist neben dem behördlichen Erkenntnisgewinn über planungserhebliche Sachverhalte vor allem die Demokratisierung und Transparenz der Bauleitplanung.[48] Ein Versäumen der Einwendungsfrist hat zur Folge, daß die Gemeinde verspätete Einwendungen nicht prüfen muß, jedoch an einer Überprüfung auch nicht gehindert ist, § 3 II 4 BauGB.

Nach Abschluß des Auslegungsverfahrens beschließt die Gemeindevertretung den Bebauungsplan als *Satzung*, § 10 BauGB.[49] Anders als während der Geltung des BBauG bedarf ein Bebauungsplan in der Regel nur noch einer *Anzeige* an die höhere Verwaltungsbehörde (in Hessen das Regierungspräsidium), § 11 I BauGB. Eine *Genehmigung* ist nur dann erforderlich, wenn es sich um einen selbständigen, d.h. ohne Flächennutzungsplan aufgestellten Bebauungsplan handelt, § 8 II und IV BauGB. Die Genehmigung ist innerhalb einer Frist von 3 Monaten zu erteilen, §§ 6 IV, 11 II BauGB. Die Gemeinde hat hierauf einen mit der Verpflichtungsklage durchsetzbaren Anspruch, da die Ablehnung der Genehmigung ihre Planungshoheit betrifft und ihr gegenüber Verwaltungsakt ist.[50] Die Genehmigung des Bebauungsplan ist dann ortsüblich *bekanntzumachen*, § 12 BauGB.

---

45 Kritisch *Metscher*, DÖV 1994, S. 894 (898).
46 *Ernst/Zinkahn/Bielenberg*, BauGB, § 4 Rn. 10.
47 OVG Rheinland-Pfalz, Urt. v. 13. 3. 1985, BauR 1985, 426.
48 *Finkelnburg/Ortloff*, BauR I, S. 148.
49 Zur Rechtmäßigkeit des Satzungsbeschlusses siehe: VGH Mannheim, NVwZ-RR 1995, S. 155; ferner OVG Münster, NWVBl. 1995, S. 339 u. HessVGH, NVwZ – RR 1996, 72 f.
50 BVerwG, Urt. v. 12. 12. 1969, BVerwGE 34, 301 (303); HessVGH, Urt. v. 20.6.1990, BRS 50 Nr. 7.

Besonderheiten im Verfahren ergeben sich für Bebauungspläne, die der Deckung eines dringenden Wohnbedarfs der Bevölkerung dienen, § 1 II BauGBMaßnG.[51] Danach kann von der vorgezogenen Bürgerbeteiligung abgesehen werden (§ 2 II 1 BauGMaßnG) sowie die Fristen für Auslegung und Einwendungsabgabe (§ 2 III BauGBMaßnG), Stellungnahmen (§ 2 III, IV BauGMaßnG) und Beanstandungen der höheren Verwaltungsbehörde (§ 2 VI BauGMaßnG) verkürzt werden. Ferner entfällt die Anzeige eines Bebauungsplanes, der aus einem Flächennutzungsplan entwickelt wurde (§ 2 VI BauGBMaßnG); sein Beschluß ist lediglich ortsüblich bekannt zu machen.

bb) *Materiell-rechtliche Anforderungen*

Als wesentliche materielle Anforderungen an die Bauleitplanung sind zu beachten:
- Erforderlichkeit der Planung , § 1 III BauGB,
- Anpassungspflicht an die Ziele der Raumordnung und Landesplanung, § 1 IV BauGB,
- Entwicklungsgebot, § 8 II 1 BauGB,
- Beachtung der Planungsziele und Leitlinien, § 1 V BauGB,
- Abwägungsgebot, § 1 VI BauGB.

Das Aufstellen von Bauleitplänen steht nicht im Ermessen der Gemeinde, sondern ist eine Rechtspflicht, sobald und soweit es für die **städtebauliche Entwicklung und Ordnung erforderlich** ist, § 1 III BauGB. Die Gemeinde darf sich deshalb auch nicht gegenüber Dritten zur Nichtplanung verpflichten.[52] Ein einklagbarer Anspruch Dritter auf Aufstellung eines Bebauungsplans besteht jedoch ebensowenig[53] wie ein Anspruch auf Fortbestand der bestehenden Bauleitplanung. Ob und inwieweit das Merkmal der städtebaulichen Erforderlichkeit gegeben ist, ist abhängig von den Entwicklungsvorstellungen der Gemeinde und ihrer planerischen Konzeption. Der Begriff ist deshalb nur bedingt nachprüfbar. Das Merkmal der Erforderlichkeit der Planung erweist sich damit als nur »äußerste Schranke der Planungshoheit«, die praktisch nur dann greift, wenn es an einer erkennbaren Planungskonzeption gänzlich fehlt.[54] Die bauliche Entwicklung kann nicht isoliert von anderen Planungen betrachtet werden. Dem Ziel der Einbindung der Bauleitpläne in die überörtliche Planung dient § 1 IV BauGB, wonach die Bauleitpläne den **Zielen der Raumordnung und Landesplanung anzupassen** sind (vgl. auch § 8 II[55] LPlG).[56] Diese Anpas-

---

51 In der Neufassung vom 28. April 1993, BGBl. I 1993, S. 622; hierzu *Neuhausen*, Das BauGBMaßnahmengesetz, 3. Auf. 1993.
52 HessVGH, Beschl. v. 6. 3. 1985, NVwZ 1985, 839 (840) = BRS 44, Nr.1.
53 BVerwG, Urt. v. 11. 3. 1977, NJW 1977, 1979.
54 BVerwG, Beschl. v. 18. 12. 1990, BRS 50 Nr. 9 (S. 27) zur Negativplanung. Weitere Beispiele bei *Battis/Krautzberger/Löhr*, BauGB, § 1 Rn. 26 und *Finkelnburg/Ortloff*, BauR I, S. 43.
55 Nach der ab dem 1. 5. 1997 geltenden Fassung, GVBl. I, 1994, S. 707 ff: § 8 VII LPlG.
56 BVerwGE 90, S. 329 ff; HessVGH, Urt. v. 20. 6. 1990, BRS 50 Nr. 7 (S. 19 ff.); dazu *Sauer*, Rechtsnatur und Bindungswirkung von Zielen der Raumordnung und Landesplanung – Rechtsschutz gegen Planungen, VBlBW 1995, S. 465 ff.

sungspflicht ist allerdings nicht in dem Sinne zu verstehen, daß die Bauleitpläne die überörtliche Planung lediglich umzusetzen hätte, vielmehr muß den Gemeinden ein Entfaltungs- und Konkretisierungsspielraum verbleiben, was sich bereits aus der den Gemeinden zustehenden Planungshoheit als Ausdruck der Selbstverwaltungsgarantie ergibt;[57] die Ziele der Raumordnung und Landesplanung könne jedoch nicht im Wege der Abwägung überwunden werden.[58]

§ 8 II BauGB stellt die entscheidende Klammer zwischen Flächennutzungsplan und Bebauungsplan her. Das dort verankerte *Entwicklungsgebot*[59] verpflichtet die Planungsträger darauf, die Planungskonzeption des Flächennutzungsplans fortzuschreiben. Dies besagt indessen nicht, daß der Bebauungsplan dem Flächennutzungsplan in allen Einzelheiten entsprechen muß.

Beispiele (Entwicklungsgebot nicht verletzt): Wenn der Flächennutzungsplan Wohnbauflächen ausweist, dann kann der Bebauungsplan ein Kleinsiedlungsgebiet[60] oder ein Kerngebiet[61] ausweisen.

(Entwicklungsgebot verletzt): Der Bebauungsplan weist eine Fläche für einen Kindergarten und ein Schulgebäude aus, obwohl der Flächennutzungsplan diese Fläche als Wohnfläche ausweist und an anderer Stelle Gemeinbedarfsflächen für eine Schule vorsieht.[62] Der Bebauungsplan setzt ein Kerngebiet fest, wo im Flächennutzungsplan ein Sanierungsgebiet vorgesehen ist.[63]

Jede städtebaulich Planung hat die **Planungsziele** des § 1 V 1 BauGB zu berücksichtigen. Dem Planungsziel der Gewährleistung einer *geordneten städtebaulichen Entwicklung* kommt dabei überragende Bedeutung zu. In seinem Lichte sind die nachfolgenden Leitsätze und Richtpunkte des § 1 V 2 BauGB auszulegen. Das Gebot hat insofern verfassungsrechtliche Bedeutung, als es ein öffentliches Interesse für den Bebauungsplan als Inhalts- und Schrankenbestimmung i.S.v. Art. 14 I 2 GG zu begründen vermag. Dient der Bauleitplan nicht diesem Ziel, so ist er von vornherein nichtig.[64]

Beispiel: An einem öffentlichen Interesse fehlt es, wenn die Planung lediglich die privaten Interessen einzelner fördert, etwa die im Außenbereich illegal entstandenen Grundstücksnutzungen (Wochenendhäuser) legalisieren soll, ohne daß sonstige städtebauliche Ordnungsziele erkennbar sind.[65]

---

57 *Gaentzsch*, in: Berliner Kommentar, § 1 Rn. 31; *Erbguth*, Bauplanungsrecht, Rn. 265; dazu auch BVerwG, NVwZ 1994, S. 285 ff.; siehe dazu *Sauer*, VBlBW 1995, S. 465 (467 ff.).
58 BVerwG, DüV 1993, 118 = E 90, S. 329 ff.
59 Hierzu OVG Berlin, NVwZ-RR 1995, S. 69.
60 HessVGH BRS 20, Nr. 15.
61 VGH BW, BRS 32 Nr. 9.
62 HessVGH, Beschl. v. 24. 1. 1989, BRS 49 Nr. 8.
63 HessVGH, Beschl. v. 5. 7. 1989, BRS 49 Nr. 7.
64 BVerwGE 45, S. 309 (312).
65 HessVGH, BRS 50, Nr. 7 (S. 23); OVG Lüneburg, Urt. v. 9.7.1990, BRS 50 Nr. 14.

Zunehmend an Bedeutung gewinnt aber auch das *Optimierungsgebot,* wonach die Bauleitpläne eine menschenwürdige Umwelt sichern sollen.[66] Die wichtigste materielle Anforderung an die Bauleitplanung stellt das **Abwägungsgebot** dar, § 1 VI BauGB.[67] Nach der Rechtsprechung des Bundesverwaltungsgerichts gebietet das Abwägungsgebot, daß (1) eine sachgerechte Abwägung überhaupt stattfindet, daß (2) in diese Abwägung an Belangen eingestellt wird, was nach Lage der Dinge in sie eingestellt werden muß, und daß (3) die Bedeutung der betroffenen öffentlichen und privaten Belange nicht verkannt wird und (4) der Ausgleich zwischen den von der Planung betroffenen Belangen in einer Weise vorgenommen wird, die nicht außer Verhältnis zur objektiven Gewichtigkeit einzelner Belange steht.[68] Das Gebot einer Abwägung überhaupt ist etwa verletzt (*Abwägungsausfall*), wenn die Gemeinde bereits vor und außerhalb des Planungsverfahrens das Planungsergebnis unabänderlich festgeschrieben hat. Wichtigste praktische Fälle sind mit Bauträgern oder Industriebetrieben abgeschlossene Verträge, um eine bestimmte Planung herbeizuführen.
Zu beachten sind in dieser Hinsicht städtebauliche Verträge i.S.d. § 6 BauGB-MaßnG und Vorhaben- und Erschließungspläne nach § 7 BauGBMaßnG.[69] Grundsätzlich unwirksam sind Zusagen oder Verträge auf Aufstellung eines Bebauungsplans[70] oder auf Nichtplanung.[71]
Andererseits ist zu berücksichtigen, daß die Vorstellung, Planung vollziehe sich frei von jeder Bindung, lebensfremd ist.[72] Gerade bei Großprojekten (besonders im Zusammenhang mit Vorhaben- und Erschließungsplänen i.S.d. § 7 BauGBMaßnG) sind vorherige Bindungen und Absprachen nicht zu vermeiden. Aber auch dann ist der Grundsatz planerischer Freiheit der Gemeinde bis zur Entscheidung der Ge-

---

66 OVG Lüneburg, Urt. v. 14. 6. 1990, BRS 50 Nr. 53 (S. 132); vgl. auch OVG Lüneburg, Urt. v. 14. 12. 1989, BRS 49 Nr. 38 (S. 98 f.) – Denkmalschutz als abwägungserheblicher Belang. Ausführlich *Hoppe,* Die Bedeutung von Optimierungsgeboten im Planungsrecht, DVBl. 1994, S. 853 ff.; zum Umweltschutz: *Sendler,* Die Bedeutung des Abwägungsgebotes in § 1 VI BauGB, UPR 1995, S. 41 (43 ff.). Hierzu *Bartlsperger,* Planungsrechtliche Optimierungsgebote, DVBl. 1996, 1 ff.
67 Ausführlich mit weiterführenden Überlegungen für eine Reform des BauGB: *Hoppe,* Das Abwägungsgebot in der Novellierung des Baugesetzbuches, DVBl. 1994, S. 1031 ff.; ferner *Hoppe,* Verwirrung und Entwirrung beim Abwägungsgebot, UPR 1995, S. 201 ff.; BVerwG, UPR 1995, S. 390; OVG Koblenz, DÖV 1995, S. 741.; VGH Kassel, DÖV 1995, S. 391; s. auch *Hoppe,* Rechtsgrundsatz der Planerhaltung, DVBl. 1996, 12 ff.
68 BVerwGE 34, 301 (309); 47, 144 (146); 75, 214 (237) – Flughafen München II; *Steinberg,* Fachplanung, § 4 Rn. 49 ff.; Sehr ausführlich *Hoppe/ Grotefels,* S. 224 ff.
69 Näheres: Siehe dazu *Koch,* (Verfahrens-)Privatisierung im öffentlichen Baurecht, in W. Hoffmann-Riem/J.-P. Schneider (Hrsg.), Verfahrensprivatisierung im Umweltrecht, 1996, S. 170 ff.; ferner dazu *Birk,* Der Vorhaben- und Erschließungsplan, NVwZ 1995, S. 625 ff.; ansonsten unten, III. 7. b).
70 BVerwG BauR 1982, 30 (31 f.); HessVGH NVwZ 1985, 839; dazu auch *Jäde,* Neue Aspekte städtebaulicher Verträge, BayVBl. 1992, S. 549 f.
71 HessVGH, Beschl. v. 6. 3. 1985, BRS 44 Nr. 1.
72 BVerwGE 45, 309 (319); hierzu ferner BVerwG, ZfBR 1981, S. 241 (242 f.); BVerwG DVBl. 1987, S. 1273 (1274) – Hamburger Verwaltungsgebäude; *Krebs,* Konsensuales Verwaltungshandeln im Stadtbaurecht, DöV 1989, S. 969 (972); *Scharmer,* Städtebauliche Verträge nach § 6 BauGB-Maßnahmengesetz, NVwZ 1995, S. 219 (222); zur Vorabbindung ferner *Koch,* (Verfahrens-)Privatisierung im öffentlichen Baurecht, in W. Hoffmann-Riem/J.-P. Schneider (Hrsg.), Verfahrensprivatisierung im Umweltrecht, 1996, S. 170 (180, 184 f.).

meindevertretung zu beachten.[73] An die Zulässigkeit vorheriger Bindungen der Gemeinde werden daher strenge Anforderungen gestellt: Die Vorwegnahme der Entscheidung muß sachlich gerechtfertigt sein; sie muß sich dem für die Planung zuständigen Organ, der Gemeindevertretung, zurechnen lassen und die vorgezogene Entscheidung darf – selbstverständlich – nicht inhaltlich zu beanstanden sein. Nicht hinreichend berücksichtigt wird dabei allerdings die Bedeutung der Bürgerbeteiligung bei derartigen Vorabentscheidungen als rechtsstaatlicher und demokratischer Kern des Planungsverfahrens. Über die Rechtsprechung des Bundesverwaltungsgerichts hinaus ist daher für die Rechtmäßigkeit vorheriger planerischer Bindungen Voraussetzung, daß im Rahmen der Vorabverhandlungen eine entsprechende Bürgerbeteiligung stattgefunden hat.[74]

Für eine sachgerechte Abwägung ist zunächst erforderlich, dab das Abwägungsmaterial, also die planungserheblichen Belange im Plangebiet, *ermittelt* wird. Geschieht dies nicht, so liegt ein Ermittlungsdefizit vor, und der Abwägungsvorgang ist fehlerhaft. Die Ermittlungspflicht ist dabei umso weiter, je schwerwiegender die mögliche Betroffenheit der abwägungserheblichen Belange ist.[75] Der Beteiligung der Träger öffentlicher Belange und der Bürger kommt dabei entscheidende Bedeutung zu, denn »niemand ist besser geeignet, Interessen zu artikulieren, als der Betroffene selbst«.[76] Die ermittelten Belange sind sodann zu *bewerten*, d.h. ihr objektives Gewicht in rechtlicher und tatsächlicher Hinsicht zu gewichten. Schließlich sind die öffentlichen und privaten Belange gegeneinander und untereinander im eigentlichen Sinne *abzuwägen*. Dabei ist das Gewicht der einzelnen Abwägungsbelange zu berücksichtigen.

Beispiele: Eine Abwägung, die die Erweiterung eines Campingplatzes zuläßt, kann fehlerhaft sein, wenn Belange des Naturschutzes und der Landschaftspflege nicht ausreichend berücksichtigt worden sind.[77] Ebenso stellt es einen Abwägungsfehler dar, wenn in einer dörflich geprägten Umgebung zur Straßenverbreiterung einer Engstelle ein mit einem älteren, positiv zum Ortsbild beitragenden Fachwerkhaus in Anspruch genommen werden soll.[78]

Im Ergebnis bedeutet dies häufig nichts anderes, als daß dem einen gegenüber dem anderen Belang der Vorzug eingeräumt wird: Straßenbau und Kleingärten schließen sich aus, wenn sie um die gleiche Parzelle konkurrieren, Wohnungsbau und die Erhaltung von Freiflächen stehen zueinander im Widerspruch. In der Abwägungsent-

---

73 Besonders dazu *Jäde*, Neue Aspekte städtebaulicher Verträge, BayVBl. 1992, S. 549 f.; s. auch VGH BW, UPR 1996, 115.
74 Ebenso: *Erbguth*, Rn. 298.
75 OVG Rheinland-Pfalz, Urt. v. 5. 12. 1990 BRS 50 Nr. 6 (zur Ermittlungspflicht beim Verdacht auf Abfallablagerungen). Vgl. auch OVG Rheinland-Pfalz, Urt. v. 17. 10. 1990, BRS 50 Nr. 40 und OVG Lüneburg, Urt. v. 14. 12. 1989, BRS 49 Nr. 38.
76 *Finkelnburg/Ortloff*, BauR I, S. 168.
77 OVG Lüneburg, BRS 50 Nr. 53. Vgl. auch zu den Anforderungen an die Abwägung hinsichtlich der Vereinbarkeit von Wohnbebauung und emissionsträchtigen Betrieben: HessVGH, Beschl. v. 19. 1. 1979, BRS 35 Nr. 13; BVerwG, Beschl. v. 14. 8. 1989, BRS 49 Nr. 22. Aus der neueren Rechtsprechung zum Abwägungsgebot: HessVGH, Urt. v. 20. 6. 1990, BRS 50, Nr. 7 (Wochenendhäusergebiet); OVG Rheinland-Pfalz, Urt. v. 19. 4. 1989, BRS 49 Nr. 17 (Verkehrsberuhigung).
78 VGH Kassel, UPR 1995, S. 277.

scheidung liegt denn auch die eigentliche autonome, planerische Entscheidung der Gemeinde.[79]

cc) *Rechtsfolgen fehlerhafter Bauleitpläne*

Ist ein Bebauungsplan oder ein Flächennutzungsplan entgegen einer der oben dargestellten Grundsätze zustande gekommen, so bedeutet dies nicht automatisch, daß er rechtsunwirksam ist. Verletzungen von Vorschriften über das Bauleitplanverfahren führen nur unter den eingeschränkten Voraussetzungen der §§ 214 ff. BauGB zur Nichtigkeit des Plans. Vor allem die Beachtlichkeit von Form- und Verfahrensfehlern, aber auch von materiell-rechtlichen Fehlern geringerer Bedeutung, ist erheblich eingeschränkt.[80] § 214 I BauGB zählt abschließend die Form- und Verfahrensfehler auf, die zur Nichtigkeit des Plans führen. Regelmäßig zur Nichtigkeit führen danach Verstöße gegen die Vorschriften über die Bürgerbeteiligung des § 3 II BauGB und die Beteiligung der Träger öffentlicher Belange (beachte aber § 214 I 1 Nr. 1 HS. 2 BauGB), wenn diese innerhalb eines Jahres gerügt werden, § 215 I BauGB.[81] Aufgrund der Bedeutung der Beteiligung der Träger öffentlicher Belange und der Bürger für die Ermittlung des Abwägungsmaterials kann eine fehlerhafte oder fehlende Beteiligung sich aber auch – selbst bei Unbeachtlichkeit des Verstoßes als Verfahrensfehler – auf die Abwägung auswirken und zu einem Verstoß gegen das Abwägungsgebot führen.[82] Unbeachtlich sind hingegen Verfahrensfehler bei der vorzeitigen Bürgerbeteiligung nach § 3 I BauGB, wie sich aus § 214 I 1 Nr. 1 BauGB ergibt. Weiter führt eine fehlende Begründung regelmäßig zur Nichtigkeit des Plans.[83] Einer fehlenden Begründung gleichzusetzen sind inhaltlich völlig unergiebige, lediglich den Gesetzestext oder Planinhalt formelhaft wiederholende Begründungen, nicht hingegen eine bloß unvollständige Begründung, § 214 I 1 Nr. 2 BauGB.[84] Weitere beachtliche Mängel enthält § 214 I 1 Nr. 3 BauGB (lesen!), die zeitlich unbegrenzt geltend gemacht werden können. Die Verletzung der in § 214 I 1 Nr. 1 und 2 BauGB genannten Verstöße sind hingegen innerhalb eines Jahres nach Bekanntmachung des Plans schriftlich gegenüber der Gemeinde geltend zu machen, § 215 I BauGB. Den in der Literatur erhobenen verfassungsrechtlichen Bedenken[85] gegen die – bereits in § 155a BBauG enthaltene – Ausschlußfrist ist das Bundesverwaltungsgericht nicht gefolgt.[86]

---

79 BVerwG, DÖV 1993, 118.
80 Zur Heilung von Fehlern siehe OVG Koblenz, DVBl. 1995, S. 113; ferner hierzu VGH Mannheim, UPR 1995, S. 278; VGH Mannheim, VBlBW 1995, S. 286.
81 Nach VGH Bad.-Württ., Urt. v. 23. 2. 1990, BRS 50, Nr. 31, soll allerdings ein Verstoß gegen die notwendige Beteiligung der Träger öffentlicher Belange dann unbeachtlich sein, wenn der Träger im Rahmen der vorgezogenen Bürgerbeteiligung gehört wurde und Stellung genommen hat.
82 OVG Nordrhein-Westfalen, Beschl. v. 30. 3. 1990, BRS 50, Nr.37 (S. 100 ff.).
83 BVerwGE 74, 47 (51).
84 OVG Lüneburg, NJW 1981, 1057; VGH Bad.-Württ., Beschl. v. 25. 11. 1983, BRS 42 Nr. 9.
85 Noch zur alten Rechtslage: *H. Meyer*, in: Kohlhammer-Kommentar, Bd. 4, § 155a, Rn. 97 ff.; *Kirchhof*, NJW 1981, S. 2382; zur neuen Rechtslage: *Gern/Schneider*, VBlBW 1988, S. 125.

Nur unter den eingeschränkten Voraussetzungen des § 214 II BauGB sind die Verletzung von Vorschriften über das Verhältnis von Bebauungsplan und Flächennutzungsplan (vor allem: Entwicklungsgebot) beachtlich. Schließlich sind auch Mängel im Abwägungsvorgang nur erheblich, wenn sie offensichtlich und auf das Abwägungsergebnis von Einfluß gewesen sind, § 214 III 2 BauGB.[87] Diese Einschränkungen beziehen sich allerdings nur auf den Abwägungs*vorgang*, ist das Abwägungs*ergebnis* fehlerhaft, so bleibt dies stets beachtlich.[88] Für die Geltendmachung ist die Ausschlußfrist des § 215 I BauGB zu beachten (7 Jahresfrist).[88a] Weitere deutliche Einschränkungen der Beachtlichkeit von Form- und Verfahrensfehlern enthält § 9 BauGBMaßnG; diese Norm könnte dazu verleiten, z.B. der Öffentlichkeitsbeteiligung oder dem Entwicklungsgebot unter einer nur allzuschnellen Annahme des dringenden Wohnbedarfes der Bevölkerung auszuweichen.

3. Ausnahmen und Befreiungen (§ 31 BauGB)

Von den grundsätzlich bindenden Festsetzungen des Bebauungsplans kann nach § 31 BauGB unter bestimmten Voraussetzungen abgesehen werden. Damit sollen Abweichungen vom planerischen Regelfall zugelassen werden, wenn die zu strikte Orientierung an den (notwendig) pauschalierenden Festsetzungen des Bebauungsplans zu unbefriedigenden Ergebnissen führen würde. Sofern der Bebauungsplan – oder die ihn ergänzende Baunutzungsverordnung – **Ausnahmen** ausdrücklich vorsehen, können sie nach § 31 I BauGB zugelassen werden.[89]
Beispiel: In allgemeinen Wohngebieten können nach § 4 III Nr. 5 BauNVO ausnahmsweise Tankstellen zugelassen werden.
Der Ausnahmevorbehalt erlaubt der Gemeinde somit Flexibilität im Bebauungsplan, der Vorbehalt muß jedoch nach Art und Umfang ausdrücklich vorgesehen sein. Da die Erteilung einer Baugenehmigung aufgrund einer Ausnahme die kommunale Planungshoheit berührt, muß die Baugenehmigungsbehörde die Zustimmung der Gemeinde einholen (§ 36 BauGB). Diese gilt gem. § 36 II 2 BauGB als erteilt, wenn sie nicht binnen zweier Monate von der Gemeinde verweigert wurde.[90]
Die **Befreiung**[91] nach § 31 II BauGB ist weitergehend. Sie erlaubt von den Festsetzungen des Planes abzusehen, vernichtet also im Einzelfall die für das qualifizierte Plangebiet typische Planakzessorietät. Die Befreiung ist unter drei alternativen Voraussetzungen zulässig:

---

86 BVerwGE 66, 116; 75, 262.
87 Im einzelnen: *Finkelnburg/Ortloff*, BauR I, S. 181 ff. Vgl. auch BVerwGE 64, 33 und BVerwG, DVBl. 1992, 577 (LS); ferner BVerwG, UPR 1996, 151 ff.
88 OVG Rheinland-Pfalz, Urt. v. 23. 9. 1987, BRS 47 Nr. 8.
88a Siehe OVG NW, UPR 1996, 160.
89 Hierzu *Erwe*, Ausnahmen und Befreiungen, 1987.
90 Siehe *Elbing*, Fiktion des gemeindlichen Einvernehmens, LKV 1995, S. 384 ff.
91 *Schmidt-Eichstaedt*, Die Befeiung im Spannungsfeld zwischen Bauleitplanung und Einzelfallentscheidung, DVBl. 1989, S. 1 ff.

a) Gründe des Wohls der Allgemeinheit, die nicht spezifisch bodenrechtlicher Art sein müssen, erfordern die Befreiung (§ 31 II Nr. 1 BauGB).
Insbesondere öffentliche oder soziale Einrichtungen können sich über diese Alternative gegenüber den Festsetzungen eines Bebauungsplans durchsetzen.
Da *erforderlich* im Sinn von § 31 II Nr. 1 BauGB das vernünftigerweise Gebotene sein soll und daher auch die wirtschaftliche Zumutbarkeit legitimer Abwägungsgesichtspunkt ist, handelt es sich um eine recht weitreichende Befreiungsmöglichkeit.
Einschränkend gilt jedoch – wie auch für § 31 II Nr. 2 und Nr. 3 BauGB –, daß die Befreiung unter Würdigung nachbarlicher Interessen mit den öffentlichen Belangen vereinbar sein muß.[92] Die geordnete städtebauliche Entwicklung darf danach nicht beeinträchtigt und die Bauleitplanung in ihren Grundzügen nicht verletzt werden. Als Faustformel kann gelten: Würde das Vorhaben nach § 34 BauGB scheitern, ist eine Befreiung regelmäßig mit einer geordneten städtebaulichen Entwicklung unvereinbar; ein solches Vorhaben darf nicht über eine Befreiung ermöglicht werden.

b) Eine Befreiung nach § 31 II Nr. 2 BauGB erfordert, daß die Abweichung städtebaulich vertretbar ist und die Grundzüge der Planung nicht berührt werden. Nach den Vorstellungen des Gesetzgebers sollen mit der Neufassung (nach der a.f. mußte die Befreiung städtebaulich gerechtfertigt sein) die Befreiungsmöglichkeiten im Interesse bauwilliger Bürger erweitert werden. Allerdings rechtfertigt § 31 II Nr. 2 BauGB nicht, daß die Baugenehmigungsbehörden Entscheidungen der zuständigen Planungsträger unterlaufen. Die Vorschrift ist als Dispensnorm ihrem Wesen nach nur auf die Berücksichtigung von Einzelfällen ausgerichtet. Die Befreiung darf deshalb nicht aus Gründen erteilt werden, die für alle von einer bestimmten Festsetzung betroffenen Grundstücke gelten.[93] Im Ergebnis setzt die Vorschrift damit, ebenso wie § 31 II Nr. 3 BauGB, eine in bodenrechtlicher Hinsicht atypische Situation voraus.[94]

c) Die Durchführung des Bebauungsplans führt zu einer offenbar nicht beabsichtigten (allein grundstücksbezogenen!) Härte (§ 31 II Nr. 3 BauGB):
Sie liegt nur dann vor, wenn der Fall bodenrechtliche Besonderheiten aufweist, etwa wenn das Grundstück aufgrund seiner atypischen Lage, Größe oder Zuschnitt bei Einhaltung des Bebauungsplans nur unter unverhältnismäßigen Schwierigkeiten oder nur sehr eingeschränkt bebaut werden könnte.[95] Die Härte muß aber aus dem Rahmen des planungsrechtlich Gewollten fallen. Diese Bedingung ist nur selten erfüllt. § 31 II Nr. 3 BauGB rechtfertigt nicht, beabsichtigte Härten abzumildern. Hier hilft nur die Plannovellierung. Wirtschaftliche und soziale Härten werden von § 31 II Nr. 3 BauGB *nicht* erfaßt.[96]

---

92 Dazu BVerwG, ZfBR 1987, S. 47 f.
93 BVerwG, Beschl. v. 8. 5. 1989, BRS 49 Nr. 66 (S. 162); VGH Bad.-Württ., Urt. v. 21. 10. 1987, BRS 47 Nr. 146 (S. 371).
94 So zu § 31 II Nr. 2 und 3 BauGB: BVerwGE 88, 24.
95 VGH Bad.Württ., Urt. v. 21. 10. 1987, BRS 47 Nr. 146.
96 BVerwG, Beschl. v. 6. 7. 1977, BRS 32 Nr. 146; BVerwGE 40, 268; 56, 71.

Beispiel: Familie F. bedarf dringend neuen Wohnraums für die Kinder. Der Bebauungsplan verhindert einen Ausbau des genutzten Wohnhauses. Die Möglichkeiten einer Befreiung werden durch das BauGBMaßnG erweitert. Gem. § 4 Ia 1 BauGBMaßnG wird das Vorliegen der für § 31 II Nr. 1 BauGB erforderlichen Gründe des Allgemeinwohls im Falle eines dringenden Wohnbedarfs fingiert, selbst wenn der Bedarf nur vorübergehend ist. Die Aussichten der Familie des obigen Beispieles haben sich durch diese Erweiterung somit verbessert. Allerdings wird ein dringender Wohnbedarf nur für den Fall einer Erweiterung von Wohnraum, nicht für eine Verbesserung seiner Qualität angenommen.[97]
Der Grundsatz, daß eine Befreiung nur in atypischen Einzelfällen in Betracht kommt, wird durch § 4 Ia 2 HS. 1 und 2 BauGBMaßnG relativiert: Verzichtet HS. 1 lediglich darauf, daß es sich um einen Einzelfall handeln muß, ist die Befreiung generell nicht auf Einzelfälle beschränkt.[98]
§ 4 I 1 HS. 2 BauGBMaßnG (Erleichterung des Dachgeschoßausbaus) ist keine Erweiterung des § 31 BauGB, sondern eine eigenständige Regelung, da sie weder die Atypik einer Situation verlangt, noch auf eine Einzelfallbezogenheit eingeht.
Folgenreicher als die materiell-rechtliche Erweiterung der Dispensmöglichkeiten dürfte sich der Wegfall der früher notwendigen Zustimmung der höheren Verwaltungsbehörde erweisen. Vor allem dort, wo die Gemeinde auch Baugenehmigungsbehörde ist, dürfte der Druck einflußreicher Investoren nicht selten den Grundsatz planmäßiger Entwicklung der städtebaulichen Ordnung in den Hintergrund treten lassen.

4. Vorhaben im Innenbereich (§ 34 BauGB)

In Gebieten, für die kein qualifizierter Bebauungsplan existiert, beschränkt § 34 BauGB die bauliche Gestaltungsfreiheit in der Weise, daß die tatsächliche Prägung des Gebiets Art und Umfang der weiteren Bebauung steuert. Will die Gemeinde hier Atypisches zulassen, muß sie das Gebiet überplanen. Insoweit erzeugt § 34 BauGB gewollt einen Planungsdruck.
Der Anwendungsbereich des § 34 BauGB wird durch den Begriff des »**im Zusammenhang bebauten Ortsteils**« (§ 34 I 1 BauGB) bestimmt. Unter Ortsteil wird ein Bebauungszusammenhang im Gebiet einer Gemeinde verstanden, der nach der Zahl der vorhandenen Bauten ein gewisses Gewicht besitzt und Ausdruck einer organischen Siedlungsstruktur ist.[99] Der Bebauungszusammenhang wird dabei durch einzelne Baulücken nicht unterbrochen, solange der Eindruck der Geschlossenheit weiter vorherrscht.[100]

---

97 *Neuhausen*, BauGB-Maßnahmengesetz, 3. Aufl., Rn. 246.
98 Hierzu *Neuhausen*, BauGB-Maßnahmengesetz, Rn. 245 ff.
99 BVerwGE 31, 22; BVerwG, Urt. v. 17. 2. 1984, BRS 42 Nr. 94 (S. 227).
100 Dazu BVerwG, DÖV 1988, S. 840; für Campingplätze siehe VGH Mannheim, UPR 1994, S. 236 ff.; s. auch OVG Lüneburg, NVwZ – RR 1996, 132 f.

Nach § 34 I BauGB muß sich das Vorhaben nach Art und Maß der baulichen Nutzung, Bauweise und der Grundstücksfläche in die Eigenart der näheren Umgebung *einfügen*.[101] Soweit die Eigenart der näheren Umgebung einem der Baugebiete der BauNVO entspricht, ist gem. § 34 II BauGB die Zulässigkeit des Vorhabens nach seiner *Art* allein danach zu beurteilen, ob es nach der BauNVO in dem Gebiet zulässig wäre.[102] Der Rückgriff auf § 34 I BauGB ist dann versperrt.[103] Im übrigen schließt das Mermal des »Einfügens« nicht aus, etwas zu verwirklichen, was es bisher in der Umgebung nicht gibt. Hier kommt es auf den Einzelfall an.[104]
Auch im Innenbereich sind unter entsprechender Anwendung der §§ 31 I und 2 BauGB Ausnahmen und Befreiungen zulässig, § 34 II HS. 2 BauGB.[105] Auf diese Norm sind gem. § 4 Ia 3 BauGBMaßnG die Erweiterungen des § 4 Ia 1, 2 BauGB-MaßnG anzuwenden. Aber auch nach diesen Vorschriften unzulässige Vorhaben können gem. § 4 II 1 BauGBMaßnG unter Einhaltung der dort genannten Kriterien im Einzelfall zugelassen werden.
Noch weitergehende Abweichungen sind nach § 34 III BauGB zulässig, soweit es um Erweiterungen oder Änderungen von Betrieben in sog. Gemengelagen geht. Öffentliche Belange dürfen darüberhinaus nicht entgegenstehen, von denen das Wohl der Allgemeinheit eine Erweiterung hinsichtlich des dringenden Wohnbedarfes, § 4 II 2 BauGBMaßnG, erfährt. Dabei ist jedoch zu beachten, daß die Grundstücke in diesem Gebiet prinzipiell bebaubar sein sollen und öffentliche Belange im Ergebnis deshalb nur dann entgegenstehen, wenn sie sich bei einer Abwägung als stärker erweisen.[106]

5. Vorhaben im Außenbereich (§ 35 BauGB)

Im Gegensatz zum Innenbereich soll der Außenbereich grundsätzlich unbebaut bleiben. Außenbereich ist definitionsgemäß alles, was übrig bleibt, nachdem die Voraussetzungen der §§ 30, 34 BauGB verneinend geprüft worden sind. Im Außenbereich stets zulässig sind die in § 35 I BauGB im einzelnen aufgezählten privilegierten Vorhaben, sofern öffentliche Belange ihnen nicht entgegenstehen und die ausreichende Erschließung gesichert ist.
Zu den privilegierten Vorhaben gehören zum Beispiel landwirtschaftliche Betriebe, § 35 I Nr. 1 BauGB,[107] sowie Vorhaben, die von ihrer Art her nur im Außenbereich

---

101 Siehe zur Systematik BVerwG, UPR 1995, S. 228 ff.; ferner BVerwG, DVBl. 1995, S. 749; BVerwG, BauR 1994, S. 81; in Bezug zur Landesplaung siehe BVerwG, NVwZ 1994, S. 285 ff; VGH Mannheim, UPR 1995, S. 111; VGH Mannheim, NuR 1995, S. 196 f.
102 Hierzu BVerwG, UPR 1995, S. 228 f.
103 BVerwG, Beschl. v. 12. 2. 1990, BRS 50 Nr. 79.
104 Beispiel bei *Hager*, JuS 1989, S. 461; daneben VGH Mannheim, NuR 1995, S. 196 f.
105 Vgl. die Beispiele bei Hager, JuS 1989, S. 461 f. Beachte nunmehr § 4 Ia 2 BauGBMaßnG, wonach ein dringender Wohnbedarf als Allgemeinwohlbelang eine Ausnahme nach § 34 II BauGB begründet, der wiederum auf § 31 I, II BauGB verweist.
106 BVerwGE 55, 272.
107 Dazu VGH Mannheim, NuR 1995, S. 143 f.; zur Reichweite des Begriffs bei »gemischter« Tätigkeit: BVerwG, Urt. v. 30. 11. 1984, BRS 42 Nr. 81.

durchgeführt werden können. Für diese Vorhaben hat das BauGB die Planungsaufgabe gesetzesunmittelbar erfüllt, die Gemeinde kann nur durch qualifizierte Bebauungspläne gegensteuern. Ob in Ausnahmefällen eine Planungspflicht besteht (»Planerfordernis«), etwa weil ein Vorhaben wegen seiner Größe und infrastrukturellen Auswirkungen städtebaulich befriedigend nur dann bewältigt werden kann, wenn die Gemeinde einen Bebauungsplan aufstellt, ist umstritten.[108] Für privilegierte Vorhaben gilt, daß die öffentlichen Belange[109] nur ausnahmsweise geeignet sind, die Privilegierung zu verdrängen.[110]

Nicht privilegierte Vorhaben (dazu gehören z. B. die Wochenendhäuser!) können im Einzelfall zugelassen werden, wenn öffentliche Belange nicht beeinträchtigt sind (§ 35 II BauGB).[111] Die öffentlichen Belange sind in § 35 III BauGB beispielhaft aufgezählt; die Planungsgrundsätze des § 1 V BauGB muß man sich hinzudenken. Nicht privilegierte Vorhaben können sich gegenüber öffentlichen Belangen nur ausnahmsweise durchsetzen. Besonders wichtig in diesem Zusammenhang sind Widersprüche des nicht privilegierten Vorhabens zu den Darstellungen im Flächennutzungsplan oder den Zielen der Raumordnung und Landesplanung. Solche Vorhaben sind in der Regel ausgeschlossen.[112]

Gem. § 35 IV BauGB kann jedoch den begünstigten Außenbereichsvorhaben[113] (Nutzungsänderungen und Erweiterungen von oder Ersatzbauten für bestehende Anlagen) nicht jeder öffentliche Belang des § 35 III BauGB entgegengehalten werden, wodurch der Aspekt des Bestandsschutzes zum Ausdruck kommt.

Dienen solche Außenbereichsvorhaben Wohnzwecken, so gilt § 35 IV BauGB in der durch § 4 III BauGBMaßnG geänderten Fassung[114], wodurch die Zulassungsfähigkeit von Anlagen erweitert wird.

Beispiel: Konnten sonst gem. § 35 IV 3 BauGB lediglich zwei Wohnungen genehmigt werden, die entweder der Eigentümer oder seine Familie nutzten, so hat sich die Zahl der Wohnungen nicht nur auf drei erhöht; auch der Familienbezug der Wohnungen ist entfallen, § 35 IV 1 Nr. 1 a.E. i.d.F. des § 4 III BauGBMaßnG.[115]

Neben dieser gesetzgeberischen Begünstigung von Vorhaben besteht gem. § 4 IV BauGBMaßnG für die Gemeinde die Möglichkeit, in einem Gebiet ohne überwiegende landwirtschaftliche Prägung mittels einer sog. **Außenbereichssatzung** bestimmte Vorhaben hinsichtlich der in § 35 III Spiegelstr. 1 und 8 BauGB aufgeführten Belange zu begünstigen. Da sich an der Tatsache, daß es sich bei diesen Vorha-

---

108 Vgl. zusammenfassend *Dolde,* NVwZ 1984, S. 158.
109 Zum Begriff BVerwGE 18, S. 247 (249).
110 BVerwG, Urt. v. 22. 5. 1987, BRS 47 Nr. 5 (Darstellung im FNP als entgegenstehender öffentlicher Belang).
111 Hierzu BVerwG, NJW 1995, S. 2648; VGH Mannheim, UPR 1995, S. 278; BVerwG, DöV 1995, S. 833; Bei nicht privilegierten Vorhaben besteht keine Pflicht der Gemeinde zur Erschließung: VGH Mannheim, NuR 1995, S. 194 f.
112 HessVGH BRS 24 Nr. 28 und Nr. 74; Zur Zulässigkeit einer Nutzungsänderung: VGH BW, Urt. v. 17. 8. 1990, BRS 50 Nr. 96; BVerwG, UPR 1996, 154 f.
113 Dazu: *Battis/Krautzberger/Löhr,* Baugesetzbuch, § 35, Rn. 76 ff.
114 Zur Vereinbarkeit dieser Vorschrift mit höherrangigem Recht: VGH Mannheim, NuR 1995, S. 194.
115 Siehe hierzu VGH Mannheim, NuR 1995, S. 194.

ben um solche des Außenbereiches handelt, nichts durch die Begünstigung mittels Außenbereichssatzung ändert, können durch die Vorhaben anderen Belange des § 35 III BauGB berührt sein, weswegen die Satzung keinen Rechtsanspruch auf Genehmigung begründen kann.

6. Verschiebung der Planbereiche

Nach § 34 IV BauGB haben die Gemeinden die Möglichkeit, durch Satzung Außenbereichsflächen dem Innenbereich zuzuordnen und damit den Innenbereich in begrenztem Umfang zu erweitern.
Lediglich klarstellende (deklaratorische) Wirkung hat die Satzung nach § 34 IV 1 Nr. 1 BauGB, wonach die Gemeinde bereits vorhandene Grenzen festlegen kann. Die sog.»**Entwicklungssatzung**« nach Nr. 2 dieser Vorschrift hat konstitutive Wirkung. Bereits besiedelter Außenbereich kann danach zum Innenbereich erklärt werden, wenn die Flächen im Flächennutzungsplan als Baufläche dargestellt sind und die Regelung mit einer geordneten städtebaulichen Entwicklung vereinbar ist. Im Gegensatz zur Außenbereichssatzung ist die Bebauung des Gebietes derart verdichtet, daß die Fortentwicklung zu einem Ortsteil geboten ist.[116] § 34 IV 1 Nr. 3 BauGB schließlich eröffnet den Gemeinden die Möglichkeit, einzelne Außenbereichsgrundstücke zur Abrundung (»**Abrundungssatzung**«) in den Innenbereich einzubeziehen. Ziel dieser Satzung ist, die Grenze von Innenbereich und Außenbereich zu vereinfachen, nicht hingegen den Innenbereich in den Außenbereich hinein zu erweitern.[117]
Eine weitere Form der Innenbereichssatzung wird durch § 4 IIa BauGBMaßnG eröffnet. Sie ermöglicht der Gemeinde, unter den dort genannten Voraussetzungen einen Innenbereich nicht nur i.S.d. § 34 IV 1 Nr. 3 BauGB abzurunden, sondern über eine Teilregelung nach § 34 IV 1 Nr. 1 BauGB (klarstellende Satzung) oder § 34 IV 1 Nr. 2 BauGB (Entwicklungssatzung) noch zu ergänzen.[118] Neben den Voraussetzungen des § 4 IIa BauGBMaßnG ist gem. § 34 II 2 BauGB erforderlich, daß die Satzung mit den Erfordernissen einer geordneten städtebaulichen Entwicklung vereinbar ist.

7. Städtebauliche Verträge und die Satzung über den Vorhaben- und Erschließungsplan

Zwei weitere Instrumente des Bauplanungsrechts sind der städtebauliche Vertrag i.S.d. § 6 BauGBMaßnG sowie die Satzung über den Vorhaben- und Erschließungsplan, § 7 BauGBMaßnG.

---

116 Siehe *Neuhausen*, Das BauGB-Maßnahmengesetz, Rn. 279.
117 Dazu BVerwG, NWwZ 1991, S. 61; VGH Kassel, Beschl. v. 15. 11. 1985, NVwZ 1986, 489. Vgl. auch die Beispiele bei *Hager*, JuS 1989, S. 384.
118 Daher teilweise auch »Ergänzungssatzung« genannt, so *Jäde*, Nachruf auf eine Baurechtsnovelle, UPR 1993, S. 48 (51).

a) *Städtebauliche Verträge i.S.d. § 6 BauGBMaßnG*

Städtebauliche Verträge[119] stellen einen Weg einvernehmlicher Regelungen von Sachverhalten der Bodenordnung, der Planung und des Grundstücksverkehrs im Rahmen kommunaler Städtebaupolitik zwischen Privaten und Gemeinden zur Verfügung. An dieser Stelle kann nur auf die Möglichkeit nach § 6 BauGBMaßnG eingegangen werden.[120] Diese Vorschrift konzentriert sich – im Gegensatz zu § 124 BauGB – nicht ausschließlich auf Erschließungsmaßnahmen; vielmehr dient sie dazu, hoheitlichen städtebaulichen Entwicklungsmaßnahmen durch private Vorhabenträger oder Bauwillige aufgrund einer vertraglichen Absprache mit der Gemeinde vorzubereiten und nicht-hoheitliche Maßnahmen auch durchzuführen.[121] Mögliche Erscheinungsformen sind demnach Maßnahmen- und Planungsverträge (§ 6 I, II BauGBMaßnG) sowie Folgekostenverträge (§ 6 III BauGBMaßnG). Wie § 6 I 2 BauGBMaßnG und das ausdrücklich genannte Schriftformerfordernis des § 6 IV BauGBMaßnG zeigen, ist ein auf dieser Vorschrift basierender Vertrag nicht zwingend öffentlich-rechtlicher Natur.[122] Jedoch sind die §§ 54 ff. (H)VwVfG auf die in der Mehrzahl öffentlich-rechtlichen Verträge anzuwenden, sofern in § 6 BauGBMaßnG keine eigenständige Regelung getroffen wurde – selbst bei Vorliegen einer zivilrechtlichen Übereinkunft sind die Wertungen dieser Normen heranzuziehen.[123] In jedem Falle sind die in den §§ 134, 138 sowie § 242 BGB niedergelegten Grundsätze[124] und für Grundstücksgeschäfte ist § 313 BGB beachtlich.

Dem Schutz der Rechtstaatlichkeit dient zunächst der Verweis des § 6 II 3 BauGBMaßnG auf § 2 III BauGB, der einen »Verkauf« der gemeindlichen Planungshoheit unterbinden soll. Ferner sichert bei Folgekostenverträgen das Gebot des Sachzusammenhanges von Leistung und Gegenleistung (Kopplungsverbot)[125], § 6 III 3 BauGBMaßnG, daß normalerweise kommunale Aufgaben Privaten nicht aufgebürdet werden können. Daneben schützt das in § 6 III 4 HS. 1 BauGBMaßnG normierte Verhältnismäßigkeitsgebot den einzelnen vor übermäßiger Belastung. Nach der an § 56 II (H)VwVfG angelehnten Vorschrift des § 6 III 4 HS. 2 BauGB-

---

119 Dazu *Birk*, Städtebauliche Verträge, VBlBW 1994, S. 4 ff., 89 ff., 131 ff.; *Grziwotz*, Städtebauliche Verträge zu Lasten Dritter, NJW 1995, S. 1927 ff.; Unter dem Blickwinkel der Privatisierung: *Koch*, (Verfahrens-)Privatisierung im öffentlichen Baurecht, in W. Hoffmann-Riem/J.-P. Schneider (Hrsg.) Verfahrensprivatisierung im Umweltrecht, 1996, S. 170 ff. S. auch *Schmidt-Eichstaedt*, Verträge im Zusammenhang mit der Aufstellung von Bebauungsplänen, BauR 1996, 1 ff.
120 Ausführlich zu verschiedenen Spielarten des städtebaulichen Vertrages siehe: *Schmidt-Amann/Krebs*, Rechtsfagen städtebaulicher Verträge, 2. Aufl., Köln 1992.
121 Siehe auch *Wagner*, Der städtebauliche Vertrag als Mittel zur Baulandmobilisierung, GewArch 1995, S. 231 ff.
122 Vgl. dazu das allgemeine Schriftformerfordernis nach § 57 VwVfG für öffentlich-rechtliche Verträge.
123 Zur Gültigkeit der Wertungen für eine zivilreichen Vertragsgestaltung: BVerwG, UPR 1993, S. 260 (262) – (»Weilheimer Modell«).
124 Im Falle eines öffentlich-rechtlichen Vertrages über § 62 S. 2 (H)VwVfG.
125 Hierzu: BVerwG, UPR 1993, S. 260 (262); ausführlicher BVerwG 42, S. 331 (338 ff.); allgemein: Erichsen, Das Verwaltungshandeln, Rn. 14 ff. und Fun. 50, in Erichsen, Hans Uwe (Hrsg.), Allgemeines Verwaltungsrecht, 10. Aufl., Berlin 1995.

MaßnG setzt eine vertragliche Leistung des Privaten zudem voraus, daß sie als Nebenbestimmung eines Verwaltungsaktes gefordert werden dürfte.[126] Das Problem der Vorabbindung der planenden Gemeinde ist bei den vertraglichen Bindungen i.S.d. § 6 BauGBMaßnG besonders aktuell. Wird die Vorbereitung der Plaung durch Private übernommen, so wird sich die Gemeinde in vielen Fällen letztlich auf eine »nachvollziehende Abwägung«[127] beschränken müssen. Die planerische Abwägung einer Gemeinde kann ferner dann beeinträchtigt werden, wenn der private Vorhabenträger die Erschließungs- und Folgekosten für zu verwirklichende Vorhaben übernimmt.[128]

b) *Die Satzung über den Vorhaben- und Erschließungsplan nach § 7 BauGBMaßnG*

Der Vorhaben- und Erschließungsplan[129] ist – anders als grundsätzlich ein Bebauungsplan[130] – ein vorhabenbezogenes Instrument. Er hat drei Teile: (*aa*) Einen vom (privaten) Vorhabenträger der Gemeinde vorzulegenden »Vorhaben- und Erschließungsplan«, (*bb*) eine auf diesen Plan bezogene, seitens der Gemeinde zu erlassende »Plansatzung« und (*cc*) letztlich einen städtebaulichen Vertrag zwischen Gemeinde und Vorhabenträger, den »Durchführungsvertrag«.

aa) Für den vom Vorhabenträger vorzulegenden Vorhaben- und Erschließungsplan gelten die gleichen materiellen Anforderungen wie für einen Bebauungsplan i.S.d. § 30 I BauGB; jedoch darf gem. § 7 I 1 BauGBMaßnG das Vorhaben nicht bereits nach den §§ 30, 31 und den §§ 33 bis 35 BauGB zulässig sein.

bb) Daraus folgt, da für den Erlaß der Plansatzung ein Planerfordernis (Verweis in § 7 II BauGBMaßnG auf das BauGB) gegeben sein muß, weswegen grundsätzlich das Entwicklungsgebot, § 8 II BauGB, (aber auch die Ausnahmen davon) zu beachten ist. Ferner ist die Abwägung i.S.d. § 1 VI BauGB unter Hinzuziehung und Gewichtung aller relevanten Belange erforderlich.
Gem § 7 III 1 BauGBMaßnG hat die Gemeinde auf Antrag des Vorhabenträgers über die Einleitung des Satzungsverfahrens nach pflichtgemäßem Ermessen zu ent-

---

126 So schon BVerwG, BRS 36, Nr. 161.
127 Hierzu *Koch*, (Verfahrens-)Privatisierung im öffentlichen Baurecht, in W. Hoffmann-Riem/ J.-P. Schneider (Hrsg.) Verfahrensprivatisierung im Umweltrecht, 1996, S. 170 (180 ff.); dazu VGH Mannheim, UPR 1996 S. 115 f.
128 Hierzu *Scharmer*, Städtebauliche Verträge nach § 6 BauGB- Maßnahmegesetz, NVwZ 1995, S. 219 (222); *Koch*, (Verfahrens-)Privatisierung im öffentlichen Baurecht, in W. Hoffmann-Riem/ J.-P. Schneider (Hrsg.) Verfahrensprivatisierung im Umweltrecht, 1996, S. 170 (184); *Gaentzsch*, Baugesetzbuch mit BauGB-MaßnG, Köln 1991, Teil D., Rn. 24.; zu den Problemen des Gesetzes ferner *Stüer*, Der städtebauliche Vertrag, DVBl. 1995, S. 649 (656).
129 Ausführlich *Hamberger*, Der Vorhaben- und Erschließungsplan, 1. Aufl., München 1994; *Birk*, Die neuen städtebaulichen Verträge, VBlBW, S. 131 (133 ff.); *Runkel*, Die Satzung über den Vorhaben- und Erschließungsplan nach § 7 BauGB-MaßnahmeG, in Das neue Baurecht, UPR-Special Bd. 6, München 1994, S. 75 ff.; ausführlich auch *Hoppe/Grotefels*, aaO., S. 189 ff.; *Reidt*, Chancen und Risiken des Vorhaben- und Erschließungsplans, NVwZ 1996, S. 1 ff.
130 Doch auch ein Bebauungsplan kann sich auf ein Vorhaben beschränken, vgl. § 17 III 1 FStrG.

scheiden; auch hier gilt § 2 III BauGB. Im Gegensatz zum Bebauungsplanverfahren müssen im Rahmen des Satzungserlasses gem. § 7 III 2 BauGBMaßnG lediglich *betroffene* Bürger beteiligt werden, wobei die frühzeitige Bürgerbeteiligung i.S.d. § 3 I BauGB entfallen kann, und die beschleunigenden Aspekte des § 2 II – V BauGBMaßnG auch dann Anwendung finden können, wenn das Vorhaben nicht der Deckung eines dringenden Wohnbedarfes, sondern investiven Zwecken dient, § 7 III 3 BauGBMaßnG.[131] Versäumt im Rahmen der Beteiligung ein Träger öffentlicher Belange die Einlassungsfrist, so tritt eine sog. »kleine Präklusion« ein, d.h. die Gemeinde muß sein Vorbringen – Abweichend vom Grundsatz des § 214 III 1 BauGB – nicht mehr beachten, es sei denn, es ist der Gemeinde bekannt oder hätte ihr bekannt sein müssen.[132]
Die Satzung ist der höheren Verwaltungsbehörde anzuzeigen und ortsüblich oder nach dem Verfahren des § 12 BauGB bekannt zu machen, § 7 III 5 ff. BauGBMaßnG.

cc) Der Durchführungsvertrag ist ein öffentlich-rechtlicher (städtebaulicher) Vertrag i.S.d. §§ 54 ff (H)VwVfG[133] mit zwei Regelungskomplexen: Zum einen hat sich der Vorhabenträger gegenüber der Gemeinde zur Durchführung des Vorhabens innerhalb einer bestimmten Frist zu verpflichten.[134] Zum anderen obliegt dem Vorhabenträger die Tragung der Kosten für Planungen und Erschließungsmaßnahmen.
Ist die Plansatzung erlassen und der Durchführungsvertrag geschlossen, so hat der Vorhabenträger gem. § 7 IV 1 BauGBMaßnG einen Anspruch auf Zulassung des Vorhabens[135], sofern es den Anforderungen der Satzung entspricht. Bei der Beurteilung der Zulässigkeit finden die Regelungen des BauGB über Ausnahmen und Befreiungen sowie solche bezüglich des Einvernehmens der Gemeinde entsprechende Anwendung.
Auch bei diesem Plaungsinstrument besteht die Gefahr der Vorabbindung einer Gemeinde hinsichtlich des Abwägungsprozesses; insofern gilt das zu den städtebaulichen Verträgen i.S.d. § 6 BauGBMaßnG Gesagte.[136]

8. Das Verhältnis des Bauplanungsrechts zu anderen Rechtsgebieten

Das Bauplanungsrecht ist nicht der alleinige Mastab für die Beurteilung der planungsrechtliche Zulässigkeit eines Vorhabens; auch andere Rechtsgebiete enthalten

---

131 Dazu *Hamberger*, Der Vorhaben- und Erschließungsplan, S. 12 f., 17 f.
132 Kritisch *Metscher*, DüV 1994, S. 894 (898).
133 Es gelten somit auch die allgemeinen Vertragsregelungen des Bürgerlichen Gesetzbuches, § 62 S. 2 (H)VwVfG.
134 Zur Durchführungspflicht siehe *Reidt*, Chancen und Risiken des Vorhaben- und Erschließungsplanges, NVwZ 1996, S. 1 (2, 5).
135 Wie der Bebauungsplan enthält auch der Vorhaben- und Erschließungsplan keine Baugenehmigung; dazu: *Hamberger*, Der Vorhaben- und Erschließungsplan, S. 197 ff.
136 Siehe oben a).

Kriterien, die eine bauliche Anlage ggf. zu erfüllen hat. So sind u.U. denkmalrechtliche[137] oder umweltrechtliche[138] Vorschriften zu beachten.

a) *Bauplanungsrecht und Umweltverträglichkeitsprüfung*

Die durch das Recht der Europäischen Union geforderte und durch das UVPG[139] in das deutsche Recht umgesetze Umweltverträglichkeitsprüfung (im weiteren: UVP)[140] findet in der Regel (§ 17 UVPG) bei der Vorbereitung der Zulassung umweltrelevanter Vorhaben Anwendung. Das Ziel einer solchen Prüfung besteht nach §§ 1, 2 I UPVG in der Sicherstellung einer einheitlichen Ermittlung, Bewertung und Berücksichtigung der Auswirkungen eines Vorhabens auf die Umwelt. Die Prüfung wird als unselbständiges Verfahren (§ 2 I 1 UVPG) auf ein laufendes Zulassungs- oder Planungsverfahren »aufgesattelt«[141]. Dies gilt auch für die Bauleitplanung, weswegen die Gemeinden mit zusätzlichen Aufgaben konfrontiert werden.[142] Zum UVPG ist mittlerweile eine Verwaltungsvorschrift erlassen worden.[142a] Durchzuführen ist eine UVP im Bereich des Bauplanungsrechtes gem. § 2 III Nr. 3, 4 i.V.m. § 17 UVPG[143] bei »vorhabenbezogenen« städtebaulichen Satzungen, also

– bei Bebauungsplänen, die Grundlage der Zulassung bestimmter Vorhaben i.S.d. Anlage zu § 3 UVPG sind,

– bei Bebauungsplänen, die Planfeststellungsbeschlüsse über solche Vorhaben ersetzen, sowie

– bei Satzungen über Vorhaben- und Erschließungspläne i.S.d. § 7 BauGBMaßnG für die in der Anlage zu § 3 UVPG genannten Vorhaben.

---

137 Vgl. *Steinberg*, Verfassungsfragen des ipso-iure-Systems im hessischen Denkmalschutzgesetz, NVwZ 1992, S. 14 ff.
138 Siehe unten *E. Rehbinder*, Umweltrecht; ferner instruktiv der Leitfadenvon *G. Roller/B. Gebers*, Umweltschutz durch Bebauungspläne, 1995.
139 Grundlegend für das UPVG v. 19. 2. 1990 (BGBl. I S. 205), zul. geänd. durch Ges. v. 22. 4. 1993 (BGBl. I S. 466) ist die Umweltverträglichkeitsprüfungs-Richtlinie des Rates v. 5. 7. 1985 (AB1EG Nr. L 175). Zur Umsetzung: *Callies*, Zur unmittelbaren Wirkung der EG-Richtlinie über die UVP, NVwZ 1996 334; *Steinberg*, Chancen zur Effektierung der UVP, DÖV 1996, 221 ff.
140 Zu diesem Komplex ausführlich: *Erbguth/Schlink*, Gesetz über die Umweltverträglichkeitsprüfung – Kommentar, München 1992; *Landel*, Die Umweltverträglichkeitsprüfung in parallelen Zulassungsverfahren, Berlin 1995; zur alten Rechtslage doch ausführlich *Zimmermann* (Hrsg.), Umweltverträglichkeitsprüfung in der Kommunalverwaltung, 1990; ebenfalls *Braun*, Umweltverträglichkeitsprüfung-UVP in der Bauleitplanung, 1987; siehe auch den Erlaß v. 7. 10. 1993 (StAnz. S. 2770) zur UVP in der Bauleitplanung.
141 Hierzu *R. Steinberg*, Bemerkungen zum Entwurf eines Bundesgesetzes über die Umweltverträglichkeitsprüfung, DVBl. 1988, S. 995 ff.
142 Siehe hierzu BVerwG, NVwZ 1994, S. 1004 ff., OVG Schleswig, NVwZ – RR 1996, 11, ferner BVerwG, NuR 1996, 198.
142a GMBl. 1995, 671. Dazu *Spoerr*, NJW 1996, 85 (88); *Mayen*, Die Umweltverträglichkeitsprüfung nach dem UVPG und der UVPG-VV, NVwZ 1996, 319 ff.
143 Der Anwendungsbereich des UVPG innerhalb des Bauplanungsrechtes wurde durch das Gesetz zur Erleichterung von Investitionen und der Ausweisung und Bereitstellung von Wohnbauland v. 22. 4. 1993 (BGBl. I S. 466) deutlich eingeschränkt! Zu den Änderungen siehe *Goerlich/Fuß*, Umweltverträglichkeitsprüfung und naturschutzrechtliche Eingriffsregelung in der Bauleitplanung, SächsVBl. 1995, S. 79 (80 ff.).

Im Falle einer vorhabenbezogenen Satzung wird dadurch die UVP von der Vorhabenzulassung zur Bauleitplanung hin grundsätzlich (§ 17 S. 2, 3 UVPG) vorverlagert. Sonstige Bebauungspläne enthalten demnach keine der UVP entsprechende ausführliche Ermittlung und Bewertung der Auswirkungen möglicher Vorhaben auf die Umwelt. Hier kann bei der Zulassung von Vorhaben – sofern sie überhaupt mit den Festsetzungen des Bebauungsplans vereinbar sind – eine UVP erforderlich werden; eine Pflicht zur Durchführung einer UVP kann sich ferner für Vorhaben im nicht beplanten Innenbereich, § 34 BauGB, oder im Außenbereich, § 35 BauGB ergeben. Wird die Durchführung einer UVP innerhalb eines Bebauungsplanes erforderlich, erfolgt diese gem. § 17 S. 1 UVPG nach den Vorschriften des im Baugesetzbuch geregelten Verfahrens. Hier bei ist die (möglicherweise grenzüberschreitende) Behördenbeteiligung i.S.d. §§ 7, 8 UVPG zu beachten. Die im Rahmen der UVP unter Einbeziehung der Öffentlichkeit[144] gesammelten Informationen werden vom Planungsträger zusammenfassend dargestellt, § 11 UVPG, und berwertet, § 12 UVPG. Das Ergebnis der UVP wird letztlich als planungserheblicher Belang in die Abwägung nach § 1 VI BauGB eingestellt.[145]

b) *Das Verhältnis des Bauplanungsrechts zum Naturschutzrecht*

Vor Einführung der §§ 8a – c BNatSchG[146] wurde die Erfüllung der naturschutzrechtlich an ein Vorhaben gestellten Anforderungen erst innerhalb des Zulassungsverfahrens in Form eines unselbständigen Verfahrens von der für die Zulassung zuständigen Behörde überprüft.[147] Im Rahmen der Bauleitplanung waren zwar vor Einführung der Vorschriften und sind auch jetzt gem. § 6 IV BNatSchG i.V.m. § 3 IV HeNatSchG die Ziele und Maßnahmen der Landschaftsplaung im Rahmen der Bauleitplanung zu berücksichtigen[148] und in die bauplanungsrechtliche Abwägung nach § 1 VI BauGB über Abs. V 2 Nr. 7 dieser Vorschrift einzubeziehen.[149] Im übrigen bestehen eine Reihe von Festsetzungsmöglichkeiten in § 9 BauGB (z.B. Abs. I Nr. 5, 15, 20, 24, 25), durch die ein Ausgleich von Eingriffen in Natur und Landschaft geschaffen werden soll.[150] Dennoch konnte ein Bauleitplan gegen das Gebot der planerischen Konfliktbewälti-

---

144 Im einzelnen: *Erbguth/Schink*, aaO., § 6, Rn. 2, § 9, Rn. 3 ff.
145 Siehe *Erbguth/Schink*, Gesetz über die Umweltverträglichkeitsprüfung, § 12, Rn. 76; allgemein *Gassner*, Umweltverträglichkeitsprüfung in der planerischen Abwägung, UPR 1993, S. 241 ff.
146 Durch das Investitionserleichterungs- und Wohnbaulandgesetz v. 22. 4. 1993 (BGBl. I S. 466); zu den neuen Regelungen siehe *Louis*, Bundesnaturschutzgesetz – Kommentar, Braunschweig 1994.
147 Vgl. *Schink*, Der Baurechtskompromiß, NuR 1993, S. 365 (366). Siehe zu den naturschutzrechtlichen Regelungen *Bender/Sparwasser/Engel*, Umweltrecht, S. 119 ff.
148 Siehe auch §§ 5 II Nr. 10, 9 I Nr. 20 BauGB; zu diesen bauplaungsrechtlichen Vorschriften: *Erbguth*, Zum Einsatzbereich der Landschaftsplanung: Baugesetzbuch, Umweltverträglichkeitsprüfung, UPR 1987, S. 409 (411).
149 Hierzu *Gassner*, Zum Zusammenwirken von Naturschutz und Baurecht, NVwZ 1991, S. 26 (28 ff.).
150 Vgl. *Roller/Gebers*, Umweltschutz durch Bebauungspläne, 1995, S. 74 ff.

gung[151] verstoßen, wenn er Gebiete für Vorhaben auswies, welche die naturschutzrechtlichen Anforderungen innerhalb eines nachfolgenden Zulassungsverfahres nicht erfüllen und deshalb nicht verwirklicht werden konnten.[152] Aus diesem Grunde wurde eine Vorwirkung der naturschutzrechtlich an mögliche Vorhaben zu stellenden Anforderungen innerhalb der Bauleitplaung angenommen.[153]
Durch die Einführung des § 8a I 1 BNatSchG ist nun verbindlich die naturschutzrechtliche Eingriffsregelung des § 8 I – III BNatSchG innerhalb der bauplanungsrechtlichen Abwägung nach § 1 VI BauGB anzuwenden.[154] Sie verstärkt unter Verwendung des Verhältnismäßigkeitsgrundsatzes das Gewicht der Belange von Natur und Landschaft durch ein gestuftes System von verbindlichen Rechtsfolgen,[155] die solche Planungen für Vorhaben betreffen, welche einen **Eingriff** i.S.d. § 8 I BNatSchG in die Schutzgüter Natur und Landschaft bewirken. Ein Verstoß gegen das Gebot der planerischen Konfliktbewältigung ist damit aufgrund der frühzeitigen Berücksichtigung der zu erwartenden Eingriffe in Natur und Landschaft (theoretisch) ausgeschlossen.
Gem. § 8a I 1 i.V.m. § 8 II 1 BNatSchG ist eine planende Gemeinde gehalten, vermeidbare (auch planungsbedingte mittelbare) Eingriffe zu unterlassen (*Vermeidungsgebot*)[156] und unvermeidbare Eingriffe auszugleichen oder Ersatzmaßnahmen durchzuführen,[157] sofern nicht die Belange des Naturschutzes und der Landschaftspflege bei der Abwägung – innerhalb der Eingriffsregelung (!) – den mit einer Planung verfolgten Belangen im Range vorgehen, § 8 III BNatSchG.
Im praktischen Falle ist somit nach der Feststellung eines aufgrund der Planung zu erwartenden unvermeidbaren Eingriffes das Überwiegen der mit ihm verfolgten Belange gegenüber denjenigen des § 8 III i.V.m. den §§ 1, 2 BNatSchG zu ermitteln, bevor Möglichkeiten seines Ausgleiches i.S.d. § 8 II 1, 4 BNatSchG erwogen oder – falls ein solcher nicht (vollends) möglich ist – eventuelle Ersatzmaßnahmen[158] i.S.d. § 8 IX BNatSchG i.V.m. § 5 ff. HeNatSchG entwickelt werden.[159]

---

151 Hierzu *Pfeifer*, Der Grundsatz der Konfliktbewältigung in der Bauleitplanung, Münster 1989; *Groh*, Konfliktbewältigung im Bauplanungsrecht, Düsseldorf 1988.
152 So schon *Kuchler*, Naturschutzrechtliche Eingriffsregelung und Bauplanungsrecht, 1989, S. 218 ff.
153 So *Kuchler*, Naturschutzrechtliche Eingriffsregelung und Bauplanungsrecht, 1989, S. 222.
154 Zum ganzen: *Louis*, Bundesnaturschutzgesetz – Kommentar, Braunschweig 1994; *Krahnefeld*, Naturschutz im Recht der Bauleitplanung, Kiel 1993; *Hoppe/Grotefels*, aaO., S. 165 ff.; *R. Stich*, Offene Rechts- und Fachfragen der für städtebauliche Planungen geltenden Eingriffsregelung in § 8a BNatSchG, in: FS für Schlichter, 1995, S. 273 ff.
155 Zu den für die Gemeinden verbindlichen Handlungsgeboten: *Goerlich*, SächsVBl. 1995, S. 79 (83 f.); ferner *Louis*, Die Abwägung der Belange von Naturschutz und Landschaftspflege, DöV 1994, S. 903 (907).
156 Hierzu *Bender/Sparwasser/Engel*, Umweltrecht, 3. Aufl. 1995, S. 155; *Steinberg*, Fachplanung, § 5, Rn. 51 ff.
157 Siehe dazu *Schmidt-Eichstaedt*, Die Finanzierung von Ausgleichs- und Ersatzmaßnahmen, DÖV 1995, S. 95 ff.
158 Zu unzureichenden Ersatzmaßnahmen siehe Nds. OVG, Urt. v. 10. 2. 1995 – 1 K 2574/94 –; ansonsten: *Schmidt-Eichstaedt*, Inhalt und Grenzen der Rechtspflichten zu Ausgleichs- und Ersatzmaßnahmen im Zusammenhang mit der Errichtung baulicher Anlagen, DVBl. 1994, S. 1165 ff.; *ders.*, Die Finanzierung von Ausgleichs- und Ersatzmaßnahmen, DÖV 1995, S. 95 ff.
159 Dazu *Stollmann*, UPR 1994, S. 170 (173); *Louis*, Die Abwägung der Belange von Naturschutz und Landschaftspflege, DöV 1994, S. 903 (908 f.).

Die Gewichtung der naturschutzrechtlichen Betrachtungen als Belang innerhalb der bauplanungsrechtlichen Abwägung ist umstritten, doch wird überwiegend ihre Einbeziehung in Form eines Optimierungsgebotes angenommen.[160]
Da die Verwirklichung entweder eines Ausgleiches oder einer Ersatzmaßnahme innerhalb des vorgesehenen Planungsgebiets problematisch sein kann, wird diskutiert, solche Maßnahmen innerhalb eines Bebauungsplanes mit zwei Geltungsbereichen oder in einem zusätzlichen Bebauungsplan festzusetzen.[161]

c) *Das Verhältnis des Bauplanungsrechts zum Bundesimmissionsschutzrecht*

Der Schutz vor schädlichen Umwelteinwirkungen wird auch mit Instrumenten des Bauplanungsrechts verfolgt: So weist § 1 V 2 Nr. 7 BauGB auf Belange des Umweltschutzes und der Luft hin, die innerhalb der Abwägung gem. § 1 VI BauGB zu beachten sind; ferner eröffnen die §§ 5 II Nr. 6 und 9 I Nr. 23, 24 BauGB die Möglichkeit der Darstellung und Festsetzung bestimmter Gebiete, die vor Immissionen geschützt werden sollen oder die dem Schutz vor Immissionen dienen.[162] Jedoch enthält das Bauplanungsrecht keine konkreten Maßstäbe, wann und wie der Immissionsschutz in die Bauleitplanung einzufließen hat.
Solche Maßstäbe lassen sich im Immissionsschutzrecht[163] finden, das zwar nicht primär der städtebaulichen Entwicklung dient; doch sind seine Maßstäbe wegen des Grundsatzes der planerischen Konfliktbewältigung[164] auf der Ebene der Bauleitplaung beachtlich.[165] Denn es ist unnütz, Gebiete zur Verwirklichung von Vorhaben auszuweisen, die den Anforderungen des (vorhabenbezogenen) Immissionsschutzrechtes nicht genügen, weil von ihnen schädliche Umwelteinwirkungen zu erwarten sind, § 3 I BImSchG – insofern steht das Bauplanungsrecht zum Immissionsschutzrecht in einem ähnlichen Verhältnis wie zum Naturschutzrecht.

---

160 BVerwGE 85, S. 348 (362); vgl. auch *Hoppe*, Das Abwägungs gebot in der Novellierung des Baugesetzbuches, DVBl. 1994, S. 1031 (1038) m.w.N.; *Steinberg*, Fachplanung, § 4, Rn. 66 ff.; § 5, Rn. 54.
161 Da durch diese Lösung die Kostenregelungen des § 8a III, IV i.V.m. § 8a I 4 BNatSchG abgeschnitten ist, wird die Verknüpfung mit einem Folgekostenvertrag zwischen Gemeinde und Vorhabenträger vorgeschlagen: So *Enderle*, Naturschutz und Bauleitplanung im Investitionserleichterungs- und Wohnbaulandgesetz, VR 1995, S. 37 (38, 40); siehe auch *Schmidt-Eichstaedt*, Inhalt und Grenzen der Rechtspflichten zu Ausgleichs- und Ersatzmaßnahmen, DVBl. 1994, S. 1165 (1172 ff.); *ders.*, Die Finanzierung von Ausgleichs- und Ersatzmaßnahmen, DÖV 1995, S. 95 (99 f.).
162 Hierzu: BVerwG, DÖV 1989, S. 772 = BVerwGE 69, S. 30 ff.; BVerwG, NJW 1995, S. 2572 ff.; dazu ferner *Roller/Gebers*, Umweltschutz durch Bebauungspläne, 1995, S. 21 ff. Planeri sche Festsetzungsmöglichkeiten ergeben sich ferner z.B. aus § 1 IV Nr. 1, 2 BauNVO – hierzu VGH Bad.-Württ., UPR 1995, S. 317 m.w.N.
163 Hierzu *Bender/Sparwasser/Engel*, Umweltrecht, 3. Aufl. 1995, S. 309 ff.
164 Hierzu OVG Frankfurt, NVwZ-RR 1996, S. 3 (4); *Pfeifer*, Der Grundsatz der Konfliktbewältigung in der Bauleitplanung, Münster 1989; *Groh*, Konfliktbewältigung im Bauplaungsrecht, Düsseldorf 1988.
165 Dazu BVerwG, UPR 1991, S. 151; ferner OVG Münster, NVwZ 1994, S. 1016.

So stellt § 50 BImSchG ein Optimierungsgebot auf, das innerhalb der bauplanungsrechtlichen Abwägung zu beachten ist.[166] Ferner finden sich je nach Emissionsart (siehe § 3 III BImSchG)[167] Maßstäbe in Form abwägungserheblicher Belange in den verschiedensten Regelwerken.[168] Bei diesen Regelwerken handelt es sich oftmals weder um formelle Gesetze[169] noch um Rechtsverordnungen,[170] sondern um Verwaltungsvorschriften[171] oder Regelwerke nicht-staatlicher Organisationen.[172] Besonderes Augenmerk ist auf die Hinzuziehung nicht-gesetzlicher Regelungen zu richten, da sie keinen für den Entscheidungsträger letztverbindlichen, sondern vielmehr indiziellen Charakter haben und in die bauplanungsrechtliche Abwägung nach § 1 VI BauGB einfließen.[173] Ein zumindest abwägungserheblicher Belang kann sich aufgrund eines immissionsschutzrechtlichen Luftreinhaltungs- oder Lärmminderungsplanes gem. der §§ 47 III, 47a IV BImSchG ergeben.[174] Letztlich dürfen gemeinschaftsrechtliche Vorschriften nicht übersehen werden.[175]

IV. Die Grundzüge des materiellen Bauordnungsrechts

1. Die baurechtliche Generalklausel

Der ursprüngliche und auch heute noch wesentliche Zweck des Bauordnungsrechts (»Baupolizeirecht«) liegt in der Abwehr von Gefahren für die öffentliche Sicherheit

---

166 BVerwGE 71, S. 163 (165); ferner BVerwG, NJW. 1995, S. 2572 ff.; siehe auch *Steinberg*, Fachplanung, § 4, rn. 68. Ob es sich bei dieser Vorschrift um eine Abstandsregelung handelt (so BVerwGE 45, S. 396) oder nicht (siehe *Fieseler*, Die Bedeutung fachtechnischer Anforderungen für die Berücksichtigung der Belange des Immissionsschutzres in der Bauleitplanung, UPR 1995, S. 49) ist umstritten. Zur Beachtlichkeit von Schallimmissionswerten im Rahmen der Bauleitplanung: VGH Bad.-Württ., Beschl. v. 12. 4. 1994 – 5 S 3075/93 –, UPR 1995, S. 39.
167 Ausführlich zum Geräusch-Immissionsschutz: *Tegeder*, Geräusch-Immissionsschutz in der Bauleitplanung, UPR 1995, S. 210 ff.
168 Eine Übersicht findet sich bei *Fieseler*, Die Bedeutung fachtechnischer Anforderungen für die Berücksichtigung der Belange des Immissionsschutzes in der Bauleitplanung, UPR 1995, S. 49 (50 ff.).
169 So für Fluglärm das Gesetz zum Schutz gegen Fluglärm (BGBl. I 1971 S. 282, zul. geänd. durch Ges. v. 25. 9. 1990 (BGBl. I S. 2106)).
170 So z.B. für Verkehrslärm die 16. BImSchVO, für Sportanlagen die 18. BImSchVO, allgemein die BauNVO mit ihren Gebietseinteilungen.
171 Für Gewerbelärm die TA-Lärm v. 16. 7. 1968 (Beil. z. BAnz. Nr. 137 v. 26. 7. 1968); für Luft die TA-Luft v. 27. 2. 1986 (GMBL. S. 95, ber. S. 202); Zur Problematik der rechtlichen Verbindlichkeit solcher Vorschriften siehe *Ben der/Sparwasser/Engel*, Umweltrecht, 3. Aufl. 1996, S. 333 ff.
172 So für den Schallschutz im Städtebau DIN 18005, für Arbeitslärm VDI-Richtlinie 2058 »Beurteilung von Arbeitslärm in der Nachbarschaft (Blatt 1)«, für tierische Gerüche VDI-Richtlinie 3471 – Emissionsminderung; Tierhaltung – Schweine (Ausg. Juni 1986). Zur Anwendung solcher Regelwerke siehe OVG Frankfurt, NVwZ-RR 1996, S. 3 ff.; HessVGH, HessVGRspr. 1996, 23 f.
173 Siehe auch VGH Bad.-Württ., UPR 1995, S. 317 f.; ferner *Sarnighausen*, Garagen und Stellplätze im Baunachbarrecht, NVwZ 1996, S. 7.
174 Die Bindungswirkung eines solchen Planes für die gemeindliche Bauleitplaung hängt von der Einschätzung seiner Rechtsnatur ab (RechtsVO oder Verwaltungsvorschrift) – dazu *Jarass*, Bundesimmissionsschutzgesetz-Kommentar, 3. Aufl. 1995, § 47, Rn. 17; daneben Bericht der LAI, UPR 1991, S. 334 (336).
175 Normen der EU bestehen für die verschiedensten Materien, siehe dazu *Jarass*, Bundesimmissionsschutzgesetz-Kommentar, 3. Aufl., München 1995, Anhang D.

und Ordnung, die von der Anordnung, Errichtung, Änderung und Unterhaltung baulicher Anlagen ausgehen (§ 3 I HBO). Hinzu treten andere Zwecke der baulichen (»Verunstaltungsverbot«, § 3 I 3 HBO) und sozialen (vgl. die §§ 9, 54 HBO) Gestaltung.[176] In der HBO 1993 sind die allgemeinen Anforderungen nach § 3 I 2 HBO um umweltspezifische Anforderungen ergänzt worden.[177] Die Bauvorhaben müssen den allgemein anerkannten Regeln der Baukunst, der Technik und des Grünflächen- und Landschaftsbaus entsprechen (§ 3 III HBO). Die Grundsätze des § 3 I 1 und III HBO gelten i.V.m. § 3 IV HBO für den Abbruch baulicher Anlagen, deren Nutzungsänderung, die Baustellen und Baugrundstücke entsprechend. An die materiell-rechtliche Generalklausel des § 3 HBO knüpft die kompetenzrechtliche Generalklausel der Bauaufsichtsbehörden den § 61 II HBO an. Im einzelnen beziehen sich die Regelungen entweder auf das Grundstück und dessen Bebauung oder auf die bauliche Anlage und die Bauausführung. Die baurechtliche Generalklausel kommt als unmittelbar geltender Rechtssatz zum Zuge, soweit keine spezielleren Regelungen bestehen. Für die Auslegung und Anwendung der bau-(polizei)- rechtlichen Klausel des § 3 I 1 HBO sind die Lehren des allgemeinen Polizeirechts heranzuziehen.[178] Soweit die HBO keine ausdrücklichen Regelungen enthält, gelten die Vorschriften des HSOG ergänzend, § 3 I 3 HSOG.[179] Hinzuweisen ist auf die gegenüber § 11 HSOG erweiterten Tatbestandsvoraussetzungen, die neben dem Gefahrbegriff auch unzumutbare Nachteile und Belästigungen einschließen. Auch der Kreis der Verantwortlichen ist gegenüber dem allgemeinen Polizeirecht um die am Bau Beteiligten (§§ 55 ff. HBO) erweitert.

2. Das Grundstück und seine Bebauung

a) *Grundsätze*

Die wesentlichen Regelungen über die Bebaubarkeit eines Grundstücks sind bauplanungsrechtlicher Natur. Die diesbezüglichen bauordnungsrechtlichen Bestimmungen ergänzen diese und stellen ihre Verzahnung sicher. Von Bedeutung sind einmal die sicherheitsrechtlichen Anforderungen an die für die Bebauung mit Gebäuden (§ 2 II HBO) geeigneten Grundstücke (§ 4 I Nr. 1 HBO), etwa im Hinblick auf die Zufahrt von Feuerlösch- und Rettungsgeräten (§ 5 I HBO).[180] Zwecken des Umweltschutzes dienen Vorschriften über die Erhaltung von Pflanzen sowie die rationellen Verwendung von Energie und Wasser, § 4 III HBO, über die Zulässigkeit von Camping- und Zeltplätzen sowie von Lager-, Abstell- und Ausstellungsplätzen

---

176 Dazu bes. *Proksch*, S. 85 ff.; *B. H. Schulte*, Rechtsgüterschutz durch Bauordnungsrecht, 1982.
177 Hierzu *Herbert/Keckemeti/Dittrich*, Die neue Hessische Bauordnung (HBO 1993)-Umweltschutz und Verfahrensbeschleunigung?, ZfBR 1995, S. 67 (70 ff.).
178 Hierzu *Schaetzell*, § 3, Anm. 2.1. ff.
179 Hessisches Gesetz über Sicherheit und Ordnung (HSOG), i.d.F. v. 31.3.1994 (GVBl. I S. 174, ber. S. 284).
180 Vgl. dazu auch § 1 Allg. DVO HBO (GVBl. 1977 I, S. 173).

(§ 53 V Nr. 12, 13 HBO), solche zum Schutz des Baumbestandes (§ 4 IV Nr. 2 und § 87 I Nr. 2 HBO[181]) und über die gärtnerische Gestaltung von Freiflächen (§ 9 I, II HBO), ferner § 9 III, IV HBO (Kinderspielplätze) sowie die Regelungen über sonstige Gemeinschaftsanlagen (§§ 9 III, 11, 86 I, 87 I Nr. 3 HBO[182]).

b) *Die Abstandsregeln*

Die wichtigste Bestimmung über die Anordnung der baulichen Anlage auf dem Grundstück ist die Abstandsregel des neugefaßten § 6 HBO. Abstände haben den Sinn, schädliche Einwirkungen auf Nachbargrundstücke zu vermeiden (Luft, Lärm) und Gefahren vorzubeugen (etwa Brandschutz). Landesrechtliche Regelungen über Abstände sind Regelungen i.S.d. Art. 14 I 2 GG und verfassungsrechtlich nicht zu beanstanden.[183] Durch die Neufassung der HBO wurden die Abstandregeln grundlegend geändert.[184] Die frühere Unterscheidung von Bauwich und Abstandsflächen ist zugunsten einer einheitlichen Regelung in § 6 HBO entfallen. Die hessische Regelung wurde damit neueren Landesbauordnungen anderer Länder angepaßt.[185] Ob die Vorschrift insgesamt weniger Streitfragen aufwerfen wird als ihre Vorgängerin, ist aber keinesfalls sicher.[186]

Nach § 6 I HBO sind vor den Außenwänden von Gebäuden grundsätzlich **Abstandsflächen** freizuhalten, innerhalb derer keine Gebäude errichtet werden dürfen. Im Gegensatz zur früheren Regelung ist das Maß des Abstands (»Tiefe der Abstandsfläche«) nicht mehr von der Anzahl der Vollgeschosse abhängig, sondern nach § 6 IV HBO von der Wandhöhe des (eigenen) Gebäudes. § 6 V HBO regelt die Tiefe der Abstandsfläche im einzelnen; sie beträgt jetzt einheitlich nur noch 40 % der Gebäudehöhe, in Gewerbe- und Industriegebieten ein Viertel der Wandhöhe des Gebäudes. Die Abstandsflächen dürfen sich nicht überdecken und gem. § 6 V 3 HBO ein Mindestmaß von 3 m nicht unterschreiten. Das bedeutet, daß sich der Abstand zwischen zwei Gebäuden aus der Summe der Abstandsflächen der jeweiligen Gebäude ergibt, bei gleichhohen Gebäuden also die doppelte Abstandsfläche beträgt.

Beispiel: Das Gebäude A hat eine Höhe H der Außenwand von 5 m, das gegenüberliegende Gebäude B hat eine Höhe H = 6 m. Die Abstandsfläche von A beträgt 40 % von H = 2 m, die von B beträgt 40 % von H = 2,40 m. Der Abstand zwischen A und B beträgt somit insgesamt 4,40 m.

---

181 Siehe zur alten Regelung *Steinberg*, Baumschutzsatzungen und -verordnungen, NJW 1981, 550; vgl. auch VG Frankfurt, Urt. v. 26. 5. 1981, NuR 1982, 30 f. Anders der HessVGH, Beschl. v. 6. 12. 1988, BRS 48, Nr. 114.
182 Damit besteht die Möglichkeit der Durchsetzung von Festsetzungen nach § 9 I Nr. 4, 22 BauGB. Vgl. auch *Schmidt-Aßmann*, Gemeinschaftsanlagen und Gemeinschaftsrechtsverhältnisse im Städtebau, FS für Ernst, 1980, S. 367 ff.
183 BVerwGE 88, 191.
184 Siehe dazu *Fley*, Vorrang des Bebauungsplans vor einer Abstandsflächenregelung nach den Landesbauordnungen, BauR 1995, S. 303 ff.
185 Vgl. z.B. § 8 LBauO-Rheinland-Pfalz.
186 Siehe *Ortloff*, Die Entwicklung des Bauordnungsrechts, NVwZ 1995, S. 436 (437); Vgl. ferner *Schaetzell*, § 6, Anm. 1.1. f.

Ausnahmen gelten in Gewerbe- und Industriegebieten, § 6 VIII HBO. Ohne daß es einer Ausnahmegenehmigung wie nach früherem Recht bedürfte, sind in den Abstandsflächen bestimmte Garagen[187] sowie andere bauliche Anlagen, sofern sie das Gebäude und seine Nutzung nicht wesentlich beeinträchtigen, § 6 XI HBO, zulässig. Ausnahmen gelten darüberhinaus im Innenbereich für besondere Bauten, etwa für Kultur- und Naturdenkmäler, § 6 XII HBO. Die Regelungen über die Tiefe der Abstandsflächen gelten im übrigen nur, soweit ein Bebauungsplan nichts anderes bestimmt, § 6 XIII HBO.

c) *Stellplätze und Garagen*

Nach § 67 II 1 HBO a.F. mußte mit baulichen oder sonstigen Anlagen eine ausreichende Zahl von Garagen[188] oder Stellplätzen (§ 67 I HBO a.F.) auf dem Baugrundstück oder in zumutbarer Entfernung (§ 67 VI 1 HBO a.f.) hergestellt werden. Die hessische Bauordnung von 1993 lockert diese strikte gesetzliche Bindung[189] auf und gibt den Gemeinden die Möglichkeit, eine entsprechende Stellplatzpflicht durch Satzung einzuführen, § 50 VI HBO.[190] Die Herstellung von Stellplätzen kann auch nachträglich verlangt werden.[191] Dabei sind unter Stellplätzen Flächen im Freien außerhalb der öffentlichen Straßen gemeint.[192] Bei der Erstellung von Stellplätzen sind die verschiedenen Interessen in Einklang zu bringen: Auf der einen Seite ist eine zu weite Entfernung zwischen Stellplatz und Wohn- oder Büroanlage den Nutzern nicht zumutbar;[193] andererseits ist der Schutz der Nachbarn der betreffenden Anlage zu beachten.[194]
Schon durch das Gesetz zur Änderung der Hessischen Bauordnung vom 1. 4. 1992[195] wurde die Stellplatzpflicht auf Abstellplätze für Fahrräder erweitert, soweit ein Zu- oder Abgangsverkehr mit Fahrrädern zu erwarten ist und die Abstellplätze wegen der Bedürfnisse des ruhenden und fließenden Verkehrs erforderlich sind. Diese Ergänzung dürfte vor allem im innerstädtischen Bereich positiv wirken.

---

187 Hierzu *Mampel*, Grenzgaragen, UPR 1995, S. 328 f.
188 Zu dieser Art Vorhaben siehe *Mampel*, Grenzgaragen, UPR 1995, S. 328 ff.
189 Zum Nachweis von Stellplätzen als Bedinung einer Baugenehmigung siehe VGH Mannheim, ESVGH 44, S. 262.
190 Hierzu *Herbert/Keckemeti/Dittrich*, Die neue Hessische Bau ordnung (HBO 1993) – Umweltschutz und Verfahrensbeschleunigung ?, ZfBR 1995, S. 67 (71 f.).
191 HessVGH, Urt. v. 13. 12. 1990, BRS 50 Nr. 129.
192 Ihre gebotene Zahl (§ 67 II 2 HBO a.F.) richtet sich nach den Richtzahlen der Stellplatzrichtlinien des HMdI in der Fassung vom 23. 06. 1992, StAnz. 1992, S. 1676. Sie kann ebenso wie Größe und Gestaltung nach § 50 VI 1 Nr. 1, 2 HBO für neue und nach § 50 VI 1 Nr. 4 HBO für bestehende Anlagen durch gemeindliche Satzung geregelt werden. Die Ermächtigung schließt nunmehr Garagen ausdrücklich mit ein.
193 So ist eine Entfernung von 400-450 m Fußweg für Besucher eines Bürohauses ist nicht mehr zumutbar: HessVGH, Urt. v. 19. 6. 1981, BRS 38, Nr. 135. Vgl. auch VGH BW, Urt. v. 23. 10. 1985, BRS 44 Nr. 109.
194 Siehe *Sarnighausen*, Garagen und Stellplätze im Baunachbarrecht, NVwZ 1996, S. 7 (9). S. hierzu auch VGH Mannheim, DVBl. 1996, 271; VGH Mannheim, NVwZ – RR 1996, 254 ff.
195 GVBl. I 1992, S. 126; jetzt § 50 HBO.

Sinn der Stellplatzverpflichtung ist die Entlastung der öffentlichen Straßen vom ruhenden Verkehr. Ob die Stellplatzverpflichtung angesichts zunehmender Verkehrsprobleme im innerstädtischen Bereich noch zeitgemäß ist, ist eine andere Frage. Neuere verkehrspolitische Ansätze gehen eher dahin, Parkplatzangebote im Innenstadtbereich zu reduzieren.[196] Die Änderung der HBO hat dem in gewissem Umfang Rechnung getragen. Nach § 50 VI Nr. 7 HBO kann die Gemeinde durch Satzung zur Verkehrsentlastung bestimmter städtischer Bereiche die Herstellung von Stellplätzen untersagen oder einschränken, und zwar – im Gegensatz zur früheren Regelung – auch ohne daß in zumutbarer Entfernung andere Parkeinrichtungen zur Verfügung stehen. Vor allem für den innerstädtischen Bereich und für Fußgängerzonen hat diese Regelung Bedeutung.

Von besonderer praktischer Bedeutung ist die Möglichkeit, einen **Ablösebetrag** an die Gemeinde zu zahlen, sofern die Herstellung von Stellplätzen und Garagen nicht möglich ist.[197] Unklar war bislang, ob die Verwendung dieser Gelder auch für Zwecke des öffentlichen Nahverkehrs möglich war. Nach der alten HBO war die Verwendung des Geldbetrages auf die Herstellung zusätzlicher öffentlicher Parkeinrichtungen beschränkt. Die Neufassung von 1990 erweiterte diese zu enge Zweckbindung zwar auf die Unterhaltung bestehender Parkeinrichtungen. Aber erst die Änderung vom 1. 4. 1992 brachte die – verkehrspolitisch vernünftige – Ausdehnung auch auf investive Manahmen des öffentlichen Personen-Nahverkehrs oder Fahrradverkehrs, die für den Bauherren einen Vorteil bewirken (§ 50 VII HBO).

Die Stellplatzablösung ist nach Ansicht des Bundesverwaltungsgerichts eine **Sonderabgabe**[198], die den vom BVerfG aufgestellten Anforderungen genügen muß. Sie muß demnach für eine besondere Aufgabe eingesetzt werden und muß einer abgrenzbaren gesellschaftlichen Gruppe zugute kommen (»*gruppennützig*«). Dies ist bei der Stellplatzabgabe der Fall: Sie dient der Entlastung der Straße vom ruhenden Verkehr und kommt damit letztlich auch dem Bauherrn des betroffenen Grundstücks zugute. Dies gilt nach Auffassung des BVerwG auch dann, wenn Parkplätze am Stadtrand (»Park-and-Ride-Plätze«) zur Verfügung gestellt werden, da diese mittelbar auch die Grundstücke im Zentrum begünstigen.[199] Gleiches dürfte generell für die Verwendung der Ablösebeträge für Maßnahmen des öffentlichen Personennahverkehrs gelten, denn es besteht kein Zweifel daran, daß ein effektives öffentliches Nahverkehrssystem die Verkehrsbelastung insgesamt verringert.

Die Entscheidung über die Zahlung der Ablösesumme kann unabhängig von der Baugenehmigung getroffen werden (§ 50 VIII HBO). Sie kann auch durch Nebenbestimmungen der Baugenehmigung beigefügt (Auflage)[200] oder durch öffentlich-

---

196 Vgl. auch die Ausführungen der Abg. Roth (CDU) zur Begründung des Gesetzentwurfs, Erste Lesung, 98. Sitzung des Hess. Landtages, Plenarprotokoll 12/5562.
197 Hierzu HessVGH, ESVGH 42, S. 181.
198 BVerwG, Urt. v. 30. 8. 1985, NJW 1986, 600.
199 BVerwG, NJW 1986, 601.
200 OVG Hamburg, NVwZ-RR 1991, 270. Anders nach der bayerischen Gesetzeslage, vgl. BayVGH, Urt. v. 15. 3. 1990, BRS 50, Nr. 128.

rechtlichen Vertrag geregelt werden.[201] Soweit die Ablösung durch Verwaltungsakt festgesetzt wird, gilt sie auch gegen den Rechtsnachfolger, § 61 VIII HBO.
Können die notwendigen Stellplätze oder Garagen nicht hergestellt werden und scheidet eine Ablösung nach § 50 VI Nr. 9 HBO aus oder verweigert die Gemeinde die Ablösung,[202] so ist die bauliche oder sonstige Anlage unzulässig. Unzulässig soll eine Ablösung der Pflicht zur Herstellung von Kfz-Stellplätzen bei ungenehmigter Nutzungsänderung stets dann sein, wenn es dem Verpflichteten möglich und zumutbar ist, das Gebäude wie genehmigt zu nutzen und den dieser Nutzung entsprechenden Stellplatzbedarf real zu decken.[203] Auch hier ist jedoch die Praxis der Gemeinde im Hinblick auf eine mögliche Selbstbindung zu berücksichtigen.

d) *Die Baulast*

Die tatsächlichen Voraussetzungen für die Bebauung eines Grundstücks können auch dadurch geschaffen werden, daß sich ein Grundstückseigentümer, in der Regel ein Grundstücksnachbar, freiwillig gegenüber der Bauaufsichtbehörde zu einem Verhalten verpflichtet (§ 81 HBO)[204], durch das auf dem begünstigten Grundstück die rechtlichen Voraussetzungen der Genehmigungsfähigkeit einer baulichen oder sonstigen Anlage geschaffen werden.[205] Die wichtigsten bauordnungsrechtlichen Anwendungsfälle stellen die Sicherung der Zufahrt (§ 4 I Nr. 2 HBO) und die Abstands- und Abstandsflächenübernahme dar (§ 7 I HBO). Weitere Anwendungsfälle für eine Baulast sind § 9 III HBO (Kinderspielplätze) und § 50 VI HBO (Stellplätze und Garagen).
Auch bauplanungsrechtlich können durch eine Baulast Verhältnisse geschaffen werden, die eine Bebauung ermöglichen. Im Unterschied zum Bauordnungsrecht sind hier allerdings begünstigtes und belastetes Grundstück in aller Regel identisch (Ausnahme: Ausnahmen und Befreiungen nach § 31 BauGB; § 17 X BauNVO, weitergehend LT-Drs. 8/55, S. 116). In Betracht kommt die baulastmäige Übernahme von Verpflichtungen nach den §§ 32 f. oder 35 I Nr. 2, VI BauGB (vgl. § 81 IV Nr. 1 HBO).
Die Baulast begründet eine öffentlich-rechtliche Baubeschränkung, die die Bauaufsichtsbehörde gegenüber dem Baulastverpflichteten mit den Mitteln der Bauaufsicht (s. unten V. 4., 5.) durchsetzen kann[206] und die auch gegenüber dem Rechtsnachfolger wirkt (§ 81 I 2 HBO). Sie wird in das bei der unteren Bauaufsichtsbehörde ge-

---

201 VGH Kassel, NVwZ-RR 1991, 200.
202 Zu den Voraussetzungen vgl. BayVGH, Urt. v. 10. 12. 1985, BRS 46, Nr. 117.
203 HessVGH, Urt. v. 23. 3. 1982, BRS 39, 274.
204 Es handelt sich hierbei um die öffentlich-rechtliche Willenserklärung, auch wenn ihr privatrechtliche Vereinbarungen mit dem Nachbarn zugrundeliegen. – Eine Anfechtung wegen Irrtums scheidet aus, vgl. VGH Bad.-Württ., Urt. v. 13. 6. 1984, NJW 1985, 1723.
205 Siehe hierzu den Erl. des HMdI, betr. §§ 109, 110 HBO 1990 (Baulasten und Baulastenverzeichnis), i.d.F. vom 13. 03. 1995, StAnz. S. 1167.
206 Zur Durchsetzung siehe *Di Fabio*, Freiwillige Baulastübernahme und hoheitliche Durchsetzung, BauR 1990, S. 25 ff.

führte Baulastenverzeichnis eingetragen.[207] Die Baulast geht unter durch Verzicht der Bauaufsichtbehörde, zu dem diese nur bei Wegfall des öffentlichen Interesses an der Baulast verpflichtet ist (§ 81 III 2 HBO).[208]

3. Anforderungen an die Bauausführung

a) *Anforderungen an Sicherheit und gesundes Wohnen*

Die HBO enthält in Konkretisierung der baurechtlichen Generalklausel des § 3 HBO eine Fülle von Schutzbestimmungen für die Baustelle (§ 14 HBO) sowie den Bau und seine Teile. Sie werden durch Rechtsverordnungen, Verwaltungsvorschriften und technische Richtlinien (§ 3 III HBO) ergänzt. Eine europäische Harmonisierung technischer Normen im Baurecht strebt die Bauproduktenrichtlinie der Europäischen Gemeinschaft vom 21. 12. 1988 an,[209] die umfassend durch die neue hessische Bauordnung umgesetzt wurde (§§ 1 I 1, 2 XII, 20 ff. HBO). Die grundlegenden Anforderungen der HBO beziehen sich auf die Standsicherheit (§ 15 HBO), den Schutz gegenüber Erschütterungen (§ 18 HBO), gegen Feuchtigkeit, Korrosion etc. (§ 16 HBO). Die Schall- und Emissionsbestimmungen der §§ 20 f. HBO a.F. sind weitgehend durch die Vorschriften des BImSchG überlagert worden und in der HBO von 1993 teilweise ganz gestrichen. Weitere Regelungen betreffen die Verkehrssicherheit (§ 19 HBO), sichere Belüftung und ausreichende Belichtung (§ 39 und 46 HBO) sowie das Stellen von Feuerungsanlagen (§ 40 HBO). Diese Grundsätze werden durch zahlreiche Bestimmungen für Baustoffe (§§ 20 ff. HBO) und einzelne Bauteile (z.B. Wände, §§ 29 ff. HBO; Decken und Dächer, §§ 31 f. HBO; Fenster und Türen, §§ 37 HBO) konkretisiert.
Über die Wahrung der öffentlichen Sicherheit und Ordnung hinaus dienen der Gewährleistung gesunder Lebensverhältnisse vor allem die Anforderungen an Aufenthaltsräume und Wohnungen (§ 46 HBO).

b) *Der Verunstaltungsschutz*

Besondere Anforderungen an die bauliche Gestaltung werden an bauliche Anlagen insgesamt (§ 12 HBO – ehemals § 14 HBO 1990) sowie speziell an Anlagen der Außenwerbung und Warenautomaten (§ 13 HBO) zur Abwehr von Verunstaltungen gestellt. Für Werbeanlagen, die keine baulichen Anlagen (§ 2 I HBO) sind,[210] gilt § 12 II HBO entsprechend (§ 13 II 2 HBO).[211]

---

207 Siehe § 81 IV HBO; vgl. auch den Erlaß des HMdI v. 13. 3. 1995 (StAnz. S. 1167) – Zu den formellen Voraussetzungen für die Eintragung vgl. HessVGH, Urt. v. 5. 2. 1982, NJW 1982, 2205.
208 Vgl. ferner die Einzelheiten bei *Finkelnberg/Ortloff*, Bd. II, S. 57 ff. Zum Anspruch des Belasteten auf Löschung: VGH Bad.-Württ., NJW 1991, 2786; OVG Münster, BauR 1988, 702; BVerwG, BRS 50, Nr. 109.
209 ABlEG Nr. L 40, v. 11. 2. 1989, S. 12 ff; dazu: *Molkenbur*, DVBl. 1991, S. 745.
210 Z.B. an Gebäuden oder sonstigen Anlagen angebrachten Warenautomaten, Beschriftungen, Leuchtreklamen, Schaukästen; vgl. HessVGH, Urt. v. 26. 11. 1974, BRS 28, Nr. 85.
211 HessVGH, Urt. v. 23. 1. 1981, BRS 38, Nr. 146.

§ 12 HBO enthält zwei Tatbestände: einmal die Verunstaltung, die die bauliche Anlage selbst betrifft (I), zum anderen die Verunstaltung ihrer Umgebung (II).[212] Unter **Verunstaltung** wird im Anschluß an die Rechtsprechung des Bundesverwaltungsgerichts,[213] die ihrerseits in der Tradition des berühmten Kreuzberg-Urteils vom 14. 6. 1882[214] steht, nicht »jede Störung der architektonischen Harmonie, also die bloße Unschönheit«, sondern »ein häßlicher, das ästhetische Empfinden des Beschauers nicht nur beeinträchtigender, sondern verletzender Zustand«[215] verstanden. Maßgeblich hierfür ist »das Empfinden jedes für ästhetische Eindrücke offenen Beobachters ..., also des sog. gebildeten Durchschnittsmenschen.«[216] Es ist einleuchtend, da dieser wenig eindeutige Maßstab Streitigkeiten zwischen Bauherren und Bauaufsichtsbehörde und damit verwaltungsgerichtliche Streitigkeiten geradezu begünstigt.[217] Demgegenüber ist zu betonen, daß das Verunstaltungsgebot es der Bauaufsichtsbehörde nicht gestattet, den Bauherren ihre ästhetischen Vorstellungen aufzuzwingen.[218] Bei der Bestimmung und Auslegung von § 12 I HBO und damit der Eingriffsgrenze ist die wertsetzende Bedeutung von Art. 14 I GG zu beachten, die für Inhalts- und Schrankenbestimmung der privaten Eigentümerbefugnisse eine besondere Rechtfertigung verlangt.[219] Der Begriff der Verunstaltung ist als unbestimmer Rechtsbegriff anzusehen, der ohne die Heranziehung von Sachverständigen voller gerichtlicher Kontrolle unterliegen soll. »Das Gericht setzt sich dabei an die Stelle des durchschnittlich gebildeten Betrachters und läßt – u.U. nach Augenscheinseinnahme – sein ästhetisches Empfinden sprechen«.[220] Derselbe Maßstab gilt zunächst auch für die Verunstaltung der Umgebung (§ 12 II 1 Alt. 1 HBO).[221] Er wird erweitert durch das Verbot, die beabsichtigte Gestaltung der Umgebung zu beeinträchtigen (Alt. 2). Dazu reicht bereits eine *Störung* des ästhetischen Empfindens eines gebildeten Durchschnittmenschen, d.h. ein geringeres Unlustgefühl als bei einer Verletzung aus.[222] Die »beabsichtigte Gestaltung« setzt jedoch konkrete normative Festlegungen – z.B. in Gestaltungssatzungen der Gemeinden nach § 87 I Nr. 1 u. 2 HBO oder dem HessNatSchG – vor aus, die dann einen rechtsstaatlich einwandfreien, hinreichend eindeutigen positiven Gestaltungsmaß-

---

212 Zum Grenzfall (Werbetafel als selbständige bauliche Anlage vor einer anderen baulichen Anlage) vgl. HessVGH, Urt. v. 18. 11. 1983, BRS 40, Nr. 155.
213 BVerwGE 2, 172.
214 PrOVGE 9, 353.
215 BVerwGE 2, 172 (176).
216 BVerwGE 2, 172 (177); Hess VGH, Urt. v. 24. 11. 1995 / 4 UE 1290/92, S. 16 f.; siehe auch *Müller*, aaO., § 14, Anm. 1 a.; ferner *Vosskuhle*, Bauordnungsrechtliches Verunstaltungsverbot und Baukunst, BayVBl. 1995, S. 613 ff.
217 Zur Vereinbarkeit des Begriffs »Verunstalten« mit dem rechtsstaatlichen Gebot der Rechtsklarheit und Rechtssicherheit BVerfG, Beschl. nach § 93a BVerfGG v. 26. 6. 1985, NVwZ 1985, 819.
218 Zum Verhältnis von Baukunst zur Kunst i.S.d. Art. 5 III 1 GG siehe BVerfG, NJW 1995, S: 2648 f.; auch *Vosskuhle*, BayVBl. 1995, S. 613 ff.
219 Vgl. *Schulte*, aaO, S. 104 ff., 195 f.: »Pflege der Baukultur«; *Proksch*, S. 130 ff.
220 So *Hoppe*, Rechtliche Aspekte beim Bauen in vorgeprägter Umgebung, Gedächtnisschrift für F. Klein, 1977, S. 206.
221 Keine Verunstaltung eines Marktplatzes durch Werbetransparent eines Kaffeedepots (HessVGH, Urt. v. 29. Mai 1978, BRS 33, Nr. 123); weitere Beispiele bei *Schaetzell*, § 12, Anm. 2.2.
222 LT-Drs. 8/55, S. 77.

stab abgeben. Da diese Regeln jedoch ihren Geltungsgrund in sich tragen, dürfte die Bedeutung dieser Alternative des § 12 II 1 HBO eher deklaratorisch sein.[223]

Auch § 12 II 2 HBO dürfte nur insoweit eine subsidiäre Wirkung entfalten, als die spezielleren Regelungen des Natur- und Denkmalschutzrechts nicht eingreifen. Auf die schützenswerten Anlagen ist nach § 12 II HBO soweit Rücksicht zu nehmen, daß eine Störung nicht eintritt. Diese ist in einem gestalterischen Widerspruch zwischen dem Vorhandenen und einer hinzutretenden Anlage zu erblicken. Dieser gewichtige Sachverhalt einer Unvereinbarkeit im Hinblick und mit Rücksicht auf die Bedeutung der schützendwerten Anlage muß nicht nur für den Fachmann oder künstlerisch Vorgebildeten, sondern auch für den gebildeten Durchschnittsbürger erkennbar sein.[224]

Die Verunstaltung kann nicht nur von der Errichtung, sondern auch durch die (unzureichende) Unterhaltung einer baulichen Anlage ausgehen (§§ 12 II 1, 3 I 3 HBO).[225]

Zu den allgemeinen Verunstaltungsgeboten werden an die Zulässigkeit von Werbeanlagen und Warenautomaten außerhalb der im Zusammenhang bebauten Ortsteile und in bestimmten Baugebieten besondere Anforderungen gestellt (vgl. § 13 III HBO). Sie können durch kommunale Satzungen nach § 87 I 1 Nr. 1, 2 und 7 HBO ergänzt werden.[226] Eine bauplaungsrechtliche Befugnis der Gemeinden zum Schutz eines Gebietes vor Verunstaltung ergibt sich aus den Regelungen über die Erhaltungssatzung, § 172 ff. BauGB.[227]

V. Die Bauaufsicht: Organisation und Verfahren

1. Die Bauaufsichtsbehörden

Die Bauaufsicht ist – ihrer polizeilichen Herkunft entsprechend – eine staatliche Angelegenheit (§ 60 I HBO). Sie wird in Hessen, dem allgemeinen dreistufigen Verwaltungsaufbau folgend, von unteren, oberen und obersten Bauaufsichtsbehörden wahrgenommen. Die Aufgaben der unteren Bauaufsichtbehörde sind den kreisfreien Städten, den kreisangehörigen Gemeinden mit mehr als 50 000 Einwohnern und den Landkreisen zur Erfüllung nach Weisung übertragen (§ 60 II 1 HBO). Die Übertragung auf weitere Gemeinden ist möglich (§ 60 II 2 HBO). Entsprechend den Grundsätzen der § 4 HGO und § 4 HKO[228] ist das Recht zur fachaufsichtlichen Wei-

---

223 Vgl. HessVGH, Urt. v. 19. 5. 1978, BRS 33, Nr. 123; Urt. v. 23. 1. 1981, BRS 38, Nr. 146.
224 Vgl. hierzu HessVGH, Urt. v. 19. 5. 1978, BRS 33, Nr. 123.
225 Vgl. VGH BW, Urt. v. 18. 3. 1976, BRS 30, Nr. 115.
226 Siehe dazu auch oben I. mit Rechtsprechungsnachweisen in Fn. 6; vgl. auch *Battis*, S. 245.
227 Siehe dazu Hess. VGH, Urt. v. 24. 11. 1995 / 4 UE 1290/92, S. 16 f.; Ferner Hess. VGH, Urt. v. 09. 11. 1995 / 4 UE 2704/90.
228 Siehe dazu oben beim Abschnitt Kommunalrecht.

sung nach § 61 VI HBO beschränkt. Obere Bauaufsichtsbehörde ist das Regierungspräsidium; das für die Bauaufsicht zuständige Ministerium ist jetzt oberste Bauaufsichtsbehörde (vgl. § 60 III HBO)[229]
Sachlich zuständig sind grundsätzlich die unteren Bauaufsichtsbehörden (§ 60 VII HBO), für Maßnahmen der Fachaufsicht (§ 61 VI 1 HBO) sowie für bestimmte Aufgaben die oberen Bauaufsichtsbehörden (z.B. die §§ 75 V, 82 V HBO) bzw. die oberste Bauaufsichtsbehörde (§§ 21 ff., 73 HBO). Von der sachlichen Zuständigkeit der Bauaufsichtsbehörden unberührt bleiben die Kompetenzen anderer Behörden, z. B. der Polizeibehörden (§ 1 II HSOG, § 61 VII HBO). Die *örtliche Zuständigkeit* bestimmt § 3 HVwVfG.
Für die unteren Bauaufsichtsbehörden werden schließlich Regelungen kommunalverfassungsrechtlicher Art (§ 60 III 1 HBO: Organkompetenz des Gemeindevorstandes bzw. Kreisausschusses) und bezüglich des Personals und der Organisation der Kommunen und Landkreise (§ 60 IV-VI HBO) getroffen.
Die Aufgaben der Bauaufsichtsbehörden werden in einer *kompetenzrechtlichen Generalklausel* in § 61 I und II HBO beschrieben. Hier wird nunmehr zwischen Aufgaben und Befugnissen unterschieden. Die Regelung stellt die kompetenzielle Parallele der materiell-rechtlichen Baurechtsklausel in § 3 I HBO dar. Tatbestandliche Voraussetzung für ein Eingreifen der Bauaufsicht ist eine Gefahr für die öffentliche Sicherheit und Ordnung im Sinne des § 3 I 1 HBO, die durch eine bauliche Anlage, durch Arbeiten an ihr oder ihre Nutzung hervorgerufen wird. Hierzu gehört – wie § 61 I HBO verdeutlichend hervorhebt – eine Kollision baulicher oder sonstiger Anlagen (§ 2 I HBO) mit öffentlich-rechtlichen Vorschriften oder Anordnungen. Als Rechtsfolge können die »notwendigen Maßnahmen«[230] ergriffen werden, die erforderlichenfalls über die in den Vorschriften genannten Forderungen hinausgehen können. Das Einschreiten steht im pflichtgemäßen Ermessen. Die normstrukturelle Parallelität zwischen der kompetenzrechtlichen Generalklausel im Baurecht und im Polizeirecht (§ 11 HSOG) ist offenkundig. Dementsprechend sind die allgemeinen polizeirechtlichen Grundsätze bei der Anwendung des § 61 II HBO heranzuziehen.[231]
Bestehen spezielle Eingriffsbefugnisse (z.B. § 77 oder § 78 HBO), wird die Generalklausel verdrängt.
Soweit die Behörden nach § 61 V HBO zum Betreten von Wohnungen berechtigt sind, ist diese Vorschrift nach der Entscheidung des BVerfG vom 13. 10. 1971[232] im Hinblick auf Art. 13 III GG verfassungskonform dahingehend auszulegen, daß ein Betreten nur bei einer dringenden Gefahr für die Sicherheit und Ordnung i.S.v. § 3 I 1 HBO zulässig ist. Diese Einschränkung gilt nicht für Geschäftsräume, deren

---

229 Nach dem Beschl. über die Zuständigkeit der einzelnen Minister nach Art. 104 II 1 HV v. 18. 1. 1996 (GVBl. I S. 66 ff.) das Ministerium für Wirtschaft, Verkehr und Landesentwicklung.
230 Zweifelhaft HessVGH, Beschl. v. 12. 1. 1982, HessVGRspr. 1982, 74 zur Anordnung der Vorlage von Bauvorlagen (s. auch u. V. 2. d)).
231 Siehe oben IV. 1. und den Abschnitt »Polizeirecht«.
232 BVerfGE 32, 54 (72 ff.).

»Betreten« nicht als ein Eingriff in den Schutzbereich von Art. 13 I GG anzusehen ist.[233]

2. Das Baugenehmigungsverfahren

a) *Das präventive Prüfungsverfahren*

Das baurechtliche Genehmigungsverfahren dient dem Ziel, die Vereinbarkeit eines Bauvorhabens mit den öffentlich-rechtlichen Vorschriften sicherzustellen (§ 70 I 1 HBO).[234] Die präventive Kontrolle der Bautätigkeit soll verhindern, daß Bauten nach ihrer Errichtung wieder abgerissen werden, weil sie mit dem materiellen Baurecht und sonstigen Vorschriften nicht in Einklang stehen.[235] Es handelt sich bei diesem Verfahren um den klassischen Fall eines **Verbots mit Erlaubnisvorbehalt**, bei dem mit einer an sich nicht verbotenen »Rechtsausübung erst begonnen werden darf, wenn die Gesetzmäßigkeit des Vorhabens in einem geordneten Verfahren geprüft und festgestellt wird. Die rechtliche Bedeutung der Erlaubnis besteht also darin, daß eine vorläufige Sperre, die der Rechtsausübung gesetzt ist, aufgehoben wird«.[236] Liegen die materiell-rechtlichen Genehmigungsvoraussetzungen vor, so besteht ein Rechtsanspruch auf die Erlaubnis. Diese ist damit eine formelle Schranke der materiellen Baufreiheit.[237]

b) *Die genehmigungspflichtigen Vorhaben*

Einer Baugenehmigung bedarf die Errichtung, die Änderung, der Abbruch und die Nutzungsänderung baulicher Anlagen (§ 62 I HBO). Eine die Genehmigungspflicht auslösende Nutzungsänderung liegt dann vor, wenn sich die neue Nutzung von der bisherigen dergestalt unterscheidet, daß sie anderen oder weitergehenden Anforderungen bauordnungs- oder bauplanungsrechtlicher Art unterworfen ist oder unterworfen sein kann.[238]

---

233 Dagegen unterfällt ein »Betreten« nicht dem Richtervorbehalt für Durchsuchungsmaßnahmen nach Art. 13 II GG. Vgl. BVerfGE 32, 54 (73); vgl. auch BVerfGE 51, 97 (106 f.).
234 Dies jedoch nur hinsichtlich der Vorschriften, die zur Prüfung herangezogen werden (Stichwort: Vereinfachtes Verfahren, § 67 HBO, s. u. V. 2. d)); die Baugenehmigung trifft somit möglicherweise eine sehr eingeschränkte Aussage über die Vereinbarkeit eines Vorhabens mit dem öffentlichen Recht: LT-Drs. 13/4813, S. 172.
235 Vgl. *J. Martens*, Die Baugenehmigung, JuS 1975, 72.
236 BVerfGE 20, 150 (155).
237 Zum Verbot mit Erlaubnisvorbehalt vgl. *Maurer*, Allgemeines Verwaltungsrecht, 10. Aufl. 1995, § 9, Rn. 51 ff., zum Regelungsvorbehalt BVerwG, DÖV 1996, 172.
238 So HessVGH, Urt v. 8. 11. 1979, BRS 35, Nr. 51; Wohnung/Büro; OLG Karlsruhe, Beschl. v. 6. 2. 1978, BRS 33, Nr. 126: Hobbyraum/Wohnraum; BayVGH, Urt.v. 17. 11. 1978, BRS 33, Nr. 127: Kino/Tanzlokal; HessVGH, Beschl. v. 20. 3. 1981, BRS 38, Nr. 66: Dachboden/Taubenschlag; HessVGH, Beschl. v. 31. 3. 1981, BRS 38, Nr. 152 und Beschl. v. 25. 4. 1983, NVwZ 1983, 687: Dorfgaststätte mit Tanzsaal/Diskothek; HessVGH, Urt. v. 15. 10. 1981, HessVGRspr. 1981, 91: Wohnhaus mit Weinhandlung und Pizzeria zuzüglich Doppelgarage und Hofraum/Pkw-Service-Station; HessVGH, Beschl. v. 7. 12. 1984, NVwZ 1985, 429: Lagerhalle/Metallwerkstatt.

Der Begriff der **baulichen Anlage** ist in § 2 I HBO definiert.[239] Von § 2 I 2 HBO erfaßt werden auch Fahrzeuge, die nach ihrem Verwendungszweck dazu bestimmt sind, überwiegend ortsfest, sei es zum Wohnen oder Wochenendaufenthalt oder zu gewerblichen Zwecken, benutzt zu werden. Auf mangelnde Beweglichkeit (z.b. Aufbocken oder Abmontieren der Räder) kommt es nicht an. Der bauordnungsrechtliche Begriff der baulichen Anlage stimmt mit der bundesrechtlicher Verwendung in § 29 BauGB nur weitgehend überein.[240] Die rechtliche Selbständigkeit begründet das Bundesverwaltungsgericht mit Erwägungen der Rechtssystematik – der bundesrechtliche Begriff könnte sonst in den einzelnen Bundesländern eine unterschiedliche Tragweite haben – und der verschiedenen Funktion des Bauplanungs- und Bauordnungsrechts: Es beschreibt den Zusammenhang mit dem Bild zweier sich schneidender Kreise,[241] wobei – das ist hinzuzufügen – diese sich weitgehend decken.[242] Die Divergenz dürfte vor allem bei den nach § 2 I 3 HBO fingierten (»gelten«) baulichen Anlagen auftreten. Danach ist die Abgrabung, d.h. eine Senkung des Bodenniveaus (§ 2 I 3 Nr. 1 HBO) keine bauliche Anlage i.S.d. §§ 29 S. 1, 15 BauGB.[243] Das gleiche gilt für einen nicht befestigten Stell-[244] oder Zelt- oder Lagerplatz[245] und für an Gebäuden angebrachte Kleinwerbeanlagen und Warenautomaten.[246]

Beispiele für bauliche Anlagen: mit dem Erdboden verbundenes Wohnboot (BVerwGE 44, 59); Aufstellen einer Tragluftschwimmhalle in den Wintermonaten (BVerwG, Urt. v. 17. 12. 1976, BRS 30, Nr. 117); Anschlagtafel für Plakatwerbung auf eigenen Stützen (HessVGH, Urt.v. 26. 11. 1974, BRS 28, Nr. 85; täglich erneut auf demselben Platz aufgebauter und abgebauter Verkaufsstand (VGH Bad.-Württ., BRS 27, Nr. 124; Tennisplatzanlage (HessVGH, Urt. v. 11. 9. 1981, BRS 38, Nr. 78); Werbeanlage (VGH Mannheim, BauR 1986, 550); Imbißstand (VG Berlin, UPR 1986, 118); Lagerplatz, auf dem sich außer Müll auch andere Gegenstände befinden, BVerwG, Urt. v. 24. 6. 1993, 7 C 10.92. – Dagegen **keine** bauliche Anlage: Anlage und Erweiterung eines Friedhofs – anders als für einzelne dort zu errichtende bauliche Anlagen – (vgl. HessVGH, Beschl. v. 21. 2. 1979, BRS 35, Nr. 146); in einer Bundeswasserstraße verankertes Schiff (BVerwG, Urt. v. 5. 7. 1974, DüV 1974, S. 814 f. – Weitere Nachw. bei *Proksch*, S. 65 ff.).

---

239 Siehe hierzu den Einführungserlaß zur HBO vom 14. 7. 1994, StAnz. 1986.
240 Vgl. oben III. 1. Hierzu auch Stüer/Ehebrecht-Stüer (s. Anm. 30), DVBl. 1996, 482 ff.
241 BVerwGE 44, 59; 39, 154.
242 Ebenso verhält sich eine Nutzungsänderung im bauordnungsrechtlichen zu einer solchen im bauplanungsrechtlichen Sinne, vgl. BVerwG, Urt. v. 11. 2. 1977, VGRspr. 29 (1978), 208 f.; VGH Mannheim, VBlBW 1995, S. 202.
243 BVerwGE 39, 154. Die bauplanungsrechtlichen Folgen werden dadurch minimiert, daß bei »Abgrabungen größeren Umfangs« nach § 29 S. 3 BBauG die §§ 30 bis 37 BBauG wieder entsprechend gelten sollen. Ob damit der gedankliche Aufwand der Distinktion lohnt und nicht auf einen bundesweiten »gemein deutschen« Begriff (dazu BVerwGE 42, 20, 34) der baulichen Anlage abgestellt werden sollte, sei dahingestellt.
244 BVerwG, Urt. v. 7. 10. 1977, BauR 1978, 30.
245 BVerwG, Urt. v. 7. 9. 1979, VerwRspr. 31 (1980), 469 (472 f.) und Urt. v. 23. 1. 1981, DüV 1981, 457 f.
246 BVerwG, Urt. v. 28. 4. 1972 (Buchholz 406.11 § 29 Nr. 12). Zur Anwendung des AbfallbeseitigungsG auf Lagerplätze vgl. HessVGH, HessVGRspr. 1978, 9.

Dem Regelungsbereich des BImSchG unterworfene Anlagen sind der bauaufsichtlichen Zuständigkeit entzogen, obwohl sie überwiegend bauliche Anlagen sind (HessVGH, Beschl. v. 26. 2. 1993 - 4 TH 771/92 – HessVGRspr. 1993, S. 67).

c) *Ausnahmen von der Genehmigungspflicht*

Da auch ein präventives Kontrollverfahren nur unter Beachtung des Verhältnismäßigkeitsgrundsatzes zulässig ist,[247] sind bestimmte Bauvorhaben (siehe § 63 HBO) wegen ihrer geringeren Bedeutung von der Genehmigungspflicht ausgenommen.[247a] Völlig unbenommen hiervon bleibt die Bindung an das materielle Baurecht. Allerdings sind auf genehmigungsfreie Vorhaben die bauplanungsrechtlichen Vorschriften der §§ 30 bis 37 BauGB nicht anwendbar (vgl. § 29 S. 1 BauGB).[248]

Für **Vorhaben des Bundes und der Länder** wird das Genehmigungsverfahren durch das Erfordernis der Zustimmung der oberen Bauaufsichtsbehörde[249] ersetzt (§ 75 I HBO). Auch in diesen Fällen bleibt die Bindung an das materielle Baurecht unberührt. Grundsätzlich unproblematisch ist es, auch Vorhaben des Bundes dem materiellen Ordnungsrecht der Länder zu unterwerfen.[250]

d) *Vereinfachtes Verfahren*

Der Beschleunigung der Genehmigungserteilung dient nun ein **vereinfachtes Genehmigungsverfahren (§ 67 HBO)**[251], in dem für bestimmte, in § 67 I 1 Nr. 1 – 7 HBO abschließend aufgezählte, einfachere Bauvorhaben die Prüfpflicht der Behörde eingeschränkt ist, § 67 II HBO.[252] Nicht mehr von der behördlichen Prüfung umfaßt sind die bautechnischen Sicherheitsvorschriften sowie die Prüfung der bautechnischen Nachweise bezgl. des Schall-, Wärme- und Brandschutzes und der Erdbebensicherheit. Weiterhin geprüft wird die bauplanungsrechtliche Zulässigkeit sowie weitere Probleme der Bebaubarkeit. Maßstäbe sind hierbei nicht nur Vorschriften des BauGB und der HBO, sondern auch sonstige Normen, z.B. solche des Naturschutzrechts.

---

247 Vgl. BVerfGE 50, 256; BVerwGE 56, 24; hierzu auch OVG Rheinland-Pfalz, BauR 1992, S. 219.
247a *Neuhausen*, Genehmigungsfreie Wohngebäude, Garagen und Stellplätze, BauR 1996, 192 ff.
248 Da hier die Anwendung der planungsrechtlichen Vorschriften der §§ 29 ff. BauGB von der landesrechtlich begründeten Genehmigungspflicht abhängt, steht es dem Landesgesetzgeber nicht frei, beliebige Vorhaben aus der Genehmigungspflicht zu entlassen; hierzu BVerwGE 72, S. 300 (323 ff.); ferner *Ortloff*, Bauordnungsrecht – Zwischenbilanz einer emanzipatorischen Entwicklung, NVwZ 1993, S. 713 (714 ff.).
249 Die Zustimmung ist ein VA, vgl. HessVGH, Urt. v. 15. 1. 1964, DüV 1964, 783. – Zum Nachbarschutz vgl. *Söhn*, aaO, 689 ff.
250 Vgl. BVerwG, Urt. v. 22. 4. 1966, DVBl. 1967, 292; Urt. v. 30. 7. 1976, NJW 1977, 163; vgl. auch BVerwGE, 29, 52; 47, 247.
251 Siehe hierzu *Weber*, Die neue Hessische Bauordnung, NVwZ 1995, S. 148 (149); *Herbert/Keckemeti/Dittrich*, Die neue Hessische Bauordnung (HBO 1993) – Umweltschutz und Verfahrensbeschleunigung, ZfBR 1995, S. 67 (68 ff.).
252 Siehe zur bundesweiten Entwicklung *Ortloff*, Abschied von der Baugenehmigung – Beginn beschleunigten Bauens?, NVwZ 1995, S. 112 ff.

Die Bauherrschaft[253] ist im Falle eines beschleunigten Verfahrens jedoch nicht von den behördlich ungeprüften Anforderungen befreit; vielmehr bleibt sie zu einem Nachweis der Erfüllung eben dieser Anforderungen seitens des – je nach Art des Vorhabens aufgrund seiner Sachkunde geeigneten, § 67 I 2 i.V.m. § 57 HBO – Bauvorlagenberechtigten verpflichtet, § 67 III 3 HBO.
Innerhalb eines vereinfachten Verfahrens gilt die Genehmigung als erteilt, wenn über den Bauantrag nicht innerhalb der Regelfrist von drei Monaten (siehe § 67 V 2 HBO) entschieden wurde, § 67 V 4 HS. 1 HBO;[254] eine Ausnahme besteht für Außenbereichsvorhaben. Dieser Genehmigungsfiktion muß jedoch eine Bestätigung der Behörde, § 67 V 1 HBO, vorausgehen, daß alle bis zu dem Zeitpunkt erforderlichen Unterlagen eingegangen sind und das vereinfachte Verfahren durchgeführt wird.[255] Die Regelung des § 67 V 4 HS. 1 HBO ähnelt der des § 5 IV BauGB-MaßnG, der für ausschließlich Wohnzwecken dienende Vorhaben die Prüfung der planungsrechtlichen Normen der §§ 30, 31 BauGB unterbindet, wenn eine dreimonatige Frist – beginnend mit dem Eingang des Bauantrages bei der Behörde – verstrichen ist.
Mit der Neuregelung wird das Ziel der Beschleunigung durch eine Stärkung der Verantwortlichkeiten von Bauherrschaft und den beteiligten Fachleuten (Entwurfsverfasser, Prüfungsingenieure) verfolgt. Sie läßt sich deshalb als ein Stück funktionaler oder Verfahrensprivatisierung bezeichnen. Daß die Einhaltung der für die städtebauliche Entwicklung und den Umweltschutz, aber auch den für nachbarlichen Interessenausgleich wesentlichen Vorschriften weiterhin von der Bauaufsicht kontrolliert wird, scheint die hessische Regelung einen angemessen Ausgleich zwischen dem Interesse nach Beschleunigung und präventiver Kontrolle erzielt zu haben.[256]

e) *Verfahrensregelungen*

Nach der Novellierung der HBO ist der Bauantrag mit den Planunterlagen[257] nunmehr direkt bei der Bauaufsichtsbehörde, nicht wie früher bei der Gemeinde, einzureichen (§ 64 I HBO). Die Planvorlagen für bestimmte Gebäude müssen nach § 57 HBO von einem Architekten oder Bauingenieur anerkannt sein (sog. **Planvorlagenmonopol**).[258] Die Bauaufsichtsbehörde hat nach Eingang des Bauantrags diesen

---

253 Aufgrund des Gesetzes vom 22. 12. 1993 (GVBl. I S. 729 ff.) wurde eine geschlechtsneutrale Bezeichnung gewählt.
254 Zur Vereinbarkeit einer solchen Regelung mit dem Bundesrecht siehe *Jäde*, Verfahrensfragen der neuen Landesbauordnungen, UPR 1995, S. 81 (84 f).
255 Siehe auch *Herbert/Keckemeti/Dittrich*, Die neue Hessische Bauordnung (HBO 1993) – Umweltschutz und Verfahrensbeschleunigung?, ZfBR 1995, S. 67 (69).
256 So auch *H.-J. Koch*, (Verfahrens-)Privatisierung im öffentlichen Baurecht, in: W. Hoffmann-Riem/ J.-P. Schneider (Hrsg.), Verfahrensprivatisierung im Umweltrecht, 1996, S. 170 ff.; kritisch *H. Goerlich*, Materielle Ziele, Privatisierung, Funktionen der Verwaltung und die Stellung des Bürgers, ebd. S. 147 ff. (Vor allem zu weitergehenden Freistellungen in anderen Bundesländern).
257 Vgl. BauvorlageVO vom 22. 5. 1977, GVBl. I, S. 271.
258 Einfachere Bauvorhaben können auch von einem Handwerksmeister oder diesem Gleichgestellten anerkannt werden (§ 57 VII HBO). Zum Planvorlagemonopol s. BVerfGE 28, 364, zur teilweisen Verfassungswidrigkeit von § 91 IV HBO a.F. wegen fehlender Übergangsregelung s. BVerfGE 68, 272.

binnen einer Woche auf Vollständigkeit zu überprüfen. Sie kann Anträge zurückweisen, die so unvollständig sind, daß sie nicht bearbeitet werden können (§ 66 IV 1 HBO). Sie hat die Antragsteller zu beraten (§ 66 VI 1 HBO).
Neueingefügt in die HBO wurde § 66 II HBO, der nunmehr die Zustimmung anderer Behörden regelt, die nach Landesrecht ihr Einvernehmen oder ihre Zustimmung erteilen müssen. Dies hat vor allem für die naturschutzrechtliche Einvernehmensregelung des § 7 I HessNatSchG Bedeutung. Nach § 66 II 1 HBO gilt das Einvernehmen als erteilt, wenn dieses nicht binnen 2 Monaten verweigert wird. Angesichts immer noch mangelnder Ausstattung der Naturschutzbehörden birgt diese als Verfahrensbeschleunigung gedachte Regelung allerdings die Gefahr sachlicher Fehlentscheidungen.
Behörden und Stellen, deren Aufgabenbereich darüber hinaus berührt sind, soll die Bauaufsichtsbehörde unverzüglich hören (§ 66 III HBO), ohne daß jedoch eine Konzentrationswirkung für andere für das Vorhaben erforderliche Genehmigungen eintritt (§ 66 VI 2 HBO). Daß es sich hierbei um eine schwache Form verwaltungsinterner Mitwirkung handelt, führt die unterbliebene Anhörung nicht zur Rechtswidrigkeit der Genehmigung.[259]
Angehört werden sollen ferner die **Nachbarn**, wenn die Baugenehmigung nur unter Befreiung von nachbarschützenden Vorschriften erteilt werden kann (§ 69 I HBO). Nachbarn sind einmal die Eigentümer und Inhaber eigentumsgleicher Rechte (z.B. Erbbaurecht oder Wohnungseigentum) angrenzender Grundstücke. Soll von Vorschriften Befreiung erteilt werden, die auch dem Schutz entfernter liegender Grundstücke (z.B. jenseits der Straße) dienen sollen, sind auch deren Rechtsinhaber als »Nachbarn« anzusehen.
Wurden nach h.A. Mieter oder Pächter als obligatorisch Berechtigte nicht als Nachbarn im Sinne des öffentlichen Nachbarrechts angesehen,—[260] wird sich dies sich wegen der grundlegenden Entscheidung des BVerfG ändern:[261] Da das Mietrecht dem Eigentumsschutz untersteht, wird auch ein Mieter Nachbar sein können.
Ein Verstoß gegen die Beteiligungspflicht macht die Baugenehmigung rechtswidrig; der Mangel kann jedoch nach § 45 I Nr. 3, II HVwVfG geheilt werden.[262]
Rechtswidrige Verzögerungen im Baugenehmigungsverfahren können zu Schadensersatzansprüchen wegen Amtspflichtverletzung führen.[263] Soweit die HBO das Verfahren nicht oder nicht abschließend regelt, sind die Vorschriften des HVwVfG anzuwenden (§ 1 HVwVfG). Dies gilt etwa für die Akteneinsicht (§ 29 HVwVfG),

---

259 Dies ergibt sich aus dem Rechtsgedanken des § 44 II Nr. 4 und § 45 I Nr. 5 HVwVfG; vgl. *Meyer/Borgs*, VwfVG, 2. Aufl. 1982, § 44, Rn. 25 und § 45, Rn. 19 f.
260 BVerwG, Urt. v. 14. 6. 1968, NJW 1968, 2393; *Simon*, Art. 89, Rn. 2; a.A. überzeugend *Battis*, S. 153.
261 BVerfG NJW 1993, S. 2035 ff. = BVerfGE 89, S. 1 ff.; bekräftigt durch BVerfG NJW 1994, S. 41 ff.
262 A.A. *Ortloff*, Nachbarschutz durch Nachbarbeteiligung am Baugenehmigungsverfahren, NJW 1983, S. 966. – Der Mangel ist auch nicht nach § 46 HVwVfG unbeachtlich, da die Befreiung eine Ermesensentscheidung darstellt. (s. unten V. 3. a)).
263 S. dazu *Finkelnburg/Ortloff*, BauR Bd. II, S. 120. Vgl. auch *Steinberg/Lubberger*, (oben Fn. 3), S. 292.

das Anhörungs- und Beteiligungsrecht (§ 13, 28 HVwVfG) und die Regelung der Rechtsfolgen von Verfahrens- und Inhaltsfehlern (§ 44 ff. HVwVfG).[264]

3. Die Baugenehmigung

a) *Allgemeines*

Soweit die HBO nichts ausdrücklich anderes bestimmt, bedürfen die Errichtung, die Änderung, die Nutzungsänderung und der Abbruch baulicher Anlagen der Baugenehmigung (§ 62 HBO). Die Baugenehmigung darf nur erteilt werden, wenn das Vorhaben den öffentlich-rechtlichen Vorschriften entspricht (§ 70 I HBO).[265] Dann besteht auf die Erteilung ein Rechtsanspruch, der in dem in den Art. 14 I und 2 I GG verbürgten Bauanspruch (»Baufreiheit«) wurzelt.[266]
Die Baugenehmigung ist erforderlichenfalls unter Auflagen zu erteilen (§ 70 III 1 HBO);[267] sie kann bei Werbeanlagen, Warenautomaten oder baulichen Anlagen nach § 52 HBO auch befristet werden[268] (§ 70 III HBO). Zu den öffentlich-rechtlichen Vorschriften im Sinne des § 70 I HBO gehören vor allem die bauplanungsrechtlichen[269] und bauordnungsrechtlichen, aber auch andere, etwa naturschutzrechtliche[270], denkmalschutzrechtliche[271] und immissionsschutzrechtliche[272] Normierungen. Die Baugenehmigung stellt deshalb für das einzelne Vorhaben die verfahrensrechtliche Verknüpfung vor allem des materiellen Boden- und Bauordnungsrechts, aber auch der sonstigen die Zulassung der Errichtung und der Nutzung einer baulichen Anlage regelnden Vorschriften dar, soweit deren Einhaltung nicht in einem gesonderten Verfahren geprüft wird.[273] Dieses wird jedoch von der Baugenehmigung nicht ersetzt, da ihr eine dahingehende Konzentrationswirkung nicht zukommt; sie vermag andere Genehmigungen nicht zu ersetzen (§ 70 II 2 HBO).[274]

---

264 Im einzelnen ist vieles nach wie vor zweifelhaft vgl. *Stelkens*, Fragen zur Anwendung des Verwaltungsverfahrensgesetzes durch die Bauaufsichtsbehörden, BauR 1978, S. 158 ff.; *Ortloff*, Nachbarschutz durch Nachbarbeteiligung am Baugenehmigungsverfahren, NJW 1983, S. 961 ff.
265 Vgl. oben V. 2. a). Hierbei bestimmt das Landesrecht den Umfang der bauordnungspflichtigen Genehmigung, BVerwG, DÖV 1996, 172. Dazu *Selmer*, JuS 1996, 467.
266 BVerwGE 45, 115.
267 Möglicherweise auch unter Bedingungen: BVerwG, DÖV 1996, S. 172 (173).
268 Keine Befristung für andere Anlagen, HessVGH, Beschl. v. 7. 12. 1984, NVwZ 1985, 429.
269 Vgl. oben III.; zur Hinzuziehung der Gemeinde im Rahmen des Genehmigungsverfahrens siehe § 36 BauGB.
270 BVerwG Urt. v. 20. 10. 1978, DÖV 1979, 212; HessVGH, Urt. v. 21. 9. 1981, HessVGRspr. 1982, 59. HessVGH, Beschl. v. 11. 9. 1991, NVwZ-RR 1992, 469 (naturschutzrechtliche Ausgleichsabgabe).
271 Dazu etwa: *Steinberg/Lubberger*, BauR 1992, S. 451 ff.
272 BVerwG, Urt. v. 3. 4. 1987, NVwZ 1987, 884; Beschl. v. 20. 1. 1984, DVBl. 1984, 371; Beschl. v. 9. 3. 1988, UPR 1988, 345.
273 Grundsätzlich *Gaentzsch*, Konkurrenz paralleler Anlagengenehmigungen, NJW 1986, S. 2787; dazu ferner VGH Kassel, NVwZ-RR 1995, S. 60 f; Zum Verhältnis von Baugenehmigung und immissonsschutzrechtlichem Genehmigungsverfahren siehe OVG Münster, NVwZ-RR 1995, S. 61.
274 Zu den Ausnahmen von der Genehmigungspflicht s. oben V. 2. c).

Liegen andere, nach Landesrecht zu erlassende Genehmigungen (noch) nicht vor, darf die Baugenehmigung nicht erteilt werden.[275]
Maßgeblicher Zeitpunkt für die Beurteilung der Vereinbarkeit mit den öffentlich-rechtlichen Vorschriften ist der Abschluß des Genehmigungsverfahrens, d.h. die Erteilung oder Ablehnung der Baugenehmigung (§ 9 HVwVfG). Wird die versagte Genehmigung vom Bauherrn mit der Verpflichtungsklage erstritten, so kommt es auf die Sach- und Rechtslage zum Abschluß der mündlichen Verhandlung an, auch wenn sich die Sach- und Rechtslage zuungunsten des Bauherrn verändert hat.[276]
Läßt sich das Bauvorhaben nicht mit dem materiellen Recht vereinbaren, so kann dies in zahlreichen Fällen durch die Erteilung von **Ausnahmen** und **Befreiungen** erreicht werden. Diese Möglichkeit dient der Erzielung sachgerechter, verhältnismäßiger Ergebnisse im Einzelfall. Für die Baugenehmigung besonders wichtig sind neben den bodenrechtlichen Ausnahmen und Befreiungen nach § 31 BauGB[277] die bauordnungsrechtlich eröffnete Ausnahme- und Befreiungsregelung des § 68 HBO. Eine Ausnahme ist nach § 68 I HBO dann zulässig, wenn die HBO oder aufgrund der HBO ergangene Rechtsverordnungen oder Satzungen für sog. nichtzwingende Vorschriften – vgl. § 68 I 2 HBO – Ausnahmen stillschweigend (z.B. bei Regel- oder Sollvorschriften) oder ausdrücklich zulassen (z.B. die §§ 6 I 3 und 4, Abs. VIII; 7 I 1; 43 I 2 HBO). Durch die HBO 1990/1993 wurden die Ausnahmemöglichkeiten erweitert, insbesondere für Um- und Ausbaumaßnahmen zur Schaffung von Wohnraum, § 68 II Nr. 3 HBO.[278] Bei Vorliegen der Voraussetzungen (§ 68 I 1, HS. 2 HBO) muß die Bauaufsichtsbehörde auch ohne Antrag eine Ermessensentscheidung treffen. Unterbleibt diese, so wird die Versagung der Baugenehmigung rechtswidrig.
Von anderen, sog. zwingenden Vorschriften kann auf ausdrücklichen schriftlichen Antrag aus Gründen des Wohls der Allgemeinheit oder in Härtefällen Befreiung erteilt werden, § 68 III HBO.[279] Die Ausnahmen und Befreiungen können nach § 68 V HBO auch mit **Nebenbestimmungen** (Auflagen, Bedingung, Befreistungen), Ausnahmen auch unter Widerrufsvorbehalt erteilt werden. Da die Ausnahmen und Befreiung als selbständige Verwaltungsakte und nicht – wie etwa in den §§ 85 II, 86 II NBauO – als Bestandteil der Baugenehmigung ergehen, sind auch ihre Nebenbestimmungen nicht auf die Baugenehmigung bezogen. Deshalb »müssen, damit die Auswirkungen erkannt werden, die zu gehörigen (Bau-)Genehmigungen entspre-

---

275 Hierzu BVerwG, DüV 1996, S. 172 f.; HessVGH, NuR 1986, 344; beachte jedoch das vereinfachte Verfahren, § 67 HBO. Zu diesem Problem siehe nun VGH München, NVwZ 1994, S. 304 ff.
276 BVerwG, Urt. v. 28. 2. 1974, DüV 1974, 565 f.; Urt. v. 24. 10. 1980, BVerwGE 62, 128: Übergang von der Verpflichtungs- zur Fortsetzungsfeststellungsklage. Zum maßgeblichen Zeitpunkt bei der Nachbarklage vgl. unten VI. 2. c) aa) α).
277 Vgl. oben III. 3.
278 Vgl. auch § 4 BauGBManG, dazu oben III. 3.
279 Für die Anwendung dieser Vorschrift kann die Rechtsprechung des BVerwG zu § 31 BBauG/ BauGB herangezogen werden, vgl. BVerwG, Urt. v. 9. 6. 1978, DüV 1978, 921; vgl. auch *Weyreuther*, DüV 1980, 389 (394).

chend eingeschränkt wer den (§ 68 V 2 HBO).«[280] Durch diese verunglückte Regelung, die auch in der Fassung der HBO von 1993 beibehalten wurde, wird eine Nebenbestimmung eigener Art (vgl. § 36 I 1. Alt HVwVfG) für die Baugenehmigung geschaffen.
Ausnahmen und Befreiungen kommen auch bei genehmigungsfreien Vorhaben in Betracht (§ 68 IV HBO).
Keine Nebenbestimmung stellt die in der Praxis und Rechtsprechung entwickelte sog. **modifizierte Genehmigung** dar.[281] Dabei ändert die Bauaufsichtsbehörde die Bauvorlage ab und erteilt gleichzeitig eine nichtbeantragte Genehmigung. Da diese nicht durch den Bauantrag gedeckt ist, bleibt die modifizierte Genehmigung schwebend unwirksam, bis der Bauherr den entsprechenden Antrag nachholt oder – konkludent – von der Genehmigung Gebrauch macht. Gegen die modifzierte Genehmigung ist mit der Verpflichtungsklage auf Erlaß der abgelehnten beantragten Genehmigung vorzugehen.
Tritt zu der Erteilung der nicht beantragten Genehmigung eine zusätzliche Anordnung hinzu (Auflage) – etwa bestimmte Emissionswerte einzuhalten – so spricht man von einer **modifizierenden Auflage**. Die Bezeichnung ist unglücklich, denn es handelt sich auch hier in Wahrheit um eine Genehmigung. Sie kann nicht isoliert angefochten werden, vielmehr ist die Bauherrschaft auch in diesem Fall auf den Weg der Verpflichtungsklage auf Erlaß der ursprünglich begehrten Genehmigung verwiesen.[282]

b) *Wirkungen und Bestand*

Die Baugenehmigung entfaltet grundsätzlich Rechtswirkungen in doppelter Hinsicht: Ihr kommt einmal deklaratorische Bedeutung zu (»Unbedenklichkeitsbescheinigung«), indem die Übereinstimmung des Vorhabens mit dem materiellen Recht festgestellt wird[283], jedoch nur insoweit, wie die Prüfung der Vereinbarkeit mit dem materiellen Recht reicht, § 67 VI 1 HBO.[284]
Zum anderen gestattet sie konstitutiv, mit dem Bau zu beginnen (vgl. § 70 II HBO).[285] Dabei umfaßt sie auch die Befugnis zu einer bestimmten Nutzung der baulichen Anlage. Mit der Fertigstellung der baulichen Anlage erledigt sich lediglich

---

280 So schon zur alten Regelung: LT-Drs. 8/55, S. 111.
281 Vgl. *Hoppe/Grotefels*, S. 585 f.; *Finkelnburg/Ortloff*, Bd. II, S. 108.
282 *Finkelnburg/Ortloff*, BauR II, S. 108; siehe auch unten VI. 1. a).
283 BVerwGE 28, 145 (147 f.); 48, 242 (245). – Das schließt die Annahme des Zuteilungscharakters der eine Voraussetzung des Bauanspruchs darstellenden planerischen Entscheidung – sei es durch einen Bebauungsplan, sei es durch § 34 oder 35 BauGB – nicht aus. Zu dem derart zweistufig zu realisierenden Bauanspruch vgl. *Wahl*, Genehmigung und Planungsentscheidung, DVBl. 1982, S. 56 f.
284 Der Prüfungsumfang ist im vereinfachten Verfahren reduziert, § 67 II HBO; zu den daraus resultierenden Problemen hinsichtlich des Rechtsschutzes für Bauherrschaft und Nachbarn siehe unten, VI 1., 2.; siehe ebenfalls LT-Drs. 13/4813, S. 172. Zur vergleichbaren bayerischen Regelung siehe VGH München, NVwZ 1994, S. 304 ff.
285 BVerwGE 48, 242 (245); Urt. v. 20. 10. 1978, DüV 1979, 212 f.

der konstitutive Teil. Solange die Baugenehmigung Bestand hat, wirkt sie im übrigen weiter.[286] Auch der die Baugenehmigung ablehnende Bescheid erwächst in Bestandskraft.[287] Dies schließt nicht aus, daß der Bauherr einen erneuten Antrag stellen kann, denn über die materielle Baurechtswidrigkeit wird im Versagungsbescheid nicht entschieden.[288]
Die schriftlich zu erteilende Baugenehmigung war nach altem Recht dem Antragsteller förmlich zuzustellen (§ 96 II 2 HBO a.F. i.V.m. HessVwZustG); dieses Erfordernis ist entsprechend der Musterbauordnung zur Vereinfachung der Verfahren und auch im Hinblick auf § 41 HVwVfG entfallen, was auch aus § 70 V HBO ersichtlich ist. Dieser Absatz V setzt daneben die Genehmigungsfiktion nach § 67 V HBO innerhalb des vereinfachten Verfahrens um; in einem solchen Fall kann es keinen Zugang einer Genehmigung geben.
Dem Nachbarn, der erfolglos Einwendungen nach § 69 I, II HBO erhoben hat, ist die Entscheidung über eine Befreiung bekanntzugeben (§ 69 III HBO i.V.m. § 41 HVwVfG). Darüber hinaus empfiehlt sich wegen der Anfechtungsfristen die Bekanntgabe auch der Baugenehmigung an alle die Nachbarn, deren Rechte durch die Baugenehmigung verletzt sein könnnten. Schließlich ist die Gemeinde zu unterrichten (§ 70 IX HBO).
Nach dem neueingefügten § 61 VIII HBO werden die Rechtswirkungen sämtlicher baurechtlicher Verwaltungsakte und damit auch der Baugenehmigung auf den **Rechtsnachfolger** erstreckt.[289]
Die nicht ins Werk gesetzte Genehmigung wird nunmehr nach drei Jahren unwirksam, im übrigen durch eine Unterbrechung der Bauausführung nach einem Jahr, § 72 I HBO.[290] Die Frist muß auf Antrag jeweils um zwei Jahre verlängert werden (§ 72 II HBO), wenn sich das Vorhaben noch in Übereinstimmung mit dem materiellen Baurecht befindet.
Die Rechtswirkungen der Baugenehmigung können schließlich beendet oder eingeschränkt werden. Nach der Aufhebung des § 101 HBO a.F. gelten nunmehr die Vorschriften des HVwVfG über Rücknahme und Widerruf von Verwaltungsakten, §§ 48-50 HVwVfG. Zu beachten sind die Einschränkungen der §§ 68 VII, 70 X und 75 IV HBO.
Unbeschadet dieser Möglichkeit lassen Rechtsänderungen den Bestand der Genehmigung unberührt, nachdem diese wirksam geworden ist (§ 43 HVwVfG). Davon zu unterscheiden sind Veränderungen der Sachlage, die zu nachträglichen Anforde-

---

286 Zu den Konsequenzen für den Bestandsschutz, vgl. unten V. 5. b).
287 A.A.: BVerwGE 48, 271 wo dies mit der Grundrechtsrelevanz der Baugenehmigung begründet wird. Darauf kommt es jedoch nicht an, vgl. *Finkelnburg/Ortloff*, Bd. II, S. 82.
288 *Finkelnburg/Ortloff*, Bd. II, S. 82 m.w.N.; *Gaentzsch*, NJW 1986, S. 2792. Anders bei einem rechtskräftigen, die Verpflichtungsklage auf Erteilung der Baugenehmigung abweisen den Urteil. Hier kommt es darauf an, ob Streitgegenstand des Urteils auch die Genehmigungsvoraussetzungen und deren Nichtvorliegen waren.
289 Zur alten Regelung, die sich bereits auf Auflagen erstreckte und den weiteren Vollstreckungsvoraussetzungen: HessVGH, Beschl. v. 19. 7. 1984, NVwZ 1985, 281. S. HessVGH, NuR 1996, 156 ff.
290 Zur Verlängerung der Geltungsdauer wegen Verhinderung des Bauherrn vgl. HessVGH, Urt. v. 11. 9. 1981, ESVGH 31, 275.

rungen und einer Einschränkung der Benutzung baulicher Anlagen führen können (§ 61 III HBO). Voraussetzung hierfür ist das Vorliegen von zum Zeitpunkt der Genehmigung nicht voraussehbaren Gefahren oder unzumutbaren Nachteilen oder Belästigungen für die Allgemeinheit oder die Benutzer der Anlagen. Diese Eingriffsbefugnis stellt die Geltung der materiellen baupolizeilichen Generalklausel des § 3 I 1 HBO auch gegenüber der bestandskräftigen Baugenehmigung sicher und ist als polizeirechtliche Inhaltsbestimmung des Eigentums anzusehen. Anlaß für diese in anderen Ländern nicht anzutreffende Regelung bieten Erfahrungen der letzten Jahre, die zu völlig veränderten Erkenntnissen bezüglich der Sicherheit nicht nur neuer, sondern auch gebräuchlicher Baustoffe, Bauteile und Bauarbeiten (z.b. Stahl- bzw. Spannbetonteile mit Tonerdeschmelzzement) geführt haben.[291]

Kein Problem der Bestandskraft der Baugenehmigung ist die Verpflichtung, auch eine genehmigte bauliche Anlage entsprechend den Anforderungen der materiellen Generalklausel zu unterhalten (§ 3 I 1 HBO). Diese Pflicht kann – z. B. bei einer Gefährdung der Standsicherheit eines Gebäudes – durch eine Verfügung nach § 61 HBO konkretisiert werden. Ähnliches gilt für die Durchsetzung immissionsschutzrechtlicher Anforderungen nach den §§ 22, 24 BImSchG.

c) *Sonderformen der Genehmigung*

Von besonderer Bedeutung ist in der Praxis die Möglichkeit, mittels eines Bauvorbescheids einzelne Fragen des Bauvorhabens klären zu können (§ 65 HBO). Bauvoranfrage und Bauvorbescheid ermöglichen im Interesse der Verfahrensökonomie, in Form eines gestuften Verwaltungsverfahrens[292] grundsätzliche Fragen vorab zu klären, bevor der Bauherr die aufwendige Ausarbeitung der förmlichen Bauvorlage betreibt. Die wichtigste Form des Bauvorbescheids ist die (Teil-)entscheidung über die bauplanungsrechtliche Zulässigkeit des Vorhabens i. S. d. §§ 29 ff. BauGB, die sog. **Bebauungsgenehmigung**.[293] Richtet sich die Bauvoranfrage auf die Zulässigkeit des Vorhabens »überhaupt« oder grundsätzlich, so ist im Vorbescheid über die insoweit relevanten bauordnungsrechtlichen Fragen (z.B. der Zuwegung oder des Grenzabstandes) mit zu entscheiden.[294]
Auch eine eindeutig auf eine Bebauungsgenehmigung gerichtete **Bauvoranfrage** kann jedoch von der Bauaufsichtsbehörde mangels Sachbescheidungsinteresse versagt werden, wenn die Verwertung der begehrten Genehmigung deshalb unmöglich ist, weil dem Vorhaben schlechthin nicht ausräumbare landesbaurechtliche Hindernisse entgegenstehen.[295]

---

291 Vgl. schon LT-Drs. 8/55, S. 111.
292 Vgl. *Schmidt-Aßmann*, Institute gestufter Verwaltungsverfahren: Vorbescheid und Teilgenehmigung, FG zum 25jährigen Bestehen des BVerwG, 1978, S. 569 ff.
293 Vgl. BVerwGE 48, 242; Urt. v. 25. 10. 1978, DüV 1979, 212 f.
294 Vgl. BVerwGE 48, 242 (245 f.); VGH Bad.-Württ., Urt. v. 6. 3. 1978, ESVGH 29, 108 ff.
295 BVerwG, Urt. v. 24. 10. 1980, E 62, 128 (130 f.); vgl. aber VGH Kassel, Urt. v. 11. 12. 1991, NuR 1992, S. 283, zur fehlenden Vorgreiflichkeit einer landschaftsschutzrechtlichen Genehmigung.

Der Bauvorbescheid ist – so das BVerwG –»nicht Zusage, sondern teilweise Genehmigung. [Er]... ist ein Ausschnitt aus dem feststellenden (und nicht aus dem verfügenden) Teil der Baugenehmigung.«[296] Daß es sich um einen Teil der späteren Baugenehmigung handelt, macht auch die Anwendung derselben Verfahrensvorschriften (§ 65 II HBO) deutlich. Dementsprechend kann grundsätzlich kein Bauvorbescheid für Vorhaben ergehen, für die kein Baugenehmigungsverfahren durchzuführen ist, z.b. weil es sich bei ihnen um genehmigungsfreie Vorhaben handelt.[297]

Die Rechtswirkungen des Bauvorbescheids als Teil der späteren Baugenehmigung liegen in der verbindlichen Festlegung der Bauaufsichtsbehörde, die an ihre Beurteilung bei einer endgültigen Entscheidung über einen Bauantrag gebunden ist. Die Bindungswirkung reicht selbstverständlich nicht weiter als der konkrete Entscheidungsgegenstand der Bauvoranfrage.[298] Der Bauvorbescheid bleibt zwei Jahre lang wirksam (§ 65 I 2 HBO), seine Wirksamkeit kann jeweils um ein Jahr verlängert werden (§ 65 I 3 HBO).[299]

Auf die Erteilung des Bauvorbescheids besteht – anders als der Wortlaut in § 65 I 1 HBO »kann« erkennen läßt – aus denselben Gründen und unter denselben Voraussetzungen wie bei der Baugenehmigung selbst ein Rechtsanspruch. Das Gleiche gilt für den Verlängerungsantrag.

Nach heute h. M.[300] schützt der Bauvorbescheid den Bauherrn auch – soweit seine Rechtswirkung reicht – gegenüber nachträglichen Rechtsveränderungen: »Die entstandene Bindung [kann] nur nach den Grundsätzen über den Widerruf oder die Rücknahme von (begünstigenden) Verwaltungsakten wieder beseitigt werden.«[301]

Ob neben dem Bauvorbescheid eine Zusage auf Erteilung der Baugenehmigung rechtlich noch zulässig ist, erscheint zweifelhaft.[302] Jedenfalls soweit die Voraussetzungen des § 65 I 1 HBO vorliegen, ist ein Wahlrecht der Behörde ausgeschlossen.[303] Eine Zusicherung auf Erteilung eines Vorbescheids bleibt allerdings denkbar, wenngleich ein praktisches Bedürfnis hierfür kaum bestehen dürfte.

Zu unterscheiden vom Bauvorbescheid ist die **Teilbaugenehmigung** (§ 71 HBO), die nach Einreichung des Bauantrags für einzelne Bauteile oder Bauabschnitte unter den Voraussetzungen des § 71 I HBO erteilt werden kann. Sie ermöglicht bei größeren Objekten ein abschnittsweises und damit zügiges Baugeschehen. Ihr kommt

---

296 BVerwGE 48, 242 (245); vgl. auch BVerwG, Urt. v. 9. 12. 1983, BVerwGE 68, 241; Urt. v. 3. 2. 1984, BVerwGE 69, 1; Urt. v. 17. 3. 1989, DVBl. 1989, 673; Urt. v. 14. 1. 1993, DVBl. 1993, S. 652; HessVGH, Urt. 25. 5. 1977, BRS 32 Nr. 135.
297 OVG Saarland, Beschl. v. 25. 10. 1982, DüV 1983, 821.
298 HessVGH, Urt. v. 13. 2. 1976, BRS 30, Nr. 44.
299 Hierzu siehe OVG Lüneburg, UPR 1995, S. 280.
300 BVerwG, Urt. v. 3. 2. 1984, BVerwGE 69, 1; OVG Lüneburg, Urt. v. 5. 3. 1981, NJW 1982, 1772; Urt. v. 31. 3. 1989, BRS 49, Nr. 108; OVG NW, Urt. v. 1. 10. 1981, BauR 1982, 50; VGH BW, Urt. v. 15. 4. 1981, VBlBW 1982, 137; OVG Berlin, Urt. v. 16. 7. 1990, BRS 50, Nr. 162; *Finkelnburg/Ortloff*, Bd. II, S. 112 f. Zur früheren Ansicht vgl. die 1. Auflage, S. 288 Fn. 114.
301 BVerwGE 48, 242 (245); hierzu auch BVerwG 69, S. 1 ff.; beachte aber BVerwGE 70, S. 227 ff.
302 Bejahend: *Ortloff*, NVwZ 1983, S. 705; zweifelnd: OVG NW, BRS 47 Nr. 137; dazu m.w.N. auch *Hoppe/Grotefels*, Öffentliches Baurecht, S. 590.
303 OVG Berlin, Urt. v. 16. 7. 1990, BRS 50, Nr. 162.

eine deklaratorische Wirkung bezüglich der Zulässigkeit des Gesamtvorhabens (§ 71 II 1 HBO) und des beantragten Teil, hinsichtlich des letzteren auch eine konstitutive Wirkung zu. In ihrer gegenständlichen Beschränkung hat sie dieselbe Wirkung wie die Baugenehmigung.[304] Entsprechend gelten dieselben Verfahrensvorschriften (§ 71 I 2 HBO) und Fristen (§ 72 HBO). Die spätere endgültige Baugenehmigung tritt nicht an die Stelle der Teilgenehmigung, sondern ergänzt diese in Bezug auf die zunächst nicht genehmigten Baumaßnahmen.[305]
Zu den Besonderheiten für **Typengenehmigungen** und die Genehmigung für **fliegende Bauten**, vgl. die §§ 73, 74 HBO.[306]

4. Die Bauüberwachung

Die Kontrolle der Einhaltung der baurechtlichen Anforderungen durch die Bauaufsichtsbehörden ist eine Aufgabe der Bauüberwachung. Sie wird durch eine Reihe von Pflichten, insbesondere Anzeige- und Duldungspflichten des Bauherrn (vgl. die §§ 70 V bis VIII, 79 und 80 HBO) ermöglicht. Wichtig sind die Bauzustandsbesichtigungen nach Fertigstellung des Rohbaues und der abschließenden Fertigstellung des Gebäudes, die sog. Rohbau- und Schlußabnahmen, die in Hessen im Unterschied zu anderen Ländern aus Gründen der Entlastung der Bauaufsichtsbehörden[307] allerdings in das Ermessen der Behörde gestellt sind (§ 80 III HBO).
Die Schlußabnahme dient ausschließlich öffentlichen Interessen; ihr kommt deshalb nicht die Funktion einer nachträglichen Baugenehmigung mit der Folge der formellen Rechtmäßigkeit des Gebäudes zu.[308] Die Einhaltung des formellen Baurechts kann die Bauaufsichtsbehörde, bei einem sog. *Schwarzbau* (siehe § 77 I 2 Nr. 2 HBO) auch der Gemeindevorstand (§ 77 II HBO), bis zur Fertigstellung der baulichen Anlage durch Anordnung der Baueinstellung sichern (§ 77 HBO). Hierbei ist die materielle Rechtmäßigkeit des Vorhabens ohne Belang.[309] Um vollendete Tatsachen zu verhindern und den Bauherrn vor möglicherweise erheblichen Schäden zu bewahren, ist das besondere öffentliche Interesse an der Anordnung der sofortigen Vollziehung (§ 80 II Nr. 4 VwGO) in der Regel gegeben.[310] Neben den Maßnahmen des Verwaltungszwanges nach dem HessVwVG hielt der HessVGH nach der alten Rechtslage auch ohne eine besondere gesetzliche Regelung die *Versiegelung* der Baustelle für zulässig.[311] Die Anordnung der Versiegelung, die nicht den Vollzug

---

304 HessVGH, Beschl. v. 18. 9. 1973, BRS 27, Nr. 150.
305 HessVGH, Urt. v. 23. 5. 1969, BRS 22, Nr. 159.
306 Dazu auch den Einführungserlaß zur HBO v. 14. 7. 1994 (StAnz. S. 1986) dort zu § 74 HBO sowie den Erlaß v. 23. 6. 1992 (StAnz. S. 1584).
307 Vgl. LT-Drs. 8/55, S. 114.
308 HessVGH, Urt. v. 8. 5. 1981, BRS 38, Nr. 203.
309 HessVGH Beschl. v. 17. 4. 1969, HessVGHRspr. 1969, 63.
310 HessVGH, Beschl. v. 14. 7. 1970, BRS 23 Nr. 207; HessVGH, Beschl. v. 31.3.1981, BRS 38, Nr. 152.
311 Urt. v. 5.6.1976, ESVGH 26, 109 (116 f.).

der Stillegungsanordnung darstellt, aber nicht ohne diese ergehen kann, sollte sich auf § 112 HBO a.F. i.v.m. den §§ 18 f. HSOG a.F. (jetzt: § 40 Nr. 4 HSOG) stützen.[312] Angemessen erscheint demgegenüber eine Sichtweise, die die Versiegelung als besondere Vollstreckungsmaßnahme versteht,[313] die allerdings einer ausdrücklichen gesetzlichen Regelung bedarf.[314] Als zusätzliche Sanktion können – auch bei Verstößen gegen die Anordnung nach § 77 HBO – Bußgelder nach § 82 I HBO verhängt werden.

Zweifelhaft erscheint, ob die Bauaufsichtsbehörde entsprechend § 77 HBO die *Nutzung* eines fertiggestellten illegalen (ungenehmigten), materiell aber rechtmäßigen Bauwerks *untersagen* kann.[315] Hier ist entsprechend der Funktion des § 77 HBO als Sicherungsmittel der formellen Rechtmäßigkeit zu unterscheiden: Ist eine Baugenehmigung mit ihrer konstitutiven, auch die Nutzung freigebenden Wirkung noch notwendig, kommt die Nutzungsuntersagung entsprechend § 77 HBO in Betracht. Dies ist nicht mehr der Fall, wenn die Nutzung bereits ausgeübt wird. Hier ist eine Nutzungsuntersagung nur unter denselben Voraussetzungen wie eine Beseitigungsverfügung möglich, d.h. es muß materielle Baurechtswidrigkeit vorliegen. Der Verstoß gegen das formelle Baurecht kann demgegenüber nur durch ein Bußgeld nach § 82 HBO geahndet werden.

5. Die Beseitigung materiell-baurechtswidriger Zustände, insbesondere die Abbruchverfügung

a) *Voraussetzungen*

Soweit die Errichtung oder Veränderung einer baulichen Anlage oder ihre Nutzungsänderung durch die Rechtswirkungen einer bestandskräftigen Baugenehmigung (s. oben V. 3. b)) gedeckt wird, ist sie auch bei Verstößen gegen das materielle Recht in ihrem Bestand geschützt[316]. Die Baugenehmigung verhindert insoweit den Durchgriff auf das materielle Recht. Fehlen diese bestandsschutzverleihenden Wirkungen der Baugenehmigung, stellt sich die Frage nach der Zulässigkeit von Eingriffen der Bauaufsichtsbehörden.

---

312 HessVGH, Beschl. v. 20. 1. 1984, BRS 38, Nr. 209; HessVGH, Beschl. v. 17. 5. 1984, BRS 42, Rn. 228; HessVGH, Beschl. v. 9. 3. 1993, BRS 55, Nr. 204.
313 VGH Bad.-Württ., Beschl. v. 7. 9. 1981, VwBlBW 1982, 140; *Finkelnburg/Ortloff*, BauR II, S. 131.
314 Vgl. etwa Art. 81 II BayBO; § 69 II BauOBln.
315 So der HessVGH in ständiger Rechtsprechung, Beschl. v. 14. 1. 1972, BRS. 25, Nr. 207; HessVGH, Urt. v. 11. 9. 1981, BRS 38, Nr. 78. Bei der Nutzungsuntersagung ist regelmäßig Eilbedürftigkeit gegeben, HessVGH, Beschl. v. 23. 12. 1988, NVwZ 1990, 583 (584). Zustimmend: *Dürr/Schmitt-Wellbrock*, Das Baurecht in Hessen, 1988, Rn. 324 a.E. A.A. (Bauwerk muß auch materiell rechtswidrig sein): VGH Bad.-Württ., Urt. v. 12. 9. 1984, BauR 1985, 537 (538).
316 Hierzu BVerwGE 72, S. 362 (363); *Finkelnburg/Ortloff*, Bd. II, S. 103 ff. Siehe ferner *Mampel*, Formelle und materielle Illegalität?, BauR 1996, 13 ff.

Von erheblicher praktischer Bedeutung und verwaltungspolitischer Brisanz[317] ist das Problem bei sog. **Schwarzbauten** im Außenbereich (§ 35 BauGB). Oftmals entpuppt sich die genehmigungsfreie Jagd- oder Schutzhütte (§ 63 I Nr. 1 f, g und h HBO) als Wochenendhaus.

Häufig sind auch Nutzungsänderungen von bauordnungsrechtlicher (**Beispiel**: Umwandlung von Nebenräumen in Aufenthaltsräume)[318] oder bauplanungsrechtlicher (**Beispiel**: Änderung von Gemüseladen in Gebrauchtwagenhandel)[319] Relevanz.
Die Rechtsgrundlage für die Eingriffsverfügung ist speziell durch § 78 HBO geregelt. Voraussetzung für eine Beseitigungsverfügung bzw. Nutzungsuntersagung war schon nach § 83 I 2 HBO a.F. (jetzt § 61 II HBO) eine von der baulichen Anlage, ihrer Veränderung oder ihrer Nutzung ausgehende Gefährdung der öffentlichen Sicherheit oder Ordnung. Dazu gehört vor allem der Verstoß gegen materielles Bauplanungs- und Bauordnungsrecht, der unabhängig von einer gleichzeitigen Gefährdung anderer Rechtsgüter wie Leben oder Gesundheit eine Störung der öffentlichen Sicherheit darstellt[320]. Aus diesem Grunde erwähnt § 78 HBO als die gegenüber § 61 II HBO spezielle Norm lediglich den Verstoß gegen baurechtliche Vorschriften.[321]

Eine bloße **formelle Baurechtswidrigkeit**, vor allem das Fehlen einer Baugenehmigung, reicht entgegen dem HessVGH – wie sich auch aus der Funktion des Genehmigungsverfahrens[322] ergibt – für einen Eingriff niemals[323] aus[324].

Maßgeblicher Zeitpunkt für die Beurteilung der materiellen Legalität ist zunächst einmal der Erlaß der Beseitigungs- oder Untersagungsverfügung. Diese ist rechtswidrig, wenn die bauliche Anlage zu diesem Zeitpunkt – möglicherweise Erteilung von Ausnahmen oder Befreiungen – genehmigungsfähig ist. In Frage kommt auch der Erlaß von »Auflagen«, wenn dadurch die Anlage mit den öffentlich-rechtlichen Vorschriften in Einklang gebracht werden kann. Die hier maßgebliche Rechtslage ist ohne Rücksicht auf einen abgelehnten Bauantrag[325] zu prüfen.

---

317 Vgl. dazu *Dürr/Schmitt-Wellbrock*, Das Baurecht in Hessen, 1988, Rn. 318-321.
318 HessVGH, Urt. v. 8. 5. 1981, HessVGRspr. 1981, 83.
319 BVerwG, Urt. v. 23. 1. 1981, DüV 1981, 45 ff.; s. auch HessVGH, Urt. v. 29. 4. 1983, ESVGH 34, 77: Änderung der bisherigen Nutzung i.S. v. § 35 IV BBauG (Stall/Schwimmbad); vgl. auch o. Fn. 134.
320 HessVGH, Urt. v. 12. 12. 1969, BRS 22, Nr. 206.
321 Siehe hierzu Lt-Drs. 13/4813, S. 172.
322 Siehe oben V. 2. Hierzu jetzt HessVGH, DÖV 1996, 833.
323 Für Ausnahmen bei Anlagen, deren Beseitigung ohne Eingriff in die Substanz möglich ist (z.B. Wohn- oder Verkaufswagen, Werbeanlagen), und die bei bloß formeller Illegalität möglich sein soll; OVG Münster, Beschl. v. 6. 2. 1970, BRS 23, Nr. 205; ebenso HessVGH, Beschl. v. 10. 8. 1982. HessVGRspr. 83, 12), besteht keine Notwendigkeit, da die Beseitigungs- bzw. Untersagungsverfügung wegen materieller Rechtswidrigkeit für sofort vollziehbar (§ 80 II Nr. 4 VwGO) erklärt werden kann und der durch die Ausnutzung der formellen Illegalität erzielte Gewinn bei der Bemessung des Bußgeldes berücksichtigt werden kann.
324 BVerwGE 3, 351; HessVGH, Urt. v. 5. 9. 1967, BRS 18, Nr. 154; a.A. das – nur im Ergebnis richtige – Urt. des HessVGH v. 11. 9. 1981, BRS 38, Nr.78 u. sein Beschluß v. 12. 1. 1982, HessVGRspr. 1982, 74.
325 BVerwGE 48, 271; HessVGH, Urt. v. 25. 6. 1971, BRS 24, Nr. 195; Urt. v. 22. 10. 1982, ESVGH 33, 154.

b) *Bestandsschutz*

Nach der früheren Rechtsprechung des Bundesverwaltungsgerichts[326] konnte gegenüber einer Abbruchverfügung bei Vorliegen bestimmter Voraussetzungen die Einwendung[327] des Bestandsschutzes geltend gemacht werden.[328]
Nach dieser Rechtsprechung ergibt sich der Bestandsschutz unmittelbar aus Art. 14 I 1 GG und bezieht sich auf eine schutzwürdige formell oder materiell legale Eigentumsausübung.[329] Eine zum Zeitpunkt der Verfügung materiell illegale bauliche Anlage kann **Bestandsschutz** genießen, wenn sie bei ihrer Errichtung oder zu einem späteren Zeitpunkt hätte genehmigt werden können.[330] Allerdings muß sich die materielle Legalität – auch um den rechtstreuen Bauherrn gegenüber dem Schwarzbauer nicht zu benachteiligen – über einen beachtlichen Zeitraum erstrecken,[331] wofür der Zeitraum eines durchschnittlichen Genehmigungsverfahrens, d.h. drei Monate, zu veranschlagen ist.[332] Andernfalls scheidet ein Bestandsschutz mangels objektiver Schutzwürdigkeit aus. Das gleiche gilt für die Fälle, in denen der Bauantrag gem. § 15 BauGB hätte zurückgestellt wer den können.[333]
Der Bestandsschutz hängt von der bestimmungsgemäßen Nutzbarkeit des Vorhabens ab. Er tritt somit erst ein, wenn das Vorhaben fertiggestellt oder jedenfalls im wesentlichen fertig gestellt ist[334] und endet mit der Beseitigung der Bausubstanz, der Baufälligkeit oder der nicht nur vorübergehenden Einstellung der Nutzung. Bei einer reduzierten Nutzung ist bezüglich des Umfangs Bestandsschutzes auf das abzustellen, was noch an Nutzung zu dem Zeitpunkt vorhanden ist, in dem der Schutz gegenüber einer geänderten Rechtslage wirksam werden soll, wobei jedoch im Falle einer gewerblichen Nutzung gewisse Schwankungen im Betriebsumfang und Betriebsablauf unschädlich sind.[335]
Der Bestandsschutz bergründet das Recht des Bauherrn, die bauliche Anlage so zu nutzen, wie sie errichtet wurde[336] (*passiver Bestandsschutz*), zum anderen erlaubt er, die notwendigen Maßnahmen zur Erhaltung und zeitgemäßen Nutzung des Bestan-

---

326 Zur Kritik hieran *Schenke* NuR 1989, s. 17; *Ziegler* ZfBR 1982, S. 149 f.
327 Die Beweislast trägt dementsprechend der Bürger, der die Abbruchverfügung angreift. Etwaige Zweifel gehen zu seinen Lasten, BVerwG, Urt. v. 23. 2. 1979, BRS 35, Nr. 206; Urt. v. 5. 8. 1991, Buchholz 406.17, Bauordnungsrecht, Nr. 35. Allgemein zu diesem Thema siehe *Berg*, Beweismaß und Beweislast im öffentlichen Umweltrecht, 1995.
328 Zur Wirkung des Bestandsschutzes siehe: VGH Kassel, NVwZ-RR 1995, S. 321 m.w.N.
329 Vgl. BVerwG, Urt. v. 5. 7. 1974, DüV 1974, 814 f. Im konkreten Fall wurde die Schutzwürdigkeit bei einem in einer Bundeswasserstraße verankerten Schiff verneint.
330 Hierzu BVerwG, BauR 1994, S. 738 f.
331 Vgl. BVerwG, Urt. v. 26. 5. 1978, BRS 33, Nr. 37; Urt. v. 23. 2. 1979, BRS 35, Nr. 206; NJW 1987, 1346.
332 So HessVGH, Urt. v. 2. 7. 1977, HessVGRspr. 1977, 73, 75; *Sendler*, Über formelle und materiele (Il)legalität im Baurecht und anderswo, in: FS für Ernst, S. 403, 412, verweist auch auf den Gedanken des § 44 VI 2 BBauG (§ 42 VII 2 BauGB).
333 Vgl. BVerwG, Urt. v. 22. 1. 1971, BRS 24, Nr. 193.
334 Ebd.
335 S. HessVGH, Urt. v. 22. 6. 1979, BRS 35 Nr. 160; BVerwG, Urt. v. 11. 2. 1977, VerwRspr. 29 (1978), S. 208, 210 f.; Urt. v. 23. 1. 1981, DüV 1981, S. 457, 459.
336 BVerwGE 25, 161, 162.

des vorzunehmen (*aktiver Bestandsschutz*). Grenzen ergeben sich daraus, daß die Identität der baulichen Anlage gewahrt werden muß.[337] Desweiteren wurde insbesondere im Bereich des Gewerberechts der sog. *überwirkende Bestandsschutz* entwickelt.[338] In seiner neueren Rechtsprechung leitet das Bundesverwaltungsgericht aus der Kompetenz des Gesetzgebers zur Inhaltsbestimmung i.S.d. Art. 14 I 2 GG jedoch ab, »daß ein Bestandsschutz, soweit damit eine eigenständige Anspruchsgrundlage gemeint sein soll, zu verneinen ist, wenn eine gesetzliche Regelung vorhanden ist.«[339] Soweit der Bestandsschutz einfachgesetzlich ausgestaltet ist, scheidet der unmittelbare Rückgriff auf Art. 14 I GG folglich aus.[340] Das Gericht scheint zwar vom grundsätzlichen Fortbestand des Rechtsinstituts des unmittelbar aus Art. 14 I GG abgeleiteten Bestandsschutzes auszugehen.[341] Dessen völlige Aufgabe – ebenso wie bei der eigentumskräftig verfestigten Anspruchsposition[342] – sollte jedoch die Konsequenz aus der neueren Rechtsprechung sein.[343] Bestandsschutz wird dann durch die einfachen Gesetze gewährleistet: Denn bestimmt die Gesamtheit der verfassungsmäßigen Ordnung den Inhalt des Eigentums – und somit auch den des Bestandsschutzes[344] –, so bleibt kein Raum mehr für den verfassungsunmittelbaren Bestandsschutz.[345] Wird ein Gesetz den verfassungsrechtlichen Anforderungen hinsichtlich des Bestandsschutzes nicht gerecht, so ist es verfassungswidrig; ein zur Anwendung eines solchen Gesetzes berufener Spruchkörper umginge Art. 100 I GG, legte er dieses Gesetz nicht dem BVerfG zur Überprüfung vor.[346] Die Ausformungen des Bestandsschutzes in der Rechtsprechung bleiben jedoch weiterhin von Bedeutung. So betont das Bundesverwaltungsgericht, daß »das besondere Gewicht der Eigentumsgarantie des Art. 14 I GG, wie es bislang (...) im Rechtsgedanken des Bestandsschutzes verankert war, nunmehr bei der Ermessensausübung« zu beachten ist.[347]

---

337 Zum Kriterium der Identität, vgl. BVerwGE 47, S. 126, 128 ff. In E 72, S. 362, 363 hat das BVerwG eine Erweiterung um drei Garagen und zwei Geräteräume für zulässig erachtet. Siehe auch BVerwG, BauR 1994, S. 738 f.
338 Vgl. im einzelnen BVerwGE 49, 365, 370; 50, 49, 56 ff.
339 BVerwGE 88, S. 191, 203. – Zur neueren Rechtsptrchung vgl. *Sarnighausen*, DöV 1993, S. 758 u. *Manow*, Bestandsschutz im Baurecht, 1993; siehe auch *Sendler*, Bestandsschutz im Wirtschaftsleben, WiVerw 1993, S. 235 (245 ff – zum Bestandsschutz im Baurecht).
340 Vgl. auch BVerwGE 84, S. 322, 334.
341 Vgl. auch *Krebs*, Fn. 418.
342 Vgl. hierzu BVerwGE 85, 289, 294.
343 In diesem Sinne auch *Wickel*, Verfassungsunmittelbarer oder einfachgesetzlicher Bestandsschutz im Baurecht?, BauR 1994, S. 554 (558 ff.); hierzu ferner *Sarnighausen*, Abschied vom Bestandsschutz im öffentlichen Baurecht, DöV 1993, S. 758 ff.; *R. Wahl*, Abschied von dem »Ansprüchen aus Art. 14 GG«, in: FS für Redeker, 1993, S. 245 ff.
344 Siehe BVerfGE 58, S. 300 (335 f.) – Naßauskiesung.
345 Siehe auch *Schenke*, Problematik des Bestandsschutzes im Baurecht und Immissionsschutzrecht, NuR 1989, S. 8 (17).
346 So *Wickel*, Verfassungsunmittelbarer oder einfachgesetzlicher Bestandsschutz im Baurecht?, BauR 1994, S. 554 (558 f.); *Schenke*, Problematik des Bestandsschutzes im Baurecht und Immissionsschutzrecht, NuR 1989, S. 8 (17).
347 BVerwGE 84, S. 322, 334.

c) *Der Erlaß der Beseitigungs- bzw. Untersagungsverfügung*

Die Beseitigungs- bzw. die Untersagungsverfügung stellt eine baupolizeiliche Ermessensentscheidung dar (§ 78 I 2 HBO), die denselben Regeln unterliegt wie die Polizeiverfügung des HSOG (S. Abschnitt »Polizeirecht«)[348]. Dies gilt insbesondere für die Fragen der Bestimmtheit (§ 5 II HSOG), des Grundsatzes der Verhältnismäßigkeit (§ 4 HSOG), der Wahl des Adressaten (§§ 6 ff. HSOG), des Handlungs- und Auswahlermessens (§ 5 HSOG), einer eventuellen Ermessensreduzierung und des Gleichheitssatzes. Die Verwaltungsakte nach der HBO (also auch Beseitigungsverfügungen) gelten gegenüber dem **Rechtsnachfolger** (§ 61 VIII HBO). Die Vollstreckung wird nach dem Hess. Verwaltungsvollstreckungsgesetz vorgenommen (s. Abschnitt »Grundlagen der Verwaltungsorganisation und des Verwaltungshandelns«).[349]

Das besondere öffentliche Interesse an der Anordnung der sofortigen Vollziehung der Beseitigungsverfügung (§ 80 II 4 VwGO) ist nur ausnahmsweise zu bejahen, so bei Schwarzbauten im Außenbereich, die zum Nachahmen reizen könnten[350]. Aus der Rechtsprechung:
Unbestimmtheit einer *Abbruchverfügung* (AV): HessVGH, Urt. v. 20. 2. 1970, BRS 23, Nr. 196; einer Teil-AV: HessVGH, Urt. v. 7. 11. 1973, BRS 27, Nr. 201.

Keine **Unverhältnismäßigkeit** bei erheblichen finanziellen Verlusten durch Abbruch: BayVGH, Urt. v. 6. 2. 1980, BayVBl. 1981, S. 89; Unzumutbarkeit wegen Lebensalter und Gesundheitszustand, VGH Bad.-Württ., Urt. v. 31. 3. 1982, NJW 1984, S. 319; im Falle einer möglichen Erteilung einer Auflage VGH München, UPR 1987, S. 444; Nutzungsbeschränkung statt Abbruch OVG Saarlouis, BRS 40, Nr. 230.

AV gegen **Miteigentümer**: HessVGH, Urt. v. 25. 6. 1971, BRS 24, Nr. 195; gegen **Pächter**: HessVGH, Beschl. v. 21. 9. 1971, BRS 24 Nr. 196. Vgl. auch BVerwG, Urt. v. 28. 4. 1972, BauR 1972, S. 298, dazu *Kühling*, Polizeipflicht und privatrechtliche Verfügungsmacht, BauR, 1972, S. 264 ff.; VGH Mannheim, DVBl. 1994, S. 299.

Gleichheitssatz: Einschreiten ohne jedes erkennbare System, BVerwG, Urt. v. 2. 3. 1973, DVBl. 1973, S. 636; vgl. auch VGH Bad.-Württ., Urt. v. 8. 3. 1971, BRS 24 Nr. 199; VGH Bad.- Württ., Urt. 5. 9. 1974, BRS 28, Nr. 164; HessVGH, Urt. v. 19. 12. 1975, BRS 29, Nr. 172; HessVGH, Urt. v. 8. 10. 1981, HessVGRspr. 1982, 73; Urt. v. 29. 4. 1982, NJW 1984, S. 318. Dazu *B. Wegmann*, Zur Ermessensausübung bei Abbruchverfügungen, NVwZ 1984, S. 777 f. – Vgl. auch OVG Bremen, Urt. v. 26. 2. 1985, NVwZ 1986, 61; OVG Saarlouis, Beschl. v. 7. 6. 1985, NVwZ

---

348 Vgl. *Därr*, Rechtsschutz für »Schwarzbauten« gegen Abbruch, DÖV 1976, 111 ff.; *Petzke*, Fehlerquellen beim Erlaß baurechtlicher Beseitigungsanordnungen, BayVBl. 1978, 225 ff.
349 Dazu VGH Kassel, NVwZ-RR 1995, S. 321.
350 HessVGH, Beschl. v. 10. 11. 1976, BRS 30, Nr. 182 u. v. 29. 5. 1985, DÖV 1986, 79; vgl. auch Beschl. v. 14. 7. 1971, BRS 24, Nr. 205; sogar eine nicht bestandskräftige Abrißverfügung kann Grundlage einer Beseitigung sein: OVG Greifswald, NVwZ 1995, S. 608 f.

1986, 61; OVG Lüneburg, NVwZ-RR 1994, S. 249; OVG Bremen, NVwZ 1995, S. 401; ferner OVG Lüneburg, UPR 1995, S. 277.
Nutzungs- oder Beseitigungsuntersagung mit **Kündigungsaufforderung:** Hess-VGH, Urt. v. 18. 7. 1969, und 29. 7. 1969, BRS 22 Nr. 211f.; Urt. v. 8. 5. 1981, BRS 38, Nr. 203; Urt. v. 29. 4. 1983, ESVGH 34, 77.
Auswahl der Adressaten: Vermieter/Mieter, HessVGH, Urt. 8. 5. 1981, BRS 38, Nr. 203; Beschl. v. 26. 9. 1983, ESVGH 34, 159; BVerwG, NVwZ 1995, S. 272; dazu ferner: VGH München, NJW 1993, S. 81; VGH Kassel, BRS 42, Nr. 211.
Verwirkung des Abrißanspruchs: VGH Bad.-Württ., Urt. 12. 9. 1979, BRS 32, Nr. 186, VGH Rh.-Pf., Urt. 13. 12. 1979, BRS 36, Nr. 216; HessVGH, Beschl. v. 25. 4. 1983, NVwZ 1983, 687; OVG Lüneburg, BauR 1994, S. 613.

VI. Rechtsschutz

1. Rechtsschutz des Bauherrn

a) *Ablehnung des Bauantrags*

Wird die beantragte Genehmigung von der Baubehörde abgelehnt, so ist der Anspruch des Bauwilligen im Wege der Verpflichtungsklage auf Erteilung der Baugenehmigung durchzusetzen.[351] Die Verpflichtungsklage ist auch dann die richtige Klageart, wenn eine modifizierende Genehmigung oder Auflage erlassen wurde und der Bauherr die ursprüngliche Genehmigung begehrt. Steht der Genehmigungsbehörde ein Ermessen zu (Ausnahme oder Befreiung), so hat der Kläger regelmäßig nur einen Anspruch auf *ermessensfehlerfreie Entscheidung*, die mit der Bescheidungsklage durchzusetzen ist.[352] Dem einstweiligen Rechtsschutz nach § 123 VwGO steht regelmäßig das Verbot der Vorwegnahme der Hauptsache entgegen. Ist die erteilte Genehmigung von einem Nachbarn angefochten worden, so kann der Genehmigungsinhaber allerdings bei der Behörde nach § 80a I 1 i.V.m. § 80 II Nr. 4 VwGO die Anordnung der sofortigen Vollziehung beantragen; dient das geplante Vorhaben überwiegend Wohnzwecken, so streitet für den Bauherrn die sofortige Vollziehbarkeit *kraft Gesetzes*, § 10 II BauGBMaßnG.[353] Auf Antrag kann auch das Gericht nach § 80a III i.V.m. § 80 V VwGO die sofortige Vollziehung anordnen.[354]

---

351 Zum Rechtsschutz: *Schlez*, Rechtsschutz im Baurecht, 1993. Siehe auch *Stürmer*, Rechtsschutz gegen Inhalts- und Nebenbestimmungen, DVBl. 1996, 81 ff.
352 Vgl. im einzelnen: *Finkelnburg/Ortloff*, Bd. II, S. 204 ff.
353 Dazu VGH München, NVwZ-RR 1995, S. 382; VG Augsburg, NVwZ- RR 1995, S. 382.
354 Hierzu OVG Münster, NWVBl 1994, S. 332.

b) *Rechtsschutz gegen sonstige Eingriffsverfügungen*

Gegenüber Einstellungs-, Beseitigungs- oder Nutzungsuntersagungsverfügungen kommt regelmäßig die Anfechtungsklage in Betracht. Maßgeblicher Zeitpunkt für die Beurteilung der Maßnahme ist die Sach- und Rechtslage zum Zeitpunkt der letzten behördlichen Entscheidung.[355] Wurde die Verfügung für sofort vollziehbar erklärt, so steht dem Bauherrn vorläufiger Rechtsschutz nach § 80 V VwGO offen.[356] Bei Verfügungen im Rahmen einer Drittanfechtung richtet sich der einstweilige Rechtsschutz nach § 80a III i.V.m. § 80 V VwGO. Das öffentliche Interesse an der sofortigen Vollziehbarkeit liegt bei der Einstellungsverfügung regelmäßig, bei der Beseitigungsverfügung wegen der Endgültigkeit der Maßnahme nur ausnahmsweise vor.[356a] Zur Nutzungsuntersagung läßt der HessVGH die formelle Baurechtswidrigkeit für das Vorliegen des öffentlichen Interesses ausreichen.[357]

2. Rechtsschutz des Nachbarn

a) *Eingrenzung*

Einer der häufigsten Konflikte im Baurecht entsteht dadurch, da sich ein Nachbar durch die bauliche Nutzung eines Grundstücks in seinen Rechten verletzt fühlt. In diesem zweipoligen Konflikt zweier Bürger untereinander steht zunächst die **zivilrechtliche Nachbarklage** nach den §§ 823, 1004 BGB offen;[358] ferner sind die Vorschriften zum Schutz des (Miet-)Besitzes, §§ 862 I, 858 I BGB und 861 I BGB zu beachten.[359] Die nachbarschaftlichen Rechtsbeziehungen sind zum Teil in den §§ 906 ff. BGB, zum Teil in den Nachbargesetzen der Länder (Hessen: Hess. Nachbarrechtsges. v. 24. 9. 1962, GVBl. 1962, S. 417) geregelt.[360] Der Konflikt weitet sich zu einem **öffentlich-rechtlich** zu beurteilenden **mehrpoligen** oder **polygonalen Rechtsverhältnis** aus, wenn die beeinträchtigende Grundstücksnutzung durch eine staatliche Baugenehmigung gestattet wird.[361] Das Verhältnis von zivil- und öffentlich-rechtlichem Abwehranspruch ist dabei nach wie vor ungeklärt.[362] Der BGH geht auch in seiner jüngsten Rechtsprechung[363] davon aus, daß nur die rechtskräftig (gerichtlich) bestätigte Baugenehmigung gegen

---

355 BVerwG, Beschl. v. 8. 11. 1992, NVwZ 1993, S. 476.
356 Siehe dazu VG Karlsruhe, NJW 1994, S. 1977.
356a Aufschlußreich OVG NW, DÖV 1996, 382.
357 HessVGH, Beschl. v. 23. 12. 1988, NVwZ 1990, 583, vgl. auch oben V. 5.
358 Hierzu *Dürr*, Das öffentliche Baunachbarrecht, DöV 1994, S. 841 (841 f.).
359 Siehe hierzu BVerfG, NJW 1993, S. 2035 (2036); *Palandt/Thomas*, 55. Aufl., § 823, Rn. 13.
360 Zum ganzen *Hoof*, Das Nachbarrecht in Hessen, 16. Aufl., 1995.
361 Zum öffentlichen Baunachbarrecht siehe: *Dürr*, Das öffentliche Baunachbarrecht, DöV 1994, S. 841 ff.; *Mampel*, Nachbarschutz im öffentlichen Baurecht, 1994, ders., Aktuelle Entwicklungen im öffentlichen Baunachbarrecht, DVBl. 1994, S. 1053 ff.
362 Hierzu den *Arbeitskreis Nachbarrecht*, Bundesbaublatt 1991, S. 10 ff.
363 BGHZ 95, 238; BGH NJW 1991, 1168.

über privatrechtlichen Abwehransprüchen Bindungswirkung entfalte, nicht aber die bloß unanfechtbar gewordene Baugenehmigung. Diese Auffassung ist nicht haltbar, denn auch der Zivilrichter ist an eine rechtswidrige, aber wirksame Baugenehmigung wegen der sog. Tatbestandswirkung des Verwaltungsaktes gebunden.[364] Der Genehmigung kommt damit eine die Rechtssphären der Nachbarn zuordnende Aufgabe zu, ihr wohnt eine Ausgleichs-, ja Zuteilungsfunktion inne.[365] Die Grundprobleme der baurechtlichen Nachbarklage finden sich wieder in anderen polygonalen Verwaltungsrechtsverhältnissen, z.b. bei Rechtsschutz Drittbetroffener gegenüber immissionsschutzrechtlichen und atomrechtlichen Genehmigungen oder gegenüber Planfeststellungen im Straßenrecht oder Luftverkehrsrecht.[366] Die Nachbareigenschaft i.S.d. Nachbarschutzes ergibt sich nicht notwendig aus der räumlichen Nähe wie beim *Angrenzer*. **Nachbar** ist vielmehr derjenige, der von der Errichtung oder Nutzung der baulichen Anlage tatsächlich beeinträchtigt wird.[367] Bei der im Einzelfall schwierigen Abgrenzung ist darauf abzustellen, ob die fragliche Anlage den Dritten in *seinen Rechten* beeinträchtigt.[368] Als Nachbarn in rechtlicher Hinsicht werden dinglich Berechtigte, insbesondere Eigentümer, Inhaber eigentumsähnlicher Rechte (z.B. Erbbaurechte, Wohnungseigentum), aber auch durch Auflassungsvormerkung gesicherte Käufer[369], ferner in Zukunft – entgegen der (noch) h.M.[370] – auch Mieter oder Pächter als Nachbarn an-

---

364 BVerwGE 50, 282, 289 ff. Das BVerwG, a.a.O., S. 289 ff. spricht mißverständlich von der »Feststellungswirkung« der Baugenehmigung; dies ist i.S.d. oben (V. 3. b)) dargestellten deklaratorischen Wirkung gemeint. Diese Feststellung bindet andere Behörden ebenso wie die Gerichte, was nach der herkömmlichen Terminologie die Tatbestandswirkung des VA genannt wird. Vgl. *Erichsen*, Das Verwaltungshandeln, in: Erichsen/Martens, (Hrsg.), Allgemeines Verwaltungsrecht, 10. Aufl. 1995, S. 272; *Maurer*, Allgemeines Verwaltungsrecht 10. Aufl. 1995, § 11 Rn. 8 f.
365 Vgl. *Böckenförde*, Eigentum, Sozialbindung des Eigentums, in: Staat, Gesellschaft, Freiheit, 1976, S. 318 ff.; *Steinberg*, DüV 1982, S. 621 unter Hinweis auf BVerfGE 53, 30 (75); ders., Grundfragen des öffentlichen Nachbarrechts, NJW 1984, 457 ff. Zu den zahlreichen ungeklärten Fragen des Verhältnisses von privatem zu öffentlichem Nachbarrecht vgl. *Hoppe/Grotefels*, Öffentliches Baurecht, S. 647 ff.; *Battis*, S. 296 ff.; *Gaentzsch*, NVwZ 1986, S.601; *Gerlach*, JZ 1988, S. 161; ferner *Mampel*, Nachbarschutz im öffentlichen Baurecht, 1994, S. 19 ff.
366 Vgl. dazu *W. Schmidt*, Einführung in die Probleme des Verwaltungsrechts, 1982, Rn. 143 ff.; 180 ff.; *Steinberg*, Nachbarrecht II, in: HdUR Bd. II, 2. Aufl. 1993.
367 S. BVerwGE 28, 131, 133.; VGH BW, Urt. v. 4. 2. 1969, BRS 22, Nr. 167; HessVGH, Beschl. v. 11. 2. 1970, BauR 1971, 109. Zum Erfordernis der tatsächlichen Beeinträchtigung vgl. HessVGH, Beschl. 23. 4. 1982, BauR 1982, 369, 371; VGH BW, Beschl. v. 28. 1. 1982, VBlBW 1982, S. 334 f.; a.A. BVerwG, Beschl. v. 10. 9. 1984, NVwZ 1985, 39; vgl. auch P. *Jacob*, Zur tatsächlichen Beeinträchtigung der Nachbarn im Baurecht, BauR 1984, S. 1 ff.
368 So BVerwG, Urt. v. 22. 12. 1980, DVBl 1981, 405 zur Klagebefugnis Dritter gegen eine atomrechtliche Genehmigung; vgl. dazu *Rengeling*, Perspektiven zur Zulässigkeit atomrechtlichen Anfechtungsklagen, DVBl. 1981, 323 ff.; vgl. auch *Steinberg*, Verwaltungsgerichtlicher Umweltschutz, UPR 1984, S. 350 ff.; ders., Atomrechtliche Schadensvorsorge und »Restrisiko«, in: Schneider/Steinberg, Schadensvorsorge im Atomrecht zwischen Genehmigung, Bestandsschutz und staatlicher Aufsicht, 1991, S. 79 ff.
369 BVerwG, Urt. v. 29. 10. 1982, NJW 1983, 1626; Urt. v. 11. 5. 1989, BVerwGE 82, 61 (75) – Ahaus.
370 So BVerwG, Urt. v. 14. 6. 1968, NJW 1968, 2393; BVerwG, Beschl. v. 11. 7. 1989, BRS 49 Nr. 185; OVG Hamburg, Urt. v. 27. 1. 1983, NVwZ 1984, 48; OVG Berlin, Beschl. v. 1. 11. 1988, BRS 48 Nr. 157; *Gelzer/Birk*, Bauplanungsrecht, 5. Aufl. 1991, Rn. 1015; *Schmidt-Preu*, Nachbarschutz des »Mieter-Eigentümers«?, NJW 1995, S. 27 (28 f.); *Hufen*, Verwaltungsprozeßrecht, 1994, S. 283; *Gaentzsch*, Baugesetzbuch, § 29, Rn. 29; *Mampel*, Der Mieter ist nicht Nachbar, UPR 1994, S. 8 ff.

erkannt,[371] da die Wohnung für den Mieter unverzichtbarer Lebensmittelpunkt ist, weswegen sein Besitzrecht Funktionen erfüllt, wie sie typischerweise dem Sacheigentum zukommen.[372] Die Ansicht der bisher h.M. ist schon dann zu eng, wenn der Abwehranspruch nicht in Art. 14 GG oder einer eigentumsschützenden Norm wurzelt, sondern dem Schutz von Leben und Gesundheit dient.[373] Auch hier erweist sich wiederum als zentrales Problem des Nachbarschutzes die Frage, welche Rechte einen Abwehranspruch gegen eine drittbegünstigende Genehmigung gewähren.

b) *Geschützte Rechte*

aa) *Die Eingrenzung durch die herrschende Schutznormtheorie*

Die einem Bauherrn erteilte Baugenehmigung ist von einen Dritten mit Erfolg nur dann angreifbar, wenn sie nicht nur rechtswidrig ist, sondern den Kläger auch in *seinen* Rechten verletzt (§ 113 I 1 VwGO).[374] Das ist nach der herrschenden Schutznormtheorie dann der Fall, wenn die Genehmigung gegen eine Vorschrift verstößt, die nicht nur öffentlichen Interessen dient, sondern zugleich nachbarschützenden Charakter hat und damit dem Nachbarn ein subjektiv-öffentliches Recht auf Befolgung gewährt. Wann das der Fall ist und nicht nur eine objektive Begünstigung als Rechtsreflex vorliegt, ist durch Auslegung der jeweiligen Vorschriften nach Wortlaut, systematischem Zusammenhang und Normzweck zu bestimmen. Entgegen der früheren Rspr. des BVerwG stellt das Gericht heute nicht mehr auf einen sich ausdrücklich aus der Norm ergebenden Kreis von Betroffenen ab, sondern läßt es ausreichen, daß sich »aus individualisierenden Tatbestandsmerkmalen der Norm ein Personenkreis entnehmen läßt, der sich von der Allgemeinheit unterscheidet.«[375] Damit dürften die materiellen Baurechtsnormen aber weitgehend Drittschutz ver-

---

371 BVerfG, NJW 1993, S. 2035 ff. = BVerfGE 89, S. 1 ff.; BVerfG, NJW 1994, S. 41 f.; zur Diskussion ausführlich *Thews*, Der »Eigentümer-Mieter« im baurechtlichen Nachbarstreit, NVwZ 1995, S. 224 ff.; ferner *Jäde*, Der Mieter als Nachbar, UPR 1993, S. 330 ff.; *Dürr*, Das öffentliche Bau nachbarrecht, DöV 1994, S. 841 (844).
372 So BVerfG, NJW 1993, S. 2035; ein häufig vorgebrachtes Argument der bisher h.M., das Verhältnis des Mieters zur (durch ein Bauvorhaben) beeinträchtigten Mietsache sei im Vergleich zum Vermieter lediglich ein gelockertes – so OVG Bremen, DVBl. 1961, S. 250 (251) –, ist nicht zutreffend, da ersterer von jeglicher Beeinträchtigung unmittelbar, ein Vermieter allenfalls mittelbar betroffen ist, so schon VG Berlin, Beschl. v. 9. 6. 1978, NJW 1978, 1822 (1823).
373 So BVerwGE 54, S. 211 (222); *Battis*, S. 306, m.w.N.; *Battis/Krautzberger/Löhr-Löhr*, Baugesetzbuch, 4. Aufl. 1994, § 31, Rn. 82. Ein Rückgriff auf Art. 2 II GG wird selten erforderlich sein, da eine emissionsbedingte, nicht zumutbare Gesundheitsbeeinträchtigung regelmäßig durch § 3 BImSchG erfaßt sein wird; siehe auch *Dürr*, Das öffentliche Baunachbarrecht, DöV 1994, S. 841 (845); hierzu auch *Gassner*, Aktuelle Fragen des Baurechts, UPR 1995, S. 85 (87 f.).
374 Vgl. BVerwGE 47, 19; Urt. v. 13. 6. 1980, BauR 1980, 451; beachte aber HessVGH, Urt. v. 12. 9. 1983, ESVGH 34, 157: Erklärt sich der Nachbar mit dem Bauvorhaben einverstanden, stehen dem Erwerber des Nachbargrundstücks Ansprüche aus nachbarschützenden Vorschriften nicht mehr zu. Der Nachbar kann auch nicht einwenden, der zugrundeliegende Bebauungsplan sei fehlerhaft, soweit die Baugenehmigung selbst ihn nicht in seinen Rechten verletzt (OVG Hamburg, Beschl. v. 25. 6. 1981, BRS 38, 423). Siehe *Sarnighausen*, Zur Nutzwürdigkeit im Baunachbarrecht, NwVZ 1996, 110 ff.
375 BVerwG, BRS 46 Nr. 173; BVerwG, NVwZ 1987, 409.

mitteln.³⁷⁶ Trotz dieses Grundsatzes ist der drittschützende Charakter einer Norm im Einzelfall höchst streitig und mit Gewißheit nur einer umfangreichen Kasuistik zu entnehmen.³⁷⁷
Nach der Rechtsprechung des BVerwG soll es auch möglich sein, in den Fällen, in denen das öffentliche Baurecht nicht von sich aus Nachbarschutz gewährt, für den Nachbarn ein subjektives Recht durch eine Zusage der Behörde auf Einhaltung des objektiven Rechts zu schaffen.³⁷⁸
Im übrigen ist in der Rechtsprechung weitgehend aus dem Blick geraten, daß die Frage, ob eine Norm drittschützenden Charakter hat, zunächst eine Zulässigkeitsfrage der Klage ist (§ 42 II VwGO). Tatsächlich wird aber nicht selten die Verneinung des Drittschutzes mit umfangreichen materiellen Erwägungen begründet, die den Unterschied zu einer Sachentscheidung nicht mehr erkennen lassen. Angemessen wäre es, den Kreis der drittschützenden Normen weit zu verstehen. Eine Erweiterung des Kreises drittschützender Normen durch eine grundsätzliche Modifikation der Schutznormtheorie wird auch in der Literatur vertreten. Danach soll es nur noch auf den objektiven Regelungsgehalt der anzuwendenden Norm ankommen. Subjektive öffentliche Nachbarrechte sollen solche Vorschriften vermitteln, die den »nachbarlichen Interessenkonflikt durch Postulate der Zuordnung, Verträglichkeit und Abstimmung benachbarter Nutzungen regeln und zu einem Ausgleich bringen.«³⁷⁹
Zu Recht hat das OVG Münster darauf hingewiesen, daß jede Norm des materiellen öffentlichen Baurechts potentiell nachbarschützende Wirkung hat.³⁸⁰ Ein Ausufern der Klagemöglichkeiten wird durch das Erfordernis einer *konkreten Beeinträchtigung* der Nachbarn vermieden.³⁸¹

bb) *Nachbarschützende Normen des Bauplanungsrechts*

a) *Im Bereich eines Bebauungsplans*

Die Rechtsprechung hat in den letzten Jahren den Kreis drittschützender Normen ausgedehnt. Für den beplanten Bereich nach § 30 BauGB gilt, daß die Festsetzungen des Bebauungsplans über die zulässige Art der baulichen Nutzung durch Auswei-

---

376 Hierzu siehe *Mampel*, Nachbarschutz im öffentlichen Baurecht, 1994.
377 Vgl. die zusammenfassenden Aufsätze von *Schlichter*, Baurechtlicher Nachbarschutz, NVwZ 1983, S. 641 ff., *Wahl*, JuS 1984, 577 ff.; *Dolde*, NJW 1984, S. 1726 ff.; *Ortloff*, NVwZ 1985, S. 18 f., NVwZ 1990, S. 531, NVwZ 1991, S. 633.; *ders.*, Entwicklung des Bauordnungsrechts, NVwZ 1994, S. 229 ff; NVwZ 1995, S. 436 ff.
378 BVerwGE 49, 244; *Schenke* (Fn. 211), S. 15 f.
379 *Breuer*, Baurechtlicher Nachbarschutz, DVBl. 1983, S. 437. Zustimmend: *Wahl*, JuS 1984, S. 577 ff. Zur Schutznormtheorie vgl. auch: *Steinberg*, Nachbarrecht II, in: HdUR, Bd. II; *ders.*, Fachplanung, § 2 Rn. 30 ff.
380 OVG Münster, Urt. v. 10. 9. 1982, BRS 39, Nr. 174. Dagegen: BVerwG, Beschl. v. 16. 8. 1983, NVwZ 1984, 38. – Im Ausgangspunkt dem OVG Münster zustimmend, in den Schlußfolgerungen aber verhaltener, *Degenhart*, Neuere Entwicklungen im baurechtlichen Nachbarschutz, JuS 1984, S. 191.
381 Vgl. zur Schutznormtheorie im Atomrecht: *Steinberg*, Atomrechtliche Schadensvorsorge und »Restrisiko« (oben Fn. 236), S. 79 ff.

393

sung von Baugebieten nach der Baunutzungsverordnung generell nachbarschützend ist.[382] Hinsichtlich des Maßes der baulichen Nutzung (Zahl der Vollgeschosse, Geschoßflächenzahl)[383] ebenso wie für Regelungen über die Bebaubarkeit der Grundstücksflächen[384] ist die nachbarschützende Wirkung im einzelnen umstritten. Im übrigen kommt es darauf an, ob sich aus dem Bebauungsplan im Einzelfall ergibt, daß die Festsetzungen auch erlassen wurden, um private Belange zu schützen.[385] Der drittschützende Charakter einer Festsetzung kann sich auch unmittelbar aus § 9 I BauGB ergeben.[386] Bei einer im Vorgriff auf einen zukünftigen Bebauungsplan nach § 33 BauGB erlassenen Genehmigung kommt es darauf an, ob der Nachbar durch die spätere Festsetzung geschützt wäre.[387]

Soweit vom Bebauungsplan Ausnahmen (§ 31 I BauGB) oder Befreiungen (§ 31 II BauGB) erteilt werden, stellte die ältere Rechtsprechung darauf ab, ob auch die Vorschrift, von der die Ausnahme oder Befreiung gewährt wird, nachbarschützend ist. Demgegenüber verortet die Rechtsprechung des Bundesverwaltungsgerichts nunmehr den Nachbarschutz bei Befreiungen nach § 31 II BauGB (nicht aber bei Ausnahmen) unabhängig von einer nachbarschützenden Norm im Gebot der Rücksichtnahme.[388] § 15 BauNVO vermittelt nach neuerer Rechtsprechung ebenfalls Drittschutz.[389]

b) *Innenbereich*

§ 34 BauGB vermittelt Nachbarschutz jedenfalls insoweit, als es um die Art der baulichen Nutzung geht. Das BVerwG entnimmt dies dem seiner Auffassung nach in dem Merkmal des »Einfügens« verankerten Rücksichtnahmegebot.[390]

---

382 Zu drittschützenden Normen des Bauplanungsrechts siehe *Mampel*, Nachbarschutz im öffentlichen Baurecht, 1994, Rn. 460 ff.; ferner *Dürr*, Das öffentliche Baunachbarrecht, DöV 1994, S. 841 (844 ff.).
383 Bejaht: OVG Lüneburg, Urt. v. 27. 6. 1984, BRS 42, Nr. 122; OVG Saarland, Beschl. v. 20. 6. 1990, BRS 50, Nr. 118. Nur wenn sich aus der Auslegung der Festsetzung im B-Plan Drittschutz ergibt: BVerwG, Beschl. v. 20. 9. 1984, BRS 42, Nr. 123; ansonsten verneint BVerwG, UPR 1995, S. 396. Siehe dazu auch VGH Kassel, NVwZ-RR 1995, S. 381; vgl. auch *Finkelnburg/ Ortloff*, Bd. II, S. 190. Dazu BVerwG, NVwZ 1996, 170 f.
384 Grundsätzlich bejaht für Baugrenzen und Baulinien nach § 23 BauNVO: VGH Bad.-Württ., Beschl. v. 23. 7. 1991, NJW 1992, 1060; grunds. bejahend BVerwG, UPR 1995, S. 396.
385 Dazu *Dürr*, Das öffentliche Baunachbarrecht, DöV 1994, S. 841 (847).
386 So das BVerwG hinsichtlich Festsetzungen zum Schutz vor schädlichen Umwelteinwirkungen nach § 9 I Nr. 24 BauGB, BVerwG, NJW 1989, 467 (469). Siehe auch BVerwG, NVwZ – RR 1996, 3 ff.
387 *Finkelnburg/Ortloff*, BauR II, S. 193.
388 BVerwG, NVwZ 1987, 409 = BRS 46, Nr. 173 sowie Urt. v. 6. 10. 1989, BRS 49, Nr. 188. Zur Rspr. des HessVGH: HessVGH, Beschl. v. 18. 9. 1989, BRS 49, Nr. 189. Zum Gebot der Rücksichtnahme vgl. auch unten VI. 2. b) dd).
389 BVerwGE 67, 334; BVerwG, DüV 1992, S. 405; BVerwG, DVBl. 1993, S. 284 ff. mit Anm. v. *Schmidt-Preuß*.
390 BVerwG, Urt. v. 13. 3. 1981, BRS 38, Nr. 186; Urt. V. 10. 12. 1982, BRS 39, Nr. 57; ferner BVerwG, BauR 1994, S. 445 (446); BVerwG, DVBl. 1994, S. 284 (286); zu diesem ausführlich *Dürr*, Das öffentliche Baunachbarrecht, DöV 1994, S. 841 (845 ff.).

c) *Außenbereich*

§ 35 I BauGB ist insoweit nachbarschützend, als die Privilegierung eines Vorhabens durch die Zulassung eines anderen Vorhabens beeinträchtigt werden kann.[391]

cc) *Nachbarschützende Normen des Bauordnungsrechts*

Das Bauordnungsrecht dient zwar vorwiegend dem Schutz der Allgemeinheit, gleichwohl liegt auf der Hand, daß Vorschriften über Abstände, Brandschutz, Baugestaltung u.ä. auch Rechte von Nachbarn berühren können.[392] Im einzelnen hat sich in den Bundesländern eine umfangreiche, zum Teil abweichende Kasuistik entwickelt.[393] Nach der Rechtsprechung des HessVGH wird der Nachbarschutz bejaht für Regelungen über:
Abstandsregelungen – Zur alten Rechtslage: HessVGH, Beschl. v. 20. 7. 1978, HessVGRspr. 1978, 89 f.; Beschl. v. 27. 10. 1978, BRS 33, Nr. 95; Beschl. v. 23. 4. 1982, BauR 1982, 369 (371); Beschl. v. 3. 6. 1983, HessVGRspr. 1984, 13; HessVGH, Beschl. v. 17. 5. 1990, BRS 50, Nr. 121 – sämtlich zum Bauwich. HessVGH, Beschl. v. 4. 9. 1979, BRS 35, Nr. 97 – Sozialabstand. HessVGH, Beschl. v. 13. 12. 1980, BRS 36, Nr. 126 – Abstandsfläche. Zur neuen Rechtslage sind noch keine Entscheidungen ergangen. Zu beachten ist, daß der Gesetzgeber in § 8 XV 2 HBO 1990 den Nachbarschutz für im Einzelfall aus Gründen der öffentlichen Sicherheit und Ordnung verlangte größere Tiefen, als in § 8 I – X HBO 1990 vorgesehen, ausgeschlossen hat. Daraus ergibt sich im Umkehrschluß, daß den Regelungen in § 8 I – X HBO 1990 generell Drittschutz zukommt. Der Gesetzgeber hat damit schon in der vorigen Fassung der HBO die bisherige Rechtsprechung des VGH bestätigt.
Brandschutz (§ 40 I und IV HBO): HessVGH, Urt. v. 22. 2. 1980, BRS 36, Nr. 153.
Gesundheitsschutz gegen schädliche Auswirkungen von Garagenbenutzung (§ 67 IX HBO a.F., jetzt: § 67 XI HBO): HessVGH, Beschl. v. 12. 10. 1981, BRS 38, Nr. 128; HessVGH, Beschl. v. 17. 1. 1983, BRS 40, Nr. 216.
Schutz vor Immissionen: HessVGH, Urt. v. 9. 6. 1983, BRS 40, Nr. 184. Stellplätze (störende Wirkung von Stellplätzen) HessVGH, Beschl. v. 12. 10. 1981, BRS 38, Nr. 128; HessVGH, Beschl. v. 17. 1. 1983, BRS 40, 216; schädliche Umwelteinwirkungen durch Mobilfunksendemast nicht auszuschließen – zu den §§ 3 I, 22 I 1 Nr. 1 BImSchG: HessVGH, ESVGH Bd. 43, S. 177 ff.; ferner VGH Kassel, UPR 1986, S. 352. Siehe zusätzlich OVG Lüneburg, NuR 1996, 42 ff.
Nachbarschutz verneint für:
Verunstaltungsverbot: z. B. OVG Lüneburg, BRS 44, Nr. 118.

---

391 Vgl. *Finkelnburg/Ortloff*, Bd. II, S. 194.
392 Siehe hierzu *Mampel*, Nachbarschutz im öffentlichen Baurecht, 1994, Rn. 1559 ff.
393 Vgl. die Übersicht bei: *Finkelnburg/Ortloff*, BauR II, S. 195 ff.; siehe auch *Mampel*, Nachbarschutz im öffentlichen Baurecht, 1994, S. 327 ff.

Stellplätze: (Nahe Erreichbarkeit von öffentlichen Verkehrsflächen § 67 X HBO 1978 = § 67 XII 1 HBO 1990, jetzt § 50 IV 1 HBO) HessVGH NJW 1983, 2461; (Schaffung notwendiger Stellplätze – § 67 II 1 HBO 1990) VGHBW, Urt. v. 7. 2. 1979, BRS 35, Nr. 33.

dd) *Gebot der Rücksichtnahme*

Nach der neueren Rechtsprechung des Bundesverwaltungsgerichts hat das Gebot der Rücksichtnahme weitgehend seine Bedeutung verloren.[394] Zwar wird es – überflüssigerweise – immer noch zur Begründung des Drittschutzes angeführt.[395] Allerdings bestehe ein nachbarschützendes Rücksichtnahmegebot »nur, soweit es der Gesetzgeber normiert hat. (...) Ein Verstoß gegen das Rücksichtnahmegebot kann sich deshalb nicht losgelöst vom einfachen Gesetz aus der Summe nachteiliger Auswirkungen eines Vorhabens auf das Nachbargrundstück ergeben. Vielmehr kann das bauplanungsrechtliche Rücksichtnahmegebot nur dann verletzt sein, wenn eine Baugenehmigung zusätzlich objektiv gegen die §§ 31, 34, 35 BBauG/BauGB oder gegen § 15 I BauNVO verstößt«.[396]
Es fragt sich dann freilich, weshalb es dieser Konstruktion überhaupt noch bedarf. Die Funktion des Rücksichtnahmegebots als Rechtskategorie hat endgültig ausgedient. Es war ein dogmatischer Irrweg und sollte auch in der Rechtsprechung nicht mehr verwandt werden. Die Frage des Nachbarschutzes ergibt sich vielmehr unmittelbar aus dem Wortlaut und dem Zweck der jeweiligen Norm. Entgegen einer in der Literatur vertretenen Auffassung wird das Rücksichtnahmegebot auch nicht dazu benötigt, den Nachbarschutz nur »partiell nachbarschützender Normen« zu begründen.[397] Daß Normen in Gänze oder nur zum Teil drittschützenden Charakter haben können, ist – außerhalb des Baurechts – allgemein anerkannt. Dies ergibt sich aus der jeweiligen Auslegung der Norm. Ein Rekurrieren auf das Rücksichtnahmegebot bedarf es insoweit nicht.

ee) *Grundrechte*

Grundsätzlich sind auch die Grundrechte subjektiv-öffentliche Rechte, die der einzelne gerichtlich geltend machen kann. Ihnen kommt aber angesichts der weitgehend lückenlosen einfach-gesetzlichen Normierung des Baurechts keine Bedeutung mehr zu.

---

394 Siehe auch *Dürr*, Das öffentliche Baunachbarrecht, DöV 1994, S. 841 (845 ff.).
395 Siehe VGH Mannheim, ESVGH Bd. 41, S. 32 ff.; VGH München, NVwZ-RR 1995, S. 9 f.; VGH München, NVwZ-RR 1995, S. 430 ff.; Beisp. aus dem Planfeststellungsrecht: BVerwG, NVwZ 1995, S. 903 f., VGH Mannheim, UPR 1996, 77.
396 BVerwG, Urt. v. 26. 9. 1991, DVBl. 1992, 564 (567). Vgl. bereits grundsätzlich BVerwG, Beschl. v. 20. 9. 1984, DVBl. 1984, 122 = NVwZ 1985, 37; Urt. v. 19. 9. 1986, DüV 1987, 296; dazu *Gaentzsch*, DüV 1988, S. 891 f.
397 So *Finkelnburg/Ortloff*, BauR II, S. 184 f.

Einen Sonderfall stellt Art. 14 GG dar. Nach der früher – noch unter der Geltung der inzwischen überholten Enteignungstheorien – herrschenden Auffassung, konnte ein Nachbar auch ohne drittschützende Norm, also unmittelbar aus Art. 14 I GG, sich gegen Beeinträchtigungen zur Wehr setzen, die ihn »schwer und unerträglich treffen.«[398] Von dieser Vorstellung hat das Bundesverwaltungsgericht inzwischen Abschied genommen. Soweit der Gesetzgeber durch die Normen des öffentlichen Baurechts eine (verfassungsgemäße) Bestimmung des Inhalts und der Schranken des Eigentums vorgenommen hat, ist für ein Rückgriff auf Art. 14 GG kein Raum.[399] Der Anspruch ergibt sich dann nur aus dem einfachen Recht. »Soweit drittschützende Regelungen des einfachen Rechts vorhanden sind, kann aber ein weitergehender unmittelbar auf Art. 14 I 1 GG beruhender Anspruch nicht bestehen. Denn durch eine den Anforderungen des Art. 14 I 2 GG genügende gesetzliche Regelung werden Inhalt und Schranken des Eigentums dergestalt bestimmt, daß innerhalb des geregelten Bereichs weitergehende Ansprüche aus Art. 14 I 1 GG ausgeschlossen sind.«[400] Danach käme ein Rückgriff auf Art. 14 GG allenfalls dann in Betracht, wenn drittschützende Normen des einfachen Rechts nicht bestehen. Allerdings ist hier der Gestaltungsspielraum des Gesetzgebers zu beachten, aus gewichtigen Gründen hinter den von der Rechtsprechung entwickelten Bestandsschutzerfordernissen zurückzubleiben.[401]

Grundsätzlich ist auch Art. 2 II GG geeignet, bei Beeinträchtigungen des Rechtsguts der körperlichen Unversehrtheit Abwehrrechte im Rahmen einer Nachbarklage zu begründen.[402]

Aber auch der Rückgriff auf Art. 2 II GG ist in aller Regel entbehrlich, weil bei gesundheitsbeeinträchtigenden Bauvorhaben – neben den dargestellten baurechtlichen Normen – häufig auch drittschützende Normen anderer Schutzgesetze, z.B. des BImSchG oder AtG, einschlägig sind.

c) *Verwaltungsgerichtliche Durchsetzung*

aa) *Rechtsschutz gegen eine Baugenehmigung*

a) *Widerspruch und Anfechungsklage*

Gegenüber der Baugenehmigung als Verwaltungsakt mit Drittwirkung[403] ist die Anfechtungsklage die richtige Klageart, deren Zulässigkeit i.d.R. von der erfolglosen

---

398 BVerwGE 32, 173 (179); HessVGH, Beschl. v. 2. 5. 1980. Zum Ganzen vgl. die 2. Auflage dieses Buches, S. 299.
399 Siehe dazu schon oben, V. 5. b).
400 BVerwG Urt. 26. 9. 1991, DVBl. 1992, 564 (567).
401 Siehe BVerwGE 84, S. 322 (334); dazu auch *R. Steinberg*, Rechtsverletzung bei der Planfeststellung, in: FS für Schlichter, 1995, S. 599 ff.
402 BVerwGE 54, 211 (222 f.) – Geredsried –; vgl. auch Urt. v. 14. 12. 1979, NJW 1980, 2368; vgl. ferner; *Battis*, S. 307 f., m.w.N.; *Battis/Krautzberger/Löhr-Löhr*, Baugesetzbuch, 4. Aufl. 1994, § 31, Rn. 82; dazu auch *Dürr*, Das öffentliche Baunachbarrecht, DöV 1994, S. 841 (845).
403 Dazu *W. Schmidt*, Einführung in die Probleme des Verwaltungsrechts, 1982, Rn. 143 f.

Durchführung des Widerspruchverfahrens nach den §§ 68 ff. VwGO abhängt. Daß der Nachbar durch die Genehmigung nur hinsichtlich der Vorschriften in seinen Rechten verletzt wird, die im Rahmen der Genehmigung durch die Behörde überprüft wurden und hinsichtlich derer eine verbindliche Rechsfolge ergeht, § 67 VI 1 HBO, ist die Anfechtungsklage nur insoweit die richtige Klageart.[404] Hinsichtlich der Verletzung anderer, nicht von der Genehmigung umfaßter Vorschriften ist somit eine Verpflichtungsklage auf Baueinstellung angebracht.

Mit der Bekanntgabe an den Nachbarn (§ 41 HwVfG) beginnt die **Widerspruchsfrist** des § 70 VwGO zu laufen.[405] Ist ihm aber die Baugenehmigung, durch die er sich beschwert fühlt, nicht amtlich bekanntgegeben worden, so läuft für ihn weder in unmittelbarer noch in analoger Anwendung der §§ 70 und 58 II VwGO eine Widerspruchsfrist. Solch eine Situation kann sich im Zuge des vereinfachten Genehmigungsverfahrens aufgrund der Möglichkeit der Fiktion der Genehmigung i.S.d. § 67 V 4 HBO ergeben. Das danach grundsätzlich unbefristete Widerspruchsrecht kann jedoch nach dem Grundsatz von Treu und Glauben verwirkt werden, wenn der Betroffene gleichwohl sichere Kenntnis von der Baugenehmigung erlangt hat oder hätte erlangen müssen. Von diesem Zeitpunkt an läuft für ihn die Frist nach § 70 i.V.m. § 58 II VwGO so, als sei ihm die Baugenehmigung zu diesem Zeitpunkt amtlich bekanntgegeben worden.[406]

Der Nachbar ist nach § 42 II VwGO nach der herrschenden Behauptungstheorie nur dann nicht **klagebefugt**, wenn er offensichtlich und nach keiner Betrachtungsweise in seinen Rechten verletzt sein kann. Dies ist vor allem der Fall, wenn durch die angefochtene Baugenehmigung keine dem Schutze des Klägers dienende (Schutz-) norm verletzt sein kann,[407] d.h. die Vorschrift, deren Verletzung der Kläger rügt, keine drittschützende Funktion hat.[408] Ob diese Rechte dem Nachbarn tatsächlich zustehen und verletzt sind, ist eine Frage der Begründetheit der Klage.

Maßgeblicher Zeitpunkt für die Beurteilung der Rechtmäßigkeit der angegriffenen Baugenehmigung ist der Erlaß des Verwaltungsaktes. Eine dem Nachbarn günstigere Rechtsänderung, die nach Erteilung der Baugenehmigung eingetreten ist, kann sich im allgemeinen nicht zu Lasten des Bauherrn auswirken.[409]

---

404 Siehe LT-Drs. 13/4813, S. 172.
405 Über einen nach Fristablauf eingelegten Nachbarwiderspruch darf die Widerspruchsbehörde nicht mehr sachlich entscheiden: BVerwG, Urt. v. 4. 8. 1982, NVwZ 1983, 285.
406 Vgl. BVerwGE 44, 294; Beschl. v. 28. 8. 1987, DüV 1988, S. 32; Urt. v. 16. 5. 1991, NVwZ 1991, S. 1182; Urt. v. 10. 2. 1994, NVwZ 1994, S. 897.
407 Zu beachten ist, daß der Nachbar durch eine behördliche Genehmigung nur hinsichtlich ihres Regelungsgehaltes in seinen Rechten betroffen sein kann, dazu LT-Drs. 13/4813, S. 172. Zum Regelungsgehalt siehe BVerwG, DÖV 1996, 172; hierzu *Selmer*, JuS 1996, 46 f.
408 Dies ist eine Frage der Zulässigkeit der Klage, vgl. *Gierth*, Klagebefugnis und Popularklage, DÖV 1980, S. 893 ff.; *Steinberg*, UPR 1984, S. 351 ff. m.w.N.; a.A.: BVerwG, Urt. v. 9. 12. 1983, NJW 1984, 1474.
409 BVerwG, Urt. v. 14. 4. 1978, VerwRspr. 30 (1979), 193; Simon, Art. 89, Rn. 18. Zum maßgeblichen Zeitpunkt bei der Verpflichtungsklage siehe oben V. 3. a).

b) *Einstweiliger Rechtsschutz*

Da der Bauherr bis zur rechtskräftigen Entscheidung über die Anfechtungsklage durch die Verwirklichung seines Bauvorhabens vollendete Tatsachen schaffen kann, die nur schwer wieder aus der Welt zu schaffen sind, kommt im Interesse effektiven Rechtsschutzes des Nachbarn den Möglichkeiten einstweiligen Rechtsschutzes besondere Bedeutung zu. Der Streit, nach welchen Regeln dies zu geschehen habe,[410] hat der Gesetzgeber durch die Änderung der VwGO[411] beantwortet. Der langjährigen Rechtsprechung des HessVGH zum einstweiligen Rechtsschutz ist damit der Boden entzogen.[412] Nach § 80 I 2 VwGO haben nunmehr Widerspruch und Anfechtungsklage auch bei Verwaltungsakten mit Doppelwirkung aufschiebende Wirkung. Daher braucht der Nachbar zunächst nichts weiter zu tun, als gegen die vollziehbare Baugenehmigung[413] Widerspruch einzulegen bzw. nach Durchführung des Vorverfahrens Klage zu erheben. Die Bauherrschaft ihrerseits hat die Möglichkeit, nach § 80a I Nr. 1 i.V.m. § 80 II Nr. 4 VwGO einen Antrag auf sofortige Vollziehung der Baugenehmigung zu stellen.[414] Hiergegen kann der Dritte das Gericht der Hauptsache um die Wiederherstellung der aufschiebenden Wirkung anrufen, § 80a III 2 i.V.m. § 80 V VwGO. Baut die Bauherrschaft trotz eingelegten Widerspruchs weiter, so handelt sie nach der Rechtsprechung zwar unzulässig weil »suspensionswidrig«, nicht aber formell illegal (also kein »Schwarzbau«!), da die aufschiebende Wirkung nur die Vollziehbarkeit der Genehmigung verhindere, aber die formelle Legalität unberührt lasse.[415] Nach Auffassung des HessVGH kann deshalb weder die Behörde von sich aus aufgrund § 77 I HBO (vormals § 102 I Nr. 1 HBO 1990) die Baueinstellung verfügen, noch kann das Gericht nach § 80a III VwGO eine entsprechende Anordnung treffen, da diese Vorschrift unmittelbare Maßnahmen gegenüber dem Bauherrn ausschlössen. Dem Nachbarn steht danach nur ein Anspruch gegen die Behörde zu, die Baueinstellung zu verfügen. Nach der Änderung der VwGO ist dieser Anspruch nunmehr nach § 80a III VwGO und nicht wie vor Erlaß der Regelung, nach § 123 VwGO durchzusetzen.[416] Hierfür spricht der Wortlaut und die Systematik des Gesetzes: »Maßnahmen« im Sinne des § 80a III VwGO sind ohne weiteres Anordnungen auf Stillegung der Bauarbeiten; der vorläu-

---

410 Zu den verschiedenen Auffassungen vgl. die 2. Auflage dieses Buches, S. 304 ff.
411 Bekanntmachung der Neufassung der Verwaltungsgerichtsordnung vom 19. 3. 1991, BGBl. I 1991, 686.
412 HessVGH, Beschl. v. 1. 3. 1991, NVwZ 1991, 897. Vgl. auch OVG NW Beschl. v. 29. 7. 1991, NVwZ 1992, 46; OVG Schleswig, Beschl. v. 21. 5. 1991, NVwZ 1991, 898.
413 Ist die Genehmigung nicht vollziehbar, so fehlt dem Kläger das Rechtsschutzinteresse: VGH Mannheim, NVwZ-RR 1995, S. 363 f.
414 HessVGH. Beschl. v. 1. 8. 1991, NVwZ 1992, 45.
415 BVerwG, Beschl. v. 15. 8. 1988, NVwZ 1989, 48 (49); HessVGH, Beschl. v. 16. 1. 1991, DVBl. 1992, 780 (781).
416 So auch HessVGH, Beschl. v. 16 .12. 1991, DVBl. 1992, 780 (781). Offengelassen in OVG Münster, Beschl. v. 14. 5. 1991, NVwZ 1991, 1001 sowie OVG Münster, Beschl. v. 22. 7. 1991, NVwZ 1991, 1003 (1004), wo noch nach der alten Rechtslage die Stillegung der Bauarbeiten über § 123 I 1 VwGO angeordnet wurde. A.A.: *Kopp*, VwGO, 9. Aufl., § 80a Rn. 18 a.E. und § 80 Rn. 23. Zum Meinungsstand vor der Änderung der VwGO vgl. *Finkelnburg/Ortloff*, Bd. II, S. 221 f.

fige Rechtsschutz des Nachbarn richtet sich dann insgesamt einheitlich nach den §§ 80, 80a VwGO. In der Hauptsache wäre die Einstellung der Bauarbeiten gleichwohl mit der Verpflichtungsklage zu verfolgen.

Gegenüber der sofortigen Vollziehbarkeit muß der Nachbar, bevor er die Einstellung der Bauarbeiten verlangen kann – gleichviel, welcher Auffassung man insoweit folgt –, zunächst die Wiederherstellung oder Anordnung der aufschiebenden Wirkung des Widerspruch nach § 80 V VwGO erreichen.[417]

Bei Vorhaben, die ausschließlich[418] Wohnzwecken[419] dienen, ist nach § 10 II BauGBMaßnG in der Neufassung vom 28. 4. 1993 die aufschiebende Wirkung von Widerspruch und Anfechtungsklage ausgeschlossen, soweit die bauaufsichtliche Genehmigung nach dem 30. 4. 1993 und vor dem 1. 1. 1998 erteilt wurde, § 18 II BauGBMaßnG. Damit ist für die weit überwiegende Zahl der Bauvorhaben die Grundregel des § 80 I VwGO *außer* Kraft gesetzt. In diesem Fall kann die Behörde nach § 80a I Nr. 2 i.V.m. 80 IV VwGO auf Antrag des Dritten die Vollziehung aussetzen und einstweilige Maßnahmen zur Sicherung der Rechte des Dritten treffen. Tut sie dies nicht, so steht dem Nachbarn der Antrag auf Anordnung der aufschiebenden Wirkung durch das Gericht offen, § 80a III 2 i.V.m. § 80 V VGwO.[420]

Für die *Begründetheitsprüfung* des Antrags nach § 80a III VwGO ist zu beachten, daß Gegenstand der gerichtlichen Prüfung die Baugenehmigung nur insoweit ist, wie die Antragsbefugnis und die Rechtsverletzung des Dritten reicht, §§ 42 II, 113 I 1 VwGO. Das bedeutet, der Nachbar muß dartun, daß er im Hauptsacheverfahren geltend machen könnte, durch die Baugenehmigung in eigenen Rechten verletzt zu sein. Dies ist der Fall, wenn er sich auf eine drittschützende Norm berufen kann und durch das Vorhaben tatsächlich beeinträchtigt wird.[421]

Ist der angefochtene Verwaltungsakt offensichtlich rechtswidrig, so ist die Vollziehung auszusetzen; denn an der Vollziehung eines rechtswidrigen Verwaltungsaktes kann kein vorrangiges öffentliches oder privates Interesse bestehen. Ist der Verwaltungsakt offensichtlich rechtmäßig, so muß Eilbedürftigkeit hinzukommen. In allen anderen Fällen, also wenn eine Aussage über die offensichtliche Rechtswidrigkeit oder Rechtmäßigkeit nicht ohne weiteres getroffen werden kann, ist eine Interessenabwägung vorzunehmen.[422] Für diese gilt im Rahmen des Verfahrens nach § 80a III

---

417 OVG Münster, Beschl. v. 14. 5. 1991, NVwZ 1991, 1001 und Beschl. v. 22. 7. 1991, NVwZ 1991, 1003.
418 Dazu: VGH München, Beschl. v. 14. 1. 1991, NVwZ 1991, 1002.
419 Zum Merkmal des »Wohnens«: OVG Münster, Beschl. v. 22. 7. 1991, NVwZ 1991, 1003 (bejaht für Studentenwohnheim); VGH BW, Beschl. v. 19. 3. 1991, NVwZ 1991, 1005 (Arbeitszimmer); ferner dazu VGH München, NVwZ-RR 1995, S. 382; VG Augsburg, NVwZ-RR 1995, S. 382; eine zu einem Wohngebäude gehörige Garage zählt nicht dazu: VGH Mannheim, NVwZ-RR 1995, S. 378; es sei denn, die Garage soll im Zuge der Errichtung des Wohnhauses gebaut werden: VGH Mannheim, NVwZ-RR 1995, S. 378. Dazu auch *Fugmann-Heesing,* Der bauplanungsrechtliche Begriff des Wohngebäudes, DÖV 1996, 322 ff.
420 Nach Auffassung des HessVGH kann der Nachbar direkt gerichtlichen Rechtsschutz erlangen, ohne zuvor einen Antrag an die Behörde nach § 80a I Nr. 2 gestellt zu haben, HessVGH, Beschl. v. 1. 8. 1991, DVBl. 1992, 45.
421 HessVGH, Beschl. v. 1. 8. 1991, DVBl. 1992, 45; vgl. auch oben a) und b).
422 Siehe VGH Kassel, DVBl. 1992, S. 45 ff.

VwGO die Besonderheit, daß sich hier nicht nur öffentliches und privates Interesse gegenüberstehen, sondern die privaten Interessen des Bauherrn und des Nachbarn.[423] Da bei einer vorläufigen Vollziehung der Baugenehmigung vollendete Tatsachen geschaffen würden, die nur unter erheblichen Schwierigkeiten wieder zu beseitigen wären, ist in der Regel die aufschiebende Wirkung wiederherzustellen. Umstritten ist, ob dies auch dann gilt, wenn die aufschiebende Wirkung durch Gesetz ausgeschlossen ist, wie dies § 10 II BauGMaßnG vorsieht.[424] Der HessVGH geht davon aus, daß es wegen des für beide Seiten geltenden Gebots effektiven Rechtsschutzes ein Regel-Ausnahme-Verhältnis im Baunachbarrechtsverhältnis nicht geben könne. Soweit die Interessenabwägung ergebe, daß das Vollziehbarkeitsinteresse des Bauherrn und das Aufschubinteresse des Nachbarn gleich großes Gewicht hätten, müsse es bei der gesetzlichen Ausgangslage verbleiben.[425] Dies bedeutete im Ergebnis, daß bei Baugenehmigungen nach dem BauGMaßnG, die aufschiebende Wirkung nicht anzuordnen wäre (§ 10 II BauGMaßnG), während bei sonstigen Baugenehmigungen die aufschiebende Wirkung wegen der Regel des § 80 I 1 VwGO wieder herzutellen wäre. Dieses Ergebnis vermag nicht zu überzeugen. Es darf im Hinblick auf den Maßstab der gerichtlichen Prüfung nämlich keinen Unterschied machen, ob die sofortige Vollziehung auf einer behördlichen Anordnung oder einer gesetzlichen Regelung beruht.[426] Deshalb gilt auch für den vorläufigen Rechtsschutz nach § 10 II BauGMaßnG, daß bei offenem Verfahrensausgang in der Hauptsache zur Vermeidung vollendeter Tatsachen regelmäßig die aufschiebende Wirkung anzuordnen ist.[427] Allerdings darf sich das Gericht zur Wahrung der Rechte des Bauherrn bei der Frage nach der Erfolgsaussicht der Klage nicht bloß mit einer summarischen Prüfung begnügen, sondern muß unter Umständen in eine intensivere Sachprüfung eintreten.[428]

bb) *Rechtsschutz gegen einen Bauvorbescheid*

Da es sich beim Bauvorbescheid um einen vorweggenommenen Teil der Baugenehmigung handelt,[429] stellt sich die Frage nach dem Verhältnis beider Genehmigungen im Nachbarrechtsstreit. Ist ein Bauvorbescheid (Bebauungsgenehmigung) ergangen, so muß der Nachbar diesen regelmäßig angreifen. Tut er dies nicht, so kann er die Gründe, die er bereits gegen den Bauvorbescheid hätte geltend machen können, nicht mehr später gegen die Baugenehmigung vorbringen.[430] Er ist insoweit »prä-

---

423 VG Gießen, NVwZ-RR 1995, S. 367 (368).
424 Siehe *Schmaltz*, Zum Ausschluß der aufschiebenden Wirkung von Rechtsbehelfen des Nachbarn, BauR 1994, S. 283 ff.
425 HessVGH, Beschl. v. 1. 8. 1991, DVBl. 1992, 45 (46).
426 BVerfGE 69, 220 (229) zu einer ausländerrechtlichen Ausweisungsverfügung.
427 VGH München, Beschl. v. 14. 1. 1991, NVwZ 1991, 1002; VGH BW, Beschl. v. 19. 3. 1991, NVwZ 191, 1004 (1005).
428 VGH München, Beschl. v. 14. 1. 1991, NVwZ 1991, 1002. Die Grenzen sind hier freilich vage, eine Beweiserhebung im Eilverfahren dürfte nur ausnahmsweise angezeigt sein.
429 Vgl. oben V. 3. c).
430 Dazu VGH Mannheim, UPR 1994, S. 351.

kludiert«. Dies ergibt sich aus dem Verständnis des Bauvorbescheids als eines Teilverwaltungsaktes innerhalb eines gestuften Genehmigungsverfahrens.[431] Etwas anderes soll nach der h.M. dann gelten, wenn der Bauvorbescheid bei Erlaß der nachfolgenden Baugenehmigung noch nicht bestandskräftig ist.[432] In diesem Fall müsse die Baugenehmigungsbehörde die planungsrechtliche Zulässigkeit des Vorhabens in der Baugenehmigung erneut regeln. Für den Nachbarn hat dies zur Folge, daß er dann nicht mehr gegen den Vorbescheid, sondern gegen die Baugenehmigung vorgehen muß. Ob diese Lösung glücklich ist, muß angesichts der im übrigen geltenden Grundsätze für gestufte Genehmigungsverfahren und der Unsicherheit für den Nachbarn hinsichtlich des Umfangs der Regelungswirkung der einzelnen Bescheide bezweifelt werden.[433]

---

431 BVerwGE 68, 243; BVerwG, DVBl. 1989, 673 (674).
432 BVerwG, DVBl. 1989, 673 (674).
433 Vgl. auch die Kritik von *Schenke*, DÖV 1990, S. 489 ff.; *Finkelnburg/Ortloff*, Bd. II, S. 113.

Achter Abschnitt

Umweltrecht

von *Eckard Rehbinder*

Literatur

C. Bickel, Hessisches Naturschutzgesetz, 2. Aufl. 1992; *C. Bickel*, Hessisches Abfallwirtschafts- und Altlastengesetz, 4. Aufl. 1993; *C. Bickel*, Hessisches Altlastengesetz, 2. Aufl. 1996; *C. Bickel, G. Rincke, H. Schäfer*, Hessisches Abwasserabgabenrecht, 1983; *R. Breuer*, Öffentliches und privates Wasserrecht, 2. Aufl 1987; *R. Breuer*, Umweltschutzrecht, in: Schmidt-Aßmann (Hrsg.), Besonderes Verwaltungsrecht, 10. Aufl. 1995, S. 433; *H. Duda*, Abwasserabgabe in Hessen, 1982; *L. G. Feldt, H. Becker*, Hessisches Wassergesetz, 2. Aufl., 1983; *D. Fischer*, Das Forstrecht im Lande Hessen, 4. Aufl., 1982; *P. Gieseke, W. Wiedemann, M. Czychowski*, Wasserhaushaltsgesetz unter Berücksichtigung der Landeswassergesetze, 6. Aufl. 1992; *P. Henseler*, Das Recht der Abwasserbeseitigung, 1983; *K. Kolodziejcok, J. Recken*. Naturschutz, Kommentar, Stand 1995; *R. Brunke, P. Thomas, H. Pflugradt*, Das Abfallrecht in Hessen, in: Praxis der Gemeindeverwaltung, Stand 1996; *J. Salzwedel* (Hrsg.), Grundzüge des Umweltrechts, 1982; *B. Heinz*, Wasserrecht in Hessen, 3. Aufl. 1991

Gesetzessammlungen:

W. Burhenne (Hrsg.), Umweltrecht – Raum und Natur, Stand 1996 (enthält auch das Landesrecht)

I. **Begriff, Gesetzgebungskompetenzen, Vollzug und Behördenorganisation**

1. **Begriff**

Unter Umweltrecht (oder – m.E. zu eng – Umweltschutzrecht) versteht man die Gesamtheit der Rechtsnormen, die dem Schutz, der Pflege, der Entwicklung und der Wiederherstellung der *natürlichen Umwelt* (der Umweltgüter) dienen. Zum Umweltrecht gehören auch Normen, die *Leben, Gesundheit und Wohlbefinden des Menschen* unmittelbar gegen bestimmte physische (akustische oder stoffliche) Belastungen aus seiner (räumlichen) Umgebung schützen, die nicht über die Beeinträchtigung eines Umweltguts vermittelt sind (z.b. Schutz gegen Lärm oder Direktkontakt mit gefährlichen Stoffen).[1]

Insgesamt besitzt das Umweltrecht keinen abgegrenzten Gegenstandsbereich, läßt sich nicht nach einheitlichen Gesichtspunkten systematisieren und ist auch nicht eindeutig von anderen Rechtsmaterien abzugrenzen. Es ist in vielfältiger Weise mit anderen Rechtsgebieten verzahnt, ist oft nur eine problemorientierte »Querschnittsaufgabe« oder Sichtweise in einem Rechtsgebiet, das auch oder gar primär anderen Zielen dient, die u. U. sogar mit dem Umweltschutz kollidieren (z.b. Recht der räumlichen Planung). Trotzdem wird das Umweltrecht heute überwiegend als ein *besonderes Rechtsgebiet* verstanden, dessen Besonderheit in der einheitlichen, am Schutz des Menschen und seiner Umwelt orientierten Fragestellung und besonderen Grundsätzen (z.b. dem Vorsorgeprinzip) liegt.

Herkömmlicherweise werden – im Einklang mit der politischen Praxis – zum Kernbereich des Umweltrechts die Luftreinhaltung, der Schutz gegen Lärm, der Gewässerschutz und die Bewirtschaftung der Wasserressourcen, die Abfallentsorgung, der Schutz gegen radioaktive Strahlung, die Kontrolle von gefährlichen Stoffen und der Schutz von Natur und Landschaft gerechnet. In einem Randbereich kann man u.a. das Forstrecht und das Recht der allgemeinen räumlichen Planung zum Umweltrecht zählen.[2]

2. Gesetzgebungskompetenzen

Parallel zur Entwicklung auf Bundesebene hat sich in Hessen seit Anfang der siebziger Jahre der Umweltschutz als ein selbständiger Politikbereich etabliert. Die Problematik des Umweltschutzes in Hessen wird einerseits durch starke Umweltbelastungen in den Ballungsgebieten, insbesondere im Großraum Rhein-Main sowie in Gießen/Wetzlar und Kassel geprägt; andererseits besitzt Hessen als waldreichstes Bundesland auch große Gebiete, die schwächer belastet sind. Insgesamt hat Hessen dem Umweltschutz stets besonderes politisches Gewicht beigemessen. Ein gewisses Dilemma der hessischen Landespolitik im Bereich des Umweltschutzes besteht jedoch darin, daß aufgrund der beherrschenden Stellung der Bundespolitik eine wirklich eigenständige Politik nur in Teilbereichen möglich ist.

Nach Art 74 GG besitzt der Bund die *konkurrierende Gesetzgebungszuständigkeit* für die Umweltpolitikbereiche Luftreinhaltung, Lärmbekämpfung und Abfallbeseitigung (Nr. 24), Schutz gegen radioaktive Strahlung (Nr. 11a), Straßenverkehr (einschließlich der Planung und Errichtung von Fernstraßen (Nr. 22) sowie weitgehend auch für gefährliche Stoffe (Nr. 11, 19, 20); im Bereich des Luftverkehrs besitzt er

---

1 Vgl. zum Begriff des Umweltrechts *Steiger*, in: Salzwedel, Grundzüge des Umweltrechts, a.a.O., S. 9 ff.; *Breuer*, in: Schmidt-Aßmann, Besonderes Verwaltungsrecht, a.a.O. , S. 433 ff.
2 Dazu *Steinberg, Schmidt-Aßmann und Stich*, in: Salzwedel, Grundzüge des Umweltrechts, a.a.O., S. 117 ff. und 171 ff.

sogar die ausschließliche Zuständigkeit (Art. 73 Nr. 6 GG). Der Bund hat von seiner Gesetzgebungszuständigkeit vielfach erschöpfend Gebrauch gemacht, so daß den Ländern – neben Gesetzgebungsinitiativen im Bundesrat – insoweit nur die Ergänzung der bestehenden bundesrechtlichen Regelungen verbleibt.[3] Eine – in ihrer Reichweite freilich umstrittene – Ausnahme ist das Recht der Abfallentsorgung, wo mangels erschöpfender bundesrechtlicher Regelung – jedenfalls bis zum Inkrafttreten des Kreislaufwirtschafts- und Abfallgesetzes im Oktober 1996 – Raum für landespolitische Akzente besteht.

Größere Spielräume für eine eigenständige Landespolitik und Landesgesetzgebung gibt es in den Umweltpolitikbereichen Raumordnung, Naturschutz und Landschaftspflege sowie Wasserhaushalt, in denen der Bund nur eine *Rahmenkompetenz* besitzt (Art. 75 Nr. 3, 4 GG). Dabei ist jedoch zu beachten, daß der Bund insbesondere im Bereich des Naturschutzes und der Landschaftspflege sowie des Wasserhaushalts in der Vergangenheit durch weitgehende Ausschöpfung seiner Rahmenkompetenz und Schaffung einzelner Vollregelungen[4] vielfach bereits umweltpolitische »Eckwerte« in der Bundesgesetzgebung festgeschrieben hat, die der Landesgesetzgeber bei der Ausführungsgesetzgebung zu beachten hatte. Die Einfügung des Art. 75 Abs. 2 GG schließt nunmehr unmittelbar geltende Regelungen sowie Vollregelungen grundsätzlich aus und erweitert damit die Spielräume der Länder. In allen drei genannten Umweltpolitikbereichen hat Hessen eigene gesetzliche Regelungen geschaffen. Ein Vergleich der Gesetzgebung in den Bundesländern zeigt, daß sich die Landesregelungen trotz der bundesrechtlichen Vorgaben zum Teil stark auseinanderentwickelt haben.

Theoretisch bestehen Spielräume für eigenständige umweltrechtliche Regelungen schließlich auch auf der Ebene des *Landesverfassungsrechts*. Das Grundgesetz läßt den Landesverfassungen Raum für weitergehende Grundrechte, sofern sie dem Bundesrecht nicht zuwiderlaufen (Art. 142 GG); hinsichtlich der Staatszielbestimmungen verpflichtet es die Länder nur auf das bundesstaatliche Homogenitätsgebot (Art. 28 GG). Besondere Impulse für den Umweltschutz gehen bislang von der Hessischen Verfassung nicht aus. Abgesehen von dem unspezifischen, nur begrenzt für den Umweltschutz nutzbaren Grundrecht auf Leben und Gesundheit (Art. 3 HV) bestehen keine Umweltgrundrechte. Insbesondere fehlt ein Grundrecht auf Naturgenuß und Erholung in der freien Landschaft wie nach Art. 141 III der Bayerischen Verfassung. Das Land Hessen hat jedoch durch Gesetz vom 20. März 1991[5] den Umweltschutz als Staatszielbestimmung in die Landesverfassung aufgenommen.[6]

---

3 Hier gibt es z.T. Kompetenzprobleme, so zwischen der (Standort-)Planung von Flughäfen nach dem LuftVG, einem Bereich ausschließlicher Bundeskompetenz, und dem Landesplanungsrecht.
4 Zur Zulässigkeit von Vollregelungen im Bereich der Rahmenkompetenz nach bisherigem Recht BVerfGE 4, 115, 129 f.; 43, 291, 343; 66, 270, 285.
5 GVBl. I S. 102.
6 Vgl. hierzu allg. Staatszielbestimmungen/Gesetzgebungsaufträge, Bericht der Sachverständigenkommission, Bundesminister des Inneren, Bundesminister der Justiz, 1983, S. 84 ff.; *Sommermann,* Der Staat, 1993, 430; zu Art. 20 a GG BVerwG, NuR 1995, 253; *Meyer-Teschendorff,* ZRP 1994, 73; *Kuhlmann,* NuR 1995, 1; *Murswiek,* NVwZ 1996, 222; *Uhle,* UPR 1996, 55.

Art. 26a lautet: »Die natürlichen Lebensgrundlagen des Menschen stehen unter dem Schutz des Staates und der Gemeinden«.

3. Vollzug und Behördenorganisation

Im Gegensatz zur Gesetzgebung kommt den Ländern im Bereich des *Vollzugs* des Umweltrechts (Implementation von Normen mit Entscheidungsspielräumen und Vollzug i. e. S., d.h. Vollzug von Normen ohne Entscheidungsspielräume) die Hauptverantwortung zu. Da der Vollzug der Umweltgesetze von besonderer Bedeutung für die Verwirklichung der Umweltpolitik ist und von jeher eine Schwachstelle darstellt (»Vollzugsdefizit«)[7], besitzen die Länder insoweit eine Schlüsselposition und vermögen durchaus landespolitische Akzente zu setzen. Der Bund verfügt im Umweltschutz nur über eine geringe Anzahl von Vollzugskompetenzen, die ihrem Schwerpunkt nach anderen Rechtsgebieten zugehören.[8]

Die Länder – und damit auch Hessen – vollziehen die Umweltgesetze des Bundes überwiegend als eigene Angelegenheit (Art. 83, 84 GG). Insoweit sind sie für die Behördenorganisation und das Verwaltungsverfahren zuständig und unterliegen keinen Weisungen des Bundes. Allerdings sehen die Bundesgesetze im Bereich des Umweltschutzes vielfach vor, daß der Bund Verwaltungsvorschriften erlassen kann (Art. 84 II GG). Soweit keine derartigen Kompetenzen des Bundes bestehen oder von ihnen kein Gebrauch gemacht worden ist, bleiben die Länder zum Erlaß von Verwaltungsvorschriften zuständig, die ein wichtiges Instrument des Vollzugs des Umweltrechts darstellen. Eine informelle Koordinierung der Vollzugspraxis der Länder erfolgt durch Länderarbeitskreise, an denen auch Vertreter des zuständigen Bundesministeriums teilnehmen.[9]

Der Vollzug des Atomgesetzes, des Bundesfernstraßengesetzes und des Luftverkehrsgesetzes erfolgt (überwiegend) im Wege der Auftragsverwaltung.[10] Die Bundesregierung kann hier mit Zustimmung des Bundesrats Verwaltungsvorschriften erlassen. Die zuständige oberste Bundesbehörde kann den Landesbehörden Weisungen erteilen (Art. 85 II, III GG). In der Praxis hat man sich früher regelmäßig auf generelle Weisungen beschränkt, jedoch ist der zuständige Bundesminister im Bereich des Atomrechts in neuerer Zeit zunehmend zu Einzelweisungen übergegangen. Dies ist eine Reaktion auf die »Ausstiegsversuche« einzelner Bundesländer, u.a. Hessens, mittels strengen Vollzugs des AtomG. Das Bundesverfassungsgericht hat entschieden, daß – abgesehen von Mißbrauchsfällen – eine Nichtbefolgung solcher

---

7   Es handelt sich um ein komplexes Phänomen, das mit dem Begriff »Vollzugsdefizit« nicht zutreffend bezeichnet ist; vgl. *Bruder*, VerwArch 1984, 129; zum Umweltschutz s. *Mayntz* u.a., Vollzugsprobleme der Umweltpolitik, 1978 (auch für Hessen) Lübbe-Wolf, NuR 1993, 217.
8   Angaben bei *Kloepfer*, Umweltrecht, 1989, § 2 Rdnr. 60.
9   Z. B. Länderausschuß für Immissionsschutz, Länderarbeitsgemeinschaft Wasser, Abfall, Bund/Länderarbeitskreis Umweltchemikalien.
10 §§ 24 AtomG, 20 BFStrG, 31 II LuftVG (wo allerdings die Planfeststellung nach § 8 LuftVG nicht genannt ist).

Weisungen nicht auf Rechtsverletzungen und nicht einmal auf Grundrechtsverstöße im Verhältnis zwischen Bürger und Staat gestützt werden könne, da dem Bund die Sachkompetenz zustehe und es um ein innerbehördliches Rechtsverhältnis gehe; der Bund muß allerdings dem Land Gelegenheit zur Stellungnahme geben und diese berücksichtigen.[11] Zu einer »Befriedung« hat diese Rechtsprechung bisher nicht beigetragen.

Die *Behördenorganisation* im Bereich des Umweltschutzes in Hessen seit Anfang der siebziger Jahre zeigt ein wechselvolles und verwirrendes Bild.[12] Auf der Ebene der Landesregierung besitzt Hessen heute zwei Ministerien, die zentral für den Umweltschutz zuständig sind. Das Ministerium für Umwelt, Energie, Jugend und Familie ist für den »technischen« Umweltschutz (nunmehr einschließlich Atomrecht) und das Ministerium des Inneren und für Landwirtschaft, Forsten und Naturschutz für den planerischen und den »biologischen« Umweltschutz zuständig.[13] Hinzu kommt die Zuständigkeit des Ministeriums für Wirtschaft, Verkehr und Landesentwicklung für die Landesplanung und für die Planung von Bundesfernstraßen und Flughäfen. Die immer noch bestehende Zersplitterung der Zuständigkeiten beruht sicherlich z.T. darauf, daß das Umweltrecht in vielfältiger Weise mit anderen Rechtsgebieten verzahnt ist, so daß eine eindeutige Abgrenzung der Kompetenzen nicht möglich erscheint. Darüber hinaus haben aber auch politische (tendenziell wohl umwelt»feindliche«) Überlegungen die teilweise Aufrechterhaltung der Einheit von »Förderungs«- und »Eingriffs«-Kompetenz (Landwirtschaft, Errichtung von Verkehrsanlagen) und Umweltschutzkompetenz bewirkt. Die jüngste Reorganisation des Umweltschutzes in der Geschäftsverteilung der Landesregierung mit der Bildung von übergroßen Ministerien und heterogenen Aufgaben ist nur aufgrund der »Koalitionsarithmetik« zu verstehen und dürfte insgesamt zu einer Verschlechterung der Organisation des Umweltschutzes auf der Ebene der Landesregierung beitragen.

Seit 1971 besteht eine Landesanstalt für Umwelt.[14] Sie hat als technische Oberbehörde in erster Linie Beratungsaufgaben für die Landesregierung und nimmt zum Teil Aufgaben der überörtlichen Umwelt(Fach-)planung wahr. Dagegen wird sie nach der Reorganisation von 1988 nicht mehr als Trägerin öffentlicher Belange an Planungs- und einzelnen Verwaltungsverfahren beteiligt.

Auf der Mittelebene ist im allgemeinen das Regierungspräsidium zuständig. Auf der unteren Verwaltungsebene ist die Behördenorganisation uneinheitlich. Die Aufga-

---

11 BVerfGE 81, 310, 332 ff; BVerfG, DVBl. 1991, 534; vgl. Pauly, Anfechtbarkeit und Verbindlichkeit von Weisungen in der Bundesauftragsverwaltung, 1989; *Steinberg*, Bundesaufsicht, Länderhoheit und Atomgesetz, 1990; *Ossenbühl und Steinberg*, in: Lukes/Birkhofer (Hrsg.), Neuntes Deutsches Atomrechtskolloquium, 1991, S. 51 ff. und 67 ff.
12 Vgl. 2. Aufl. S. 362, 3. Aufl. S. 397 f.
13 Beschluß über die Zuständigkeit der einzelnen Minister nach Art. 104 Abs. 1 der Verfassung des Landes Hessen vom 19. 4. 1995 (GVBl. I S. 185).
14 Erlasse des Hessischen Ministers für Landwirtschaft und Umwelt vom 7. 7. 1971 (StAnz. S. 1262) und vom 20. 8. 1971 (StAnz. S. 1415); vgl. jetzt die Geschäftsordnung vom 31. 10. 1990 (StAnz. S. 2409).

ben der Unterbehörden im Umweltschutz sind z.T. übertragene, z.T. (pflichtige) Selbstverwaltungsangelegenheiten. Sie sind beim Naturschutz und der Landschaftspflege dem Landkreis zur Erfüllung nach Weisung, im Bereich des Wasserhaushalts dem Landrat als Behörde der Landesverwaltung übertragen. Größere Städte nehmen diese Aufgaben als Weisungsangelegenheit wahr. Die kommunale Abwasserbeseitigung und Abfallentsorgung und zum Teil auch der Immissionsschutz sind Selbstverwaltungsaufgaben. Daneben spielen technische Fachbehörden wie das Staatliche Amt für Immissions- und Strahlenschutz und das Wasserwirtschaftsamt eine Rolle, denen z.t. ebenfalls Vollzugsaufgaben zugewiesen sind.

II. Naturschutzrecht

Auf Bundesebene sind die maßgeblichen Regelungen des Naturschutzes und der Landschaftspflege[15] im Bundesnaturschutzgesetz (BNatSchG) zusammengefaßt. Das BNatSchG enthält überwiegend Rahmenvorschriften, die sich z.t. unmittelbar an den Bürger richten, zum Teil aber nur die Länder binden, in jedem Fall aber durch Landesrecht ausgefüllt werden müssen und erst hierdurch vollziehbar sind. Meist handelt es sich um konkretisierungsbedürftige Grundsatznormen oder um Bestimmungen, die einen *Mindeststandard* festlegen. Das mittlerweile veraltete Gesetz beläßt den Ländern erhebliche Spielräume.[16] Das Hessische Naturschutzgesetz (HENatG) galt – vom Standpunkt des Naturschutzes – früher als eines der vorbildlichsten Ländergesetze zur Ausführung des BNatSchG. Es ging in vielen für den Naturschutz entscheidenden Punkten über die bundesrechtlichen Mindestregelungen hinaus.[17] Allerdings wurde es später von einigen Neuregelungen anderer Bundesländer »überholt«. Mit der Novelle vom 19. 12. 1994 hat Hessen wieder Anschluß an die moderne Entwicklung des Naturschutzes gefunden. Anstelle der abwägungsgeleiteten, auf Vermeidung und Ausgleich bedachten Konzeption des Bundesnaturschutzgesetzes setzt das neue hessische Gesetz auf Rangbestimmung, quantifizierte Vorsorge und Vernetzung.[18]

1. Ziele und Grundsätze

§ 1 BNatSchG enthält die Ziele des Naturschutzes und der Landschaftspflege. Das Gesetz dient danach der Erhaltung der Leistungsfähigkeit des Naturhaushalts, der

---

15 Zum Begriff des Naturschutzes s. *Soell*, in: Salzwedel, Grundzüge des Umweltrechts, a.a.O., S. 487; Kolodziejcok/Recken, a.a.O., § 1 Rdnr. 3 ff.
16 Vgl. *Soell*, NuR 1980, 1, 2; ders., in: Analyse und Fortentwicklung des neuen Naturschutzrechts der Bundesrepublik Deutschland, H. 36 der Schriftenreihe des Deutschen Rates für Landespflege (1981), S. 555.
17 Vgl. *Borchmann*, NuR 1981, 121.
18 *Blume*, NuR 1995, 397.

Nutzungsfähigkeit der Naturgüter, der Pflanzen- und Tierwelt und der Vielfalt, Eigenart und Schönheit von Natur und Landschaft. Diese Aufgaben sollen durch Schutz, Pflege und Entwicklung von Natur und Landschaft (Handlungsformen des Naturschutzes) erfüllt werden. Die Ziele werden in § 2 BNatSchG durch einen Katalog von Grundsätzen des Naturschutzes und der Landschaftspflege in Form von faktoren- und situationsbezogenen Handlungsanweisungen konkretisiert.

Die Grundsätze sind keine »absolut« bindenden Handlungsanweisungen. Ihre Verwirklichung im Einzelfall steht unter dem Vorbehalt der Erforderlichkeit und der Angemessenheit nach Maßgabe des in § 1 II BNatSchG niedergelegten und im Eingangssatz des § 2 I BNatSchG wiederholten *Abwägungsgebots*. Danach sind die sich aus den Zielen und Grundsätzen ergebenden Anforderungen untereinander und vor allem gegen die sonstigen Anforderungen der Allgemeinheit an Natur und Landschaft abzuwägen. Die Belange des Naturschutzes genießen bei Konflikten mit sonstigen öffentlichen (und privaten) Belangen, insbesondere Zielen wirtschafts- und sozialpolitischer Art oder solchen im Bereich der Infrastruktur, keinen Vorrang. Vielmehr ist (lediglich) im Einzelfall ein angemessener Ausgleich anzustreben.[19] Die Landwirtschaft wird durch die Landwirtschaftsklausel des § 1 III BNatSchG überdies privilegiert.

Hessen hat die Grundsätze in § 1 HENatG a.F. um Grundsätze zur Erhaltung, Wiederherstellung und Schonung natürlicher Lebensräume sowie landschaftsgerechter Planung und Ausführung von Siedlungs-, Verkehrs- und Bauvorhaben angereichert.[20] Die Novelle bemüht sich darum, durch Quantifizierung und Rangbestimmung die Nachteile zu vermeiden, die sich nach allen Erfahrungen aus dem Abwägungsgebot für die traditionell konfliktschwachen Naturschutzbelange ergeben. In § 1 Abs. 1 Nr. 2 HENatG ist festgelegt, daß auf einem Zehntel der Landesfläche und auf einem Fünftel der Fläche stehender Gewässer die Entwicklung naturnaher Räume Vorrang genießt. Festgeschrieben ist auch das Konzept der Vernetzung von Biotopen (§ 1 Abs. 1 Nr. 3 HENatG) und des Freiflächenschutzes im Außenbereich (§ 1 Abs. 1 Nr. 4 HENatG). In Konkretisierung der Landwirtschaftsklausel des § 1 Abs. 3 BNatSchG wird zudem bestimmt, daß auch ein angemessener Teil der landwirtschaftlichen Fläche, insbesondere Uferbereiche, Acker- und Wegraine, als Lebensraum und Vernetzungsflächen zur Verfügung gestellt werden sollen (§ 2 a Abs. 1 HENatG).

Trotz der Akzentverlagerung gegenüber den Grundsätzen des Bundesrechts halten sich diese Bestimmungen noch innerhalb des den Ländern zustehenden Spielraums. Eine andere Frage ist es, wie man die Steuerungskraft der Grundsätze des hessischen Landesrechts einschätzen soll.

Die Bedeutung der Grundsätze liegt vor allem im Bereich der Landschaftsplanung sowie der allgemeinen räumlichen Planung; darüber hinaus sind die Grundsätze auch verbindliche Richtlinien für Ermessensentscheidungen im Sinne einer Opti-

---

19 Vgl. aber *Blume*, NuR 1989, 332, 335: bei einem non liquet ist der Naturschutz vorrangig.
20 Vgl. kritisch *Hübler*, UPR 1989, 121, 125 ff.

mierung im Einzelfall.[21] Einen »absoluten« Vorrang genießen die Belange des Naturschutzes jedoch auch dann nicht, wenn sie quantifiziert sind, da die Größe des Bezugsraums nicht angegeben ist.

2. Landschaftsplanung

In §§ 5-7 BNatSchG ist die Landschaftsplanung geregelt. Sie ist eine *flächendeckende Fachplanung* für den Bereich des Naturschutzes und der Landschaftspflege, die von der allgemeinen räumlichen Planung zu unterscheiden ist, die alle raumbezogenen Faktoren integriert. Das Bundesrecht geht von einem dreistufigen Aufbau der Landschaftsplanung aus und unterscheidet entsprechend der Gliederung der allgemeinen räumlichen Planung zwischen Landschaftsrahmenprogrammen auf Landesebene, Landschaftsrahmenplänen auf regionaler Ebene und Landschafts- und Grünordnungsplänen auf Gemeindeebene. Die methodische und sachliche Verknüpfung der Landschaftsplanung und der allgemeinen räumlichen Planung geschieht in folgender Weise: Raumordnungsklauseln geben der Landschaftsplanung die Beachtung der Grundsätze und Ziele bzw. der Ziele der Raumordnung und Landesplanung auf (§§ 5 I, 6 III BNatSchG); in Form einer Sollvorschrift wird eine Aufnahme der raumbedeutsamen Erfordernisse und Maßnahmen der Landschaftsplanung unter Abwägung mit den anderen raumbedeutsamen Planungen und Maßnahmen in die Programme und Pläne der Landesplanung und Regionalplanung vorgeschrieben (§ 6 II BNatSchG); das Verhältnis zwischen Landschaftsplanung auf der örtlichen Ebene und Bauleitplanung hat das BNatSchG dagegen offen gelassen (§ 6 IV BNatSchG).
Diese »weiche« Regelung des Verhältnisses von Landschaftsplanung und allgemeiner räumlicher Planung hat zu einer Vielzahl von unterschiedlichen Lösungen in den Ländern geführt, deren Auswirkungen auf die Durchsetzung der Belange des Naturschutzes und der Landschaftspflege, z.T. sogar Vereinbarkeit mit dem BNatSchG selbst umstritten sind.[22] Hessen ist von dem dreistufigen Konzept der Landschaftsplanung insofern abgewichen, als es auf der *Ebene des Landes* auf ein selbständiges Landschaftsprogramm verzichtet und sich insoweit mit der Festsetzung von Grundsätzen und Zielen begnügt (§ 3 Abs. 1 HENatG), deren Verhältnis zu den allgemeinen Grundsätzen völlig unklar ist. Auf der *regionalen Ebene* konkretisiert das HENatG in beispielhafter Weise den notwendigen Inhalt von Landschaftsrahmenplänen, wobei nunmehr insbesondere auch das Konzept des Biotopverbundes und der Biotopentwicklungsfläche festgeschrieben wird (§ 3 II HENatG).

---

21 Zur Bedeutung und Wirkungsweise der Ziele und Grundsätze des Naturschutzes und der Landschaftspflege s. *Schmidt-Aßmann,* NuR 1979, 1, 6 ff.; *Soell,* in: Salzwedel, Grundzüge des Umweltrechts, a.a.O., S. 496 ff.; *Kolodciejcok/Recken,* a.a.O., § 1 Rdnr. 1, S 2 Rdnr. 1; Blume, NuR 1995, 397, 398.
22 Vgl. *Soell,* in: Salzwedel, Grundzüge des Umweltrechts, a.a.O., S. 510 ff.; *Baumeister,* Die Integration der örtlichen Landschaftsplanung in die Bauleitplanung, 1992; *Ramsauer,* NuR 1993, 108, 109 ff.; *Mitschang,* UPR 1994, 366; *Erbguth/Wiegand,* Landschaftsplanung als Umweltleitplanung, 1994, S. 23 ff.

Hinsichtlich des Verhältnisses zur Regionalplanung folgte das Gesetz ursprünglich dem Konzept der »Primärintegration«: die Landschaftsrahmenpläne wurden nicht als förmlich selbständige Pläne, sondern wurden von vornherein vom Träger der Regionalplanung als Bestandteile des regionalen Raumordnungsplans aufgestellt (§ 3 I HENatG a.F.). Die Novelle hat dagegen den Landschaftsrahmenplan als naturschutzrechtlichen Fachplan auf regionaler Ebene verselbständigt und das Konzept der »Sekundärintegration« festgeschrieben (§ 3 Abs. 4, § 4 Abs. 1 HENatG). Dementsprechend sind die Festsetzungen des Landschaftsrahmenplans bei der Aufstellung des regionalen Raumordnungsplans zu »berücksichtigen«.
Wenngleich mit der Sekundärintegration eine Relativierung der Belange des Naturschutzes nach Maßgabe des Abwägungsgebots verbunden ist, dürfte sie aus der Sicht des Naturschutzes den Vorzug verdienen. Nur eine materiell eigenständige Landschaftsplanung als »Vorlaufplanung« dürfte eine hinreichende Ausformulierung der Belange des Naturschutzes und der Landschaftspflege gewährleisten. Sie wirkt einer nur »selektiven Wahrnehmung« von Belangen durch die Landesplanung entgegen und vermeidet, daß die Belange des Naturschutzes von vornherein unterbewertet werden, weil sie sogleich durch das »Nadelöhr der allseitigen Abwägung aller Raumansprüche« im Rahmen der Landes- und Regionalplanung gehen müssen.[23] Hinsichtlich der Bindungswirkung bestehen keine Unterschiede zwischen beiden Formen der Integration. Durch die raumordnerische Ausweisung von ökologischen Vorranggebieten im Landschaftsrahmenplan als Teil des Regionalplans erlangen die betreffenden Belange des Naturschutzes und der Landespflege den Verbindlichkeitsgrad von Zielen der Raumordnung und Landespflege; sie lassen daher in der Regel einen gewissen Spielraum für Abweichungen und binden nur die Behörden, Gemeinden und Gemeindeverbände.

Auf der *örtlichen Ebene* folgt Hessen seit jeher dem Konzept der Sekundärintegration. Die Träger der Bauleitplanung haben auf der Grundlage des Landschaftsrahmenplans selbständige Landschaftspläne aufzustellen, die die örtlichen Erfordernisse und Maßnahmen zur Verwirklichung der Ziele des Naturschutzes und der Landschaftspflege darstellen (§ 3 I, 4 II HENatG). Eine Unterscheidung in Landschaftsplan und Grünordnungsplan findet sich nicht. Man wird jedoch davon auszugehen haben, daß Landschaftspläne sowohl auf der Ebene des Flächennutzungs- als auch des Bebauungsplans aufzustellen sind. Über die inhaltliche Integration des Landschafts- und des Bauleitplans enthielt das Gesetz – abgesehen von der Bindung des Landschaftsplans an die Ziele der Raumordnung und Landesplanung und den Landschaftsrahmenplan sowie an das Abwägungsgebot – bisher nur die Regelung, daß die Landschaftspläne als Darstellungen oder Festsetzungen in die Bauleitpläne aufzunehmen sind (§ 4 I HENatG a.F.); sie waren und sind daher im Fall des Bebauungsplans bürgerwirksam. Die Frage, ob die Aufnahme des Landschaftsplans in den

---

23 *Soell*, in: Salzwedel, Grundzüge des Umweltrechts, a.a.O., S. 512; *Ramsauer*, NuR 1993, 108, 115 f.; vgl. *Wahl*, Ökologische Vorranggebiete, Arbeitsmaterial der Akademie für Raumforschung und Landesplanung Nr. 54 (1981), S. 55, 60. Die Primärintegration ist aber durch das BNatSchG gedeckt; *Hendler*, NuR 1981, 41, 46.

Flächennutzungs- und Bebauungsplan nur nach Maßgabe einer (erneuten) Abwägung mit anderen städtebaulichen Belangen erfolgt oder ob der Landschaftsplan gegenüber der Bauleitplanung verbindlich ist, hatte das Gesetz nicht ausdrücklich beantwortet. § 3 IV HENatG hat die Frage nunmehr im letzteren Sinne entschieden. Die Regelung trägt dem Umstand Rechnung, daß ein einseitiger Vorrang eines Fachplans dem Wesen der Bauleitplanung widerspräche.[24] Unabhängig von dieser Frage ist das Integrationsmodell allerdings problematisch, weil es für viele Maßnahmen des aktiven Naturschutzes an Darstellungsmöglichkeiten im Bauleitplan fehlt und der Landschaftsplan der Systematik und Darstellungsweise des Bauleitplans zuwiderläuft.[25]

Eine Verschärfung des hessischen Rechts gegenüber dem Bundesrecht liegt darin, daß nach § 4 II, III HENatG Landschaftspläne grundsätzlich immer und nicht nur dann aufzustellen sind, »wenn dies aus Gründen des Naturschutzes und der Landschaftspflege erforderlich ist« (so § 5 I BNatSchG). Ein Bauleitplan, der gegen dieses Gebot verstößt, ist aber nach Auffassung des VGH Kassel[26] nicht unwirksam und enthält auch nicht notwendig einen Abwägungsfehler. Die Novelle hat diese Verknüpfung zwischen Landschafts- und Bauleitplanung dadurch abgeschwächt, daß sie keine parallelen Landschafts- und Bauleitpläne verlangt, wenn auf der Ebene des Flächennutzungsplans ein Landschaftsplan vorhanden ist (§ 4 IV HENatG). Dies wirft allerdings die Frage nach der notwendigen Planungstiefe und Qualität des Landschaftsplans auf. Zu beachten ist, daß aufgrund des Abwägungsgebots nach § 1 VI BauGB und der Regelung des § 8 a BNatSchG der Bebauungsplan auch unabhängig von § 4 II-IV HENatG in starkem Maße Elemente des planerischen Naturschutzes enthalten muß, die denen der Landschaftsplanung ähneln (wenngleich zwischen Landschaftsplanung und Kompensationsplanung nach § 8a BNatSchG konzeptionelle Unterschiede bestehen).[27] Aus der Regelung des § 4 II, III HENatG ergibt sich praktisch ein Zwang zur Ausweisung bzw. Erhaltung von Freiflächen in Baugebieten; dies hat in der Vergangenheit zu Konflikten mit einzelnen Gemeinden geführt, die ihre Entwicklungsmöglichkeiten beschränkt sahen. Einen Eingriff in das Recht auf Eigenentwicklung der Gemeinden wird man darin aber nicht zu sehen haben.[28] Die Regelung ist auch von der Ermächtigung nach § 6 IV BNatSchG gedeckt.[29]

---

24 Vgl. VGH Mannheim, NuR 1992, 336; Hendler, NuR 1981, 41, 42 f.; *Pielow*, NuR 1986, 60, 62; *Rautenberg*, Umweltfachplanung in Hessen, 1988, S. 141; *Hofherr*, UPR 1987, 88, 92; *Baumeister*, a.a.O., S. 95, 114, 126 einerseits; Blume, NuR 1989, 332, 333; *Gerschlauer*, DVBl 1979, 601, 609, 611 andererseits.
25 *Pielow*, NuR 1986, 59, 61; Stich, UPR 1983, 177, 179; ders., ZfBR 1986, 62, 64; *Stich/Porger/ Steinbach*, Örtliche Landschaftsplanung und kommunale Bauleitplanung, 1986, S. 187 f. Baumeister, a.a.O., S. 76 ff.
26 VGH Kassel, NuR 1988, 298, 300
27 Vgl. Blume, NuR 1995, 397, 398 f.; zu einem praktischen Fall der Integration des Landschaftsplans in den Bauleitplan s. VGH Kassel, HessVGRspr. 1994, 41.
28 Vgl. VerfGH NW, NuR 1988, 136; VGH Mannheim, UPR 1983, 236; *Wahl*, Rechtsfragen der Landesplanung und Landesentwicklung, Bd. 2 (1978), S. 82; *Sening*, NuR 1988, 78; a.M. aber OVG Koblenz, NuR 1987, 231; vgl. allg. BVerfGE 56, 298.
29 VGH Kassel, NuR 1988, 298, 300.

3. Eingriffsregelung und Pflegemaßnahmen

Neben den Vorschriften über die Landschaftsplanung ist die Eingriffsregelung des § 8 BNatSchG eine der zentralen Regelungen des Naturschutzrechts.[30] Diese Regelung, von der die Länder nur in begrenztem Umfang abweichen können (§ 8 VIII, IX BNatSchG), enthält ein grundsätzliches *Verbot von Beeinträchtigungen* von Natur und Landschaft durch Private sowie öffentliche Planungsträger und verpflichtet in Konkretisierung des *Verursacherprinzips* den Verursacher zum Ausgleich. Vermeidbare Eingriffe sind zu unterlassen. Unvermeidbare Eingriffe hat der Verursacher physisch-real an Ort und Stelle oder in funktionalem Zusammenhang mit dem Eingriff auszugleichen, d.h. die Natur ist (annähernd) gleichwertig wiederherzustellen.[31] Unvermeidbare und auch nicht ausgleichbare Eingriffe[32] sind zu untersagen, wenn eine Interessenabwägung den Vorrang der Interessen des Naturschutzes und der Landschaftspflege ergibt; andernfalls sind sie zuzulassen. Bei unvermeidbaren und auch nicht ausgleichbaren, aber zugelassenen Eingriffen hat der Verursacher – nach Maßgabe der Landesregelungen – physisch-reale Ersatzmaßnahmen (an anderer Stelle) vorzunehmen und/oder Geldausgleich zu leisten (§ 8 II, III BNatSchG).
Eine Besonderheit der bundesrechtlichen Eingriffsregelung liegt auf verfahrensrechtlichem Gebiet. Das BNatSchG verzichtet auf ein eigenes naturschutzrechtliches Verwaltungsverfahren. Die Regelung gilt daher grundsätzlich nur, wenn für den Eingriff in anderen Rechtsvorschriften eine behördliche Entscheidung oder Anzeige an eine Behörde vorgeschrieben ist (»Huckepackverfahren«).
Eine wesentliche Einschränkung der Eingriffsregelung liegt in der *Landwirtschaftsklausel* (§§ 8 VII BNatSchG, 5 III HENatG), die Eingriffe im Rahmen einer »im Sinne dieses Gesetzes ordnungsgemäßen« land- und forstwirtschaftlichen Nutzung ausnimmt; Umwidmungen schutzwürdiger Flächen und schwere Eingriffe sind nach der Rechtsprechung allerdings von der Ausnahmeregelung nicht gedeckt.[33] Die Regelung gilt auch für Eingriffe durch Behörden, z.B. durch öffentliche Planungsträger im Wege der *Fachplanung* und hier auch, wenn dem Eingriff keine behördliche Entscheidung vorausgeht (§ 8 II 2, V, VI).
Die bisher streitige Frage nach der Geltung der Eingriffsregelung im *Bauplanungsrecht*[34] ist durch Einfügung der §§ 8a bis 8c BNatSchG durch das Investitionser-

---

30 Dazu *Gassner*, NuR 1984, 81; *Breuer*, NuR 1980, 89; *Berkemann*, NuR 1993, 97.
31 Vgl. dazu BVerwGE 85, 348, 360; *Gassner*, NuR 1988, 67.
32 § 8 III BNatSchG spricht von unvermeidbaren *oder* nicht ausgleichbaren Eingriffen; aus der im Gesetz angelegten Rangfolge dürfte sich jedoch ergeben, daß die im Text verwendete Formulierung zutrifft; so auch BVerwGE 85, 348, 362; *Meßerschmidt*, NuR 1990, 456.
33 Vgl. BVerwG, NuR 1983, 272; NVwZ 1985, 41; DVBl. 1986, 251; NuR 1992, 328; VGH Kassel, NuR 1992, 86; 1993, 332; 1994, 89; *Soell*, in: Salzwedel, Grundzüge des Umweltrechts, a.a.O., S. 501 ff.; *Fischer-Hüfile*, NuR 1983, 53; *Stollmann*, DVBl. 1993, 643; *ders.*, NVwZ 1994, 1082; zum Begriff »Landwirtschaft« VGH Kassel, ESVGH 31, 102.
34 VGH Kassel, NuR 1992, 240; VG Gießen, NVwZ-RR 1990, 596; VG Frankfurt, NVwZ-RR 1991, 144; *Louis*, UPR 1990, 208; *Louis/Klatt*, NuR 1987, 347; *Gaentzsch*, NuR 1990, 1, 6 ff.; *Kuchler*, Naturschutzrechtliche Eingriffsregelung und Bauplanungsrecht, 1989, S. 215 ff.; *Blume*, NuR 1989, 332, 333 f.

leichterungs- und Wohnbaulandgesetz von 1993 in dem Sinne entschieden worden, daß die Regelung grundsätzlich auf der Ebene des Bauleitplanes und nicht des einzelnen Vorhabens anzuwenden ist; im unbeplanten *Innenbereich* ist sie unanwendbar und bei alten Bauleitplänen nur nach Maßgabe planerischer Festsetzungen anwendbar (§ 8a I, II und VI BNatSchG). Diese – recht eilig verabschiedete – Regelung wirft eine Reihe von Zweifelsfragen auf. Unklar ist vor allem, ob die Eingriffsregelung – Vermeidungs- und Ausgleichsgebot – der Bauleitplanung strikte Planungsleitsätze vorgibt oder in die Abwägung, ggf. als Optimierungsgebot, eingeschmolzen wird.[35] Streitig ist auch die Bedeutung der Landschaftsplanung.[36] Schließlich ist der Umfang der den Ländern zum Teil eingeräumten Befugnisse, vom Bundesrecht nach oben oder unten abzuweichen (§ 8b BNatSchG), unklar. Aus hessischer Sicht ist bedeutsam, daß die Länder bestimmen können, daß Eingriffe im unbeplanten Innenbereich und – unter einschränkenden Voraussetzungen (Ausgleich, Ersatz oder Minderung der Beeinträchtigung war noch nicht Gegenstand der planerischen Abwägung) – auch bei alten Bebauungsplänen durch Geldzahlungen auszugleichen sind (während die primäre Pflicht zum physisch-realen Ausgleich entfällt, aber ein solcher freiwilliger Ausgleich auf die Abgabe anzurechnen ist; § 8b II BNatSchG). Nach der neueren hessischen Rechtsprechung galt die Eingriffsregelung auch im besiedelten Bereich.[37] Bei der Überbauung von Baulücken führte das mangels (vollständiger) Ausgleichbarkeit des Eingriffs regelmäßig zur Abgabepflicht. Da diese insoweit keine Präventivwirkung zu entfalten vermag, war dieses Ergebnis vom Gesetzeszweck nur mit der Erwägung zu rechtfertigen, daß umweltschonendes Bauen begünstigt wird. Es fragt sich, ob eine weitergehende Bestimmung im Sinne von § 8b II BNatSchG auch die Beibehaltung alten Rechts in der Auslegung durch die Landesgerichte sein kann oder der Landesgesetzgeber eine ausdrückliche Neuregelung treffen muß.[38] Für die letzte Auffassung spricht, daß Sinn der Regelung der §§ 8a bis 8c BNatSchG die Erleichterung der Bautätigkeit durch Abbau u.a. naturschutzrechtlicher Hemmnisse ist. Der Landesgesetzgeber muß daher eine politische Entscheidung treffen, wenn er diese Zielsetzung oder die ihr zugrundeliegenden Prämissen des Bundesgesetzgebers für sein Gebiet nicht mittragen will. Andererseits wurde § 8b II BNatSchG offenbar nur eingeführt, um weitergehende Länderregelungen aufrecht erhalten zu können. Hessen hat mit der Novellierung des Gesetzes nunmehr umfassend von der Ermächtigung nach § 8b BNatSchG Gebrauch gemacht, für Gebiete mit alten Bebauungsplänen und im

---

35 Vgl. *Blume*, NVwZ 1993, 941 f.; *Gassner*, NuR 1993, 252 f. einerseits; OVG Mstr., NVwZ 1995, 274, 275; *Steinfort*, VerwArch 1995, 105, 117 f.; *Fischer-Hütte*, NuR 1996, 64, 66 ff; *Schink*, NuR 1993, 365, 371 ff.; *ders.*, UPR 1995, 281, 285; Felder, NuR 1994, 53; *Stollmann*, UPR 1994, 170, 171 f. andererseits.
36 Vgl. *Beckmann*, NVwZ 1993, 941, 942 einerseits; *Runkel*, UPR 1993, 203, 206 andererseits.
37 VGH Kassel, NVwZ 1986, 675; NuR 1993, 334; VG Frankfurt, NVwZ-RR 1991, 144.
38 Gegen Notwendigkeit der Neuregelung Erlaß des Hess. Ministeriums für Landesentwicklung, Wohnung, Landwirtschaft, Forsten und Naturschutz v. 19. 8. 1993 (StAnz. S. 2388); *Blume*, NVwZ 1993, 941, 945; dafür *Kuchler*, NuR 1994, 209; *Pfalzgraf*, HSGZ 1993, 229, 231; ferner *Krautzberger*, NVwZ 1993, 520, 524; *Runkel*, UPR 1993, 203, 209.

Innenbereich bei Eingriffen, insbesondere durch bauliche Maßnahmen, Regelungen über Ausgleichsabgaben und Ersatzmaßnahmen einzufahren (§ 6b HENatG). Das HENatG hat die generalklauselartige *Definition des Eingriffs* in § 8 I BNatSchG – Veränderungen der Gestalt und Nutzung von Grundflächen, die die Leistungsfähigkeit des Naturhaushalts oder das Landschaftsbild erheblich oder nachhaltig beeinträchtigen können[39] – durch *Schutzgutaussagen* (§ 5 I HENatG) und *Regelbeispiele* konkretisiert, die zur Erleichterung der Rechtsanwendung eine – bundesrechtlich nicht unproblematische[40] – unwiderlegbare Vermutung für das Vorliegen eines Eingriffs begründen (§ 5 II HENatG). Darunter fallen z.B. die Errichtung und Änderung von Versorgungs- und Entsorgungsleitungen, die Umwidmung von Dauergrünland, die Bewirtschaftung von Weg- und Feldrainen und die Beseitigung von öffentlichen Grünflächen im Innenbereich. Die Regelbeispiele stellen keine abschließende Regelung dar, beruhen aber auf einer systematischen Erfassung potentieller Eingriffe nach ihrem Gewicht. Diffuse Stoffeinträge werden nicht erfaßt und können aufgrund des bundesrechtlichen Eingriffsbegriffs auch nicht erfaßt werden.

Darüber hinaus hat Hessen die materielle Regelung des § 8 II, III BNatSchG konkretisiert. Die Verpflichtung, vermeidbare Eingriffe zu unterlassen, wird verdeutlicht (Wahl umweltschonender Alternativen, Beschränkung auf das Erforderliche, Eingriffssperre aufgrund von § 35 BauGB; § 6a I HENatG). Die hessische Regelung ist ferner insofern weitergehend als die Bundesregelung, als bei unvermeidbaren, aber ausgleichbaren Eingriffen kein Genehmigungsanspruch besteht, vielmehr die zuständige Behörde nach Ermessen entscheidet.[41] Schließlich wird die Privilegierung der ordnungsgemäßen Landwirtschaft in § 8 VII BNatSchG durch eine Definition guter landwirtschaftlicher Praktiken konkretisiert.

Nach der Regelung des § 6b HENatG hat der Verursacher eine *Ausgleichsabgabe* zu leisten, wenn der Eingriff nicht oder nicht vollständig ausgeglichen werden kann (aber zugelassen wird) und der Verursacher keine ausreichenden Ersatzmaßnahmen anbietet. Die Abgabe ist vor Durchführung des Eingriffs zu zahlen (§ 6b II 2 HENatG). Aus dieser Regelung dürfte zu entnehmen sein, daß die Eingriffsgenehmigung von der Bedingung der Ausgleichszahlung abhängig gemacht werden kann. Damit ist der bisherige Streit um diese Frage[42] wohl gelöst. Das Aufkommen aus der Ausgleichsabgabe dient der Finanzierung von Ersatzmaßnahmen. Die Gemeinden können auch sozusagen auf Vorrat Maßnahmen zur Verbesserung des Naturschutzes in ihrem Gebiet durchfuhren, deren Anrechnung als Ersatzmaßnahmen sie dann bei einem konkreten Eingriff verlangen können (Ökopunktekonto, § 6b V HENatG). Während die Voraussetzungen für das Entstehen der Abgabepflicht hinreichend be-

---

39 Dazu *Soell*, a.a.O., S. 526 ff.; *Gassner*, NuR 1984, 81, 82 f.; *Kuschnerus*, NVwZ 1996, 235, 236 ff.
40 BVerwGE 85, 348, 355; *Berkemann*, NuR 1993, 97, 99 f.
41 Dabei sind auch private Belange erheblich; vgl. zum bisherigen Recht VG Gießen, NVwZ-RR 1990, 596; VGH Kassel, NVwZ-RR 1990, 237; OVG Koblenz, NVwZ 1985, 61; *Schmidt-Aßmann*, NuR 1979, 1, 3 f.; *Blume*, NuR 1989, 332, 334; gegen Berücksichtigung privater Belange VGH München, UPR 1992, 29; *Paetow*, NuR 1986, 144, 147.
42 Vgl. VGH Kassel, HessVGRspr. 1992, 47; NVwZ-RR 1994, 647.

stimmt sind, mag man daran zweifeln, ob die bloße Bezugnahme auf die durchschnittlichen Aufwendungen bei Ersatzmaßnahmen für sich den Anforderungen der Bestimmtheit im Abgabenrecht genügt.[43] Jedoch enthält § 6b VI HENatG nunmehr eine besondere Verordnungsermächtigung. Bisher hat man sich in der Praxis mit Verwaltungsvorschriften beholfen. Die Richtlinien zur Bemessung der Abgabe bei Eingriffen in Natur und Landschaft vom 17. 5. 1992[44] unternahmen den Versuch, die Schwere des Eingriffs durch einen Vorher-/Nachher-Vergleich (Flächenbilanz) auf der Grundlage formalisierter Biotopwerte pro m^3 (Punkteskala), die nach Biotop-/Nutzungstypen differenziert waren, festzustellen. Der Grundeinheit der Punktwerte wurde ein – entsprechend der Kostenentwicklung anzupassender – Geldwert zugeordnet, der den durchschnittlichen Rekultivierungskosten entsprach (Rekultivierungsindex) und die Grundlage für die Bemessung der Ausgleichsabgabe bildete. Diese Regelung ist durch die Verordnung über Ausgleichsabgaben vom 9. 2. 1995[45] im wesentlichen übernommen worden.

Verfahrensrechtlich ist Hessen insofern über die Regelung des BNatSchG hinausgegangen, als es Eingriffe in Natur und Landschaft grundsätzlich einer *Genehmigungspflicht* unterwirft (§ 6 I HENatG). Die Koppelung an Genehmigungs- und Anzeigevorbehalte in anderen Gesetzen (§ 8 II 2 BNatSchG) hat nur noch Bedeutung für die Zuständigkeit. Auch insoweit hat die Novelle die verfahrensrechtliche Stellung der Naturschutzbehörden gestärkt. Es bleibt zwar bei der Zuständigkeit der Fachbehörde. Diese entscheidet jedoch nunmehr stets im Einvernehmen mit der Naturschutzbehörde (§ 7 I, II HENatG). Unberührt bleibt auch die Zuständigkeit der Naturschutzbehörde nach §§ 30a II, 30b HENatG und für landschaftsschutzrechtliche und andere vorgreifliche Genehmigungen[46]; im letzteren Fall ist die Naturschutzbehörde auch für die Eingriffsgenehmigung zuständig (§ 7 II 2 HENatG). Die (untere) Naturschutzbehörde ist schließlich subsidiär zuständig (§ 7 HENatG). Eingriffe ohne die erforderliche Genehmigung, z.B. illegales Bauen im Außenbereich, können Maßnahmen der Wiederherstellung und die Verpflichtung zur Zahlung einer Ausgleichsabgabe bei Unmöglichkeit der Wiederherstellung nach sich ziehen; in jedem Fall sind – bereits bei formeller Illegalität – Nutzungsverbote auszusprechen.[47] Allerdings ist § 8 II HENatG durch das Gesetz zur Ergänzung des Hessischen Naturschutzgesetzes vom 4. 4. 1990[48] bis zum Jahresende 1992 ausgesetzt worden, um eine Legalisierung illegaler Gartenhütten und Einfriedungen im Außengebiet durch Bauleitplanung zu ermöglichen, die bis Ende 1996 abgeschlossen sein muß.

---

43 VG Frankfurt, NVwZ-RR 1991, 144; a.M. VGH Kassel, NuR 1993, 334, 336 f.; NVwZ-RR 1995, 387, 388; vgl. BVerwG, NVwZ 1996, 396, 398 ff.
44 StAnz. S. 1437; 1446; vgl. zu einer Vorläuferregelung VGH Kassel, NuR 1993, 338; ferner VGH Kassel, HessVGRspr. 1995, 65, 67 f.
45 GVBl. I S. 120; zur Rückwirkung der Verordnung s. *Blume*, NuR 1995, 397, 400.
46 Vgl. zum bisherigen Recht VGH Kassel, HessVGRspr. 1982, 59; 1992, 89; NuR 1993, 87.
47 VGH Kassel, ESVGH 32, 259; HessVGRspr. 1984, 91; 1985, 33; 1990, 2; 1992, 53; NuR 1993, 88 (auch zur Notwendigkeit eines planmäßigen Vorgehens); zur Zulässigkeit des Sofortvollzugs VGH Kassel, ESVGH 32, 259.
48 GVBl. I S. 86.

Trotz des Wortlauts der einschlägigen Vorschriften, die einen Vorrang der Vermeidung von Eingriffen überhaupt nahelegen, dient die Eingriffsregelung in der Praxis überwiegend der Milderung von als legitim hingenommenen, nicht der Verhinderung von illegitimen Eingriffen. Die Pflicht, vermeidbare Eingriffe zu unterlassen, wird überwiegend so interpretiert, daß die Erforderlichkeit des Eingriffs (das Ob) grundsätzlich nach anderen Vorschriften zu entscheiden sei, in denen die Eingriffsregelung nur zu berücksichtigen sei und lediglich der Umfang des Eingriffs und die konkrete Ausführung der Maßnahme (das Wie) durch die Eingriffsregelung wirklich beeinflußt werden könne.[49] In der Straßenplanung liegt dementsprechend die rechtliche Bedeutung der Eingriffsregelung nur darin, daß der Naturschutz nach Maßgabe des Abwägungsgebots zu »optimieren« ist, obwohl sich die Auffassung durchzusetzen beginnt, bei dem Vermeidungs- und Ausgleichsangebot handele es sich um (zwingende) Planungsleitsätze.[50] Diese Auffassung erscheint vertretbar, soweit die Normen, die über das ob des Vorhabens entscheiden, eine planerische Abwägung unter Berücksichtigung des Natur- und Landschaftsschutzes vorsehen; im übrigen spricht aber mehr dafür, die Eingriffsregelung neben den betreffenden, insbesondere baurechtlichen Vorschriften, anzuwenden. Einschränkungen ergeben sich auch daraus, daß der Grundsatz der Verhältnismäßigkeit aufwendigen Auflagen (vgl. § 6a I Nr. 1 HENatG) und dem Zwang zum Ausgleich u.U. entgegenstellen soll. Kriterien dafür, wann ein Eingriff nach § 8 III BNatSchG, § 6a II HENatG zu untersagen ist, finden sich im übrigen in Rechtsprechung und Schrifttum nur ansatzweise.[51]

Zu der in § 11 BNatSchG eng begrenzten *Pflegepflicht* für Grundstücke im Interesse des Naturschutzes hat das HENatG weitergehende Vorschriften erlassen (Voraussetzungen, Ausdehnung auch auf den Außenbereich, § 9 I, II HENatG). Ggf. ist der Eigentümer zu entschädigen (§ 39 HENatG).

4. Flächenschutz, Artenschutz, Erholung

In den §§ 12-18 BNatSchG ist der Flächenschutz geregelt.[52] Danach können Teile von Natur und Landschaft als Naturschutzgebiete, Nationalparke, Landschaftsschutzgebiete, Naturparke, Naturdenkmale und geschätzte Landschaftsbestandteile *(Schutzgebiete)* unter Schutz gestellt werden. Hessen hat die bundesrechtlichen

---

49 VGH Mannheim, NVwZ 1988, 1040; NVwZ-RR 1989, 349; VG Gießen, NVwZ-RR 1990, 596; VGH München, NuR 1995, 274, 281 f.; OVG Münster, NVwZ-RR 1995, 10, 12; *Breuer*, NuR 1980, 89, 93 f.; *Kuschnerus,* NVwZ 1996, 235, 239; *Kuchler*, NuR 1991, 465; a.M. aber wohl VG Darmstadt, NuR 1991, 390 (lesenswerte Entscheidung!); Blume, NuR 1989, 332, 334 f.
50 BVerwG, NuR 1993, 125; NVwZ 1996, 143, 144; *Berkemann*, NuR 1993, 97, 102; a.M. BVerwG, NVwZ 1991, 69; VGH Kassel, NuR 1988, 250, 252; *Gaentzsch*, NuR 1986, 89, 92.
51 Vgl. BVerwG, NuR 1983, 272; BVerwGE 85, 348, 361 ff.; OVG Bremen, NVwZ 1985, 55; *Blume*, NuR 1989, 332, 334 f.; *Fickert*, BayVBl. 1978, 685; *Soell*, in: Salzwedel, Grundzüge des Umweltrechts, S. 524.
52 Vgl. *Soell*, NuR 1993, 306; zur notwendigen Abwägung s. VGH Mannheim, NVwZ-RR 1996, 17.

Regelungen über Schutzgebiete fast wörtlich übernommen, aber durch einige moderne Schutzkategorien (Biosphärenreservate, Biotopvernetzungsflächen) ergänzt (§§ 11-15 HENatG sowie § 24 HForstG für Naturparke)[53]. Zusätzlich enthält das HENatG (§§ 16-19) Vorschriften über das Verfahren und die Rechtsform der Unterschutzstellung (Rechtsverordnung), die einstweilige Sicherstellung, materielle Schutzvorschriften (Schutzzweck und -gegenstand, Pflegepläne) und ein Naturschutzinformationssystem.

Im Bereich des Schutzes und der Pflege wildwachsender Pflanzen und wildlebender Tiere einschließlich des Schutzes ihrer Lebensstätten und Lebensräume *(Artenschutz),* §§ 20 BNatSchG) enthält das hessische Recht zum einen Konkretisierungen der bundesrechtlichen Regelung zum Schutz von Einzelarten (§§ 22, 25 HENatG).[54] Vor allem ist aber auf Regelungen hinzuweisen, die auf den gesetzesunmittelbaren Schutz der Lebensstätten und Lebensräume bedrohter Arten *(Biotopschutz)* abzielen (§§ 23, 23a HENatG).[55]

Dem Biotopschutz dienen daneben auch die Regelungen über Landschaftsplanung, Eingriffe in Natur und Landschaft und Naturschutz- und Landschaftsschutzgebiete. Jedoch zeigt der ständige Rückgang wildlebender oder wildwachsender Arten auch in Hessen, daß dieses scheinbar eindrucksvolle Instrumentarium als Gegengewicht gegen die zunehmende Belastung von Natur und Landschaft durch ständige Ausdehnung der Siedlungs- und Verkehrsflächen und eine industriell betriebene Landwirtschaft nicht ausreicht.[56] § 26 HENatG enthält eine Ermächtigung für ortsrechtliche Vorschriften über den Schutz von Bäumen (Baumschutzsatzungen).[57]

In Konkretisierung der bundesrechtlichen Regelung des § 27 BNatSchG gestattet § 10 HENatG das *Betreten der Flur* und der Gewässerufer auf Straßen und Wegen sowie ungenutzter Grundflächen *zum Zwecke der Erholung;* entsprechendes gilt für das Reiten auf Straßen und Wegen. Weitergehend gestatten §§ 14 BWaldG, 25 HForstG generell das *Betreten des Waldes* sowie das Radfahren und Reiten auf Wegen.[58] Es bestehen Verordnungsermächtigungen des zuständigen Ministers zur Regelung des Verhaltens in der Flur und im Forst (§ 10a HENatG, § 25 VI HForstG) und Anordnungsbefugnisse der unteren Naturschutzbehörde, insbesondere zum Sperren einzelner Wege und Flächen zum Zwecke des Natur- und Forstschutzes (§ 10 III HENatG, § 25 V HForstG); damit soll im Zielkonflikt zwischen Erholung und Naturschutz ein Ausgleich erreicht werden.[59]

---

53 Die Schutzverordnungen haben Vorrang vor dem Bebauungsplan und müssen daher aufgehoben werden, wenn das betreffende Gebiet überplant werden soll; VGH Kassel, NVwZ-RR 1995, 487.
54 S. VO Über den Artenschutz v. 19. 6. 1984 (GVBl. S. 166)
55 Dazu *Metz,* NVwZ 1996, 247. § 23 I Nr. 5 HENatG setzt allerdings eine Schutzverordnung voraus.
56 Über 45 % der Gesamtfläche Hessens sind als Natur- oder (meist) Landschaftsschutzgebiet ausgewiesen. »Echte« Schutzgebiete umfassen aber nur ca. 5 % der Fläche; ihr Zustand ist z.T. schlecht.
57 Vgl. BVerwG, NuR 1995, 27; VGH Kassel, NuR 1995, 39 und 86; *Weitzel,* NuR 1995, 16; *Kuschnerus,* UPR 1995, 241.
58 S. hierzu die Verordnung über das Betreten des Waldes und das Reiten und Fahren im Wald v. 13. 7. 1980 (GVBl. I S. 291).
59 Vgl. BVerfG, NJW 1989, 2525 zum Verbot des Reitens im Walde.

5. Zuständigkeit und Verfahren

Oberste Naturschutzbehörde ist der Minister des Innern und für Landwirtschaft, Forsten und Naturschutz, *obere* Naturschutzbehörde das Regierungspräsidium (§ 30 I, II HENatG). Die Aufgaben der *unteren* Naturschutzbehörden sind den Landkreisen und größeren Städten zur Erfüllung nach Weisung übertragen (§ 30 III, IV). Für den Naturschutz wichtige Zuständigkeiten lagen bisher vielfach nicht bei der Naturschutzbehörde, sondern bei den Fachbehörden; erstere hatten allenfalls ein Beteiligungsrecht. Hierdurch wurde der Naturschutz kompetenziell ausgehöhlt. §§ 3 II BNatSchG, 2 I HENatG sahen und sehen allerdings zum Ausgleich eine *frühzeitige Beteiligung der Naturschutzbehörden* bei Entscheidungen anderer Behörden vor, die Naturschutzbelange berühren können.[60] Durch die Regelung des § 2 II HENatG wird der anderen Behörde die Begründungslast für eine Abweichung von den Vorschlägen der Naturschutzbehörde auferlegt.[61] Die regionale Landschaftsplanung liegt nunmehr in den Händen der oberen Naturschutzbehörde, während für die örtliche Landschaftsplanung der Träger der allgemeinen räumlichen Planung zuständig ist (§ 4 I, II HENatG). Das Regierungspräsidium ist darüber hinaus vor allem für die Ausweisung von Naturschutz- und Landschaftsschutzgebieten, für Befreiungen und vielfach auch für die Beteiligung an Entscheidungen über Eingriffe in Natur und Landschaft zuständig (§§ 16 I, III, 30b, 7 I, II HENatG). Für die Beseitigung ungenehmigter Eingriffe ist grundsätzlich die Naturschutzbehörde – z.T. neben anderen Behörden – zuständig (§ 8 I, II HENatG).[62]

§ 34 HENatG bestimmt, daß bei allen Naturschutzbehörden unabhängige und sachverständige *Naturschutzbeiräte* gebildet werden. Mindestens die Hälfte der Beiratsmitglieder wird auf Vorschlag der nach § 29 BNatSchG anerkannten Naturschutzverbände berufen. Die Beiräte können Anträge stellen und sind auf Verlangen zu hören. Über alle wesentlichen Vorgänge und die beabsichtigte Entscheidung sind sie rechtzeitig zu unterrichten, insbesondere hinsichtlich der Vorbereitung von Rechtsverordnungen, Landschaftsplanungen und Planungen nach anderen Rechtsvorschriften, an denen die Naturschutzbehörde mitwirkt. Ein begründeter Widerspruch des Beirats hat in diesen Fällen eine abgeschwächte Devolutivwirkung: die betreffende Behörde muß, falls nach erneuter Beratung kein Einvernehmen zustande kommt, die Weisung der vorgesetzten Naturschutzbehörde einholen, die ihrerseits ihren Beirat zu hören hat (§ 34 HENatG). Eine Verletzung seines Beteiligungsrechts kann der Beirat verwaltungsgerichtlich durch Verpflichtungsklage sowie nach § 123 VwGO geltend machen.[63] Damit hat das Gesetz den Beiräten eine

---

60 Vgl. VO Über den praktischen Vollzug von Naturschutzmaßnahmen v. 6. 10. 1982 (GVBl. I S. 241).
61 Ob § 7 dem § 2 II HENatG vorgeht, ist str.; vgl. *Bickel*, HENatG, § 2 Rdnr. 8; *Borchmann*, NuR 1981, 121, 123.
62 Nach § 78 HBO kann auch die Baubehörde gegen ungenehmigte Bauten im Außenbereich vorgehen, obwohl sie kein besonderes naturschutzrechtliches Mandat hat; sie kann sich auf § 35 BauGB stützen; vgl. VGH Kassel, HessVGRspr. 1984, 91, 92; NuR 1995, 296, 298.
63 VGH Kassel, NVwZ 1992, 904. Zum Verfahren s. die Verordnung über die Naturschutzbeiräte v. 1. 12. 1981 (GVBl. I S. 438).

starke Stellung verliehen, die allerdings auch zu erheblichen Verzögerungen von Entscheidungen führt, die von der Naturschutzbehörde zu treffen sind oder an denen sie mitzuwirken hat. Bundesrechtlich ist bereits vorgesehen, daß *anerkannte Naturschutzverbände* ein *Mitwirkungsrecht* (Anhörungsrecht) bei bestimmten Entscheidungen im Bereich des Naturschutzes und der Landschaftspflege besitzen, nämlich bei der Vorbereitung von Verordnungen der Naturschutzbehörden (z.b. Verordnungen über Schutzgebiete), bei der Vorbereitung von Landschaftsplänen auf örtlicher Ebene, vor Befreiungen von Verboten und Geboten zum Schutz von Naturschutzgebieten und – sachlich wohl am bedeutsamsten – in Planfeststellungsverfahren über Vorhaben, die mit Eingriffen in Natur und Landschaft i.S. von § 8 BNatSchG verbunden sind (§ 29 I BNatSchG). Die Anerkennung wird unter bestimmten, im Gesetz genannten Voraussetzungen erteilt, die vor allem sicherstellen sollen, daß der Verband auf Dauer vorwiegend die Zwecke des Naturschutzes und der Landschaftspflege fördert und die Gewähr für eine sachgerechte Aufgabenerfüllung bietet (§ 29 II-V BNatSchG). Befürchtungen, daß die letztere Voraussetzung zu einer restriktiven, aktionsorientierte Verbände benachteiligenden Anerkennungspraxis führen könnte, haben sich jedenfalls in Hessen als falsch erwiesen. Im Gegenteil zeichnet sich die hessische Anerkennungspraxis durch eine besondere, ebenfalls problematische Liberalität aus, so daß z.T. auch Verbände anerkannt worden sind, deren Qualität als Naturschutzverband man bezweifeln kann.[64]

Hessen hat durch die Novelle den Katalog der anhörungspflichtigen Entscheidungen erheblich erweitert. Der Verbandsbeteiligung unterliegen auch Plangenehmigungen nach § 17 Ia FStrG, bestimmte wasserwirtschaftliche Entscheidungen (Bewilligungen, bestimmte gehobene Erlaubnisse, Aufstauen und Absenken von Wasser), bergrechtliche Betriebspläne und Genehmigungen für das Aussetzen und Ansiedeln nicht heimischer Arten (§ 35 I HENatG). § 29 BNatSchG schreibt als Mindestregelung für die Beteiligung der Verbände vor, daß ihnen Gelegenheit zur Äußerung und zur Einsicht in die einschlägigen Sachverständigengutachten bei den dort genannten Entscheidungen zu geben ist. Mehr Rechte haben die Verbände auch nach hessischem Recht nicht. Die in § 35 I, II HENatG besonders angesprochene Information der Verbände kann ohne weiteres als selbstverständliche Voraussetzung der Mitwirkung verstanden werden. Ausdrücklich vorgesehen ist, daß Entscheidungen, die der Mitwirkung unterlagen, den beteiligten Verbänden mitzuteilen bzw. zuzustellen sind (§ 35 II 3 HENatG).

Darüber hinaus hat Hessen in § 36 HENatG die *Verbandsklage* gegen Entscheidungen nach § 29 I Nr. 3 und 4 BNatSchG (Befreiungen, Planfeststellungsbeschlüsse) eingeführt und durch die Novelle auf andere Entscheidungen, für die in der Novelle ein Beteiligungsrecht begründet wurde, ausgedehnt. Voraussetzung ist, daß der Verband eine Verletzung des Naturschutzrechts geltend macht, daß er in seinen sat-

---

64 So gehören zu den anerkannten Verbänden auch der Landesjagdverband und der Verband Hessischer Sportfischer; s. zum Problem VGH Kassel, NVwZ 1988, 543; *Louis*, NuR 1994, 381.

zungsmäßigen Aufgaben berührt ist und daß er von seinen Mitwirkungsrechten Gebrauch gemacht hat. Durch das letztere Erfordernis sollen die Verbandsaktivitäten auf die Mitwirkung im Verwaltungsverfahren gelenkt werden; die Verbandsklage soll ultima ratio sein.

Die Verbandsklage, die inzwischen in 12 Bundesländern eingeführt worden ist, wirft eine Reihe von rechtspolitischen und rechtlichen Zweifelsfragen auf. Rechtspolitisch war und ist sie umstritten.[65] Neben Einwänden, die sich auf das deutsche System subjektiven Rechtsschutzes und die Alleinverantwortung der Verwaltung für die Einhaltung der Rechtsordnung – Verbände als selbsternannte Wächter des Gemeinwohls – gründen, war vor allem eine Überflutung der Gerichte befürchtet worden. Diese Befürchtung hat sich nicht bewahrheitet. In Hessen sind bis 1990 etwa 50 Verfahren anhängig gemacht worden.[66] Rechtlich ist behauptet worden, daß den Ländern die Gesetzgebungskompetenz zur Einführung der Verbandsklage oder doch zu ihrer verfahrensrechtlichen Ausgestaltung fehle. § 42 II VwGO räumt jedoch den Ländern die Befugnis ein, die Klagebefugnis abweichend vom Grundmodell des Gesetzes zu regeln, was auch Annexregelungen einschließt. § 29 BNatSchG enthält keine abschließende Regelung. Nicht nur das BVerwG, sondern auch die hessischen Verwaltungsgerichte haben daher die Landeskompetenz für die Verbandsklage bejaht.[67]

Nach der Einführung der Verbandsklage hatte die hessische Verwaltungsgerichtsbarkeit zunächst eine stark *restriktive Haltung* eingenommen, die das Verbandsklagerecht weitgehend zu einer stumpfen Waffe werden ließ. So sollte eine Umgehung des Klagerechts durch rechtswidriges Ausweichen in eine nicht der Verbandsbeteiligung unterliegenden Rechtsform – z.B. statt des Planfeststellungs- in ein Genehmigungsverfahren nach § 33 III HStrG – ohne weiteres möglich sein, obwohl § 36 Nr. 1 HENatG auch die Unterlassung eines Verwaltungsakts nennt.[68] Auch die Durchsetzung einer rechtswidrig verweigerten Beteiligung im Wege der Anfechtungsklage (Partizipationserzwingungsklage) wurde für unzulässig gehalten, und der Umfang des Beteiligungsrechts wurde eng interpretiert.[69] Diese Anfangsschwierigkeiten sind jedoch inzwischen weitgehend überwunden. Neuere Entscheidungen des VGH Kassel gewähren den Verbänden das Verbandsklagerecht auch gegen Entscheidungen, die in einem inkorrekten, nicht der Verbandsbeteiligung unterliegenden Verfahren zustande gekommen sind.[70] § 36 II HENatG kodifiziert nunmehr

---

65 Dazu etwa *Rehbinder*, ZRP 1976, 157; *Ule/Laubinger*, Gutachten B zum 52. DJT (1978), S. 99 ff.; *Neumeyer*, UPR 1987, 327; *Battis/Dünnebacke*, JuS 1990, 188; *Bizer/Ormond/Riedel*, Die Verbandsklage im Naturschutzrecht, 1990, S. 84 ff.; *R. Wolf*, ZUR 1994, 1; zur Dogmatik der Verbandsklage *Gassner*, Treuhandklage zugunsten von Natur und Landschaft, 1984.
66 *Bizer/Ormond/Riedel*, a.a.O., S. 65, 104 ff.
67 BVerwGE 78, 347; VGH Kassel, NVwZ 1982, 263; a.M. bes. *Lässig*, NVwZ 1989, 97; *Skouris*, NVwZ 1982, 233.
68 VGH Kassel, NVwZ 1982, 689; NuR 1983, 160; krit. *Rehbinder*, NVWZ 1982, 666; *Bickel*, NuR 1983, 25; *Sening*, NuR 1983, 146.
69 VGH Kassel, NVwZ 1982, 689; ESVGH 32, 263; vgl. demgegenüber VG Frankfurt, NuR 1983, 160.
70 VGH Kassel, NVwZ 1988, 1040; UPR 1988, 354.

diese Rechtsprechung. Die Partizipationserzwingungsklage ist jetzt ebenfalls allgemein anerkannt.[71] Was bleibt, ist die Auferlegung einer erheblichen Substantivierungslast im Verwaltungsverfahren mit entsprechender Einwendungspräklusion.[72] Auch soll die Verbandsklage nicht für Planfeststellungsverfahren gelten, die von Bundesbehörden durchgeführt werden.[73]
Entscheidend für eine insgesamt positive Beurteilung der hessischen Verbandsklage dürfte sein, daß die Verbände in der Sache nach anfänglichen Mißerfolgen in neuerer Zeit vielfach Erfolg gehabt haben.[74] Dagegen ist die erhoffte Konzentrationswirkung nicht eingetreten; vielmehr klagen neben den Verbänden vielfach auch einzelne oder gar zahlreiche individuelle Kläger. Dies dürfte freilich auf der Begrenzung der Verbandsklage auf den Naturschutz beruhen, die z.B. den Lärmschutz nicht abdeckt, und kann der Verbandsklage nicht »angelastet« werden.

6. Naturschutz in anderen Gesetzen

Neben dem Naturschutzrecht i.e.S. sind für den Schutz von Natur und Landschaft vor allem die Regelungen des Bundeswaldgesetzes (BWaldG) und des Hessischen Forstgesetzes (HForstG) von Bedeutung. Diese Gesetze beschränken sich nicht auf den Schutz und die Bewirtschaftung des Waldes in forstwirtschaftlicher Hinsicht, sondern berücksichtigen auch die ökologischen Funktionen des Waldes (Auswirkungen auf Klima, Boden und Wasserhaushalt, Erholungsfunktionen; §§ 1 BWaldG, 7 HForstG). Das HForstG fordert die Beachtung dieser Belange insbesondere bei der forstlichen Rahmenplanung (§§ 6-8); ferner sieht es die Erklärung von Waldflächen zum Schutzwald, Bannwald, Erholungswald und Naturpark vor (§§ 22-24). Im Hessischen Wassergesetz sind insbesondere die Vorschriften über Uferrandstreifen und Überschwemmungsgebiete (§§ 68-72 HWG) von Bedeutung für den Naturschutz.[75]

---

71 BVerwGE 87, 62; BVerwG, NVwZ 1996, 389 u. 393; NVwZ-RR 1996, 141; vgl. aber NVwZ 1996, 392, 393; VGH Kassel, NVwZ 1988, 1040; UPR 1988, 354; NuR 1992, 382; UPR 1995, 443; VGH München, NuR 1991, 494; 1995, 556; OVG Lüneburg, NVwZ 1992, 903; VGH Mannheim, NuR 1993, 144; OVG Schleswig, NuR 1994, 307; OVG Bautzen, NVwZ-RR 1995, 514; OVG Frankfurt/O., NuR 1995, 465.
72 VGH Kassel, NVwZ 1988, 1040; NuR 1992, 282.
73 VGH Kassel, NuR 1985, 154 mit abl. Anm. *Ladeur*; die Entscheidung ist durch BVerwGE 92, 263 bestätigt worden; ebenso BVerwG, NVwZ 1996, 389; krit. mit Recht *Kopp*, NuR 1994, 77.
74 Vgl. *Bizer/Ormond/Riedel*, a.a.O., S. 81 ff.; skeptisch *Neumeyer*, UPR 1987, 347 ff.
75 Auch das FlurbG enthält Vorschriften, die einen Ausgleich agrarökonomischer und ökologischer Belange gestatten (§§ 37 I 1, II, 40, 41, 86). In Hessen sind durch zahlreiche in den Jahren 1980 und 1982 ergangene (unveröffentlichte) Erlasse die Voraussetzungen für eine stärkere Berücksichtigung des Naturschutzes und der Landschaftspflege in der Flurbereinigung geschaffen worden.

III. Abfallentsorgung

Mit dem Abfallgesetz (AbfG) und den hierzu erlassenen Verordnungen hat der Bund die Abfallentsorgung im wesentlichen, aber nicht erschöpfend geordnet. Vielmehr sind den Ländern bestimmte Regelungen hinsichtlich der Bestimmung des Entsorgungspflichtigen, der Ausnahmen von der Entsorgungspflicht in zugelassenen Anlagen und der Abfallentsorgungsplanung zu eigener Regelung überlassen worden (§§ 3 II, III, 4 IV, 6 AbfG). Inwieweit die Landesgesetzgebung darüber hinaus in der Lage ist, eigenständige Regelungen zu erlassen, ist umstritten.[76] In der Staatspraxis der Länder läßt sich eine gewisse Tendenz beobachten, insbesondere im Bereich der Grundsätze der Abfallwirtschaft – Vermeidung, Verwertung und sonstige Entsorgung – eigene Akzente zu setzen, die die Bundesregelung fortentwickeln. Das Hessische Abfallwirtschaftsgesetz (HAbfG) füllt diesen Rahmen aus, wobei es ebenfalls über den Bereich der ausdrücklich den Ländern überlassenen Regelungsmaterien hinausgreift. Das neue Kreislaufwirtschafts- und Abfallgesetz des Bundes, das am 1. 10. 1996 in Kraft tritt und manche Anregungen aus dem Landesrecht aufgenommen hat, wird eine grundlegende Novellierung des HAbfG erforderlich machen.

1. Anwendungsbereich

Der Anwendungsbereich des HAbfG ergibt sich aus dem bundesrechtlichen *Abfallbegriff* (§ 1 I 1 AbfG). Abfälle sind danach bewegliche Sachen, deren sich der Besitzer entledigen will (subjektiver Abfallbegriff) oder deren geordnete Entsorgung auch bei entgegenstehendem Willen des Abfallbesitzers zur Wahrung des Wohls der Allgemeinheit, insbesondere zum Schutz der Umwelt, geboten ist (objektiver Abfallbegriff). Die Abfallentsorgung umfaßt sowohl die herkömmliche Beseitigung (sonstige Entsorgung) als auch die (stoffliche und thermische) Verwertung (§ 1 II AbfG). Entgegen einem ersten Anschein, der durch die genannten Vorschriften nahegelegt wird, unterfallen aber nach herkömmlicher Auffassung keineswegs alle Reststoffe dem Abfallregime, sondern es sind vielfach Regelungen des Bundes-Immissionsschutzgesetzes (BImSchG) sowie des Baurechts anwendbar. Dies gilt insbesondere für die Verwertung. Reststoffe aus der Produktion von nach dem BImSchG genehmigungsbedüftigen Anlagen sind danach keine Abfälle, soweit sie nach § 5 I Nr. 3 BImSchG vermieden oder verwertet werden müssen.[77] Andere Rest-

---

76 Vgl. BVerwG, NVwZ 1994, 900; 1995, 273; BayVerfGH, DVBl. 1990, 692; *Bothe*, NVwZ 1987, 938; *Tettinger*, GewA 1988, 41, 44 f.; *Backes*, DVBl. 1987, 333, 339; *Brenner*, BayVBl. 1992, 70; ferner BVerwGE 90, 359 (kommunales Verbot von Einwegbehältern); BVerwG, NVwZ 1995, 59 (kommunale Verpackungssteuer).
77 Vgl. BVerwGE 96, 80, 82 ff.; OVG Koblenz, NVwZ 1991, 86; OVG Saarlouis, NVwZ 1990, 491; *Rehbinder*, DVBl. 1989, 496; *Fluck*, NuR 1989, 409; *Hansmann*, NVwZ 1990, 409, 410; a.M. OVG Koblenz, UPR 1993, 450.

stoffe, die deren Besitzer freiwillig verwertet oder verwerten läßt, sind mangels eines Entledigungswillens vielfach ebenfalls keine Abfälle. Es handelt sich in diesem Fall vielmehr, wie sich im Rückschluß aus § 1 I 2 AbfG ergibt, um sog. Wirtschaftsgüter, die nicht dem Regime des Abfallrechts unterliegen.[78] Dies gilt z.B. für Reststoffe aus nicht genehmigungsbedürftigen Anlagen (§ 22 BImSchG), aber auch für Verpackungen, die der Verbraucher aufgrund der Verpackungsverordnung oder sonstwie privaten Verwertern überläßt. Eine Ausnahme gilt jedoch, wenn die Entsorgung der letzteren Reststoffe zur Wahrung des Wohls der Allgemeinheit geboten ist, sie also dem objektiven Abfallbegriff unterfallen. Kraft ausdrücklicher Regelung (§ 1 I 2 AbfG) gelten aber als Abfälle auch Reststoffe, die nicht Privaten, sondern entsorgungspflichtigen Körperschaften zur Verwertung überlassen werden.

Insgesamt ist aufgrund der genannten Regelungen die Abgrenzung des Anwendungsbereichs des Abfallrechts – und damit auch der landesrechtlichen Einwirkungsmöglichkeiten – recht unscharf. Dies hat zu einer fast verwirrenden Vielfalt unterschiedlicher Meinungen, in jüngerer Zeit auch gerichtlicher Entscheidungen geführt. Die hessischen Verwaltungsgerichte haben dabei die Tendenz gezeigt, den Anwendungsbereich des Abfallrechts mittels des objektiven Abfallbegriffs möglichst auszudehnen, zum Teil über das hinaus, was nach dem Gesetz sowie umweltpolitisch vertretbar ist.[79] Allerdings bedarf der enge subjektive Abfallbegriff im Hinblick auf EG-rechtliche Vorgaben einer Revision.[80]

2. Abfallwirtschaftliche Optionen

Das AbfG des Bundes enthält in den §§ 1a, 3 II 2, IV 2 ansatzweise eine *Prioritätensetzung* hinsichtlich der grundsätzlichen abfallwirtschaftlichen Optionen, wonach die Vermeidung von Abfällen Vorrang vor der Verwertung, diese Vorrang vor der sonstigen Entsorgung, d.h. insbesondere der Deponie und der Verbrennung ohne Energiegewinnung hat. Nur im Verhältnis zwischen Verwertung und sonstiger Entsorgung besteht aber eine rechtlich zwingende Prioritätensetzung. Dagegen hat sich das Gesetz einer Regelung des Rangverhältnisses zwischen mehreren Verwertungs- und Beseitigungsarten untereinander, also im Verhältnis zwischen stofflicher und thermischer Verwertung (Energiegewinnung) sowie zwischen Deponie und Verbrennung enthalten. Es ist umstritten, ob darin ein zwingender Gleichrang zum Ausdruck kommt oder ob die Länder zu einer eigenen Prioritätensetzung befugt sind, sei es durch Gesetz oder durch Abfallwirtschaftsplan.[81] Das HAbfG beschränkt sich im

---

78 BVerwG, NVwZ 1990, 564; BGHZ 110, 205; VGH München, NVwZ 1992, 725; OVG Lüneburg, NVwZ-RR 1994, 555; *Kunig/Schwermer/Versteyl*, AbfG, 2. Aufl. 1992, § 1 Rdnr. 13 f.; tendenziell weiter aber BVerwGE 92, 353, 357; 92, 359, 363; BGH, NJW 1991, 1621.
79 VGH Kassel, NuR 1991, 495 mit abl. Anm. *Kunig*; UPR 1991, 457; NVwZ-RR 1993, 465; abw. VGH Kassel, NuR 1991, 140; UPR 1992, 356; NVwZ 1993, 389; vgl. BVerwGE 92, 353, 355 ff.; 92, 359, 361 ff., das auf einer mittleren Linie liegen dürfte.
80 EuGH, Rs. C-422/92, Kommission ./. BR Deutschland, NVwZ 1995, 885; vgl. *Seibert*, NVwZ 1994, 415; *Dieckmann*, ZUR 1995, 169; s. jetzt § 3 I-IV KrW-/AbfG.
81 Vgl. die in Fn. 76 Genannten.

wesentlichen darauf, vorrangige Vermeidungspflichten für die öffentliche Hand vorzuschreiben, die bei der Beschaffung von Arbeitsmaterialien und Gebrauchsgütern, beim Umgang mit diesen Sachen und bei der Durchführung von Baumaßnahmen gelten (§ 3 III HAbfG). Daneben haben die Entsorgungspflichtigen und der Träger der Sonderabfallentsorgung Abfallmengenbilanzen aufzustellen; die Entsorgungspflichtigen haben Abfallbesitzer mit dem Ziel zu beraten, eine möglichst weitgehende Vermeidung und Verwertung von Abfällen zu erreichen (§ 3 I, II HAbfG). In dieser zurückhaltenden, auf die öffentliche Hand beschränkten Form dürften die genannten Regelungen nicht gegen Bundesrecht verstoßen. Auch das Gebot der Deponieschonung bei unbelastetem Bauschutt (§ 3 HAbfG)[82] stellt sich als Konkretisierung des grundsätzlichen Verwertungsgebots nach § 3 II 2, 3 AbfG dar, das sich grundsätzlich innerhalb des bundesrechtlich gesetzten Rahmens hält; bedenklich ist allerdings das Verbot zur Errichtung neuer Deponien für solchen Erdaushub.[83]

3. Organisation der Abfallentsorgung

§ 3 I, II AbfG verpflichtet den Besitzer von Abfällen, diese dem Entsorgungspflichtigen zu überlassen, und verpflichtet die nach Landesrecht zuständigen Körperschaften zur Abfallentsorgung. Nach § 1 I 1, II HAbfG sind *einsammlungspflichtig* grundsätzlich die Gemeinden[84], *entsorgungspflichtig* dagegen die Landkreise und kreisfreien Städte bzw. im Rhein-Main-Gebiet der Umlandverband Frankfurt.[85] Eine Rückübertragung für bestimmte, weniger umweltbelastende Abfälle ist möglich (§ 1 V HAbfG). Diese Kompetenzzuweisung (»Hochzonung«) verstößt nicht gegen Art. 28 I GG, weil sie der Leistungsfähigkeit der Gemeinden, Wirtschaftlichkeitsüberlegungen und Umwelterfordernissen Rechnung trägt.[86] Im Hinblick auf die Akzeptanzkrise der Abfallentsorgung (Widerstand der Gemeinden und Gemeindeangehörigen gegen die Errichtung von Abfallentsorgungsanlagen) und die darauf gestützte Befürchtung eines »Entsorgungsnotstands« in weiten Teilen Hessens sieht das Gesetz nicht nur eine Verpflichtung der Entsorgungspflichtigen vor, die für die Verwertung und sonstige Entsorgung erforderlichen Anlagen zu errichten und zu unterhalten (§ 1 II 3 AbfG). Vielmehr ermächtigt es die Abfallbehörden – anstelle der bisher wenig wirkungsvollen Kommunalaufsicht – auch zur *Ersatzvornahme*. Kommt der Entsorgungspflichtige den genannten Pflichten oder Verpflichtungen

---

82 Vgl. *Bickel*, HAbfAG, § 3a Rdnr. 2. Eine gewisse Widersprüchlichkeit der Regelung liegt auch darin, daß auch Zwischenlager privater Entsorgungspflichtiger (§ 3 IV AbfG) einer abfallrechtlichen Zulassung bedürfen. Dies läßt sich allenfalls damit begründen, daß der Erdaushub vor Vorhandensein eines Marktes noch Abfall ist; vgl. *Bickel*, HAbfAG, § 3a Rdnr. 4, 6. Zur Frage, wann Erdaushub unbelastet ist, s. Verwaltungsvorschrift vom 21. 10. 1990, StAnz. S. 2170, und vom 21. 12. 1992, StAnz. 1993, S. 331; *Brunke/Thomas/Pflugradt*, § 3 Rdnr. 1 ff.
83 *Bickel*, HAbfAG, § 3a Rdnr. 11.
84 Dies gilt wohl nicht bei ausgeschlossenen Abfällen, weil hier die Entsorgungspflicht des Besitzers auch die Einsammlung umfaßt; a.M. *Bickel*, HAbfAG, § 1 Rdnr. 2.
85 Pflanzliche Abfälle können u.U. außerhalb von Abfallentsorgungsanlagen abgelagert werden; s. Verordnung vom 17. 3. 1975 (GVBl. I S. 48).
86 BVerfGE 79, 177; BVerwG, NVwZ 1984, 176; vgl. *Hohmann*, UPR 1980, 413.

nach den Festlegungen eines Abfallwirtschaftsplans nicht nach, stellt die Abfallbehörde dies durch Verwaltungsakt fest. Nach Ablauf von 6 Monaten kann der zuständige Minister durch Rechtsverordnung einen Dritten bestimmen, der in diese Verpflichtungen ganz oder teilweise eintritt, also z.b. die Abfallentsorgungsanlage errichtet und ggf. betreibt. Die Regelung ist organisationsrechtlich problematisch und wenig praktikabel.[87] Widerstände im Planfeststellungsverfahren über die Errichtung der Anlage können damit jedenfalls nicht überwunden werden, so daß die Regelung nur ein – äußerstes – Mittel gegen eine Verweigerungshaltung des Entsorgungspflichtigen selbst ist. Erfolgversprechender dürften Mitbenutzungsanordnungen nach § 3 V AbfG und im Vorfeld entsprechende Vereinbarungen zwischen den Trägern der Abfallentsorgung sein. Angesichts wachsender Verwertung von Abfällen und verbesserter Deponietechnik scheint sich im übrigen die Entsorgungssituation in Hessen entspannt zu haben.

Die Entsorgungspflichtigen können durch *Satzung* regeln, wie ihnen die Abfälle zu überlassen sind, z.B. Über Art, Zahl und Größe der Mülltonnen oder die Art der Überlassung von Sperrmüll (§ 2 I 1 HAbfG). Die Satzung kann ferner mit Zustimmung der zuständigen Behörde bestimmte Abfälle aus Industrie, Gewerbe und Dienstleistungen von der *Entsorgung ausschließen;* dies ist darüber hinaus auch im Einzelfall durch Verwaltungsakt möglich (§ 2 I 2 HAbfG; weitergehend und damit vorrangig: § 3 III AbfG[88]). Aufgrund der Verpackungsverordnung kann zwar nicht die Entsorgung von Verpackungsabfällen gegenüber dem Verbraucher, wohl aber gegenüber dem Handel und Hersteller ausgeschlossen werden.[89] Ein Ausschluß von der Entsorgung ist nach § 3 III AbfG nur zulässig, wenn die Abfälle nach Art und Menge nicht mit dem Hausmüll entsorgt werden können und eine umweltgerechte Entsorgung durch den Besitzer selbst oder durch den Träger der Sonderabfallentsorgung gewährleistet ist.[90]

Für Abfälle, die *Sonderabfälle* i.S. von § 4 I 1 HAbfG sind, bestehen besondere Regelungen. Als Sonderabfälle gelten alle besonders überwachungsbedürftigen Abfälle nach § 2 II AbfG und der aufgrund dieser Vorschrift erlassenen AbfallbestimmungsVerordnung (»gefährliche Abfälle«)[91] sowie andere Abfälle, die nach § 3 III AbfG von der kommunalen Entsorgung ausgeschlossen worden sind.[92] Die Regelung gilt nur für Abfälle, nicht für gefährliche Stoffe, die Wirtschaftsgut sind. Für Sonderabfälle reduziert sich die nach Bundesrecht an sich eintretende Entsorgungspflicht des Abfallbesitzers (§ 3 IV AbfG) auf die Sammlung und ggf. – bei vorübergehender Verhinderung des Trägers der Sonderabfallentsorgung – Zwischenlage-

---

87 Vgl. *Bickel,* HAbfAG, § 1 Rdnr. 8 ff.; *Hohmann,* UPR 1989, 413, 415; *Brunke/Thomas/Pflugrath,* § 5 Rdnr. 1.
88 Vgl. *Bickel,* HAbfAG, S 2 Rdnr. 2.
89 *Bickel,* HAbfAG, § 2 Rdnr. 5; *Arndt/Köhler,* NJW 1993, 1943; vgl. jetzt aber § 24 II Nr. 2 KrW-/AbfG.
90 Vgl. *Kloepfer,* VerwArch. 1979, 195, 201 ff.; *Kunig/Schwermer/Versteyl,* a.a.O., § 3 Rdnr. 40, 42 f.
91 Zum Problem s. *Bickel,* HAbfAG, § 4 Rdnr. 2 ff.
92 Auch besonders überwachungsbedürftige Abfälle nach § 2 II AbfG müssen wohl von der Entsorgung ausgeschlossen sein; arg. § 4 III HAbfAG; ebenso *Bickel,* HAbfAG, § 4 Rdnr. 4.

rung. Nach § 4 III HAbfG besteht grundsätzlich eine Übernahmepflicht des Trägers der Sonderabfallentsorgung (Entsorgungsgarantie) sowie eine korrespondierende Überlassungspflicht des Entsorgungspflichtigen. Dieses *Entsorgungsmonopol* des Trägers der Sonderabfallentsorgung, wie es nunmehr in den meisten alten Bundesländern besteht, ist aber nicht absolut. Es gilt insbesondere nicht, wenn die Entsorgung in betriebseigenen, abfallrechtlich zugelassenen Entsorgungsanlagen gestattet worden ist und dies den Zielen des Landesabfallentsorgungsplans nicht widerspricht (§ 4 III 3 Nr. 1 HAbfG). Träger der Sonderabfallentsorgung ist nach der Sonderabfall-Verordnung[93] die Hessische Industriemüll-GmbH (HIM), die bei der Entsorgung als beliehener Unternehmer tätig wird. Sie ist nicht nur zur Organisation der Sonderabfallentsorgung, sondern auch zur Errichtung und zum Betrieb der Entsorgungsanlagen verpflichtet, kann aber in begrenztem Umfang Aufgaben auch auf Dritte übertragen oder sich bei Erfüllung einzelner Aufgaben Dritter bedienen (§ 4 IV HAbfG). Dies geschieht vielfach, so daß die hinter dem Entsorgungsmonopol stehende Grundannahme, die Entsorgung von Sonderabfall durch Private sei unter Umweltgesichtspunkten zu riskant, brüchig wird. Zu beachten ist auch, daß Entsorgungsmonopole beliehener Unternehmer – insbesondere bei bloßen Mengenabfällen – EG-rechtlich nicht unproblematisch sind.[94]

Für Sonderabfall-Kleinmengen aus Haushaltungen, Gewerbebetrieben und Dienstleistungsbetrieben bestehen Sonderregelungen (§ 4 VI).[95]

Durch Gesetz vom 26. 6. 1991[96] hat Hessen als Anreiz zur Vermeidung und betriebsinternen Verwertung von Sonderabfällen eine Sonderabfallabgabe eingeführt, die nach Gefährlichkeitskategorien differenziert ist und auf die Jahresmenge an Abfällen erhoben wird. Das Abgabenaufkommen ist zweckgebunden für abfallwirtschaftliche Maßnahmen und Maßnahmen der Altlastensanierung zu verwenden.

4. Abfallentsorgungsplanung

Nach § 6 AbfG haben die Länder überörtliche Pläne zur Abfallentsorgung aufzustellen, in denen insbesondere die Standorte der Abfallentsorgungsanlagen festzulegen sind. Die entsprechende landesrechtliche Regelung in § 8 HAbfG setzt die Akzente etwas anders als das AbfG. Der *Landesabfallentsorgungsplan* enthält in erster Linie Vorgaben für die Verwertung und sonstige Entsorgung; für die Regelung der stofflichen Verwertung kann der zuständige Minister auch Zielvorgaben durch Verwaltungsvorschrift erlassen. Erst in zweiter Linie werden Vorgaben für die Stand-

---

93 Verordnung über die Beseitigung von Sonderabfällen aus Industrie und Gewerbe v. 13. 11. 1978 (GVBl. I S. 556).
94 *Von Wilmowsky*, Abfallwirtschaft im Binnenmarkt, 1990, S. 112 f., 125 ff., 187 ff. Der EuGH, Rs. C-2/90 Kommission ./. Belgien, NVwZ 1992, 871, hat jedoch, was die Anwendbarkeit des Art. 30 EGV betrifft, eine großzügigere Haltung (gegenüber Importverboten) eingenommen.
95 S. Sonderabfall-Kleinmengenverordnung vom 6. 7. 1990 (GVBl. I S. 422).
96 GVBl. I S. 218; i.d.F. des Gesetzes vom 18. 11. 1993, GVBl. I S. 611; vgl. VGH Kassel, Hess-VGRspr. 1996, 9; kompetenzrechtliche Bedenken hat *Kügel*, NVwZ 1994, 535.

orte von Abfallentsorgungsanlagen genannt. Schließlich sind im Plan Einzugsbereiche für die Anlagen auszuweisen (§ 8 II, V HAbfG). Mit der Hervorhebung abfallwirtschaftlicher Konzepte und der weichen Regelung der Standortbestimmung wird den bisherigen – negativen – Erfahrungen mit der Abfallentsorgungsplanung[97] Rechnung getragen und diese mehr als abfallpolitisches Steuerungsinstrument eingesetzt.

Der Abfallentsorgungsplan wird von der Hessischen Landesanstalt für Umwelt mit Zustimmung des zuständigen Ministers und im Einvernehmen mit der obersten Landesplanungsbehörde aufgestellt (§ 8 I, III). Er kann in sachlichen oder räumlichen Teilplänen aufgestellt werden. Bei der Aufstellung sind etwaige – den Entsorgungspflichtigen freigestellte – kommunale Abfallwirtschaftspläne, die Ziele der Raumordnung und Landesplanung sowie überörtliche Gesichtspunkte zu berücksichtigen. Mit der Berücksichtigung kommunaler Abfallwirtschaftspläne soll eine sachliche Teilhabe der interessierten Gebietskörperschaften an der Planung erreicht werden; dies ist aber kein Ersatz für die fehlende Beteiligung.[98]

Im Gegensatz zum bisherigen Recht ist der Abfallentsorgungsplan nicht kraft Gesetzes fachlicher Teilplan des Landesentwicklungsplans, sondern ist ähnlich dem Luftreinhalte- und Wasserwirtschaftsplan als ein umweltbezogener *Fachplan* konzipiert[99], der zunächst nur behördenintern wirkt und darüber hinaus nur Außenrechtswirkungen entfaltet, soweit das Gesetz dies vorsieht (z.B. §§ 13 I Nr. 3 AbfG). Der Plan kann aber durch Rechtsverordnung für verbindlich erklärt werden und ist dann insbesondere im Planfeststellungsverfahren (§ 8 III 1 AbfG)[100] sowie bei der Bauleitplanung zu beachten. Seit Frühjahr 1990 gibt es in Hessen einen Abfallentsorgungsplan für Hausmüll, der aber nicht für verbindlich erklärt worden ist.

5. Sonstige Regelungen

Das HAbfG enthält in den §§ 5, 6 ferner Vorschriften über den Betrieb von Abfallentsorgungsanlagen und in den §§ 7 und 9 Verfahrensvorschriften. Dabei handelt es sich freilich nur um Regelungen, die das Bundesrecht ergänzen. Die wesentlichen Aspekte der Zulassung und des Betriebs von Abfallentsorgungsanlagen sind bundesrechtlich geregelt (§§ 7-10a AbfG, Technische Anleitung Abfall), und die Konflikte, die sich um die Zulassung solcher Anlagen ergeben, bewegen sich hauptsächlich auf dem Boden des Bundesrechts. So sind z.B. die beiden markantesten Entscheidungen des VGH Kassel in diesem Bereich – zu den Entsorgungsanlagen Messel und Mainhausen[101] – zu Fragen des Bundesrechts ergangen.

---

97 Vgl. Rat von Sachverständigen für Umweltfragen, Abfallwirtschaft, Sondergutachten, 1990, Tz. 266 ff.
98 Zur notwendigen Beteiligung des direkt betroffenen Grundeigentümers bei konkreter Standortfestlegung BVerwGE 81, 128.
99 A.M. mit eingehender Begründung *Bickel*, HAbfAG, § 8 Rdnr. 1.
100 Vgl. BVerwGE 81, 128.
101 VGH Kassel, NVwZ 1987, 987; 1989, 494.

§ 11 HAbfG enthält eine spezielle ordnungsbehördliche *Eingriffsermächtigung*, die allerdings nach richtiger Auffassung andere Ermächtigungen nicht verdrängt[102], und die §§ 12, 13 HAbfG verpflichten den Verursacher oder Grundstückseigentümer verbotener Ablagerungen und den Betreiber einer nicht zugelassenen Abfallentsorgungsanlage zur Beseitigung des rechtswidrigen Zustands. Zuständig ist – abgesehen von der Abfallentsorgungsplanung – grundsätzlich das Regierungspräsidium (§ 27 I HAbfG).

IV. Sanierung von Altlasten

Das Hessische Abfallwirtschafts- und Altlastengesetz von 1990 regelte in seinem Zweiten Teil die Sanierung von Altlasten. Diese Regelung ist nunmehr aus dem Abfallwirtschaftsgesetz herausgelöst und als Gesetz über die Erkundung, Sicherung und Sanierung von Altlasten – Hessisches Altlastengesetz – verselbständigt und novelliert worden. Nachdem seit etwa Mitte der Achtziger Jahre Umweltbelastungen, insbesondere Grundwasserbelastungen, durch stillgelegte Abfallbeseitigungsanlagen und alte Industriestandorte als »übersehenes Risiko«[103] erkannt worden waren, ist man auch in Hessen aktiv geworden, um Altlasten systematisch zu erfassen, zu untersuchen und, soweit nötig, zu sanieren. Das HAltlastG bietet in Konkretisierung und Fortentwicklung des allgemeinen Polizei- und Ordnungsrechts hierfür den rechtlichen Rahmen. Die Regelungen gelten nur, soweit die auf »neue« Altlasten bezügliche Vorschrift des § 10 II AbfG sowie die allgemein geltende Regelung des § 11 I 2 AbfG nicht anwendbar sind (§ 3 HAltlastG). Dagegen haben sie grundsätzlich Vorrang vor dem Wasserrecht, insbesondere vor § 74 HWG, weil das Wasserhaushaltsgesetz nur eine Rahmenregelung enthält (§ 6 WHG), die für Altlasten nunmehr durch das HAltlastG als Spezialgesetz ausgefüllt wird.[104] Allerdings gilt Wasserrecht, soweit ein genehmigter, inhaltlich zureichender Sanierungsplan nach § 77 HWG besteht (§ 3 Nr. 4 HAltlastG).

1. Anwendungsbereich

Das HAltlastG gilt für sog. Altflächen. Dies sind zum einen stillgelegte Abfallentsorgungsanlagen und sonstige Grundstücke, auf denen Abfälle abgelagert, gelagert

---

102 BVerwG, NVwZ 1992, 480; *Bickel*, HAbfAG, § 11 Rdnr. 6; a.M. VGH Kassel, DÖV 1992, 272.
103 *Schmidt-Salzer*, BB 1986, 605; *ders.*, VersR 1988, 424, 427 f.; vgl. Rat von Sachverständigen für Umweltfragen, Altlasten, Sondergutachten, 1989, Tz. 1 ff.
104 So zum bisherigen Recht VGH Kassel, HessVGRspr. 1992, 76; NVwZ 1992, 393; 1992, 1101; 1993, 1009; 1993, 1011 (aber Auffangzuständigkeit der Wasserbehörde); so auch Begr., LT-Drs. 12/2868 S. 27; a.M. *Bickel*, HAbfAG, Zweiter Teil, Einf. Rdnr. 6 unter Berufung auf BVerwG, NVwZ 1992, 480.

oder behandelt wurden (Altablagerungen), zum anderen Grundstücke von stillgelegten industriellen, gewerblichen oder sonstigen wirtschaftlichen Betrieben sowie militärisch genutzte Grundstücke, auf denen mit gefährlichen Stoffen umgegangen wurde (Altstandorte). Dabei macht das Gesetz eine Unterscheidung zwischen altlastenverdächtigen Flächen und Altlasten. Die Unterscheidung ist für die Art der jeweils zulässigen Maßnahmen und die Verantwortlichkeit des Verursachers oder Eigentümers erheblich. Gegenüber Verdachtsflächen können nur Untersuchungs- und Überwachungsmaßnahmen sowie die Aufnahme in eine Altlastenverdachtskartei und das Liegenschaftskataster angeordnet werden. Gegenüber Altlasten sind dagegen insbesondere Sanierungsmaßnahmen zulässig.

Altlastenverdächtige Flächen sind Flächen, bei denen ein hinreichender Verdacht – die Besorgnis – besteht, daß von ihnen Auswirkungen ausgehen, die das Wohl der Allgemeinheit wesentlich beeinträchtigen oder künftig beeinträchtigen werden (§ 2 Nr. 4 HAltlastG). Erforderlich ist also ein durch Tatsachen belegter Gefahrenverdacht.[105] Eine *Altlast* ist nach allgemeiner Meinung dagegen erst gegeben, wenn von einer Altablagerung oder einem Altstandort tatsächlich eine Gefahr ausgeht. Das HAltlastG nimmt diese Begriffsbestimmungen auf, macht das Vorliegen einer Altlast aber von einem konstitutiven feststellenden Verwaltungsakt[106] der zuständigen Behörde abhängig, die ihrerseits die Empfehlung einer Bewertungskommission zugrundelegen kann (§ 11 I 1, 2 HAltlastG). Es handelt sich aber nur um eine verfahrensrechtliche Regelung. Materielle Voraussetzung für die Feststellung einer Altlast ist nämlich das Vorliegen einer wesentlichen Beeinträchtigung des Wohls der Allgemeinheit. Mit diesem Begriff wird – in der durch die Besonderheiten von Altlasten gebotenen Verengung – der allgemeine polizei- und ordnungsrechtliche Gefahrenbegriff aufgenommen (vgl. § 2 I 2 Nr. 6 AbfG).

2. Gefahrbegriff

Schutzgüter des Altlastenrechts sind in erster Linie die menschliche *Gesundheit* und die Sicherheit der *Trinkwasserversorgung*, daneben aber auch – bei erheblicher Gefährdung – die *Umwelt* (§ 1 Nr. 1 HAltlastG).[107] Eine Gefahr ist gegeben, wenn bei ungehindertem Geschehensablauf eine Beeinträchtigung der Schutzgüter hinreichend wahrscheinlich ist. Der Unterschied zum Altlastenverdacht liegt in der größeren Wahrscheinlichkeit eines möglichen Schadenseintritts. Hierfür kommt es bei Altlasten auf den Austritt und die Ausbreitung gefährlicher Stoffe in der Umwelt, die Eignung der Stoffe, eine Schädigung des Schutzguts zu verursachen (Ursache-Wirkung-Beziehung) und auf die Art und das Ausmaß der Exposition des Schutzguts an. In allen drei Beziehungen können und werden vielfach Unsicherheiten be-

---

105 *Brunke/Thomas/Pflugrath*, § 16 Rdnr. 14; großzügiger *Bickel*, HAltlastG, § 2 Rdnr. 20, vgl. auch § 4 Rdnr. 1.
106 Dies gilt nicht für den bloßen Altlastenverdacht; VGH Kassel, NVwZ-RR 1990, 550; HessVGRspr. 1992, 76.
107 Vgl. *Bickel*, HAltlastG, § 2 Rdnr. 22, 31.

stehen. Die polizeirechtliche Standardformel von der *hinreichenden Wahrscheinlichkeit* gestattet vielfach keine genaue Abgrenzung einer Gefahr von einer Situation bloßer Vorsorge, in der jedenfalls Sanierungsmaßnahmen auf Kosten des Störers nicht getroffen werden können.[108] Insofern ist die Einrichtung einer Bewertungskommission ein Mittel, um die Unbestimmtheit des Gefahrbegriffs verfahrensrechtlich zu bewältigen.

Hinsichtlich der Exposition sind deren Art und Umfang und das Maß der expositionsbedingten Gefährdung zu berücksichtigen. Um eine unverhältnismäßige Inanspruchnahme des Störers zu vermeiden, wird der Gefahrbegriff anhand der *Nutzung* und *Funktion* des betroffenen Geländes sowie der Vorbelastung relativiert (§§ 1 II Nr. 1, S 2 Nr. 7 Buchst. c HAltlastG). Bei gleicher Belastung von Boden oder Grundwasser kann je nach der ausgeübten oder konkret beabsichtigten zulässigen Nutzung eine Gefahrenlage oder nur eine Vorsorgesituation vorliegen. Eine bestimmte Schwermetallkonzentration auf einem Parkgelände ist z.b. eher tolerabel als auf einem Kleingartengelände oder Kinderspielplatz.[109] Dies schließt eine weitergehenden Sanierung zur Herstellung der »Multifunktionalität« des Bodens auf Kosten der öffentlichen Hand natürlich nicht aus.

Trotz der weiten Schutzgutbestimmung in § 2 Nr. 4-6 HAltlastG – wesentliche Beeinträchtigung des Wohls der Allgemeinheit – wird man davon auszugehen haben, daß auch nach hessischem Recht die dem Verursacher oder Zustandsstörer aufzuerlegende Sanierung ihre Grenzen an der Gefahrenabwehr findet. § 1 II HAltlastG erklärt es zum Ziel des Gesetzes, Altlasten so zu sanieren, daß nach Durchführung der Sanierung keine Gefahren für Leben und Gesundheit und keine Gefährdung der Umwelt mehr bestehen. Dies wird auch in der Definition der Sanierungsmaßnahmen nach § 2 Nr. 7 Buchst. c HAltlastG aufgenommen. Die scheinbar weitergehende Definition des Wohls der Allgemeinheit (§ 2 Nr. 6 Buchst. e-g HAltlastG) bedeutet nur, daß bei der Bewertung der Gefahr die Vorgaben der dort genannten Rechtsgebiete zu beachten sind.[110] Eine Ausdehnung des Altlastenrechts in den Vorsorgebereich würde auch in Konflikt mit dem Rückwirkungsverbot geraten.

Zur Bestimmung einer Altlast wird vielfach auf – zum Teil auch nach Nutzungen oder Funktionen des betroffenen Geländes und Expositionsphaden differenzierte – *Konzentrationswerte* zurückgegriffen, die spezifisch auf Altlasten zugeschnitten sind oder auch nur anderen Rechtsbereichen entstammen. Solche Werte können aber nicht ohne Berücksichtigung ihrer Herkunft und ohne eine einzelfallbezogene Überprüfung angewandt werden.[111]

---

108 Daran ändert auch § 1 I HAltlastG nichts, der als Zweck der Altlastensanierung die Sicherung der natürlichen Lebensgrundlagen bezeichnet; vgl. aber *Bickel*, HAltlastG, § 1 Rdnr. 3, § 13 Rdnr. 62 f., 66.
109 OVG Münster, NVwZ 1985, 355; Sachverständigenrat, a.a.O. (Fn. 103), Tz. 838; *Knopp*, BB 1990, 575, 580; *Schink*, BauR 1987, 397, 402 f. ; *Pape*, NJW 1992, 2661, 2664; *Papier*, JZ 1994, 810, 819; *Bickel*, HAltlastG, § 2 Rdnr. 18 ff., 38; *Kochenburger*, NVwZ 1996, 249.
110 *Bickel*, HAltlastG, § 2 Rdnr. 22. Zur Frage, inwieweit der Gefahrbegriff beim Grundwasserschutz »vorverlagert« wird, s. *Schulz*, ZUR 1995, 194.
111 Vgl. Sachverständigenrat, a.a.O. (Fn. 103), Tz. 843 ff.; *ders.*, Altlasten II, Sondergutachten, 1995, Tz. 97 ff.; *Bickel*, HAltlastG, § 2 Rdnr. 17, § 13 Rdnr. 65; *Schrader*, NuR 1989, 288.

3. Behördliche Maßnahmen

Hinsichtlich des Verfahrensablaufs unterscheiden die §§ 4-13 HAltlastG zwischen der Einleitung des Verfahrens bei Anhaltspunkten für einen Altlastenverdacht (§ 4 HAltlastG), der Erstuntersuchung von Verdachtsflächen (§ 5 HAltlastG), der Feststellung der Altlasteneigenschaft der Fläche (§ 11 HAltlastG), der Anordnung von Überwachungsmaßnahmen (§§ 7, 8 HAltlastG), der Sanierungsuntersuchung (§ 13 I 3 HAltlastG), der Anordnung von Sanierungsmaßnahmen (§ 13 I HAltlastG) und Nachkontrollen (§ 13 IV HAltlastG). Damit werden die differenzierten Verfahrensschritte und Bewertungsmethoden, die sich in der Praxis herausgebildet haben, aber nur verkürzt bezeichnet.[112] Insbesondere suggeriert die Regelung, daß eine Untersuchung und Sanierung aller Altlasten in absehbarer Zeit möglich wäre, während angesichts der Dimensionen des Problems nur ein stufenweises Vorgehen nach Prioritäten in Betracht kommt.

Erstuntersuchungen zielen darauf ab, die von einer altlastenverdächtigen Fläche ausgehenden Verunreinigungen nach Art, Umfang und Ausmaß festzustellen und damit die Entscheidung über die Altlasteneigenschaft vorzubereiten. Die Erstuntersuchung erfolgt durch und auf Kosten des Verantwortlichen (§§ 5, 9 HAltlastG). Das Gesetz hat sich damit gegen die bisherige Rechtsprechung ausgesprochen, wonach der Verantwortliche nur zur Duldung von Maßnahmen der Amtsermittlung verpflichtet sein sollte.[113] Bestätigt sich der Altlastenverdacht nicht, so hat der Betroffene einen Erstattungsanspruch (§ 13 VI HAltlastG i.V.m. § 64 HSOG).[114] Vielfach ist nach der Erstuntersuchung noch eine *genauere Untersuchung* erforderlich, die ebenfalls nach § 5 HAltlastG, bezüglich des Sanierungsumfangs nach § 13 I 3 HAltlastG durchzufahren ist.[115] § 5 HAltlastG kann dagegen nicht eingesetzt werden, um erst einen bloßen Altlastenverdacht festzustellen; hier besteht ein Vorrang der Amtsermittlung nach § 4 I 4 HAltlastG.[116]

Die Frage, ob bei einem bloßen Verdacht des Eintritts eines schweren, irreversiblen Schadens vor Feststellung einer Altlast bereits weitergehende Maßnahmen auf Kosten des Störers vorgenommen werden können, ist umstritten[117]; aus §§ 4 I 4, §§ 12 und 13 HAltlastG dürfte sich ergeben, daß in diesen Fällen auf Kosten des Störers nur Maßnahmen zur Feststellung der Gefahr getroffen werden können.

§ 13 HAltlastG regelt behördliche Anordnungen zur *Sanierung* einer Altlast. Die Voraussetzungen, unter denen eine Sanierungsanordnung ergehen kann, sind im Gesetz nicht ausdrücklich festgelegt. Auszugehen ist davon, daß mit der Feststel-

---

112 Vgl. Sachverständigenrat, a.a.O. (Fn. 103), Tz. 292 ff.; Länderarbeitsgemeinschaft Abfall, Erfassung, Gefahrenbeurteilung und Sanierung von Altlasten, 1992.
113 VGH Kassel, NVwZ 1991, 498; 1992, 1101; *Brunke/Thomas/Pflugrath*, § 17 Rdnr. 5; a.M. *Bickel*, HAbfAG, § 17 Rdnr. 7; vgl. Begr. LT-Drs. 12/2868 S. 25.
114 Vgl. BGHZ 126, 279.
115 Vgl. zum bisherigen Recht VGH Kassel, NVwZ 1992, 1101.
116 VGH Kassel, NVwZ 1991, 498; UPR 1986, 437; vgl. VGH Mannheim, DVBl. 1990, 1047; *Knopp*, BB 1990, 575, 579; a.M. wohl *Bickel*, HAltlastG, § 4 Rdnr. 5: § 4 I 4 HAltlastG analog.
117 Vgl. BVerwGE 49, 36, 42 f.; VGH Mannheim, NVwZ 1991, 493; *Schink*, DVBl 196, 161, 166.

lung einer Altlast, die eine Gefahr voraussetzt, an sich ein Tatbestand gegeben ist, der ein behördliches Einschreiten rechtfertigt. Andererseits ermöglichst es § 8 HAltlastG, daß die Behörde sich (zunächst) auf bloße Überwachung einer Altlast beschränkt. Die Entscheidung darüber, ob die Fläche nur beobachtet wird oder ob Sanierungsmaßnahmen getroffen werden, liegt trotz des eine Einschreitensverpflichtung nahelegenden Wortlauts des § 13 I HAltlastG im pflichtgemäßen Ermessen der Behörde (arg. § 13 VI HAltlastG i.V.m. § 5 HSOG), wobei insbesondere Art und Schwere der Gefahren sowie die verfügbaren administrativen Mittel zu berücksichtigen sind. Eine entsprechende Prioritätensetzung ist zulässig. Zur Sanierung rechnen in erster Linie *Dekontaminationsmaßnahmen*, die die Quelle der Gefahr und bereits eingetretene Schäden beseitigen sollen. *Sicherungsmaßnahmen*, die lediglich eine Ausbreitung der Schadstoffe verhindern, sind nur zulässig, wenn eine Sanierung unmöglich oder unzumutbar ist (§ 2 Nr. 7 HAltlastG). Beschränkungsmaßnahmen sind nur in § 13 I 4 Nr. 3 HAltlastG (Sanierungsplan) besonders genannt. Sie können nicht nach § 13 I HAltlastG angeordnet werden. Dies schließt nicht aus, daß der Störer solche Maßnahmen vorschlägt und durchführt und damit im Hinblick auf den Nutzungsbezug des Gefahrenbegriffs die Gefahr beseitigt. Das Sanierungsziel ergibt sich aus dem Gefahrenbegriff. Allgemeine Grundsätze, z.B. Sanierungszielwerte, können durch Verordnung festgelegt werden. Bei der Maßnahmenauswahl ist das Übermaßverbot zu beachten (§ 13 VI HAltlastG i.V.m. §§ 4, 5 HSOG).[118]

Die zuständige Behörde legt den Umfang der Sanierung fest, trifft die zur Durchführung der Sanierung erforderlichen Maßnahmen und Anordnungen und überwacht sie. Sie soll bei großflächigen oder sehr starken Verunreinigungen, technisch aufwendigen Sanierungsverfahren und besonderer Betroffenheit Dritter von dem Sanierungspflichtigen die Erstellung eines von ihr zu genehmigenden Sanierungsplans verlangen. Zur Durchführung der angeordneten Maßnahmen ist der Sanierungspflichtige verpflichtet (§ 13 I 1 HAltlastG).

§ 13 III HAltlastG enthält *verfahrensrechtliche Regelungen* über die Durchführung von Sanierungsmaßnahmen. Nach allgemeinem Recht ist die Durchführung der Sanierung an die für den jeweiligen Maßnahmentyp geltenden umwelt- und baurechtlichen Regelungen gebunden. Dies rechtfertigt sich dadurch, daß die Durchführung der Sanierung zu neuen Umweltbelastungen führen kann, die behördlich kontrolliert werden müssen. Zur Verfahrensvereinfachung sieht § 13 III HAltlastG eine begrenzte *Konzentrationswirkung* vor. Die behördliche Sanierungsanordnung ersetzt die nach anderen Rechtsvorschriften erforderliche Zulassung, wenn sie mit Zustimmung der zuständigen Behörde erfolgt. Dies gilt aber nicht für Planfeststellungen oder im förmlichen Verfahren ergehende Zulassungen, wie abfallrechtliche Planfeststellungen oder immissionsschutzrechtliche Genehmigungen.

---

118 VGH Kassel, NVwZ 1992, 1101; VG Gießen, NVWZ 1992, 908.

4. Verantwortlichkeit

Die zentrale Frage nach der Verantwortlichkeit für die Sanierung von Altlasten sowie für Untersuchungen wird in § 12 HAltlastG geregelt. Wie nach allgemeinem Recht, unterscheidet das Gesetz zwischen der Verantwortlichkeit des Handlungs- und des Zustandsstörers, modifiziert diese Verantwortlichkeit aber in gewissem Umfang. Als *Handlungsstörer* sind verantwortlich der gegenwärtige und ehemalige Inhaber von Anlagen, die (zur Zeit der Innehabung) Verunreinigungen verursacht haben, der Abfallablagerer (insbesondere Deponiebetreiber), der Abfallerzeuger einschließlich des jeweiligen Rechtsnachfolgers, sowie andere Personen, die Verunreinigungen verursacht haben oder nach anderen Rechtsvorschriften hierfür verantwortlich sind. Bemerkenswert ist die begrenzte Einführung der umstrittenen Haftung des Abfallerzeugers, die in dieser Allgemeinheit wohl gegen das Rückwirkungsverbot verstößt.[119] Die Rechtsnachfolge dürfte sich auch auf die Einzelnachfolge beziehen.[120] Die Verantwortlichkeit des *Zustandsstörers* wird vom Gesetz teilweise ausgeweitet, teilweise eingeschränkt. Eine gewisse Ausweitung liegt in der Verantwortlichkeit auch des ehemaligen Grundeigentümers, die aber nur eintritt, wenn ihm eine bestehende Verunreinigung bekannt war und er deshalb die Pflicht zur Sanierung gehabt hätte. Es handelt sich in der Sache daher um eine Verhaltenshaftung.[121] Eine Einschränkung wird zugunsten des gegenwärtigen Grundeigentümers vorgenommen. Dieser soll nicht haften, wenn ihm die Verunreinigung des Grundstücks beim Erwerb ohne Verschulden unbekannt geblieben ist. Hiermit soll der verbreiteten Kritik an einer Verantwortlichkeit des Grundeigentümers über das aufgrund der Sozialpflichtigkeit des Eigentums Gebotene hinaus[122] Rechnung getragen werden.

Eine *Haftungsfreistellung* erfolgt bei allen Tatbeständen, wenn der Verantwortliche nach den Umständen des Einzelfalls darauf vertraut hat und vertrauen durfte, daß eine Beeinträchtigung der Umwelt nicht eintreten könne (§ 12 III HAltlastG). Hier ist insbesondere an Fälle der »Legalisierungswirkung« der Genehmigung gedacht, die aber nur in begrenztem Umfang in Betracht kommt.[123] Bei Untersuchungsmaßnahmen hat die Inanspruchnahme des Handlungsstörers Vorrang, bei der Sanierung i.e.S. besitzt die Behörde dagegen ein weitgehendes Ermessen.

§ 9 S. 3, 4, § 12 II HAltlastG treffen Regelungen über die Auswahl des Adressaten von Maßnahmen. § 12 II HAltlastG regelt auch die Kostenverteilung bei mehreren

---

119 Vgl. *Herrmann*, Flächensanierung als Rechtsproblem, 1989, S. 97; *Bickel*, HAltlastG, § 12 Rdnr. 8; *Koch*, Bodensanierung nach dem Verursacherprinzip, 1985, S. 17 f., 52 ff.; *Kloepfer*, NuR 1987, 7, 15 f. Als Pflichtenstandard wird insbesondere auf BGH, NJW 1976, 46 verwiesen.
120 *Bickel*, HAltlastG, § 12 Rdnr. 6 ff.; Begr., LT-Drs. 12/2868 S. 28
121 Vgl. *Bickel*, HAltlastG, § 12 Rdnr. 28 mit Bedenken insbesondere gegen die Verantwortlichkeit eines gutgläubigen »Durchgangseigentümers«.
122 *Papier*, Altlasten und polizeirechtliche Störerhaftung, 1985, S. 48 ff.; ders., JZ 1994, 810, 816 f.; *Knopp*, BB 1989, 1425; *Pape*, NJW 1992, 2661, 2665; *Spannowsky*, DVBl. 1994, 560, 562 ff.; vgl. BVerwG, NVwZ 1991, 475.
123 Begr. LT-Drs. 12/2868 S. 29 f.; *Bickel*, HAltlastG, § 12 Rdnr. 50 ff.; vgl. *Kloepfer*, Umweltrecht, 1989, § 12 Rdnr. 142; *Schrader*, Altlastensanierung nach dem Verursacherprinzip, 1988, S. 163 ff.

Personen, die für den gleichen Schaden oder für sich überlagernde Schäden bei ungeklärter Verursachung verantwortlich sind. Entgegen der h.M.[124] wird in der Sache die Anwendung der Regelungen der *Gesamtschuld* bestimmt.

5. Sonstige Regelungen

In Fällen, in denen ein (privater) Sanierungsverantwortlicher nicht oder nicht rechtzeitig in Anspruch genommen werden kann, wird die Sanierung kraft Übertragung in einem öffentlich-rechtlichen Auftragsverhältnis von dem durch Rechtsverordnung zu bestimmenden Träger der Altlastensanierung durchgeführt (§ 14 HAltlastG). Träger der Altlastensanierung ist die Altlastensanierungsgesellschaft der Hessischen Industriemüll-GmbH. Die Übertragung begründet keine Sanierungsverantwortung. Das Land hat einen Kostenerstattungsanspruch gegen den Sanierungsverantwortlichen. Die Finanzierung der Sanierung kommunaler Altlasten wird im Umlageverfahren durch die Kommunen durchgeführt (§ 23 HAbfG).

Für die Altlastensanierung *zuständig* ist das Regierungspräsidium (§ 21 HAltlastG). Andere Behörden sind zuständig, wenn sich in einem bereits anhängigen Genehmigungsverfahren, zum Beispiel bei einer Baugenehmigung, herausstellt, daß eine Sanierung erfolgen muß; die Fachbehörde kann das Verfahren aber an die Altlastenbehörde abgeben (§ 4 II HAltlastG).

V. Andere Rechtsgebiete

1. Gewässerschutz[125]

Das Wasserhaushaltsgesetz des Bundes (WHG) trifft eine Rahmenregelung für den Gewässerschutz, die durch das Hessische Wassergesetz (HWG) ausgefüllt wird. Das WHG unterwirft oberirdische Gewässer einem System der *Bewirtschaftung*. Jede Gewässerbenutzung i.S. des § 3 WHG, insbesondere das Einleiten von Stoffen, bedarf einer Zulassung, auf die kein Rechtsanspruch besteht und die zu versagen ist, soweit von der beabsichtigten Benutzung eine Beeinträchtigung des Wohls der Allgemeinheit, insbesondere eine Gefährdung der öffentlichen Trinkwasserversorgung, zu erwarten ist (§§ 2 I, 6 WHG[126]). Die Länder sind zur Bewirtschaftung der

---

124 BGH, NJW 1981, 2457; BGHZ 98, 235; BGHZ 110, 313, 318; OLG Düsseldorf, NVwZ 1989, 993, 997; kritisch *Kloepfer/Thull*, DVBl. 1989, 1121; *Leinemann*, Die Haftung für Altlasten auf Grundstücken im Zivilrecht der USA und der Bundesrepublik Deutschland, 1991, S. 124 ff. Zum HAltlastG *Bickel*, HAltlastG § 12 Rdnr. 44 ff.; zur Rechtswegfrage *Herbert*, NVwZ 1994, 1061, 1063.
125 Ausführlichere, freilich z.T. veraltete Darstellung in der 3. Aufl. S. 374 ff..
126 Vgl. dazu BVerwGE 55, 220, 231; BVerwG, DVBl. 1989, 1048; zur Verfassungsmäßigkeit der Regelung BVerfGE 58, 300 – Naßauskiesung.

Gewässer verpflichtet (§ 1a, ferner § 36b WHG; dazu § 119 HWG). Die Bewirtschaftung erfolgt überwiegend aufgrund von lediglich informellen Bewirtschaftungskonzepten der Wasserbehörden. In Hessen gibt es aber mittlerweile einige Bewirtschaftungspläne nach § 36b WHG (Untermain, Modau und Weschnitz).[127]
Als Mindestanforderung für Abwassereinleitungen gilt in Hessen das Verschlechterungsverbot und für gefährliche Stoffe zusätzlich das Verbot einer wesentlichen Beeinträchtigung von Gewässern (§§ 18, 19 HWG).
Unabhängig von Qualitätsanforderungen unter dem Gesichtspunkt der Bewirtschaftung sieht das WHG zur *Vorsorge* eine Begrenzung der Einleitung von Abwasser in Gewässer (Direkteinleitungen) nach den allgemein anerkannten Regeln der Technik oder – bei gefährlichen Stoffen – aufgrund von Verwaltungsvorschriften nach dem Stand der Technik vor (§ 7a I WHG[128]). Einleitungsstandards sind heute das wichtigste Instrument des Gewässerschutzes. Zur Ausfüllung der allgemeinen, auf Indirekteinleiter bezüglichen Verpflichtungen nach § 7a III WHG bestimmt § 15 I Nr. 4, II HWG eine grundsätzliche Genehmigungspflicht auch für die Einleitung gefährlicher Stoffe aus bestimmten Herkunftsbereichen in Abwasserbeseitigungsanlagen; die Hessische Indirekteinleiterverordnung (VGS) von 1992[129] erstreckt bestimmte bundesrechtliche Einleitungsstandards für gefährliche Stoffe auf Indirekteinleiter. Dem vorbeugenden Gefahrenschutz gegen Einträge von Schadstoffen aus der Landwirtschaft dient die Regelung des § 30 HWG, die insbesondere die Verwendung von Pflanzenschutz- und Düngemitteln in Uferrandstreifen untersagt.
Die bundesrechtlichen Regelungen über die *Abwasserbeseitigung* (§§ 18a, 18b WHG) werden durch die §§ 49-53, 118 HWG ausgefeilt. Die Abwasserbeseitigung ist eine pflichtige Selbstverwaltungsaufgabe. Um die indirekte Einleitung von Abwasser in die Gewässer möglichst auszuschließen, sieht § 52 II, III HWG eine grundsätzliche Verpflichtung zur Überlassung angefallenen Abwassers an die beseitigungspflichtige Körperschaft vor.[130]
Die Kontrolle der Einhaltung der gesetzlichen Anforderungen zum Schutz der Gewässer erfolgt nach dem WHG durch das Erfordernis einer *Genehmigung*. Dabei unterscheidet § 2 I WHG zwischen zwei Formen, der Bewilligung und der Erlaubnis, die sich hinsichtlich des Investitionsschutzes gegenüber den Behörden sowie des Nachbarschutzes unterscheiden. Für die Einleitung von Abwasser darf eine Bewilligung nicht mehr erteilt werden (§ 8 II 2 WHG), jedoch ermöglicht § 20 HWG insbesondere für öffentliche Abwasserbeseitigungsanlagen eine *gehobene Erlaubnis*, die einen weitergehenden Investitions- und Nachbarschutz gewährt als die einfache Erlaubnis.

---

127 StAnz. 1995 S. 3652; 1992 S. 2424; 1995 S. 1574.
128 Vgl. *Lübbe-Wolf*, DVBl. 1987, 896; *dies.*, NVwZ 1990, 240.
129 Vom 9. 12. 1992 (GVBl. I S. 675) ; Verwaltungsvorschrift vom 4. 6. 1993 (StAnz. S. 1629).
130 Zu den Ausnahmen von der Überlassungspflicht s. *Feldt/Becker*, § 45b Rdnr. 9; *Henseler*, S. 236 ff.; zur Frage, ob die Gemeinde eine absolute Übernahmepflicht trifft s. OVG Münster, RdL 1981, 304; 1982, 54; *Feldt/Becker*, § 45b Rdnr. 6.

Der bundesrechtliche Schutz des *Grundwassers*[131] mittels eines besonderen Bewirtschaftungs- und Vorsorgesystems (§§ 3 I Nr. 5, 6, II, 6, 34 I sowie §§ 19a-19e WHG) wird in Hessen durch Anforderungen an die Nachhaltigkeit der Nutzung des Grundwassers (§ 34 HWG)[132], die Rangfolge der Nutzungen (§ 44 HWG), Anzeige- und Erlaubnispflichten bei Entnahmen und grundwassergefährdenden Handlungen (§ 44, 45 HWG)[133] sowie eine Mitte 1992 eingeführte Grundwasserabgabe[134] ergänzt, die bei der öffentlichen Wasserversorgung zunächst bei 0,20 DM/m^3, für Industrieunternehmen bei bis zu 0,50 DM/m^3 liegt und die Entnahme von Grundwasser reduzieren soll. Darüber hinaus enthält das HWG ihrem Wesen nach kommunalrechtliche Vorschriften über die Trinkwasserversorgung (§§ 54-58 HWG) sowie materiell naturschutzrechtliche Regelungen über den Schutz von Uferbereichen und Überschwemmungsgebieten (§§ 68-72 HWG). Das Abwasserabgabengesetz des Bundes wird durch ein besonderes Landesgesetz[135] ausgefüllt.

§ 74 HWG erteilt den Wasserbehörden eine Spezialermächtigung für die *Gefahrenabwehr*. § 77 HWG begründet – in Parallele zu der Regelung des HAltlastG – eine besondere Ermächtigung für die Feststellung und die *Sanierung* von Gewässer- und Bodenverunreinigungen, die insbesondere bei noch betriebenen Anlagen gilt.[136] Die wesentlichen *Zuständigkeiten* für den Vollzug liegen beim Regierungspräsidium als oberer Wasserbehörde (§§ 93 II, 94 HWG). Als technische Fachbehörden ohne Vollzugsaufgaben sind Wasserwirtschaftsämter eingerichtet (§ 96 HWG).

2. Immissionsschutz und Schutz gegen radioaktive Strahlung

a) *Immissionsschutz*

Mit dem Bundes-Immissionsschutzgesetz (BImSchG) hat der Bund seine konkurrierende Gesetzgebungskompetenz im wesentlichen ausgeschöpft. Den Ländern verbleiben im wesentlichen nur der handlungsbezogene Immissionsschutz, Ergänzungen des Bundesrechts bei nicht genehmigungsbedürftigen Anlagen und Maßnahmen in Untersuchungsgebieten (Belastungsgebieten). Ein allgemeines Landes-Immissionsschutzgesetz ist dazu in Hessen – im Gegensatz zu Bayern und Nordrhein-Westfalen – nicht erlassen worden. Wie in anderen Ländern besteht in Hessen eine *Smogverordnung*[137], die in bestimmten Gebieten (Sperrbezirken) bei

---

131 Zur besonderen Schutzwürdigkeit des Grundwassers s. BVerfGE 58, 300 – Naßauskiesung.
132 Diese Regelung ist für Südhessen durch die politisch umstrittenen befristeten Gefahrenabwehrverordnungen vom 16. 7. 1992 (StAnz. S. 1842 und 1881) und vom 28. 6. 1993 (StAnz. S. 1735 und 1735) konkretisiert worden.
133 S. ferner die Anlagenverordnung (VAWS) vom 16. 9. 1993 (GVBl. I S. 409).
134 Hessisches Grundwasserabgabengesetz vom 17. 6. 1992 (GVBl. I S. 209). S. dazu BVerfG, DVBl. 1996, 357 ff.
135 Hessisches Abwasserabgabengesetz i.d.F. vom 22. 1. 1990 (GVBl. I S. 155); Allgemeine Verwaltungsvorschrift vom 3. 7. 1992 (StAnz. S. 1739).
136 Vgl. VGH Kassel, NVwZ 1993, 1009, 1011.
137 Polizeiverordnung zur Verhinderung schädlicher Umweltwirkungen bei austauscharmen Wetterlagen vom 22. 8. 1988 (GVBl. I S. 319), Änderungsverordnung vom 15. 2. 1991 (GVBl. I S. 33); vgl. allgemein *Jarass*, NuR 1984, 176; *Prittwitz*, Aus Politik und Zeitgeschichte, Beilage zu Das Parlament B 20/1985, S. 31.

austauscharmen Wetterlagen mit erhöhten Kurzzeitbelastungen Verkehrsverbote und Betriebseinschränkungen ermöglicht. Durch Verordnung vom 6. 7. 1993[138] war erstmals in Deutschland eine Ermächtigung für den Erlaß von Verkehrsbeschränkungen bei *Sommersmog* eingeführt worden. Die Verordnung stützte sich auf eine erweiternde Auslegung des Begriffs der austauscharmen Wetterlage in § 40 I BImSchG. Dies war im Hinblick auf neue meteorologische Erkenntnisse und das Auftreten einer neuen Gefahrenlage ein rechtlich gangbarer, aber immerhin zweifelhafter Weg.[139] Die Verordnung ist aufgrund des Ozongesetzes des Bundes (§§ 44a ff. BImSchG) außer Kraft getreten. Dem handlungsbezogenen und – in Ergänzung des BImSchG – zum Teil auch dem anlagenbezogenen[140] Lärmschutz dient die Gefahrenabwehrverordnung gegen Lärm *(Lärmschutzverordnung)*,[141] die z.B. Lärm durch das Betreiben von Maschinen, Radios und Rasemähern, durch Bauarbeiten und Tierhaltung erfaßt.

Für die Genehmigung besonders belastender Anlagen ist das Regierungspräsidium, für die anderer Anlagen das Staatliche Amt für Immissions- und Strahlenschutz *zuständig*.[142] Für die Überwachung und den Erlaß nachträglicher Anordnungen gegenüber genehmigungsbedürftigen Anlagen sowie für nicht genehmigungsbedürftige Anlagen ist z.T. das Staatliche Amt für Immissions- und Strahlenschutz zuständig, z.T. werden diese Aufgaben von den Kreisen und kreisfreien Städten als Selbstverwaltungsaufgabe wahrgenommen.

b) *Schutz gegen radioaktive Strahlung*

Der Schutz gegen radioaktive Strahlung ist materiell-rechtlich völlig auf Bundesebene angesiedelt (Atomgesetz, Strahlenschutzverordnung). Die Länder führen das Gesetz als Auftragsangelegenheit aus, wodurch sich, wie bereits dargelegt,[143] in jüngster Zeit erhebliche Konflikte ergeben haben. Zuständig für die Genehmigung und die Aufsicht über genehmigungsbedürftige Anlagen, die Abfallbeseitigung sowie den Strahlenschutz ist das Umweltministerium.

3. Umweltverträglichkeitsprüfung

Im Gegensatz zu anderen Bundesländern, z.B. Baden-Württemberg und Nordrhein-Westfalen, gibt es in Hessen bisher kein Landesgesetz zur Durchführung der EG-Richtlinie über die Prüfung der Umweltverträglichkeit von privaten und öffentlichen Vorhaben.[144]

---

138 GVBl. I S. 283.
139 *Repkewitz*, VerwArch. 1995, 88; sehr kritisch *Janker*, NJW 1993, 2711.
140 Zur Problematik *Jarass*, BImSchG, 3. Aufl. 1995, § 22 Rdnr. 14 f.
141 Vom 16. 6. 1993 (GVBl. I S. 257).
142 Verordnung zur Regelung der Zuständigkeit nach dem Bundesimmissionsschutzgesetz vom 24. 1. 1991 (GVBl. I S. 27), geändert durch Verordnung vom 3. 1. 1992 (GVBl. I S. 4) und vom 24. 3. 1993 (GVBl. I S. 95).
143 Oben I 3.
144 Richtlinie 85/337/EWG (ABl. 1985 Nr. L 175/40).

Stichwortverzeichnis

Abbruchverfügung 384
Abfallbegriff 423
Abfallbegriff, objektiver 423, 424
Abfallbegriff, subjektiver 423
Abfallbeseitigung 404
Abfallbesitzer 425
Abfallentsorgung 404, 423
Abfallentsorgungsanlage 428
Abfallentsorgungsplanung 427
Abfallgesetz 423
Abfallmengenbilanz 425
Abfallrecht 424
Abfallwirtschaft 238
Abfallwirtschaft, Prioritätensetzung 424
abfallwirtschaftliche Option 424
Abfallwirtschaftsplan 426
Abgabe, kommunale 95
Abgabenordnung 221
Abgeordnete 59 f.
Abhören 305
Ablösebetrag 366
Abrißverfügung 270, 388
Abruf, automatisierter 132
Abstandsregel 364
Abstimmung 190
Abteilung 81
Abteilungsleiter 78
Abwägung 344, 346, 347, 359-362, 410-412, 417
Abwägungsergebnis 348
Abwägungsgebot 343, 344, 411, 417
Abwägungsvorgang 347
Abwahl 173
Abwasserbeseitigung 436
Ämter für Immissions- und Strahlenschutz 82, 248
Äußerungskompetenz 160
Akteneinsichtsausschuß 188
Aktenöffentlichkeit 112
Allgemeinverfügung 278
Allzuständigkeit, Universalität des Wirkungskreises 158
Altlastenverdacht 432

Alternativentwurf AEPolG 1979 256
Altlast, Sanierung einer 429, 432
Altlasten 429, 430
– Dekontaminationsmaßnahmen 433
– Erstuntersuchung 432
– Konzentrationswerte 431
– Sanierung 248, 255, 429, 432
– Sanierungsmaßnahme 432, 433
– Sanierungsziel 433
– Überwachung 432
– Verantwortlichkeit f. d. Sanierung 432
Altlasteneigenschaft, Feststellung der 432
Altlastensanierungsgesellschaft 435
Altlastenverdachtskartei 430
Amts- und Staatshaftung 274
Amtshaftung 322, 329
Amtshilfe 128, 259, 324, 331
Amtshilfeeinsatz 319
Anfechtungsklage 390, 397 ff.
Angelegenheit
– der örtlichen Gemeinschaft 158
– polizeiliche 282
– wichtige 168
Angestellte 197, 209
Anordnung 98, 100
Anordnung und Maßnahme, unaufschiebbar 313
Anordnungskompetenz 304
– des Behördenleiters oder Richters 300
Ansammlung 302
Anscheinsgefahr 255
Anscheinsstörer 256, 322
Anschluß- und Benutzungszwang 215
Anspruch des Bürgers auf Einschreiten 281
Anstalt, rechtsfähige 213
Anstaltsordnung 98
Anstellungskörperschaft 323, 329
Anstellungstheorie 329
Antragsrecht 187

Anvertrauens- oder Amtsübertragungstheorie 329
Anweisung 230
Anwendungsbereich des HVwVfG
- kompenzieller 92
- sachlicher 93
Anzeige 342, 343, 343
APIS 295
Arbeit, Recht auf 47
Arbeiter 209
Arbeitsgemeinschaft, kommunale 241
Arbeitsraum 253, 304
Art. 28 GG als Kompetenzabgrenzung 157
Artenschutz 417, 418
Arztgeheimnis 141
Aschaffenburg 24
Abteilung 78
Atomgesetz 248, 406, 438
Atomrecht 406
Auffangfunktion der allgemeinen Datenschutzgesetze 114
Aufgabe, freiwillig übernommene fremde 163
Aufgabe, gemeindliche 161, 210
Aufgabe
- lokal-örtliche 161
- regional-örtliche 161
- übertragene staatliche 163
- unübertragbare 188
Aufgabenverantwortung, staatliche 325
Auflage 366, 372
- modifizierte 379
Auflösung, der Gemeindevertretung 231
Aufopferungsansprüche, spezialrechtliche 323
Aufsicht 226 ff., 328
- präventive 232
- repressive 227
- staatliche 162
Aufsichtsbehörde 232 ff., 237
Aufsichtsmaßnahme, Rechtsnatur der 233 f.
Aufsichtspflichtiger, Haftung des 267
Auftragnehmer 119
Auftragsangelegenheit 438
Auftragsverwaltung 406
Ausbildungs- und Prüfungsordnung 98, 100
Aufsichtsbefugnis 328

Ausführung 315
- einer Maßnahme, unmittelbare 265
- unmittelbare 315
- von Bundesgesetzen 157
Ausgleich, angemessener 275
Auskunftspflicht 282, 134, 135
Auskunftsverweigerung 135
Auskunftsverweigerungsgründe 135
Auskunftsverweigerungsrecht 283
Auskunftsrecht 134
Ausländer 260
Ausländerbeirat 174
Ausländerwahlrecht 152, 168, 182
Auslegung 341, 343
Ausnahme 349, 378, 394
Ausnüchterungsgewahrsam 288
Ausschluß
- bei Befangenheit 175
- von der Entsorgung 426
Ausschlußgrund 194
Ausschuß 185
Ausschußkompetenz 186
Außenbereich 338, 352 f., 395
Außenrechtsakt 192
Außenrechtsnorm 192
Außenstelle 248
Außenvertretung 175
Außenwirkung 191
Aussperrungsverbot 48
Autobahnmeistereien 82

Bad Wimpfen 19
Bagatellsteuer 219
Bankraub mit Geiselnahme 249
Bauaufsicht 363
Bauaufsichtsbehörde 363
Baufreiheit 335, 336, 372
Baugenehmigung 337, 339, 341, 349, 372, 376, 379, 384, 392
Baugenehmigungsverfahren 339
Baugesuch 342
Baugrenze 340
Baulandumlegung 337
Bauleitplanung 372, 411, 412
Bauleitplanverfahren 341
bauliche Anlage 363
Baulinie 340
Bauordnungsrecht 337, 338, 362, 395
Baupolizeirecht 362
Baurechtswidrigkeit, formelle 385

Bauüberwachung 383
Bauvoranfrage 381
Bauvorbescheid 381, 401
Bauwich 364
Beamte 196, 209
– politische 81
Beanstandung 142, 194, 229
Beanstandungsrecht 195, 198
Beauftragter für den Datenschutz 137
Bebauungsgenehmigung 381, 401
Bebauungsplan 340, 346, 347, 349, 381, 393
– qualifizierter 340
Bebauungstiefe 340
Bebauungszusammenhang 351
Befolgungspflicht 85
Befragungsbefugnis 282
Befreiung 349, 378, 394
Befugnisklausel, allgemeine 247
Begleit- und Kontaktperson 307
Begründung 342, 347
Behörde
– der Landesverwaltung 329
– nachgeordnete 74
– nächsthöhere 84
– untere 235
Behörden
– der Landesverwaltung 82
– und sonstige öffentliche Stellen 120
Behördenbegriff 94
Behördenorganisation 74 f., 407, 408
Beigeordnete
– ehrenamtliche 202
– hauptamtliche 202
Beigeordneter, Rederecht 208
Beitrag 95, 224
Beitragsnachweis 105
Bekämpfung von Straftaten, vorbeugende 246, 297 ff., 330
Bekanntmachung 341, 343
Benachrichtigungspflicht 136
Benachrichtigungsrecht 290
Benennung der Vertreter durch die Fraktion 185
Benutzungsgebühr 224
Benutzungsordnung 98
Benutzungsrecht 213
Benutzungsverhältnis 214
Beobachtung, polizeiliche 306
Beratungsaufgabe 142

Bereitschaftsdienst 290
Bereitschaftspolizei 327, 329
Bergamt 82, 327
Bergbehörden 248
Berichtigung 136
Berufs- oder besonderes Amtsgeheimnis 311
Berufung von Hochschullehrern 86, 97
Beschäftigtendaten 128
Beschlagnahme 293
Beschluß 191
Beschlußfähigkeit 190
– des Gemeindevorstandes 203
Beschlußkompetenz 186
Beseitigungspflicht 268
Beseitigungsverfügung 385, 388
Bestand und das Funktionieren des Staates 257
Bestandskraft 380, 381
Bestandsschutz 386 ff.
Bestellung eines Beauftragten 231
Beteiligung der Naturschutzbehörden 419
Beteiligungsrecht 419
Betreten und Durchsuchung von Wohnungen 292
Betretungsrecht
– Betreten der Flur 418
– Betreten des Waldes 418
Betriebsraum 105, 253
Bewirtschaftung 436
Bild- und Tonaufnahmen 301
Bildaufnahme 304
Bildaufzeichnung 304
Bildungswesen 155
Biotopschutz 418
Bodenbewertung 336
Bodenrecht 337
Bodenreform 30
Bodenverkehr 337
Bodenverkehrsgenehmigung 338
Borkumlied 272
Bundes-Immissionsschutzgesetz 423, 437
Bundesaufsicht 44 f.
Bundesauftragsverwaltung 40
Bundesdatenschutzgesetz 112
Bundeseigenverwaltung 44
Bundesgesetz, Ausführung von 162
Bundesgrenzschutz 275

441

Bundeskriminalpolizeiamt 258
Bundesnaturschutzgesetz 408
Bundesverfassungsrechtlicher Status der
 Gemeinden 157
Bundeswaldgesetz 422
Bürgerbegehren 168
Bürgerbegehren, Leistungsklage 172
Bürgerbeteiligung 341, 342, 346, 347 f.
Bürgerentscheid 168, 171
Bürgermeister 203 f., 328
- als Vorsitzender des Vorstandes 207
- Geschäftsleitung 206
Bürgerversammlung 167

D'Hondt'sches System 182
Daseinsvorsorge 210
Daten, personenbezogene 121
- von Kindern 311
Datenerhebung 126
- besondere Mittel der 301
- heimliche 296
- und -verarbeitung, polizeiliche 295
Datenschutz
- für öffentliche Unternehmen 118
- im Hessischen Rundfunk 117
- im Rahmen bereichsspezifischer
 Normen 114
- in Gerichten 116
Datenschutzbeauftragter
- hessischer 79, 139
Datenschutzgesetz
- allgemeines 110
- erstes Hessisches 110
- zweites Hessisches 112
- drittes Hessisches 112
Datenschutzkonvention des Europarates
 120
Datensicherung 133
Datenübermittlung 310
Deckungsvorschlag 169
Demokratie und Gemeinde 151 f.
Demokratieprinzip 167
Demonstrationsrecht 172
Denkmalschutz 155
Dereliktion 268
Deutscher Bund 21
Dezernat 204, 81
Dezernatsverteilung 205
Dezernent, zuständiger 204
Diagnose 252

Dienst, diplomatischer oder konsularischer 266
Dienstaufsicht 78, 81, 84, 332
Dienstherrenliegenschaft 209, 236, 240
Dienststellen des Landes 75
Dienstvorgesetzter 206, 209
Diez 18
Direktzugriff 132
Dispens 349
»documenta« GmbH Kassel 88
Doppelbeschwerde (Doppelvorlage) 67
Doppelfunktion, des Beigeordneten 208
Doppelmitgliedschaft in Gemeinde- und
 Kreisvertretung 194
Doppelstörer 272
Duldung 102
Duldungsverfügung 278
Durchsuchung 104, 292

Effektivität, Grundsatz der 272
Eichamt 327
Eichdirektion 327
Eigenbetrieb 213
Eigenbetriebsgesetz (EigBG) 166
Eigensicherung, Pflicht zur 269
Eigenständigkeit der Länder 74
Eigentumsgarantie 335, 336, 382
Einberufungsbegehren 189
Eingriff in Natur und Landschaft 413,
 419
- Definition 415
- unvermeidbarer 413, 415
- vermeidbarer 413, 415
- Vermeidung 417
Eingriffsregelung 413, 414
Eingriffsverwaltung 210
Einleitungsstandard 436
Einnahmequelle, eigene 223
Einrichtung 83
Einrichtung, öffentliche 212
Einsatz technischer Mittel 303
Einsatzleiter 328
Einwendung 342
Einwendungspräklusion 422
Einwilligung 124, 131
Einwirkungsmöglichkeiten des Bundes
 auf die Landesorganisation 74
Einzelweisungsrecht 88
Element, direktdemokratisches 168
Endiviensalat-Fall 255

Entpolizeilichung der Verwaltung 248
Entschädigung 321, 322
Entschädigung richterliche 289
Entsorgung 424, 425
Entsorgungsmonopol 427
Entsorgungspflicht 426
Entsorgungspflichtiger 425 f.
Entwicklungssatzung 354
Eppstein 16
Erforderlichkeit, Grundsatz der 279
Erfüllung nach Anweisung 163
Erhebung von Daten 126, 295
Erlaubnis, polizeiliche 277
Ermessen
– pflichtgemäßes 249
– polizeiliches 280
Ermittler, verdeckte 305, 306
Erörterungsverfahren 341
Ersatzhaft 317
Ersatzmaßnahme 413
Ersatzvornahme 106, 230, 313, 317, 411
– Kosten der 312
Erstbefassung 252
– Grundsatz der 330
Erstuntersuchung 432
Ertragshoheit, für die Realsteuern 218
Exemtion 266

Fachaufsicht 43, 79, 81, 84, 85, 327, 328
Fachhochschule 85
Fachplanung 411, 413
Fernmeldeleitstelle der Polizei 83
Fernmeldegeheimnis 141
Fernmeldestelle der Hessischen Polizei 327
Festsetzung 314
Feststellungsklage 276
Filmbewertungsstelle 83
Finanzamt 82, 104
Finanzausgleich, primärer 218
Finanzausgleichsgesetz 223
Finanzausstattung der Gemeinden 210
Finanzbeziehung zwischen Ländern und Gemeinden 220
Finanzgarantie der Landesverfassung 222
Finanzgericht, Hessisches 83
Finanzplanungsrat 221
Finanzverfassung 40 f., 157, 216
Finanzwesen der Gemeinde 216

Finanzzuweisung
– allgemein 224
– besondere 224
Fischereierlaubnissteuer 235
Fläche, altlastenverdächtige 430
Flächennutzungsplan 238, 340, 341, 344, 346, 347, 351
Flächenschutz 417
fliegende Bauten 383
Flucht- oder Angriffsunfähigkeit 320
Flughafen Frankfurt AG 88
Forschung, »unabhängige« wissenschaftliche 129
Forschungsanstalt 83
Foschungszweck 131
Forschungsvorhaben, »bestimmtes« 130
Forstamt 81
Fortsetzungsfeststellungsklage 276
Fraktion 60, 183
Fraktionsmindeststärke 183
Fraktionsspaltung 183
Fraktionsstärke 185
Fraktionsstatus 183
Frankfurt 24, 25
Frankfurter Messe- und Ausstellungsgesellschaft 88
Freiheits- und Geldstrafe 143
Freiheitsentziehung, Dauer des 290
FreiheitsentziehungsG 290
Freistellung, von Arbeit 192
Fremdvornahme 312
Frist, zur Erfüllung seiner Verpflichtung 106
Fulda 24
Funktionstheorie 329

Garage 364, 365 ff.
Gaststättenerlaubnissteuer 235
Gebietskörperschaft 235, 238
Gebietstyp 340
Gebühr 95
gefährliche Stoffe 404
Gefährlichkeit der Sache 294
Gefahr 250
– abstrakte 251
– dringende 253
– erhebliche 253
– gegenwärtige 253, 328
– gegenwärtige erhebliche 274
– gemeine 253

443

- im Verzuge 254
- konkrete 251
- versammlungsspezifische 302

Gefahrenabwehr 246, 297, 422
- als staatliche Aufgabe 325
- Maßnahme der 106
- Vorbereitung auf die 297

Gefahrenabwehrverordnung 248, 251, 276
- über das Halten von Hunden 251

Gefahrenbegriff 250
Gefahrenerforschung 254
Gefahrenerforschungseingriff 255
Gefahrenverdacht 254, 255, 430
Gefahrenvorsorge 257
Gefahrermittlung 256
Gegendemonstration 275
Geldbuße 224
Geldforderungen, Betreibung öffentlich-rechtlicher 312
Geldleistung 102
Gemeinde 341, 342
- als Träger der wirtschaftlichen Infrastruktur 154
- als Träger staatlicher Aufgaben 162
- als Träger von Krankenhäusern 155
- als Typus 164
- als Verwaltungsträger 153
- kreisangehörige 166, 235
- und Kreisaufgabe 161

Gemeindefinanzreformgesetz 218
Gemeindegröße 164 f.
Gemeindeverband 161, 163, 235, 237
Gemeindeverfassungsbeschwerde 64 f., 156
Gemeindevertreter 192
Gemeindevertretung 174
- als Gemeindeparlament 174
- Aufgabenübertragung 178
- Entscheidungsfunktion 176
- Kontrollbefugnis der 163
- Kontrollfunktion der 176
- nicht übertragbare Entscheidungsfunktion 178
- Selbstorganisation 178
- übertragbare Entscheidungsfunktion 178
- Wahlfunktion der 177

Gemeindeverwaltung 195
Gemeindevorstand 195

- als Kollegialorgan 195, 203
- als Verwaltungsbehörde 195
- Ausführungskompetenz 197
- Entscheidungskompetenz 198
- hauptamtliche Mitglieder des 190
- in Bürgerversammlungen 167
- und Ressortprinzip 204
- Unterrichtungspflicht 180
- Vorbereitungskompetenz 197
- Außenvertretung 200
- Zusammensetzung des 201

Gemeindewohl 192
Gemeinschaftsarbeit, kommunale 239
Gemeinschaftsschule 32
Gemeinschaftssteuer 220
Gemengelage 249, 352
Genehmigung 226, 232, 341, 343, 389, 426
- modifizierte 379, 389

Genehmigungspflicht 363, 415
Genehmigungsverfahren 338, 378
Generalklausel 274
- kompetenzrechtliche 364 f., 371
- materiell-rechtliche 362 f.
- polizeirechtliche 247

Genomanalyse 287
Gesamtrechtsnachfolge 273
Gesamtschuld 435
Gesamtschuldner 323
Geschäftsbereich 76, 78
Geschäftsherr, Verantwortlichkeit des 267
Geschäftsraum 253
Geschäftsverteilung 77
Geschäftszweig 76
Gesetz
- über den Umlandverband Frankfurt 166
- über die Mittelstufe der Verwaltung und den Landeswohlfahrtsverband Hessen 166
- über die organisierte Kriminalität (OfgKG) 298
- über kommunale Abgaben (KAG) 166, 224
- über kommunale Gemeinschaftsarbeit (KGG) 166
- Vorrang des 90
- zur Regelung des Finanzausgleichs (FAG) 168, 220

444

Gesetzesvorbehalt 75, 89, 98, 312
Gesetzgebung 36
Gesetzgebungskompetenz 336, 404, 421
Gesetzgebungszuständigkeit 404
Gesetzmäßigkeitsgrundsatz 249
Gesundheitsamt 248
Gewässergefährdung 256
Gewässerschutz 435 f.
Gewahrsam 287
Gewalt, Hilfsmittel der körperlichen 319
Gewaltenteilung
- bundesstaatliche 36
- horizontale 36, 37
- vertikale 36
Gewaltenteilungsschema 174
Gewaltmonopol 311
Gewerbeaufsichtsamt 327
Gewerbegebiet 340
Gewerbesteuer 218
Gewerbesteuerumlage 218
Gleichheitssatz 46
Granatwerfer 320
Grenzkontrolle 306
Groß-Delinquenz 269
Groß-Hessen 18, 28, 29
Großdemonstration 285
Grund-Verfügung 312
Grundeigentum, Inhalts- und Schranken-
  bestimmung 335, 387
Grundrecht 34, 281
Grundrechtsklage 64, 156
Grundrechtsprüfung 282
Grundsatz
- der Opportunität 249
- der Subsidiarität 251
Grundsteuer 218
Grundwasser
- Nutzung des 437
- Schutz des 437
Grundwasserabgabe 437
Grundwasserkontamination 256
Gurtpflicht 261
Hafenpolizeiverordnung 251
Haftung, gesamtschuldnerische 273
Haftungsfreistellung 434
Hanau 18, 24
Handgranate 319
Handlung
- unvertretbare 313
- vertretbare 314

Handlungsform
- öffentlich-rechtliche 211
- privatrechtliche 91
Handlungsstörer 265 f., 434
Handwerkskammer 86
Hare-Niemeyer-Verfahren 182
Hauptsatzung 188
Hausbesetzer 280
Hausfriedensbruch 281
Haushaltsplan 197
Haushaltsrecht, der Gemeinden 222
Haushaltswirtschaft kommunale 222
Hausrecht 259
Hebesatzkompetenz 217
Helmpflicht 261
Herrschaftswille 268
Herzogtum Nassau 21, 22
Hessen 18
Hessen-Darmstadt 18, 20, 22, 29
Hessen-Kassel 20, 22
Hessen-Nassau 22
Hessische
- Gemeindeordnung (HGO) 166
- Industriemüll-GmbH 427
- Landesanstalt für Umwelt 248
- Landkreisordnung (HKO) 166, 235
- Polizeischule 327
- Wasserschutzpolizei 327
Hessischer Rundfunk 50 f., 86
Hessisches
- Abfallwirtschafts- und Altlastenge-
  setz (HAbfAG) 248, 423 f.
- Forstgesetz 418
- Kommunalwahlgesetz (KWG) 166
- Landeskriminalamt 327
- Naturschutzgesetz 408
- Polizeiverwaltungsamt 329
- Wassergesetz 436
Hilfsgeschäfte, der Verwaltung 211
Hochschule, staatliche 75, 85 f.
Hospitant 184
Hundesteuergesetz 166
Identitätsfeststellung 283
Immissionsschutz 437
- handlungsbezogener 437
Immunität, parlamentarische 267
Immunitätsrecht 193
Indemnitätsrecht 193
Individualgüter 260
Individualrechtsgüter 257

445

Industrie- und Handelskammer 86
Informationsfreiheit 49 f.
Informationsgleichgewicht 112, 144, 145
Informationshilfe 258
Informationsmonopol, der Experten 145
Informationsquelle 127
Ingewahrsamnahme
- Entwichener 288
- Minderjähriger 288
Inhaber der tatsächlichen Gewalt 268
Inhalts- und Schrankenbestimmung 369, 387
Inkompatibilität 59, 182
Innenbereich 339, 349, 381
- unbeplant 414
Innenrecht 101
Innenrechtsakt 101, 212
Institutionen, rechtlich selbständige
- Anstalten des öffentlichen Rechts 86
- Genossenschaften des öffentlichen Rechts 85
- juristische Personen des öffentlichen Rechts 85
- Körperschaften des öffentlichen Rechts 85
- Stiftungen 85
Interessenabwägung 413
Interessenkonflikt, persönlicher 193
Investition, der Gemeinde 221
Investitionserleichterung und Wohnbaulandgesetz 413 f.
Investitionszuweisung 224

Jagderlaubnissteuer 235
Justizgrundrechte 47 f.
Justizverwaltungsakt 96

Kammer 86
Kanzlei des Landtags 79
Katzenelnbogen 18, 20
Kfz-Abschleppunternehmen 318
Kinder- und Jugendhilfe 155
Kindergarten 155
Kirche 94
Klettern, alpines 261
Koalitionsvereinbarung 77
Körperschaft, landesunmittelbare 157
Körperschaftssteuer 220

Kollegialorgan 77
Kommanditgesellschaft 265
Kommission 207
Kommissionsmitglied, sachkundiges 173
Kommunalaufsicht 82
Kommunalbereich 75, 87
Kommunalverwaltung 82
Kompensation 323
Kontakt- und Begleitperson 304
Kontrollanlässe 140
Kontrollbefugnis der Gemeindevertretung 169
Kontrolle 140, 227
Kontrolle
- der Verarbeitung 111
- durch die Betroffenen 134
Kontrollmittel 140
Kontrollstelle 285
Konzessionsverträge 210
Kontrollverlauf 141
Kosten 321, 323
- der Vollzugshilfe 324, 331
Kostenbescheid 324
Kostentragung bei Altlasten-Sanierung 269
Kostentragungspflicht 268
Kraftfahrzeugsteuer 220
Kraftfahrzeugzulassung 125
Krankenhaus 115, 120
Kreditaufnahme 221
kreisangehörige
- Gemeinde 165
- Stadt mit Sonderstatus 165
Kreisausschuß 236
Kreisordnungsbehörde 82
Kreistag 236
- Wahl des 236
Kreisverwaltung 236
Kriminalaktennachweis 310
Kriminalität, organisierte 250
Kriminalpolizei 326, 327
Kunsthochschule 85
Kunststücke, artistische 261
Kurhessen 18, 28
Kurmainz 18

Länderfinanzausgleich 220
Lärmschutz 404, 438

446

Landesabfallentsorgungsplan 428
Landesamt
- für Denkmalpflege 83
- für Verfassungsschutz 83
- Statistisches 83
Landesanstalt für Umwelt 407
Landesanwalt bei dem Staatsgerichtshof 63
Landesbedienstete
- bundesweit 237
Landesbehörde
- oberste 74, 76, 83
- unterste 81
Landesbeschaffungsstelle 83
Landeseigenverwaltung 40
Landesjugendamt 83
Landeskriminalamt 83
Landesorganisationsgesetz 75
Landesplanung 344, 345
Landesrechnungshof 61
Landesregierung 43, 57, 76 ff.
Landesverfassungsrecht 36 f., 186, 405
Landesverfassungsrechtlicher Status der Gemeinden 156, 162
Landesverteidigung 339
Landesverwaltung
- allgemeine 235
- unmittelbare 76
Landeswohlfahrtsverband 75, 241
Landkreis 163, 165, 235 ff.
Landrat 82, 165, 237, 326, 327
als Behörde der Landesverwaltung 82, 84
als staatliche Verwaltungsbehörde 237
Landschaftspflege 405, 409
- Grundsatz der 409
- Ziele der 409, 413
Landschaftsplan 412
Landschaftsplanung 410, 419
Landschaftsrahmenplan 410, 411
Landschaftsrahmenprogramm 410
Landschaftsschutzgebiet 417, 418
Landtag 43
Landtagsgeschäftsordnung 60
Landwirtschaftsklausel 409, 413
Lasten- und Finanzausgleich 222
»laufende Verwaltung« und »wichtige Angelegenheiten« 179
Lauschangriff 254
Lebach 117

Legende 306
Legalitätsprinzip 249, 280
Leistungsfähigkeit 275
Leistungsklage
- bei Bürgerentscheid 172
- allgemeine 277
Leistungsverwaltung 210, 215
Limburg 18
Löschung 136
Luftreinhaltung 404

Magistratsverfassung 173, 195
Mainz 20
Mandatsausübung, Sicherung der 192
Maschinengewehr 319
Massendemonstration 275
Maßnahme
- doppelfunktionale 249
- erkennungsdienstliche 285
Mayer, Otto 264
Medienprivileg 118
Mehrheitswahl 190
Meinungs- und Pressefreiheit 173
Menschenrechtskonvention, europäische 288
Menschenwürde 263
Minderheitsrecht 189
Minister 76
Ministerium 78
Ministerpräsident 76
Ministerverantwortlichkeit 31
Mißbilligung, sozialethische 263
Mitbestimmung 30
Miteigentum 269
Mißtrauensvotum 31
Mittel
- nachrichtendienstliche 258
- repressiver Aufsicht 228
Mittelauswahl 315
Mittelbehörde 74
Mittels, Grundsatz des schonendsten 272
Mittelstufe der Verwaltung 75
Mitwirkungsrecht 420
Mitwirkungsverbot 193
Monopol physischer Gewaltanwendung 248

Nachbar 364, 365, 376, 380, 390 ff., 394
Nachbarschutz 390 ff.

Nachhaltigkeit 437
Nächtliche Ruhestörung 272
Nassau 18, 20, 28
Nassau-Usingen 21
Nassau-Weilburg 21
Nationalpark 417
Nationalsozialisten 26
Nationalversammlung 25
Natur und Landschaft 340, 359 f.
- Schutz von 340, 347, 404
Naturdenkmal 417
Naturpark 417
Naturschutz 405, 408
- Grundsatz des 409
- Ziele des 409, 413
Naturschutzbehörde 416, 419
Naturschutzbeirat 419
Naturschutzgebiet 417
Naturschutzrecht 408
Naturschutzverband 342, 420
Naturschutzverbände, Beteiligung der 420
Nebenleistung 105
Neinstimme 191
nicht rechtsfähiger Verein 265
Nichtseßhafte 288
Nichtstörer 253, 265, 317, 321
Niederschrift 189
Normenklarheit 295
Normenkontrolle 64 f., 156
Nothilfe 320
Notstand, polizeilicher 265, 274
Notwehr 320
Nutzung, bauliche 340
Nutzungsänderung 353, 354, 372
Nutzungsuntersagung 366, 385
Nutzungsverbot 416

Obdachlosigkeit 275
Oberbergamt 80, 327
Oberbürgermeister 165, 327, 328
- als Behörde der Landesverwaltung 82, 208
Oberfinanzdirektion 80, 81
Oberfinanzpräsident 81
Oberlandesgericht 80
- Frankfurt a. M. 80
Objekt, gefährdetes 284
Observation 303
öffentliche Ordnung 256, 262

Offene Handelsgesellschaft 265
on-line-Abruf 311
Opfergrenze 269
Opportunitätsprinzip 227, 280
Optimierungsgebot 346
Ordnung, öffentliche 256, 262
Ordnungsbehörde 327
- allgemeine 326
- Kreis 84
- örtliche 84
Ordnungsgewalt 259
Ordnungsverwaltung 210
Ordnungsbehörde, Bezirk 84
Organ, der Gemeinde 175, 195
Organisationsform, privatrechtliche 91
Organisationsrecht 75
Organleihe 82, 163, Fn. 74
Organstatus 195
Organstreit, kommunalverfassungsrechtlicher 188
Organstreitfähigkeit 175
Organstreitverfahren 200
Ort, gefährlicher 284
Ortshaftung 284
Ortsteil 344, 351 f.

Parlament 174
Parlamentscharakter der Vertretung 174
Parlamentsvorbehalt 56 f.
Partei 181
- politische 49
Parteiausschluß 184, 192
Parteiaustritt 184
Partizipationserzwingungsklage 421, 422
Peep-Show 263
Person, Schutz gefährdete 284
Personalentscheidung 203
Personalkompetenz 196
Personalvorschlag, vereinbarter 185
Personen, rauschgift- oder alkoholsüchtige 261
Pflegepflicht 417
Pflicht
- höchstpersönliche 319
- zum Einschreiten 249
Pflichtaufgabe 163
Pflichtennachfolge 270
Plan 98, 100
Planaufstellungsbeschluß 341 f.

448

Planerfordernis 353
Planfeststellung 433
Planfeststellungsbeschluß 98
Planfeststellungsverfahren 420, 426
Planreife 342
Planung
- räumliche 404, 410, 419
- städtebauliche 337
Planungsalternative 342
Planungsgrundsatz 353
Planungshoheit 158, 343, 344, 349
Planungsleitsatz 414
Planungsziel 344
Planvorlagenmonopol 375
Platzverweisung 259, 287
Polizei
- elektronische 295
- im formellen Sinn 247
- materieller Begriff der 247
- Organisation der 325
- Verstaatlichung der 325
Polizei- und Ordnungsrecht 429
Polizeiarbeit, operative 250
Polizeibegriff
- formeller 247
- materieller 247
Polizeibehörde 247, 325
- unterste 82
Polizeieinrichtung 248, 326
Polizeipflicht 265
Polizeigewahrsam 291
Polizeihelfer 276, 322
Polizeikessel 288
Polizeilicher Zwang 311
Polizeiminister 248
Polizeipflicht von Hoheitsträgern 273
Polizeipräsident 327
- Anstandsgefühl eines 262
Polizeipräsidium 84
Polizeischule, hessische 83
Polizeiverordnung 248
- über das Zelten 252
Polizeiverwaltungsamt 248
Polizeiverwaltungsgesetz, Preußisches 247
Postgeheimnis 141
Präsident des Bundestages 259
Prävention 250
PrALR von 1794 256
Pressekonzentration 49 f.

Pressezensur 45
Primärebene 272
Primärintegration 411
Prognose 252
Prüfungskompetenz 187
Prüfungsverfahren 96

Radar-Geschwindigkeitskontrolle 260
radioaktive Strahlung 438
- Schutz gegen 404, 438
Rahmengesetzgebungskompetenz 337
Rahmenkompetenz 405
Rastede-Entscheidung 159, 164
Rasterfahndung 254, 308
Raumordnung 337, 343, 344, 405
Raumordnung und Landesplanung, Ziele der 344
Raumordnungsklausel 410
Razzia 284
Realakt 276, 278
Rechnungsprüfungsamt 197
Rechte des einzelnen, private 260
Rechtsaufsicht 85, 88
Rechtsschutzgarantie des Art. 19 IV GG 305
Rechtskontrolle 226
Rechtsnachfolge 270, 375
Rechtsschutz 234, 276, 389 ff., 397 ff., 421
- einstweiliger 390, 399 f.
Rechtsverordnung 54, 99
Rechtsweg 323
Referat 78
Referatsgruppe 78
Referatsleiter 78
Reflexbewegung 266
Regelung
- abstrakt-generelle 286
- bereichsspezifische 114
Regierungspolitik und Verwaltung 76
Regierungspräsident 81
Regierungspräsidium 75, 80
Rekultivierungsabgabe 416
Religionsgesellschaft, öffentlich-rechtliche 120, 131
Religionsunterricht 29
Repression 250
Ressort 76, 77
Restsitzverteilung 183
Reststoffe 409

449

Rheinbund 21
Richtervorbehalt 254
Richterwahlausschuß 51
Richtlinie 101
Risikogesellschaft 269
Risikoperson 300
Rücksichtnahme, Gebot der 394, 396
Rundfunk 95
- Hessischer 98
Rundfunkfreiheit 60
Rundfunkgebühr 65
Runkel 18

Sanierung von Gewässer- und Bodenverunreinigungen 437
Sanierungsmaßnahme 430, 431
Satzung 98, 216, 341, 342, 426
Satzungsrecht 99, 212
- der Gemeinde 153
- der Landkreise 161
Schaden, immaterieller 324
Schadensersatzpflicht 143
Schaufensterwerbung 272
Schein- oder Putativgefahr 255
Scheingefahr 254
Schulamt 81
Schulden 225
Schule 75, 96
Schulträger 155
Schulwesen 29
Schußwaffengebrauch 319
Schutz privater Rechte 246
Schutzgebiet 417
Schutzgewahrsam 261, 288
Schutzgut 252
Schutznormtheorie 379
Schutzpolizei 327, 329
Schutzverpflichtung des Staates 261
Schwarzbau 270, 385
Schwarzbauten 373
- im Außenbereich 376
Sekundärebene 273
Sekundärintegration 411
Selbstberechnungserklärung 105
Selbstbestimmung
- informationelle 111, 131
- Recht auf informationelle 296
Selbsteintritt 328
Selbsteintrittsrecht 85
Selbstgefährdung 261

Selbstkontrolle 137
Selbstmord 261
Selbstversuche, medizinische 261
Selbstverwaltung 156
- als Grundrecht 151
- gemeindliche 156 ff., 162
Selbstverwaltungsaufgabe 87
- freiwillige 163
- pflichtige 163
Selbstverwaltungsbehörde 85
Selbstverwaltungsgarantie 158
Selbstverwaltungsrecht, Kernbereich des 159
Selbstvornahme 317
Selfgovernment 153
Sicherheit, öffentliche 256 ff.
Sicherheitsgewahrsam 288
Sicherheitsüberprüfung 141
Sicherstellung 293 f.
Siegmund Freud-Institut 83
Sittengesetz 263
Sittenwächterei 264
Sitzung, Öffentlichkeit der 189, 193 f.
Sitzungsmaßnahme 189
Sitzungspolizei 259
Smog-Verordnung 251, 437
sofortige Vollziehung 383, 389, 399 f.
Sofortvollzug 315 f.
Solms 18
Sommersmog 438
Sonderabfall 426
Sonderabfall-Kleinmengen 427
Sonderabfallabgabe 427
Sonderabgabe 366
Sonderopfer 321
Sonderordnungsbehörde 327
Sonderrechtsnachfolge 270
Sonderurlaubsanspruch 192
Sonderzuweisungen 220
Souveränität 20
sozialer Bezug 261
Sozialhilfeantrag 125
Sozialisierung 30
Sozialleistungsträger 119
Sozialversicherungsträger 86
Sparkasse 154, 213
Speichern 309
Speichern von Daten 296
Sperrklausel 181
Sperrung 136

450

SPUDOK 295
Staatliches Amt für Imissions- und
 Strahlenschutz 408, 438
Staatsaufsicht 77, 226
Staatsaufsicht, Bürgerbegehren, Rechtskontrolle 171
Staatsgerichtshof 62 ff., 156
Staatshaftungsverfahren 329
Staatskanzlei, Hessische 79
Staatskirchenrecht 29, 30
Staatssekretär 79
Staatsvertrag 40
Staatsverwaltung, mittelbare 157
Staatsziel Umweltschutz 47
Staatszielbestimmung 405
Stadt 164
– kreisfreie 164
– kreisangehörige mit
 Sonderstatus 165
Starkenburg 27
Stellplatz 365 f.
Steuer 98, 235
Steuerbehörde, gemeindliche 224
Steuererfindungsrecht 217, 224, 235
Steuergesetzgebungskompetenz 217
Steuerverbundmasse 223
Steuerverwaltungskompetenz 221
Stimmabgabe im Protokoll 189
Stimme, ungültige 191
Stimmenthaltung 191
Störer 265
Störermehrheit 272
Störung 250
Straftaten mit erheblicher
 Bedeutung 253, 299
Straßenplanung 417
Streikrecht 31
Streitigkeit, verfassungsrechtliche 43
Subsidiarität, Grundsatz der 251 f., 273, 329
Subsidiaritätsklausel 94, 236
Suizid 261
Tätigkeit
– ehrenamtliche 173
– präventive 249
– repressive 249
Tanklastzug 268
Teilbaugenehmigung 381 ff.
Test, medizinischer 125
Tier in Polizeirecht 267

Todesschuß, gezielter 321
Toleranz 264
Tonbandaufzeichnung 189
Träger
– der öffentlichen Sozialhilfe 154
– öffentlicher Belange 341, 342, 348
Trennung
– von Aufgaben und Befugnissen 247
– von Verfassungsschutz- und Polizeibehörden 258
Treuepflicht 193
Typengenehmigung 383

Übermaßverbot 252, 279 f.
Übermitteln von Daten 310 f.
Übermittlung 128
Übermittlungsempfänger 127
Übernahmepflicht 427
Übertragung gemeindlicher Aufgaben auf
 die Landkreise 161
Umfrage, telefonische 125
Umlage 236, 238
Umlageverpflichtung 224
Umlandverband Frankfurt 237
Umsatzsteuer 220
Umsatzsteueranteil 220
Umweltgrundrecht 405 ff., 406
Umweltrecht 403 ff., 358 ff.
Umweltverträglichkeitsprüfung 438
Unbeteiligte 299, 304, 319
Universität 74, 86
unmittelbarer Zwang 314, 319
Unterbindungsgewahrsam 288
Unterlassung 102
Unterrichtungspflicht 168, 332
Unterrichtungsrecht 228
Untersagungsverfügung 385, 388
Unterschriften, Offenbarung der 171
Unterschriftenliste 170
Unterschriftenquorum 181
Untersuchung, körperliche 292

V-Person 305
VA mit Drittwirkung 376, 391, 392, 395 f.
Veränderungssperre 342
Veranlasser 271
Veranstaltung 302
Veranstaltungen und Ansammlungen,
 öffentliche 302

Verantwortlichkeit, Polizei- und ordnungsrechtliche 265
Verarbeitungsfolgen 111
Verarbeitungsform 123
Verarbeitungsverbot mit Erlaubnisvorbehalt 124
Verarbeitungsvorschrift 111
Verarbeitungszweck 125
Verband 343
Verbandsausschuß 238
Verbandsklage 420
Verbandstag 238
Verbot mit Erlaubnisvorbehalt 372
Verbrauch- und Aufwandsteuer, örtliche 217
Verbrechensbekämpfung, vorbeugende 257
Verbringungsgewahrsam 259, 294
Verdachtsflächen 430
Verdachtsreserve 309
Verdachtsspeicherung 310
Vereinbarung, öffentlich-rechtliche 241
Verfahren, behördeninterm 93
Verfahrensfehler 348 f.
Verfahrensvorschrift der AO 95
Verfassung 29, 32, 33
Verfassungsänderung 32, 37
Verfassungsauftrag der Gleichberechtigung 211
Verfassungskompromiß 31
Verfassungskonflikt 21
Verfassungsschutzamt 258
Verfassungsstatus der Gemeindeverbände 164
Verfügung, normenvollziehende 295
Verfügung, polizeiliche 277
Verhältniswahl 181
Verhältnismäßigkeit 296, 335
– Grundsatz der 252, 279, 280, 300
Verhaltensstörer 265, 266
Verhütung zu erwartender Straftaten 246
Verjährung 323
Verkehrsflächen 340, 396
Verkehrszeichen 277
Verkündungsgesetz 99
Verlagerung einer örtlichen Aufgabe 161
Vermeidungspflicht 423
Verordnung, gesetzesvertretende 99
Verordnungsrecht 211 f.

Verpflichtungsklage 277
Verrechtlichung 247
Versammlung 303
Verschlechterungsverbot 436
Verschwiegenheit 175
Verschwiegenheitspflicht 193
Versiegelung 383
Verstaatlichung 161
Vertrag, öffentlich-rechtlicher 93, 98, 212
Vertrauensperson 169
Vertreter, des Volkes 192
Verunstaltungsschutz 368 ff.
Verursacherprinzip 413
Verursachung 271
– Theorie der rechtswidrigen 271
– Theorie der unmittelbaren 271
Verwaltung
– der staatlichen Schlösser und Gärten 83
– Entpolizeilichung der 325
– Gesetzmäßigkeit der 90, 274, 312
– örtliche 162
– staatliche 237
Verwaltungsabkommen 43
Verwaltungsakt 93, 98, 103, 212, 277
– befehlender 277
– gestaltender 272
– mit Doppelwirkung 399
Verwaltungsgebühr 224
Verwaltungsgemeinschaft 241
Verwaltungsgesetz
– allgemeines 90
– besonderes 90
Verwaltungshandeln
– Formen des 98
– schlichtes 98, 100
Verwaltungskapazität der Gemeinden 210
Verwaltungskompetenz 338
Verwaltungskosten 224
Verwaltungskraft der Gemeinde 160
Verwaltungsorganisation 74, 75
Verwaltungsprivatrecht 212
Verwaltungstätigkeit 93
– von Gerichtsverwaltungen 96
Verwaltungsverfahren 101
– Begriff des 93
Verwaltungsvollstreckung 102
Verwaltungsvorschrift 101, 406

Verwarnungsgeld 224
Verwenden
- von Daten 296
- multifunktionale 125
- publizistische 117
Verwendungsbeschränkung 340
Verwendungsverbot 340
Verwertung 423, 424
Videoaufnahme bei Demonstrationen 285
Volksbegehren 55 f.
Volksentscheid 30, 55
Volkshochschule 155
Volksvertretung 158
Volkswahl der Bürgermeister 172
Volkszählungsurteil 117, 120, 296
Vollstreckung
- Androhung der 105
- Aufhebung der 107
- Einstellung der 107
- Rechtsschutz gegen 107
- von Geldforderungen 104
- von Sach-Verwaltungsakten 105
- wegen der Hauptleistung 105
Vollstreckungsbehörde 103
Vollstreckungsfähigkeit 312
Vollstreckungsregel 103
Vollzug des Umweltrechts 406
Vollzugsdefizit 392
Vollzugshilfe 246, 259, 311, 331
- Kosten der 324, 331
Vollzugspolizei 105, 325 f.
Vorabentscheidung 346
Vorbereitung auf die künftige Strafverfolgung 286
Vorbeugegewahrsam 288
Vorfeld der Gefahr 302
Vorfeldverdacht 298
Vorführung 106, 286
Vorgesetzter 209
Vorhaben
- des Bundes und der Länder 374
- privilegiertes 352
Vorladung 286
Vorsitzender der Gemeindevertretung 186
Vorsorge 431, 436

Wachensturm 24
Wählergruppe 181

Waffe 320
Waffengebrauch gegen Personen 319 f.
Wahl 190
- der Gemeindevertretung 180
Wahlanfechtung 191
Wahlbeamter 202
Wahlprüfungsverfahren 58 f.
Wahlrecht 30, 58 f.
- aktives 181
- passives 181
Wahlverfahren 97
Waldeck 18, 21, 27
Warenhaus 340
Wasserhaushalt 405
Wasserhaushaltsgesetz 435
Wasserressourcen, Bewirtschaftung der 435
Wasserschutzpolizei 326, 327
Wasserwirtschaftsamt 248, 408, 437
Wegnahme einer beweglichen Sache 106
Weisung für den Einzelfall 85, 328
Weisungsaufgabe 169
Weisungsbefugnis 328
Weisungsrecht 163
- allgemeines 88
Werbeanlagen 337, 368
Wert-Objektivismus 263
Wertung 252
Widerspruch 397 f.
Widerspruchsfrist 398
Widerspruchsrecht 137
Widerspruchsverfahren 328
Widerstandspflicht 45
Wiederwahl 203
wirtschaftliche Betätigung der Gemeinde 154
Wirtschaftsförderung 154
Wirtschaftsgut 409
Wittgenstein 18
Wohl der Gemeinde 199
Wohlfahrtspflege 250
Wohnung 253, 304
- gefährliche 293
- Zugriffsrecht zur 105
- konspirative 258

Zeitbeamte 202, 209
Zentrale Besoldungsstelle 83
Ziegenhain 18, 20
Zitiergebot 46

453

Zurechnungszusammenhang, wertender 272
Zusatzverantworlichkeit 267
Zusicherung 98
Zuständigkeit im Naturschutzrecht 419
Zuständigkeit im Polizei- und Ordnungsrecht 329 ff.
Zuständigkeitsverschiebung 254
Zustandsstörer 265, 266, 434
Zuweisungsverordnung 326
Zwang, unmittelbarer 319
Zwangsgeld 105, 107, 314, 318
Zwangsmittel 105, 107, 317 ff.
– Androhung des 314
Zwangsernährung 261
Zwangsräumung 106
Zweck im Datenschutzrecht
– aufgabenverbundener 125
– wissenschaftlicher 129
Zweckänderung 126
Zweckbindung 125, 296, 310
– strikte 299
Zweckveranlasser 271, 275
Zweckverband 240
Zweckzuweisung 220, 224
Zweikammersystem 30, 31

Eine Gesetzessammlung hat sich durchgesetzt!

Zivilrecht · Strafrecht · Öffentliches Recht

drei Bände für DM **60.–**

STUD.JUR. NOMOS Texte sind immer aktuell. Die Auswahl der Texte orientiert sich ausschließlich an den universitären Lerninhalten und ist von Professoren und Justizprüfungsämtern auf ihre Examensrelevanz getestet. Jedes Jahr werden die Bände ergänzt und neu aufgelegt.

STUD.JUR. NOMOS Texte sind gebunden und praktisch im Gebrauchswert.

STUD.JUR. NOMOS Texte sind sensationell preiswert. Dieses studiengerechte und handwerkliche Arbeitsinstrument für das ganze Studium besteht aus drei Bänden, kostet nur DM 60,– (Einzelpreis je Band DM 28,–) und ist in Ihrer Buchhandlung erhältlich.

Postfach 610 · 76484 Baden-Baden

Dieter Schmalz
Verwaltungsrecht
– Fälle und Lösungen –
2. Auflage

Die Fälle und Lösungen behandeln vor allem die Zentralprobleme des Allgemeinen Verwaltungsrechts und der VwGO: Öffentliches Recht – Abgrenzung zum Privatrecht; Gesetzmäßigkeit der Verwaltung; Verwaltungsakt; Begriff und Rechtmäßigkeit; Rücknahme, Widerruf; Nebenbestimmungen; öffentlich-rechtlicher Vertrag; Realhandeln; Verwaltungsvorschriften; Verwaltungsverfahren; Verwaltungsrechtsweg, Klagearten, Vorläufiger Rechtsschutz, Widerspruchsverfahren und Widerspruchsbescheid. Einige Fälle sind einfacher und für Anfänger bestimmt; die meisten sind von mittlerer Schwierigkeit. Von größerer Schwierigkeit ist der Fall zum Hineinwirken des EG-Rechts in das deutsche Recht. Besonderer Wert wird auf die Methodik gelegt: Die Lösungen führen konsequent von der Fragestellung zum Ergebnis, sind klar gegliedert und jederzeit nachvollziehbar. Hinweise auf Rechtsprechung und Literatur sichern die Lösungen ab und ermöglichen eine gezielte Vertiefung. Zum Nachschlagen dienen eine Problemübersicht und das Sachregister.

1995, 238 S., brosch., 32,– DM, 250,– öS, 32,– sFr,
ISBN 3-7890-3629-3

 NOMOS VERLAGSGESELLSCHAFT
  Postfach 610 • 76484 Baden-Baden